DER ANGRIFF

Claus Nordbruch

Der Angriff

Eine Staats- und Gesellschaftskritik an der Berliner Republik

H

HOHENRAIN – TÜBINGEN

Umschlagmotiv: „Erwartung“ von Richard Oelze (1936)

Die Deutsche Bibliothek - CIP-Einheitsaufnahme

Nordbruch, Claus :
Der Angriff : Eine Staats- und Gesellschaftskritik an der Berliner Republik / Claus Nordbruch.-
Tübingen ; Zürich ; Paris :
Hohenrain-Verl., 2003
ISBN 3-89180-069-X

ISBN 3-89180-069-X

Gedruckt in Deutschland

Inhaltsverzeichnis

Vorwort

Zum besseren Verständnis unserer vielschichtigen Thematik möchten wir möglichst darauf verzichten, die althergebrachten Begriffe ›links‹ und ›rechts‹ zu verwenden. Dieses auf eine parlamentarische Sitzordnung aus dem vorletzten Jahrhundert zurückgehende Schubladendenken mag in der Vergangenheit seine Gültigkeit gehabt haben, um auf diese Weise Menschen und Organisationen nach ihrer politischen Überzeugung zu klassifizieren. Wir halten diese Einteilung heutzutage jedoch für überholt, da sie vor allem in ihrer Steigerungsform ›-radikal‹ oder ›-extrem‹ nicht zur objektiven Positionierung eines Menschen oder einer Organisation gebraucht wird, sondern zur pauschalen Brandmarkung, vielfach zur obligatorischen Diskreditierung. Die Attribute, die vermeintlich mit ›links‹ verbunden werden, sind in der Regel ›hell und gut‹, also fortschrittlich, sozial, liberal, friedlich usw., während die, die mit ›rechts‹ in Verbindung gebracht werden, meist ›dunkel und böse‹ sind, also konservativ, gewalttätig, ungebildet, ausländerfeindlich usw. Wir halten diese Art der Einordnung gerade in einer Zeit, da es jeden in die Mitte drängt, also die Sozialdemokraten nicht mehr ›links‹ sein wollen und die Christdemokraten sowieso nicht ›rechts‹, für unsinnig – sofern sie überhaupt je zutreffend gewesen sein sollte.

Zur Verdeutlichung einige bildhafte Beispiele: Ein Konservativer (gemeinhin ein ›Rechter‹) in Rußland muß nicht unbedingt ein Monarchist sein, sondern ist möglicherweise ein Kommunist (gemeinhin ein ›Linker‹), der die guten Zeiten/Seiten der Sowjetunion bewahren möchte. Nicht jeder, der den als historisch gesichert geltenden Tatsachen über die Judenverfolgung im Dritten Reich kritisch gegenübersteht, ist notwendigerweise ›rechts‹. Wohl aber dürfte jeder, der heute die ›linke‹ Ausländerpolitik der DDR gutheißt, als ›rechts‹ verschrieen werden. Joseph Goebbels hat die NSDAP nicht als ›rechte‹ Partei gesehen, sondern als ›linke‹, revolutionäre Bewegung. ›Rechts‹ waren für ihn die bürgerlich-konservativen Reaktionäre. Wem, außer ›Rechten‹, würde man folgendes Zitat zuschreiben? »Wir schöpfen aus der psychischen Wesensart des deutschen Volkes. Wir schöpfen aus seinem Arbeitsfleiß und seinem Ordnungssinn, aus seinem wissenschaftlichen und künstlerischen Genie, das unser Volk in der Geschichte so oft bewiesen hat und das den Ruhm der deutschen Nation begründet.«[1] Tatsächlich handelt es sich hier um einen Auszug aus der auf dem Dezemberplenum 1973 verabschiedeten Erklärung zur nationalen Frage des Zentralkomitees der Kommunistischen Partei Deutschlands/Marxisten-Leninisten.

Und wem ordnen wir dieses Zitat zu: »Wir wollen aufhören, die Narren der Fremden zu sein, und zusammenhalten zu einem einzigen, unteilbaren, starken, freien deutschen Volke!« Ernst JÜNGER? Rudolf HESS? Adolf VON THADDEN? Nein, diese stolzen Worte stammen von keinem Geringeren als Friedrich ENGELS.

Es ist also allemal geboten, Klartext zu sprechen und diejenigen, die heute als ›links‹ gelten, präziser mit Attributen wie internationalistisch, antifaschistisch, deutschfeindlich usw. und diejenigen, die als ›rechts‹ verschrien sind, als nationalbewußt, antimarxistisch, inländerfreundlich usw. zu beschreiben. Die Aussagekraft eines Satzes, die Formulierung einer These, Frage oder Erkenntnis wird mit dieser Art der Präzisierung ungleich stärker – ungleich stärker, als wenn wir pauschal lediglich auf ›Linksextreme‹ oder ›Rechtsradikale‹ verweisen würden. Wir unterscheiden im folgenden deshalb auch deutlich zwischen den Begriffen ›radikal‹ und ›extrem(istisch)‹ und wollen, um Mißverständnissen vorzubeugen, diese Begriffe wie folgt definieren:

- Als radikal betrachten wir solche Meinungsäußerungen und Handlungen, die grundlegende, sozusagen bis an die Wurzel gehende Lösungen bestimmter Fragen und Probleme zum Ziele haben, dabei aber auf Anwendung von Gewalt verzichten und keineswegs auf die Beseitigung eines freiheitlichen und demokratischen Systems abzielen.
- Als extrem(istisch) verstehen wir Aufrufe zur Gewalt und Handlungen, die die freiheitliche demokratische Grundordnung[2] unter Anwendung von Gewalt zu beseitigen beabsichtigen.

Die Ämter für Verfassungsschutz haben bis 1974 die Begriffe ›Extremismus‹ und ›Radikalismus‹ als »Synonyme zur Kennzeichnung verfassungsfeindlicher Bestrebungen« verwendet. Seither benutzen die Geheimdienstler den Radikalismusbegriff nicht mehr, da dieser, wie sie durchaus richtig feststellen, »in der politischen Tradition der Aufklärung positiv besetzt ist«. Der Rechtsradikalismus, so resümieren sie durchaus folgerichtig, agiere im Rahmen der freiheitlichen demokratischen Grundordnung und werde deshalb »grundsätzlich« nicht vom Verfassungsschutz beobachtet.[3] Tatsächlich? In der Praxis machen die Geheimdienstler keinen Unterschied zwischen Radikalen und Extremisten. Als extremistisch (= ›verfassungsfeindlich‹) bezeichnen die Verfassungsschutzbehörden politische Bestrebungen (Aktivitäten), »die den demokratischen Verfassungsstaat und seine fundamentalen Werte ablehnen und darauf abzielen, die freiheitliche demokratische Grundordnung durch eine andere Ordnung zu ersetzen«.[4] Tatsächlich wurden Radikale, die seit fast 30 Jahren ja angeblich keine ›Beobachtungsobjekte‹ mehr sind, nicht etwa von einer weiteren Stigmatisation und Kriminalisierung ausgenommen, sondern fortan einfach als Extremisten bezeichnet, so daß sie wie eh und je in den sogenannten Verfassungsschutzberichten aufgelistet sind.

Zu diesem Etikettenschwindel ein treffendes Beispiel: Im Verfassungsschutzbericht des Bundes 1973 heißt es: »Programmatische Äußerungen führender Funktionäre der NPD sowie das Schrifttum der Partei lassen nach wie vor auf den rechtsradikalen Charakter der Partei schließen.« 1975 ließen ähnliche Äußerungen und dasselbe Schrifttum aber dann auf den »rechtsextremistischen Charakter der NPD« schließen. Von dieser Praxis der verfassungsschützerischen Umbenennung sind übrigens alle ehemals als ›links- bzw. rechtsradikal‹ bezeichneten Organisationen betroffen. Sowohl die Inhaltsverzeichnisse als auch die Texte damaliger Verfassungsschutzberichte belegen eindeutig, daß das Wort oder Suffix ›radikal‹ ganz einfach durch ›extremistisch‹ ersetzt worden ist. Nicht eine vorher als ›radikal‹ bezeichnete Organisation oder Partei ist nach Einführung der angeblich neuen Betrachtungsweise gelöscht worden. Folglich: Was vor 1974 als radikal angesehen wurde, wird seitdem als extremistisch bezeichnet.

Die Hürden, in dieser Republik als ›Extremist‹ diffamiert zu werden, sind entsprechend tief angesetzt. »Die Bundesrepublik Deutschland ist auf dem Weg zu einem DDR-light-System«, eine Aussage, obgleich in dieser Form nie geäußert, sicherte dem Verfasser einen Platz im *Verfassungsschutzbericht des Bundes 1999*. Und nicht nur da. Mimosenhaft heißt es beispielsweise in dem vom Innensenator Ronald SCHILL zu verantwortenden »Bericht« des Landesamtes für Verfassungsschutz der Freien und Hansestadt Hamburg 2001: »Auch der als Gastredner eingeladene rechtsextremistische Publizist Dr. Claus NORDBRUCH griff in aggressiver Weise die Verfassungsschutzbehörden an und behauptete, daß deren Tätigkeit sich gegen die grundgesetzlich verankerte Meinungsfreiheit richte.«[5] Wie diese ›Aggressivität‹ wirklich aussah, ist für die Nachwelt dokumentiert. Die Rede ist für jedermann nachzulesen und anzuhören.[6]

Im November 2002 warnte Arnulf BARING, daß die Bundesrepublik Deutschland sich zu einer westlichen DDR entwickle. Eine Äußerung, die den angesehenen Politologen, wäre man in den Ämtern konsequent, für die Aufnahme in die ›Verfassungsschutzberichte‹ qualifiziert. Die Verunglimpfung mittels dieser ›Berichte‹ gehört zu den letzten Geschützen, die die Repräsentanten eines kränkelnden Systems aufzufahren haben. Stören wir uns deshalb nicht an dieser armseligen Praxis der ›wehrdemokratischen‹ geistig-politischen Auseinandersetzung. Fassen wir diese Art des ›Dialogs‹ als das auf, was er ist: als verzweifelten Versuch der Kartellpolitiker, den vorgebrachten Argumenten der Systemkritiker aus dem Weg zu gehen und Dissidenten jeglicher Art mundtot zu machen.

Da der ›Verfassungsschutz‹ mit dem Begriff ›extremistisch‹ – ähnlich wie die Antifa mit dem Schlagwort ›faschistisch‹ – geradezu inflationär umgeht, ist die Bandbreite der ›Beobachtungsobjekte‹ in den vergangenen Jahren immer uferloser geworden. So fallen mittlerweile beispielsweise der ›Rechtsextremist‹ Alfred MECHTERSHEIMER ebenso wie die ›rechtsextremistische‹ Wochenzeitung *Junge Freiheit* oder ›rechtsextremistische Intellektuelle‹ wie Pierre KREBS und Jürgen SCHWAB in die Kategorie der zu beobachtenden Objekte. Schenkt man den Verfassungsschützern Glauben, wenden sich diese Personen und Medien – da ›Extremisten‹ – allesamt gegen die freiheitliche demokratische Grundordnung. Eine solche Sichtweise ist für Erfassungsfanatiker freilich praktisch, denn sie öffnet der Willkür Tür und Tor. Es kann eigentlich nur noch eine Frage der Zeit sein, bis konsequenterweise auch Baldur SPRINGMANN, Hans Herbert VON ARNIM, Jürgen MÖLLEMANN, Reinhard UHLE-WETTLER oder Herwig BIRG in den Club der ›Beobachtungsobjekte‹ aufgenommen werden. Übertrieben? Politisch engagierte Publizisten wie Hans-Helmuth KNÜTTER oder Heinrich LUMMER genießen bereits die Aufmerksamkeit der Gesinnungspolizei.

Zum Schluß dieser einführenden Worte möchte ich mich bei allen, die mich bei meiner Arbeit unterstützt haben, herzlich bedanken. Mein besonderer Dank geht an meinen Freund Adolf HELMERS für seine Zeit, die er mir für viele Gespräche geopfert hat, an meinen Freund Steffen OESTERLE für die seelische Stütze, die er mir in sehr schwierigen Zeiten war, an Herrn Klaus BEIER für seine konstruktive Hilfe bei meinen Recherchen, an Frau Susann STARKE, die es verstand, mich mit schier unerschöpflicher Geduld gewissenhaft *und* einfühlsam auf notwendige Veränderungen im Manuskript aufmerksam zu machen und von wichtigen Ergänzungen in den Ausführungen meiner Argumentation zu überzeugen, sowie an meinen Verleger Wigbert GRABERT dafür, daß er mir erneut die Gelegenheit gibt, eine brisante geistig-politische Auseinandersetzung in der Öffentlichkeit zu führen. Euch allen ein donnerndes *Vincemus*!

Dr. Claus NORDBRUCH, Frühjahr 2003

1. Es geht um alles

Nur, um vorab gleich etwas klarzustellen: Der Autor dieser Zeilen ist alles andere als ein Verschwörungstheoretiker, er gehört keinem Geheimbund an, ja ist noch nicht einmal Mitglied einer politischen Partei. Er betrachtet das irdische Dasein keineswegs als Jammertal und erhofft sich deshalb auch keine Errettung seiner Seele oder gar seines Körpers durch imaginäre Kräfte aus dem Jenseits. Und doch basieren die im folgenden angestellten Überlegungen auf einer Hypothese, die für viele Ohren geradezu verschwörerisch, wenigstens aber ketzerisch klingen möge: Es geht um die These, daß seit vielen Jahrzehnten eine Agenda betrieben wird, deren Ziel es ist, Deutschland politisch und kulturell auszuschalten, Deutschland als Bollwerk gegen den *American way of life* zu vernichten und damit auch Europa der Zerstörung preiszugeben.

Diese Agenda ist nicht neu, sie ist auch nicht erst im Zweiten Weltkrieg entstanden, als die ›guten‹ Alliierten ihren Kreuzzug gegen die ›bösen‹ Deutschen führten – und eben keineswegs nur gegen ›die Nazis‹.[7] Der Kampf gegen Deutschland reicht weit bis in Kaisers Zeiten zurück. Schon Großadmiral Alfred von Tirpitz erklärte 1917 auf der ersten öffentlichen Veranstaltung der Vaterlandspartei die Bedeutung des entbrannten Krieges: »Darum geht der gewaltige Kampf, den Deutschland jetzt führt, nicht um Deutschland allein, er geht in Wahrheit um die Freiheit des europäischen Kontinents und seiner Völker gegen die alles verschlingende Tyrannei des Anglo-Amerikanismus.« Und hier ist etwas dran!

Es ist im folgenden nicht möglich, einen Beweis anzutreten, der die These vom internationalen Kampf gegen Deutschland als dem geistigen Zentrum einer hohen Kultur unumstößlich belegt. Es ist also beispielsweise nicht möglich, einen schriftlichen Geheimbefehl oder ähnliches vorzulegen, in dem endgültig festgehalten ist, Deutschland zugunsten der Unkultur umzugestalten und niederzumachen. Wohl aber werden wir zahlreiche Beispiele aus jüngster Zeit betrachten, die belegen, daß viele Indizien und zu Ende gedachte Überlegungen sehr wohl für die brisante These eines solchen Angriffs sprechen. Hierbei wollen wir uns weniger auf bereits aufgearbeitete und dokumentierte historische Quellen, sondern vielmehr auf zeitgenössische und aktuelle Belege stützen, die unsere These untermauern und die wir wie folgt formulieren möchten: Es gibt seit Beginn der Bundesrepublik Deutschland – unabhängig davon, welche Partei oder Koalition die Regierung stellen mag – nur eine geistesverwandte politische Klasse, die hauptsächlich ein Interesse verfolgt, und dieses ist kein nationales. Mag es in den verschiedenen etablierten Parteien auch Einzelkämpfer geben, die es ehrlich meinen, die ihre Welt verändern oder wenigstens erträglich zu gestalten beabsichtigen – gerade auf regionaler und kommunalpolitischer Ebene findet sich noch diese Spezies von Idealisten –, aber im wesentlichen sind diese wenigen ohne Einfluß. Sie werden von den wirklichen Machern kaltgestellt, ausgegrenzt oder im Extremfall sogar getötet, wie dies beispielsweise durch das Schicksal von Uwe BARSCHEL oder Detlev Karsten ROHWEDDER nahegelegt wird. Es liegt also in der Sache selbst, daß wir uns gerade mit den Taten, Äußerungen und Absichten von Parteifunktionären und Berufspolitikern kritisch auseinandersetzen müssen.

Ausgerechnet der Hobbyradfahrer und – damals noch amtierende – Verteidigungsminister Rudolf SCHARPING warf dem zu diesem Zeitpunkt ebenfalls noch amtierenden FDP-Vize Jürgen MÖLLEMANN vor, mit dem ›Antisemitismus‹-Streit das Ansehen Deutschlands im Ausland beschädigt zu haben. MÖLLEMANN habe FDP-Chef Guido WESTERWELLE ebenso geschadet wie dem deutschen Ansehen und deutschen Interessen im Ausland. Ist es nicht überaus witzig, wenn Berufspolitiker andere Berufspolitiker zur Moral mahnen? Wir werden hierüber sehr viel zu sagen haben.

Der Autor ist auch alles andere als ein Muffel oder Miesepeter. Im Gegenteil, er lacht gern – auch und gerade, wenn's mal nicht paßt. Vor allem weiß er aber zu unterscheiden zwischen oberflächlichem Spaß und echter Freude. Eine solche Unterscheidung zu treffen ist heutzutage alles andere als selbstverständlich. In nahezu allen Lebensbereichen, ob in der Politik, der Werbung, im Sport oder beim Konsum treffen wir hierzulande auf einen geradezu inflationär gebrauchten Begriff: Spaß. Dieser ›Spaß‹ ist ein wesentlicher Bestandteil des herrschenden Zeitgeistes. Ebenso oberflächlich ist er auch. Denn mit dem Lehnwort ›Spaß‹ wird nicht etwa ein fröhlicher, erhabener, beglückender Gefühls- und Gemütszustand beschrieben, wie es das deutsche Wort ›Freude‹ ausdrückt, sondern lediglich ein kurzweilender Zustand der Belustigung oder des Vergnügens wiedergegeben, wie es das italienische Wort *spasso* bedeutet. Mit Fröhlichkeit und Erhabenheit hat die Bundesrepublik Deutschland wahrlich nichts zu tun. So ist es kein Wunder, wie am 27. November 2002 die Deutsche Presse Agentur (dpa) meldete, daß immer mehr Deutsche an Depressionen leiden. Jürgen FRITZE erklärte auf dem Jahreskongreß der Deutschen Gesellschaft für Psychiatrie, Psychotherapie und Nervenheilkunde (DGPPN), daß sich inzwischen zu jeder Zeit rund sechs Prozent der Erwachsenen in einer depressiven Phase befänden. 60 Prozent der jährlich mehr als 11 000 Selbstmorde in der Bundesrepublik Deutschland beruhten auf der Hoffnungslosigkeit einer Depression.

Wer im Gefängnis aufgewachsen ist und nichts anderes kennt als die ihn umgebende kalte Wand und die Gitterstäbe, weiß nicht, was Freiheit bedeutet. Mit dieser Metapher ist der geistige Zustand der meisten Bundesbürger beschrieben, zumindest, was die beiden letzten Generationen anbelangt. Sie haben, um mit Reinhard UHLE-WETTLER zu sprechen, »das Gift der Umerziehung mit der Muttermilch eingesogen, ohne wahrnehmen zu können«, was tatsächlich um sie und mit ihnen geschieht. Der Normalzustand ist das, was sie täglich vorgesetzt bekommen. Der ›Freiheit‹ zwischen *Lindenstraße* und MTV, der ›Abwechslung‹ zwischen Ballermann einerseits und Trauerarbeit andererseits ausgesetzt, können sie nicht wissen, wie ein wirklich sinnvolles, erfülltes und glückliches Leben aussehen kann, was echte Freiheit bedeutet. »So kann der Wunsch nach Aufklärung erst gar nicht entstehen, geschweige denn der nach Größe und Glanz des Deutschen Reiches, das sie ja nie erlebt [haben]. Jene aber, die ›im System stecken‹, haben weder Sinn noch Interesse an der Änderung des brüchig gewordenen ›Systems Bundesrepublik Deutschland‹, denn sie leben ja von ihm.«[8]

Wir wollen versuchen, uns im folgenden nicht nur auf die Kritik an diesem System zu beschränken, sondern auch Alternativen für ein schöneres, geistreicheres und damit erfüllteres Leben aufzuzeigen. Nennen wir diese Alternative ruhig einmal das Deutsche Reich. Kein Grund, gleich abzuwinken! Wir meinen dies nicht im reaktionären Sinn, sondern, wie wir im folgenden zeigen wollen, im geistigen, im metaphysischen.

Deutschland

Im freiheitlichsten Rechtsstaat, der jemals auf deutschem Boden existiert hat, ist es eher unklug, da suspekt, von ›Systemparteien‹ und ›Systempolitikern‹ zu sprechen. Eine solche Wortwahl macht die Innenminister und ihr Fußvolk bei den Ämtern für Verfassungsschutz sofort hellhörig. Schließlich fühlen sie sich nicht zu

Unrecht als Hüter des Systems. Als solche betrachten sie Kritik am herrschenden System und an ihrer Herrschaft als eine Art Majestätsbeleidigung. Notfalls werden die Paragraphen 90a und 90b des Strafgesetzbuches bemüht, diese sehen bekanntlich für die Verunglimpfung des Staates und seiner Verfassungsorgane bis zu fünf Jahre Haft vor. Da hat schon so mancher lieber den Mund gehalten, als sich selbigen zu verbrennen. Den Mund zu halten bedeutet aber nicht unbedingt immer eine Tugend. Gerade in Zeiten, in denen Zivilcourage propagiert und dazu aufgerufen wird, Gesicht zu zeigen, ist es angesagt, sich mit dem System und der Lage der Nation geistig-politisch auseinanderzusetzen. Durchaus auf radikal-kritische Weise, denn die Lage ist radikal-kritisch.

Einer der wenigen Intellektuellen in dieser Republik, der keine Scheu vor dem *circus maximus* zeigt und sich unseres brisanten Themas zumindest teilweise bereits angenommen hat, ist Hans Herbert von Arnim, Professor für Öffentliches Recht und Verwaltungslehre an der Deutschen Hochschule für Verwaltungswissenschaften zu Speyer. »Hinter der demokratischen Fassade«, so von Arnim, wurde in der Bundesrepublik Deutschland »ein System installiert, in dem völlig andere Regeln gelten als die des Grundgesetzes.« Will sagen: Man redet von Demokratie und praktiziert sie nicht. In 50jähriger Herrschaft hat sich ein Machtkartell herausgebildet, das sich praktisch jeder wirksamen Kontrolle entzieht, mögliche Alternativen schon im Ansatz abblockt und sich um den Volkswillen – wie die Einführung des Euro einmal mehr beweist – keinen Deut schert. Zunächst verdeckt, später immer ungenierter wurde darauf hingearbeitet, den von der alliierten Lizenzierungspolitik startbegünstigten Parteien ein dauerhaftes Machtprivileg zu verschaffen. Unerwünschte Konkurrenten wurden »allmählich eliminiert« (von Arnim) – durch Sperrklauseln, finanzielle Benachteiligungen, Ausgrenzung aus den lizenzierten wie auch aus den öffentlich-rechtlichen Medien, durch Diskriminierung jeder Art – bis hin zum Parteiverbot.

Im Wahlkampf, so von Arnim, werde den Bürgern ein Scheinwettbewerb vorgegaukelt. Es gehe nicht um Sachfragen, nicht ums Gemeinwohl, sondern um die Interessen der Akteure an Macht, Posten und Geld. Beim Rollenwechsel zwischen Regierung und Opposition ändere sich inhaltlich wenig. Die großen Parteien seien programmatisch weitgehend austauschbar.[9] Diese Erkenntnis kann man freilich noch farbenfroher ausdrücken: »Wer im Kanzleramt einfach mal ein anderes Gesicht sehen will, kann den Unionskandidaten getrost wählen, ohne befürchten zu müssen, daß sich an der deutschen Politik Substantielles ändert, daß gar die Steuern gesenkt werden, die Zuwanderung gestoppt wird oder der nächste US-Krieg ohne Bundeswehr-Beteiligung stattfindet. Edmund STOIBER sieht anders aus als Gerhard SCHRÖDER. Reicht das nicht?«[10] Ganz offensichtlich. Es ist völlig wurscht, ob sich der mündige Bundesbürger nun für SCHRÖDER oder STOIBER entschieden hat; die bundesdeutsche Politik wird kontinuierlich fortgeführt, und sie ist gekennzeichnet durch den Bankrott des Gesundheitssystems, den Verfall des Rentensystems, die Masseneinwanderung von Menschen aus nichteuropäischen Kulturkreisen und Angehörigen fremder Ethnien, steigende Kriminalität, nicht enden wollende Steuererhöhungen und Neuverschuldungen, staatliche Repression, kulturelle Verflachung, Korruption, fehlende Eliten, weitere Demontage rechtsstaatlicher und freiheitlicher Grundprinzipien und Unterwürfigkeit gegenüber dem Ausland. Wäre SCHRÖDER durch STOIBER ausgetauscht worden, wäre alles beim alten geblieben im Staat der austauschbaren Mittelmäßigkeit, der zunehmend durch Skandale, Nepotismus und Korruption in die Binsen geht.

Nur um dem von einschlägig bekannter Seite zu erwartenden obligatorischen Denunziationsversuch, bei dieser Äußerung handle es sich um eine ›rechtsradikale Verunglimpfung des Staates und seiner Repräsentanten‹, vorweg den Wind aus den Segeln zu nehmen, wollen wir unser Augenmerk zunächst auf einen Artikel des Parteienforschers und Politikwissenschaftlers Tobias DÜRR richten, der gegenüber der *Welt* jüngst eingestand: »Nie zuvor ist so deutlich geworden, wie sehr sich die ›professionalisierten‹ und zentralisierten Parteien mittlerweile ihren sozialen und weltanschaulichen Voraussetzungen entfremdet haben, wie im Wahljahr 2002. Während der etablierten Politik jede gesellschaftliche Erdung verlorengeht, haben in den vergangenen Monaten ›Kommunikationsexperten‹ und selbsternannte Strategen des ›Politikmarketing‹ das große Wort geführt, die die tiefe Legitimationskrise der Parteiendemokratie nebenbei sogar noch flink zu einer ›Modernisierungsleistung‹ umdeuten. [...] Ein Hauch von Endzeit liegt über der gespenstischen Szenerie. Denn tatsächlich ist keine einzige der deutschen Parlamentsparteien heute noch so etwas wie der politische Arm einer vitalen Strömung oder Interessenlage innerhalb der deutschen Gesellschaft. Die sozialen und kulturellen Ressourcen sind ausgetrocknet. [...] Wir stolpern unruhigen Zeiten entgegen.«[11]

Nichts anderes sagen wir auch. Betrachten wir uns diese ›Trockengebiete‹ ein wenig näher.

Die international tätige Agentur ›Transparency International‹ untersucht Jahr auf Jahr die Korruptionsanfälligkeit in fast 100 Staaten dieser Erde. In früheren Jahren hatte die Bundesrepublik Deutschland in den Statistiken dieser Organisation regelmäßig gute Plätze belegt. Bestechlichkeit war in Deutschland ein Fremdwort. Die Betonung liegt auf ›war‹, denn die Situation hat sich mittlerweile geändert. Drastisch geändert. Korruption, so der Politologe Hans Herbert von Arnim, sei hierzulande gar »die Seele des Systems«. Nicht erst seit gestern. Während der Wende – gemeint ist die ›geistige‹, will sagen, der Beginn der Ära Kohl – gingen die jahrzehntelang gehaltenen Spitzenplätze den Bach hinunter. Die CDU-Spendenaffäre und die Leuna-Affäre seien an dieser Stelle stellvertretend für die in der Berliner Republik längst etablierte Bestechlichkeit als treffende Beispiele aufgeführt. Angesichts vermehrter Affären fiel die Bundesrepublik Deutschland mit der Zeit auf Platz 12, schließlich auf Platz 14. Es folgte die SPD-Spendenaffäre, und im jüngsten Jahresbericht (*The 2001 Corruption Perceptions Index*) von ›Transparency International‹ ist die Berliner Republik inzwischen auf den 20. Platz abgesackt. Und wem das zu abstrakt ist: Dieser Rang liegt bereits hinter Chile und nur noch knapp vor Botswana, Namibia und dem Inselstaat Trinidad und Tobago.

Hans Herbert von Arnim stellte im Juli 2002 seine 12 Thesen zum Zustand von Staat und Gesellschaft auf. Unter anderem heißt es da: »Lange hat der Ost-West-Gegensatz eine kritische Diskussion des Parteienstaates im Westen erschwert, war er doch im Vergleich zum Kommunismus immer noch die bessere Alternative. Erst der Zusammenbruch des östlichen Totalitarismus hat den Weg für eine unbefangene Kritik des bundesdeutschen Systems freigemacht. Nun konnte man den Kritikern nicht mehr vorwerfen, sie würden dem Kommunismus in die Hände arbeiten: Skandalöse Vorkommnisse der letzten Jahre haben weitere Anstöße zur kritischen Reflexion gegeben. Die Flick-Affäre, das ›System Kohl‹, der Berliner Landowsky-Skandal, der Spenden- und Korruptionssumpf in Köln und Wuppertal sind ja in Wahrheit keine Einzelfälle, sondern krasse Erscheinungsformen eines – normalerweise sorgfältig verborgenen – Schattensystems hinter der offiziellen Fassade. [...] Machtstreben ist allerdings nichts unbedingt Schlechtes. Solange die Politik nämlich für neue Kräfte offen ist, halten sich die konkurrierenden Lager einigermaßen in Schach, und der Wettbewerb zwingt sie, sich an den Wünschen der Wähler auszurichten. Doch in der Bundesrepublik ist der Wettbewerb massiv einge-

»Schon mal'ne weißere Weste gesehen?« so karikierte HATZINGER *in der* Bunte *den Ausgang der von* KOHL *›gemanagten‹ Spendenaffäre.*

schränkt, so daß auch seine Steuerungsfunktion verlorengeht. Wie Unternehmer in der Wirtschaft, so neigen auch Politiker zur Bildung von Kartellen, die sich wie ein lähmendes Netz über die Republik legen. Ursächlich für schlechte Politik sind vor allem Mängel des Systems, und auch dafür sind die Parteien und ihre politische Klasse verantwortlich. Diese sind nämlich nicht nur Teilnehmer am politischen Kräftespiel. In parteiübergreifender Einigkeit gestalten sie vielmehr auch die Spielregeln, also den institutionellen Rahmen, innerhalb dessen Politik sich abspielt. Sie sitzen mitten im Staat an den Hebeln der Macht und entscheiden über Gesetze und Haushaltspläne, ja sogar über die Verfassung. Sie haben das Monopol über alle wesentlichen Entscheidungen. ›Volkssouveränität‹, wie sie die Verfassung proklamiert, ist nur noch ein schöner Schein. Damit liegt das ganze System in den Händen der politischen Klasse und wird nach ihren Interessen geformt. [...] Sogar das Königsrecht der Bürger in der Demokratie, das Wahlrecht, hat die politische Klasse zu ihren Gunsten manipuliert: Bedingt durch selbstgemachte Wahlgesetze, stehen die meisten Parlamentsabgeordneten schon lange vor der Wahl fest.

Für Kandidaten, die die Parteien auf ›sichere Plätze‹ gesetzt haben, ist die Volkswahl nur noch Formsache. Sogar wer die Regierung und den Kanzler stellt, entscheiden meist nicht die Wähler, sondern die Parteien durch Koalitionsvereinbarungen nach der Wahl. [...] Die Parteien stellen nicht nur das Parlament und die Regierung, sondern nehmen in Deutschland auch da Einfluß, wo sie eigentlich nichts zu suchen haben. Sie durchsetzen alle möglichen Kontrollinstanzen mit ihren Parteigängern und suchen sie bis zu einem gewissen Grad gleichzuschalten. Betroffen sind vor allem:

- hohe Gerichte, vor allem Verfassungsgerichte,
- die Spitzen der Rechnungshöfe,
- wichtige Positionen in den öffentlich-rechtlichen Hörfunk-/Fernsehanstalten,
- der öffentliche Dienst insgesamt, manchmal bis hinunter zum Pförtner,
- Führungspositionen in öffentlichen Unternehmen,
- Spitzenpositionen in Schulen und allmählich auch in den Universitäten,
- Sachverständigenkommissionen und sonstige Gremien der wissenschaftlichen Politikberatung und vor allem
- Einrichtungen der sogenannten politischen Bildung.

Auf diese Weise bestimmt die politische Klasse die Grammatik der politischen Korrektheit und damit auch den Rahmen für erlaubte öffentliche Themen und Diskurse.«[12]

Bei den Systemparteien sind zukunftsfähige Sachentscheidungen einer organisierten Verantwortungslosigkeit gewichen – anwachsende Arbeitslosigkeit, ungelöste Rentenfrage, stark rückläufige Bildungsinvestitionen, mangelnde Familienförderung, sozial unausgewogenes Gesundheitswesen oder ungerechtes Steuersystem mögen an dieser Stelle beispielhaft für die Abgehobenheit der politischen Klasse stehen.

»Die Bundesrepublik befindet sich in einer schweren gesellschaftlichen und wirtschaftlichen Krise. Kriminalität und Rauschgiftkonsum nehmen zu, Familien werden zerstört, Vereinsamung ist ein Massenphänomen geworden. Die Wirtschaft stagniert, die Arbeitslosenzahlen haben katastrophale Ausmaße angenommen. Der Sozialabbau schreitet voran, die Konzernprofite explodieren, das Reallohnniveau der Arbeiter sinkt. Die Bildungskatastrophe läßt sich nicht mehr verheimlichen, die Rentenpolitik ist gescheitert. Die Außenpolitik der BRD beschränkt sich auf Handlangerdienste für die USA, deutsche Soldaten beteiligen sich an Angriffskriegen. Überall sind die Verfallserscheinungen spürbar, nicht nur beim Anblick der immer zahlreicher werdenden Obdachlosen oder bei der Beobachtung verhaltensauffälliger, verrohter Jugendlicher, deren Zahl ebenso wächst. Die Realität der BRD ist unerträglich geworden. Bei all diesen Phänomenen handelt es sich nicht um Zufälle, sondern um zwangsläufige Folgen der Politik der herrschenden Kartellparteien von der CSU bis zur PDS.«[13] Diese Lagebeurteilung über die Bundesrepublik Deutschland ist nicht falsch, nur weil sie in einer Zeitung erschienen ist, die einer zur Paria erklärten Partei nahesteht. Die *Deutsche Stimme* hat hier, ohne um den heißen Brei herumzureden, in wenigen Worten erfaßt, was parteipolitisch ungebundene Publizisten und renommierte Wissenschaftler schon seit Jahren beschreiben und anklagen.

Die Titel zahlreicher in jüngerer Zeit erschienener Bücher, die sich mit dem politischen System der Bundesrepublik Deutschland und der dort herrschenden politischen Kaste kritisch auseinandersetzen, sprechen diesbezüglich Bände und lassen tief in den tatsächlichen Notstand der Nation blicken: *Die deformierte Demokratie. Parteienherrschaft in Deutschland* von Hans Apel, *Bananenrepublik Deutschland. Korruption, der ganz alltägliche Skandal* von Wolfhart Berg, *Die korrupte Republik* von Siegfried Bluth, *Die Abzocker. Selbstbedienung in Politik und Wirtschaft* von Friedrich Bräuninger und Manfred Hasenbeck, *Zeitbombe Bürokratie* von Werner Bruns, *Der Abzocker-Staat* von Erich Hauser und Harald Hotze, *Mafia im Staat – Deutschland fällt unter die Räuber* von Hans Leyendecker, *Der Bürger als Beute* von Ralf Neubauer, *Cliquen, Klüngel und Karrieren. Über den Verfall der politischen Parteien* von Erwin und Ute Scheuch, *Parteiendiktatur* von Helmut Stubbe-da Luz, *Der deutsche Komplex* von Rolf Stolz, *Die Überwindung der Canossa-Republik* von

Entschiedene Kritiker an der Parteikratie in Deutschland. Von oben: Erwin Scheuch, Reinhard Uhle-Wettler, Hans Herbert von Arnim, Rolf Stolz und Werner Bruns.

Reinhard UHLE-WETTLER sowie natürlich die bahnbrechenden Bücher von Hans Herbert VON ARNIM *Fetter, Bauch regiert nicht gern. Die politische Klasse – selbstbezogen und abgehoben; Staat ohne Diener. Was schert die Politiker das Wohl des Volkes?; Der Staat als Beute. Wie Politiker in eigener Sache Gesetze machen; Vom schönen Schein der Demokratie. Politik ohne Verantwortung, am Volk vorbei* und *Das System. Die Machenschaften der Macht*. All diese lesenswerten Veröffentlichungen setzen sich intellektuell mit dem unaufhörlichen politischen Verfall dieser Republik auseinander. Dieser Verfall hat jedoch längst alle Ebenen des menschlichen Lebens ergriffen.

Eine direkte Folge der materiellen Lebensauffassung ist die verhängnisvolle demographische Entwicklung hierzulande. Die Bundesrepublik Deutschland leidet unter den derzeit fünfzehn Mitgliedstaaten der Europäischen Union am geringsten Volkswachstum – und eben nicht, wie es in den Medien verfälscht dargestellt wird, am geringsten ›Bevölkerungswachstum‹. So zählte die Bundesrepublik nach offiziellen Angaben Anfang 2001 knapp 82,2 Menschen auf ihrem Territorium und hatte damit sogar 29 000 Bewohner mehr als noch 12 Monate zuvor. Daß es in Deutschland, so die *Frankfurter Allgemeine Zeitung*, »überhaupt zu einem Bevölkerungsanstieg kam, erklärt sich aus den grenzüberschreitenden Wanderungsbewegungen«.[14] Will sagen, der verstärkten Auswanderung deutscher Menschen aus Deutschland und der vermehrten Abtreibung deutschen ungeborenen Lebens bei gleichzeitiger unaufhörlicher Einwanderung von Menschen aus fremden Kulturkreisen und Angehörigen fremder Völker nach Deutschland. Der passende Begriff für diese Sackgassenentwicklung dürfte spätestens seit den Veröffentlichungen des Bevölkerungswissenschaftlers Herwig BIRG mit ›Umvolkung‹ wohlgetroffen werden. Die Deutschen werden also ausgetauscht. »Die purzelnden Geburtenraten sind das natürliche Resultat einer inzwischen in allen Lebensbereichen spürbaren deutschen Antriebsarmut. Vor allem fügt sich der Bevölkerungsschwund nahtlos in die innere Logik einer Gesellschaft, deren gefallsüchtige Spitzenpolitiker im Korybantenlärm der Schwulen-, Lesben- und Transvestitenparaden auf dem Prunkwagen mitschunkeln.«[15]

Am spürbarsten für den einzelnen Bürger, um den – im übrigen zu Unrecht stigmatisierten – Begriff ›Volksgenossen‹ zu vermeiden, dürfte wohl der wirtschaftliche Niedergang sein: Die Zahl der Pleiten, oder um es noch etwas deutlicher auszudrücken: die Zahl derjenigen Unternehmen, die in der Bundesrepublik Deutschland Bankrott anmelden mußten, nimmt seit Jahren zu und schwingt sich von Rekordstand zu Rekordstand. 2001 meldeten über 32 000 Unternehmen Insolvenz an - so viele wie nie zuvor seit 1990. Drastisch ist vor allem die Zahl der Pleiten von Aktiengesellschaften gestiegen. Bei den betroffenen Unternehmen waren dem Statistischen Bundesamt zufolge mehr als 200 000 Menschen beschäftigt. Tatsächlich dürfte die Zahl aber höher liegen, da bei mehr als einem Fünftel aller Anträge keine Angaben zu den Beschäftigten gemacht wurden. Für 2001 ermittelten die Gerichte für alle Insolvenzanträge offene Forderungen von über 31 Milliarden Euro.[16] Eine Umkehr dieser fatalen Entwicklung ist nicht in Sicht. Seit dem Beitritt der Deutschen Demokratischen Republik zur Bundesrepublik Deutschland steigt die Zahl der Insolvenzen kontinuierlich an: 1996 zählten die Statistiker rund 25 500 Unternehmensinsolvenzen, 1995 über 22 000, 1994 knapp 19 000, 1993 etwa 15 000, 1992 fast 11 000 und 1991 immerhin schon 8800.[17] Allein in den ersten sechs Monaten des Jahres 2002 waren es - neuer Rekord! - 18 500 Unternehmen, die den Gang zum Insolvenzrichter antreten mußten. Eine faustdicke Wirtschaftskrise zeichnet sich deutlich ab. Nein, wir sind bereits mitten drin.

Selbstredend ein Ewiggestriger derjenige, der da meint, der wirtschaftliche Verfall stehe unter anderem auch mit der geistigen Auffassung der Repräsentanten des bundesdeutschen Systems gegenüber Deutschland in Verbindung. 2002 eröffnete Johannes Rau den 17. DGB-Bundeskongreß in Berlin mit dem Bekenntnis zu der »bewußt gewählten und gewachsenen Ordnung« einer »sozial verpflichteten Marktwirtschaft« und der Mahnung an die Wirtschaftsverbände, den »Standort Deutschland« nicht schlechtzureden. Es gelte, das »deutsche System« so weiterzuentwickeln, daß »die Bürger sich auf den Staat als effizienten Dienstleister und als helfende Hand in der Not verlassen können.« Klingt überaus sozial, nicht? Nur, wenn ein Land nichts weiter ist als eine zufällige ökonomische Betriebseinheit, in der die Mehrheit der Menschen an Maschinen gesetzt werden oder einfache Dienstleistungen verrichten dürfen, wird ein möglichst sinnvolles Leben auf diese Weise freilich nicht ermöglicht. Auf die Menschen miteinander verbindenden schöpferischen Werte wie Nationalstolz und historisches Bewußtsein kann man in solch einem System getrost verzichten - dann allerdings auch auf Verbindlichkeit, Zusammenhalt und soziales Bewußtsein.

Das katastrophale Ausmaß des Niedergangs der Volkswirtschaft wird freilich noch mit allen Mitteln der Kunst von Brot und Spielen übertüncht. »Hat Boris Becker 100 Frauen gehabt?«, »Wie feste hat Dieter seine Naddel wirklich geschlagen?«, »›An meinem Körper ist alles straff und stramm‹, Modedesigner Karl LAGERFELD spricht über sexuelle Belästigung, Faltencremes und seine Liebe zu Ikea-Möbeln«, »*Wer wird Millionär?*«, »*Die Lindenstraße*«, »*Vorsicht Friedman!*« usw., bezeichnende Talkshowthemen von RTL, ProSieben und SAT 1 wie »Ich pinkle nur im Stehen«, »Lieber schön und dumm als schlau und häßlich«, »Mein Busen ist der schönste«, »Ich kann nicht lesen und nicht schreiben – bin ich deshalb dumm?« tragen ihr Scherflein zur Übertünchung bei. Oder wie es der deutsche Philosoph Kurt PORT nannte, das Volk wird durch »anarchistischen Lustsozialismus« bei Laune gehalten.

Diese Art der Trivialität hat längst das Berufspolitikerdasein erreicht – und zwar bis zur untersten Ebene. Wer meint, dies sei zu engstirnig geschildert, dem sei eine Meldung der dpa vom 28. Juni 2002 vorgehalten. Unter der Überschrift »Verschollene Bundestags-Quietsche-Enten aus Müllcontainer gerettet« heißt es da: »Drei knallgelbe Quietsche-Entchen haben im Bundestag eine stundenlange Suchaktion ausgelöst. Die von der Ex-Bundesgesundheitsministerin Andrea FISCHER ausgesetzten Gummi-Enten Jakob, Wolfgang und Sebastian schwammen seit Anfang des Jahres im Brunnen des Jakob-Kaiser-Hauses. Vor zwei Tagen waren sie spurlos aus dem Innenhof des Bundestagsgebäudes verschwunden. Reinigungskräfte hätten die drei Enten jetzt aus einem Müllcontainer gerettet, sagte eine Mitarbeiterin FISCHERS der dpa.«

Im November 1999 schrieb der *stern* einen Wettbewerb aus, in dem er seine Leser dazu aufrief, das ›Jahrhundertphoto‹ zu wählen. In der engeren Auswahl zum berühmtesten Photo des zwanzigsten Jahrhunderts fanden sich historische Bilder unter anderen von Helmut KOHL, Willy BRANDT, CHE GUEVARA, Rudi DUTSCHKE, Boris BECKER und Marilyn MONROE. Herausragend allerdings war das von vielen Medien (und vom ›Verfassungsschutz‹) immer wieder gern gezückte Foto eines namenlosen Betrunkenen im Trikot der bundesdeutschen Fußballnationalmannschaft, der weniger durch Sportlichkeit auffiel als vielmehr dadurch, in die Hose gepinkelt und fotogerecht mit dem rechten Arm Winkewinke gemacht zu haben – was selbstredend den ›Deutschen Gruß‹ darstellen und so den unumstößlichen Beweis für die Wiedergeburt des braunen Gespenstes in der Bundesrepublik Deutschland dokumentieren sollte. Bärbel BOHLEY faßte im November 2000 den bedauernswerten Geisteszustand der Bundesrepublik Deutschland im *Spiegel* ungeschminkt zusammen: »Noch nie war das politische und geistige Leben in Deutschland auf einem so niedrigen Niveau wie im Augenblick.« Wer kann der bedeutenden Bürgerrechtlerin da widersprechen?

Geistesfreiheit

Kaum mehr ernst genommen werden kann die bundesdeutsche Presse, die bei gewissen grundsätzlichen Themen gleichgeschaltet zu sein scheint – derart unkritisch und im Wortlaut ähnlich lesen sich jedenfalls die geistigen Ergüsse in den maßgeblichen Blättern. Manchmal erlauben sie sich aber auch einen Lapsus der besonderen Art, so daß der Leser überhaupt nicht mehr weiß, woran er ist und was er glauben soll. Als Vorgeschmack bietet sich vielleicht folgendes Beispiel an: Die *Leipziger Volkszeitung* berichtete am 14. Oktober 2002 unter Berufung auf Generalsekretärin Cornelia PIEPER, daß sich die FDP vom 18-Prozent-Ziel verabschiedet habe. Die FDP wolle mit der Vorgabe von 18 Prozent nicht mehr zu Wahlen antreten. Genau das Gegenteil konnte man am selben Tag im *Neuen Deutschland* lesen. Der Zeitung zufolge kündigte WESTERWELLE auf dem Bundeskongreß der Jungen Liberalen in Hannover eine Fortsetzung dieser Strategie an: »Ich werde dafür sorgen, daß in der FDP die Strategie 18 der Unabhängigkeit und einer Partei für das ganze Volk fortgesetzt wird. Wenn etwas beim ersten Mal noch nicht sofort so klappt, dann versucht man eben einen zweiten Anlauf.« Ja, was denn nun? Nochmal 18 oder nicht wieder?

Eindeutiger ist da schon eine andere Entwicklung: Parallel zum politischen, sozialen und wirtschaftlichen Verfall geht auch Geist und Kultur – ganz besonders die Geistesfreiheit! – im einstigen Land der Dichter und Denker den Bach hinunter. Die augenblicklich herrschende und alle Lebensbereiche umfassende Dekadenz dürfte die größte Bedrohung des Geistes in der deutschen Geschichte überhaupt sein. Auch über diese Thematik wurden in jüngster Zeit einige Bücher mit kennzeichnenden Titeln veröffentlicht: *Die Pervertierung der Meinungsfreiheit* von Gerhard DETLEFS, *So lügt das Fernsehen* von Sven EGGERS, *Die Diktatur der Guten* von Klaus GROTH, *Schweinejournalismus* von Thomas MEHNERT, *So lügen Journalisten* von Udo ULFKOTTE sowie – es sei in aller Bescheidenheit erwähnt – die grundlegende Abhandlung des Verfassers *Sind Gedanken noch frei? Zensur in Deutschland.*

»Es wird nicht lange dauern«, so prophezeite Rudolf STEINER am 4. April 1916, »wenn man das Jahr 2000 geschrieben haben wird, da wird nicht ein direktes, aber eine Art von Verbot für alles Denken von Amerika ausgehen, ein Gesetz, welches den Zweck haben wird, alles individuelle Denken zu unterdrücken.« Wir haben diesen Zeitpunkt längst überschritten und meinen damit nicht die Jahreszahl. Unter dem Deckmantel von ›Toleranz‹, ›Demokratie‹ und ›Menschenwürde‹ erhalten Intoleranz, Gesinnungsterror und die schleichende Beschneidung garantierter Grundrechte immer neue Dimensionen – wie die oben genannten Bücher darlegen. Die vom Establishment vielgepriesene ›geistig-politische Auseinandersetzung‹ in diesem Staat ist in Wirklichkeit gekennzeichnet durch unzählige Beispiele von Meinungsrichtlinien, Denkverboten und Verunglimpfungsmaßnahmen oder, auf einen einfachen Nenner gebracht: durch Intoleranz, wobei am Anfang oftmals die Tabuisierung eines unerwünschten Themas steht.

Ganz besonders zu berücksichtigen ist deshalb die geistig-politische Situation in der Bundesrepublik Deutschland, in der deutschfreundliche Parteien, beispielsweise die Republikaner (REP), die Deutsche Volksunion (DVU) oder die Nationaldemokratische Partei Deutschlands (NPD), ihrem grundgesetzlich garantierten Recht, ihren Beitrag zur politischen Meinungs- bzw. Willensbildung zu leisten, nur unter größten staatlichen und juristischen Schikanen sowie ›oppositionellen Protestaktionen‹ nachkommen können. Der regierungsamtliche ›Kampf gegen rechts‹ besteht aus drei Säulen. Erstens: breite Öffentlichkeitskampagnen – von der »Fairständnis«-Kampagne der Innenministerien und Ämter für Verfassungsschutz über den vom Bundeskanzler ausgerufenen »Aufstand der Anständigen« bis zur ›Gesicht zeigen‹-Initiative. Zweitens: Bildungsprogramme, insbesondere für Toleranz und interkulturelles Zusammenleben. Drittens: staatliche Repressionen, von verschärften Strafrechtsnormen und speziellen polizeilich-verfassungsschützerischen Bekämpfungsstrategien bis zu Einschränkungen des Demonstrationsrechts, Vereinigungs- und eben Parteiverboten. Alle diese Maßnahmen richten sich nicht generell gegen Gewalt oder politischen ›Extremismus‹, sondern sind ausschließlich einseitig ›gegen rechts‹ motiviert.

Gegen das Vorgehen von Personen und Organisationen, die unter Anwendung von Gewalt ihre politischen und oftmals subversiven Ziele erreichen wollen, ist nichts einzuwenden. Nur richtet sich der Einsatz ›gegen den Extremismus‹, der zwischenzeitlich obligatorisch mit ›Rechtsextremismus‹ gleichgesetzt wird, eben nicht gegen eine solch extreme politische Haltung, sondern hauptsächlich gegen eine fundamentalkritische, in der Regel nur in Kommunalparlamenten vertretene politische Opposition. Die tatsächliche Opposition in der Berliner Republik ist ›rechts‹, will sagen deutschfreundlich. Die Einseitigkeit, mit der gegen nationale Oppositionelle vorgegangen wird, läßt sich nicht zuletzt dadurch hervorheben, inwieweit ›Linke‹, wie antideutsche Personen oder subversive Parteien, von einer Stigmatisation, geschweige denn Verfolgung so gut wie ausgenommen sind. Die Berliner PDS beispielsweise verfolge nach Einschätzung von Innensenator Ehrhart KÖRTING »keine verfassungsfeindlichen Ziele. Die PDS«, so der Sozialdemokrat allen Ernstes, »sei nicht verfassungsfeindlicher als die FDP oder ein ›bayerischer Stammtischpolitiker‹«.[18] Ganz offensichtlich handelt es sich hier um eine nicht ganz uneigennützige Stellungnahme – schließlich wäre es etwas unklug, seinen frischgebackenen Koalitionspartner zu beschmutzen.

Ganz ähnlich hatte der Innenminister Mecklenburg-Vorpommerns, Gottfried TIMM, einige Monate zuvor erklärt, daß die Kommunistische Plattform der PDS nicht länger durch den Verfassungsschutz beobachtet werden würde, was das *Neue Deutschland*, ehemals Zentralorgan der Sozialistischen Einheitspartei Deutschlands (SED), zu der hämischen Bemerkung veranlaßte, daß es ohnehin, »gelinde gesagt, kurios« gewesen sei, »daß in Mecklenburg-Vorpommern eine Regierungspartei eine andere ausforschte«.[19] Nein, es besteht hierüber kein Zweifel, in dieser Republik steht der Feind, frei nach Kurt TUCHOLSKY, ›rechts‹.

Die bundesdeutsche Innenpolitik ist durch einseitiges Engagement gekennzeichnet. Repressive Maßnahmen werden nicht etwa gegen Extremismus im allgemeinen ergriffen, sondern ausschließlich ›gegen rechts‹. Das Deutsche Rote Kreuz gibt ebenso wie das Jugendinformationszentrum München eine Broschüre *Recht gegen Rechts* heraus. Beide verweisen in ihren unsachlichen Pamphleten auf einschlägige Organisationen und Behörden wie das ›European Network Against Racism‹ in Brüssel, das ›Informations- und Dokumentationszentrum gegen Rassismus‹ in Düsseldorf, die ›Bundeszentrale für jugendgefährdende Schriften‹ in Bonn und natürlich den sogenannten Verfassungsschutz. Die hierzulande praktizierte Einseitigkeit politischer Agitation spiegelt sich nicht zuletzt gerade in der Selbstdarstellung des Inlandsgeheimdienstes wider: *Gemeinsam stark gegen Rechtsextremismus*, so der unmißverständliche Titel einer Broschüre des Landesamtes für Verfassungsschutz Rheinland-Pfalz. Das Bundesamt für Verfassungsschutz mahnt auf seiner offiziellen Seite im Internet forsch: »Geh Rechtsextremisten nicht ins Netz«, das Landesamt für Nordrhein-Westfalen bewirbt in seinen Publikationen (seit seinem ›Bericht‹ 2000 sogar auf der Umschlagseite) eine Internetseite mit Namen »Nordrhein-Westfalen gegen rechts«, das Landesamt für Verfassungsschutz Brandenburg führt auf den Titelseiten seiner Verfassungsschutzberichte fast ausschließlich Fotos von vermeintlichen ›Rechtsradikalen‹ und von angeblich ›rechtsextremistischen‹ Publikationen, wie überhaupt das hiesige Staatssystem ausschließlich von ›rechts‹ her bedroht zu sein scheint: *Demokratie ist verletzlich* lautet der Titel einer vom Bundesamt für Verfassungsschutz herausgegebenen Broschüre, die sich ausnahmlos mit ›Rechtsextremismus in Deutschland‹ befaßt. In vielen Fällen versucht die Obrigkeit gar nicht mehr, ihre einseitige Ausrichtung zu verstecken; sie propagiert sie mittlerweile sogar: Die geheimdiensteigene Internetseite

www.verfassungsschutzgegenrechtsextremismus.de

mit dem bezeichnenden Titel »Für Demokratie und Toleranz – Gegen Rechtsextremismus und Fremdenfeindlichkeit« preist sich als ein »Informationsangebot« der Verfassungsschutzbehörden Bremen, Hamburg, Mecklenburg-Vorpommern, Niedersachsen, Sachsen-Anhalt und Schleswig-Holstein. Eine Informationsseite des Verfassungsschutzes gegen ›Linksextremismus‹ sucht man indes vergebens.

Wie eng die regierende politische Klasse mit den Agitatoren des Antifaschismus verknüpft ist, sie bisweilen sogar gemeinsame Sache machen, hat in jüngster Zeit einmal mehr die Affäre um eine antifaschistische Internetseite offenbart: Im Herbst 2002 wurde bekannt, daß die sogenannte Bundeszentrale für Politische Bildung das Internetportal *indymedia.de* bewirbt und in der hauseigenen Jugendzeitschrift *fluter* unkritisch vorstellt.[20] Pikanterweise handelt es sich bei *indymedia.de* um eine kommunistisch dominierte Initiative. Sogar vom Bundesinnenministerium wird sie – immer noch – als ›linksextremistisch‹ eingestuft. Selbst das Amt für Verfassungsschutz Nordrhein-Westfalen verzeichnet das Internetportal als Teil linksextremistischer Aktivitäten im Internet. Im Oktober wurde *indymedia.de* nichtsdestotrotz ein Internet-Preis, ein sogenannter Online-Award, verliehen, der auf Initiative der Bundeszentrale für Politische Bildung ausgelobt wird. In der Jury war das Bundesinnenministerium durch Staatssekretärin Brigitte ZYPRIES, die diesem Ministerium unterstehende Bundeszentrale durch ihren Präsidenten Thomas KRÜGER vertreten. KRÜGER hielt auch die Laudatio auf die Preisträger. Wolfgang BOSBACH, stellvertretender Chef der CDU/CSU-Fraktion, regte sich gegenüber der *Welt* auf, es sei »unerträglich, daß derselbe Staat, der vor diesem Internetportal wegen des verfassungsfeindlichen Inhalts warnt, diesem Portal einen Internet-Preis verleihen läßt«. Sollte an Herrn BOSBACH die real existierende Kungelei in dieser Republik bislang vorbeigegangen sein? Auf der Netzseite indymedia.de betreiben einschlägig bekannte antifaschistische Gruppen einen regen Informationsaustausch. Tausende von elektronischen Nachrichten behandeln alle zentralen Themen des extremen antideutschen und antifaschistischen Spektrums. In den Texten werden Institutionen und Organe des Staates immer wieder beschimpft – was, käme es von der ›rechten‹ Gegenseite, als Verunglimpfung des Staates und seiner Repräsentanten interpretiert würde und damit strafrechtliche Folgen hätte.

Der Klüngel zwischen Antifa und Staat ist zwischenzeitlich dermaßen ausgeprägt, daß diesem Charme längst auch die bürgerlichen Konservativen erlegen sind. Im November 2001 beispielsweise hatte Hessens Ministerpräsident Roland KOCH (CDU) die ehemalige Chefredakteurin des Hessischen Rundfunks Lukrezia JOCHIMSEN mit dem Hessischen Verdienstorden dekoriert. Pikanterweise findet sich die vom Staat Geehrte ausgerechnet im hessischen Verfassungsschutzbericht 2001 wieder. Im Teil ›Linksextremismus‹, Kapitel ›Partei des Demokratischen Sozialismus‹, vermerken die Staatsschützer, daß »die Journalistin Lukrezia JOCHIMSEN als Nichtmitglied«[21] für die Kommunisten in Hessen auf Stimmenfang geht. Die umtriebige Journalistin, die aus ihrer sozialistischen Gesinnung in öffentlich-rechtlichen Fernsehkommentaren nie ein Hehl gemacht hat, amüsiert das: »Was soll's. Es ist doch die Wahrheit.«[22] Gewiß, und da sie mit dem Wind segelt, erleidet sie auch keinen Schiffbruch.

Die beiden ehemaligen Autonomen Thomas SCHULTZE und Almut GROSS drücken die vorherrschende geistig-politische Situation wie folgt aus: »Antifaschismus wurde inzwischen zum Staatsgut erhoben, um – anders als vor 30 Jahren – durch den Rückblick auf den Faschismus den heutigen Staat zu legitimieren. Der antifaschistische Kampf besitzt keine Sprengkraft mehr für den Staat, ganz im Gegenteil geht der Staat selbst auch gegen Rechtsradikale vor.«[23] Sehr ehrliche Worte. ›Antifaschismus‹ ist durch die erfolgreiche Besetzung fast aller Denkschemata mittlerweile zur Staatsdoktrin in der Bundesrepublik Deutschland geworden, oder wie die antifaschistische Zeitschrift *Bahamas* darlegt: Die »Antifa, der ganze Stolz der radikalen Linken, [ist] in einem unblutigen Handstreich von der Staatsmacht und ihren ideologischen Büros übernommen worden«.[24]

In den meisten Fällen beweisen die sogenannten Verfassungsschutzberichte nur eines: die Unterdrückung der Meinungsäußerungsfreiheit durch Stigmatisation, ja selbst Kriminalisierung politischer Dissidenten, unvoreingenommener Wissenschaftler, kritischer Publizisten, Journalisten und Verleger sowie unliebsamer Künstler, parteipolitisch unabhängiger, oftmals kulturpolitischer Freundeskreise und selbst religiöser Vereinigungen. So stellen sich einem doch eine ganze Reihe Fragen: »Wie ist es zu erklären, daß unser Staat so repressiv geworden ist? Wovor hat er Angst? Wie kommt es, daß die Regierenden Meinungsterror nicht nur zulassen, sondern teilweise auch tätigen? Hat die Umerziehung der Sieger nicht nur der politischen, sondern auch der geistigen Elite das Rückgrat gebrochen? Oder haben die Parteien einfach Angst, ihre Macht zu verlieren? Und warum kuscht der Bürger und geht nicht auf die Straße, um sein Recht auf freies Denken einzufordern?«[25] Wie wir in Kapitel 4 sehen werden, sind diese Fragen nur im direkten Zusammenhang mit dem Fundament, auf dem die Bundesrepublik Deutschland aufgebaut ist, zu beantworten.

Längst geht es hierzulande nicht mehr um die Erhaltung grundlegender Freiheitsrechte, die einen wirklich freiheitlichen Staat kennzeichnen, sondern um die Wiederherstellung der Grundrechte in einem freien Staat, der die Mündigkeit seiner Bürger nicht neutralisiert. Denn wie sieht es heute denn bezüglich der Informations- und Versammlungsfreiheit aus? Der Überwachungsstaat wird immer vollkommener. Den ewigen Optimisten - selig sind die, die mit Blindheit geschlagen! -, die immer noch meinen, in einem demokratischen Rechtsstaat mit großen Freiheitsräumen zu leben, sei zur Verdeutlichung der tatsächlichen Lage folgendes vor Augen gehalten: Der Bundesrat hat am 31. Mai 2002 beschlossen, daß alle Internet Service Providers (ISP), also alle Diensteanbieter des Weltnetzes, sämtliche Verbindungsdaten ihrer Kunden speichern müssen, das heißt im Klartext, daß

- jede Website, die wir besuchen, gespeichert wird,
- eine Kopie einer jeden Mail, die wir verschicken oder erhalten, gespeichert wird,
- alles, was wir herunterladen, gespeichert wird,
- alle unsere Briefpartner gespeichert werden,
- diese gespeicherten Informationen von der Polizei oder staatlichen Überwachungsorganen, zum Beispiel den sogenannten Ämtern für Verfassungsschutz, jederzeit abverlangt werden können.[26]

Apropos ›Verfassungsschutz‹: Befugnisse und Arbeitsbereich dieses sogenannten Geheimdienstes wurden in den vergangenen Jahren stetig ausgebaut. Die Ämter für Verfassungsschutz des Bundes und der Länder dürfen seit Dezember 2001 »Kontenbewegungen und Finanzdienstleistungen aller Art überwachen, von den Fluglinien Passagierlisten und sonstige Transportaufträge anfordern, Auskünfte über Postdienstleistungen aller Art einholen, von Netzbetreibern Auskünfte über gespeicherte und künftige Televerbindungen und Teledienste einholen, die Standorte eingeschalteter Handys überwachen und den sogenannten IMSI-Catcher einsetzen, um die benutzten Geräte- und Kartennummern zu erfahren. Der jeweils Betroffene darf von diesen Maßnahmen und den erteilten Auskünften nichts erfahren«.[27] Die auf diese Art und Weise gewonnenen Auskünfte und Daten dürfen bis zu zehn Jahren gespeichert und an andere Stellen – einschließlich ausländischer Dienste – weitergegeben werden.

Zurück zur geistigen Höhenstufe, die die bundesdeutsche Gesellschaft mittlerweile erklommen hat. »Dem Land der einstmals tiefschürfenden Mystiker und messerscharfen Denker, der disziplinierten Kämpfer und nimmermüden Schwerarbeiter«, so analysiert der Journalist Christian DEYSSON richtig, »entweicht mittlerweile ein peinlicher Dunst von kollektiver Orientierungsarmut und Selbstlähmung, von kleinkarierter Angepaßtheit und Reformunfähigkeit, ein Hautgout von Bequemlichkeit und übertriebenem Sicherheitsbedürfnis, von weinerlichem Selbstmitleid und Veränderungsangst, von morbidem Hedonismus und Dekadenz.«[28] Wem dieses Urteil zu polemisch oder gar unzutreffend erscheint, der möge sich noch einmal besinnen. Im September 2002 beschäftigten nicht nur die Bundestagswahlen und das Oktoberfest die Kommentatoren und Kolumnisten bundesdeutscher Zeitungen. Auch und gerade ungemein essentielle Fragen wurden behandelt. Sie sind austauschbar und wiederholen sich von Monat zu Monat, von Jahr zu Jahr:

- Die Handlung im Kinofilm *Nackt* bestehe darin, daß drei – immerhin heterosexuelle – gelangweilte Paare eines Abends aus ihrem Frust heraus eine Wette vereinbaren: Zwei der Paare sollen sich komplett ausziehen und mit verbundenen Augen den Partner ertasten. Obligatorisches Urteil der Journaille: »Absolut sehenswert!«
- Auf einer Modenschau in London wurde – schenkt man der bundesdeutschen Presse Glauben – vom Veranstalter auf »Naomi Campbells Starqualitäten« (*stern*) gesetzt. Diese bestanden darin, daß diese wie ein »Paradiesvogel in Pink« (auch *stern*) auf dem Laufsteg daherstolzierte.

- Ob Spanien wohl eine Traumhochzeit bevorstünde? Diese weltbewegende Frage beschäftigte bundesdeutsche Zeitschriften von der *Frau im Spiegel* bis zum *stern*, weil sich der spanische Thronfolger Felipe erlaubt hatte, die US-amerikanische Schauspielerin Gwyneth PALTROW ein einziges Mal zum Essen einzuladen.
- Im Mittelpunkt der Berichterstattung stand Prinz Harry. Die bundesdeutsche Journaille wußte darüber zu berichten, daß der mittlerweile 18jährige einen Imagewandel durchgemacht habe: Die wilden Hasch- und Alkoholexzesse seien vorbei, statt dessen trete der Jungmonarch in die Fußstapfen seiner Mama – wie immer man das auch verstehen darf.

Prägnant hat die *Deutsche Stimme* in einem satirischen Beitrag den herrschenden Geisteszustand dieser Republik sinnbildlich dargestellt: »Wenn auf einer belebten Hauptstraße ein Mensch plötzlich anfängt, wie eine Krähe zu hüpfen und zu krächzen und sich dabei Götterspeise ins Gesicht schmiert, wird man in Frankreich oder Belgien den Notarzt verständigen. In der BRD aber würde vermutet, ein ausländischer Mitbürger versucht, uns Deutschen die Kultur seines Landes näherzubringen.«[29]

Für die *Bild*-Zeitung, die an dem politischen Niedergang dieser Republik und dem geistigen Verfall ihrer Menschen nicht gerade unbeteiligt ist – dem renommierten Wahlforscher Dieter ROTH zufolge steht die Hälfte der Deutschen auf dem Informationsstand der *Bild*-Zeitung, »und zwar nicht auf dem der zweiten Seite, sondern dem der Schlagzeile auf der ersten«[30] –, ist dieser entwürdigende Zustand freilich alles andere als alarmierend. Am 13. Juli 2002 meinte Kolumnist Claus JACOBI in einem Vergleich zwischen der dekadenten Bundesrepublik und den untergegangenen Kulturen des Altertums die These aufstellen zu können: »Athen und Rom wurden Opfer der Dekadenz, dem immer wiederkehrenden Zustand des süßen Verfaulens. Schaffen wir die Wende, die ihnen nicht gelang? Ich glaube kaum. Aber wenn wir's nicht packen, so gibt's doch einen Trost: Auch heute läßt sich's in Athen und Rom noch gut leben.«

Diese für den allgemeinen Zustand so bezeichnend dämliche Äußerung spiegelt neben der unaufhörlichen, suggestiven Meinungsmanipulation der Medien nicht zuletzt gerade auch die geistige Ebene wider, auf die die meisten Bürger der Berliner Republik inzwischen abgesunken sind: das im wahrsten Spenglerschen Sinne zu verstehende Fellachentum.[31] Diese fatale Entwicklung gilt es nicht nur aufzuhalten, sie muß rückgängig gemacht werden, wollen wir als deutsches Volk überleben, will Deutschland als Kulturzentrum Europas Bestand haben.

Eine friedliche Veränderung dieses armseligen Zustandes (und nur eine *friedliche* Veränderung hat überhaupt eine Chance auf Erfolg) kann es nur mittels tatsächlicher geistig-politischer Auseinandersetzung geben. Diese wiederum kann nur in einem ausgeglichenen Klima der Meinungsäußerungsfreiheit, der Informationsfreiheit und der Forschungsfreiheit gegeben sein. Geistesfreiheit ist die Seele eines freiheitlichen Staates. Einen derart beseelten Staat gilt es zu schaffen. Der Fortbestand unserer Nation und die Existenz unseres Landes wären damit fast automatisch gesichert.

2.
Das Volk darf sprechen, zu sagen hat es nichts

Nur Naivlinge oder vollkommen unpolitische Menschen können übersehen oder in Frage stellen, daß die hierzulande herrschende politische Klasse – frei nach Heinrich Böll – mit geradezu rattenhafter Wut die verfaulenden Reste ihrer Macht verteidigt. Ihre Gier, oben am Trog zu bleiben, ist ebenso unersättlich, wie ihre hierzu eingesetzten Mittel skrupellos sind.

Demokratischer Zentralismus

Es sei beängstigend, so ein Leserbrief in einer deutschen Wochenzeitung, wie unverfroren sich Politiker in Deutschland gegenüber dem Staatsvolk, das allgemein als ›die Wähler‹ oder ›die Öffentlichkeit‹ deklassifiziert wird, verhielten. Gesetze würden gegen den Willen des Volkes durchgepeitscht. Eine Einflußnahme auf lebensentscheidende Maßnahmen würde dem Volk verwehrt. Es sei unverkennbar, daß parteipolitische Ideologien am Volk vorbeigesetzt würden. Vor Wahlen würden die Stimmen der Wähler unter Verwendung von nebulösen Parteiprogrammen und falschen Versprechungen erschlichen, um nach der Wahl die Bürger wieder für unmündig zu erklären, um am Volk munter weiter vorbeiregieren zu können. »Die Angst der etablierten Parteien in Deutschland vor dem Wähler ist groß, denn sie beschränken den Volkswillen in dieser ›Demokratie‹ nur auf das nach dem Gesetz unbedingt notwendige Maß. Selbst dieses soll noch weiter durch die angestrebte Verlängerung der Legislaturperiode von vier auf fünf Jahre reduziert werden. Volksentscheide und Volksbegehren, in anderen Ländern selbstverständlich, lehnen unsere Volksvertreter aus Angst ab, denn das würde zwar mehr Demokratie, aber einen gewaltigen Machtverlust für die Parteien bedeuten.«[32] Diese Einschätzung trifft den Kern der Lage.

Der in der Berliner Republik abgehobenen politischen Klasse ist der Gedanke, daß eines Tages dem deutschen Volk ein politisches Mitbestimmungsrecht eingeräumt werden könnte, ein Graus. Diese Angst teilen so gut wie alle Repräsentanten der im Bundestag sitzenden volksvertretenden Parteien. Anfang Juni 2002 verhinderte beispielsweise die Union eine Grundgesetzänderung zur

Einführung von Volksabstimmungen. Der CDU-Innenpolitiker Erwin MARSCHEWSKI unternahm den verwegenen Rechtfertigungsversuch, den Gesetzentwurf für Volksabstimmungen als »eklatant verfassungswidrig« zu bezeichnen, da durch ihn, so gab Volksvertreter MARSCHWESKI zu bedenken, die Mitwirkung des Bundesrates an der Gesetzgebung eingeschränkt werde. Der CDU-Abgeordnete Rupert SCHOLZ befürchtete durch eine Einführung von Volksabstimmungen gar einen »Einstieg in die Minderheitendemokratie« – was das auch immer bedeuten soll, denn leben wir faktisch nicht längst in einer Demokratie, die von Minderheiten bestimmt wird? Tim WEBER, Sprecher des Bündnisses ›Menschen für Volksabstimmung‹, stellte nach der Entscheidung kurz und bündig fest: »Der Bundestag hat die Chance verpaßt, den Bürgerinnen und Bürgern das Vertrauen auszusprechen.«

Bundesdeutsche Berufspolitiker philosophieren gern über die Frage, warum man in der Bundesrepublik Deutschland keine Plebiszite einführt, daß diese hierzulande ja unnötig seien, da das bundesdeutsche parlamentarische System ja eine repräsentative Demokratie darstellt, das Volksabstimmungen überflüssig mache. Ehrlicher wäre es freilich, von einem hiesigen Repräsentationssystem zu sprechen, das auf dem tiefsitzenden Mißtrauen der bundesdeutschen Regierenden gegenüber dem deutschen Volk basiert. »So mißtrauten schon die Schöpfer des Grundgesetzes 1949 dem Volk und vermieden absichtlich jedes unmittelbare Entscheidungsrecht, weil sie das Volk auch nach dem Zusammenbruch des 3. Reiches noch nationalsozialistischer Neigungen für fähig hielten.«[33] Tatsächlich ist die Absage an Plebiszite seitens der Herrschenden nur aus ihrem Interesse am eigenen Machterhalt verständlich. Der politologische Begriff ›repräsentative Demokratie‹ bezeichnet eine eingeschränkte Demokratie, nämlich daß nur die Repräsentanten, die Vertreter des Volkes, die Gesetzesvollmacht haben. Kann ein freiheitlicher Staat aber eine eingeschränkte Demokratie sein? Wohl kaum. Echte ›Volksherrschaft‹ in der Bundesrepublik Deutschland wird durch das herrschende Berufspolitikertum und das ›repräsentative System‹ *ad absurdum* gestellt.

Im politologischen Sinne unterscheiden wir zwischen einem direkt-demokratischen System, in dem jeder Staatsbürger durch Referendum und Initiative direkt in die Tagespolitik eingreifen kann, und einer repräsentativen Demokratie, in der die wahlberechtigte Bevölkerung Abgeordnete wählt, die für sie entscheiden. In der direkten Demokratie, so ist es in Nachschlagewerken mehr oder weniger gleichlautend nachzulesen, »übt das Volk in Gestalt

Paul Webers berühmte Zeichnung: Der Einzelne darf nur noch seine Stimme abgeben, die Stimme des Volkes wird aber nicht mehr erhört. Das Argument, die Volksbefragung oder der Volksentscheid – also direkte Demokratie – lasse sich nur in einem kleinen Land wie etwa der Schweiz durchführen, vermag im Zeitalter der Computer nicht zu überzeugen. Eines steht fest: Die Volkssouveränität äußert sich durch die Mitwirkung aller.

einer Volksversammlung die Staatsgewalt unmittelbar aus. Es entscheidet in Volksabstimmungen (Plebiszit) über alle Gesetze und politischen Maßnahmen«. In der Bundesrepublik Deutschland übt das Volk aber keine unmittelbare Staatsgewalt aus: Hier hat sich vielmehr eine sogenannte repräsentative Demokratie etabliert, in der das Volk zwar mehr oder weniger über die Zusammensetzung des Parlamentes entscheidet, jedoch keine Möglichkeit hat, direkten Einfluß auf Gesetze zu nehmen.

In unserem südlichen Nachbarland, der in vieler Hinsicht großartigen Schweiz, finden wir eine Verbindung von direkter und indirekter Demokratie. Die Eidgenossen haben das Recht, direkten Einfluß auf solche Gesetze zu nehmen, die ihr Leben bestimmen. Dies ist in der Bundesrepublik Deutschland, wenn überhaupt, nur auf Landesebene oder darunter möglich – und selbst dann nur mit großen Abstrichen, denn was die bundesdeutsche Politikerkaste tatsächlich vom Volkswillen hält, läßt sich anhand der Reaktionen auf »unbequeme« Volksentscheide auf Landesebene gut erkennen. Im SPD-regierten Niedersachsen beispielsweise, wo 1999 immerhin 291 000 Wahlbürger ein Volksbegehren zur Wiederinkraftsetzung des alten Kindertagesgesetzes forderten, versuchte die Landesregierung diese Unterschriftensammlung als nicht formgerecht abzulehnen. Obwohl der Text des Begehrens den Behörden von Anfang an bekannt war, wollte man nach Abgabe und

Auszählung der Stimmen, die für einen Volksentscheid mehr als ausreichend waren, plötzlich eine Verfassungswidrigkeit erkannt haben und deswegen das Ganze einfach so unter den Teppich kehren. Den Volkswillen hätte die herrschende politische Klasse so wieder einmal ignoriert, wenn sich die Initiatoren des Volksbegehrens mit dieser unverschämten Bevormundung abgefunden und gekuscht hätten. Haben sie aber nicht. Vielmehr reichten sie Klage beim Staatsgerichtshof in Bückeburg ein, der dem ›Bündnis für Kinder und Familien‹ Recht gab und das Volksbegehren für zulässig erklärte.

Oder ein weiteres Beispiel, wie Volksvertreter den Willen des Volkes, das sie zu repräsentieren vorgeben, mißachten: In Sachsen kam es am 21. Oktober 2001 zum ersten Volksentscheid in Mitteldeutschland. Die sächsische Wahlbevölkerung war aufgerufen, über die Zukunft des ›Sachsen-Finanzverbandes‹ zu entscheiden. Obwohl 85% der abgegebenen Stimmen sich für den Gesetzentwurf der Bürgerinitiative entschieden hatten, weigerte sich die sächsische CDU-Landesregierung jedoch, die geforderte Auflösung des ›Sachsen-Finanzverbandes‹ umzusetzen. Wie in der *Süddeutschen Zeitung* zu lesen war, fürchtete die Union gar ein Ende der Demokratie, wenn Volksentscheide zugelassen werden: »Die Hürden für das Zustandekommen eines Volksentscheids seien zu niedrig. Zudem seien die Bürger nicht in der Lage, über komplexe Themen auf Bundesebene zu entscheiden.« Sind die Sachsen, sind die Bundesbürger also doof?

In der Schweiz sind Volksentscheide seit hundert Jahren möglich und werden seitdem auch fleißig praktiziert, und zwar mehrmals im Jahr. Die Schweizer haben damit gewiß lange genug eindrucksvoll unter Beweis gestellt, daß direkte Demokratie durchaus funktionieren kann und tatsächlich eine wertvolle Bereicherung für das Land und den Staat ist. Selbstredend hat sich die Schweiz während dieser ganzen Zeit zu keinem undemokratischen Staat entwickelt – ein Scheinargument, das besorgte bundesdeutsche Politiker in der Diskussion um mehr Mitbestimmung für das Volk in der Bundesrepublik Deutschland mit dem geistreichen Hinweis auf ›Weimar‹ immer wieder zücken. Stellt sich die Frage, warum in der relativ kleinen Schweiz mehr Demokratie möglich ist als in der relativ großen Bundesrepublik Deutschland? Sind die Schweizer mündiger als das deutsche Volk?

Demokratie gehe vom Volke aus, so heißt es jedenfalls landauf, landab. Nur, daß diese Annahme für die Berliner Republik nicht gilt. Dabei sehnt sich das Volk in seiner überwältigenden Mehrheit nach mehr Mitbestimmung auf Bundesebene. Einer Umfrage des Meinungsforschungsinstituts *Emnid* im Auftrag des Magazins *Reader's Digest* im April 2002 zufolge wünschen sich immerhin 82 % der Deutschen mehr Mitbestimmung, wenn es um die Entscheidungen der Politik auf Bundesebene geht. Eine *Emnid*-Blitzumfrage im Auftrag der *Welt* Mitte Juli 2002 ergab, daß gar 85% der Deutschen in der Bundesrepublik Deutschland für die Einführung bundesweiter Volksentscheide sind. Wie naiv diejenigen, die nun annehmen, daß damit der Einführung des bundesweiten Volksentscheides nichts mehr entgegenstehe. Sie verkennen unsere Berufspolitiker. Auf die gewaltige Unterstützung, die die Forderung nach bundesweiten Volksabstimmungen erfährt, angesprochen, winden sich Politiker dieses Staates ebenso gekonnt wie ölig: Angela MERKEL beispielsweise meint, daß es »komplizierte Fragen« gebe, die »nicht mit der einfachen Fragestellung JA oder NEIN zu beantworten« seien. Bescheidene Zwischenfrage: Dies galt denn wohl auch für die Frage, ob die Deutschen den Euro einführen wollten oder nicht, nicht wahr?

An dieser Stelle sei ein kleiner Exkurs erlaubt: Gerade, was die Umstände zur Einführung der unseligen Kunstwährung ›Euro‹ betrifft, erweist sich ein Blick in die Akten des Bundeskanzleramtes als überaus aufschlußreich. Diese Akten wurden 1998 als *Dokumente zur Deutschlandpolitik* im Oldenbourg-Verlag veröffentlicht. Auf den Seiten 636–641 ist ein (damals vertrauliches) Gespräch protokolliert, das Helmut KOHL am 12. Dezember 1989 in Westberlin mit US-Außenminister James BAKER führte, in dem er die Liquidation der Deutschen Mark zusagte: »Er [KOHL] fragte sich, was er denn noch mehr tun könne, als beispielsweise die Schaffung einer Wirtschafts- und Währungsunion mitzutragen. Diesen Entschluß habe er gegen deutsche Interessen getroffen. Beispielsweise sei der Präsident der Bundesbank gegen die jetzige Entwicklung.« Genau hier liegt das Geheimnis der Euro-Einführung – und nicht in der Philosophie, die sich die Quacksalber und Sonntagsredner zusammenreimen. Deutschland sollte schlicht unter währungspolitische Kuratel gestellt werden.

Der Herausgeber der Monatszeitschrift *Nation & Europa*, Harald NEUBAUER, resümiert dementsprechend richtig: »Da die Einführung des Euro ›gegen deutsche Interessen‹ (KOHL) erfolgte, war den Beteiligten von vornherein klar, daß eines hierzulande nicht stattfindend durfte: eine Volksabstimmung. Bis heute ist eine Mehrheit der Deutschen, wie die Umfragen zeigen, für die Beibehaltung der Mark. Einmal mehr erweist sich, daß die sogenannte politische Klasse, früher ›Hofstaat‹ genannt, nur noch über Steuern und Abgaben mit ihren Untertanen verbunden ist. Volkes Meinung interessiert nicht, und Volkes Wille wird notfalls gebrochen.«[34] Der Propagandafeldzug, den die Systemparteien betrieben haben, um dem deutschen Volk die Kunstwährung Euro schmackhaft zu machen, nahm bisweilen Formen der grotesken Lüge an. Beispielsweise suggerierte Bundesfinanzminister Hans Eichel entgegen der berechtigten Befürchtung des Volkes, daß mit der Einführung des neuen Geldes die Kunden »von einem schärferen Wettbewerb profitieren« und damit deutsche Waren billiger würden.

Eichel, der Finanz*experte*, verwechselte hier offenbar Preisreduzierung mit Preiswucher. Seit der Einführung des Euro ist der Umsatz in den Möbel- und Schuhgeschäften um sieben, in den Elektrogeschäften um zehn und vielerorts sogar um bis zu zwanzig Prozent eingebrochen. Im Gaststättengewerbe bleiben viele Tische, in Hotels viele Betten leer. Umfrageergebnissen des Meinungsforschungsinstituts *Polis* zufolge sind nicht weniger als 97 Prozent der Deutschen der Meinung, daß die Lebenshaltungskosten seit dem 1. Januar 2002 gestiegen sind. Recht haben sie, die Deutschen. Doch hatten uns die Systemberufspolitiker nicht hoch und heilig versprochen, der Euro würde genauso stabil wie die Deutsche Mark werden? Da wundert man sich angesichts »neuester Erkenntnisse« denn doch ein wenig: Ein starker Euro, so bundesdeutsche Finanz- und Wirtschaftsexperten, bringe den Haushalt in Gefahr. So lautete jedenfalls im Sommer 2002 eine klitzekleine Meldung in der *Welt*. Die Haushaltsexperten (!) der Europäischen Union seien nervös und »schon seit einigen Wochen wegen des starken Euro beunruhigt«.[35]

Das hätte man den Völkern vorher sagen sollen. Statt dessen wurde der Euro mit millionenteuren Hochglanzbroschüren in den Jahren vor seiner Einführung als großer Fortschritt für die Bürger Europas gepriesen: »Die Euro-Zone wird 2002 zur Konjunktur-Lokomotive der Weltwirtschaft!«, »Der Euro wird dem Dollar als Anlage- und Reservewährung Konkurrenz machen!« usw. usw. So und ähnlich lauteten die vor Optimismus überquellenden Sprüche. Nicht ein Schimmer von Besorgnis. Schon gar nicht davon, daß der Euro ›zu stark‹ werden könnte. Belogen wurde das Volk so oder so, denn in Wirklichkeit hat der Euro seit seiner Verrechnungs-Einführung vor drei Jahren gegenüber 48 Währungen der Welt stark an Wert verloren. Gerhard Schröder, der Medienkanzler, verkündet jedoch weiterhin lachend, der schwache Euro sei eine Freude für den Export. Dabei verschweigt er, daß durch den Verfall dieser Kunstwährung die Importpreise und damit die Inflationsrate steigen. Erschwerend kommt hinzu, daß durch die künftige Ost-Erweiterung auf 28 Staaten mit 28 egoistischen nationalen Interessen keine stabile Währung zustande kommen kann. Aus gutem Grund zweifeln deshalb 87 Prozent der Spitzenkräfte der Wirtschaft an der Stabilität des Euro.[36] Darüber hinaus wird der Euro nach den Worten des Chefs der US-amerikanischen Notenbank, Alan GREENSPAN, keinen Bestand haben – eine Aussage, die das Vertrauen in die Kunstwährung nicht gerade erhöht. Kein Wunder, daß sich nach Angaben des ›Instituts für Demoskopie Allensbach‹ bereits 54 Prozent der Deutschen die DM wieder zurückwünschen.

Zurück zum Kern unserer Thematik: Angela MERKEL ist also der Auffassung, daß ›komplizierte Fragen‹ den mündigen Bürgern der Bundesrepublik Deutschland nicht zugemutet werden könnten – zum Beispiel die Frage, ob die Deutschen die Einführung der sogenannten Rechtschreibreform befürworteten oder nicht? War diese Frage für das Volk zu ›kompliziert‹? Oder die unaufhörliche Erweiterung der Europäischen Union? Oder den Umbau der Bundeswehr von einer Verteidigungsarmee zu einer weltweit einsetzbaren Eingreiftruppe unter dem übergreifenden Kommando der NATO bzw. der UNO? Oder die Frage, ob die Tatsache, daß die Bundesrepublik Deutschland in den vergangenen Jahrzehnten praktisch zu einem Einwanderungsland für orientalische, afrikanische und asiatische Völker umfunktioniert worden ist, sich auf die Zustimmung des einheimischen deutschen Volkes berufen kann. In anderen Ländern der Europäischen Union, wie in Irland, Dänemark oder Portugal, aber auch in Staaten, die nicht in die EU integriert sind, zum Beispiel Norwegen und die Schweiz, scheinen essentielle Fragen jedenfalls nicht zu kompliziert zu sein. Dort traut man sich sehr wohl zu, seinem Volk lebenswichtige Fragen zur Entscheidung vorzulegen. Dort reichten ein einfaches JA oder ein einfaches NEIN bisher immer aus, eine Frage zu beantworten. ›JA, ich bin dafür‹, oder ›NEIN, ich bin dagegen‹ sollte – man mag die abgegriffene Worthülse schon gar nicht mehr erwähnen – für die mündigen Bürger der Bundesrepublik auch nicht zu schwierig sein.

Ob sich die Berufspolitiker deshalb gegen Volksabstimmungen sträuben, weil sie dann einen Teil des von ihnen beschlagnahmten Terrains an die Bürger zurückgeben müßten? Oder schreckt sie gar der Gedanke, die Bürger könnten – erst einmal auf den Geschmack gekommen – auch in anderen Bereichen ohne den Umweg über die Parteipolitik über ihre Angelegenheiten selbst entscheiden wollen? Immer wieder von ›Demokratie‹ zu reden, das machen sie alle gern, die bundesdeutschen Damen und Herren Volksvertreter. Diese allerdings auch real umzusetzen, gehört nicht zu ihrem Repertoire, schließlich würde das praktisch für sie einen wirklichen Machtverlust bedeuten. Und hier liegt offensichtlich der eigentliche Hase im Pfeffer begraben. Eine wirkliche Volksherrschaft kann nur funktionieren, wenn sich die Repräsentanten des Volkes auch als Vertreter des Volkes, nicht aber als Erfüllungsgehilfen einer Parteilinie verstehen. Genau dies ist aber in der Berliner Republik in immer stärkerem Ausmaß der Fall.

Der schwedische Journalist Rolf BROMME machte darauf aufmerksam, daß sich im Laufe der Jahrzehnte fast unbemerkt ein Phänomen eingeschlichen hat, das sich wie ein Computervirus verbreitet. In verständlichen Worten erklärt BROMME, was hierunter gemeint ist: »Dieses Virus in den westlichen Demokratien kann auf das kommunistische Machtsystem zurückgeführt werden. Der russische Revolutionär und Gründer der Sowjetunion, Wladimir I. LENIN (1870–1924), führte das ein, was in der Staatswissenschaft unter dem Begriff ›Demokratischer Zentralismus‹ bekannt ist. LENINS Ziel war es, eine starke Kontrolle über die kommunistische Partei auf allen Ebenen und über alle von ihr beherrschten politischen Versammlungen zu erlangen. In der schwedischen *National-Enzyklopädie* (1990) wird der Begriff folgendermaßen erklärt: ›Ein von LENIN formuliertes Prinzip für die Entscheidungsprozesse in einem politischen System, das von der kommunistischen Partei kontrolliert wird.‹ Der demokratische Zentralismus besteht aus zwei Teilen:

1. Jedes Mitglied auf allen Ebenen der politischen Hierarchie in der Partei und im Staatsapparat muß von der nächst niedrigeren Instanz bestimmt werden.

2. Ein Beschluß, der auf der höchsten Ebene gefaßt wird, darf von niemandem in Frage gestellt werden. Die Minderheit wird der Mehrheit untergeordnet, und es herrscht strikte Disziplin.

Auf Grund des von LENIN eingeführten Fraktionsverbots war es untersagt, Gruppierungen von Personen zu bilden, deren Meinung nicht vollständig mit derjenigen der obersten Parteiführung übereinstimmte. Damit wurde der demokratische Zentralismus in der Praxis ein Instrument der höchsten Parteiführung, um den ganzen politischen Prozeß zu kontrollieren, ohne daß eine niedrigere Instanz die Möglichkeit zur Auseinandersetzung, geschweige denn zur Kritik bekam. Die Grundsätze des demokratischen Zentralismus stellen ein effizientes Mittel dar, um Parteien zusammenzuhalten, wenn Fraktionskämpfe und Meinungsverschiedenheiten den zusammenhaltenden Kitt der gemeinsamen offiziellen Meinung zu zerstören drohen. Mag der Sowjetkommunismus untergegangen sein, der demokratische Zentralismus besteht weiter - nicht nur in den Anfang des 20. Jahrhunderts - also nach der bolschewistischen Oktoberrevolution - gegründeten Parteien, die die kommunistische Internationale verlassen hatten und eher reformistische sozialdemokratische Ausrichtungen verfolgten. Dies hängt zum Teil mit der nahen Verwandtschaft und Zusammenarbeit dieser Parteien mit der organisierten Gewerkschaftsbewegung zusammen.

Es gibt viele Beispiele dafür, wie der demokratische Zentralismus in der Praxis funktioniert: Ein Kandidat der SPD, der für ein politisches Amt zur Wahl steht, verspricht, die von der Partei im Wahlmanifest festgelegte Linie und Ideologie zu befolgen. Nach der Wahl kann es dem Gewählten passieren, daß er überhaupt nicht einverstanden ist, wie seine Partei ein Problem lösen will, und dies für ihn zur Gewissensfrage wird. Läuft ein Parteibeschluß den Ansichten und der persönlichen Meinung des Gewählten zuwider, muß er nicht nur gegen seine eigene Überzeugung stimmen, sondern er muß dies auch vor den Wählern vertreten. Dies führt für ihn unweigerlich zu Gewissenskonflikten. Natürlich hat der gewählte Vertreter formell die Möglichkeit, in einer solchen Situation gegen den Beschluß seiner Parteigruppe einen Vorbehalt anzumelden. Solche Vorbehalte werden aber nicht nur von der Parteiführung mißbilligt, sondern im allgemeinen auch von den übrigen Vertretern derselben Partei. »Es gibt Kniffe, mit denen der Gewählte, wenn er einen Parteibeschluß ablehnt und in seiner Gruppe dagegen Vorbehalte geäußert hat, sich einer Abstimmung entziehen kann, ohne daß es die Öffentlichkeit erfahren muß. Er kann sich am betreffenden Tag krank melden, oder er kann gezwungen sein, an einer anderen Veranstaltung teilzunehmen oder auf eine Reise zu gehen, so daß er unmöglich an der Abstimmung teilnehmen kann. In solchen Fällen ist es üblicherweise möglich, einen Stellvertreter zu stellen. So kann sich der Politiker der öffentlichen Auseinandersetzung entziehen. Falls sich aber der gewählte Vertreter doch entschließt, nach seiner eigenen Überzeugung zu stimmen, statt der Parteilinie zu folgen, wird er von der Partei bestraft - dies ganz abgesehen davon, ob er die demokratischen Spielregeln eingehalten hat, indem er seine Vorbehalte innerhalb der Partei geäußert hat. Die Bestrafung kann darin bestehen, daß er nicht für Kommissionen oder Ausschüsse vorgeschlagen wird, die normalerweise seinem politischen Mandat entsprächen. Falls die Frage von großem allgemeinen Interesse ist und die Partei womöglich eine wichtige Abstimmung verloren hat, kann die Bestrafung bedeuten, daß er nicht mehr für eine erneute Kandidatur bei der nächsten Wahl vorgeschlagen wird oder daß er so weit unten auf der Parteiliste aufgeführt wird, daß er unmöglich wiedergewählt werden kann.«[37]

Bei kommunistischen und sozialdemokratischen Parteien ist diese beschriebene Handlungsweise die Norm. Hierzu Bromme erläuternd: »Parteien mit einem marxistischen oder sozialistischen Hintergrund halten diese leninistische Bestrafungstradition aufrecht, weil es ein wirksames Mittel ist, um die Parteivertreter auf Parteilinie zu halten. Parteien mit solch harter disziplinarischer Bestrafungstradition können immer einig und bestimmt auftreten. Unterschiedliche Fraktionen unter den gewählten Parteivertretern können immer in Schach gehalten werden. Sie wissen, daß es sich nicht lohnt, in der Öffentlichkeit gegen die Parteilinie zu argumentieren. Mit dieser disziplinarischen Bestrafungstradition im Sinne des demokratischen Zentralismus wird die Partei anstelle des Volkes zum Richter über das Verhalten des Gewählten. Die Partei bestimmt, ob ihr Vertreter wiedergewählt werden kann. Die Wähler dürfen nicht mitbestimmen, wer zur Wahl vorgeschlagen werden soll, das entscheidet einzig und allein die Parteiführung. Damit ist das Grundprinzip der repräsentativen Demokratie außer Kraft gesetzt, nämlich daß die vom Volk gewählten Vertreter in der politischen Versammlung in Übereinstimmung mit ihrem Gewissen und ihren Wählern selbst entscheiden, wie sie in verschiedenen Sachfragen abstimmen wollen. Damit ist auch die persönliche Verantwortung der gewählten Volksvertreter aus der Politik verschwunden. Statt dessen gilt der kollektive Beschluß der Partei.«

Es geht jedoch fehl in der Annahme, wer meint, der demokratische Zentralismus habe nur Eingang in ›linke‹ Parteien gefunden. Die liberalen und bürgerlichen Parteien sind von dem ›Virus‹ ebenso längst infiziert. Mutig stellt Bromme fest, daß die leninistische Tradition des demokratischen Zentralismus das Grundprinzip der westlichen Demokratien – nämlich daß die politisch gewählten Vertreter in Abstimmungen nach eigenem Gewissen entscheiden und nur den Wählern gegenüber Rechenschaft schuldig sind – ausgehöhlt habe. Die Partei habe damit die Wähler als Richter über die Gewissensfragen der Volksvertreter ersetzt. »Jedesmal, wenn in einer politischen Versammlung, in der das Gleichgewicht zwischen den politischen Blöcken ausgeglichen ist, ein Beschluß gefaßt wird, riskieren die anderen Parteien, die Abstimmung zu verlieren, falls sie sich nicht die entsprechende Parteidisziplin aneignen. Sie werden viel härtere Methoden anwenden müssen, als es ihre politische Ideologie eigentlich zuließe. Ansonsten hätten sie in Abstimmungen, in denen ihre Gegner nur schon teilweise die Methoden des demokratischen Zentralismus anwenden, keine Chance.«

Übrigens: Im Dezember 2002 hat sich einer Umfrage des Meinungsforschungsinstituts *Infratest dimap* zufolge die Mehrheit der Deutschen für eine Neuwahl des Bundestags im nächsten Jahr ausgesprochen. 53 Prozent der Befragten gaben an, sie würden angesichts der politischen und wirtschaftlichen Lage Neuwahlen 2003 begrüßen.[38] Gibt es jemanden unter der Leserschaft, der ernsthaft glaubt, daß die Volksvertreter diesmal dem Willen des Volkes entsprechen?

Eine Wahl ist keine Wahl

Was ist eigentlich der Wähler? Fundament der Staatsmacht oder notwendige Nebensache? Selbständig handelnde Kraft oder gehandhabtes Objekt? Der (viel) spätere Bundespräsident Walter Scheel bekannte bereits zu Beginn seiner politischen Karriere, daß er mit Wählerstimmen seine Erfahrung habe: »In ein paar Wochen haben sie alles vergessen.«[39] Auch wenn diese Aussage nicht gerade vor Hochachtung vor dem Volk strotzt, so entbehrt sie doch nicht einer großen Portion Wahrheit. Das Verhalten des bundesdeutschen Stimmviehs selbst bei den unglaublichsten und leichtfertigsten Wahlversprechungen, von denen schon unmittelbar nach den Wahlen die Wahlversprecher nichts mehr wissen wollen – bis zur nächsten Wahl natürlich, wo sie neue, phantastische Versprechen von sich geben – erinnert geradezu in fataler Weise an die über einhundert Jahre alten Erkenntnisse von Gustave Le Bon. 1895 charakterisierte dieser bedeutende französische Psychologe die Wählermassen, »die Gesamtheiten, die zur Wahl der Inhaber gewisser Ämter berufen sind«, wie folgt: »Besonders hervorragend ist die geringe Urteilsfähigkeit, dann der Mangel an kritischem Denken, die Erregbarkeit, Leichtgläubigkeit und Einfalt der Massen.«[40] Die Entscheidung, letztlich gewählt zu werden, obliege nicht dem Parteiprogramm oder der Argumentation des Kandidaten, sondern seinem Vermögen zu schauspielern. Der Kandidat müsse übertriebene Schmeicheleien anwenden und dürfe sich keine Gedanken auch über die phantastischsten Versprechungen machen.

Daß es den selbstredend mündigen Bundesbürgern bei Wahlen nicht um programmatische Äußerungen, geschweige denn um eine Weltanschauung geht, sondern um kurzsichtige Wahlversprechen und die Art und Weise, wie sich der jeweilige Politiker in den Medien verkauft, belegt kaum ein Ereignis besser als der Wahlsieg SCHRÖDERS bei der letzten Bundestagswahl. 1998 verteilte die SPD Kärtchen mit dem Konterfei SCHRÖDERS. Auf der Rückseite dieser Karten wurden die Leser wider besseren Wissens aufgefordert: »Bewahren Sie diese Karte auf, und Sie werden sehen, daß wir halten, was wir versprechen.« Aufbewahrt hat diese Karte offensichtlich niemand, denn ansonsten hätte man sich der schmeichelnden Versprechungen wohl erinnert: mehr Arbeitsplätze, Aufbau Ost wird zur Chefsache, Deutschland als Ideenfabrik, Bekämpfung der Kriminalität, mehr Steuergerechtigkeit, bezahlbare Gesundheit, mehr soziale Gerechtigkeit usw. usf. 2002 hatten die Sozialdemokraten derartige Werbemätzchen wohlweislich nicht mehr verteilt. Warum hätte man auch sollen? Aufbewahrt hätte sie ohnehin niemand. Und falls doch, hätten sie die Stimmentscheidung doch nicht beeinflußt.

Entscheidend für den Wahlsieg ist, LE BON zufolge, aber auch die Brandmarkung und Kriminalisierung des wirklichen politischen Gegners – so wie sie auch heute von der Tagespresse bis hin zur Antifa praktiziert wird! »Den gegnerischen Bewerber wiederum muß man zu vernichten suchen, indem man durch Behauptung, Wiederholung und Übertragung zu beweisen sucht, er sei der ärgste Schuft, von dem jeder wisse, daß er etliche Verbrechen begangen habe. Selbstredend ist es unnötig, etwas vorbringen zu wollen, was einem Beweis ähnelt. Ist der Gegner ein schlechter Kenner der Massenpsychologie, so wird er sich durch Beweise zu rechtfertigen suchen, anstatt auf verleumderische Behauptungen einfach mit andern ebenso verleumderischen zu antworten, und wird dann keine Aussicht auf Sieg haben. [...] Der Wähler kümmert sich später tatsächlich nie darum, ob der Gewählte sein Glaubensbekenntnis, dem man begeistert zustimmte und das angeblich die Voraussetzung für das Zustandekommen der Wahl war, auch wirklich befolgt hat.«[41] Nur auf diese Weise ist es möglich, daß SCHRÖDER 1998 großspurig posaunen konnte, an der Arbeitslosenzahl lasse er sich vier Jahre später messen.

Unionspolitiker nehmen in Wahlkämpfen gern und auffällig oft das Wort ›Vaterland‹ in den Mund – um nach dem Wahlzirkus selbiges wieder zu vernachlässigen und zu vergessen. Bei seinem Auftritt auf dem Deutschlandtreffen der Ostpreußen am 22. Juni 2002 in Leipzig beispielsweise gab Edmund STOIBER vor, nicht nur für die Aufhebung der BENESCH-Dekrete zu sein, sondern daß auch die Aufhebung der polnischen BIERUT-Dekrete für den Beitritt Polens zu EU unerläßlich sei. Am 14. August 2002 schrieb jedoch Wolfgang SCHÄUBLE in einem Brief an eine besorgte Wählerin, die die Unionspolitik bezüglich der Vertreibungsdekrete kritisiert hatte: »Der Verlust der ehemaligen deutschen Ostgebiete ist eine irreversible Kriegsfolge, mit der wir uns alle abfinden müssen. Wir sollten daher den Blick nach vorne richten, denn durch den EU-Beitritt Polens werden wir noch näher zusammenrücken. Es gilt, diese einmalige Chance zu nutzen und die Zukunft gemeinsam zu gestalten. Daher wird die Union auch keine vergangenheitsbezogene Debatte mit Polen führen, sondern die Beziehungen tatkräftig weiterentwickeln.«[42] In der Öffentlichkeit freilich - beispielsweise auf Vertriebenentreffen - werden gerade von Unionspolitikern schöne Reden geschwungen, die das Gegenteil von dem suggerieren, was sie tatsächlich meinen und wonach sie auch handeln.

Als STOIBER sein Programm »Offensive 2002 - Aufschwung für Arbeit« im Juli 2002 zusammen mit seinem Wirtschaftsexperten Lothar SPÄTH (CDU) in Berlin vorstellte, verzichtete er wohlweislich darauf, konkrete Arbeitsmarkt- und Jahreszahlen zu nennen, an denen er eventuell eines Tages geprüft werden könnte. Das STOIBER-Lager hatte von Kanzler SCHRÖDER gelernt, der sich wegen seines großspurigen Versprechens, während seiner Amtszeit die Zahl der Arbeitslosen auf unter 3,5 Millionen zu senken, rechtfertigen mußte und dem als Erklärung nichts Geistreicheres einfiel, als die schlechte Weltwirtschaft für die Flaute in Deutschland verantwortlich zu machen. So bleibt mit Bezug auf die SPD oder die CDU/CSU als Fazit nur festzuhalten: Ob nun arbeitslos oder heimatvertrieben, gewählt haben die Betroffenen immer den gleichen demagogischen Mist.

Eigentlich kann man sie sich deshalb sparen - die Bundestagswahlen, steht es doch schon von vornherein fest, daß sich politisch nichts ändern wird. Diese Behauptung ist weder polemisch gemeint noch aus der Luft gegriffen. Vielmehr haben wir diese desillusionierende Erkenntnis aus berufenem Munde vernommen, bezeichnenderweise von zwei Vertretern »entgegengesetzter« politischer Richtung, nämlich von Joschka FISCHER (Grüne) und Edmund STOIBER (CSU). Die Politik der Berliner Republik wird sich nie ändern, ganz gleich, welche Altpartei nun gerade die Regierung bildet. Joschka FISCHER erklärte im April 1999 gegenüber der *Welt am Sonntag*: »In der Verfassung [gemeint ist das bundesdeutsche Grundgesetz, C.N.] ist vorgesehen, daß wir im Namen des ganzen Landes handeln – abhängig und kontrolliert von der Mehrheit im Bundestag. Wenn sich diese Mehrheiten verändern sollten, mag es eine andere Koalition geben. Aber es wird keine andere Politik der Bundesrepublik Deutschland geben. Dazu steht zuviel auf dem Spiel. Das wissen alle Beteiligten.« Dieses Eingeständnis eines Ministers der Bundesrepublik Deutschland wirft alles über den Haufen, was der mündige Bürger bislang über das ›freiheitliche‹ politische System, über Gewaltenteilung und Mitbestimmung, über Pluralismus und Souveränität vorgesetzt bekommen hat. Alles Illusion. Auch der gewesene Möchtegernkanzler STOIBER hatte während seiner Auftritte im Bundestagswahlkampf 2002 immer wieder unumwunden zugegeben, daß sich unter seiner Regentschaft die Politik der Berliner Republik nicht ändern würde. Bisher war es gute Kandidatentradition gewesen, Wahlkampfversprechungen erst nach Ablegung des Amtseides zu brechen. So hat es Gerhard SCHRÖDER und mit ihm alle seine Vorgänger praktiziert. STOIBER brach mit dieser Tradition. Kaum von den Unionsparteien zum Kanzlerkandidaten ernannt, räumte er fluchtartig die bislang eingenommenen Positionen. Gleich bei den ersten Pressekonferenzen platzte ihm heraus, daß ein von ihm geführtes Bundeskabinett am rot-grünen Nachlaß nicht rütteln werde: »Eine Regierung kann nicht alles, was eine andere Regierung gemacht hat, in Gänze zurücknehmen.« Das sei einmal dahingestellt. Ist aber auch nicht der Punkt, denn die Fragen, die dieser Antwort vorausgingen, bezogen sich ja nicht auf ›alles‹, sondern ganz konkret auf die sogenannte Öko-Steuer, und die war bis zu diesem Zeitpunkt von der Union als Gift für die Wirtschaft, als Arbeitsplatzkiller, als Volksbetrug massiv bekämpft worden. Im Herbst 2000 hatte der bayerische Ministerpräsident STOIBER gegen die Öko-Steuer sogar noch eine Unterschriftenaktion angeleiert. Davon wollte der Kanzlerkandidat der Union nun nichts mehr wissen. Bestenfalls die letzte Erhöhungsstufe am 1. Januar 2003 könne ausgesetzt werden – und selbst die nur, »soweit dies technisch möglich ist«.

Überhaupt hielt STOIBER Steuersenkungen für nicht machbar: Finanzminister Hans EICHEL (SPD) lehne diese »aus durchaus nachvollziehbaren Gründen ab«. Solidarität unter Berufspolitikern, gerade wenn's um Geld geht, vor allem um unser Geld. Auch vom Vorziehen der Steuerreform, wie es die Union noch bis vor STOIBERS

Ernennung zum Kanzlerkandidaten vehement gefordert hatte, redete die ›Alternative zu Schröder‹ nicht mehr. Ähnlich schwadroniert STOIBER zum Atomausstieg: »Wir werden prüfen, in welcher Weise wir das rückgängig machen können«. Selbst die ›Homo-Ehe‹, gegen die Bayern immerhin eine Klage vor dem Bundesverfassungsgericht angestrengt hat, sollte unter STOIBERS Regentschaft nicht wieder abgeschafft werden. »Ich kann doch ein Faktum nicht rückgängig machen«, gab der Kandidat klein bei. Auf diese Erklärung muß man erst einmal kommen! Bislang galt als Wesen der Politik die gestalterische Änderung von Fakten. Offensichtlich verstehen STOIBER und seinesgleichen unter ›konservativ‹, wie Harald NEUBAUER attestiert, das Konservieren rot-grüner Hinterlassenschaften: »Die Union ist heruntergekommen zu einer ›SPD light‹. Nörgelnd, fußkrank und ständig um eine Legislaturperiode verspätet, hinkt sie den Roten hinterher. Erzwingen die Wähler einen Zwischenstopp, rücken die Schwarzen kleinlaut auf und machen es sich bequem zwischen ›Fakten‹ und ›Sachzwängen‹. Keine Revision, keine Umkehr. Die Karawane zieht weiter auf altem Kurs, nur an der Spitze schaukeln ein paar neue Kamele.«[43]

Außer durch seine Profil- und Inhaltslosigkeit, denken wir nur an einschläfernde Talkshows und andere Scheingefechte im Fernsehen oder an langweilige Wahlveranstaltungen, fiel der Bundestagswahlkampf 2002 vor allem durch die riesigen Plakatwände auf, die oftmals schöne Alleen verschandelten oder aber – unter dem verkehrssicherheitstechnischen Aspekt betrachtet – an geradezu leichtsinnigen Stellen aufgebaut wurden. Noch mehr interessiert uns aber, was sich die Parteistrategen bei ihren Plakatmotiven und vor allem den klugen Sprüchen dazu gedacht haben mögen. Hans ZIPPERT faßt diese Eindrücke in der *Welt* wunderbar zusammen: »Würde ich von der CDU/CSU nur die Plakate kennen, dann müßte ich glauben, in dieser Partei sind ausschließlich Wahnsinnige: ›Aufschwung beginnt mit den Köpfen‹. Und dazu sieht man STOIBER (links!) und MERKEL (andere Seite!), wie sie sich irgendwie seltsam, ja, sehr seltsam anlächeln. Kein Wunder, der Spruch ist ja auch extrem bizarr. Es könnte das Motto einer alten Dadaisten-Performance sein. Im Hauptprogramm sehen wir dann das Rennen eines Fahrrads gegen eine Nähmaschine. Außerdem lese ich unwillkürlich immer: ›Aufschwung beginnt mit dem Köpfen‹. Klingt nach Revolution. Wenn man wirklich was verändern will, dann Rübe runter! Warum auch nicht, fragt sich allerdings nur welche? Man müßte mal feststellen, ob das Rüberuntermachen Frankreich 1789 wirtschaftlich wirklich weitergebracht hat oder ob insgesamt nicht zu viele mittelständische Adlige Kopf und Betrieb verloren. Aber damit soll sich die CDU beschäftigen, wer solche Assoziationen auslöst, muß sich schließlich auch über die Folgen Gedanken machen. ›Aufschwung beginnt mit den Köpfen‹ – warum eigentlich ›mit den Köpfen‹. Sollte hier von der Turnübung die Rede sein, dann könnte man mit viel Mühe zu dem Schluß kommen, daß zunächst der Kopf bzw. das Hirn den Befehl geben muß, bevor Arme, Beine und Restkörper den Aufschwung ausführen. Der Aufschwung beginnt also ›im Kopf‹ und meinetwegen auch ›mit dem Kopf‹ aber warum bloß mit den ›Köpfen‹? Muß man sich STOIBER als eine Art Drachen mit mehreren Köpfen vorstellen? Wenn man seinen abschlägt, wächst MERKELS nach oder BECKSTEINS oder SPÄTHS oder wie? Es wird einem ganz schwurbelig im Aufschwung-Kopf. Wahrscheinlich dient das Plakat auch nur dazu, Gerhard SCHRÖDER zu verwirren. Wenn er das liest, denkt er: ›Aufschwung beginnt mit der Köpf? Was hat denn die Doris mit dem STOIBER zu tun?‹ Schon kommt er ins Grübeln und geht schlechtgelaunt ins nächste Duell.

Nicht viel zurechnungsfähiger plakatieren die Grünen: ›Außen Minister – innen grün‹. Ein Glück, daß FISCHER nicht Innenminister ist – ›Innen Minister – außen grün‹ oder noch was ganz anderes ›Außen Bordmotor – Innen grün‹ oder ›Innen Architekt – außen grün‹ oder ›Außen Dienstmitarbeiter – Innen Dienstmitarbeiter‹. Soll ich tatsächlich eine Partei wählen, deren größtes Verdienst die Lizenz zum Kalauern ist? Und dann das Foto! Haben Sie sich das schon mal genau betrachtet? Wahrscheinlich nicht, es wirkt ziemlich abschreckend. Man sieht nur FISCHERS Kopf und seine Hände. Er trägt praktisch seinen Kopf in den Händen. Gespenstisch! Der kann das Ding einfach abnehmen. Und sich einen anderen draufsetzen. Den vom Drachen STOIBER zum Beispiel. Das FISCHERbild ist die wortgetreue Umsetzung der CDU Parole: ›Aufschwung beginnt mit dem Köpfen‹. Wer solche Plakate klebt, kann nicht ganz dicht sein.

In einem bedenklichen Zustand befindet sich auch die FDP. Ihre Plakate zieren blaustichige Fotos auf gelbem Grund. Auf den Fotos sieht man meistens Guido WESTERWELLE und die Worte ›Die Zeit ist reif‹. Fehlt nur noch ›Abi 2002‹! Schön, daß WESTERWELLE endlich seinen Abschluß geschafft hat, er sieht ja schon aus wie 19, da haben ihn die Klassenkameraden bestimmt immer gehänselt. ›Die Zeit ist reif‹ – für einen ganz besonderen Pilsgenuß? Für ein bißchen Zärtlichkeit? Oder geht das etwa gegen die Hamburger Wochenzeitung? Will WESTERWELLE *Die Zeit* vernichten? Sind ihm die

Artikel immer noch zu lang, denn achtzehn Zeilen sind genug, und was hat das eigentlich mit Politik zu tun? Und wie soll man jemanden wählen, der schon auf seinem Foto blau angelaufen ist?

Nein, es führt kein Weg daran vorbei, die einzige Partei, deren Plakate man wählen könnte, ist die SPD. Die sind wirklich grandios gemacht: ›Der Kanzler der Mitte‹. Stimmt! SCHRÖDER steht tatsächlich millimetergenau in der Mitte des Bildes. Glaubwürdiger kann man nicht mehr rüberkommen. Aber die SPD hat noch ein viel bedeutenderes Meisterwerk im Angebot: ›Das Ziel meiner Arbeit? Daß alle Arbeit haben‹. Ein fantastisches Bild. Eine Mischung aus dem späten REMBRANDT und dem mittleren Harrison FORD (*Air Force One*).

Wie SCHRÖDER da einsam am Schreibtisch sitzt und HARTZ-Papier vom Restmüll trennt, das hat Größe, Tragik, da geht es um Entscheidungen von unglaublicher Tragweite. Vielleicht formuliert er SCHARPINGS Entlassung, oder er schreibt an BUSH: ›. . . sehen wir uns leider außerstande, an Ihrem geschätzten Irak-Krieg teilzunehmen‹. Ein Bild, das Raum für Interpretationen der edelsten Art zuläßt. SCHRÖDER schreibt an jeden der über vier Millionen Arbeitslosen persönlich. ›. . . möchte ich Sie eindringlich bitten, doch endlich mal wieder zu arbeiten, Sie wissen ja, wer keine Arbeit hat, der macht sich welche. In diesem Sinne, Ihr Gerhard ›Kanzler‹ Schröder.‹ Oder er redigiert seine Antrittsrede nach der Wahl: ›Ich danke Ihnen für Ihr Vertrauen. Geben Sie es bitte an der Garderobe ab.‹«[44]

SCHRÖDER oder STOIBER? Das war in der Tat eine Frage fürs Poesiealbum! In vier Jahren wird sie ähnlich lauten. Die Wahrheit ist, daß der Kanzler und sein Herausforderer weithin austauschbar sind, weshalb es auch bei der nächsten Bundestagswahl wohl einerlei ist, wo der Souverän sein Kreuzchen macht. Längst gleichen sich die Positionen der Kandidaten, der Bundestagsparteien wie ein Ei dem anderen (zugegeben, die PDS in Details ausgenommen): Alle sind pro Zuwanderung, alle waren sich einig im Entschluß, die D-Mark abzuschaffen und den Euro einzuführen, alle sind pro EU-Osterweiterung, für noch mehr Liberalisierung, Globalisierung, Privatisierung, und alle befürworten den weltweiten Einsatz der Bundeswehr als Hilfstruppe der USA. Pluralismus? Meinungsvielfalt? Alternativen? Fehlanzeige. Joschka FISCHER hatte schon recht, als er einräumte, daß es eine andere Politik der Bundesrepublik Deutschland nicht geben werde – mit den Repräsentanten der Kartellparteien mit Sicherheit nicht.

3.
Bundesdeutsche Realpolitik und ihre Repräsentanten

Viele Richter- und Beamtenstellen, Positionen in öffentlichen Unternehmen und im öffentlich-rechtlichen Rundfunk werden nach Parteibuch, häufig im Proporz der etablierten Parteien, besetzt, obwohl nach dem Grundgesetz bei Einstellung und Beförderung im öffentlichen Dienst allein Leistung und Qualifikation zu entscheiden haben und die Parteizugehörigkeit keine Rolle spielen dürfte. Die Folgen sind glasklar: Aufblähung und mangelnde Leistungsfähigkeit der Verwaltung und eingeschränkte Unabhängigkeit der Gerichte und Rundfunkanstalten gegenüber der politischen Klasse. Alle Bundestagsabgeordneten und Mitglieder der Bundesregierung (einschließlich der Parlamentarischen Staatssekretäre) werden alle aus der Staatskasse besoldet und erhalten zusätzlich hohe steuerfreie Kostenpauschalen. Diese großzügigen Zahlungen sollen den Volksvertretern ihre Aufgabe erleichtern, dem Gemeinwohl zu dienen. Tatsächlich machen sie und viele ihrer (ebenfalls staatlich alimentierten) Hilfskräfte seit Monaten auf Kosten der Steuerzahler Wahlkampf für ihre jeweiligen Parteien. Bekanntlich – oder vielleicht auch gar nicht so bekanntlich – finanzieren die Parteien ihre Wahlkämpfe generös auf Kosten der Steuerzahler. Das Bundesverfassungsgericht hat eine absolute Obergrenze für die Staatsfinanzierung von Parteien festgelegt. Sie beträgt derzeit bescheidene 156 Millionen Euro jährlich. Diese Summe wird von den Parteien jedes Jahr voll ausgeschöpft, auch wenn die Wahlbeteiligung immer niedriger wird.[45] Dafür haben die Schatzmeister, die dem Gesetzgeber bei Regelung der Parteienfinanzierung die Feder führten, durch eine entsprechende Gestaltung des Gesetzes gesorgt. Kleinere Parteien und ihre Kandidaten, die keine besoldeten Amtsträger in Parlament oder Regierung haben, müssen ihren Lebensunterhalt während des Wahlkampfs dagegen aus eigener Tasche bezahlen.

Bereits Reichsaußenminister Walther Rathenau beschrieb seinen Eindruck von der Qualität der Politiker in der Nationalversammlung wie folgt: »Abgeordnete, die weder von Politik, noch von Wirtschaft, noch von Verwaltung, noch von inneren Zusammenhängen etwas verstehen, zählen ab und ernennen Minister: mir einen, dir einen. Minister, die zu etwas anderem geboren sind, entwerfen Gesetze. Die Nationalversammlung nimmt sie an, die öffentliche Meinung nickt, und das Land geht zugrunde. Resultat dieses Unsinns: Der Wirtschaft wird nicht geholfen. Es kommt nichts rein. Die Ungleichheit der Vermögen nimmt nicht ab, sondern zu. Die Intelligenz verarmt bis zur Proletarisierung. Die besten Kräfte wandern aus. Die Beweglichen haben ihr Geld ins Ausland geflüchtet. Die Anständigen und Gutmütigen bezahlen für die Rücksichtslosen. Die Autorität des dilettantischen Staates ist in Steuersachen ebenso dahin wie in Ernährungssachen. Defraudation ist ein Scherz wie eine Butterschiebung. Die Korruption blüht. Regiererei und Gesetzgebung werden nicht mehr ernst genommen.«[46] Sind wir heute angesichts wuchernder Korruption und des um sich greifenden wirtschaftlichen wie geistigen Verfalls sowie der Qualität von Berufspolitikern, die sich selbst recht unbescheiden als ›Experten‹ bezeichnen oder mit ihresgleichen ›Kompetenzteams‹ aufstellen, so viel weiter als vor 80 Jahren?

Volk und ›Volksvertreter‹ – zwei Welten prallen aufeinander

Die Bundesrepublik Deutschland befindet sich in der schwersten Krise ihrer Geschichte: Der Souverän interessiert sich nicht mehr für das System oder lehnt es gar ab. Immer mehr Bürger wenden sich von der Politik ab, und das mit Grausen. Der makabre Witz, daß die stärkste Partei Deutschlands die Partei der Nichtwähler sei, ist fast richtig[47] – aber ganz und gar nicht witzig: In der Bundesrepublik Deutschland, bekanntlich eine ›repräsentative Demokratie‹, können sich Regierungen vielfach nur noch auf eine Minderheit, nämlich auf das Häuflein, das sie auch wirklich gewählt hat, berufen. Einer Umfrage von *Infratest dimap* im Februar 2000 zufolge ist immerhin fast die Hälfte (46%) der Deutschen in der Berliner Republik der Meinung, die Beteiligung an Wahlen sei im Grunde sinnlos, weil die wichtigen Entscheidungen nicht in den Parlamenten fielen, sondern zwischen den Regierenden und der Wirtschaftslobby.

Im April 2002 waren in Sachsen-Anhalt 2,1 Millionen Bürger wahlberechtigt. Annähernd 920 000 Menschen haben von vornherein von ihrem Wahlrecht kein Gebrauch gemacht. Über 70 000 Stimmen fielen wegen der 5%-Sperrklausel unter den Tisch, mehr als 30 000 Wähler machten ihren Stimmzettel ungültig. Sämtliche augenblicklich im Landtag vertretenen Parteien, also CDU, SPD, PDS und FDP, repräsentieren damit zusammengenommen nur knapp über die Hälfte des stimmberechtigten Volkes. Die neue christlich-liberale Regierung kann sich mit 28 Prozent gar kaum mehr als auf ein Viertel der Wahlberechtigten stützen.

An der Stichwahl um das Amt des Kölner Oberbürgermeisters im September 2000 beteiligten sich noch ganze 39 Prozent der Stimmberechtigten. 61 Prozent blieben desinteressiert zu Hause. Der überglückliche Wahlsieger Fritz SCHRAMMA (CDU) schmückte sich zwar mit 52,3 Prozent – aber in Wirklichkeit doch nur von der Hälfte der abgegebenen Stimmen! Tatsächlich haben sich nur etwa 20 Prozent aller Wahlberechtigten für ihn ausgesprochen. Die Millionenstadt am Rhein wird also von einem Oberbürgermeister regiert, dem fast 80 Prozent der Wähler die Stimme verweigert haben. Köln und Sachsen-Anhalt sind keine Einzelfälle. Seit Jahren schon wird diese Republik von den Repräsentanten einer Minderheit regiert. Und keinen Politiker scheint das zu stören. SCHRAMMA zum Beispiel erklärte nach seinem 20 Prozent-Sieg treuherzig, er werde »Oberbürgermeister aller Kölner« sein. Wie Harald NEUBAUER richtig analysiert, macht eine solch freundliche Floskel nur Sinn, wenn damit die unterlegene Minorität der machtlosen Majorität eingebunden werden soll: »Wenn aber eine Ein-Fünftel-Minderheit großzügig ankündigt, auch für die Vier-Fünftel-Mehrheit zu sprechen, dann klingt das karnevalesk und anmaßend.«[48]

Die Bundestagswahl 2002 hatte mit einer Wahlbeteiligung von nur 79 Prozent noch nicht einmal vier Fünftel der Stimmberechtigten angesprochen. Mit nur etwas über 48 Millionen tatsächlichen Wählern waren dies drei Prozent weniger als noch vier Jahre zuvor. Fast 13 Millionen Wähler waren den Urnen ferngeblieben – damit immerhin mehr, als CSU, Grüne, FDP, PDS, Schill-Partei, NPD, ÖDP, REP und alle anderen als ›Sonstige‹ aufgeführten Parteien zusammen Stimmen erhalten haben. Nicht zu unterschlagen die annähernd 600 000 Stimmen, die als ungültig gewertet wurden. In Sachsen und Sachsen-Anhalt lag die Partei der Nichtwähler bereits auf Platz eins; in Brandenburg, Mecklenburg-Vorpommern und Thüringen kam sie auf einen stolzen zweiten Platz.

Was mag der Grund dafür sein, daß mehr als ein Fünftel der Stimmberechtigten sogar bei der Bundestagswahl auf eine Stimmabgabe dankend verzichtet oder die Stimmzettel bewußt ungültig gemacht hat? Vielleicht, weil sie es satt haben, zwischen vermeintlich konkurrierenden Parteien zu wählen, die sich nur noch in ihrer Buchstabenreihenfolge unterscheiden. Folglich konnten die Parteipolitiker auch nicht argumentativ – gleich ob provokativ oder konstruktiv – um die Wählergunst buhlen, sondern waren auf initiierte Schaumschlägereien, peinliche Harmlosigkeiten und anspruchslose Fernsehshows à la Wahlkampf in den Vereinigten Staaten von Amerika angewiesen. So »schleppt sich der Wahlkampf«, wie die Wochenzeitung *Die Zeit* richtig feststellt, »in geradezu gespenstischer Eintönigkeit dahin, und die Versuche der Parteien, ihn dramatisch zu beleben, wirken seltsam künstlich und halbherzig. Sie wirken wie verzweifelte Anstrengungen, zu vertuschen, daß man sich in weitestgehenden Feldern der Politik weitestgehend einig ist – oder ihnen gegenüber gleich ratlos. Der Vertuschungsversuch will aber nicht so recht gelingen: Im ›Wahlkampf-Hearing‹ der ARD am Donnerstagabend konnte man das wahrhaft denkwürdige Schauspiel bestaunen, wie sich die Vertreter aller Bundestagsparteien, die unbelehrbare PDS ausgenommen, vor Rührung über ihre Einigkeit fast in die Arme gesunken wären. Der CSU-Fraktionsvorsitzende GLOS zu Joschka FISCHER: ›Ich sehe mich da ganz nah beim Bundesaußenminister. . .‹. FISCHER, verlegen: ›Jetzt weiß ich ja gar nicht, ob ich mich darüber freuen soll. . .‹. Man hat ihm aber angesehen, wie er sich darüber gefreut hat.«[49] Die beiden ›großen Volksparteien‹, SPD und CDU, haben sich programmatisch in einem solchen Maße angenähert, daß wesentliche ideologische Unterschiede nicht mehr wahrzunehmen sind. 1998 führte SCHRÖDER seinen Wahlkampf unter dem Motto, die SPD sei die Partei der Mitte. CDU/CSU nehmen für sich ebenfalls den Platz der Mitte in Anspruch. Der Kampf um, oder besser das Anbiedern an die gesellschaftliche Mitte fordert, wie der schweizerische *Tages-Anzeiger* zu Recht feststellt, jedoch einen hohen Preis. »Die alten Milieus lösen sich auf, Wahlen sind von den beiden großen Volksparteien nicht mehr eindeutig zu verlieren oder zu gewinnen. Viel stärker als früher sind sie auf kleinere Partner und deren Abschneiden angewiesen, schließt man eine Große Koalition aus.«[50] Welche Wahl in der Geschichte der Bundesrepublik Deutschland hat diese Tatsache mehr unter Beweis gestellt als die Bundestagswahl 2002?

Angesichts der seit Jahren kumulierenden programmatischen Blutarmut in den bundesdeutschen Parlamentsparteien wundert es nicht, daß selbst immer mehr parteipolitisch engagierte Menschen ihrer Partei den Rücken kehren. So zählte Anfang 2000 die SPD noch 737 000 Mitglieder, immerhin 23 000 weniger als ein Jahr zuvor. 1991 lag die Mitgliederzahl noch bei 950 000. Rückläufig auch die Mitgliederzahlen bei den Grünen: 1991 konnten sie sich noch an fast 110 000 Gefolgsleuten erfreuen, Anfang 2000 waren es noch ganze 49 000. Auch die CDU kann mit ihrer Mitgliederzahl von 630 000 Anfang 2000 den 750 000 Mitgliedern von 1991 nicht mehr das Wasser reichen. Die PDS schließlich konnte sich 1991 noch auf 180 000 Parteigenossen stützen – die überwiegende Mehrzahl von ihnen war bereits Mitglied, als die PDS noch SED hieß –, eine beachtliche Zahl, die laut Angaben des ›Verfassungsschutzes‹ 2001 jedoch auf 84 000 zusammengeschrumpft ist. Mit dieser eindeutigen Tendenz ist es allzu deutlich, daß die Deutschen das Gefühl haben, von den Vertretern der sogenannten Volksparteien oder Systemparteien nicht mehr vertreten zu werden, daß an ihnen vorbeiregiert wird und sie diese Politik nicht mehr teilen.

Bisweilen fällt dieser Umstand gar Vertretern der herrschenden Kaste auf. Friedrich Merz, seines Zeichens immerhin Fraktionsvorsitzender der CDU, gab im März 2001 resigniert zu: »Wir werden von einer Gruppe von Leuten regiert ohne jeden Respekt vor den gewählten Volksvertretungen, vor den Institutionen dieses Staates, vor dem Grundgesetz. Nichts ist ihnen irgendwo Achtung und Respekt wert, wenn es darum geht, ihren machtversessenen Anspruch durchzusetzen.«[51] Folglich wundert es kaum, daß sich die Jugend von dem Parteiensystem mehr denn je angewidert abwendet. Daraus resultiert, daß die Systemparteien dramatisch veralten; in der SPD beispielsweise hat sich der Anteil der unter 30jährigen in den vergangenen zehn Jahren mehr als halbiert. *Die Welt* schließt daraus, daß die Parteien die Jugend verlieren.[52]

Die meisten Nichtwähler dürften sich kaum aus Faulheit oder wegen des trüben Wetters den Systemparteien verweigern. Wenn es zumutbare Alternativen zum bestehenden System oder zu den Systemparteien gäbe, würden – diese Prognose wagen wir aufzustellen – die meisten von ihnen auch wählen. Diese Annahme wird gerade durch Leserbriefe in den Printmedien untermauert. Im *Focus* beispielsweise bekannte ein Leser kurz vor der Bundestagswahl 2002: »Ich würde ja gern wählen, wenn wir eine funktionierende Demokratie mit Volksabstimmungen zu wichtigen Themen hätten. Tatsache ist, ich bin mir zu schade, durch meine Kreuzchen irgendwelche korrupten Lügner und Betrüger jedweder Partei in lukrative Posten zu hieven, ohne später auch nur den geringsten Einfluß auf politische Entscheidungen zu haben.«[53] Die Basis eines politischen Systems wird ernsthaft gefährdet, »wenn nicht das Interesse der Menschen am politischen Geschehen, aber die Wahlbeteiligung zurückgeht, weil die Überzeugung um sich greift, bei den entscheidenden Schicksalsfragen der Nation ohnehin von der Entscheidungsfindung ausgeschlossen zu sein«.[54] Diese Situation haben wir heute in der Berliner Republik.

Das Volk wird nicht mehr vertreten, sondern erzogen, geleitet, bevormundet. Was man euphemistisch als ›Mediendemokratie‹ bezeichnet, ist bei Licht gesehen ein riesiger Propagandaapparat, der den Willen der Menschen manipulieren, steuern und nötigenfalls auch brechen soll. Ob Asylmißbrauch, Euro, Öko-Steuer oder EU-Erweiterung: Die Meinung der Mehrheit zählt nicht. Wer ihr Respekt zu zollen gedenkt, wird bestenfalls nur als ›Populist‹ denunziert. Viele Berufspolitiker wissen indes, daß sie am Volk vorbeiregieren. Beispielsweise meinte EU-Kommissar Günter VERHEUGEN über die geplante Erweiterung der Europäischen Union: »Wir dürfen nicht wieder über die Köpfe der Bürger hinweg entscheiden. Über Verträge, die den Charakter des Staates verändern, etwa durch Abgabe von Souveränität, sollte es Volksentscheide geben.« Auch auf die Gefahr hin, daß bei »heiklen Fragen«, so der Einwurf des SPD-Innenpolitikers Dieter WIEFELSPÜTZ, »das Volk populistisch entscheidet«? Was für eine Wahnsinnsformulierung! Das Volk entscheidet populistisch! Bekanntlich steht das aus dem Lateinischen kommende Eigenschaftswort ›populistisch‹ im Deutschen – sieht man einmal von seiner negativen Bedeutung im Sinne von opportunistisch und demagogisch ab – für ›volksnah‹. Es ist tatsächlich nicht ganz auszuschließen, daß das Volk, so es gefragt würde, bei einer lebenswichtigen Entscheidung für sich selbst nah, also ›volksnah‹, votieren würde.

Bei bundesdeutschen Politikern ist ein solches Risiko der Volksnähe freilich nicht zu erwarten. Sie zieht es, um mit den Worten Harald NEUBAUERS zu sprechen, zuverlässig auf den entgegengesetzten Standort: volksfern und volksfremd. In diesem Zusammenhang fällt uns der Leserbrief von Kurt HELLMICH in der *Welt am Sonntag* vom 7. April 2002 zur positiven Bundesratsentscheidung über das sogenannte Zuwanderungsgesetz ein. Es könne doch wohl nicht angehen, »daß man für einfache manuelle Tätigkeiten wie Autofahren eine staatliche Erlaubnis benötigt, jedoch Tätigkeiten im Bundesrat, durch die über das Schicksal von Millionen Menschen entschieden wird, von Analphabeten ausgeübt werden dürfen, die offenbar noch hörgeschädigt sind«.

Skandale, Affären, Peinlichkeiten

Politische Skandale und Affären gehen immer auf Kosten des Ansehens und Vertrauens in die politische herrschende Klasse – gerade bei solchen, wo soziale Ungerechtigkeit eine Rolle spielt. Soziale Ungerechtigkeit bemerken und erkennen die Bundesbürger trotz Überangebot von Brot und Spielen eben doch noch. Das Volk sieht sehr wohl, wie es um das Berufsbild gewählter Volksvertreter steht: Der Berufspolitiker, der Politik zu seinem Beruf gemacht hat, sich überwiegend von der Politik ernährt und wie die Made im Speck lebt, kann nicht für das Gemeinwohl wirken. Die Kandidaten der Parteien treten als Mehrheitsbeschaffer für ihre Parteien und von Koalitionskombinaten auf. Sie gehören nach einer Wahl, von der oftmals ihr Einkommen, ihr soziales und existentielles Leben abhängt, entweder zu den Siegern oder eben zu den Verlierern. Bei einer solchen Geisteshaltung, in einem solchen System geht der eigentliche Auftrag des Politikers, nämlich Verantwortung zu tragen und die Interessen des Volkes zu vertreten, auf Nimmerwiedersehen verloren.

Zu Zeiten FRIEDRICH DES GROSSEN – ganz zu schweigen von den heroischen Epochen der Antike, in denen Geistesgrößen wie SOKRATES, PLATON oder CATO wirkten – war ›Politiker zu sein‹ noch mit den Begriffen ›Ehre‹ und ›Würde‹ verbunden, also als Auszeichnung aufzufassen. Die Lebensdevise des großen Preußenkönigs FRIEDRICH II. war es, der erste Diener des Staates zu sein. Die Abgeordneten der bundesdeutschen Gegenwart dürften sich der herausragenden Rolle ihres Berufes (= Berufung) kaum bewußt sein. Sie neigen dazu, den Staat mit einem Selbstbedienungsladen zu verwechseln, sich selbst als Ver*diener* zu betrachten, gewissermaßen als erster Kunde, der bekanntlich immer König ist.

Die Interessen des eigenen Volkes spielen bei den gewählten Volksvertretern – wenn überhaupt – nur eine untergeordnete Rolle. Es fragt sich, wie man als gewählter Volksvertreter dann allerdings reinen Herzens schwören kann, den Nutzen des deutschen Volkes zu mehren und Schaden von ihm zu wenden? Dem Bundesumweltminister Jürgen TRITTIN beispielsweise ist das deutsche Volk sogar ein Greuel. In seinem offiziellen Briefkopf hat er das Attribut deutsch in ›Deutscher Bundestag‹ gestrichen. Jetzt sitzt er also nur noch im Bundestag. So wie im Abteil der Bahn. Seine grüne Parlamentskollegin Claudia ROTH wiederum sieht man immer wieder hinter Transparenten der krakeelenden Antifa marschieren, auf denen Parolen wie »Nie wieder Deutschland!« prangen. Wieso also, fragt die Zeitschrift *Nation & Europa* angesichts solcher antinationalen Einstellungen mit Recht, »sollten Politiker dieser Art bei der Frage, wie sie mit Steuergeldern umgehen, plötzlich ein auf Zurückhaltung drängendes Gemeinschaftsbewußtsein entwickeln«[55] und die Interessen des Volkes vertreten? Oder meinten sie ohnehin ver*treten*?

Betrachten wir einige Skandale und Peinlichkeiten unserer bundesdeutschen Volksvertreter etwas genauer. Vielleicht nicht gleich dem internationalen Ansehen Deutschlands - wir kommen auf diese gewichtige Floskel später zurück -, so aber doch dem Ansehen der herrschenden politischen Kaste der Berliner Republik abträglich war beispielsweise der Skandal um Hamburgs Innensenator Hartmuth WROCKLAGE (SPD) im Jahre 1998. Sein Chef, Bürgermeister Ortwin RUNDE, attestierte ihm während einer Pressekonferenz, sein Amt mit »Berechenbarkeit und Kontinuität« zu führen. Mag sein. Kontinuität bewies WROCKLAGE aber vor allem, als er Mitte September mit seinem Dienstwagen ein geparktes Auto »streifte« - und unbekümmert weiterfuhr. »WROCKLAGE hatte ein ›leises Klappgeräusch‹ wahrgenommen und war ausgestiegen. Er untersuchte den anderen Wagen, ohne einen Schaden zu entdecken, und fuhr weiter. Die Sache kam ins Rollen, weil eine Augenzeugin des Unfalls sofort Anzeige erstattete.«[56] Als gegen ihn wegen Fahrerflucht ermittelt wurde, durfte der Senator, sich seines Chefs als Rückendeckung gewiß, im Amt bleiben, da er seinen eigenen Rücktritt für »unangemessen« hielt. RUNDE bestätigte diese Vermessenheit. Die Fahrerflucht habe ja keine gravierenden Auswirkungen auf das Amt - obgleich er zwinkernd einräumte: »Senator WROCKLAGE hat sich fehlerhaft verhalten. Ein Anruf bei der Polizei nach dem Unfall wäre besser gewesen.« Es mache schon einen Unterschied, ob ein »Innensenator sich so verhält oder ein x-beliebiger Mitbürger der Stadt«. In der Tat, letzterer wäre - zu Recht - mit einem gehörigen Gerichtsverfahren überzogen worden. Beim Herrn Innensenator hatte das »nicht korrekte Verhalten« - nebenbei bemerkt: bei Fahrerflucht handelt es sich um eine Straftat! - »keine gravierenden Auswirkungen«.

Als sportlicher Autofahrer und fröhlicher Zecher ist Otto WIESHEU (CSU) bekannt. 1983 knallte WIESHEU, damals noch CSU-Generalsekretär, mit seinem 380er Mercedes auf den Fiat von Rentner Josef RUBINFELD, der den Auffahrunfall nicht überlebte, während sein Beifahrer nur mit schweren Verletzungen davonkam. Ob WIESHEU davon etwas mitbekommen hatte, darf bezweifelt werden. Immerhin hatte er 1,75 Promille Alkohol im Blut. Pikant ist, daß so ein rücksichtsvoller und verantwortungsbewußter Verkehrsteilnehmer einige Jahre später zum Bayerischen Staatsminister für Wirtschaft und *Verkehr* befördert wurde.

Bleiben wir noch einen Augenblick beim Straßenverkehr. Bundesverkehrsminister Kurt BODEWIG nahm Anfang August 2002 an einer Konferenz über den geplanten Tiefwasserhafen Jade-Weser-

Port in Varel teil. Der Minister ließ sich mit dem Hubschrauber von Berlin in den 440 Kilometer entfernten Ort zwischen Wilhelmshaven und Oldenburg fliegen – nicht gerade förderlich für den Nahverkehr, aber bitte sehr. Gleichzeitig hatte er aber seinem Chauffeur den Auftrag gegeben, den Dienstwagen, einen Audi A8, an den Jadebusen zu fahren. Das hielt der sozialdemokratische Minister für nötig, damit er die 300 Meter vom Hubschrauber zum Tagungslokal Allee-Hotel nicht zu Fuß gehen mußte. Nach zweieinhalb Stunden ging es auf dem gleichen Weg wieder zurück: Fahrer im Auto, Minister im Hubschrauber. Etwas Anrüchiges können die Herren Volksvertreter in diesem Fall nicht sehen. Dem Minister, so wußte sein Sprecher Felix STENSCHKE gegenüber der *Nordwest-Zeitung* festzustellen, stünden Hubschrauber und Dienstwagen ja zu. Ob BODEWIG vielleicht in einen Streifenwagen der örtlichen Polizei hätte einsteigen können, stehe nicht zur Debatte: »Man hätte auch Rad fahren oder Sack hüpfen können.«[57]

Schlagzeilen machte auch der christsoziale Stadtrat Wolfgang AECHTNER in Dachau. Er hatte im März 2002 die Ergebnisse der Kommunal- und Oberbürgermeisterwahlen gefälscht und Zeugen zu beeinflussen versucht. AECHTNER und sein Parlamentsamigo Georgios TRIFINOPOULOS bestritten dies, worauf ihnen die Gelegenheit gegeben wurde, über den Sachverhalt noch einmal in aller Ruhe nachzudenken: Sie kamen in Untersuchungshaft. Aus dieser wurden sie erst entlassen, als sie ein Geständnis abgelegt hatten, Hunderte von Stimmzetteln selbst ausgefüllt zu haben. Daraufhin war ihre politische Karriere beendet – sollte man annehmen dürfen. Nicht so in Bayern. Die Dachauer CSU stand generös zu ihren Wahlfälschern und stellte sie anläßlich der Bundestagswahl kurzerhand wieder auf.

Im Frühjahr 1999 spendete der Bauunternehmer Uwe CLEES eine halbe Million Deutsche Mark an die Wuppertaler SPD, um einen Wahlkampf ihres Spitzenkandidaten Hans KREMENDAHL zum Amt des Oberbürgermeisters zu unterstützen. Im Gegenzug hierfür wurde der Geschäftsmann später unter anderem mit internen Papieren der Landesregierung belohnt. Das Geld floß in mehreren Tranchen über verschiedene Konten und wurde, obwohl ausnahmslos von CLEES stammend, offiziell verschiedenen ›Spendern‹ zugeordnet. Zu diesem Zweck benutzten die Sozialdemokraten Namen von existierenden – ahnungslosen – Personen. Mehrere Funktionäre im Bundesvorstand der SPD wußten über den Dreh Bescheid. Im Frühsommer 2002 kam es zur Anklage, wobei die Staatsanwaltschaft davon ausging, daß die SPD, wenn sie den wahren Spender verschleiert und entsprechend falsch im Rechenschaftsbericht dargestellt hatte, sowohl den Bundestagspräsidenten als auch die deutschen Steuerzahler betrogen hat. Vollkommen uneigennützig äußerte sich der Herr Oberbürgermeister, als er mit den Enthüllungen konfrontiert wurde: »Ich komme zu der Überzeugung, daß ich meiner Heimatstadt besser diene, wenn ich durchhalte, wenn ich das durchstehe, wenn ich im Amt bleibe.«[58] Allzu standfest vertrat KREMENDAHL diese, seine abenteuerliche Überzeugung allerdings nicht. Keine 48 Stunden später trat er zurück, woraufhin sich der nordrhein-westfälische Innenminister Fritz BEHREND erleichtert gab und allen Ernstes meinte: »Ich bin froh, daß es auch in Zukunft keinen Oberbürgermeister in Nordrhein-Westfalen geben wird, der sich in einem Gerichtsverfahren gegen Korruptionsvorwürfe wehren muß.«[59]

Am 27. August 2002 wurde Saarbrückens Oberbürgermeister Hajo HOFFMANN mit sofortiger Wirkung durch das saarländische Innenministerium vom Dienst suspendiert. Als Begründung wurde angegeben, HOFFMANN stehe unter dringendem Verdacht, seine Dienstpflichten verletzt zu haben. HOFFMANN war im Mai wegen Veruntreuung städtischer Gelder beim Bau seines Privathauses zu einer Geldstrafe von 25 000 Euro verurteilt worden. Als Präsident des Deutschen Städtetages trat der Sozialdemokrat gern als politisch korrekter Saubermann auf und forderte. »die repressive Bekämpfung des Rechtsextremismus zu verstärken« sowie »Rechtsradikale in der gesamten Gesellschaft zu ächten«.

Rechtzeitig zu Weihnachten 2002 verurteilte das Landgericht Rostock den ehemaligen Staatssekretär der letzten DDR-Regierung und späteren Bundesverkehrsminister Günther KRAUSE (CDU) zu drei Jahren und neun Monaten Haft. Dem Gericht zufolge sei es erwiesen, daß KRAUSE sich der Untreue, des Betruges und der versuchten Steuerhinterziehung schuldig gemacht hat. KRAUSE hatte sich nach seinem Rücktritt als Bundesminister im Mai 1993 als Unternehmer in der Baubranche versucht. Nach Ansicht des Gerichts steckte KRAUSE 1993 als Geschäftsführer einer eigenen Baufirma einen für Bautätigkeiten gewährten Kredit der Bayerischen Landesbank in zweifelhafte Finanzgeschäfte in der Schweiz und veruntreute damit Firmengelder. Der Schaden betrage rund sechs Millionen Euro. Außerdem soll der Ex-Minister 1994 und 1995 dem Finanzamt gegenüber zu geringe Einnahmen angegeben haben, was als versuchte Steuerhinterziehung in zwei Fällen bewertet wurde. 1998 bürgte KRAUSE als Privatmann für Schulden seiner Firma, ohne die Bürgschaften einzulösen. Damit war der Straftatbestand des Betruges erfüllt.

Während die etablierten Berufspolitiker unter ihresgleichen schon mal gern ein Auge zudrücken, versuchen sie potentielle Konkurrenten mißliebiger Parteien auszuschalten – natürlich nicht mit Argumenten, sondern mit recht fragwürdigen Mitteln. 1998 beispielsweise belegte die seinerzeitige Bundestagspräsidentin Rita SÜSSMUTH, die zu dieser Zeit schon an ihrer skandalösen Flugaffäre zu knabbern hatte, die Deutsche Volksunion (DVU) mit einer Strafe von 549 000 Mark. SÜSSMUTH hatte behauptet, die DVU habe gegen das Transparenzgebot des Parteiengesetzes verstoßen, indem sie eine ihr von einem Ausländer zugewendete Großspende von 274 500 Mark zwar der Höhe nach, nicht aber bezüglich der Anschrift des Spenders korrekt angegeben habe (so die Bundestagspräsidentin in ihrer Pressemitteilung vom 26. Juni 1998). Daß die DVU den ausländischen Spender vor Anschlägen schützen wollte, ändere hieran nichts. SÜSSMUTH berief sich dabei – zu Unrecht – auf das Parteiengesetz. Danach verliert eine Partei, die eine Spende von mehr als 20 000 Mark (jetzt 10 000 Euro) nicht vorschriftsmäßig im Rechenschaftsbericht veröffentlicht, den Anspruch auf staatliche Mittel. Festsetzung und Auszahlung der staatlichen Parteienfinanzierung obliegen dem Bundestagspräsidenten.[60]

Die Sanktion wurde durch Urteil des Verwaltungsgerichts Köln vom 5. September 2001 aufgehoben (»Das Vorgehen der DVU ist gerechtfertigt. Die in Frage stehenden Rechtsgüter sind hierdurch in angemessener Weise zur Geltung gebracht worden.«) und die Bundesrepublik Deutschland dazu verurteilt, der DVU den ausstehenden Betrag nebst Zinsen auszuzahlen, immerhin satte 322 000 Euro.

Der Versuch der etablierten Vorzeigedemokraten, kleinere Parteien finanziell zu schädigen und ihnen damit die politische Arbeit zu erschweren, kann kaum als Ausnahme betrachtet werden. Ausgerechnet während des Bundestagswahlkampfes 2002 erwischte es die Nationaldemokratische Partei Deutschlands (NPD), die ohnehin jede Mark zusammenkratzte, um ihre Verteidigungsvorbereitungen im schwebenden Parteiverbotsverfahren überhaupt weiterführen zu können. Im Frühjahr 2002 unternahm Bundestagspräsident Wolfgang THIERSE den ganz offensichtlich eigenmächtigen Versuch, die NPD sozusagen auf kaltem Wege – sprich durch finanzielle Strangulierung – zu liquidieren. THIERSE hatte in einem Interview in der *Welt* bereits am 14. Februar 2002 erklärt: »Mich als Bundestagspräsident ärgert persönlich, daß ich nach dem Parteiengesetz verpflichtet bin, auch der NPD, solange sie legal ist, staatliche Finanzmittel zuzuweisen. Es ist ein skandalöser Zustand, daß der demokratische Staat die demokratiefeindlichen Aktivitäten einer Partei sogar mitfinanziert. Diesen Zustand möchte ich gerne beendet sehen.«[61]

Angesichts der Tatsache, daß staatliche Stellen in ihrer Amtswaltung zu parteipolitischer Neutralität verpflichtet sind (Gleichbehandlungsgebot), ist allein schon diese Äußerung ein Skandal, denn dem Präsidenten des Deutschen Bundestages ist es rechtlich nicht erlaubt, derartig abwertende Aussagen über eine Partei in der Öffentlichkeit zu machen. THIERSE setzte aber sogar noch einen drauf und weigerte sich, die im Rahmen der gesetzlichen Parteienfinanzierung der NPD bestandskräftig zuerkannte Abschlagszahlung per 15. Mai 2002 in Höhe von 111 850,96 Euro auszuzahlen. Er begründete seine eigenmächtige Handlung mit der unzutreffenden Behauptung, die Partei müßte die geleisteten Zahlungen zurückerstatten, wenn – »wie zu erwarten sei« – ein Verbotsurteil noch im Jahre 2002 ausgesprochen werde. Auf diese fragwürdige Grundlage aufbauend, verlangte er die Stellung einer Bankbürgschaft zur Besicherung der vermeintlichen Rückerstattungsforderung, wohlwissend, daß die Partei – u. a. wegen des Bankenboykotts – dazu nicht in der Lage ist. Eine reine Schikane, da THIERSE gewußt hat,[62] daß die NPD auf die Abschlagszahlungen angewiesen ist, um die gebotene weitere Vorbereitung der Verteidigung im Verbotsverfahren zu gewährleisten. Würden die Gelder nicht mehr eingehen, müsse gar der Geschäftsbetrieb zum Erliegen kommen, der Wahlkampf der NPD für die Bundestagswahl müßte sofort eingestellt werden, und als Sofortmaßnahme müßten die Anstellungsverhältnisse von 8 Mitarbeitern der insgesamt 12 Beschäftigten sofort betriebsbedingt gekündigt werden. Aufgrund dieser dramatischen Entwicklung war die NPD genötigt, das Bundesverfassungsgericht anzurufen, um den Präsidenten des Deutschen Bundestages im Wege einer einstweiligen Anordnung nach § 32 BVerfGG anzuweisen, die der Partei bestandskräftig bewilligte Abschlagszahlung unverzüglich zu überweisen. Dies geschah denn auch einige Wochen später.

Eine Entgleisung der besonderen Art leistete sich Helmut KOHL, wenige Wochen, bevor er seinen Sitzplatz im Bundestag endgültig aufgab und sich auf Nimmerwiedersehen in den verdienten Ruhestand verabschiedete. Im Anschluß an die Sondersitzung des Parlaments zur Hochwasserkatastrophe Ende August 2002 nahm der immerhin promovierte Historiker beim Mittagessen in der Bundestagskantine mit einigen Vertrauten (Willy WIMMER, Bernd SCHMIDBAUER, Helmut HAUSSMANN und Ronald POFALLA) Bundestagspräsident Wolfgang THIERSE ins Visier: »Das ist der schlimmste Präsident seit Hermann GÖRING«, wußte KOHL zu bescheinigen. In der Tat ein gravierender Fehlgriff, den zweithöchsten Repräsentanten der Bundesrepublik Deutschland mit dem letzten deutschen Reichstagspräsidenten zu vergleichen. Schließlich kann einer von beiden als Träger der höchsten Tapferkeitsauszeichnung im Kaiserreich gelten, während sich der andere immerhin als Träger eines Zottelbartes auszeichnet. Warum fällt uns angesichts all dieser Fälle gerade jetzt Carl VON OSSIETZKY ein: »Deutschland ist das einzige Land, wo Mangel an politischer Befähigung den Weg zu den höchsten Ehrenämtern sichert. So wie gewisse Naturvölker Schwachsinnigen göttliche Ehren entgegenbringen, so verehren die Deutschen den politischen Schwachsinn und holen sich von dorther ihre Führer.«[63] Wenden wir uns im folgenden weiteren Beispielen des erbarmungslosen Schwachsinns zu.

Vielflieger, Dressmen und andere Witzfiguren

Den jüngsten Höhepunkt der Skandale in dieser Republik bildete jedoch die Anfang August 2002 geplatzte Bonusmeilen-Affäre, also die Affäre um die private Nutzung von Vielfliegerrabatten durch Mitglieder des Bundestages. Die im Rahmen ihres Vielfliegerprogramms von Lufthansa gewährten Bonusmeilen sind für Bundestagsabgeordnete nur für dienstliche Reisen zu verwenden. Diese Klausel muß eine ganze Reihe Volksvertreter »wohl glatt ›überlesen‹ haben – und das, obwohl sie auf jedem Reisekostenabrechnungsformular der Bundestagsverwaltung abgedruckt ist«.[64] Das ARD-Magazin *Kontraste* berichtete, dem Steuerzahlerbund liege eine Liste von Parlamentariern vor, die dienstliche Bonusmeilen für Freiflüge nutzten – betroffen seien Abgeordnete aller Parteien, inklusive Mitglieder der Regierung. Tatsächlich: Von Jürgen TRITTIN und Staatsminister im Auswärtigen Amt Ludger VOLMER bis hin zu dem Berliner Spitzenkandidat der CDU Günter NOOKE wickelten Volksvertreter private Flüge und Sachprämien über Bonusmeilenkonten bei der Lufthansa ab. Praktisch, wenn man am Trog sitzt.

Die Ausreden der aufgeflogenen Berufspolitiker gleichen denen von pubertierenden Jugendlichen, die auf frischer Tat bei irgendeinem Blödsinn ertappt worden sind. Nur handelt es sich eben nicht um Ausreden von Teenagern. Die peinlichen Rechtfertigungsversuche sind bisweilen so unglaublich naiv, daß sie zweimal gelesen werden müssen. NOOKE beispielsweise sagte in der SFB-

Abendschau, er sei vor etwa einem Jahr nach Frankfurt/Main geflogen, um rechtzeitig bei der Feier eines Freundes einzutreffen. Der Flug sei notwendig geworden, weil er zuvor in Berlin durch dienstliche Termine aufgehalten worden sei. »Ich wollte schneller sein, weil ich noch etwas wahrnehmen wollte, das nicht nur dienstlichen Charakter hatte.«

Auch Rezzo SCHLAUCH, Fraktionschef der Grünen im Bundestag, verflog Bonusmeilen privat. Es habe sich aber nur um eine Reise im Frühjahr 2002 gehandelt, bagatellisierte der studierte Rechtsanwalt. Nachdem ihm sein Fehler klar geworden sei – will sagen, nachdem er aufgeflogen war –, habe er nach einem Weg gesucht, das Ticket zu bezahlen und so den entstandenen Schaden auszugleichen. Er habe das Geld für den Kauf der Flugkarte inzwischen an den Bundestag überwiesen: »Ich gehe davon aus, daß durch die Zahlung an den Bundestag die Sache bereinigt ist.«

So dürfte auch Gregor GYSI (PDS) gedacht haben, der seinen Rabatt als ›Wiedergutmachung‹ an Amnesty International überwiesen hat. Mit der einfachen Rückzahlung oder gar dem Spenden an einen gemeinnützigen Verein ist nach der Logik der aufgeflogenen Vielflieger der entstandene Schaden also wieder ausgeglichen.

Die Bonusmeilen-Affäre gab Stoff für das politische Sommertheater 2002. Auch der Spiegel *widmete dem »Blindflug« eine Titelseite. Rechts. Vier der bekannteren Meilen-Sünder und Raffkes:* GYSI, ÖZDEMIR, SCHLAUCH und NOOKE.

Nach dem eingestandenen Mißbrauch von Flug-Bonusmeilen trat Berlins Senator für Wirtschaft, Arbeit und Frauen Gregor Gysi am 31. Juli 2002 überraschend zurück und erklärte darüber hinaus sogar seinen Rückzug aus der Politik. Er habe mit der privaten Nutzung von Bonusmeilen »einen Fehler« begangen, den er sich nicht verzeihen wolle. Gysi erklärte, zwischen den »Jahren 2000 und 2001 Bonusmeilen gelegentlich auch privat genutzt« zu haben. Dabei hätten vor allem seine Angehörigen profitiert. »Dies«, so räumte der Edelkommunist ein, »war offensichtlich ein Fehler.«[65] Gysi versuchte, den Skandal herunterzuspielen. Der Fehler (!) bei der Nutzung von Bonusmeilen sei kein dramatischer Vorgang und nichts Strafbares. Als Rechtsanwalt sollte Gysi wissen, daß die Verwendung dienstlich entstandener Bonusmeilen für private Zwecke eine persönliche Bereicherung zu Lasten des Steuerzahlers ist. Und eine solche Bereicherung erfüllt den Tatbestand der Veruntreuung nach § 266 Strafgesetzbuch. Gysis eigenen Worten zufolge zeige ihm »der Fall«, daß er sich von seinen Wählern »entfernt« habe und er sich bei der Unterscheidung zwischen berechtigt und unberechtigt nicht mehr 100prozentig auf seinen Instinkt verlassen könne. Er habe erkannt, »daß ich dabei bin, so zu werden, wie ich nie werden wollte, verbunden mit einem Verlust an Ansehen und Glaubwürdigkeit«. Er fürchte sich vor seinen eigenen »Persönlichkeitsveränderungen«. Da hätte er aber auch früher draufkommen können. Wenige Wochen vorher zum Beispiel: Auf seiner US-Tournee im Juni 2002 diente er sich als Wirtschaftssenator des maroden Berlin in New York beim Vizepräsidenten des Coca-Cola-Konzerns, Clyde Tuggle, an und warb offiziell um Unterstützung für das Freizeit- und Erholungszentrum in der Berliner Wuhlheide. Zugleich gelte der Besuch aber auch, so Gysi, dem Abbau entsprechender Vorurteile gegen seine Person. Jedenfalls wären ein »paar hunderttausend« an Sponsorengeldern sehr willkommen. »Und da jedes Jahr rund eine Million junge Gäste diese größte Freizeiteinrichtung für Kinder in Europa besuchten«, ereiferte sich der ehemalige Vorsitzende der SED, »könne Coca-Cola da sozusagen eine Million künftiger Kunden gewinnen«.[66] Der Champagnerkommunist[67] auf Betteltour beim Klassenfeind, Gysi als Werbetrommler für den US-amerikanischen Exportartikel Nummer eins. Was ist hieraus zu schließen? Hat Gysi seine sozialistische Grundhaltung verraten? Oder ist seine ›Wandlung‹ der schlagende Beweis dafür, daß hinter jeder Maske eines kommunistischen Funktionärs in Wirklichkeit nur ein geldgeiler Staatskapitalist steckt?

GYSI, ein Lieblingskind der bundesdeutschen Journaille, der nette Talkshowplauderer von nebenan, ein mit allen Wassern gewaschener Berufspolitiker, der bereits im zarten Alter von 18 Jahren in die SED eingetreten ist und der das Privileg hatte, einer der knapp 600 zugelassenen Rechtsanwälte der DDR sein zu dürfen, soll sich also allen Ernstes das politische Genick durch die private Nutzung dienstlich erworbener Bonus-Meilen bei Lufthansa gebrochen haben? Ordinäre Raffgier als Grund für den Rücktritt aus dem gesamten politischen Geschehen? Schwer zu glauben, daß ein solcher Politprofi so dir nichts, mir nichts das Handtuch schmeißt, nur weil er Frau und Tochter ein paar Vergnügungsreisen auf Steuerzahlers Kosten ermöglicht hat. Da muß mehr dahinter stecken, vermutete die *National-Zeitung* und meinte, daß GYSI mit seinem Rücktritt möglicherweise weiteren Enthüllungen über seinen Verstrickungen im Apparat der Staatssicherheit der DDR zuvorgekommen ist. Dies scheint gut möglich, auch wenn der direkte Erbe von Erich HONECKER und Egon KRENZ eine Tätigkeit für die Stasi immer wieder in Abrede gestellt hat. Der zuständige Bundestagsausschuß hatte am 29. Mai 1998 immerhin festgestellt:

»Zur Überzeugung des 1. Ausschusses steht fest: Dr. Gregor GYSI hat in der Zeit seiner inoffiziellen Tätigkeit Anweisungen seiner Führungsoffiziere über die Beeinflussung seiner Mandanten ausgeführt und über die Erfüllung seiner Arbeitsaufträge berichtet. Er hat sich hierauf nicht beschränkt, sondern auch eigene Vorschläge an das MfS herangetragen. Dr. GYSI hat seine herausgehobene berufliche Stellung als einer der wenigen Rechtsanwälte in der DDR genutzt, um als Anwalt auch international bekannter Oppositioneller die politische Ordnung der DDR vor seinen Mandanten zu schützen. Um dieses Ziel zu erreichen, hat er sich in die Strategien des MfS einbinden lassen, selbst an der operativen Bearbeitung von Oppositionellen teilgenommen und wichtige Informationen an das MfS weitergegeben. Auf diese Erkenntnisse war der Staatssicherheitsdienst zur Vorbereitung seiner Zersetzungsstrategien dringend angewiesen. Das Ziel dieser Tätigkeit unter Einbindung von Dr. GYSI war die möglichst wirksame Unterdrückung der demokratischen Opposition in der DDR.«[68]

GYSI setzte noch einen drauf. Unmittelbar vor der Bundestagswahl 2002 erklärte er seinen Rücktritt vom Rücktritt aus der Politik. Plötzlich hielt er sich wieder alle Türen offen und gab seiner Hoffnung Ausdruck, daß es »Konstellationen geben [könne], die eine besondere Verantwortung von mir verlangen«, und vor denen »würde ich mich auch nicht drücken, wenn es [sic!] auf mich zu-

Gysi beim schwul-lesbischen Kiezfest in Berlin am 17. Juni 2001. Es fehlt Wowereit. (Foto: DPA)

käme«.[69] Aus Gysis Allüren ist nur ein nachvollziehbarer Schluß zu ziehen: »Die machtbesessene PDS hat sich in das liberalkapitalistische System vollends integriert, ist Teil von ihm und jeden systemreformatorischen Anliegens ledig geworden, falls dies überhaupt jemals ernsthaft Programm gewesen sein sollte.«[70] Dank des fatalen Ergebnisses der PDS bei der vergangenen Bundestagswahl haben sich keine Konstellationen für Gysi ergeben. Um seine Altersversorgung braucht sich der medienumworbene Stargenosse deshalb allerdings keine Sorgen zu machen.

Ebensowenig wie Cem Özdemir, der arrogante Vorzeigetürke der Grünen, der vor Beendigung seiner politischen Karriere immer wieder durch spektakuläre Provokationen hervorzutreten wußte, oder wie es der damals amtierende Bundesvorsitzende der Grünen, Fritz Kuhn, formulierte: »Cem Özdemir hat viel für die Politik der Grünen getan. Er hat Integrationspolitik vorangetrieben und vielen Einwanderinnen und Einwanderern Mut gemacht, sich in unserer Demokratie zu engagieren. Das neue Staatsbürgerschaftsrecht und das Zuwanderungsgesetz sind mit seinem Namen verbunden.«[71]

Vielflieger Özdemir betonte in seiner Rücktrittserklärung vom 26. Juli 2002, daß ihm die besondere Bedeutung seines Bundestagsmandats durchaus bewußt sei. Diese Bedeutung habe zudem in Verbindung mit seiner Biographie und seiner Herkunft ein besonderes Gewicht. Dann räumte er ein: »Ich hatte meine finanziellen Verhältnisse leider nicht mit der Sorgfalt im Griff, die dem Anspruch an meine Person und Partei gerecht wird. Mir sind dabei Fehler unterlaufen, die ich zu verantworten habe und die für mich in keiner Weise akzeptabel sind. Dafür trage ich die volle Verantwortung, und das muß ich in Ordnung bringen.« Bezüglich Kehrtwendungen und Windungen der Grünen war man in der Vergangenheit durchaus einiges gewohnt. Deshalb überrascht es auch kaum, daß der Rücktritt ÖZDEMIRS gar zu einer tugendhaften Handlung umgemünzt wurde. Parteichef KUHN kommentierte den Rücktritt ÖZDEMIRS mit den ernstgemeinten Worten, er habe »die politischen Konsequenzen aus den gegen ihn erhobenen Vorwürfen gezogen. Sein Schritt ist konsequent und verdient unseren Respekt, weil Cem ÖZDEMIR die Verantwortung für Fehler in seiner Lebensführung übernimmt«. Fehlt nur noch, daß ihm angesichts einer so tadellosen Haltung das Bundesverdienstkreuz verliehen wird.

»Ja, er flog, oft und üppig. Sechsmal haben Cem ÖZDEMIR, seine Eltern, Pia CASTRO und sogar der befreundete Autohändler Ali Haydar B. angeblich den dienstlich erflogenen Bonus des Grünen-Abgeordneten privat genutzt. Tickets im Wert von über 9000 Euro sollen laut *Bild am Sonntag* auf dem Rücken der Steuerzahler abgerechnet worden sein. Total illegal, denn bereits im September 1997 hatte der Ältestenrat des Bundestages beschlossen, daß alle Abgeordneten ihre Meilengutschriften für Dienstflüge mit der Lufthansa dem Bundestag zur Verfügung stellen müssen, um Geld zu sparen. Letztes Jahr sind dadurch, das hat *BamS* recherchiert, 400 000 Mark gespart worden. [...] Demnach machen ÖZDEMIRS Eskapaden allein eine Schädigung von 5 Prozent im Gesamtvolumen aus, wenn man sie mit der Höhe der Einsparungen vergleicht. 672 Abgeordnete hat der Bundestag, die wenigsten davon sitzen ihre Zeit im Büro ab, zählen Heftklammern und ordnen Akten mit Petitionen aus ihrem Wahlbezirk für den entsprechenden Ausschuß.«[72]

Angesichts der oben dargelegten Skandale fühlte sich Bundesjustizministerin Hertha DÄUBLER-GMELIN (SPD) aufgerufen, mehr Moral anzumahnen, und erinnerte ihre Berufskollegen allen Ernstes an die Vorbildfunktion von Politikern, die sie in der Demokratie zu erfüllen hätten. Im Südwestrundfunk erklärte sie am 31. Juli 2002, die gegenwärtige Diskussion um Bonusmeilen und private Vorteile durch das Abgeordnetenamt verfestige in der Bevölkerung das Vorurteil (!), Politiker würden in die eigene Tasche wirtschaften. In einer Demokratie müßten sich Politiker an besondere Maßstäbe halten. Außerdem erklärte sie, die Abgeordnetendiäten seien ausreichend, so daß Nebenverdienste im Prinzip nicht erforderlich seien. Offensichtlich aber eben doch. Was uns übergangslos zum nächsten Skandal bringt: Die Affäre HUNZINGER – nicht zu verwechseln mit einer Affäre mit Michelle HUNZIKER, die ohne Zweifel ästhetisch wäre – beweist einmal mehr, daß ›honorig‹ in bundesdeutschem Lande längst durch ›Honorar‹ ersetzt worden ist. Damit sind wir schon wieder bei Cem ÖZDEMIR.

Die älteren grünen Parteigenossen taten bei der Enthüllung der HUNZINGER-Affäre bestürzt, gaben sogar vor, richtig sauer auf ihren Jungstar zu sein: »Einen Politiksurfer nennt Rezzo SCHLAUCH den 36jährigen Abgeordneten Cem ÖZDEMIR, von dem er früher gerne erzählt hat, er sei sein Ziehsohn. [...] Heute sagt SCHLAUCH, er sei nicht ›Cems Kindergärtner‹ und im übrigen ›stinkig‹, weil der ›Jungsche‹ nicht auf ihn gehört hat. Damals, Anfang 2000, als ihm ÖZDEMIR von dem HUNZINGER-Kredit erzählt hat. ›Geh' zur Kreissparkasse‹, hat ihm SCHLAUCH geraten – mit bekanntem Erfolg. [...] Entsprechend bußfertig gibt sich ÖZDEMIR vor der Fraktion. Großer Fehler, nicht zu entschuldigen, Kredit komplett zurückgezahlt, 5200 Euro an das Berliner Rehabilitationszentrum für Folteropfer überwiesen. [...] Früher, bis zum teuersten Kredit seines Lebens, sind die Journalisten mit ihm nach Istanbul gefahren, um zu beschreiben, wie er sich bis morgens um vier durch die Discos tanzt.«[73] Und heute wollen sie von seiner Mutter Nahil nicht einmal mehr wissen, wie es war, als der kleine Cem mit Pfeil und Bogen gespielt hat.

ÖZDEMIR hat aber für alles eine Erklärung: »Ich war naiv.« Zu naiv, um zu wissen, daß auch Abgeordnete Steuern zahlen müssen? Zu naiv, um die Zinssätze für Bankkredite zu kennen? Zu naiv, um bei einem Geld verleihenden Lobbyisten keine Hintergedanken zu vermuten? »Naiv, das klingt sympathischer als unwissend. Wie hätte es wohl gewirkt, wenn der Grüne gesagt hätte: Ich habe nicht gewußt, daß auch ein Abgeordneter Steuern zahlen muß? Alle Welt hätte über ihn gelacht. Aber naiv, so glaubt jedenfalls der Hobby-Dressman, darf man sein. Nichtwissen rührt nämlich von mangelnder Beschäftigung mit einer Sache her, Naivität hingegen verrät den Zustand völlig Unschuld: Dem Reinen ist alles rein.«[74] Der Bundesvorsitzende der Deutschen Friedenspartei, Helmut KRÜGER, hat diese Art, das eigene Gewissen zu beruhigen und sich galant aus der Affäre zu ziehen, erkannt und in prägnante Wort gefaßt: »Wenn der Grünen-Abgeordnete Cem ÖZDEMIR einen aufwendigen Lebensstil pflegte, sich in feinem Zwirn vom Schweizer Herrenausstatter weltmännisch gab, Familie und

Freunden seine dienstlich gesammelten Bonusmeilen überließ, sich aber beim Griff in die Schatulle des Volksvermögens naiv stellte, müssen Zweifel an seiner politischen Befähigung erlaubt sein. Weiß doch jeder Bürger, daß er Gelder oder Sachzuwendungen zu versteuern hat und der Bonus dem zusteht, der die Aufwendungen zuvor bezahlt hat.«[75]

Würden die Politiker in bundesdeutschen Landen aufgrund ihrer Skandale und Affären freiwillig zurücktreten, wären die von den Regierungsparteien besetzten Bänke, aber ebenso die von der sogenannten Opposition beschlagnahmten Sitze sowie die des Bundesrates in Kürze fast leer. Was freilich kein Verlust, sondern im Gegenteil ein Gewinn wäre, denn proportional zu dieser Leere würde die Glaubwürdigkeit der politischen Kaste in diesem Land steigen, und die Politikverdrossenheit der Bürger fiele aller Wahrscheinlichkeit nach drastisch.

Apropos Rücktritte. Politiker sind in der Geschichte natürlich immer zurückgetreten, und das in allen europäischen Staaten, natürlich auch in Deutschland. Früher ging ein solcher Rücktritt allerdings mit Anstand und Würde vor sich, selbst in der Bundesrepublik. Der erste Bundesminister, der den Hut nehmen mußte, war 1950 Gustav HEINEMANN. Er stellte sich gegen die Pläne des Westintegrationsfanatikers Konrad ADENAUER,[76] eine 60 000 Mann starke kasernierte Bundespolizei aufzustellen oder gar neue deutsche Streitkräfte in die 1948 entstandene NATO einzugliedern. Schon aus religiösen Gründen sprach sich der praktizierende Protestant HEINEMANN gegen eine Wiederbewaffnung aus. Darüber hinaus befürchtete er aber auch einen sowjetischen Präventivkrieg und die Vertiefung der deutschen Teilung. Hier trafen zwei ideologische Welten aufeinander, die nicht miteinander unter einen Hut gebracht werden konnten. Der Ehrenmann HEINEMANN zog daraus die Konsequenzen. Ähnlich brisant, freilich anders gelagert, liegen die Umstände für den Rücktritt von Verteidigungsminister Franz Josef STRAUSS unter ADENAUER, der über die *Spiegel*-Affäre stürzte. Oder für die Rücktritte der Finanzminister Alex MÖLLER und Karl SCHILLER aus dem Kabinett Willy BRANDTS, die ihre Sparpolitik in der SPD nicht durchsetzen konnten. 1984 geriet Bundeswirtschaftsminister Otto Graf LAMBSDORFF in den Verdacht, Spenden der Firma Flick für die FDP angenommen und sich mittels Gewährung von Steuererleichterungen revanchiert zu haben. Als das Landgericht Bonn die Klage zur Hauptverhandlung zuließ, nahm LAMBSDORFF seinen Abschied.

An dieser Art des Procedere ist kaum etwas zu kritisieren: Riesenbockmist verzapft und dafür die Verantwortung getragen; oder eine Gewissensentscheidung gebietet es, Konsequenzen zu ziehen. So handeln Ehrenmänner. Diese gelebte Haltung früherer Bundespolitiker ist für die Repräsentanten der Berliner Republik, die allesamt mehr oder weniger Kinder der Spaßgesellschaft sind, eine unbekannte Größe. Oder eine große Unbekannte? Unter Anwendung aller möglichen und unmöglichen Versuche, eine Ausrede oder eine Rechtfertigung zu finden oder noch besser, das Geschehene einfach zu leugnen oder zu ignorieren, nur um möglichst lange am Posten kleben bleiben zu dürfen, veranstalten Bundespolitiker der Gegenwart ein entwürdigendes Theater. Charakterstärke zu beweisen oder den Mut, für eigenes Versagen geradezustehen, ist in dem heute etablierten berufspolitischen Spektrum unberührtes Land. Dies hat in aller Deutlichkeit nicht zuletzt auch das ehrlose Verhalten von Bundesinnenminister Otto SCHILY während der Enttarnung des ersten Spitzels im Zuge des NPD-Verbotsverfahrens gezeigt. Was im Januar 2002 seitens der Bundesregierung krampfhaft als ›Panne‹ verniedlicht wurde, sollte sich zu einem der größten Skandale in der Geschichte der Bundesrepublik Deutschland entwickeln. Natürlich, ohne daß der hierfür verantwortliche Minister die Konsequenzen gezogen hätte. Statt dessen versuchte SCHILY übereifrig, wie *Die Welt* erkannte, einen seiner Abteilungsleiter als Sündenbock zu stempeln, um so den Schein seiner eigenen Makellosigkeit zu wahren. »Die von SCHILY wiederholt praktizierte öffentliche Bloßstellung seiner Mitarbeiter steht als der beschämende Versuch der Schuldabwälzung, der eines Ministers weder angemessen noch würdig ist, im Gegensatz zur Übernahme politischer Verantwortung.«[77]

Gesinnungsqualität, große Konflikte und ebenso große Entscheidungen spielen heute für einen Rücktritt keine Rolle mehr. Statt dessen ist die billige Affäre kennzeichnend, die seit der Ära KOHL in der bundesdeutschen Politik die Oberhand gewann – freilich auch nur, wenn sie auffliegt, die Affäre. Die albernen Gründe und peinlichen Rechtfertigungsversuche, die heutzutage herangezogen werden, um die seit der letzten Legislaturperiode verstärkt auftretenden Rücktritte von Politikern zu erklären, spiegeln den armseligen wie dekadenten Zeitgeist wider. Unter den acht Rücktritten allein während der ersten Legislaturperiode im SCHRÖDER-Kabinett findet man neben ›Leistungsstörungen‹ mehrere Fälle seelischer Gestörtheit, so als irre eine Laienspielerschar durch den götterdämmernden Wald der Politik.[78]

Den Reigen eröffnete Oskar LAFONTAINE bereits am 11. März

Polit-Aussteiger aus Schröders Regierung: Michael Naumann, Andrea Fischer (die dem Rausschmiß durch die eigenen Parteifreunde zuvorkommen wollte) und Oskar Lafontaine mit Carl-Maurice.

1999. An diesem Tag verschwand er sowohl aus dem Bundeswirtschaftsministerium als auch aus der SPD-Oberetage spurlos. Geradewegs so, als sei er einer von denen, die gerade mal ›Zigaretten holen‹ wollten. Wenige Tage später präsentierte er sich mit Sohn Maurice auf seinen Schultern den harrenden Reportern als ›Privatmann‹. Es folgte dann zweitens die offene Staatsflucht von Staatsminister Michael Naumann, dem das Administrative schon kurze Zeit nach seinem Amtsantritt einfach keinen Spaß mehr bereitete. Extrem gegenteilige Neigung, nämlich unbequemer Machtwahn, wurde Kanzleramtsminister Bodo Hombach zum Verhängnis. Ein Skandälchen genügte, um ihn, flugs mit EU-Qualifikation ausgestattet, in die Tiefen des Balkans zu verfrachten. Verkehrsminister Reinhard Klimmt rechtfertigte die Beihilfe zur Untreue mit dem Hinweis, ihm sei es nur um die Rettung des 1. FC Saarbrücken gegangen. Gesundheitsministerin Andrea Fischer verließ gemobbt und erschöpft ihr Amt; Landwirtschaftsminister Karl-Heinz Funke mußte gehen, weil er Deutschland noch zu einem Zeitpunkt dreist für BSE-frei erklärte, als die Rinder bereits im Veitstanz sabberten. Justizministerin Hertha Däubler-Gmelin entthronte sich unmittelbar vor der Bundestagswahl selbst, als sie bei einer Diskussionsveranstaltung mit Betriebsräten in Tübingen äußerte, George W. Bush wolle mit seinen Kriegsambitionen gegen den Irak von seinen innenpolitischen Problemen ablenken. Diese Art der Ablenkung, also Krieg zum Zwecke der Selbstsanierung zu führen, sei eine beliebte Methode, die bereits Adolf Hitler angewandt habe. Derartige Äußerungen mit Bezug auf nationalsozialistische Politiker sind in der Berliner Republik beliebte Methoden, den politischen Gegner zu diskreditieren bzw. den verbrecherischen Charakter von mißliebigen politischen Handlungen hervorzuheben, ihnen gleichsam etwas Dämonisches zu verleihen. Haut diese Keule ansonsten auch gewöhnlich hin, so traf sie diesmal den Großen Bruder und damit in der Bundesrepublik Deutschland die falsche Person. Das *Schwäbische Tagblatt* veröffentlichte die in mehrerer Hinsicht fragwürdige These der Frau Ministerin, woraufhin sich diese wand und das Gesagte feige leugnete: »Ich habe das nicht gesagt – ganz einfach.«[79]

Verschiedene Zuhörer, darunter der Chefredakteur der Zeitung, bezeugten das Gesagte jedoch, und der Eklat war nicht mehr rückgängig zu machen. Die Sicherheitsberaterin des US-Präsidenten, Condoleezza RICE, war außer sich: »Wie kann man den Namen HITLER und jenen des Präsidenten der Vereinigten Staaten im gleichen Satz nennen? Wie kann man dies namentlich als Deutsche tun eingedenk der Opferbereitschaft der Vereinigten Staaten bei der Befreiung Deutschlands von HITLER?«[80] DÄUBLER-GMELIN habe mit ihrer Äußerung eine Atmosphäre geschaffen, die als vergiftet zu bezeichnen sei. Damit war das Schicksal der hitzigen Politikerin besiegelt.[81] Allen diesen Rücktritten bzw. Entlassungen der jüngsten Zeit haftet im Gegensatz zu früheren Rücktritten Unwesentliches an, so, als regiere Gleichgültigkeit oder oberflächlicher Medieneffekt den Staat.

Keiner dieser Politiker hatte freilich einen so lustigen Abgang wie Rudolf SCHARPING, der unter anderem Opfer seiner ausgewachsenen Midlife-Crisis wurde. Komiker und Kabarettisten wußten, was sie an ihm hatten. Kein anderer Politiker bot ihnen so viel Stoff wie dieser ehemalige Bundesminister der Verteidigung, der zum Dienstantritt nicht einmal die Dienstgrade seiner Untergebenen wußte. Für Sachkenner war von Beginn an klar, daß dieser Minister eine totale Fehlbesetzung im Amte war – was ihn freilich von anderen Ministern des grün-sozialdemokratischen Dilettantenkabinetts nicht abhebt. Oberst Bernhard GERTZ, Vorsitzender des Deutschen Bundeswehrverbandes, fand den Mut, SCHARPING als das zu bezeichnen, wofür ihn die überwiegende Mehrheit der Soldaten hielt: eine Witzfigur. In einem Interview mit dem Südwestrundfunk (SWR2) am 28. April 2002 hielt GERTZ mit weiteren Informationen nicht hinterm Berg:

»*SWR*: Herr GERTZ, in den vergangenen Wochen und Monaten haben Sie heftige Kritik an Verteidigungsminister SCHARPING geübt. Da haben Sie auch sehr deutliche Worte gefunden. Er habe keine Zukunft mehr als Verteidigungsminister, haben Sie mal gesagt. Sie haben ihn auch mal als ›Witzfigur‹ bezeichnet. Daraufhin hat man Ihnen ein Disziplinarverfahren angedroht. Ich glaube, sogar mehrfach. Was ist daraus geworden?

B. G.: Daraus ist selbstverständlich nichts geworden. Schon die Vorprüfung hat ergeben, daß es keine Vorwürfe gibt, die einer Nachprüfung standhalten. [...]

SWR: Worauf konzentriert sich denn Ihre Kritik in der Sache?

B. G.: Die Kritik in der Sache konzentriert sich eigentlich auf zwei Aspekte. Erstens ist es Bundesminister SCHARPING nicht gelungen, für die von ihm herbeigeführte Strukturentscheidung eine seriöse Finanzierung beizubringen. Wir sind meilenweit davon entfernt. Der Generalinspekteur hat das noch mal sehr deutlich auf der großen Kommandeurtagung der Bundeswehr in Hannover wiederholt, indem er gesagt hat: Ich sehe noch nicht, wie sich Auftrag, Fähigkeiten und Mittel in Deckung bringen lassen. [...] Man kann die Bundeswehr nicht von Grund auf erneuern, sie nicht modernisieren, insbesondere in der Ausrüstung, der Bewaffnung, sie nicht rationalisieren im Betrieb und sie nicht umstrukturieren, wenn man keine tragfähige Finanzierung hat. [...]

SWR: Ist Rudolf SCHARPING als Verteidigungsminister somit auf ganzer Linie gescheitert?

B. G.: Ich fürchte, man muß das so sehen. Nun wird man, das ist meine Einschätzung, nach der Bundestagswahl am 22. September, egal, welche Regierung danach amtieren wird, ob das eine sozialdemokratisch geführte weiterhin sein wird oder eine christdemokratisch geführte, Bestandsaufnahme und Kassensturz machen müssen. Und man wird hier sehr sorgfältig überlegen müssen, wie es weitergehen soll. Und dazu gibt es zwei grundsätzliche Wege. Entweder man paßt die Finanzierung der Struktur an, oder man paßt die Struktur der Finanzierung an. Ich bin kein Optimist, was die haushaltlichen Rahmenbedingungen angeht. Ich sehe die Schwierigkeiten, und das gestehe ich der Bundesregierung objektiv zu, die es macht, die volkswirtschaftlichen Rahmendaten in Ordnung zu bringen – das geht nur über Haushaltkonsolidierung. Und deswegen glaube ich auch, daß keine Regierung nach dem 22. September aus dem Füllhorn schöpfen kann, was die Finanzierung der Bundeswehr angeht.«[82]

SCHARPING wußte aber nicht nur mit Inkompetenz zu bestechen. Auch sein Privatleben, das er vom Dienst nicht klar zu unterscheiden wußte, sprach Bände für einen Repräsentanten dieses Staates. Immerhin waren weder Scharping noch seine Geliebte geschieden. Natürlich steht einem Mann oder einer Frau, auch wenn sie im Rampenlicht des öffentlichen Interesses stehen, Persönlichkeitsschutz zu. Aber bezüglich des bekannten *Bild*-Berichtes auf Mallorca sind die Umstände anders. Die skandalöse Berichterstattung über Scharpings Eskapaden war kein Zufall, sondern vom Herrn Minister selbst eingefädelt worden. Verteidigungsminister Scharping hatte absichtlich für die Reporter posiert. Damit bekommt das Bildmaterial natürlich eine völlig neue Dimension. Das Motiv? Aufpolierung des angeschlagenen Images: »Mit dem bisherigen Bild eines trockenen, humorlosen, unbeweglichen, ernsten ›Schulmeistertypen‹ mußte er sich allzulange abfinden. Scharping tat zwar bereits einiges gegen dieses unpopuläre Image: Der Bart wurde geschnitten; auch seine Medienauftritte wurden überlegter und bewußter inszeniert. Mit den Ferienaufnahmen bot sich vielleicht für Scharping eine zusätzliche Chance, das alte negative Bild in der Öffentlichkeit aufzupolieren. Scharping wollte diese Chance nutzen und sich selbst mit den Aufnahmen als ›fröhlicher, unbeschwerter und glücklicher Politiker‹ darstellen.«[83] Doch diese gutgemeinte Werbeaktion war nicht zu Ende gedacht, denn die Aufnahmen fielen genau in die Zeit des umstrittenen Mazedonien-Einsatzes der Bundeswehr, als die Soldaten nichts nötiger gehabt hätten als moralische Rückendeckung von ihrer obersten Dienststelle. Anstatt diese zu geben, flog Scharping nach Mallorca, ließ sich verliebt im Pool ablichten und stellte so mangelhafte Führungsqualitäten unter Beweis.

Scharpings Liebesduselei kannte keinen Horizont. So mutet es schon fast konsequent an, daß der Herr Verteidigungsminister seine Freundin auch zu offiziellen Reisen zum Beispiel nach Ägypten und Israel mitnahm: ein recht ungewöhnlicher Vorgang in der Diplomatie. Dementsprechend peinlich für die Dolmetscher, die sich der Stilwahrung wegen bei der Statusbeschreibung dann doch für den Begriff ›Ehefrau‹ entschieden.[84] Der turtelnde Scharping drängte sich geradezu in die Klatschspalten. Ihm war keine Talkshow zu blöde, um sich wie ein alberner Pennäler zu präsentieren – die Geliebte bei Fuß. Zwangsläufig war im Januar 2001 denn auch *Boulevard Bio* angesagt. Alfred Biolek fragte sein prominentes Liebespaar entzückt: »Lieben Sie sich sehr?« – was erwartete der geistreiche Hobbykoch eigentlich als Antwort? –, worauf dem leicht errötenden Chef der Bundeswehr und seinem Schatz spontan ein nachhaltiges »Jaaah!« herausplatzte.

Mitte Juli 2002 war SCHARPING dann selbst für SCHRÖDER nicht mehr tragbar. Das Ausmaß der Skandale, angefangen von der lustigen Schwimmbadplanscherei mit seiner Geliebten Gräfin PILATI auf Mallorca - während deutsche Soldaten im Einsatz in Bosnien, im Kosovo und in Mazedonien ihr Leben riskierten -, bis hin zur festen Bestellung der Airbus-Militärtransporter ohne solide Finanzierung durch den Bundestag, standen in keinem vernünftigen Verhältnis zu Leistung und Qualifikation des Ministers. Übrigens standen auch seine privaten Einkäufe in keinem vernünftigen Verhältnis zu seinem monatlichen Ministergehalt, obgleich das schon unverdient hoch war. Schuld an seinem Rausschmiß war nicht sein unmöglicher Lebenswandel oder schwacher Führungsstil als Dienstherr, sondern seine Gier und sein Geltungsdrang. SCHARPING lebte auf großem Fuß, auf zu großem Fuß. Bei dem Herrenausstatter Möller & Schaar in Frankfurt am Main betrug im März 1999 SCHARPINGS Monatsrechnung immerhin 54 885.- DM. Hierin eingeschlossen unter anderem vier Hemden zu je 548.- DM, vier weitere für 528.- DM und nochmals vier zu immerhin noch 328.- DM das werte Stück. Auch ein Gürtel zu stolzen 658.- DM und 11 Krawatten zum Schnäppchenpreis von 1693.- DM, drei Mäntel für 9394.- DM und vier Anzüge (mit Zweithose!) im Gesamtwert von 21 492.- DM zählten zu der bescheidenen Aufpäppelung der Garderobe des Herrn Sozialdemokraten. Wie viele andere seiner Kollegen erlag auch SCHARPING den süßen Verführungen, die der Luxus eines Berufspolitikers mit sich bringt:

Karikatur aus dem Tagesspiegel.

Vergünstigungen und Privilegien en masse – und nicht genug davon kriegen können. In auffallend rüder Form wurde er von SCHRÖDER entlassen, nachdem der *stern* Berichte über Honorarzahlungen in Höhe von 140 000 DM des Lobbyisten Moritz HUNZINGER an den Verteidigungsminister veröffentlicht hatte.

Werfen wir nun einen Blick auf Berufspolitiker, die zwar auch nicht wegen außergewöhnlicher Qualifikation, so aber doch wegen sagenhafter Äußerungen und Handlungen aufgefallen sind und (noch) nicht in der Versenkung der Bedeutungslosigkeit verschwunden sind. Klaus WOWEREIT war Zeit seines Lebens ein bundesweit unbekannter und unbedeutender sozialdemokratischer Politiker – bis zu dem Tag, an dem er es fertigbrachte, »seine normabweichende sexuelle Orientierung auf einem Parteitag der SPD zu thematisieren. Ein sogenanntes ›Outing‹. Und wie reagierten die Genossen darauf? Sie klatschten begeistert Beifall und machten WOWEREITS Selbstrechtfertigung (›Und das ist auch gut so‹) zum Wahlkampf-Slogan«. Daraufhin war der heutige Regierende Bürgermeister Berlins mit einem Schlag bundesweit bekannt – und nicht nur bei Schwuchteln. Der Publizist Harald NEUBAUER hat die Brisanz dieses Falls erkannt: »Wir erleben heute auf vielen Feldern eine aufdringliche, oft peinliche Selbstdarstellung. Ihr ist schwer mit Argumenten beizukommen, weil man Stil- und Anstandsempfindungen entweder hat oder nicht hat. Aber auch solche Empfindungen sind erziehungs- und umweltgeprägt. Wie wäre es sonst erklärlich, daß WOWEREITS Freizeitbeschäftigung vor Jahren noch als sittenwidrig und strafbar galt, während man heute der Meinung ist, daß gleichgeschlechtliche Partnerschaften nicht nur akzeptabel sind, sondern sogar gesetzgeberischen Schutz genießen müssen – bis hin zur sogenannten ›Homo-Ehe‹? Gewiß: Sitten und Bräuche können sich wandeln. Manches wird heute toleriert, was früher strengstens verpönt war. Individuelle Freiheitsräume haben sich vergrößert. Das muß nicht in jedem Fall schlecht sein. Aber gerade an diesem Beispiel können wir sehr gut erkennen, wie die Menschen über Ideologien manipuliert werden. In einer Generation verkehren sich Moral- und Rechtsempfindungen in ihr glattes Gegenteil – womit die Frage im Raum steht, welchen Wert gesellschaftliche Regeln überhaupt noch haben. Ist alles nur Zufall, Beliebigkeit, Willkür? Gibt es keinen inneren Kompaß mehr, keine Orientierung an natürlichen Werten, deren Bestand nichts mit Parteibuch und Zeitgeist zu tun hat?«[85] Es überrascht nicht, daß WOWEREIT es sich nicht hat nehmen lassen, anläßlich der Tuntenparade ›Christopher Street Day‹ höchstpersönlich am Roten Rathaus die regenbogenfarbene Homofahne zu hissen. »Wir wollen ein Zeichen für Weltoffenheit und gegen Ausgrenzung setzen«, betonte Berlins schwuler Regierungschef.

Nachdem wir uns nun so schön warmgemacht haben, bleiben wir doch noch ein wenig beim Sex. Und weil der ja auch Spaß machen soll, bietet sich hier die FDP an. »Unsere politischen Schwerpunkte werden die Spitzenpolitiker der FDP in einer bunten Palette von zahlreichen Veranstaltungen und Aktionen den vielen Menschen nahebringen, um deren Stimmen wir für unser Ziel des Politikwechsels durch 18 % FDP für die Bildung einer stabilen Regierung mit einer der zwei großen Parteien werben«, so prusteten die Liberalen Mecklenburg-Vorpommerns ihren grenzenlosen Optimismus via Internet hinaus in die Welt. Einer dieser kompetenten Spitzenpolitiker der FDP ist Peter BOND. Die FDP Mecklenburg-Vorpommern brachte es fertig, den ein gutes Jahr zuvor in die Partei eingetretenen ehemaligen Pornodarsteller BOND alias Peter KIELBASSA zum Bundestagskandidaten zu küren. Inwiefern der Ex-Hengst über politische Fachkenntnis verfügt, darüber lassen sich nur Vermutungen anstellen, da diesbezüglich bislang kaum etwas an die Öffentlichkeit gedrungen sein dürfte. Aber während seiner verantwortungsvollen Tätigkeit im Pornostudio brillierte er nachweislich in so anspruchsvollen Filmen wie *Lauras Gelüste* und *Worksex*. Und überhaupt! Der FDP-Nachwuchspolitiker hat doch längst bewiesen, daß er sehr viel mehr kann, als am *Glücks-*

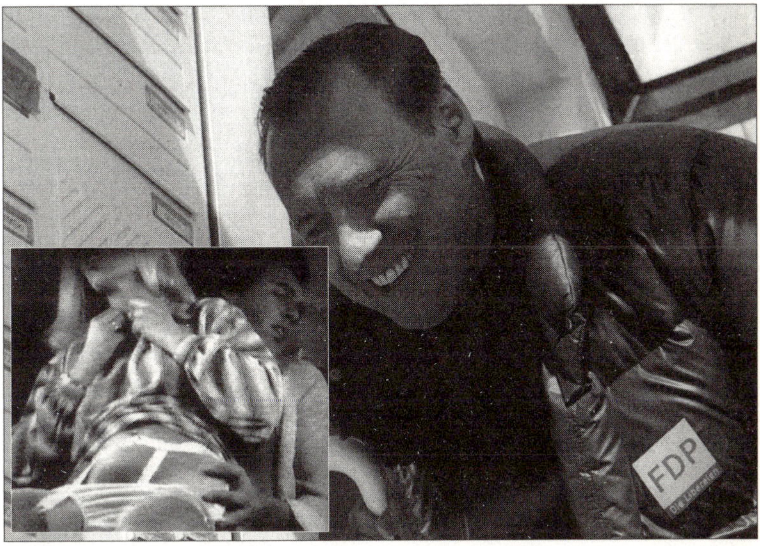

FDP-Mann BOND – voller Tatendrang.

rad in SAT1 zu drehen und Fernseher, Mikrowellen oder Sportwagen zu verlosen. Darüber hinaus zollte ihm Claus RÄFLE, Regisseur eines seiner Filme, großen Respekt: »Er hat keine Meinung, aber die sagt er laut. Er sagt nichts, aber wirkt überzeugend.« Grund genug für das ZDF (*heute.online*), im Mai 2002 Herrn BOND über seine politischen Ansichten zu befragen, schließlich war ihm mit Listenplatz zwei der Einzug in den Berliner Reichstag so gut wie sicher. Hier die wesentlichen Auszüge aus dem einmaligen Gespräch:

»*heute.online*: Sie haben ja schon einige FDP-Parteitage hinter sich. . .

Peter BOND: Ein alter Hase, könnte man sagen [...]

heute.online: Wieviel Spaß ist bei Ihrer Partei erlaubt? Wie meistert die FDP die Gratwanderung zwischen Programm und Medienwirksamkeit?

BOND: Ich kann diese Frage nicht ganz nachvollziehen. Die Wähler sind ja nicht dumm, sondern sehr sensibel und sensitiv. Sie registrieren ganz genau, ob das, was Politiker nach außen tragen, nur Spaß ist oder ob da ein Fundament dahinter steckt. Ein bißchen Spaß gehört einfach dazu. Dann macht das auch mehr Freude. [...]

heute.online: Sie haben ja schon sehr vieles gemacht. . . Wie viel hat Politik mit dem zu tun, was Sie in der Vergangenheit so beschäftigt hat?

BOND: Natürlich gibt es Parallelen. Es gibt sehr gute Politiker, aber es fehlt ihnen der Draht, das publikumswirksam darzustellen und sich selbst genügend darzustellen. Wenn ein Politiker dieses Manko hat, wird er nie zu den ganz Großen gehören. Die ganz Großen gehen mit den Medien locker, frei und leger um und begleiten das manchmal auch mit ein bißchen Spaß.

heute.online: Wenn Sie es in den Bundestag schaffen: Wo wollen Sie die Schwerpunkte in der Arbeit als Abgeordneter setzen?

BOND: Das liegt bei mir sehr nahe: Das ist die medienpolitische Arbeit. Ein anderer Punkt ist Osteuropa. Ich bin gebürtiger Schlesier. Darüber hinaus werde ich ein Augenmerk auf die Jugend werfen. Und – das hört sich vielleicht nach einer Diskrepanz an – möchte ich mich auch verstärkt um die Senioren kümmern.«[86]

Womit zumindest eines mal wieder bestätigt worden ist: Die Liberalen und BOND beherrschen sämtliche Stellungswechsel. »In der zweiten Augustwoche«, so kündigten die Liberalen übrigens auf ihrer Internetseite erwartungsvoll an, »werden wir Ihnen an dieser

Stelle unser Kompetenzteam vorstellen.« Ein solches Versprechen machte uns neugierig. Das letzte Mal besuchten wir die Seite am 11. September - und lasen immer noch diese Ankündigung. Aber vielleicht konnten uns ja die anderen Altparteien mit ihren Kompetenzteams erfreuen?

Konnten sie. Zugegeben, ohne den überraschenden Anstieg an Stimmen des grünen Koalitionspartners hätte selbst SCHRÖDERS Prinzip der Prinzipienlosigkeit - wir kommen unten darauf zurück - nicht für den Wahlsieg gereicht. Ausgerechnet die Grünen, die sämtliche Ideale, sofern sie diese überhaupt jemals ehrlich vertreten haben, im Laufe der letzten 15 Jahre Stück für Stück verrieten, punkteten bei der Bundestagswahl 2002 enorm. Was durchaus unseren Eindruck vom Wählerverhalten bestätigt: Nicht Programmatik, sondern *Public relation* entscheidet eine Wahl. Und PR ist ein Fall für Joschka. Bekanntlich verdingte Joschka FISCHER sich in seiner ›Apo-Zeit‹ als Taxifahrer und Pornoübersetzer. Aber wen interessiert das schon in einer Na-und-Gesellschaft? Seinen Ruf machte sich FISCHER als Putzgruppen-Revolutionär. Mühsam nur gelang es, die gewalttätige Vergangenheit des heutigen Außenministers und Vizekanzlers auszuleuchten, denn seinen ins Internet gestellten Lebenslauf hat er, bzw. seine Ratgeber, aus gutem Grund vorsorglich getürkt. Nicht, daß eine derartige Kaschierung etwas Außergewöhnliches wäre.

Auch Parteigenosse und Co-Minister Jürgen TRITTIN hat über seine Glanzzeiten im anarcho-kommunistischen Milieu stillschweigend das Mäntelchen des Verschweigens gelegt - obgleich er sich freilich immer noch gern in diesen Kreisen tummelt. Sein politischer Lebenslauf, auf TRITTINS Internetseite nachzulesen, beginnt somit praktischerweise erst 1982, also nach seiner Kampfzeit beim Kommunistischen Bund. Hans-Christian STRÖBELE ist da schon wesentlich ehrlicher, wie er sich auch ganz allgemein von den Opportunisten seiner Partei abhebt. Vielleicht hat er auch deshalb 2002 das erste Direktmandat in der Geschichte seiner Partei gewonnen. In der auf seiner Internetseite nachzulesenden Biographie heißt es:

»1967 am 2. Juni abends Eintritt als Rechtsreferendar in das Anwaltsbüro MAHLER zur Unterstützung in vielen Strafverfahren gegen StudentInnen und andere Beteiligte an Demonstrationen, teach-ins usw.

1969 am 1. Mai Gründung des ersten und einzigen Sozialistischen Anwaltskollektivs auf deutschem Boden

1970 Eintritt in die SPD Berlin-Wilmersdorf

1970 Übernahme der Verteidigung der ersten politischen Gefangenen aus der RAF

1975 Ausschluß von der Verteidigung im Prozeß gegen die Gefangenen aus der RAF in Stuttgart-Stammheim, Ausschluß aus der SPD

1979 Auflösung des Sozialistischen Anwaltskollektivs

1980 Mitwirkung bei der Gründung der linken radikalen Tageszeitung *taz*

1980 Verurteilung zu einer Freiheitsstrafe von 10 Monaten auf Bewährung wegen meines Einsatzes als Verteidiger für die Gefangenen aus der RAF in den Jahren 1970 bis 1975.«

Doch zurück zu Joschka, dem bezeichnenderweise beliebtesten Politiker der Republik. Zwei Eckpunkte dieser »zentralen Figur des linksradikalen Milieus in den siebziger Jahren«, so der Hamburger Soziologe Wolfgang KRAUSHAAR, waren relativ schnell bekannt: Da ist zum einen die Prügelattacke auf den Polizeibeamten in Frankfurt im Mai 1973. FISCHER agierte offenbar als Anführer einer bis zu 40köpfigen Gang, die sich als ›Putzgruppe‹ weniger der Reinigung öffentlicher Straßen von Dreck verschrieben, sondern sich auf das Zusammenschlagen von Polizeibeamten spezialisiert hatte. Mit der Zeit tauchten Szeneschriften auf, durch die FISCHER als offizieller Kontaktmann der linksextremistischen Frankfurter Zelle Revolutionärer Kampf enttarnt wird. Seine ›Putzgruppe‹ nutzte, so Polizeiberichte von damals, lebensgefährliche Wurfgeschosse und Schneidewerkzeuge, sie verschossen Glaskugeln, die die Schilde der Polizisten durchschlugen. Drei Jahre später – der zweite Eckpunkt – tauchte FISCHER erneut im Umfeld eines Gewaltaktes auf. Diesmal ging es um einen Brandanschlag auf drei Polizeibeamte am 10. Mai 1976 am Rande einer Meinhof-Demo, den einer der Polizisten nur schwer verletzt überlebt. FISCHER-Biograph Christian SCHMIDT führt in seinem Buch *Wir sind die Wahnsinnigen* eine entscheidende Zeugenaussage an. Am Vorabend des Anschlags habe FISCHER eine Diskussion gewaltbereiter Spontis über den Einsatz von Brandbomben geleitet und »sich selbst für die Wunderwaffe« eingesetzt. Zuvor hatte die Gruppe mit dem Feuerüberfall auf das spanische Generalkonsulat in Frankfurt in ihren Augen einen »Erfolg« erzielt. Inzwischen aber hat der Zeuge, auf dessen eidesstattliche Versicherung sich SCHMIDT beruft, seine Aussage relativiert. Sie sei »nicht autorisiert« gewesen.

Die Journalistin Bettina RÖHL, Tochter von Ulrike MEINHOF und Klaus Rainer RÖHL, ist während ihrer Recherche für ihr Buch *Sag mir, wo Du stehst* auf weiteres brisantes Material gestoßen. Dem

Straßenkämpfer FISCHER *(Kreis) 1976.* Der Spiegel *fragte zu Recht: »Darf einer, der Polizisten verprügelt hat, die Republik repräsentieren?« In der Biographie des beliebtesten Politikers Deutschlands ist noch einiges ungeklärt, unter anderem seine Rolle beim Mord an dem hessischen Wirtschaftsminister H.H.* KARRY.

stern gegenüber bekannte sie: »Es kämpften nicht immer nur die Mitglieder der betroffenen Wohngemeinschaft, vielmehr wallte die Sympathie in der ganzen Szene auf. Man gab sich gegenseitig handgreiflich Flankenschutz, demonstrierte um das zu räumende Haus herum in großem Aufgebot und ließ es - wohl zunächst selber erstaunt - auch zu, daß eine sich formierende Putzgruppe seit 1972 einen eigenständigen Gewaltakzent setzte. Diese damals ›Politrocker‹ genannte Gruppe von wenigen Dutzenden Männern um die Mitte 20 schlug durchtrainiert und organisiert auf alles, was verhaßt war, und am verhaßtesten waren eben Polizisten. Vermummt, die empfindlichen Körperstellen geschützt und mit Gegenständen aus Stein, Holz und Metall bewaffnet, ging es gegen den Staat, wo immer er sich zeigte. Wichtigstes Utensil - das war Kult - war der Turnschuh, das Symbol der Wendigkeit im Kampf. Anfang April 1973 war es wieder einmal so weit, große Demo, großer Haß, großer Putz. Es ging um das Haus im Kettenhofweg 51. Joschka FISCHER stürzt auf einen Polizisten zu und setzt das mit seiner Putzgruppe geübte Überwältigungsszenario in Gang. In wenigen Sekunden umringen er und vier Kampfgenossen den zu Boden stürzenden Polizisten. FISCHER holt zum Schlag aus. Das Geschehen wird unterbrochen, als zwei Polizeikollegen des Opfers herbeieilen und die Waffe ziehen.«[87]

Der liebe Gott muß ein Sozialdemokrat sein. Jedenfalls kam die Hochwasserkatastrophe für die Sozialdemokraten gerade noch rechtzeitig. Endlich konnte sich Gerhard SCHRÖDER als verantwortungsbewußter Landesvater darstellen – eine Aktion, die dem Kanzler nicht unwesentlich half, seine Wiederwahl im September 2002 zu sichern. Doch so richtig konnte SCHRÖDER auch durch die Flutkatastrophe nicht Oberwasser gewinnen. Da setzte er den populistischen Joker: Sich darüber bewußt, daß die Mehrheit des deutschen Volkes – trotz aller Schauermärchen in den Medien über den bösen SADDAM – gegen eine Beteiligung am Krieg gegen den Irak eingestellt ist, verkündete der ewig grinsende Kanzler den ›deutschen Weg‹. Als ob ein Alleingang oder wenigstens eine souveräne Entscheidung – auch und gerade, wenn sie sich gegen die Interessen der USA richtete – in Berlin möglich wäre. Unter seiner Führung, so (be)schwor er, werde es keine Beteiligung der Bundesrepublik Deutschland am Krieg gegen den Irak geben – und punktete mit dieser Parole entscheidend. Oder wie es die *Neue Zürcher Zeitung* ausdrückte: »Vor allem im Osten kam SCHRÖDER als Herold des deutschen Friedenswillens und mit seinen antiamerikanischen Provokationen gut an. Dieser Stimmengewinn ging allerdings weniger auf Kosten der CDU als vielmehr der PDS, die ihre besten Themen von SCHRÖDER usurpiert sah und so bis auf einen kümmerlichen Rest aus dem Bundestag verschwand.«[88]

SCHRÖDERS Parole vom ›deutschem Weg‹ war nichts anderes als wahlstrategisches Geplappere und entspricht im günstigsten Fall einem Wunschdenken. Mit einer realistischen Einschätzung der internationalen Einbindung der Bundesrepublik Deutschland hat die Propagierung vom deutschen Sonderweg unter den augenblicklich geltenden Voraussetzungen nicht die geringste Chance einer praktischen Umsetzung. Diese Vision ist der schlimmste Alptraum bundesdeutscher Politiker von ADENAUER bis FISCHER. Es überrascht nicht, daß der ›deutsche Weg‹ anscheinend schon wenige Wochen nach der Wahl zu Ende gegangen war: Ende November 2002 wandte sich Israel an die Bundesregierung mit der ›Bitte‹, Abwehrraketen vom Typ ›Patriot‹ zur Verfügung zu stellen. Als Grund hierfür gaben die Israelis an, daß sich Israel durch den Irak bedroht fühlte. Es geht an dieser Stelle nicht darum, die Glaubwürdigkeit einer militärischen Bedrohung Israels durch den Irak zu untersuchen. Wesentlich ist die Reaktion SCHRÖDERS auf das Ansuchen. Der *Zeit* gegenüber wußte der Militärexperte zu erklären: »Das System ›Patriot‹ ist rein defensiv. Es bietet Schutz gegen Raketenangriffe. Die Sicherheit des Staats Israel und seiner

Bürger ist uns überragend wichtig. Wenn die israelische Regierung diesen Zuwachs an Sicherheit braucht, werden wir helfen – und zwar rechtzeitig. Das gebietet unsere historische und moralische Pflicht.«[89] Gebietet es die historische Verantwortung auch, Israel, immerhin einem kriegführenden Staat, Rüstungsgüter im Wert von 100 Millionen Euro zu schenken? Dies würden in etwa zwei ›Patriot‹-Systeme und zwei ›Fuchs‹-Transportpanzer kosten.

Ganz abgesehen davon: Gilt das Waffenausfuhrverbotsgesetz nicht mehr, dem zufolge es sich bei der Lieferung von Kriegswaffen in ein Krisengebiet um einen Straftatbestand handelt? Am 11. Dezember 2002 meldete Reuters, Bundeswehrsoldaten würden nach den Worten von Bundeskanzler Gerhard SCHRÖDER in Awacs-Aufklärungsflugzeugen der NATO auch im Fall eines Krieges gegen den Irak mitfliegen – selbstverständlich nur, »um das Bündnisgebiet Türkei zu schützen«. Am 16. Januar 2003 stimmte die Bundesregierung der Lieferung von ›Patriot‹-Raketen an Israel offiziell zu – eine Entscheidung, die von vornherein klar war. Nach Angaben eines Ministeriumssprechers würden bereits seit einigen Tagen mehrere israelische Experten in Deutschland an den Flugabwehrraketen ausgebildet. Der Transport der beiden Waffensysteme, die Israel unentgeltlich als Leihgabe erhält, sei bis Ende Januar geplant.[90]

Der Undurchführbarkeit eines ›deutschen Weges‹ war sich natürlich auch SCHRÖDER bewußt, der, wenn er seine Felle fortschwimmen sieht, immer wieder gern zu populistischen Parolen greift. Mit Erfolg. Interessanterweise sollte hier aber ein weiterer, sozusagen tiefenpsychologischer Aspekt nicht übersehen werden: Gerhard SCHRÖDERS Biograph Jürgen HOGREFE schreibt: »SCHRÖDER habe in seinem politischen Leben stets polarisiert und meist ›Freude daran empfunden, wenn er Aufregung verursachte‹. Immerhin war SCHRÖDER als Juso-Vorsitzender berühmt für seine große Klappe, als Anwalt provozierte er das Partei-Establishment mit Klienten wie dem ehemaligen RAF-Terroristen (und heutigen Rechtsextremisten) Horst MAHLER. Noch als niedersächsischer Ministerpräsident polterte er unüberhörbar in fast alle Richtungen.«[91] Im Mai 2002 nannte der *Focus* – nicht zu Unrecht – Gerhard SCHRÖDER einen Boulevard-Kanzler, der eine Gabe habe, die sonst nur Werbetexter oder Journalisten auszeichne: »Er vermag griffige Formulierungen zu prägen, denen fast jeder zustimmen kann. ›Wir wollen nicht alles anders machen, aber vieles besser‹, versprach der Kanzlerkandidat 1998. Die Wähler fühlten sich nach 16 Jahren Helmut KOHL von frischem Wind umspielt, ohne einen Eissturm der Veränderung fürchten zu müssen. SCHRÖDERS Spruch war ebenso plastisch wie nichtssagend - und darum ebenso erfolgreich wie risikolos.« Damit ist SCHRÖDERS Erfolgsrezept auch schon fast fertig. Man füge noch eine gut dosierte Portion Populismus dazu - fertig ist der Volkskanzler.

SCHRÖDER bietet den Bürgern ein simples Tauschgeschäft an: Er macht sich zu Volkes Stimme und bekommt dafür die Stimmen des Volkes. Einige Beispiele zu dieser gewinnversprechenden Formel aus dem Munde des ewig strahlenden Kanzlers gefällig, der Wert auf die Feststellung legt, daß seine Haare nicht gefärbt sind?

- Kinderschänder wollte SCHRÖDER nach der steigenden Anzahl von Morden an kleinen Mädchen schon mehrmals »wegschließen - und zwar für immer!«.
- »Die überhastete Währungsunion hat zu einer kränkelnden Frühgeburt geführt«, so tönte SCHRÖDER noch im März 1998. Im Dezember 2001 hieß es aus seinem berufenen Munde jedoch: »Hinter dem Euro steht eine der stärksten Wirtschaften der Welt. Das macht ganz klar, daß an der Stabilität dieser Währung überhaupt nicht gezweifelt werden kann.«
- Als offensichtlich wurde, daß Rot-Grün nicht - wie versprochen - die Arbeitslosenzahl unter 3,5 Millionen drücken konnte, eröffnete SCHRÖDER die Jagd auf ›Drückeberger‹. Es gebe »kein Recht auf Faulheit«, wer Stütze vom Staat wolle, müsse auch eine Gegenleistung bringen. Jahrelang hatten Liberale und Konservative genau dies gefordert und sich dafür von Sozialdemokraten und Grünen als herzlos schmähen lassen müssen. Der Vorstoß hat Methode. Wenn's schwierig wird, wenn neue Themen hochkochen, gibt SCHRÖDER frühzeitig und populistisch die Richtung für eine heiße Debatte vor. Das lenkt nicht nur von anderen Problemen ab, es gibt den sozialdemokratischen Funktionären und Traditionsgruppen auch Zeit, ihre Einstellung den jeweiligen Umständen anzupassen.
- Immer wieder korrigiert der wortgewandte Kanzler seine Positionen. Meinte er 1993 noch, »das Deutschtum gehört in die Mottenkiste«, klang das 1998 ganz anders: »Wir sind stolz auf dieses Land, seine Landschaften, seine Kulturen, auf die Kreativität und den Leistungswillen seiner Menschen.« Der flotte Wandel sei den rasanten Zeitläufen geschuldet. »Man muß nicht Angst haben vor Politikern, die sich in Frage stellen, ihr Denken und Handeln, sondern vor Politikern, die nicht lernfähig sind«, meint SCHRÖDER. »Das sollte man nicht als Prinzipienlosigkeit denunzieren.«

- Ende Mai 2002 kam heraus, daß ein Text von SCHRÖDER für die »Postille *blick nach rechts*« (FAZ), der von der SPD-Parteizentrale autorisiert worden war, von SCHRÖDER - gerade noch rechtzeitig zum NATO-Gipfel in Rom - nachträglich abgeändert worden war. In diesem Text wurde der italienische Ministerpräsident Silvio BERLUSCONI zusammen mit Jörg HAIDER und Jean-Marie LE PEN in einem - natürlich negativen - Atemzug genannt. »Abschottung«, »Fremdenfeindlichkeit«, »Renationalisierung« und selbstverständlich »Antisemitismus« seien in Österreich, Norwegen, Dänemark, Frankreich, Belgien, den Niederlanden und Italien festzustellen. Warum? Wegen der Wahlerfolge »rechter Populisten«. Auf Initiative SCHRÖDERS hin wurde BERLUSCONI aus der Aufzählung böser Buben wieder gestrichen. Wer konnte zum Zeitpunkt des Artikels auch schon wissen, daß der bis dato gemiedene ›rechtspopulistische‹ Italiener schon bald Ministerpräsident Italiens werden würde?
- »Man muß es mal sagen, selbst wenn es manche nicht gern hören: Beim organisierten Autodiebstahl sind Polen nun mal besonders aktiv, das Geschäft mit der Prostitution wird von der Russenmafia dominiert. Drogenkriminelle kommen besonders häufig aus Südosteuropa und Schwarzafrika. Wir dürfen nicht mehr so zaghaft sein bei ertappten ausländischen Straftätern. Wer unser Gastrecht mißbraucht, für den gibt es nur eins: raus, und zwar schnell«, so drohte Gerhard SCHRÖDER kriminellen Ausländern noch forsch im Juli 1997. Die schweigende Mehrheit des deutschen Volkes, aber auch rechtschaffende ausländische Arbeitnehmer fühlten sich endlich verstanden. Die Christdemokraten waren durch SCHRÖDERS Schachzug ausgetrickst worden. Ihnen fehlte plötzlich ein Thema, weil der wendige Berufspolitiker SCHRÖDER sie - wieder einmal - ›rechts‹ überholt hatte. Geändert hat sich in der Ausländerpolitik seitdem natürlich nichts - außer, daß sich in Deutschland mehr Ausländer denn je aufhalten.

4.
Das Fundament, auf dem die Bundesrepublik Deutschland aufgebaut ist

Bundesaußenminister Joschka FISCHER bekannte in seiner Rede auf dem Galadiner des Jüdischen Weltkongresses in New York am 11. September 2000, er wisse »das Verständnis gemeinsamer Verantwortung für die Bewahrung der Erinnerung zu würdigen, die für das demokratische Deutschland zugleich eine fortdauernde Verpflichtung für die Zukunft bleibt«. Zu dieser vermeintlichen Verpflichtung für die deutschen Nachkriegsgenerationen erklärte er: »Wir wissen: wir können sie nicht abwerfen, wir können unsere Geschichte nicht hinter uns lassen. All jene, die jenen ominösen ›Schlußstrich‹ versucht haben, sind an dem fortgeltenden Faktum Auschwitz und der deutschen Schuld an der Shoa kläglich gescheitert – und dies zu Recht. Denn eine alte jüdische Weisheit lehrt uns: ›Das Vergessenwollen verlängert das Exil, und das Geheimnis der Erlösung heißt Erinnerung‹. Die Erinnerung gilt zuerst den sechs Millionen ermordeten Söhnen und Töchtern des jüdischen Volkes, auch den anderen Opfern von HITLERS Rassenwahn und des Krieges und der nationalsozialistischen Gewalt.«

Auf dieser Grundlage erklärt FISCHER das Fundament, auf dem die Bundesrepublik Deutschland aufgebaut ist, mit folgendem Bekenntnis: »Der Ursprung und das Selbstverständnis der gegenwärtigen deutschen Demokratie sind nur vor dem Hintergrund des Holocaust zu verstehen. Mit der Mißachtung, der brutalen Beseitigung der Menschenwürde und Menschenrechte der deutschen Juden – es waren jüdische Bürger des damaligen Deutschen Reiches, von denen viele im Ersten Weltkrieg tapfer für ihre deutsche Heimat gekämpft hatten – begann 1933 der Abstieg Deutschlands in das Verbrechen. Die Lehre daraus ist klar und eindeutig: Nie wieder darf das äußerste Minimum zivilisierten Zusammenlebens von Menschen, nämlich die unantastbare Menschenwürde, verletzt werden. Dieser Imperativ bildet den ersten Artikel unserer Verfassung: ›Die Würde des Menschen ist unantastbar. Sie zu achten und zu schützen ist Verpflichtung aller staatlichen Gewalt.‹ Das ist das Fundament unserer Demokratie. Das ist das Vermächtnis, das die Opfer des Naziterrors, allen voran die ermordeten Juden, uns Deutschen hinterlassen haben. Wir haben diese Verpflichtung angenommen. [...] Deutschland weiß um seine besondere historische Verpflichtung für das Existenzrecht und die Sicherheit des Staates Israel. Diese Verpflichtung steht für uns unverrückbar fest. Sie ist nicht zu relativieren und wird auch in Zukunft den einzigartigen Charakter unserer Beziehungen zu Israel bestimmen. Israel kann sich auf das demokratische Deutschland als festen Freund dauerhaft verlassen. [...] Das ist die moralische Verpflichtung, aber auch der feste politische Wille der Generation jener, die das schwierige Erbe der deutschen Geschichte angetreten haben. Erinnerung bewahren, Verantwortung übernehmen.«[92]

Für Elan STEINBERG, Sprecher des Jüdischen Weltkongresses, waren die Worte FISCHERS »ein außerordentliches Exposé über Schuld und Verantwortung«, denn FISCHER habe sich nicht nur für das deutsche Volk entschuldigt, sondern auch von seiner eigenen, also nach dem Krieg geborenen Generation verlangt, für die Ereignisse der Vergangenheit Verantwortung zu übernehmen. Im Dezember 2002 betonte Bundespräsident Johannes RAU nach einem Besuch seines israelischen Amtskollegen Moshe KATZAV die »besondere Verpflichtung Deutschlands« für die Sicherheit Israels: »Wir haben als Deutsche eine ganz, ganz große Verantwortung gegenüber Israel, mehr als jedes andere Land. Wir müssen alles tun, damit Israel in sicheren Grenzen und ohne Terror leben kann.«[93] Eine Äußerung, die von einem Innenpolitiker Israels stammen könnte. Wäre sie es, würde sie sich nicht so anmaßend anhören. Die Ausstellung solch folgenreicher Blankoschecks durch bundesdeutsche Politiker an Drittstaaten, allen voran Israel, ist nur zu verstehen, wenn man sich des Fundaments bewußt ist, auf dem der Staat aufgebaut ist, in dessen Namen FISCHER, RAU und Kollegen sprechen.

›Auschwitz-Lüge‹ und ›Alleinkriegsschuld‹

Der Verfasser stellte bereits in seinem Grundsatzwerk *Sind Gedanken noch frei?* (München 2001) die These auf, daß die demokratische Grundordnung der Bundesrepublik Deutschland im wesentlichen von zwei elementaren Prinzipien gekennzeichnet sei: erstens der Anerkennung der alleinigen Schuld Deutschlands am Ausbruch des Zweiten Weltkrieges und zweitens der Anerkennung des millionenfachen Mordes größtenteils rassisch Verfolgter während des Dritten Reiches. Die beiden Prinzipien genießen in der Bundesrepublik Deutschland den Status historischer Tatsachen. Sie in Zweifel zu ziehen kann strafrechtliche Folgen haben. Um dieses Phänomen zu verstehen, müssen wir weiter ausholen und uns den wesentlichsten Aspekt der ›Befreiung‹ Deutschlands im Jahre 1945 vor Augen führen.

Walter LIPPMANN, Sohn deutscher Juden in New York, war in den zwanziger bis fünfziger Jahren des zwanzigsten Jahrhunderts einer der einflußreichsten Journalisten und bedeutendsten politischen Buchautoren der USA. 1929 wurde er Chefredakteur der *New York World*, 1931 gelang ihm der internationale Durchbruch als Kolumnist beim *Herald Tribune*. LIPPMANN erklärte bezüglich der endgültigen Überwindung des Feindes nach einem Krieg, daß außer der notwendigen Besetzung des feindlichen Staates und der Aburteilung der führenden Schicht des besiegten Volkes in Kriegsverbrecherprozessen, als die wichtigste Absicherung des Sieges nur gelten kann, wenn »die Besiegten einem Umerziehungsprogramm unterworfen werden. Ein naheliegendes Mittel dafür [ist], die Darstellung der Geschichte aus der Sicht des Siegers in die Gehirne der Besiegten einzupflanzen. Von entscheidender Bedeutung ist dabei die Übertragung der ›moralischen‹ Kategorien der Kriegspropaganda des siegreichen Staates in das Bewußtsein der Besiegten. Erst wenn die Kriegspropaganda der Sieger Eingang in die Geschichtsbücher der Besiegten gefunden hat und von der nachfolgenden Generation auch geglaubt wird, dann erst kann die Umerziehung als wirklich gelungen angesehen werden«.[94]

Diese theoretischen Pläne für die Umerziehung (*re-education*) – eine nette Umschreibung für diese Art der Gehirnwäsche – wurde von den US-Amerikanern ab 1945 in Deutschland erfolgreich in die Praxis umgesetzt. In den Anweisungen für die *re-education*, aufgestellt in der unverkäuflichen und 1945 von der Einheit für Psychologische Kampfführung (*Special Service Division*) der US-Army herausgegebenen Schrift *What to do with Germany*, heißt es vielen Quellen der Sekundärliteratur zufolge:

»Die Re-education wird für alt und jung gleichermaßen erzwungen, und sie darf sich nicht auf das Klassenzimmer beschränken. Die gewaltige überzeugende Kraft dramatischer Darstellung muß voll in ihren Dienst gestellt werden. Filme können hier ihre vollste Reife erreichen. Die größten Schriftsteller, Produzenten und Stars werden unter Anleitung der ›Internationalen Universität‹ die bodenlose Bosheit des Nazitums dramatisieren und dem gegenüber die Schönheit und Einfalt eines Deutschlands loben, das sich nicht länger mit Schießen und Marschieren befaßt. Sie werden damit beauftragt, ein anziehendes Bild der Demokratie darzustellen, und der Rundfunk wird sowohl durch Unterhaltung wie auch durch ungetarnte Vorträge in die Häuser selbst eindringen. Die Autoren, Dramatiker, Herausgeber und Verleger müssen sich der laufenden Prüfung durch die ›Internationale Universität‹ unterwerfen; denn sie sind alle Erzieher. Von Beginn an sollen alle nichtdemokratischen Veröffentlichungen unterbunden werden. Erst nachdem das deutsche Denken Gelegenheit hatte, in den neuen Idealen gestärkt zu werden, können auch gegenteilige Ansichten zugelassen werden, im Vertrauen darauf, daß der Virus keinen Boden mehr findet; dadurch wird größere Immunität für die Zukunft erreicht. Der Umerziehungsprozeß muß ganz Deutschland durchdringen und bedecken. Auch die Arbeiter sollen im Verlauf von Freizeiten vereinfachte Lehrstunden in Demokratie erhalten. Sommeraufenthalte und Volksbildungsmöglichkeiten müssen dabei Hilfestellung leisten. [...]

Die ›Internationale Universität‹ ist am besten dazu geeignet, die Einzelheiten des deutschen Erziehungswesens, der Lehrpläne, der Schulen, der Auswahl der Lehrer und der Lehrbücher, kurz: alle pädagogischen Angelegenheiten zu regeln. Wir brauchen ein Oberkommando für die offensive Re-education. Besonders begabte deutsche Schüler erhalten die Gelegenheit zur Fortbildung an unseren Schulen; sie werden als Lehrer nach Deutschland zurückkehren und eine neue kulturelle Tradition, verbunden mit internationalem Bürgersinn, begründen. Die Professoren sollen nach Möglichkeit deutsche Liberale und Demokraten sein. Das Eindringen von ›Fremden‹ könnte aufreizend wirken und muß auf ein Minimum beschränkt werden; aber das darf nicht dazu führen, daß uns die Kontrolle verlorengeht. Jedes nur denkbare Mittel geistiger Beeinflussung im Sinn demokratischer Kultur muß in den Dienst der Re-education gestellt werden. Die Aufgaben der Kirchen, der Kinos, der Theater, des Rundfunks, der Presse und der Gewerkschaften sind dabei vorgezeichnet. Die Re-education tritt an Stelle des Wehrdienstes, und jeder Deutsche wird ihr zwangsläufig unterworfen, so wie früher der gesetzlichen Wehrpflicht. Uns ist die Aufgabe zugefallen, Frieden und Freiheit zu retten; jene Freiheit, die am Berg Sinai geboren, in Bethlehem in die Wiege gelegt, deren kränkliche frühe Jugend in England verbracht wurde, deren eiserner Schulmeister Frankreich war, die ihr junges Mannesalter in den Vereinigten Staaten erlebte und die, wenn wir unseren Teil dazu tun, bestimmt ist zu leben – *all over the world!*«[95]

Die Voraussetzung für die Durchführung der Umerziehung war die Akzeptanz der Doktrin der doppelten Kollektivschuld. Sie ist seit Bestehen der Bundesrepublik Deutschland von Repräsentanten des Staates und führenden Intellektuellen immer wieder bestätigt und geäußert worden. Der Politikwissenschaftler Theodor ESCHENBURG hat die Grundlage, auf der der westdeutsche Staat nach dem Krieg aufgebaut worden ist, beispielsweise wie folgt formuliert: »Die Erkenntnis von der unbestrittenen und alleinigen Schuld Hitlers ist vielmehr eine Grundlage der Politik der Bundesrepublik.« Auch der 1938 nach Britannien emigrierte Publizist Sebastian HAFFNER (eigentlich Raimund PRETZEL), der als eindringlicher Befürworter der deutschen Teilung maßgeblich an der Umerziehung des deutschen Volkes beteiligt gewesen ist, teilte diese Ansicht. Wer am heutigen Status quo (gemeint war das als volkspädagogisch wertvoll erachtete Geschichtsbild) rüttele, der bedrohe, HAFFNER zufolge, gar die Grundlagen des europäischen Friedens. In seiner Bundestagsrede vom 9. November 1988 bekannte Bundestagspräsident Philipp JENNINGER, daß sich alle politischen Fragen in der Bundesrepublik Deutschland »im vollen Bewußtsein um Auschwitz« drehten.

Der ehemalige Landgerichtspräsident Rudolf WASSERMANN sekundierte 1994: »Wer die Wahrheit über die nationalsozialistischen Vernichtungslager leugnet, gibt die Grundlagen preis, auf denen die Bundesrepublik Deutschland errichtet worden ist. [...] Wer Auschwitz leugnet, greift nicht nur die Menschenwürde der Juden an, der rüttelt auch an den Grundfesten des Selbstverständnisses dieser Gesellschaft.«[96] Bundesaußenminister Joschka FISCHER, der bereits vor mehr als 15 Jahren im *Spiegel* (Heft 28/1987) »Auschwitz als Staatsräson« bezeichnet hatte, erklärte in der *Frankfurter Allgemeinen Zeitung* vom 18. Februar 1999: »Alle Demokratien haben eine Basis, einen Boden. Für Frankreich ist das 1789. Für die USA die Unabhängigkeitserklärung. Für Spanien der Spanische Bürgerkrieg. Nun, für Deutschland ist das Auschwitz. Das kann nur Auschwitz sein. Die Erinnerung an Auschwitz, das ›Nie mehr-Auschwitz‹, kann in meinen Augen das einzige Fundament der neuen Berliner Republik sein.«

Schon diese aus verschiedenen Jahrzehnten stammenden Bekenntnisse einflußreicher bundesdeutscher Persönlichkeiten belegen den folgerichtigen zweiten Schritt unserer These: Die ›historisch gesicherten Tatsachen‹ über Alleinkriegsschuld und Völkermord (= Kollektivschuld) bilden das Fundament, auf dem die Bundesrepublik Deutschland gegründet wurde. Sie stellen ferner *den* wesentlichen Faktor für die Entscheidung dar, ob eine Meinung in der Bundesrepublik Deutschland frei vertretbar, sprich strafrechtlich nicht relevant ist, oder aber eben gegen diese beiden elementaren Prinzipien verstößt und somit nicht unter den Schutz der Meinungsfreiheit fällt. In Österreich gilt dies im übrigen sehr ähnlich.

Wer die Schuld am Ausbruch des Zweiten Weltkrieges trägt, steht in der Berliner Republik als geschichtliche Tatsache ebenso fest wie das unumstößliche Faktum von der Ermordung von sechs Millionen - und nicht weniger! - Juden durch Deutsche. Über diese historisch gesicherten Tatsachen muß man nicht diskutieren, darf man allerdings auch nicht diskutieren, wenn man sich nicht dem Verdacht der Verharmlosung, Aufrechnung, Relativierung, Leugnung usw. aussetzen will. Sie sind offenkundig und müssen deshalb nicht weiter bewiesen werden. Diese gewissermaßen doppelte Kollektivschuld des deutschen Volkes - Anerkennung der Alleinkriegsschuld am Zweiten Weltkrieg und planmäßige Judenvernichtung - wurde hierzulande sozusagen zum ›geistigen‹ Inhalt des gängigen Geschichtsbewußtseins. Folglich wundert es nicht, daß bei fast jeder Einweihung einer Kranzabwurfstelle oder Unterzeichnung eines Vertrages oder bei jedem Staatsbesuch eines bundesdeutschen Politikers eben diese Staatsräson hervorgehoben wird - auch zu den unpassendsten Gelegenheiten. Joschka FISCHER legte als Repräsentant seines Staates beispielsweise auf der Weltkonferenz gegen Rassismus, Rassendiskriminierung, Fremdenfeindlichkeit in Durban im September 2001 Wert auf die Feststellung: »Das schrecklichste aller Verbrechen im 20. Jahrhundert aber hat sich in meinem Land ereignet, der Genozid an sechs Millionen europäischen Juden, an Roma und Sinti. Die Erinnerung an diese durch nichts zu relativierende Tat und die Verantwortung, die aus ihr erwächst, wird Deutschlands Politik dauerhaft prägen. Eine Verharmlosung, Relativierung oder gar Leugnung des Holocaust kann Deutschland deshalb nicht hinnehmen und wird solchen Versuchen entschieden entgegentreten.«[97]

Die ›deutsche Doppelkollektivschuld‹ wirkt gleichsam als der Dreh- und Angelpunkt der bundesdeutschen Geschichtsbetrachtung und wird längst nicht mehr nur auf die Zeit des Dritten Reiches bezogen. In besagter Rede gestand Geschichtskenner FISCHER gleich ›die Schuld‹ für das von Deutschland begangene Unrecht während der wilhelminischen Kolonialära in Afrika mit ein. Sein abenteuerliches Eingeständnis leitete er übrigens mit den nicht weniger abenteuerlichen Worten ein: »Mein Dank geht auch an unsere Gastgeber, die südafrikanische Regierung. Dieses Land hat es geschafft, sich friedlich und aus eigener Kraft aus einer auf dem Prinzip des Rassismus gegründeten Diktatur zu befreien und den

Weg in eine gerechtere Gesellschaft zu finden. Der Mut der Südafrikaner, trotz aller Narben der Vergangenheit aufeinander zuzugehen, sollte uns auf dieser Konferenz ein Ansporn sein.«[98]

Alle Wege führen nach Auschwitz, und alle kommen von dort, jedenfalls, wenn man der hierzulande vertretenden Geschichtsphilosophie Glauben schenken mag. ›Auschwitz‹ und ›Kriegsschuld‹ bilden also sowohl das geistige als auch das staatspolitische Fundament dieser Republik. Drückt sich im Geschichtsbewußtsein eines Volkes nicht gerade auch das Selbstbewußtsein einer Nation aus? Wenn dem so ist, und wir würden diese Frage bejahen, »dient die systematische Pflege des Kollektivschuldbewußtseins der Auslöschung des nationalen Selbstbewußtseins, der völligen geistigen Denationalisierung des Volkes zu einer wohlgenährten Fellachenbevölkerung im Sinne des demokratischen Massenmenschen westlicher Prägung. In den Kindergärten, in den Schulen, in den Hochschulen und vor allem in den Massenmedien wird die Züchtung dieses Menschentyps betrieben«.[99] Allen voran sind die Systemparteien Träger und Betreiber dieser Politik der Entnationalisierung, was dem Wunsch der Siegermächte freilich nicht zuwiderlaufen dürfte.

Die umfassende Denationalisierung ist Staatsräson in der Bundesrepublik Deutschland. Der Bezug zum Nationalen wird in dieser Republik von seinen Medien und den Repräsentanten dieses Staates als ›Deutschtümelei‹ abgetan oder verunglimpft. Dies nimmt bisweilen groteske Züge an. Ein Beispiel war vor wenigen Jahren

Spiele der deutschen Fußballnationalmannschaft sind die wenigen Anlässe, bei den patriotische Gefühle noch aufkommen. Bei diesem Spiel aus dem Jahre 1990 (Weltmeisterschaft in Italien) sind noch beide Nationalfahnen zu sehen.

SPD-Wahlplakat aus dem Jahre 1972. Damals hatte das Volk noch einen hohen Stellenwert; heute reden die Politiker lieber von der ›Bevölkerung‹. Im Zusammenhang mit der Leitkultur-Diskussion fiel Bundesminister Trittin mit folgender Aussage auf: »Laurenz Meyer hat selber bekundet, daß er stolz darauf sei, daß er Deutscher ist. Das ist so die Flachheit, der geistige Tiefflug, der jeden rassistischen Schläger in dieser Republik auszeichnet.« Ohne Kommentar.

der schäbige Versuch, den Schriftzug ›Dem Deutschen Volke‹ im Eingangsgiebel des Reichstages in ›Der Bevölkerung‹ abzuändern. Ein weiteres ist die ›fette Henne‹: Nicht nur Ornithologen dürften sich fragen, ob der kugelrunde Bundesadler im Plenarsaal des Bundestags, wäre er echt, lebensfähig wäre, geschweige denn, ob er überhaupt in die Lüfte aufsteigen könnte. Das häßliche Monstrum wurde von Wolfgang THIERSE freilich in höchsten Tönen gelobt. Das stilisierte Federvieh sei so unaggressiv und so friedlich und deshalb ein passendes Symbol für den politischen Konsens der Bundesrepublik Deutschland. Hierin mag man dem Bundestagspräsidenten kaum widersprechen. Nur, während andere Staaten dieser Erde den Adler als mächtigen Aar im Wappen führen, weil er Stolz, Würde und Freiheitsliebe verkörpert, erfreuen sich die Damen und Herren Volksvertreter in Berlin an einer lächerlichen Karikatur, die genau das Gegenteil versinnbildlicht.

Die hierzulande faktisch betriebene Inländerfeindlichkeit ist ein anderes hervorstechendes und spezifisch bundesdeutsches Merkmal, das es nur in diesem Staat gibt. Patriotismus unter Deutschen – und nur unter Deutschen! – ist ewiggestrig und schon deshalb abzulehnen. Gleichzeitig kämen aber selbst die hartgesottensten Berufsgutmenschen nie auf die Idee, bürgerliche oder sozialistische Franzosen, demokratische oder republikanische Amerikaner, liberale oder konservative Skandinavier noch irgendwelche Angehörige anderer Nationen als ›rechtsextrem‹ zu bezeichnen, wenn sich diese aufgrund nationaler Interessenausrichtungen oder der Pflege ihres Nationalbewußtseins stolz zu ihrem Volk bekennen. (Freilich, wenn sie dies nicht innerhalb einer verfemten Partei wie dem Front National, dem Vlaams Blok usw. tun.) In den Ländern außerhalb der Bundesrepublik Deutschland gilt Patriotismus als etwas Selbstverständliches. Vaterlandsliebe und der Liebe zum eigenen Volk hängen dort keine Gerüche des Suspekten oder gar des Subversiven an.

Anders freilich in der Berliner Republik. Angesichts der vermehrten Stigmatisierung von oppositioneller und zeitgeistkritischer Literatur und Kunst liegt der Schluß nahe, daß die Priorität in dieser Republik darauf gelegt wird, unliebsame, sprich das Fundament gefährdende politische Meinungen in Wort, Schrift und Bild zu unterbinden. Bei diesen der Lehrmeinung und damit dem Interesse der Macher in Politik und Kultur in Deutschland widersprechenden Meinungen handelt es sich somit meist nicht um tatsächlich ›jugendgefährdende‹ oder gar ›volksverhetzende‹ Schriften, sondern vielmehr um Meinungsbekundungen, die das Monopol des Meinungskartells und gewisse politische und wirtschaftliche Interessengruppen gefährden mögen.[100] Um eine gesetzliche Handhabe gegen diese Art Meinungsäußerer zu haben, mußte das Fundament gewissermaßen gesetzlich manifestiert werden. Dieser Prozeß fand vor etwa 10 Jahren seinen Abschluß. Im April 1994 entschied das Bundesverfassungsgericht endgültig, daß diejenigen, die das Vergasen von Millionen Juden während des Dritten Reiches in Frage stellen, durch die grundgesetzlich garantierte Meinungs(äußerungs)freiheit nicht länger geschützt würden. Die nach ›Amnesty International‹ zweitgrößte Menschenrechtsorganisation, ›Human Rights Watch‹, kommentierte diesen Entscheid mit den Worten: »The court's ruling appeared to restrict unduly the protected right to free speech and expression.«[101] Auffallend ist hier das Wort ›unduly‹, also ›übermäßig‹! Das Gericht habe das geschützte Recht auf Redefreiheit und Meinungsäußerung folglich auf übertriebene Art und Weise eingeschränkt.

Konsequenterweise leidet unter dieser strafgesetzlichen Festschreibung sogenannter historisch gesicherter Tatsachen die Forschungs- und Wissenschaftsfreiheit in dieser Republik: In einem ausführlichen Leserbrief in der *Frankfurter Allgemeinen Zeitung* am 8. September 1994 fand der Historiker Ernst NOLTE den Mut einzuräumen, daß es ihm als Nicht-Naturwissenschaftler nicht möglich sei, die Argumente einiger Revisionisten bezüglich der technischen Unmöglichkeit von Massenvernichtungen durch Zyklon B zu widerlegen. Ferner hatte der hochrangige Historiker den Anstand zuzugeben, selbst bereits an »zweifellos echte« Dokumente geraten zu sein, die er als solche behandelt habe, die sich nach eingehender Prüfung allerdings als Fälschung entpuppt hätten. NOLTE schloß mit dem Bekenntnis, daß Fragen über Echtheit und Möglichkeit zum Gegenstand wissenschaftlicher Erörterung und Auseinandersetzung gemacht werden müßten. Aus diesem Grunde plädiere er für einen wissenschaftlichen Umgang mit den argumentierenden ›Auschwitz-Revisionisten‹. Eine freie Forschung oder Meinungsäußerung zu besagtem Thema ist folglich nicht mehr möglich.

Diese ernüchternde Feststellung und die damit verbundenen Implikationen sind in einem Leserbrief in der *Welt* am 4. November 1994 veröffentlicht worden: »Kein Ernstzunehmender bezweifelt, daß Juden im Dritten Reich verfolgt wurden. Wer sich mit diesem Thema auseinandersetzt, muß in einem Rechtsstaat aber doch wohl untersuchen dürfen, was glaubwürdig, was unglaubwürdig und was gar technisch unmöglich ist. Wenn Gesetze die historische Forschung zu diesem Komplex verbieten, wenn Sachverständige bei Strafandrohung nicht aussagen dürfen, dann kommt man doch zwangsläufig zu der Vermutung, daß an den Deutschland so schwer belastenden Beschuldigungen vieles nicht der Nachprüfung standhalten würde.«

Als direkte Folge des oben genannten Entscheides stimmte der Bundestag am 20. Mai 1994 einem ›Auschwitz-Lügen-Gesetz‹ zu, in dem es im § 130 Abs. 3 des Strafgesetzbuchs ausdrücklich heißt: »Mit Freiheitsstrafe bis zu fünf Jahren oder mit Geldstrafe wird bestraft, wer eine unter der Herrschaft des Nationalsozialismus begangene Handlung der in § 220a Abs. 1 [›Völkermord‹] bezeichneten Art in einer Weise, die geeignet ist, den öffentlichen Frieden zu stören, öffentlich oder in einer Versammlung billigt, leugnet oder verharmlost.«

Diese fragwürdige Gesetzgebung stieß auf heftige Kritik. Der liberale Publizist Horst MEIER, der sich in der Vergangenheit schon öfters öffentlich für die Meinungsäußerungsfreiheit des politisch Andersdenkenden eingesetzt hatte, verurteilte das ›Auschwitz-Lügen-Gesetz‹ scharf. In der *tageszeitung* bezeichnete er »die Verknüpfung von Geschichtspolitik und Gewaltmonopol« als »Armutszeugnis für die Demokratie«. In seiner umfangreichen Stellungnahme hebt MEIER hervor, daß die Verschärfung des Volksverhetzungsparagraphen »die politische Freiheit potentiell aller zur Disposition gestellt und das demokratische Selbstbewußtsein korrumpiert« habe.[102]

Max GÜDES, ehemaliger Generalbundesanwalt und CDU-Bundestagsabgeordneter, hielt das politische Strafrecht für nicht ungefährlich. Ihm zufolge kann es nicht darauf ankommen, durch hohe Strafmaßnahmen eine fragwürdige Abschreckungswirkung zu erzielen, sondern daß es vielmehr auf die viel wichtigere Zustimmungswirkung im täglichen Plebiszit der öffentlichen Meinung, sprich des rechtschaffenen Bürgers ankomme.[103] Auch der *Süddeutschen Zeitung* sind die durch das Gesetz resultierenden erheblichen Einschränkungen der Wissenschafts- und Meinungsfreiheit nicht verborgen geblieben. Am 8. Oktober 1998 stellte sie fest, daß das Bundesverfassungsgericht hervorgehoben habe, daß »nicht nur wertvolle, sondern auch falsche, ja verwerfliche Meinungen geschützt« seien. »In der Tat wäre es absurd, wenn der Staat festschriebe, für welche Meinungen die Meinungsfreiheit gilt. Genau dies tut er aber im neuen Paragraphen 130 III StGB. Der Gesetzgeber gibt historische Tatsachen wieder und verbietet bei Strafe, nicht nur, sie zu leugnen, sondern auch, sie anders zu bewerten, nämlich zu verharmlosen. [...] Wer aber mit dem Strafrecht kommt, begeht einen gefährlichen Weg. Er gefährdet die geistige Freiheit.«

Gottfried Dietze, Menschenrechtler an der John Hopkins-Universität, meinte, daß sich der Paragraph 130 des Strafgesetzbuches gegen die »gehegte und gepflegte rechtliche Beschützung der Meinungsäußerung stellt und damit den Rahmen des allgemein Anerkannten mißachtet«. Der Professor warf auf diesen Gedanken hin die Frage auf, »ob er auch aus dem Rahmen des Grundgesetzes fällt und als verfassungswidrig erklärt werden muß. Die Schaffung des Grundgesetzes war eine begrüßenswerte Entscheidung gegen den nationalsozialistischen Machtstaat. Damalige Bemühungen, einen Rückfall in eine Diktatur zu verhindern, sind verständlich, auch wenn sie Grundrechte diesbezüglich beschränkten. Ob angesichts der Tatsache, daß die Gefahr eines solchen Rückfalls nicht besteht, fast ein halbes Jahrhundert danach eine Bestimmung wie die des Paragraphen 130 StGB gerechtfertigt ist, ist zweifelhaft, und ich möchte das verneinen«.[104] Mit Recht, zumal es eine Kollektivschuld nicht gibt.[105]

›Kollektivschuld‹ steht, wie der Professor für Psychologie Herbert Speidel erklärt, im Gegensatz zu den herrschenden Rechtsprinzipien. Jeder Bürger wisse, daß Schuld individuell nachgewiesen werden muß und, bis dies geschehen ist, die Unschuldsvermutung gilt. Der individuelle Schuldnachweis gelte als Ausweis zivilisierten Umgangs und kultureller Entwicklung.[106] Die Anerkennung einer Kollektivschuld war von den Siegermächten auch nicht offiziell gefordert worden. Dies bestätigen immer wieder Aussagen von Repräsentanten der Siegermächte. Kein Geringerer als Josef

STALIN lehnte eine kollektive Schuld der Deutschen kategorisch ab. Am 23. Februar 1942 stellte er fest: »Es wäre aber lächerlich, die HITLER-Clique mit dem deutschen Volk, mit dem deutschen Staat gleichzusetzen. Die Erfahrungen der Geschichte besagen, daß die HITLER kommen und gehen, aber das deutsche Volk, der deutsche Staat bleibt.«

Winston CHURCHILL, während des Krieges durchaus ein Anhänger der Kollektivschuldthese, lehnte sie ein Jahr nach der Kapitulation der Deutschen Wehrmacht ab. In seiner Rede im Unterhaus am 5. Juni 1946 zitierte er den liberalen Politiker Edmund BURKE (1729–1797): »Ich kann nicht ein ganzes Volk verurteilen.« US-Präsident Ronald REAGAN beispielsweise bekannte am 5. Mai 1985 während seines Deutschlandbesuchs auf dem deutschen Soldatenfriedhof in Bitburg: »Den Deutschen ist ein Schuldgefühl aufgezwungen und zu Unrecht auferlegt worden.« Die Kollektivschuldthese und der damit verbundene Vergangenheitsbewältigungskult wurden weder von den Siegern gefordert noch von ihnen ins Leben gerufen, sondern während der sechziger Jahre von größtenteils marxistischen Intellektuellen in Westdeutschland erfunden, in den siebziger Jahren ausgebaut und in den achtzigern als Räson statuiert. Namen wie Alexander und Margarete MITSCHERLICH, Karl JASPERS, Jürgen HABERMAS, Ralph GIORDANO, Richard VON WEIZSÄCKER, Roman HERZOG, Joschka FISCHER und Johannes RAU stehen hier Pate. Kollektivschuld als nationales Konzept, so führt Herbert SPEIDEL richtig aus, hat verheerende Wirkungen. Sie »verhindert innere nationale Unabhängigkeit, positives nationales Selbstbewußtsein, damit aber auch die Kreativität und deren Förderung. Sie beschädigt ein produktives Zusammengehörigkeitsgefühl und mit ihm Generativität, Erziehungs-, Bildungskompetenz und geistige Selbständigkeit. Sie fördert Unterwerfung und eine Satellitenmentalität«.[107]

Die Kritik der obengenannten Gelehrten und Intellektuellen an der ›Auschwitzgesetzgebung‹ ist gerechtfertigt. Der ›Wahrheitsparagraph‹, wie § 130 StGB im Volksmund auch genannt wird, bedeutet nichts weniger als die staatliche Beschneidung geistiger Auseinandersetzung und behindert damit die freie politische Willensbildung, was einem freiheitlichen Staat unwürdig ist, da er ihn *ad absurdum* stellt. Die in zunehmendem Maße verabschiedeten und angewandten Sondergesetze – aufgrund geäußerter Meinungsäußerungen zum Beispiel Autoren, Redakteure, Journalisten, Verleger oder Wissenschaftler einer strafrechtlichen Verfolgung auszusetzen –, sind als eindeutige Belege für die einseitige Beschneidung der Presse-, Meinungsäußerungs- und Wissenschaftsfreiheit in der Bundesrepublik Deutschland anzusehen. Hierzu einige Beispiele der Praxis aus jüngster Zeit:

Der vom Dienst suspendierte Gymnasiallehrer für Geschichte und Sozialkunde und ehemalige Fürther Stadtrat der CSU Hans-Jürgen WITZSCH mußte 2002 ins Gefängnis. WITZSCH lehnte Klassenfahrten zum ehemaligen Konzentrationslager (KL) Dachau ab, da alle, so weiß jedenfalls die Zeitschrift *raumzeit* WITZSCHS Meinung wiederzugeben, dort ausgestellten Fotos Montagen seien. Die Gaskammern in den Lagern seien, so beruft sich *raumzeit* auf WITZSCH, erst nachträglich von den Amerikanern eingebaut worden.[108] Das Bayerische Oberste Landesgericht wies die Revision des 62jährigen gegen ein Urteil des Landgerichts Nürnberg-Fürth vom Januar zurück. Darin war WITZSCH wegen verharmlosender Äußerungen (!) über Adolf HITLER und den Holocaust zu drei Monaten Haft ohne Bewährung verurteilt worden. Gegen dieses Urteil hatte sowohl die Staatsanwaltschaft, der dieser Spruch als zu milde erschien, als auch der Angeklagte selbst, der einen Freispruch erreichen wollte, Berufung eingelegt.

Anlaß des Strafprozesses war ein 1999 an den jüdischen Historiker Michael WOLFFSOHN gerichteter Brief des Lehrers gewesen. Unter anderem hatte er geschrieben, es gebe keine Belege für einen Befehl HITLERS zum Judenmord. Ein solcher Befehl sei »eine Erfindung der Nachkriegsgreuelpropaganda«. Auch die Zahl von sechs Millionen während des Dritten Reichs getöteten Juden sei eine »reine Propagandazahl«.[109] Angezeigt wurde WITZSCH nicht etwa von dem Adressaten seines Schreibens, der aufgrund seiner akademischen Ausbildung und seiner Berufserfahrung zu den Behauptungen sachlich hätte Stellung beziehen können, sondern von Arno HAMBURGER, dem Vorsitzenden der Israelitischen Kultusgemeinde (IKG) in Nürnberg, was die politische Komponente dieses Falles von Anfang an hervorhebt. Richter Klaus KRIEGEL hielt die Anzeige, obgleich HAMBURGER nicht Empfänger des Schreibens gewesen war, denn auch für rechtmäßig. Es gehe schließlich um Verunglimpfung des Andenkens Verstorbener – und HAMBURGER könne als Vorsitzender der IKG oder als Privatmann, der Angehörige in den Vernichtungslagern verloren habe, sehr wohl Strafantrag gegen WITZSCH stellen. Durch unwahre Tatsachenbehauptung (!) habe sich der Angeklagte gemäß §189 StGB schuldig gemacht. Das Gericht urteilte, daß die Behauptungen des Angeklagten »nicht nur monströs und absurd« seien, sondern auch das Schicksal der im Dritten Reich ermordeten Juden verhöhnten.[110]

Das in der Revision angerufene Bayerische Oberste Landesgericht wies den Einspruch gegen das Urteil mit nur einem Satz zurück. Es fand »keine Rechtsfehler zum Nachteil des Angeklagten«.

Rechtsanwalt Horst MAHLER stellte am 13. Januar 2003 generell fest, daß unter dem »Diktat der Offenkundigkeit« - gemeint ist der in der Bundesrepublik Deutschland geltende Grundsatz, daß die Existenz von Gaskammern zur Tötung von Menschen während des Zweiten Weltkriegs offenkundig ist und nicht näher bewiesen werden muß - »Deutsche, die die Existenz von Gaskammern im Konzentrationslager Dachau bestritten hatten, möglicherweise auch Deutsche, die solches bezüglich der Konzentrationslager Ravensbrück, Buchenwald, Mauthausen, Bergen-Belsen, Flossenbürg, Sachsenhausen und Theresienstadt getan hatten, zu schweren Freiheitsstrafen verurteilt worden [sind]. Sie alle waren unschuldig und sind das Opfer der Siegerjustiz geworden. Inzwischen gilt es als allgemeinkundig, daß im Reichsgebiet keine Gaskammern zur Menschenvernichtung vorhanden waren. Daß sich diese Erkenntnis durchgesetzt hat, ist den Männern zu danken - darunter vielen Ausländern -, die furchtlos ihr Leben der Erforschung der historischen Wahrheit gewidmet und den Siegern über Deutschland die Stirn geboten haben. Sie haben die Gefängnisse kennengelernt, leben heute im Exil. Einige von ihnen sind körperlich angegriffen und schwer verletzt worden; andere waren das Ziel von Mord- und Brandanschlägen«.[111]

Gymnasiallehrer WITZSCH hatte eben nicht, wie fälschlicherweise von der Tageszeitung *Fränkischer Tag* behauptet wurde, die Opfer der Konzentrationslager geleugnet,[112] sondern lediglich festgestellt, daß es keinen schriftlichen Befehl HITLERS gibt, der die Ermordung, geschweige denn Massenermordung von Juden anordnet. Und damit hat WITZSCH - dies sei an dieser Stelle ganz besonders hervorgehoben - natürlich recht; denn ein solcher Befehl konnte bis heute nicht vorgelegt werden. Der zwangspensionierte Akademiker ist nicht deshalb zu einer Freiheitsstrafe verurteilt worden, weil er vielleicht Mitglied einer ›rechtsextremen‹ Organisation ist oder die planmäßige Ermordung von jüdischen Menschen während des Dritten Reiches in Frage gestellt hätte. Zur Verurteilung reichte es bereits aus, daß WITZSCH an WOLFFSOHN geschrieben hatte, der Geschichtsschreibung sei es bislang nicht gelungen, einen HITLER-Befehl zur Judenvernichtung ausfindig zu machen. Sogar in der Berliner Republik angesehene Historiker wie Martin BROSZAT, Hans MOMMSEN und Karl SCHLEUNES kommen zu demselben Ergebnis. MOMMSEN beispielsweise schrieb in seiner Erwiderung an das in der Bundesrepublik Deutschland gepriesene Buch von Daniel Goldhagen *Hitlers willige Vollstrecker* am 20. Juli 1996 in der *Süddeutschen Zeitung*, daß es klar sei, »daß der Holocaust keine von langer Hand geplante Aktion darstellte, sondern daß sich die systematische Massenvernichtung als Ausweg aus einer Kette von spektakulären Fehlschlägen letzten Endes aufdrängte, obwohl selbst Himmler noch im Mai 1940 in seiner Denkschrift über die *Behandlung der Fremdvölkischen im Osten* ein solches Vorgehen förmlich ausgeschlossen hatte. Was Hitlers persönliche Vorstellungen angeht, sind wir auf Vermutungen angewiesen«.

Selbst in dem vom einschlägig bekannten sogenannten *Dokumentationsarchiv des Österreichischen Widerstandes* in Wien herausgegebenen antifaschistischen Buch *Wahrheit und Auschwitzlüge* heißt es: »Ein Befehl Adolf Hitlers zur Vernichtung der europäischen Juden wurde in schriftlicher Form höchstwahrscheinlich nicht gegeben und kann daher auch nicht gefunden werden.« Was die Verurteilung Witzschs nur noch fragwürdiger macht. »Mit dem Urteil wird«, so kommentiert die Monatszeitschrift *Nation & Europa* folgerichtig, »die ohnehin schon stark eingeschränkte Wissenschafts- und Meinungsfreiheit in puncto ›Holocaust‹ auf nahezu Null zurückgeschraubt.«[113]

Diese Schlußfolgerung wird auch durch ein weiteres Kuriosum bestätigt: Im Januar 2002 wurde der dreiundzwanzigjährige Enkel des Friedensfliegers Rudolf Hess, Wolf Andreas Hess, vor dem

Die Berliner Wannsee-Villa, in der am 20. Januar 1942 ein Treffen verschiedener Reichsministerien stattfand und die sogenannte Endlösung der Judenfrage organisiert worden sein soll. Zum Inhalt dieser Besprechung liegen unterschiedliche Aussagen und ein Protokoll in unterschiedlicher Ausfertigung vor.

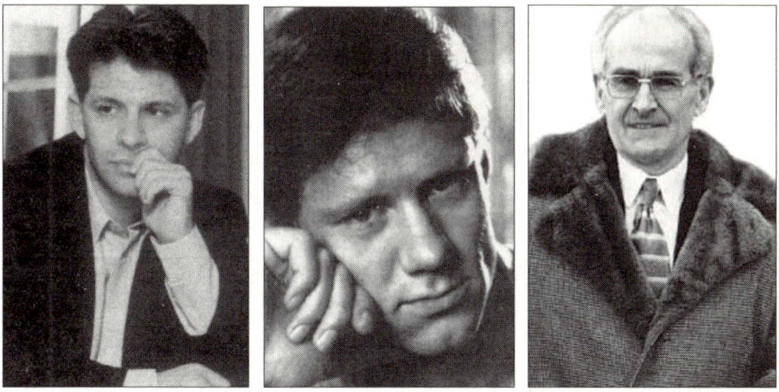

Von links. Daniel Jonah GOLDHAGEN (die Originalversion seines Buches ist übrigens an zahlreichen Stellen viel schärfer als die deutsche Übersetzung); Germar RUDOLF und Robert FAURISSON.

Amtsgericht München wegen »Volksverhetzung« verurteilt. Der Student HESS zitierte Aussagen seines inzwischen verstorbenen Vaters Wolf Rüdiger HESS im Internet, wonach es im Konzentrationslager Dachau keine Gaskammern gegeben habe. Die heutige Verwaltung im ehemaligen Konzentrationslager Dachau habe im Lager ein Schild aufgestellt, dem zufolge dort niemand vergast worden sei. Darüber hinaus habe die Stadt Dachau in Stellungnahmen immer wieder klargestellt: »Auf Ihre Anfrage teile ich Ihnen mit, daß Vergasungen im ehemaligen Konzentrationslager Dachau nicht stattgefunden haben, obwohl bei Kriegsende Vergasungsanlagen vorgefunden wurden.«[114] Diese Tatsachenaussage ist von vielen, kaum anzuzweifelnden Quellen immer wieder bestätigt worden. An der Tür zum als ›Gaskammer‹ erklärten Raum (›Brausebad‹) im ehemaligen Konzentrationslager Dachau ist seit vielen Jahren eine Hinweistafel angebracht, auf der die Besucher darauf aufmerksam gemacht werden, daß die zu besichtigende ›Gaskammer‹ nie in Betrieb gewesen ist. Am 1. Februar 1979 erklärte die KZ-Gedenkstätte Dachau in einem Schreiben an die Universität Toronto: »Im Krematorium des Lagers Dachau war eine Gaskammer eingebaut, die niemals benutzt wurde. Ferner fanden sich im Krematorium mehrere kleine Räume, die zur Desinfizierung von Kleidern dienten.«[115]

Wir wollen uns an dieser Stelle aus gutem Grund weder auf Zahlenspiele einlassen noch auf Wissenschaftler beziehen, die nach bundesdeutscher Rechtsprechung und den ›Erkenntnissen‹ des ›Verfassungsschutzes‹ sogenannte ›Revisionisten‹ oder ›Holocaust-Leugner‹ und damit ganz einfach ›Rechtsextremisten‹ sind, deren Forschungsergebnisse der gängigen Lehrmeinung widersprechen und schon deshalb nicht als opportun gelten – selbst wenn ihre Argumentation Hand und Fuß haben sollte. Wenn wir sie hier zitierten, würden wir uns höchstwahrscheinlich strafbar machen, denn in der Bundesrepublik Deutschland sind die meisten ihrer Bücher indiziert oder verboten – was durchaus ein Indikator für den Grad der hierzulande erreichten demokratischen Reife und der tatsächlich praktizierten Informations- und Forschungsfreiheit ist.

Man möge uns also den uns aufgenötigten Akt der Selbstzensur nachsehen, wenn wir hier nicht auf die Arbeit und die Veröffentlichungen von beispielsweise ERNST STÄGLICH, ARTHUR BUTZ, GERMAR RUDOLF alias Ernst Gauss, ROBERT FAURISSON, CARLO MATTOGNO, JÜRGEN GRAF oder FRIEDRICH TÖBEN stützen. Wir wollen aber nicht verhehlen, daß dieser Zustand der eingeschränkten Forschungs- und Meinungsäußerungsfreiheit, wie der ehemalige Wissenschaftliche Direktor des Militärgeschichtlichen Forschungsamtes der Bundeswehr JOACHIM HOFFMANN im Vorwort seines Grundsatzwerkes *Stalins Vernichtungskrieg 1941-1945* hervorgehoben hat, »fast entwürdigend« ist. Er ist es nicht nur ›fast‹. Für einen freien, selbständig denkenden und mündigen Menschen ist die Beschneidung der Informationsfreiheit völlig entwürdigend und unannehmbar.

Es gibt aber eine Reihe renommierter, will sagen selbst vom Meinungskartell (und Strafgesetzbuch) anerkannte Wissenschaftler, die zu sehr ähnlichen Forschungsergebnissen wie die Revisionisten kommen. Ernst NOLTE, Ferdinand Otto MISCHKE oder Norman FINKELSTEIN zum Beispiel zählen zu diesen Wissenschaftlern, die sich ihre Selbständigkeit nicht verbieten lassen und schon oftmals die Courage bewiesen haben, Behauptungen der gängigen Lehre zu widersprechen. Selbst Michael WOLFFSOHN kann teilweise zu diesem Personenkreis gezählt werden: Im Januar 1991 führte WOLFFSOHN mit dem damaligen Präsidenten des ›Zentralrats der Juden in Deutschland‹ Heinz GALINSKI eine öffentlich ausgetragene kontroverse Diskussion über die tatsächliche Zahl der in Auschwitz ermordeten Juden. GALINSKI beharrte auf den »vier Millionen«. WOLFFSOHN hingegen verwies »auf die in der Forschung unbestrittene – ebenfalls ungeheuerliche – Zahl von zirka 1,3 Millionen.«[116] Echte Forschung kann niemals statisch sein. Sie ist ständig in Bewegung. Neue Entdeckungen werden gemacht, neue Erkenntnisse werden hinzugewonnen, alte Ergebnisse werden dem neuen Kenntnisstand angepaßt und revidiert. Dies gilt für jedes Forschungsgebiet und hat gerade in der Geschichtsforschung und vor allem bei dem Thema Judenverfolgung während des Zweiten Weltkrieges seine Gültigkeit.

Der polnische Historiker Franciszek PIPER kam bei seiner Schätzung auf 1,11 Millionen. Der französische Berater des polnischen Auschwitz-Museums, Jean-Claude PRESSAC, hatte 1994 nach Öffnung der Moskauer Archive unter Berufung auf die dort aufbewahrten Sterbebücher die Gesamtzahl der Toten in Auschwitz zwischen 631 000 und 711 000 Personen angegeben. Im Fachorgan *Osteuropa. Zeitschrift für Gegenwartsfragen des Ostens* setzt der *Spiegel*-Redakteur Fritjof MEYER im Mai 2002 in seinem Aufsatz »Die Zahl der Opfer von Auschwitz. Neue Erkenntnisse durch neue Archivfunde« die im Konzentrationslager Auschwitz Verstorbenen/Ermordeten nochmals auf »mutmaßlich 510 000« herunter, von denen »etwa 356 000 im Gas« getötet worden seien. Auf der Forschungsarbeit des kanadischen Architekten Robert-Jan VAN PELT zurückgreifend, erklärt MEYER den sensationellen Durchbruch:

»Vier Millionen Opfer im nationalsozialistischen Arbeits- und Vernichtungslager Auschwitz-Birkenau zählte 1945 die sowjetische Untersuchungskommission, ein Produkt der Kriegspropaganda. Lagerkommandant HÖSS nannte unter Druck drei Millionen und widerrief. Wie viele Menschen wirklich diesem singulären Massenmord zum Opfer fielen, ließ sich bislang nur schätzen. Der erste Holocaust-Historiker Gerald REITLINGER vermutete eine Million, der letzte Forschungsstand bezifferte mehrere Hunderttausend weniger. Zwei neue Belege zur Kapazität der Krematorien bestätigen jetzt die vorhandenen Unterlagen über Einlieferungen ins Lager. Damit rückt die Dimension des Zivilisationsbruchs endlich in den Bereich des Vorstellbaren und wird so erst zum überzeugenden Menetekel für die Nachgeborenen.«[117]

Ob diese brisanten Erkenntnisse MEYERS Einzug auch in die Geschichtsbücher finden werden, bleibt allerdings fraglich. Ebenso, ob ihm nicht ein Ermittlungsverfahren wegen ›Volksverhetzung‹ oder ›Verunglimpfung von Verstorbenen‹ droht. Falls aber seine Erkenntnisse anerkannt werden, muß man im Museum von Auschwitz wohl oder übel wieder einmal neue Gedenkplatten anbringen. Bereits 1989 wurden die bis dahin aufgestellten Platten, auf denen 4 Millionen Todesopfer beklagt worden waren, entfernt und gegen neue ausgetauscht. Seitdem werden einegekennzeichnet bis eineinhalb Millionen Opfer betrauert – ganz zu schweigen von den dokumentierten Forschungsergebnissen des Internationalen Roten Kreuzes in der Schweiz, denen zufolge die Anzahl der Todesopfer rassischer und politischer Verfolgung in Konzentrationslagern und Gefängnissen mit 300 000 angegeben wird.[118] Keines dieser Ergebnisse seriöser Forschung fließt in die Berichterstattung der Massenmedien, geschweige denn in die Schul- und Lehrbücher ein – was die Glaubwürdigkeit der Vertreter der gängigen Lehrmeinung nicht gerade in ein helles Licht stellt. Freilich gibt es Ausnahmen – auch und gerade von unverdächtiger Seite: Der US-amerikanische Politologe Norman G. FINKELSTEIN, selbst Jude, stellt in seinem Grundsatzwerk *Die Holocaust-Industrie* – sogar in der mit vielen Kommentierungen aufgeblähten deutschen Ausgabe! – klar, was von strafverfolgten historischen Revisionisten längst behauptet wird: »Damit wird nicht nur die Zahl von ›6 Millionen‹ immer unhaltbarer, sondern die Zahlen der Holocaust-Industrie nähern sich rasch denen der Holocaust-Leugner.«[119]

Wir wollen zum Abschluß dieses Komplexes noch auf einen meist übergangenen Umstand hinweisen: Indem historisch revisionistische Wissenschaftler strafrechtlich verfolgt und zu Geld- und Haftstrafen verurteilt werden, haben die Justizbehörden erst auf den sogenannten Holocaust-Revisionismus und seine Vertreter aufmerksam gemacht. Ohne die Strafverfolgung vieler seriöser Holocaust-Forscher wäre ihrer Lehre niemals eine solche Aufmerksamkeit zuteil geworden, wie dies mittlerweile geschieht. Sie hatten ja gar nicht die publizistischen Mittel, geschweige denn die finanziellen Reserven, um mit ihren Thesen, Forschungsergebnissen und Erkenntnissen breitflächig an die Öffentlichkeit zu gelangen. Folglich ist es paradoxerweise gerade der Justiz in nicht geringem Maße zu verdanken, daß der Holocaust-Revisionismus bekannt und zwischenzeitlich sogar zum wissenschaftlichen Forschungsbestandteil in vielen Ländern der Erde geworden ist.

Kongresse historischer Revisionisten und selbst ihre Vorlesungen an Hochschulen sind in vielen Haupt- und Universitätsstädten der Welt (zum Beispiel in Pretoria, Teheran, Moskau oder Triest) nichts Außergewöhnliches mehr. Über sie berichten viele Medien mittlerweile auf eine Art und Weise, die ihr zukommt: sachlich. »Revisionisten aus der ganzen Welt trafen sich zu einem einzigartigen Forum in Moskau«, berichtete beispielsweise die *Prawda* am 1. Februar 2002 und schildert weiter: »Jürgen GRAF berichtete, daß die elektromagnetischen Bodendurchleuchtungen der ehemaligen Konzentrationslager Treblinka und Belzec die Behauptungen zum Einsturz gebracht hätten, dort befänden sich Massengräber: ›Die Untersuchungen haben bewiesen, daß der Boden dort unberührt ist.‹«[120]

Ganz anders freilich reagieren Organisationen, die offensichtlich ein gestörtes Verhältnis zur Meinungs-, Informations-, Forschungs- und Versammlungsfreiheit haben. Als beispielsweise für Mitte Dezember 2002 in Triest ein revisionistischer Kongreß angekündigt wurde, drängte das in New York ansässige Simon Wiesenthal-Center, das die Tagung vorweg als »internationales Neonazi-Haßfest« diffamierte, die italienischen Behörden »gegen solche verdächtige Personen vorzugehen, die in das Land einreisen und Gesetzesflüchtige sind. Sie sollten umgehend in die demokratischen Staaten deportiert werden, in denen sie wegen Strafverfahren gesucht werden«. Ferner seien »alle notwendigen Maßnahmen zu ergreifen, um die Veranstaltung zu verbieten, da sie, falls sie stattfände, die Kräfte des Terrorismus, Rassismus und Antisemitismus fördern und begünstigen werde.«

Selbst in der auf dem Fundament Anerkennung der Alleinkriegsschuld und des Völkermords aufgebauten Bundesrepublik Deutschland glaubt die Hälfte der Deutschen, Henryk M. Broder zufolge, jedenfalls nicht mehr an die offizielle Darstellung der Hofhistoriker. Gegenüber den *Potsdamer Neuesten Nachrichten* erklärte der prominente jüdische Publizist am 3. August 2001: »Die einen ›glauben‹ oder ›behaupten‹, es habe ihn [den Holocaust] gegeben, die anderen ›glauben‹ oder ›behaupten‹ das Gegenteil.« Sogar Bundeskanzler Gerhard Schröder bekannte 1999, daß ihn die ewigen Holocaustgedenkrituale nervten. *Die Welt* kommentierte diesbezüglich: »Und er [Schröder] weiß, daß es zum Sex-Appeal eines SPD-Kanzlers beiträgt, wenn der zu verstehen gibt, das ewige Gedenken gehe auch ihm ein bißchen auf den Keks.«[121] Plätzchen hin, Kräcker her, die entscheidende Frage ist, wie lange sich das sakrosankte Holocaustbusiness noch unreflektiert halten kann. Die Antwort hierauf setzt auch voraus, wann das Fundament, auf dem die Bundesrepublik Deutschland aufgebaut ist, brüchig wird.

Die Souveränitätsfrage

Thomas Dehler, Vizepräsident des Deutschen Bundestages, bekannte im Januar 1961: »Das Deutsche Reich geht unter, wenn sich die Meinung festnistet, die Bundesrepublik sei kein Provisorium, sie sei der einzige deutsche Staat, sie sei identisch mit dem Deutschen Reich. Gegen diesen Ungeist wende ich mich.«

Der spätere Bundeskanzler Kurt Georg Kiesinger, zu diesem Zeitpunkt noch Ministerpräsident von Baden-Württemberg, erklärte 1958 zum Status der Bundesrepublik Deutschland: »Wir sind doch faktisch ein Protektorat der USA.« Nicht gerade schmeichelhaft für die bundesrepublikanischen Apologeten, die sich schon damals der Illusion von Freiheit und Souveränität hingaben. Schnee von gestern? Mitnichten! Zbigniew BRZEZINSKI, von 1977 bis 1981 Sicherheitsberater des US-amerikanischen Präsidenten Jimmy CARTER und heute Professor für Amerikanische Außenpolitik an der John Hopkins-Universität in Washington, belegt 1997 in seinem Buch *Die einzige Weltmacht*, daß die Vereinigten Staaten von Amerika die größten Teile Europas – allen voran die Bundesrepublik Deutschland – als amerikanische Vasallen und tributpflichtige Staaten betrachten, »von denen einige allzu gern noch fester an Washington gebunden wären«.[122] Grund genug, auf den heutigen Status quo näher einzugehen.

Das Deutsche Reich (Deutschland) existiert fort. Es ist heute lediglich handlungsunfähig. Gemäß der Entscheidung des Bundesverfassungsgerichtes vom 31. Juli 1973 ist das Deutsche Reich 1945 nicht untergegangen und die Bundesrepublik Deutschland kein Rechtsnachfolger des Deutschen Reiches. In den Entscheidungsgründen des bis heute nicht aufgehobenen Urteils heißt es dort (2 BvF 1/73): »Das Grundgesetz – nicht nur eine These der Völkerrechtslehre und der Staatsrechtslehre! – geht davon aus, daß das Deutsche Reich den Zusammenbruch 1945 überdauert hat und weder mit der Kapitulation noch durch Ausübung fremder Staatsgewalt in Deutschland durch die alliierten Okkupationsmächte noch später untergegangen ist [...] Das Deutsche Reich existiert fort, besitzt nach wie vor Rechtsfähigkeit, ist allerdings als Gesamtstaat mangels Organisation, insbesondere mangels institutionalisierter Organe selbst nicht handlungsfähig [...] Mit der Errichtung der Bundesrepublik Deutschland wurde nicht ein neuer westdeutscher Staat gegründet, sondern ein Teil Deutschlands neu organisiert. Die Bundesrepublik Deutschland ist also nicht ›Rechtsnachfolger‹ des Deutschen Reiches [...] Sie beschränkt staatsrechtlich ihre Hoheitsgewalt auf den ›Geltungsbereich des GG‹.«

Dieses Urteil gilt unzweifelhaft für die Berliner Republik, das heißt auch nach der Vereinigung von Mittel- und Westdeutschland, weil der »Geltungsbereich des GG« eben nicht das Deutsche Reich (Deutschland) umfaßt.[123] Kann die Bundesrepublik Deutschland also überhaupt sein? Seitens staatlicher Stellen wird dies als selbstverständlich abgehakt. 1990 ist bekanntlich die Deutsche Demokratische Republik dem Gebiet der Bundesrepublik Deutschland beigetreten. Der Beitritt erfolgte aufgrund eines Vertragskomplexes, dem zufolge nach offizieller Darstellung die Nachkriegsära abgeschlossen und Deutschland wieder volle Souveränität erhalten habe. Ein klassischer Friedensvertrag sei dadurch überflüssig geworden und die Notwendigkeit des Abschlusses eines solchen durch die politischen Ereignisse überholt. So heißt es jedenfalls in amtlichen Erklärungen. Ganz abgesehen davon, daß die um das Gebiet der DDR vergrößerte Bundesrepublik Deutschland eben nicht Deutschland ist, lassen sich bei näherer Prüfung auch die Behauptungen über die Wiedergewinnung der Souveränität nicht aufrechterhalten.

Gemeinhin wird der sogenannte ›Zwei-Plus-Vier-Vertrag‹ als der alles regelnde Basisvertrag zwischen den vier Siegermächten des Zweiten Weltkrieges und den Teilstaatprovisorien Bundesrepublik Deutschland und Deutsche Demokratische Republik angesehen. Durch diesen Vertrag soll Deutschland gemäß Artikel 7 (2) seine volle Souveränität wiedergewonnen haben: »Das vereinte Deutschland hat demgemäß seine volle Souveränität über seine inneren und äußeren Angelegenheiten.« In der Tat bedeutet dieser Wortlaut für den normalverständigen Bürger, daß keinerlei Regelungen aus früherem Besatzungsrecht mehr fortgelten können. Dem geschichtskundigeren Zeitgenossen fällt hier vor allem der sogenannte ›Überleitungsvertrag‹, der mit offiziellem Namen ›Vertrag zur Regelung aus Krieg und Besatzung entstandener Fragen‹ aus dem Jahre 1954 ein. Er stellte den Grundstock für das fortgeltende Besatzungsrecht in der Bundesrepublik Deutschland dar. Er umfaßte ursprünglich 12 Teile, von denen in der Fassung vom 23. Oktober 1954 die Teile II, VIII und XI als bereits gestrichen ausgewiesen waren und zu jenem Zeitpunkt folglich noch 9 Teile mit insgesamt 83 Artikeln und 224 Abschnitten fortgeltender Bestimmungen der Alliierten enthielt. Solange dieser Vertrag in seiner ganzen Breite galt, also bis September 1990, konnte trotz gegenteiliger Behauptungen seitens der Repräsentanten des bundesdeutschen Systems überhaupt nicht von einer Souveränität der Bundesrepublik Deutschland gesprochen werden. Die Politiker, Lehrer, Dozenten und Medien, die über Jahrzehnte den Staatsbürgern und Wählern der Bundesrepublik Deutschland eine solche Souveränität suggerierten, handelten wider besseres Wissen oder ohne Kenntnis dieses Vertrages.

Zur Gewährung einer vollen Souveränität für die Bundesrepublik Deutschland wäre 1990 der »Überleitungsvertrag« mit seinen alliierten Vorschriften aufzuheben gewesen. Dies ist jedoch mitnichten geschehen. Die *Vereinbarung vom 27./28. September 1990 zu dem Vertrag über die Beziehung der Bundesrepublik Deutschland und den Drei Mächten (in der geänderten Fassung) sowie zu dem Vertrag zur Regelung aus Krieg und Besatzung entstandener Fragen (in der geänderten Fassung),* kurz genannt »Zwei-plus-Vier-Vertrag«, hebt den Überleitungsvertrag nicht in vollem Umfang auf. Zwar wird in Punkt 1 in der Tat bestimmt, daß die alliierten Bestimmungen suspendiert werden und nun außer Kraft treten - allerdings mit Ausnahme der Festlegungen des Punktes 3. Unter diesem Punkt ist das Erstaunliche zu lesen, daß »[f]olgende Bestimmungen des Überleitungsvertrages [...] jedoch in Kraft« bleiben:

> »Erster Teil: Artikel 1, Absatz 1, Satz 1 bis ›. . . Rechtsvorschriften aufzuheben oder zu ändern‹ sowie Absätze 3, 4 und 5, Artikel 2, Absatz 1, Artikel 3, Absätze 2 und 3, Artikel 5, Absätze 1 und 3, Artikel 7, Absatz 1, Artikel 8
> Dritter Teil: Artikel 3, Absatz 5, Buchstabe a des Anhangs, Artikel 6, Absatz 3 des Anhangs
> Sechster Teil: Artikel 3, Absätze 1 und 3
> Siebenter Teil: Artikel 1 und Artikel 2
> Neunter Teil: Artikel 1
> Zehnter Teil: Artikel 4«

Doch damit der empfindlichen Einschränkung nicht genug. Zusätzlich zu dieser detaillierten Festschreibung wurde in der *Vereinbarung vom 27./28. September 1990* in Ziffer 4c festgelegt, daß die in Ziffer 1 dieser Vereinbarung zugestandene Suspendierung der übrigen Teile des Überleitungsvertrages deutscherseits die weitere Erfüllung bestimmter Festlegungen »nicht beeinträchtigt« (sic!). Mit welchem Recht spricht man von einer »Suspendierung« des Überleitungsvertrages von 1954, wenn in der *Vereinbarung vom 27./28. September 1990* jedoch festgelegt wird, daß er in seinen grundsätzlichen Bestimmungen fortgilt? Und inwiefern ist die Auffassung des Auswärtigen Amtes nachvollziehbar, daß die Bundesregierung »an diese völkerrechtlichen Absprachen gebunden«, eine »Einschränkung der heutigen, vollen Souveränität der Bundesrepublik Deutschland«[124] dadurch aber nicht erfolgt sei?

Hans-Peter Thietz, ehemaliger Abgeordneter der letzten frei gewählten Volkskammer der DDR und Abgeordneter des Europaparlaments, hat sich in seinem lesenswerten Aufsatz »Souveräner Staat oder noch immer unter Besatzungsrecht?« mit dieser Frage auseinandergesetzt.[125] Zur Verdeutlichung der überaus großen Bedeutung der oben genannten Vereinbarungen wollen wir die Bestimmungen, die in Kraft blieben, nun hervorheben. Der Erste

Teil des Artikel 2, Absatz 1. des Überleitungsvertrages von 1954 lautet: »Alle Rechte und Verpflichtungen, die durch gesetzgeberische, gerichtliche oder Verwaltungsmaßnahmen der alliierten Behörden oder aufgrund solcher Maßnahmen begründet oder festgestellt worden sind, sind und bleiben in jeder Hinsicht nach deutschem Recht in Kraft, ohne Rücksicht darauf, ob sie in Übereinstimmung mit anderen Rechtsvorschriften begründet oder festgestellt worden sind. Diese Rechte und Verpflichtungen unterliegen ohne Diskriminierung denselben künftigen gesetzgeberischen, gerichtlichen und Verwaltungsmaßnahmen wie gleichartige, nach innerstaatlichem deutschen Recht begründete oder festgestellte Rechte und Verpflichtungen.«

Mit dieser Festlegung gelten ganz offenbar grundsätzliche Bestimmungen des Besatzungsrechts auch weiterhin. Denn im Klartext bedeutet besagter Artikel doch, daß bestimmte, bisher im Rahmen des früheren Besatzungsrechts seitens der Alliierten festgelegte Entscheidungen für Deutschland fortgelten, ohne Rücksicht darauf, ob sie mit dem deutschen Rechtssystem vereinbar sind oder nicht. Und das bedeutet, daß sich die deutsche Politik für alle Zukunft daran auszurichten und zu halten hat. Die ausdrückliche Festschreibung der Fortgeltung des hier zitierten und der anderen genannten Artikel des Überleitungsvertrages belegt, daß (die Bundesrepublik) Deutschland offenkundig weiterhin den zeitlich unbegrenzt ergangenen Bestimmungen des früheren Besatzungsrechts unterworfen ist.

Diese ernüchternde Erkenntnis wird auch durch ein weiteres Faktum belegt. Artikel 1 des fortgeltenden Neunten Teils lautet: »Vorbehaltlich der Bestimmungen einer Friedensregelung mit Deutschland dürfen deutsche Staatsangehörige, die der Herrschaftsgewalt der Bundesrepublik unterliegen, gegen die Staaten, welche die Erklärung der Vereinten Nationen vom 1. Januar 1942 unterzeichnet haben oder ihr beigetreten sind oder mit Deutschland im Kriegszustand waren oder in Artikel 5 des Fünften Teils dieses Vertrages genannt sind, sowie gegen deren Staatsangehörige keine Ansprüche irgendwelcher Art erheben wegen Maßnahmen, welche von den Regierungen dieser Staaten oder mit ihrer Ermächtigung in der Zeit zwischen dem 1. September 1939 und dem 5. Juni 1945 wegen des in Europa bestehenden Kriegszustandes getroffen worden sind; auch darf niemand derartige Ansprüche vor einem Gericht in der Bundesrepublik geltend machen.«

Im Sechsten Teil, Artikel 3, Absätze 1 und 3 des Überleitungsvertrages heißt es ferner: »(1) Die Bundesrepublik wird in Zukunft

Eines der zahlreichen Kriegsverbrechen an der deutschen Zivilbevölkerung im Zweiten Weltkrieg. Es ist Jörg FRIEDRICHS *Verdienst* (Der Brand), *den Bombenterror in seiner ganzen Grausamkeit geschildert zu haben.*

keine Einwendungen gegen die Maßnahmen erheben, die gegen das deutsche Auslands- oder sonstige Vermögen durchgeführt worden sind oder werden sollen, das beschlagnahmt worden ist für Zwecke der Reparation oder Restitution oder auf Grund des Kriegszustandes oder auf Grund von Abkommen, die die Drei Mächte mit anderen alliierten Staaten, neutralen Staaten oder ehemaligen Bundesgenossen Deutschlands geschlossen haben oder schließen werden. [...] (3) Ansprüche und Klagen gegen Personen, die aufgrund der in Absatz (1) und (2) dieses Artikels bezeichneten Maßnahmen Eigentum erworben oder übertragen haben, sowie Ansprüche und Klagen gegen internationale Organisationen, ausländische Regierungen oder Personen, die auf Anweisung dieser Organisationen oder Regierungen gehandelt haben, werden nicht zugelassen.«

Diese gesetzlichen Festlegungen bedeuten, daß sich die ehemaligen Siegermächte hiermit außerhalb jeder Rechtsverfolgung stellen. Sie können/dürfen also niemals für eigene terrorartige Kriegshandlungen angeklagt werden, obgleich sie bei den Nürnberger Prozessen Deutsche für tatsächlich oder vermeintlich ähnlich gelagerte Verbrechen sehr wohl zur Rechenschaft gezogen haben und sogar bis heute strafverfolgen. Die Infernos der Flächenbombardierungen deutscher Städte wie Dresden, Köln oder Hamburg mit Hunderttausenden von Opfern an unschuldigen Flüchtlingen, Frauen und Kindern unmittelbar vor Kriegsende oder die Völkerrechtsverletzungen gegenüber Millionen deutscher Soldaten und Vertriebenen nach Kriegsende können nach dem heutigen Status quo folglich gar nicht strafrechtlich verfolgt werden. Da haben auch die Verbündeten der Alliierten, vor allem Tschechen, Polen und Slowenen, allen Grund zur Freude: Ihrem EU-Beitritt steht nichts im Wege, jedenfalls keine internationale Strafgesetzgebung. Und ein Veto zum beabsichtigten EU-Beitritt Polens, der Tschechei und Sloweniens wird es seitens Berlins nicht geben. Kann es ja gar nicht geben.

Tatsächlich bedeutet die Formulierung am Ende des Artikels 3, Absatz 1 ». . . geschlossen haben oder schließen werden« nichts anderes, als daß die Siegermächte auch heute noch und für die Zukunft zeitlich unbegrenzt deutsche Auslands- oder sonstige Vermögen zum Zwecke von Reparationen, Restitutionen oder aus anderen Kriegsgründen beschlagnahmen und sich aneignen dürfen und sogar das Recht haben, hierzu auch in Zukunft noch spezielle Abkommen zu treffen. Die Deutschen haben hiergegen keine Möglichkeit, Einwände vorzubringen. Sie haben sich mit diesem Zustand abzufinden. In Artikel 1, Satz 1 wird ausdrücklich festgeschrieben: »Die Bundesrepublik wird keine Einwendungen erheben. . .«

Praktisch leben wir Deutschen heute, fast 60 Jahre nach Eintritt des Waffenstillstandes, also noch immer unter vielen fortgeltenden Bestimmungen des früheren Besatzungsrechts der alliierten Siegermächte. Hierdurch ist zwangsläufig die bundesdeutsche Politik mehr oder weniger fremdgeprägt, wie wir im folgenden Kapitel mit Bezug auf die Vereinigten Staaten von Amerika und Israel darlegen wollen. Zu guter Letzt belegt aber auch die bis heute unangetastete Gültigkeit der UNO-Feindstaatenklauseln, daß Deutschland entgegen den offiziellen politischen Verlautbarungen auf den Abschluß eines Friedensvertrages keinesfalls verzichten kann, da sonst der gegenwärtige Zustand beibehalten werden würde: Die nach wie vor gültigen Feindstaatenklauseln der UNO-Charta (Artikel 53 und 107) erlauben es den Siegern des Zweiten Weltkrieges bis heute, auch ohne Ermächtigung des Sicherheitsrates ›Zwangsmaßnahmen‹ gegen die Feindstaaten Deutschland und Japan zu ergreifen. Das heißt: (Die Bundesrepublik) Deutschland gilt völkerrechtlich nach UNO-Satzung nach wie vor als ›Feindstaat‹.

Ende September 2002 stellte der bekannte US-amerikanische liberale Journalist Richard REEVES die für einfältige Zeitgenossen schockierend anmutende Frage: »*Is it time to invade... Germany?*« Eine Frage, die REEVES sowohl sarkastisch als auch sehr ernst verstanden wissen wollte. Ausgehend von der Annahme, daß die Vereinigten Staaten von Amerika angeblich die geheiligte Pflicht hätten, diejenigen Staaten zur Räson zu bringen bzw. Staatsmänner zu eliminieren, die die USA nicht mögen oder aber, die nicht das tun, was ihnen gesagt werde, machte REEVES sich Gedanken über Deutschland, das sich nicht für einen Krieg gegen den Irak begeistern lasse, mit anderen Worten also nicht das tue, was man in den USA von ihm erwarte. Einen Regimewechsel im Irak zu bewerkstelligen, sei ein leichtes Unterfangen, schwieriger sei es, ein solches Unternehmen auch in Deutschland durchzuführen. »In Deutschland müssen wir möglicherweise Zigmillionen Wähler loswerden, die sich über unsere Warnungen hinwegsetzten und Kanzler Gerhard SCHRÖDER und seine Sozialdemokraten wiederwählten. SCHRÖDER und seinesgleichen kehrten an die Macht in Berlin zurück, nachdem (oder weil) er gesagt hatte, die Vereinigten Staaten von Amerika müßten verrückt sein, den Irak angreifen zu wollen – und gute Deutsche sollten damit nichts zu tun haben.«[126]

Übrigens liegen bereits seit Ende der neunziger Jahre US-amerikanische Pläne vor, in befreundeten Staaten wie Frankreich, den Benelux-Staaten und der Bundesrepublik Deutschland militärisch zu intervenieren, falls es die ›innenpolitische Lage‹ dieser Staaten erfordere. Mit dieser ›Lage‹ gemeint sind beispielsweise Wahlerfolge der französischen Partei Front National oder Akte der ›Gewalt gegen Ausländer‹ in Flandern oder Brandenburg.

5.

Das außergewöhnliche Verhältnis zu den USA und Israel

Angesichts der bisher geschilderten Verhältnisse denken wir, behaupten zu dürfen, daß es in der Bundesrepublik Deutschland unter den gegebenen Umständen nicht möglich ist, auf ein ausgeglichenes Verhältnis zwischen Juden und Deutschen zu hoffen. Diese traurige Annahme wird nicht zuletzt von Juden immer wieder bestätigt. Kein Geringerer als der stellvertretende Präsident des Zentralrats der Juden in Deutschland, Michel FRIEDMAN, nimmt jedem Optimisten, der gegenteiliger Hoffnung ist, jegliche Illusion: »Versöhnung ist ein absolut sinnloser Begriff. Versöhnung wäre allenfalls denkbar gewesen, wenn es Auschwitz nicht gegeben hätte. Und sie hätte nur von den Juden ausgehen können. Aber jetzt, nach dem Holocaust, klingt dieses Wort in den Ohren der verängstigten und verunsicherten jüdischen Bürger entsetzlich. Die Erben des judenmordenden Staates bieten den Opfern und Nachkommen der Opfer Versöhnung an und sind erbittert, wenn dieses Wort zurückgewiesen wird. Es kommt ihnen in Wirklichkeit gar nichts anderes zu, als die schwere historische Verantwortung auf sich zu nehmen, generationenlang, für immer.«[127]

Diese fragwürdige Prophezeiung FRIEDMANS ist keineswegs ein Ausnahmebeispiel individuell propagierter Germanophobie. Ein ausgeprägter Deutschenhaß unter einflußreichen Juden oder unter jüdischen Intellektuellen ist nicht ungewöhnlich. Immer wieder bekennen sich prominente Juden zu diesem Haß oder rufen gar zu diesem Haß auf. Der zionistische Literat und Nobelpreisträger Elie WIESEL beispielsweise proklamiert in seinem Buch *Legends of Our Time*: »Jeder Jude sollte irgendwo in seinem Herzen eine Zone des Hasses - gesunden, männlichen Hasses - für das reservieren, was der Deutsche verkörpert und was im Deutschen fortbesteht.«[128] Angesichts solcher rassistischen Haßtiraden, denen deutscherseits nicht begegnet wird, überrascht es nicht, daß die Bundesrepublik Deutschland gegenüber den Vereinigten Staaten von Amerika und vor allem gegenüber Israel weder selbstbewußt noch souverän auftritt. Die Bundesrepublik Deutschland wird von diesen beiden Staaten nicht als gleichwertiger Partner angesehen. Gleichzeitig ist es hierzulande aber auch nicht möglich, eine unvoreingenommene, geschweige denn kontroverse Meinung gegenüber Juden und Israel sowie den Vereinigten Staaten von Amerika einzunehmen. Um diese zugegebenermaßen ungeheure Behauptung zu überprüfen, erscheint es ratsam, gerade die Beziehung zu diesen beiden Staaten anhand einiger Beispiele aus der jüngeren Zeit näher zu beleuchten und das gestörte Verhältnis zueinander darzulegen.

Uneingeschränkte Solidarität

Wenden wir uns zunächst den Vereinigten Staaten von Amerika zu, deren Regierung die Welt in gute und böse Länder eingeteilt hat. Eines der wichtigsten Kriterien für diese folgenreiche Kategorisierung ist die Haltung des jeweiligen Landes zu Israel und zu ›islamischen Terroristen‹. Der ›elfte September‹ sei das »größte Medienereignis der Weltgeschichte« gewesen, behauptete die Verwaltung der Stuyvesant High School in New York. Die meisten westlichen Medien haben diese Meldung unkritisch aufgegriffen und wiederholen sie seitdem – allen voran in der Bundesrepublik Deutschland. Bereits am 12. September verkündete Gerhard SCHRÖDER in seiner Regierungserklärung, daß die »Terrorakte« eine »Kriegserklärung an die freie Welt«, ja »an die zivilisierte Völkergemeinschaft«, und deshalb die Anschläge »gegen uns alle gerichtet« seien. Der Kanzler solidarisierte sich mit den Amerikanern,

Bundeskanzler SCHRÖDER im September 2001 bei seinem Solidaritätsbesuch im Weißen Haus. Sein französischer Amtskollege JOSPIN hatte zur gleichen Zeit geäußert: »Wenn die Situation dazu führt, daß wir gegen unseren Willen von einem Räderwerk erfaßt werden, mache ich nicht mit.« Foto: DPA

sagte den USA gleich die »uneingeschränkte Solidarität« der Bundesrepublik Deutschland zu. Gleichsam einen Blankoscheck unterschreibend, erklärte er, daß die Vereinigten Staaten von »Deutschland jede gewünschte Hilfe« erhielten.

Diese erhielten sie auch von der bundesdeutschen Presse, deren Herausgeber und Redakteure offensichtlich amerikanischer als die Amerikaner selbst sein wollten. Die *Bild-Zeitung* vom 13. September beispielsweise erschien in ihrem Konterfei mit dem Logo der *Stars and Stripes*, der US-Flagge. Die *Berliner Morgenpost* präsentierte tags drauf auf der Titelseite einen Coupon zum Ausschneiden: »*America, we stand by you*«. Der damalige SPD-Fraktionschef und heutige Verteidigungsminister Peter STRUCK rief während seiner Erklärung vor dem Trauer tragenden Bundestag gar aus: »Heute sind wir alle Amerikaner.« Ein Ausruf, den die Boulevardpresse sich umgehend zu eigen machte. »Jetzt sind wir alle Amerikaner, weil. . .«, kokettierte *Bild* am nächsten Tag und ließ zur Untermauerung dieser abstrusen These mehr oder weniger bedeutende Prominente und einfache Bundesbürger zu Wort kommen.

Der Popsänger Thomas ANDERS beispielsweise meinte, heute deshalb Amerikaner zu sein, weil »ich die Weltstadt New York als Symbol der Freiheit, der Völkerverständigung und der Demokratie empfinde«, und Moderator Dieter Thomas HECK gestand, weil »ich ein unglaubliches Freiheitsgefühl mit meinem Lieblingslied ›New York, New York‹ verbinde«. Der Angestellte Helmut BRAUN meinte, weil »ich als kleiner Junge von den Amis meine erste eigene Tafel Schokolade bekommen habe«. Diesem gewichtigen Argument kann Kaufmann Manfred ULMANN nur zustimmen und erklärt, heute Amerikaner zu sein, weil »mich die GIs damals als Kind mit Süßigkeiten verwöhnt haben«. Wer glaubt, eine derartige Niveaulosigkeit sei nicht mehr zu unterbieten, täuscht sich. *Bild* führte gleich 100 Gründe auf, die dafür sprächen, die USA zu lieben; darunter, »weil ihr uns Mickymaus, den Playboy und McDonald's gegeben habt«, »weil Bill CLINTON Sex im Oval Office hatte«, »weil ihr für die Frauen die Pille entwickelt habt«, »weil ihr bei der Nationalhymne die rechte Hand auf euer Herz legt« und »weil die Eiswürfelmaschine cool ist«.[129]

Warum sollten die verheerenden Anschläge eigentlich das größte Medienereignis der Weltgeschichte gewesen sein? Weil der Tod ausnahmsweise mal in die USA gekommen ist, und nicht nach Dresden, Hiroshima, Korea, Vietnam, Ruanda, Bagdad, Banja Luka, Afghanistan, Simbabwe oder Tschetschenien? Entgegen vielfacher Bekundungen[130] sind am 11. September 2001 weder Europa noch Deutschland ›angegriffen‹ worden. Es ist schlicht Unsinn zu behaupten, ›wir‹, also ›die Deutschen‹ oder die ›demokratischen Staaten‹ der Erde, seien »selbst angegriffen worden und nicht nur Amerika«. Ein folgenschwerer Fehler ist es, aus den Anschlägen gar glauben, ableiten zu müssen, ›wir müßten uns auch selbst militärisch mitengagieren‹ und die Bundeswehr in ›Krisengebiete‹ entsenden. Der Besuch des Todes in New York und Washington ist, wer immer auch tatsächlich dahinter stecken mag – die Urheber und Täter sind bislang noch nicht ermittelt worden! –, zum Vorwand für Alleingänge und Selbstherrlichkeit geworden. Der ›elfte September‹ bleibt ein ungeheures Mysterium[131] und durch die jüngst vorgetragenen, gut belegten Argumente für die Annahme, daß *kein* Flugzeug auf das Pentagon abgestürzt ist,[132] werden die Widersprüche, Ungereimtheiten und Fragwürdigkeiten um den Anschlag in New York nicht gerade lichter.

Nichtsdestotrotz wird die ›westliche Zivilisation‹ seit dem Anschlag auf Krieg eingestimmt. Es gilt, ›das Böse‹ zu bekämpfen; und das ›Böse‹ ist, was George W. Bush und seine Büttel – nicht das US-amerikanische Volk in seiner Masse! – als solches bestimmen. Um die Scheußlichkeit der ›Schurkenstaaten‹ noch zu erhöhen, bietet sich immer ein Vergleich mit ›den Nazis‹ an. Der Präsident der USA meinte im Mai 2002 bei seinem Besuch in Frankreich passenderweise, daß »noch immer« gegen jene gekämpft werden müsse, »die die Zivilisation haßten«. Ausgerechnet in der Kirche von Sainte-Mère-Eglise, dem ersten Ort der alliierten Invasion von 1944, gelobte Zivilisationsvertreter Bush, keine Opfer zu scheuen, um die Freiheit gegen den »internationalen Terrorismus« zu verteidigen. »Wir verteidigen unsere Freiheiten gegen Menschen, die die Freiheit verachten. Diese Verteidigung wird Opfer wie die unserer Väter erfordern, aber ich kann versprechen, daß wir sie bringen werden.« Und an den französischen Staatspräsidenten Jacques Chirac gewandt, meinte der US-Amerikaner gar: »Unsere beiden Länder kämpfen heute gemeinsam gegen die Barbarei.«[133] Die gleichgeschaltete Presse klatschte zu diesen Äußerungen artig Beifall.

George W. Bush, der – zur Ehre der Südstaaten möchte man fast sagen – kein echter Texaner, sondern ein ›eingewanderter‹ Yankee ist, sieht sich als Visionär, als Erfüller einer Mission, die in vielen Hollywoodschinken à la *Independence Day* oder *Armageddon* behandelt worden ist: Die USA als Retter der Menschheit, als Bewahrer der Zivilisation – jedenfalls, was man dort unter ›Zivilisation‹ versteht. Die USA, ›das Gute‹ verkörpernd, seien dazu er-

Zwei brisante Buchveröffentlichungen, die die Anschläge vom 11. September in New York und Washington als »inszenierten Terrorismus« enttarnen: Thierry MEYSSAN, Pentagate, *Kassel 2003, und Gerhoch* REISEGGER, Wir werden schamlos irregeführt, *Tübingen 2003.*

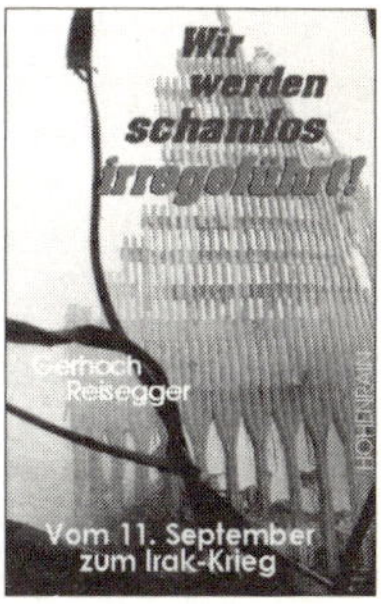

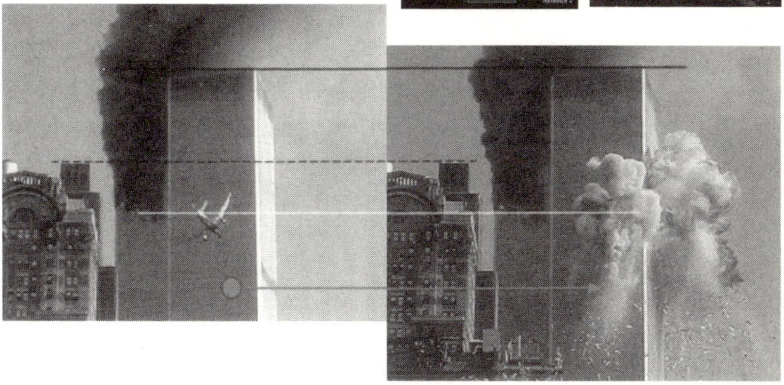

Das Flugzeug befindet sich im Anflug bereits unterhalb der nachfolgenden Explosion im WTC 2; sie kann daher nicht von der angeblichen Kollision der Boeing mit dem WTC 2 herrühren. Die Hilfslinien zeigen die Verhältnisse exakt an. REISEGGERS *These: Das Flugzeug wurde in das Video-Bild hineinkopiert.*

Laut US-Verteidigungsministerium zeigt dieses Foto »die Austrittsöffnung, die die Stelle markiert, wo der American Airlines-Flug 077 seinen Einschlag ins Pentagon beendet« habe, und zwar nachdem er drei Gebäude durchdrungen habe. Dieses Loch mit einem Durchmesser von ca. 2,3 m habe die »Nase der Maschine« gerissen. . . Man beachte, daß die betroffene Boeing-Maschine eine Flügelspannweite von 38 m besaß! Auf der Grundlage einer Expertise des Explosivstoffspezialisten BUNEL *behauptet* MEYSSAN *entschieden: Es war in der Tat eine Luft-Boden-Rakete, die die Explosion im Pentagon verursachte, wie es selbst* RUMSFELD *in einer Stellungnahme erwog.*

koren, gegen ›das Böse‹ anzutreten, es zu besiegen und auszumerzen – wie im Kino, nur, daß dort die Kollateralschäden gestellt sind.

Die meisten bundesdeutschen Medien haben die Vorreiterrolle der Vereinigten Staaten fast automatisch akzeptiert. Peter SCHOLL-LATOUR, wohl der berufserfahrenste und kenntnisreichste Journalist Deutschlands, beurteilt Mister BUSH allerdings wesentlich zurückhaltender als die meisten seiner Berufskollegen: »Ich fürchte, das ist der dümmste Mensch, der je an der Spitze Amerikas gestanden hat.«[134]

Überhaupt ist die Kritikfähigkeit im deutschen Volk zu den aktuellen Geschehnissen noch nicht ganz ausradiert. Wie in einem Leserbrief in *Focus* vom 6. Mai 2002 durchaus richtig erkannt worden ist, bedeutet unkritische Solidarität mit den Vereinigten Staaten von Amerika unweigerlich, selbst auf die Abschußliste gesetzt zu werden: »Die zivilen Opfer des Anschlags von Djerba sind nur die erste Rate des Preises, den die Deutschen für die Solidarität mit den USA zahlen müssen. Terrorbekämpfung im eigenen Land ist gut und richtig, ebenso polizeiliche Unterstützung durch Informationsweitergabe. Die Beteiligung an internationalen, offensiven Kriseninterventionseinsätzen, die totale Unterstützung der USA aber rückt uns nur auf der Liste der Feindbilder der islamischen Welt auf einen der ersten Plätze.«

Anfang März 2002 lösten Meldungen über US-amerikanische Pläne, Atomwaffen einzusetzen, weltweit Empörung und Sorge aus. In Washington war ein Geheimpapier aus dem Pentagon bekannt geworden, in dem betont wird, daß künftig der Einsatz von Atomwaffen gegen aggressive Staaten für nötig erachtet werden könnte. Als mögliche Aggressoren wurden namentlich der Iran, der Irak und Nordkorea genannt, außerdem Syrien, Libyen und China. Die Beziehungen zu Rußland hätten sich zwar wesentlich gebessert, doch müsse das russische Arsenal an Atomwaffen als Bedrohung betrachtet werden, hieß es. Zudem müßten neue, kleinere Atomwaffen entwickelt werden, um beispielsweise unterirdische Einrichtungen zerstören zu können. Dabei stellen die anvisierten und oftmals als ›Schurkenstaaten‹ deklassifizierten Staaten natürlich nicht ernsthaft eine Gefahr für die USA oder ihre Verbündeten dar. Ganz richtig warf Irans ehemaliger Präsident Ali Akbar Haschemi RAFSANDSCHANI den USA vor, sie versuchten, andere Länder einzuschüchtern und so zum Gehorsam zu zwingen. Das syrische Außenministerium kündigte eine Beschwerde im UN-Sicherheitsrat an, sollte sich die Nennung Syriens als potentiellen

Ziellands als richtig herausstellen. Beeindruckt waren die Vereinigten Staaten hiervon etwa in gleicher Weise, wie sich Israel um UN-Resolutionen schert.

Beispiellos ist die militärische Macht der USA, gemästet von einem Militärbudget, das die Gesamtausgaben der ihr folgenden vierzehn Nationen übersteigt. Mit einem Etat von jährlich 400 Milliarden Dollar geben die Amerikaner viermal mehr für ihre ›Verteidigung‹ (!) aus, als sämtliche Staaten der Europäischen Union gemeinsam in ihr Militär stecken. Ist es da nicht paradox, daß ausgerechnet die USA als der weltweit größte Hersteller und Anwender von Massenvernichtungswaffen, einschließlich sämtlicher Waffengattungen im atomaren, biologischen und chemischen Bereich, vor den Waffen von Drittstaaten warnen, die angeblich die Weltsicherheit bedrohen? Ausgerechnet die USA, die, ähnlich wie zuvor in Serbien, während des Golfkrieges ganze irakische Landstriche mit Urankerngeschossen verseuchten und weiterhin dulden, daß Israel im Besitz von über 100 Atombomben ist und die Palästinenser in konzentrationslagerähnlichen Sperrgebieten dahinvegetieren läßt. Über internationale Gesetze scheinen die USA erhaben. George W. Bush belastet sich nicht mit den von den Alliierten geschaffenen Gesetzen zur Sicherung des Weltfriedens - ansonsten könnte er sich anhand der 1948 in Nürnberg gesprochenen Urteile ein Bild seiner eigenen und weiter beabsichtigten Verbrechen machen. Immerhin sind Verschwörung gegen den Frieden, Vorbereitung eines Angriffskrieges und Verbrechen gegen die Menschlichkeit genau diejenigen Anklagepunkte, die für viele Deutsche den Tod durch den Strang bedeuteten.

»Das war der glücklichste Moment meiner Dienstzeit«, freute sich Außenamtsstaatssekretär John Bolton über die Verweigerung der US-amerikanischen Unterschrift unter den Vertrag zur Errichtung des Internationalen Gerichtshofes. Es ist interessant zu sehen, in welch Gesellschaft sich die USA bei ihrer Ablehnung dieses hohen Gerichtes befinden: Irak, Iran, Pakistan, Indonesien und weitere vorzeigedemokratische Staaten. Ebenfalls wurden von den USA abgelehnt oder nicht ratifiziert oder torpediert: »das Protokoll über den Einsatz von Kindern in bewaffneten Konflikten, die internationale Konvention gegen die Diskriminierung von Frauen, die UNO-Konferenz gegen den Handel mit Schußwaffen, der Anti-Raketenabwehrvertrag, der Vertrag zum Verbot von Landminen, die Kioto-Vereinbarung gegen Klimaerwärmung. Und angesichts der Milzbrandanschläge in Washington und andernorts am erstaunlichsten: das Genfer Protokoll gegen biologische Waffen. Auch hierbei befindet sich die Administration des evangelikalen Moralisten in bemerkenswerter Gesellschaft: China, Rußland, Pakistan, Kuba, Iran«.[135] Und nur nebenbei sei bemerkt, daß der US-amerikanische Weltpolizist und Kreuzritter für Freiheit mit dem Regime des autoritären Islam KARIMOW in Usbekistan klüngelt, in Pakistan wird der autokratische General Peres MUSCHARRAF hofiert, in Indonesien das dort regierende mörderische Militär unterstützt usw. usf.

BUSH spricht sich für schnelle Maßnahmen gegen die von den USA als ›Schurkenstaaten‹ eingestuften Länder aus. Freunden wie Feinden müsse klar sein, so tönte BUSH am 20. Juli 2002 vor Soldaten auf dem Stützpunkt Fort Drum im US-Bundesstaat New York, daß die Vereinigten Staaten die Sicherheit seiner Menschen und den Frieden nicht »den Händen teuflischer und zerstörerischer Menschen« überließen. Mag man dieses Geschwätz vielleicht noch als Säbelrasseln belächeln, bei der darauffolgenden Ankündigung aber, die USA würden niemals akzeptieren, daß sich ihre Soldaten vor dem Internationalen Strafgerichtshof verantworten müßten, vergeht einem spätestens das Lächeln. Er werde die US-amerikanische Armee vor internationalen Gerichten schützen, versprach BUSH – dies vor dem Hintergrund, daß die USA wenige Stunden zuvor im UN-Sicherheitsrat erreicht hatten, daß ihre »Friedenssoldaten« zunächst für ein Jahr Schutz vor Verfolgung durch das Haager Tribunal genießen. Das Gremium erklärte zudem seine Absicht, die Immunität »so lange wie nötig« jeweils um ein Jahr zu erneuern.

Die USA können es sich ganz offensichtlich leisten, das Völkerrecht nach Gutdünken und eigenen Interessen auszulegen – oder nach Belieben auch völlig zu ignorieren. Dies zeigt sich nicht nur in machtbesessenen imperialistischen Drohgebärden, denen meist entsprechende Taten folgen, sondern beispielsweise auch in der völkerrechtswidrigen Behandlung von afghanischen Kriegsgefangenen auf dem US-Stützpunkt Guantánamo auf Kuba. Man fühlt sich an die Machenschaften der ›friedliebenden Sowjetsoldaten‹ in Deutschland vor knapp sechzig Jahren erinnert, »als die Bilder von den auf dem Boden knienden, an Armen und Beinen gefesselten Männern mit verbundenen Augen und über Mund und Nase gestülpten Masken gesendet wurden. Die Gefangenen pfercht man in vier Quadratmeter ›große‹ Käfige aus Maschendraht. Schutz vor Wind und Wetter bieten lediglich Dächer aus Wellblech oder Sperrholz. Die ›Ausstattung‹ der Käfige besteht aus einer dünnen Schaumstoffmatratze auf Zementboden, einem Eimer zur Verrichtung der Notdurft und zwei Handtüchern. Eines davon, so die Lagerverwaltung großzügig, könnten die Moslems als Gebetsteppich benutzen. Nachts werden die Gefangenen durch systematischen Schlafentzug gefoltert. Flutlicht taucht die Käfige in gleißendes Licht, die Wachmannschaften schlagen mit Knüppeln ununterbrochen an die Drahtkäfige.«[136] US-amerikanische Zivilisation? Die Amerikaner rechtfertigen diese *de facto* unzivilisierte Behandlung von Gefangenen flugs mit der Behauptung, es handele sich ja gar nicht um Kriegsgefangene, sondern um »Mörder und Terroristen«. Aber: Selbst wenn es sich hierbei tatsächlich um Verbrecher handelte und diese tatsächlich als solche nicht unter die Genfer Konvention fielen, müßten sie dann nicht vor ein ordentliches Gericht gestellt werden?

Nachdem in Afghanistan das unliebsame Regime gegen eine hörige Vasallenregierung ausgetauscht worden war, widmeten sich die Vereinigten Staaten von Amerika wieder dem außenpolitischen Lieblingsthema Nummer eins: dem strategisch wichtigen und unter erdölwirtschaftlichen Aspekten unbezahlbaren Irak. Dies ist überhaupt keine polemische oder US-amerikafeindliche Bemerkung. Am 4. Oktober 2002 hieß es in den gewiß unverdächtigen *Israel-Nachrichten*: »Die amerikanischen Ölkonzerne sehen einen dicken Silberstreif am Kriegshimmel: Die Ausbeutung der irakischen Ölreserven, des nach Saudi-Arabien zweitgrößten Ölvorkommens der Welt, verspricht gigantische Geschäfte.« Dies war der wirkliche Grund der USA, den Irak auf kurz oder lang zu überfallen: nicht etwa humanitäre Gründe oder gar, weil man sich selbst bedroht fühlte, sondern einzig und allein strategisch-wirtschaftliche Gründe waren das wahre Motiv für die unter US-amerikanischer Schirmherrschaft inszenierte globale Hatz gegen den souveränen Staat Irak. Anfang Juli 2002 meinte Bush in einer Rede in Washington, daß ein Regierungswechsel im Irak ein festes Ziel seiner Regierung sei. »Und wir werden alle Mittel nutzen, die uns zur Verfügung stehen, um dies zu erreichen.«[137] Woraufhin der stellvertretende irakische Ministerpräsident Tarik Asis entgegnete, daß es immer noch das irakische Volk selbst sei, das seine Entscheidungen über die irakische Regierung treffe, und daß Bush die irakische Führung nicht an die Macht gebracht habe und er sie deshalb auch nicht stürzen könne.

Einer Meldung der dpa vom 19. Februar 2002 zufolge plane das US-Verteidigungsministerium, Medien in anderen Staaten gezielt mit Falschinformationen zu füttern. Zu diesem Zweck sei ein neues Propagandaministerium mit Namen ›Office of Strategic Influence‹

(›Büro für strategischen Einfluß‹) unmittelbar nach den Anschlägen vom 11. September eingerichtet worden. Damit sollten negative Berichte über die USA unterbunden werden, hieß es. Nicht, daß Kriegspropaganda etwas Neues wäre – das Pentagon produzierte beispielsweise in den achtziger Jahren Radioprogramme mit Propaganda gegen die sandinistische Regierung in Nicaragua, und auf dem Balkan wurde mit Radioprogrammen in den neunziger Jahren für öffentliche Unterstützung der US-amerikanischen ›Friedenstruppe‹ geworben –, aber daß die ›westliche Wertegemeinschaft‹ durch bewußte Falschmeldungen von der Richtigkeit der US-amerikanischen Kriegseinsätze und Überfälle überzeugt werden muß, ist denn doch starker Tobak. Bislang richtete sich Kriegspropaganda immer *gegen* den Feindstaat, aber nicht *an* befreundete Staaten.

Im Dezember 2002 berichtete die *New York Times*, daß das amerikanische ›Verteidigungsministerium‹ erwäge, die öffentliche Meinung im Ausland – vor allem in Deutschland und Pakistan – mittels raffinierter, streng geheimer Operationen auf BUSH-Kurs zu bringen.[138] Hierzu soll die US-Armee mit den entsprechenden verdeckten Operationen beauftragt werden. So könnten laut dem Zeitungsbericht Koranschulen und Moscheen durch Propagandaaktionen in Mißkredit gebracht werden. Auch an die Gründung eigener USA-freundlicher Koranschulen werde gedacht.[139] Zudem werde im Pentagon geprüft, Journalisten für gefällige oder manipulative Nachrichten zu bezahlen. Denkbar sei auch die Finanzierung pro-amerikanischer Demonstrationen. Es gehe darum, Stimmung *für* die USA und ihre Politik zu machen.[140]

Freilich ist die Taktik des vorsätzlichen Belügens längst vor der Gründung des neuen Propagandaministeriums praktiziert worden. Vielleicht erinnert man sich noch an den theatralischen Auftritt einer jungen Kuwaiterin, die den Auftrag hatte, die Herzen der Welt zu gewinnen und damit die weltweite Zustimmung für den US-amerikanischen Kriegseinsatz im Golfkrieg zu erschwindeln. Sie gab sich als Krankenschwester des Hospitals von Kuwait City aus. Vor den Fernsehkameras der ›freien Welt‹, die bekanntlich unter anderem durch Pressefreiheit hervorsticht, beschrieb die junge Frau mit gekonnt aktiviertem Träneneinsatz, wie irakische Soldaten kuwaitische Säuglinge aus den Brutkästen gerissen und getötet hätten. Die Wirkung dieser grauenhaften Schilderungen auf das Publikum entsprach den beabsichtigten Erwartungen. Was wir damals jedoch noch nicht wußten: Bei der vermeintlichen Augenzeugin handelte es sich um die Tochter des Botschafters von Kuwait in Washington. Ein Konsortium von 20 Lobby- und Public-Relations-Agenturen unter der Leitung von Hill & Knowlton, der weltweit größten Firma für Öffentlichkeitsarbeit, hatte den Auftritt inszeniert. Eine der Firmen, die damals munter mitmischte, war die Rendon Group, die bezeichnenderweise jetzt das neue Propagandaministerium Office of Strategic Influence betreut.[141] Weitere Fragen zum im Sommer 2002 angeblich ›entdeckten‹ irakischen Arsenal an biologischen und chemischen Waffen, das die UN-Inspektoren einige Monate später - natürlich! - nicht finden konnten?

Der *New York Times* zufolge sollen künftig also ausländische Medien sowohl in befreundeten als auch in feindlich gesinnten Ländern mit echten und falschen Nachrichten versorgt werden. Die Quelle solle immer so verschleiert werden, daß nicht ersichtlich sei, daß das Material vom amerikanischen Militär komme. Entsprechende Meldungen fließen längst fleißig über den Äther.

Wie sehen die Ergebnisse des US-amerikanischen Lügen-Ministeriums in jüngster Zeit aus? Ein plastisches Beispiel: »Die Amerikaner haben ihre europäischen Partner darüber informiert, daß sie jetzt schon über fertige Invasionspläne verfügen [...] gegen den hochgerüsteten Irak«, so stand es in der *Welt* vom 23. Februar 2002 auf der Titelseite. Hochgerüstet. Ein Staat, der hilflos zusehen muß, wie seine Kinder wie die Fliegen sterben, da aufgrund des UN-Embargos keine ausreichende medizinische Versorgung vorhanden ist. Ein Staat, der seit Jahren bombardiert wird, ohne daß er sich mit Flugabwehrwaffen verteidigen könnte. Ein Staat, der von UN-Inspektoren viele Jahre lang in allen Winkeln und Ecken auseinandergenommen wurde, ohne daß gefährliche Waffen gefunden werden konnten. Dieser Staat wird aufgrund ›vertraulicher Informationen‹ oder ›gesicherter Erkenntnisse‹ aus den USA in der bundesdeutschen Presse flugs als ›hochgerüstet‹ bezeichnet. Eine Meldung aus einem US-amerikanischen Propagandaministerium wird als wahr aufgegriffen und ungeprüft massiv verbreitet, nicht um des journalistischen Grundsatzes der Informationsweitergabe wegen, sondern um die Öffentlichkeit für die US-Vernichtungspläne empfänglich zu machen!

Tatsache ist, daß UN-Inspektoren den Irak seit 10 Jahren ständig bereist und traktiert haben und sogar den Zutritt zu Saddam Husseins Palast gefordert hatten, weil ja dort auch Scud-Raketen versteckt sein könnten. Gefunden haben sie natürlich nichts, und was noch vorhanden war, stammt hauptsächlich aus westlichen und sowjetischen Waffenschmieden früherer Zeiten. Vielleicht

Links: Chemiewaffen-Suche im Irak (Foto AP). Das Tandem USA/England hat offenbar ein böses Spiel mit der Weltgemeinschaft getrieben. Denn Monate nach Beendigung des Irak-Krieges sind immer noch keine Massenvernichtungswaffen im Irak, der eigentliche Kriegsgrund, gefunden worden. Der stellvertretende US-Außenminister WOLFOWITZ und die BLAIR-Regierung gaben inzwischen zu, die Geheimdienstberichte aufgebauscht zu haben. Rechts: Premier BLAIR. Am 23. 3. 03 verbreitete der israelische Journalist Israel SHAMIR die Nachricht, BLAIR stehe in Verbindung mit einem Pädophilen-Ring, weswegen FBI und CIA ihn zu einer kompromißlosen pro-amerikanischen Haltung in der Irak-Frage erpreßt hätten. (www.propagandamatrix.com/blair protection.html)

hatten die Inspektoren aber auch nie vor zu suchen. Einer dpa-Meldung vom 29. Juli 2002 zufolge – daß sie eben nicht zu einem gewaltigen Aufruhr in der Medienwelt der ›westlichen Wertegemeinschaft‹ geführt hat, ist nicht gerade ein Aushängeschild für deren Aufrichtigkeit, Anstand und Sachlichkeit – haben die USA nach Aussage eines schwedischen Topdiplomaten die UN-Waffeninspektionen im Irak für eigene Spionageaktivitäten benutzt. Wie der frühere Chef der UN- Waffenkontrolleure im Irak (UNSCOM), Rolf EKÉUS, in der Stockholmer Zeitung *Svenska Dagbladet* berichtete, versuchte die US-Regierung unter anderem durch Infiltration der UNSCOM mit zwei Agenten, Material über die Aufenthaltsorte des irakischen Präsidenten Saddam HUSSEIN zu sammeln. »Sie wollten das für ihre eigenen Interessen wissen, etwa in dem Sinne, um sich Saddam HUSSEINS zu entledigen«, erklärte EKÉUS weiter in einem Rundfunkinterview. Unter anderem hätten die US-Agenten dafür Abhöreinrichtungen installieren wollen. Ihr Interesse während der Waffeninspektionen habe unter klarer Mißachtung des UN-Mandats auch Einrichtungen des irakischen Geheimdienstes sowie der Streitkräfte des Landes gegolten. Außerdem erklärte EKÉUS, auch andere Mitglieder des UN-Sicherheitsrates hätten Druck ausgeübt in Richtung provokativer UNSCOM-Forderungen an den Irak, um so den Vorwand für ein militärisches Vorgehen gegen die Regierung von Saddam HUSSEIN zu ›legitimieren‹.

Zurechtgebogen wird, was krumm erscheint, im Irak ebensowie in Afghanistan. *The Times* vom 29. Juli 2002 berichtete, wie die USA Beweise der Zerstörung und des Todes nach einem Fehlangriff beseitigten. Kurz nach dem versehentlichen (!) Angriff auf eine Hochzeitsgesellschaft in der Nähe des Dorfes Kakrakai in Afghanistan in der Nacht vom 30. Juni zum 1. Juli, bei dem 48 Menschen getötet und über hundert verletzt wurden, tauchten in dem Dorf US-Streitkräfte auf, die die Bombensplitter, Geschosse und Blut beseitigten. Nebenbei seien Frauen die Hände auf den Rücken gebunden worden - zu welchem Zweck wurde nicht bekannt. Auch der Zweck des Angriffs bleibt im dunkeln. Die UN-Berichterstatter haben keine Beweise dafür gefunden, daß die US-Luftwaffe mit ihrem Bombardement auf Flugabwehrfeuer reagiert, also ihrerseits auf einen Angriff geantwortet habe.

Der objektive Beobachter des Geschehens hat also wahrlich Anlaß, die Rechtschaffenheit der Amerikaner und die Stichhaltigkeit der vorgebrachten Argumente, die als Rechtfertigung für einen Kriegseinsatz gegen mißliebige Staaten angeführt werden, gründlich in Zweifel zu ziehen. Nicht so in Berlin: Bundeskanzler Gerhard SCHRÖDER ließ es zu, daß unter Beugung des Grundgesetzes, unter Verletzung des NATO-Statuts, unter Verletzung des Eides deutscher Soldaten und mit Einschüchterung der eigenen Koalitionsabgeordneten Auslandskampfeinsätze möglich wurden. Das wird ihm vom US-amerikanischen Präsidenten nicht etwa gedankt, sondern es werden immer weitere und brisantere Einsätze von einem Kanzler abgefordert, der Solidarität - zu allem Überfluß auch noch ›uneingeschränkte Solidarität‹ - mit den USA bekundet hat. Kanzler SCHRÖDER und Außenminister FISCHER hätten die verhängnisvollen politischen Folgen ihrer bedingungslosen Unterwerfungspolitik gegenüber einer der größten imperialistischen Mächte in der Weltgeschichte besser abwägen sollen. Denn nun sitzen sie in der Zwickmühle: Sie müssen erkennen, daß das deutsche Volk in seiner überwältigenden Mehrheit trotz unaufhörlicher Propaganda gegen eine Beteiligung an einem Krieg in Asien eingestellt ist. Mit Blick auf die Äußerungen von US-Vizepräsident Richard CHENEY über die Notwendigkeit eines Präventivschlags gegen den Irak zog Bundeskanzler SCHRÖDER die Notbremse und erklärte auf einer

Wahlkampfveranstaltung am 27. August 2002 in Bremen: »Wir sind noch weit vom Frieden im Nahen Osten entfernt. Jetzt über einen Angriff auf den Irak zu reden, ist falsch. Deutschland wird sich unter meiner Führung daran nicht beteiligen«. Auch Bundesverteidigungsminister Peter STRUCK wiederholte vor Offizieren der Bundeswehr die Ablehnung eines Krieges gegen den Irak durch die Bundesregierung. Die Bundesrepublik Deutschland sei ein souveränes Land und werde sich auch bei einem entsprechenden Beschluß des UNO-Sicherheitsrates nicht an einem Angriff auf den Irak beteiligen.

Am 16. November 2002 meldete die französische Nachrichtenagentur AFP, daß bei einem Angriff auf den Irak die USA auch ihre in Deutschland stationierten Kampftruppen einsetzen wollen. Sollte dies nicht möglich sein, drohte Washington mit einer umgehenden Truppenverlegung. Beim NATO-Gipfel in Prag sollte Bundeskanzler Gerhard SCHRÖDER US-Präsident George W. BUSH zusagen, daß die USA wie beim Golfkrieg 1991 uneingeschränkte Überflugrechte erhalten und ihre Stützpunkte in der Bundesrepublik nutzen dürfen – als ob es einer derartigen Zusage wirklich bedürfte. Washington verlangte ferner die Zusicherung, daß die 1. Infanteriedivision und die 1. Panzerdivision der US-Army im Kriegsfall unbehelligt aus ihren Garnisonen in Bayern, Baden-Württemberg, Hessen und Rheinland-Pfalz ausrücken und ihre Ausrüstung ungestört über Bremerhaven verschiffen können. Andernfalls würden diese Truppen sofort aus Deutschland abgezogen werden. Bereits am 22. November 2002 meldete dpa, die Bundesrepublik Deutschland wolle die USA beim Irak-Krieg »im Ernstfall nicht behindern«. SCHRÖDER machte nach dem NATO-Gipfel deutlich, daß der Luftraum über Deutschland für amerikanische Flugzeuge offen bleibe und die USA ihre Stützpunkte im Bundesgebiet bei einer Militäraktion nutzen könnten. Der Kanzler erklärte: »Wir haben nicht vor, die Bewegungsmöglichkeiten unserer Freunde einzuschränken«, und verwies auf das NATO-Statut und Stationierungsverträge, an die ›Deutschland‹ gebunden sei. Er betonte allerdings gleichzeitig, »daß es eine militärische Beteiligung Deutschlands nicht geben wird«.

Unter der Überschrift »Israel fordert ›Patriot‹-Raketen von Deutschland« meldete Reuters schon drei Tage später, am 25. November 2002, daß der Judenstaat erwarte, die Bundesrepublik Deutschland stelle Israel Luftabwehrraketen vom Typ ›Patriot‹ »zum Schutz vor einem irakischen Angriff« zur Verfügung. Wie das Bundesverteidigungsministerium mitteilte, würde die Anfrage zunächst ›überprüft‹. Der verteidigungspolitische Sprecher der Grünen Winfried Nachtwei nahm die ohnehin zu erwartende Entscheidung dieser ›Prüfung‹ vorweg und mahnte: »Sicherlich könnten wir einer existenzbedrohenden Gefahr für Israel nicht einfach zusehen.«[142] Im ZDF versuchte Verteidigungsminister Peter Struck zu bagatellisieren und betonte, daß es aber keine Anforderung der Amerikaner für ›Patriot‹-Raketen gebe: »Es gilt mein Wort, und nicht das, was in der Zeitung steht.« Womit er entgegenlautenden Meldungen des *Handelsblatts* vom selben Tag widersprach. Unter Berufung auf Regierungskreise in Berlin berichtete dieses nämlich, die US-Amerikaner hätten sehr wohl eine Anfrage für den Einsatz dieser Raketen in der Nahostregion gestellt. Und nicht nur das. Die Regierung in Washington bitte außerdem um Überflugrechte für den deutschen Luftraum und die Nutzung US-amerikanischer Militärbasen in Deutschland. Dem *Handelsblatt* zufolge wolle die US-Regierung auch die sechs in Kuwait stationierten ABC-Abwehrpanzer der Bundeswehr im Irak einsetzen. Mit der Bundesregierung solle außerdem auch die mögliche Rolle Deutschlands bei einem Wiederaufbau des Irak nach einem Krieg besprochen und die Bereitstellung logistischer Fähigkeiten festgelegt werden.

Inzwischen ist die Operation ›Irak‹ abgeschlossen. Seit dem G8-Gipfer im französischen Evian sind alle Beteiligten bemüht, sich auf Augenhöhe zu begegnen. Ob der ›alteuropäische‹ Weg (die Achse Paris–Berlin–Moskau) Zukunft hat, also kein Holzweg ist, muß abgewartet werden. Mit einer CDU-Regierung würde die

Es ging nicht um die Bekämpfung des Terrors, ebensowenig um die Befreiung des Irak. Es ging in erster Linie um das liebe irakische Öl, das den US-Ölbedarf für 98 Jahre decken kann. Es ging aber auch um die Aufrechterhaltung des Dollars als Standardwährung für Ölgeschäfte. Saddam Hussein hatte 2002 nämlich damit angefangen, seine Ölgeschäfte auf Euro-Basis abzuwickeln.

traditionelle devote Vasallenhaltung gegenüber dem Großen Bruder ganz sicher wieder beherrschendes Merkmal der bundesdeutschen Politik werden. Die PFLÜGERS, MERKELS und SCHÖNBOHMS ›stampfen‹ schon vor Ungeduld.

Unterdessen grübelt die amerikanische Nation, warum so viele Staaten und Menschen sie hassen, obschon sie doch die Opfer sind! ›Die Welt versteht uns nicht!‹ – in einem solchen Ausruf spiegelt sich die Ratlosigkeit vieler Amerikaner wider. Zugleich offenbart er aber auch eine Ahnung, daß die Motive des Moralisten BUSH und seiner Apologeten eventuell suspekt sein könnten und der ›Krieg gegen den Terror‹ Gefahr läuft, zu einem unkontrollierbaren Ungetüm, zum Vehikel einer grandiosen Großmannssucht zu werden. »Rund um die Welt, von Westeuropa bis in den Fernen Osten, sehen viele die Vereinigten Staaten als arrogant, heuchlerisch, selbstabsorbiert, nur auf ihren Vorteil bedacht und voller Verachtung für andere‹, warnte kürzlich das renommierte Council on Foreign Relations in einer Studie und empfahl eine Public-Relations-Kampagne zur Aufbesserung des US-amerikanischen Image. Meinungsumfragen im Ausland und amerikanische Radio- und Fernsehprogramme sollen abhelfen. Radio Sawa sendet bereits Pop für die arabische Welt, weitere Programme sind geplant. Damit aber ist nichts gewonnen; ein Marketingfeldzug für die Marke ›Amerika‹, um Marktanteile gegen das Böse zu gewinnen, muß unweigerlich scheitern, wenn Realität und Fiktion aufeinander prallen. Schließlich kann der iranische Hiphop-Fan Amerika trotz Hiphop hassen.«[143] Ebensowie der japanische Coca-Cola-Trinker,

US-Amerika staunt, daß so viele Staaten und Menschen es hassen. Am 11. 10. 2001 meint BUSH: »Ich verstehe nicht, daß Leute uns verabscheuen können. . . Ich bin wie die meisten Amerikaner, ich kann es einfach nicht glauben, denn ich weiß, wie gütig wir sind.«

der französische Cheeseburger-Vertilger oder der deutsche Träger von Levis-Hosen, wobei wir beim Thema Juden und Deutsche bzw. Israel und Bundesrepublik Deutschland angekommen wären.

Nirgendwo wird die Antisemitismuskeule so willkürlich geschwungen wie in der Berliner Republik. Gewiß, auch in anderen europäischen Staaten kommt sie immer wieder zum Einsatz – zum Beispiel in den Niederlanden, als Gretta DUISENBERG, die Ehefrau des Präsidenten der Europäischen Zentralbank, Anfang 2002 von der jüdischen Organisation ›Federatief Joods Nederland‹ bei der Staatsanwaltschaft Amsterdam angezeigt wurde, sie habe zum Haß gegen Juden angestachelt. Frau DUISENBERG habe es gewagt, öffentlich festzustellen, daß es die Palästinenser so schwer hätten, weil reiche Juden Israel unterstützten. Dies sei der Organisation zufolge eine »klassische antisemitische Äußerung«. Die durch die übliche inszenierte Medienhatz hervorgerufene obligatorische Morddrohung gegen Frau DUISENBERG folgte unverzüglich: ein normaler Vorgang, wenn Nichtjuden es wagen, Juden zu kritisieren, erst recht im ›Lande der Täter‹.

Eine regelrecht hypochondrisch anmutende Böswilligkeit jüdischer Intellektueller und von Vertretern jüdischer Organisationen inszenierte öffentlichkeitswirksame Kampagnen sind gerade in der Bundesrepublik Deutschland alles andere als ungewöhnlich. Nirgendwo geben Juden öfter vor, sich angegriffen zu fühlen, als hierzulande. Dementsprechend häufig melden sich Juden in der Berliner Republik zu Wort. Kein Wunder, daß Juden in der bundesdeutschen Medienwelt gerade zum Thema ›Antisemitismus‹ verstärkt zum Mikrophon oder zur Feder greifen.

Dabei ist allein schon der Begriff ›Antisemitismus‹ alles andere als eine glückliche Schöpfung, die übrigens von Wilhelm MARR stammt. MARR, ursprünglich ein revolutionärer Kommunist, dem im Schrifttum oftmals selbst eine jüdische Abstammung zugeschrieben wird, legte 1878 seine Schrift *Der Sieg des Judentums über das Germanentum* vor, in der er hervorhob, daß es in der Auseinandersetzung mit dem Judentum nicht um religiöse Vorurteile gehe, sondern die Judenfrage eine Rassenfrage sei, die eben nicht im Glauben, sondern im Blut begründet liege. Alles, was Deutschland bedrohe, gehe von ›den Juden‹ aus. Das von MARR geprägte Schlagwort ›Antisemitismus‹ ist grundsätzlich falsch. Sowohl in der Antike als auch in der Gegenwart existierten bzw. existieren außer Juden natürlich noch andere semitische Völker (zum Beispiel Araber, Akkader oder Aramäer), die keineswegs zum Judentum gehören. Die irreführende Wortbildung ›Antisemitismus‹, im

Alltagsleben leichtsinnig und unbedacht angewendet, schließt aber diese nichtjüdischen Semiten mit ein. Aus diesem Grund ist vom Gebrauch dieses Ausdrucks Abstand zu nehmen. Der Begriff ›Judengegner‹ oder ›Judenfeind‹ und das (bislang nicht existierende) Adjektiv ›judäophob‹ beispielsweise wären viel treffender, um das zu bezeichnen, was man gemeinhin unter ›Antisemit‹ und ›antisemitisch‹ versteht.

Es dürfte kaum überraschen, daß vor allem Michel FRIEDMAN immer wieder das Wort ergreift, wenn in einer ›die Juden‹ oder Israel betreffenden kritischen Meinungsäußerung Judenfeindlichkeit vermutet wird. Es gibt kaum einen Bereich des medienpolitischen und kulturellen Lebens in der Bundesrepublik Deutschland, in dem der stellvertretende Vorsitzende des Zentralrats der Juden in Deutschland nicht seine Fühler ausgestreckt hätte: unter anderem als Schriftführer des Fernsehrates des ZDF, Mitglied im Aufsichtsrat des ZDF, Vorstandsmitglied der CDU, Leiter der Stabsstelle für kultur- und europapolitische Fragen beim saarländischen Ministerpräsidenten Peter MÜLLER, Vorstandsmitglied der Freunde der Hebräischen Universität Jerusalem, Geschäftsführer der Jüdischen Presse GmbH, Vorstandsmitglied verschiedener Stiftungen und seit jüngster Zeit auch Präsident des ›Europäischen Jüdischen Kongresses‹ (EJK).

In einem Interview mit der *Welt* am 8. November 2001 teilte er seine Meinung über die bestehenden Möglichkeiten und Pflichten der Deutschen bezüglich ›Terrorbekämpfung‹ und Israel mit. Seine Wahl zum Präsidenten des EJK, so die Einleitung seiner Anmahnung, sieht er ganz bescheiden als »eine Aufwertung jüdischen Lebens in Deutschland und eine Anerkennung der Bundesrepublik Deutschland«, die heute »neben Amerika der zuverlässigste Freund Israels« sei. Zwischen beiden Ländern, »nicht nur zwischen den Regierungen, sondern auch im Wissenschaftsaustausch und im Wirtschaftsbereich«, herrsche ein »großes Vertrauen«. Auf die Frage, welche Aufgaben dem ›Europäischen Jüdischen Kongreß‹ eigentlich zukämen, antwortete FRIEDMAN: »Ich sehe drei wichtige Gebiete. Das erste ist der Antisemitismus in Europa und weltweit. Er ist nicht mehr allein national zu bekämpfen. Quantitativ und qualitativ steigt der Rechtsradikalismus in Europa deutlich. Er bewegt sich von der rechtsradikalen Propaganda und rechtsextremistischen Kriminalität bis hin zum befürchteten Rechtsterrorismus. Nehmen Sie nur das Beispiel Rußland. Zweitens: Auch in Demokratien wie in Deutschland sind die Opfer rechtsextremistischer Gewalt gestiegen. Hier gibt es eine vernetzte Szene, gerade auch im Internet. Die scheinbare Hilflosigkeit, das nicht unterbinden zu können, kann ich nicht hinnehmen. Ich kann nicht nachvollziehen, warum Menschenverachtung in Zeitungen und anderen Medien zu Recht unter Strafe gestellt und verfolgt wird, wir aber einen rechtsfreien Raum im Internet zulassen. Drittens ist der Terrorismus eine der großen Sorgen, die uns alle betreffen. Hier ergänzen sich Antiamerikanismus, Antizionismus und Antisemitismus auf fatale Weise. Wenn wir zur Kenntnis nehmen, daß zum Beispiel in der Bundesrepublik Deutschland die NPD, Horst MAHLER und viele Rechtsextremisten den Anschlag in Amerika begrüßt haben, befürchte ich, daß es zu einer Zusammenarbeit zwischen islamistischen Extremisten und Rechtsextremisten weltweit kommt. Schließlich kümmert sich der Europäische Jüdische Kongreß um die Integration von über zwei Millionen Juden in Europa, davon ungefähr die Hälfte in der ehemaligen Sowjetunion, wo Verfolgung heute noch Alltag ist. Wir müssen in diesen Ländern durchsetzen, daß dies nicht weiter stattfinden kann. Aber wir müssen diesen Juden auch ermöglichen wegzugehen. Hier ist gerade Deutschland ein Land, das vorbildlich Verantwortung übernommen hat, und das Wachstum der jüdischen Gemeinden in Deutschland zeigt dies. Ich bin froh, daß Juden wieder nach Deutschland einwandern. Eine unserer Hauptaufgaben ist und bleibt die Integration der osteuropäischen Juden. Der Europäische Jüdische Kongreß unterstützt dabei die jeweiligen Zentralräte der jüdischen Gemeinden.«

Diese Behauptungen stellen freilich nur die Meinung eines jüdischen Funktionärs dar. Von allgemeingültigem Wert sind sie nicht.

In einem sehr ausführlichen Leserbrief in der *Frankfurter Allgemeinen Zeitung* wurden dankenswerterweise Fakten zusammengefaßt, die die meinungsmachenden Medien und bundesdeutschen Politiker im Umgang mit Israel geflissentlich übersehen: »Eine 35 Jahre anhaltende Besatzung, dabei fortgesetzte, völkerrechtswidrige Konfiszierung palästinensischen Landes durch den Siedlungsbau unter allen Regierungen Israels (auch nach Oslo), dabei die systematische Zerstückelung des Westjordanlandes und Gaza Streifens durch die Straßen und um die Siedlungen mit dem politischen Ziel, einen zusammenhängenden und lebensfähigen Palästinenserstaat zu verhindern; die zunehmend von den Siedlern bestimmte Politik Israels, womit die Ermordung des Tourismusministers Rehavam ZEEVI in engstem Zusammenhang steht: Dessen Vorschlag eines ›Araber Transfers‹ wird derzeit nach einer Umfrage der Zeitung *Ma'ariv* von 35 Prozent der israelischen Bevölkerung unterstützt. Des weiteren die Weigerung Ariel SHARONS, auch nur eine der Siedlungen aufzugeben; nach Ra'anan GISSIN, Berater SHARONS, handelt es sich auch nicht um ›besetzte‹, sondern ›umstrittene‹ Gebiete; schließlich die in den Vereinigten Staaten und Israel auf unzulässige Weise vollzogene verhängnisvolle Identifizierung der palästinensischen Terroranschläge (die ihren hauptsächlichen Ursprung in der Besatzung mit der Ausweitung des Siedlungsbaus und der zunehmenden Entrechtung der palästinensischen Bevölkerung haben) mit dem Terroranschlag vom 11. September.

Nun auch noch zur Berichterstattung und der Kritik an Israel mit den angeblich antisemitischen Untertönen hierzulande, die es zu ›entlarven‹ gilt: Allein in Ramallah wurden nach der CNN-Korrespondentin Christiane AMANPOUR systematisch Ministerien und Banken verwüstet, begleitet von keineswegs vereinzelten Plünderungen. Über das, was in Dschenin geschah, haben wiederum die Medien in den Vereinigten Staaten, aber auch die Sendungen der BBC wesentlich ausführlicher und kritischer berichtet. ›Human Rights Watch‹ verwies auf Menschenrechtsverletzungen und mögliche Kriegsverbrechen des israelischen Militärs, die der Untersuchung bedürften. Die Weigerung Israels, den einzelnen Hilfsorganisationen Zutritt in Dschenin zu gewähren, die tiefe Betroffenheit aller Vertreter humanitärer Organisationen und Journalisten angesichts Dschenins, die Weigerung Israels, die Vorkommnisse von einer Kommission der Vereinten Nationen untersuchen zu lassen, sind in allen Berichterstattungen (BBC, CNN, in den europäischen Zeitungen) wesentlich detaillierter und auch kritischer aufgenommen worden als in den führenden deutschen Zeitungen.

Vieles wurde sogar in der deutschen Berichterstattung ausgeklammert, so etwa die israelische Charakterisierung der ›UN‹ als ›United Nothing‹. Über die Festsetzung Jassir ARAFATS und seines Umfeldes in Ramallah unter unmenschlichen hygienischen Bedingungen haben nicht etwa ausführlichst deutsche, sondern US-amerikanische Medien berichtet. Die vorsätzlichen Demütigungen der palästinensischen Bevölkerung sind selbst von Präsident BUSH kritisch vermerkt worden.

Wenn schon mittlerweile über 300 israelische Soldaten den Dienst in den besetzten Gebieten verweigern und zudem ein Teil der Professoren in Israel öffentlich Kritik an der Politik SCHARONS übt, ist es da noch angebracht, die zurückhaltende Kritik an Israel in den führenden deutschen Zeitungen mit Antisemitismus gleichzusetzen? Für jene von uns, deren nächste Familienangehörige als politische Gefangene die Konzentrationslager von Dachau und Ravensbrück überlebten, gilt heute ebenso wie damals die ethische Maxime, nicht wegzusehen, wenn Unrecht geschieht – eines sind die Wurzeln, das andere sind die Auswirkungen. Das ist eine der eigentlichen historischen Lektionen für uns.«[144]

Sehr wahre und mutige Worte, nur daß bundesdeutsche Politiker diesbezüglich ihre Lektion nicht gelernt haben. Obgleich auch ihnen diese historischen Tatsachen geläufig sein sollten, haben die Damen und Herren im Reichstag bezüglich Israels den aufrechten Gang verlernt. Das jüdische Selbstbewußtsein ist wesentlich ausgeprägter. Der israelische Ministerpräsident Ariel SCHARON beispielsweise erwiderte im April 2002 auf die Appelle der USA, Rußlands und der Europäischen Union sowie auf die UNO-Forderungen, sich umgehend aus den besetzten Gebieten Palästinas zurückzuziehen: »Niemand wird uns zu Entscheidungen zwingen, die unsere Zukunft berühren könnten.«[145] Die über 800 UN-Resolutionen bezüglich der Einhaltung der Menschenrechte hat Israel bisher konsequenterweise allesamt ignoriert.

SCHARONS fanatische Einstellung, als Jude gewissermaßen über den Dingen zu stehen und niemandem Rechtfertigung zu schulden, ist nicht neu. Als Kommandeur berüchtigter Kampftruppen (zum Beispiel der ›Einheit 101‹) meinte er 1956 in einem Interview mit General Ouze MERHAM: »Durch die Vergewaltigung von arabischen Mädchen wollte ich meine Soldaten ermutigen, denn die palästinensischen Frauen sind Sklavinnen für die Juden. Wir machen mit ihnen, was wir wollen, und niemand sagt uns, was wir zu tun haben. Wir sagen den anderen, was sie zu tun haben«[146] – nicht nur Mädchen und Frauen. Dem Gutdünken der Israelis sind auch palästinensische Gefangene auf Gedeih und Verderb hilflos ausgeliefert, ohne daß dabei die ansonsten um Menschenrechte so besorgte Bundesrepublik sich aufgefordert fühlte, wenigstens ein Wort des Protestes zu sprechen. Dabei sind die brutalen Menschenrechtsverletzungen in Israel oder die von Israelis an Arabern begangenen Verbrechen nicht erst seit gestern bekannt. Nicht ohne Grund schließlich sahen sich die Vereinten Nationen bislang veranlaßt, rund 800 Resolutionen gegen Israel zu erlassen – die vom Judenstaat allesamt ignoriert wurden.

Schon vor 25 Jahren publizierte der *stern* eine hochinteressante Serie zum Thema ›israelischer Alltag‹. Der Einsatz von Säurespray bei Verhören, die Verfolgung Unschuldiger, die Vertreibung der arabischen Bevölkerung bei gleichzeitiger Enteignung ihres Landbesitzes gehörten schon damals zur Routine. Politische wie kriminelle arabische Gefangene dürfen ihre stickigen Zellen eine Stunde pro Tag verlassen und sich im Gefängnishof mit Freiübungen lockern. Die restlichen 23 Stunden müssen sich je 80 Mann in Zellen teilen, die für je 30 Gefangene gebaut wurden. Zu dieser unmenschlichen Behandlung gehören grausame Verhörpraktiken und drakonische Strafzumessungen. Eindrucksvolle Fotos zeigen, wie arabische Frauen von israelischen Soldaten und Polizisten mit Schlagstöcken verprügelt werden. »Aus einem Gemisch alttestamentarischen Gebietsanspruchs und zionistischer Staatsphilosophie, aus Notstandsrecht und apodiktischer Selbstgerechtigkeit haben sich die israelischen Juden eine perfekte Rechtfertigungsideologie für die Unterdrückung der arabischen Minderheiten zurechtgezimmert.«[147] Ein Satz, dem heute zumindest der Makel des ›Antisemitismus‹ anhängen würde, wenn er nicht ohnehin von strafrechtlicher Relevanz wäre.

Für Israel ist es ärgerlich, daß viele seiner Methoden international bekannt wurden. Selbst heute noch finden Redakteure und Journalisten in der Bundesrepublik Deutschland manchmal den Mut, über israelische Menschenrechtsverletzungen zu berichten. Zum Beispiel das Magazin *Focus* im Jahre 1996: »Wuchtig stößt der israelische Polizist mit dem Fuß gegen den Kopf des am Boden kauernden Palästinensers, tritt nach, ohrfeigt ihn. Hinter ihm, an einer Mauer, zwei weitere Palästinenser, die Köpfe gesenkt, ihre Hände an den Schläfen. Der Polizist geht hinüber, ›reitet‹ auf ihren Köpfen, traktiert sie mit Schlägen, beschimpft sie. Diese Schreckensbilder eines heimlich gedrehten Videos gingen durch die Fernsehnachrichten der ganzen Welt. Neu sind solche Gewaltszenen aber nicht. Tagtäglich demütigen und drangsalieren israelische Sicherheitskräfte brutal Palästinenser, doch nur selten hatte man so eine klare Beweislage.«[148]

Gewalt darf in Israel von den Sicherheitskräften legal angewendet werden. Der Oberste Gerichtshof in Jerusalem erlaubte dem israelischen Inlandsgeheimdienst Shin Beth, verdächtige Palästinenser, mit »physisch mäßigen« bis »physisch verstärktem« Druck zu »verhören«. Die internationalen Reaktionen, die zugegebenermaßen weniger von den Vereinigten Staaten und der Bundesrepublik Deutschland ausgingen, zwangen Israel formell zu Reformen. Ende 1999 schaffte das Oberste Gericht in Israel die Folter bei Verhören ab. So hieß es jedenfalls. *Die Welt* frohlockte nach der Urteilsverkündung: »Auch der Geheimdienst hat keine Vollmacht, Verdächtige zu schütteln, in unbequemer Sitzhaltung zu fesseln oder ihnen Schlaf zu entziehen.« Vizeverteidigungsminister Efraim SNEH habe das Urteil angenommen, trotzdem er eingeräumt habe, daß es »den Kampf gegen mörderischen Terror erschwert«. Justizminister Jossi BEILIN habe gar das Urteil begrüßt und eine Umarbeitung des neuen Geheimdienstgesetzes angekündigt, das in seiner vorliegenden Form ja noch keine Regelung zum Thema Folter enthalte.[149] Euphorisch wurde Eitan FELNER, Leiter der israelischen Menschenrechtsorganisation Bezelem, zitiert: »Die Entscheidung setzt der Folter in Israel ein Ende« – also endlich ein Ende der Qualen für die etwa tausend Palästinenser, die Angaben von Menschenrechtsorganisationen zufolge jährlich in Israel gefoltert werden?

Natürlich nicht. Gewiß, Palästinenser werden von den israelischen Geheimdienstagenten und Polizisten nicht mittels Fingernagelausreißen oder glühenden Zangen oder der ›Eisernen Jungfrau‹ gequält. Die Verhörmethoden des Inlandsgeheimdienstes Shin Beth sind feiner: die ›Schüttelmethode‹ zum Beispiel, die 1994 zum Tod eines Verdächtigen durch Gehirnerschütterung führte, oder das ›Bananensitzen‹, bei dem der Gefangene bis zu zwei Tage in gekrümmter Haltung gefesselt wurde, oder Schlafentzug, Lärmbelästigung und extreme Temperaturen in den Haftzellen. Tatsächlich wurde die Folter in Gefängnissen also keineswegs abgeschafft. Khader SHKIRAT, Direktor der palästinensischen Menschenrechtsorganisation ›LAW – Society for the Protection of Human

SCHARON, ›Irak-Sieger‹ BUSH und ABBAS Anfang Juni 2003 in Akaba. Die Vorlagen des Cowboys für einen Friedensfahrplan werden in den Extremflügeln beider Lager auf unerbittlichen Widerstand stoßen. R. MELISCH (Pulverfaß Nahost, *Tübingen 2003) meint, Israel habe langfristig keine Chance gegenüber der wirksamsten Waffe der Palästinenser, der demograghischen Waffe.*

Rights and the Environment‹, teilte im Juli 2000 mit, daß nicht nur die »aggressive Politik Israels« unter dem sogenannten Friedensprozeß fortgeführt werde. Die Israelis hielten ihre Zusagen nicht ein. So seien die politischen Gefangenen nicht freigelassen, Siedlungen und Umgehungsstraßen weitergebaut und die Bewohner Ostjerusalems weiterhin aus der Stadt deportiert worden. Die Israelis wollten Fakten vor den Status-Endverhandlungen schaffen, was zur Bantustanisierung und Fragmentierung der palästinensischen Gebiete führe. »Der Friedensprozeß hat nicht die Natur der Menschenrechtsverletzungen verändert. Sie haben zugenommen und sich in einigen Bereichen verschlechtert. Landenteignungen, Häuserzerstörungen, Zugang zum Wasser, die Bewegungsfreiheit, Folter, Deportationen und die Errichtung von Umgehungsstraßen haben nach dem Friedensprozeß zugenommen.«[150]

SHKIRAT weiter: »Es wird immer noch gefoltert. Das Oberste Gericht in Israel hat Folter nicht in Gänze als illegal verworfen. Es hat sie nur deshalb als illegal bezeichnet, weil sie nicht auf einem Gesetz, sondern nur auf einer Verordnung beruhte. Hätte Folter eine rechtliche Grundlage besessen, wäre sie nicht verboten worden. Trotzdem ist es eine fortschrittliche Entscheidung, und meine Organisation begrüßt sie; es ist aber noch nicht weitreichend genug. [...] Folter gegenüber den Palästinensern ist in der israelischen Gesellschaft akzeptiert. [...] Die Israelis haben jetzt ihre Strategie geändert, sie benutzen jetzt palästinensische Kollaborateure, um die Gefangenen zu foltern. [...] Die gravierendste Menschenrechtsverletzung durch die Autonomiebehörde ist Folter. Hinzu kommt die Einschränkung der Meinungsfreiheit, willkürliche Verhaftungen, Demonstrationsverbot, Mißhandlung durch die palästinensischen Sicherheitskräfte sowie der Mißbrauch der Macht der Behörde. Korruption ist ebenfalls ein häufig auftretendes Phänomen.«

Diese ernüchternden Angaben sind keine Propaganda. Sie geben die Realität wieder. Internationale Menschenrechtsorganisationen erhoben im April 2002 schwere Vorwürfe gegen Israel. Es gebe Berichte über Exekutionen, Folter, Plünderungen und gezielte Behinderungen von Sanitätern und Journalisten durch israelische Soldaten, so sagten Sprecher von acht Menschenrechtsgruppen in einer gemeinsamen Pressekonferenz in Jerusalem. Marc NEUMAN von ›Amnesty International‹ beispielsweise erklärte, seiner Organisation lägen Berichte von außergerichtlichen Exekutionen vor. Von diesen Erschießungen betroffen seien vor allem von Israel gesuchte Palästinenser. Zudem seien glaubhafte Beobachtungen von Plünderungen bekannt geworden. Palästinensische Gefangene berichteten, daß sie von Soldaten hart geschlagen worden seien. Khader SHKIRAT ergänzte, daß 500 000 Palästinenser zur Zeit ohne Trinkwasser seien. Auch er habe zudem Berichte über Exekutionen vorliegen. Im Gebäude der Kairoer Bank in Ramallah seien fünf Polizisten in einem kleinen Raum aus kurzer Entfernung erschossen, im Islamischen Club seien vier Zivilisten und Polizisten ›hingerichtet‹ worden. Der Generalsekretär von ›Reporter ohne Grenzen‹, Robert MENARD, sagte, die israelische Armee wolle Journalisten, vor allem palästinensische Berichterstatter, gezielt einschüchtern. So wurden zwei von ihnen gezwungen, sich in Ramallah auf offener Straße auszuziehen.[151]

Im November 2002 beschuldigte ›Amnesty International‹ die israelischen Streitkräfte schwerer Kriegsverbrechen während der Militäroffensive im Westjordanland im Frühjahr. Es lägen klare Beweise für Folter, Tötungen, mutwillige Häuserzerstörung und die Mißhandlung von Gefangenen vor.[152] Protestnoten aus Berlin waren indes nicht zu hören. Die gibt es nur im umgekehrten Fall. Und natürlich, wenn es jemand in der Bundesrepublik Deutschland wagt, ›die Juden‹ und Israel zu kritisieren.

Chuzpe

In der ersten Hälfte des Jahres 2002 sollte man in aller Schärfe das erleben, was bezüglich Philipp JENNINGERS oder Martin WALSERS schon Jahre zuvor ertragen werden mußte: die Durchsetzung des ungeschriebenen Gesetzes über das Verhältnis zwischen Bundesdeutschen einerseits und Juden und Israel andererseits. Das politisch korrekte Halali setzte ein, als im April der Präsident der ›Deutsch-Arabischen Gesellschaft‹, Jürgen MÖLLEMANN, sein Verständnis für den palästinensischen Freiheitskampf darlegte. Der damals noch amtierende stellvertretende Bundesvorsitzende der FDP bekannte in erfrischender Offenheit: »Was würde man denn selber tun, wenn Deutschland besetzt würde? Ich würde mich auch wehren, und zwar mit Gewalt. Ich bin Fallschirmjägeroffizier der Reserve. Es wäre dann meine Aufgabe, mich zu wehren. Und ich würde das nicht nur im eigenen Land tun, sondern auch im Land des Aggressors.«[153] Wohltuende und ehrliche Worte in einer Republik, die ansonsten eher für betretenes Schweigen bekannt ist, sobald es um Kritik an Israel oder Juden geht. Dabei sei Kritik an Israel und den Juden ja selbstverständlich erlaubt. Leider wird nicht gesagt, wo die Grenze zwischen zulässiger Kritik an Israel und ›antisemitischen‹, also judäophoben Äußerungen liegen soll. Gegenüber den *BBC News* äußerte sich Ariel SHARON am 25. März 2001 über das Recht auf Kritik an Israel: »Israel may have the right to put others on trial, but certainly no one has the right to put Jewish people and the State of Israel on trial.«[154]

Kritik an Juden sei hierzulande erlaubt. Diese sei, wie Michel FRIEDMAN höchstpersönlich bekundete, sogar »selbstverständlich« zulässig. Allerdings müsse die Kritik ausgewogen sein. Aber wie sieht eine solch ›ausgewogene‹ Kritik aus? Kritik an ihm und daß seiner Person wegen ›antisemitische‹ Tendenzen zunähmen, empfinde er jedenfalls als »perfide«. FRIEDMAN sieht darin den Kern eines in der Geschichte immer wiederkehrenden Topos: Die Juden sind am Antisemitismus selbst schuld.[155] Wen wundert es da, daß das Bekenntnis des Reserveoffiziers MÖLLEMANN in der herrschenden Politkaste echauffierte Empörung auslöste. Der unvermeidliche ›Zentralrat der Juden in Deutschland‹ meldete sich zu Wort, und zwar stehenden Fußes. Paul SPIEGEL stellte umgehend den »moralischen Bankrott« fest. Der Geschäftsführer der Grünen Reinhard BÜTIKOFER sekundierte und meinte, MÖLLEMANN habe »die letzte Grenze« überschritten. Welche Grenze? Die des guten Geschmacks? Die der hierzulande zulässigen Kritik an Israel?

Am 27. Mai 2002 erlaubte sich MÖLLEMANN in seiner Kolumne im ehemaligen Zentralorgan der SED, *Neues Deutschland*, angesichts jüngster Wahlerfolge mehr oder weniger nationalbewußter Parteien in Europa, den politischen Aufbruch in eine neue Zeit zu prophezeien: »Es geht nicht mehr um Rechts oder Links. Es geht nur noch darum, wer die tatsächlichen Probleme der Menschen ohne ideologische Scheuklappen erkennt, in der Sprache des Volkes nennt und zu ihrer Zufriedenheit löst.«[156] Der Hintergrund der Wahlerfolge sei weder ein Rechtstrend noch ein Linkstrend, sondern schlicht die »Emanzipation der Demokraten«. Für das bundesrepublikanische Establishment war eine solche Beurteilung natürlich ähnlich grauslich, wie es für einen Vegetarier widerlich ist, ein blutiges Stück Filet vorgesetzt zu bekommen. Wo kämen wir denn hin, wenn man sagen dürfe, was Sache ist und ungeschriebene, aber sakrosankte Tabus bricht? Das wäre ja reiner Rechtspopulismus.

Die Vertreter der herrschenden politischen Klasse empörten sich erwartungsgemäß. Für den ehemaligen Bundesinnenminister Gerhard BAUM beispielsweise sind die Wahlerfolge ›populistischer‹ Parteien keineswegs eine Emanzipation der Demokraten, sondern vielmehr »ein Versagen der Demokraten, weil die Leute den rech-

Möllemanns ›ominöses‹ Flugblatt. Eigentlich haben die Zentralratsjuden und politischen Freunde weniger an dem ohnehin ziemlich harmlosen Text Anstoß genommen als vielmehr an der dahinter steckenden Absicht.

ten Rattenfängern hinterher gelaufen sind«.[157] Ganz offensichtlich haben die Parteikollegen Möllemanns, von Hans-Dietrich Genscher bis Guido Westerwelle, von Otto Graf Lambsdorff bis Günter Rexrodt, ein gestörtes Verhältnis zur Meinungsfreiheit, denn was nun folgte, war ein folgenreiches Kesseltreiben gegen einen hohen Parteifunktionär, wie man es in diesem Maße in der Bundesrepublik Deutschland noch nicht erlebt hatte.

Möllemann hielt nach den Angriffen gegen seine Person nicht etwa still, sondern wußte das bundesdeutsche Establishment durch weitere Äußerungen immer wieder in heillose Aufregung zu versetzen. In einer Fernsehattacke auf den »Vorzeigejuden der Unionsparteien« (*Titanic*) Michel Friedman bekannte Möllemann: »Ich fürchte, daß kaum jemand den Antisemiten, die es in Deutschland leider gibt [...] mehr Zulauf verschafft als Herr Scharon und in Deutschland als Herr Friedman mit seiner untoleranten, gehässigen Art.« Das FDP-Präsidium klagte fast einstimmig, daß eine solche Aussage eindeutig antisemitisch sei, die die FDP in eine Ecke rücke, in die sie nicht gehöre. Die Lage eskalierte. Friedman stichelte zurück und gab die einzuschlagende Richtung vor: »Wo ist die FDP-Führung eigentlich hingekommen, daß sie einem stellvertretenden Vorsitzenden, der solches Gedankengut verbreitet, nicht öffentlich widerspricht oder sich gar von ihm trennt. Die rechten Bemerkungen von Möllemann haben auch nichts mehr mit Israel zu tun, sondern bewegen sich auf dem Niveau der Republikaner und der NPD.«[158]

Man erinnert sich: Nur wenige Monate vor dem Eklat hatte FRIEDMAN »in der *Frankfurter Rundschau* einen Andersdenkenden als ›Nazi‹ beschimpft. Dessen Beleidigungsklage wurde aber abgewiesen. Herr FRIEDMAN darf also einen Bürger unseres Staates ungestraft und ungerügt als ›Nazi‹ beschimpfen. Doch wehe, Herr FRIEDMAN wird kritisiert. Er ist ein politisches Naturschutzgebiet. Die Politik und die ganze Medienmacht stellen sich schützend vor ihn, und jede Kritik an seiner Person ist [ein] Beweis für verabscheuungswürdigen Antisemitismus.«[159]

Dem *stern* gegenüber bekräftigte MÖLLEMANN seine Auffassung über FRIEDMAN und erklärte: »Die Zeiten, in denen man uns das Denken verbieten wollte, sind vorbei. Wir sind selbständig und mündig genug, um zu wissen, daß man bei der Bewertung der deutschen Geschichte kein Antisemit sein darf. Kein denkender Mensch kann das sein. Aber wenn man wie FRIEDMAN als angeblicher Sachwalter des Zentralrats der Juden Kritiker der Politik Israels niedermacht, wer wie er mit Gehässigkeiten um sich wirft, mit unverschämten Unterstellungen arbeitet - Antisemitismus und so weiter –, der schürt Unmut gegen die Zielgruppe, die zu vertreten er vorgibt.«[160] Für Charlotte KNOBLOCH, stellvertretende Vorsitzende des ›Zentralrats der Juden in Deutschland‹, war diese Meinungsäußerung der Affront schlechthin: »Herr MÖLLEMANN bleibt bei seiner Einstellung, daß die Zeiten vorbei sind, wo das Denken verboten wird. Damit [sic!] verunglimpft er die ganze jüdische Gemeinschaft, und ich meine, das ist eine Äußerung, die uns zutiefst empört hat und die wir ganz entschieden zurückweisen. Und deswegen muß sich Herr MÖLLEMANN gefallen lassen, daß er absolut als Antisemit bezeichnet werden kann.«[161]

Dennoch: Warum soll es nicht möglich sein, die israelische Gewaltpolitik und einen jüdischen Vertreter in Deutschland zu kritisieren, der sich bei jeder Gelegenheit einblendet - zugegeben, diese Gelegenheiten werden ihm bereitwilligst angeboten - und mit meist unmöglichen Kommentaren und Äußerungen zu bestechen weiß? Noch bedeutsamer aber ist KNOBLOCHS Feststellung, daß Denken die Juden verunglimpfe. Will sagen, Denkverbote kommen Juden entgegen, und wenn diese Verbote aufgehoben werden, wird »die ganze jüdische Gemeinschaft« diffamiert. Ganz offensichtlich sieht KNOBLOCH ihre Welt zusammenbrechen, falls Tabus gelüftet und Denkverbote aufgehoben werden. Dieser Eindruck wird nicht unbedeutend dadurch gestützt, daß der Vorsitzende des ›Zentralrats der Juden in Deutschland‹, Paul SPIEGEL, am 4. Juni vor der Landtagsfraktion der CDU in Düsseldorf mahnte: »Mit dem Schielen auf bestimmte Wählerschichten bricht MÖLLEMANN Tabus, die nicht gebrochen werden dürfen.« Daraufhin rief er, frei nach Gerhard SCHRÖDER, zum »Aufstand der Demokraten« auf. Es gehe nunmehr gar darum, »die Demokratie in diesem Lande zu schützen«. Ein eigenartiges Demokratieverständnis. Wenn Tabus gebrochen und Denkverbote aufgehoben werden, ist die Demokratie in Gefahr?

In einer ganzseitigen Anzeige in der *Frankfurter Allgemeinen Zeitung* zeigte sich im Mai 2002 »eine spontan zusammengetretene Initiative besorgter Bürger« bestürzt über die jüngste Entwicklung innerhalb der FDP. Unter der Regie des MÖLLEMANN werde versucht, »Stimmen aus dem braunen Sumpf zu gewinnen, indem antiisraelische und antijüdische Ressentiments unter dem Deckmantel vermeintlicher Kritik an der israelischen Regierung und deren Ministerpräsidenten, Ariel SCHARON, angesprochen werden. Die Unverbrämtheit, mit der MÖLLEMANN dabei seine bereits bekannte Israelfeindlichkeit zutage treten läßt und gleichzeitig historische Tatsachen des Nahostkonfliktes bewußt ignoriert, stellt alles bisher Dagewesene in den Schatten.«[162] Welche historischen Tatsachen MÖLLEMANN konkret ignorierte, wurde nicht weiter angeführt.

Gavin EVANS, Journalist der südafrikanischen Wochenzeitung *The Sunday Independent* und selbst Jude, kommt nach einer kritischen Betrachtung der historischen Tatsachen im Nahostkonflikt zu dem Schluß, daß Israel auf Waffengewalt und Enteignung aufgebaut worden sei. Was einst israelische Terroristen, zum Beispiel Menachem BEGIN und Yitzak SHAMIR, begonnen hätten, sei Ende der vierziger Jahre mit den Füllfederhaltern der Politiker und Anwälte beendet worden.[163] *Das* sind historische Tatsachen. MÖLLEMANN hat sich aus gutem Grund jedoch viel dezenter ausgedrückt. MÖLLEMANNS Vorwurf, so die aus Dutzenden von jüdischen Privatpersonen und Personen des öffentlichen Lebens sowie aus Vertretern verschiedener Organisationen[164] »spontan zusammengesetzte Initiative« weiter, Paul SPIEGEL und Michel FRIEDMAN schürten den Antisemitismus, sei »nichts anderes als die Neuauflage eines der klassischsten antisemitischen Grundprinzipien: *Der Jude sei selbst schuld an seinem eigenen Unglück*«. Beinhaltet MÖLLEMANNS Äußerung tatsächlich diese Unterstellung?

Die über jeden Verdacht, mit Judenfeindlichkeit zu sympathisieren, erhabene Tochter des 1992 verstorbenen Vorsitzenden des

›Zentralrats der Juden in Deutschland‹ Heinz Galinski, Evelyn HECHT-GALINSKI, hatte FRIEDMAN am 21. Juni 2002 in einem Leserbrief in der *Süddeutschen Zeitung* wie folgt kritisiert: »FRIEDMAN hat sich durch sein Zentralratsamt und seine Position Talkshows ›erkämpft‹, die er als Anwalt sicherlich nicht bekommen hätte. Außerdem sitzt er ja noch im ZDF-Verwaltungsrat und in der CDU, all diese Posten sind nicht miteinander vereinbar. [...] Durch die ›Machtfülle‹, wie sie nach meiner Meinung nur in Deutschland möglich ist, gelingt es dem Zentralrat nun, jegliche Kritik an der israelischen Politik als Rassismus oder Antisemitismus abzuschmettern. [...] Außerdem ist es gefährlich und unerträglich, wie FRIEDMAN die Antisemitismus-Angst bei den Juden schürt.«[165]

Moishe Arye FRIEDMAN, Oberrabbiner der Orthodoxen Jüdischen Gemeinde in Wien, urteilte in der *National-Zeitung*, daß Michel FRIEDMAN »ein moralisch fragwürdiger Mann« sei. »Und auf alle Fälle spielt er hier Theater und bringt das gesamte Judentum in Gefahr. Er fördert unnötig Antisemitismus und trägt zu einem falschen Bild vom Judentum bei. Er ist wirklich eine Gefahr!«[166] Alle Argumente, die für MÖLLEMANN sprechen mögen, wurden ignoriert. Es war zu spät. Die Lawine eines ungeheuren Propagandafeldzuges war unwiderruflich losgetreten. Der ganzseitigen Anzeige der ›spontanen Initiative‹ folgte im Juni ein von Alexander BRENNER, dem Vorsitzenden der Jüdischen Gemeinde zu Berlin, und Susanne THALER, der Vorsitzenden der FDP des Ortsverbandes Dahlem, unterzeichneter *Aufruf zur Demonstration gegen den Versuch der FDP, mit antisemitischen Parolen Wahlpropaganda zu machen.* Das Establishment hatte sich eingeschossen.

Die unwürdige Haltung bundesdeutscher Politiker gegenüber Juden hatte *Der Spiegel* am Beispiel der Gäste in Michel FRIEDMANS Talkshow »Vorsicht Friedman!« erkannt und wie folgt beschrieben: »Die Gesprächsrunden inszeniert er mittlerweile als Inquisition, der sich deutsche Politiker jeder Couleur in geradezu masochistischem Eifer unterziehen. Sie werden von FRIEDMAN begrapscht und beschimpft, unterbrochen und überbrüllt, durchleuchtet und am Ende mit mephistophelisch-überheblichem Lächeln entsorgt.«[167]

Im Mai 2002 flog der FDP-Bundesvorsitzende Guido WESTERWELLE nach Israel. Es war seine erste auslandspolitische Reise überhaupt und, realistisch gesehen, nur mit der damals noch bestehenden Möglichkeit zu erklären, nach den Bundestagswahlen Außenminister zu werden. Erwartungsgemäß wurde der FDP-Politiker gleich am ersten Tag seiner Reise mit innerdeutschen Angelegenheiten konfrontiert. Demonstrativ sagte der Oppositions-

Diese Mitte Juni 2002 entstandene Aufnahme dokumentiert die Heuchelei der FDP-Führung. Auf den Druck des ›Zentralrats der Juden in Deutschland‹ hin setzte nun eine verlogene Hatz der politischen Kaste gegen MÖLLEMANN *ein. Sein Tod ein Jahr später kam nicht von ungefähr – auch wenn die wahre Todesursache noch nicht bekannt ist. Die Vorwürfe der Witwe in Richtung FDP-Spitze sind verständlich. Unten: Spaß-Politiker* WESTERWELLE *in Tel-Aviv.*

führer Jossi SARID ein Treffen mit dem Deutschen kurzfristig ab. Der Vorsitzende der Meeretz-Partei ließ das damit begründen, daß es in der Partei WESTERWELLES »nationalistische und antisemitische Äußerungen« gebe, denen der FDP-Vorsitzende nicht entschieden genug begegne. Da half es auch nicht, daß WESTERWELLE, der sich ja auf Einladung der israelischen Regierung in Tel Aviv und Jerusalem aufhielt, brav hervorzuheben wußte, daß »der Antisemitismus von allen Demokraten« bekämpft werden müsse. Ins Gästebuch von Jad Vaschem schrieb er zukunftsweisend: »Geschichte endet nicht mit einer neuen Generation. Wir bleiben in ihrer Verantwortung. Die Würde des Menschen ist unantastbar.«[168]

Israels Ministerpräsident Ariel SCHARON bescheinigte der Bundesregierung, sie sei »eine der freundlicheren, was die Haltung gegenüber Israel« betreffe, mahnte aber gleichzeitig: »Wann immer wir antisemitische Aussprüche hören, sorgen wir uns sehr.« SCHARON hoffe, an WESTERWELLE gewandt, der mit hochrotem Kopf wie ein Primaner die Schimpfe seines Lehrers entgegennahm, »daß bald wieder ein anderer Wind in Deutschland weht«.[169] Angesichts solcher Einmischung in die inneren Angelegenheiten eines anderen Staates muß man kopfschüttelnd zur Kenntnis nehmen, daß die *Süddeutsche Zeitung* – ohne Zweifel ein einflußreiches und meinungsbildendes Medium der Berliner Republik – am 28. Mai 2002 allen Ernstes behauptete: »Israel hat Besseres zu tun, als sich um deutsche Innenpolitik zu kümmern.« Eben nicht. Israel hat, und das zeigen jüngste Entwicklungen deutlich, ganz allgemein großes Interesse an den Vorgängen in Drittstaaten, einschließlich in befreundeten Staaten.

Bislang war es den israelischen Geheimdiensten untersagt, auf dem Staatsgebiet fremder Staaten Attentate zu begehen. Mit Amtsantritt des neuen Mossad-Chefs Meir DAGAN im Dezember 2002 änderte sich das grundsätzlich. Und zwar rasch. Seit Januar 2003 sind dem Mossad ›Präventivoperationen‹ in Drittstaaten ausdrücklich erlaubt. Damit würde dem Geheimdienst eine »größere operative Manövrierfähigkeit« verschafft, hieß es offiziell. Wie die australische Sonntagszeitung *The Sunday Times* berichtete, ist es israelischen Todeskommandos jetzt von der Regierung in Tel Aviv gestattet, in ›befreundete‹ Staaten einzusickern, um Oppositionelle zu ermorden: »Agenten des israelischen Geheimdienstes Mossad wird freie Hand gegeben, um diejenigen zu töten, die als Bedrohung für den jüdischen Staat betrachtet werden – gleichgültig, wo sie sich verstecken.«[170] Daß Israel damit gegen internationales Recht verstößt und die Souveränität anderer Staaten verletzt, scheint für den Judenstaat keine Konsequenzen nach sich zu ziehen. Von Sanktionen, Boykotten oder sonstigen Strafmaßnahmen seitens der ›internationalen Wertegemeinschaft‹ war bislang nichts zu hören.

In den innerdeutschen Streit über die Äußerungen MÖLLEMANNS zu Israel und den Juden in Deutschland, die in der Presse als vermeintliche Haltung großer Teile der FDP dargestellt wurden, blendete sich auch der Kanzlerkandidat der Unionsparteien, Edmund STOIBER, ein. STOIBER forderte die FDP-Führung auf, geschlossen dem »Eindruck« entgegenzutreten, ihre Partei wolle durch »Provokationen gegen jüdische Repräsentanten« Stimmen »Ewiggestriger« gewinnen. Der *Frankfurter Allgemeinen Zeitung* vertraute STOIBER an: »Das Spielen mit dem Feuer des Antisemitismus aus wahltaktischen Gründen ist zutiefst verantwortungslos. Die besondere geschichtliche Verantwortung Deutschlands für Israel und die jüdischen Bürger unseres Landes gehört in Deutschland zur Staatsräson und ist Konsens aller demokratischen Parteien.«[171]

Auch die CDU-Vorsitzende Angela MERKEL forderte WESTERWELLE auf, das Verhältnis seiner Partei zum ›Zentralrat der Juden in Deutschland‹ wieder vernünftig (!) zu gestalten. Der SPD-Vorsitzende, Bundeskanzler Gerhard SCHRÖDER, urteilte über die FDP: »Ich habe immer noch die Hoffnung, daß die Partei erkennt, daß sie auf dem falschen Weg ist.« Es bestehe die Gefahr, daß die »Vorgänge« sich negativ auf das internationale Ansehen Deutschlands auswirkten. Der Parlamentarische Geschäftsführer der SPD-Fraktion, Wilhelm SCHMIDT, veröffentlichte ein Schreiben an den Rechtsexperten der FDP Jörg VAN ESSEN. Darin heißt es, die SPD-Fraktion sehe angesichts der Debatten augenblicklich keine Grundlage, gemeinsam mit Union, Grünen und FDP eine Bundestagsentschließung mit dem Titel »Jüdisches Leben in Deutschland« einzubringen. Der ehemalige Bundesaußenminister und Bundesvorsitzende der FDP Klaus KINKEL fühlte sich dazu berufen, »MÖLLEMANNS Streit mit dem Zentralrat der Juden zu entschärfen«. Das Verhältnis müsse in Ordnung gebracht werden. Wolfgang KUBICKI, FDP-Fraktionschef in Schleswig-Holstein, gestand zwar ein, daß FRIEDMAN ein »eitler Pfau« sei, doch müsse MÖLLEMANN den Verdacht vermeiden, das »Bild vom häßlichen Juden« zu gebrauchen.[172]

Am 28. Juni 2002 traf Unions-Kanzlerkandidat Edmund STOIBER in Frankfurt am Main mit der Spitze des ›Zentralrats der Juden in Deutschland‹ zusammen. An dem Gespräch mit dem CSU-Chef nahmen Zentralrat-Präsident Paul SPIEGEL sowie dessen Stellvertreterin Charlotte KNOBLOCH und selbstredend Michel FRIEDMAN teil. Thema soll unter anderem die Situation jüdischer Bürger nach dem ›Antisemitismus‹-Streit der FDP mit dem Zentralrat gewesen sein. Nach dem Treffen bekannte STOIBER, er wünsche sich eine »Revitalisierung des jüdischen Glaubens und der jüdischen Kultur in Deutschland«. Der christsoziale Politiker betonte, daß den jüdischen Gemeinden bei der Integration ihrer Neumitglieder geholfen werden müsse. Nach dem Anstieg der Mitgliederzahlen von 30 000 auf 100 000 Personen gebe es ein erhebliches Integrationsproblem, sagte STOIBER: »Die brauchen Unterstützung von der Politik«, formulierte der Möchtegernkanzler gekonnt. Die bayerische Staatskanzlei teilte mit, daß es gar STOIBERS zentrales politisches Anliegen sei, daß der Konsens über die besondere Verantwortung Deutschlands gegenüber jüdischen Mitbürgern und Israel nicht aufgeweicht werde. Bei soviel Engagement ist man dann auch nicht

Matthias Matussek bemerkte zu Recht: »Was soll daran antisemitisch sein, Michel Friedman nicht zu mögen? Was soll daran antisemitisch, ihm vorzuwerfen, er sei gehässig und provoziere?« Der gegelte Frankfurter Anwalt, auf dessen Antrag unbequeme Bücher verboten und verbrannt wurden, gilt als schärfste Zunge der Republik. Schweigsam war er jedoch Anfang Juni 2003, als die Nachricht hereinblitzte, Kokser-Friedman sei im Prostituierten-Milieu engagiert. Pfui – Paolo Pinkel!

mit Lob kleinlich: Die Vizepräsidentin des Zentralrats Knobloch meinte, bei der Integration der überwiegend aus Osteuropa stammenden jüdischen Gemeindemitglieder sei seitens des Staates sowohl finanzielle als auch ideelle Hilfe denkbar. Stoiber, so lobte sie, habe für die Anliegen des Zentralrats vollstes Verständnis gezeigt.

Unterdessen lehnte der Präsident des ›Zentralrates der Juden in Deutschland‹, Paul Spiegel (SPD), jeden weiteren Kontakt mit Möllemann kategorisch ab. Möllemann habe »sich endgültig als Gesprächspartner und Demokrat disqualifiziert«, erregte sich Spiegel am 6. Juni 2002 gegenüber *Associated Press*. Das Maß des Erträglichen sei nach Auffassung des Zentralratspräsidenten überschritten. Spiegel betonte: »Wir werden es nicht zulassen, daß Möllemann Herrn Dr. Friedman zum personifizierten bösen Juden in Deutschland abstempelt.« Für ein Gespräch mit Herrn Möllemann sehe er überhaupt keine Möglichkeit mehr: »Das Tischtuch ist endgültig zerschnitten.« Eine recht merkwürdige Metapher.

Ein öffentliches Gespräch mit Möllemann wolle Friedman erst führen, wenn sich Möllemann bei ihm entschuldigt habe. Mölle-

MANN wiederum verlangte eine Entschuldigung von FRIEDMAN. So kam es, daß eine eilends einberaumte Talkshow ohne MÖLLEMANN stattfinden mußte, und FRIEDMAN folglich allein bei Erich BÖHME zum »Talk im Turm« seine Tiraden unwidersprochen zum besten geben konnte. Am Anfang dieser Talkshow, oder besser Monolog-Show, stand das inkriminierte Zitat von Jürgen MÖLLEMANN: »Ich fürchte, daß kaum jemand den Antisemiten, die es in Deutschland leider gibt, mehr Zulauf verschafft als Herr SCHARON und in Deutschland Herr FRIEDMAN mit seiner intoleranten, gehässigen Art.«

FRIEDMAN machte seine Sicht gleich zu Anfang der Sendung deutlich: MÖLLEMANN säe den »Haß auf Juden«. MÖLLEMANN wolle den Juden mal »ihre Grenzen zeigen«. MÖLLEMANN beginne »wieder zu hetzen«. Da wäre die Frage angebracht gewesen, ob FRIEDMANS Wortwahl dem Anlaß noch gerecht wurde.[173]

Am Ende der Sendung konnte FRIEDMAN beruhigt feststellen, daß sich fast alle Zeitungen in ihrer Verurteilung der Äußerungen MÖLLEMANNS einig seien. Es gebe wenige Ausnahmen, doch auch dabei gehe es nur um Nuancen, wie FRIEDMAN großzügig einräumte. Moderator BÖHME, der offensichtlich keine eigene Meinung hatte – jedenfalls vertrat er keine von FRIEDMANS Äußerungen abweichende –, schloß das Trauerspiel mit der Diagnose: »Wir haben uns Deutschen und ihm [FRIEDMAN] auf den Zahn gefühlt. Wir haben bei uns ein paar Karies-Stellen gefunden.« Bei wem auch sonst.

Die Hatz gegen MÖLLEMANN nahm Ausmaße an, die im wahrsten Sinne der berühmten Metapher von den Schlägen unter die Gürtellinie entsprachen. FRIEDMANS Zentralratskollegin KNOBLOCH konnte MÖLLEMANN als »Volksverhetzer« denunzieren, ohne daß sich jemand in der Presse dazu aufgerufen gefühlt hätte, publizistisch einzuschreiten. Im Juni führte Christoph SCHLINGENSIEF ein Stück auf, das alle Zutaten für eine Volkverhetzung aufwies. »Auf der Bühne steht ein Foto von Jürgen MÖLLEMANN neben einem Bild des Erfurter Attentäters Robert STEINHÄUSER. ›Tötet Jürgen MÖLLEMANN!‹, schreit Theaterregisseur Christoph SCHLINGENSIEF gleich zweimal ins Publikum. Dazu durchbohrt er ein Auge des FDP-Politikers mit einer Bohrmaschine, hält sich dessen Foto vors Gesicht: ›Ich sehe jetzt aus den Augen eines Antisemiten.‹«[174]

Was hier dem Publikum im Duisburger Stadttheater zugemutet wurde, überschreitet die Grenzen der Meinungsfreiheit – die des guten Geschmacks sowieso. Man stelle sich einmal vor, ein nationaler Regisseur hätte einem Bild von BEHN die Augen ausgestochen (»Ich sehe jetzt aus den Augen eines Deutschenhassers«) oder von REICH-RANICKI (»Ich sehe jetzt aus den Augen eines ehemaligen kommunistischen Geheimdienstagenten«). Das Medienecho wäre nicht auszudenken gewesen, die strafrechtlichen Konsequenzen ohnehin nicht.

In der Berliner Republik ist es üblich geworden, politisch Andersdenkende mit Fäkalausdrücken zu beehren oder mit Schlägen verschiedener Keulen (Faschismuskeule, Antisemitismuskeule, Rassismuskeule usw.) zu überziehen. Eine weitere Masche ist, den Gegner als Idioten zu denunzieren und als Fall für die Psychiatrie zu verunglimpfen. Es war schon in der Sowjetunion ein bewährtes Mittel, Unpersonen zur psychiatrischen Sonderbehandlung abzuschieben. Diese Form der Entledigung unliebsamer Kritiker ist auch in der freiheitlich-demokratischen Berliner Repubik nicht unbekannt. Am 7. Juni 2002 ratterte eine Pressemeldung der dpa über den Ticker: »Psychiater attestiert MÖLLEMANN ›Persönlichkeitsstörung‹«. Der Berliner Psychiater Tilo HELD attestierte Jürgen MÖLLEMANN – natürlich ohne ihn je persönlich gesprochen, geschweige denn untersucht zu haben – eine »narzißtische Persönlichkeitsstörung«. Er sehe bei MÖLLEMANN »eine Psychodynamik am Werk, nach der er auch dann auf seinem Verhalten beharrt, wenn es gegen seine eigenen Interessen geht«. HELD nannte das Verhalten MÖLLEMANNS »pathologisch«, und das bedeutet krankhaft.

Krank ist jedoch etwas ganz anderes in dieser Republik.

Es sollte nach der Bundestagswahl nicht einmal vier Wochen dauern, bis MÖLLEMANN abgesägt wurde. Unmittelbar nach den Wahlen verlor er sein Amt als stellvertretender Bundesvorsitzender der FDP, am 20. Oktober mußte er als Landesvorsitzender der FDP Nordrhein-Westfalens zurücktreten – und das, obwohl er bei den Bundestagswahlen mit 9,34 % das in allen Bundesländern beste Ergebnis für die FDP eingebracht hatte. In einem Interview mit der *National-Zeitung* äußerte sich der Autor der Bücher *Hitlers willige Vollstrecker* und *Die katholische Kirche und der Holocaust,* Daniel Jonah GOLDHAGEN, zum Thema MÖLLEMANN. Nach seiner Auffassung habe MÖLLEMANN versucht, »die Vorurteile, die in der Gesellschaft existieren – es gibt immer noch viel Antisemitismus in Deutschland – in die Politik zu bringen und daraus politischen Gewinn zu schlagen. [...] Das ist eine schreckliche Angelegenheit, die in der deutschen Politik nicht erlaubt sein sollte, nicht vorkommen sollte, ebenso wie sie in der amerikanischen Politik nicht vorkommen sollte und auch nicht in der Politik irgendeines anderen Landes«. Über das Verhalten des hierzulande herrschenden

Establishments gegenüber MÖLLEMANN zeigte GOLDHAGEN sich erfreut. »Die Reaktion der deutschen politischen Klasse« sei »gut« gewesen, denn politisch habe sie korrekt gehandelt.[175] Kommentar überflüssig.

Übrigens: Im November 2002 kündigte Bundeskanzler Gerhard SCHRÖDER nach einem Treffen mit dem Präsidenten des ›Zentralrats des Juden in Deutschland‹ Paul SPIEGEL in Berlin an, Bund und Zentralrat wollten einen Staatsvertrag (!) schließen. Wie immer bei derartigen Abkommen geht es natürlich um Geld. SCHRÖDER erklärte, die Zuwendungen an die jüdische Organisation würden künftig auf 3 Millionen Euro verdreifacht. Der Kanzler sagte, mit dem Staatsvertrag wolle die Bundesregierung auch »die enorme Integrationsarbeit der jüdischen Gemeinden in Deutschland« würdigen. SPIEGEL nannte die Übereinkunft für einen Staatsvertrag ein historisches Ereignis, was es aus mehrerer Hinsicht auch wirklich ist. Immerhin dürfte es kaum von staatsmännischer Weitsichtigkeit zeugen, in Zeiten des wirtschaftlichen Niedergangs Gelder in Millionenhöhe zu verschenken, die dringend zur Linderung der wachsenden sozialen Not gebraucht werden. Dem Volk sind derartige ›Gesten‹ ohnehin nicht plausibel zu machen. Aber auch politisch aktive Menschen, selbst solche, die SCHRÖDERS Partei angehören, sind nicht länger bereit, diesen Kurs der Unvernunft und der Anbiederung weiter mitzugehen. Rechtsanwalt Claus HARMSEN beispielsweise, Leiter der Berliner Vertretung des *Bundesanzeigers*, trat im Dezember 2002 nach 25jähriger Mitgliedschaft in der SPD aus Protest über die Politik der Bundesregierung gegenüber Israel und dem Zentralrat der Juden aus seiner Partei aus. In seinem Austrittsschreiben bekennt HARMSEN: »Um ganz ehrlich zu sein [...], hat die Tatsache, daß die Bundesregierung dem Zentralrat der Juden 3 Millionen Euro für die Förderung des Judentums in Deutschland zur Verfügung gestellt hat, bei mir das Maß voll gemacht.« Angesichts der leeren Staatskassen sei diese Tat ein »Kotau vor dem Zentralrat«.[176]

Wenden wir uns einem zweiten markanten Beispiel zu, das das notorisch demütige Verhältnis von Bundesdeutschen gegenüber Juden veranschaulicht. Außer dem Politiker MÖLLEMANN stand auch der Schriftsteller Martin WALSER – nach seiner Dankesrede 1998 anläßlich der Verleihung des Friedenspreises des Deutschen Buchhandels in der Frankfurter Paulskirche – im Mai 2002 bereits zum zweiten Mal am Pranger politisch korrekter Berufsdemokraten. Gegenstand der Empörung war WALSERS neuer Roman *Tod eines Kritikers*, in dem recht eindeutige Parallelen zwischen einem

Martin WALSER. Bereits bei seiner Dankesrede 1998 anläßlich der Verleihung des Friedenspreises des Deutschen Buchhandels in der Frankfurter Paulskirche hatte er großes Aufsehen erregt, als er die Befreiung der Deutschen von der »Moralkeule Auschwitz« gefordert hatte.

fiktiven jüdischen Literaturkritiker und dem realen Marcel REICH-RANICKI auftreten. Die Rezensenten vollbrachten ein wahres Wunderwerk: Lange bevor der Roman überhaupt erschienen war, wurde er bereits besprochen, oder besser: verrissen. Am 1. Juni forderte REICH-RANICKI den Suhrkamp-Verlag gar auf, den offensichtlich auf ihn gemünzten Roman nicht zu veröffentlichen. Dem Magazin *Focus* sagte REICH-RANICKI, »der Verlag BENJAMINS, ADORNOS, BLOCHS, CELANS dürfe ein solches Buch nicht verlegen«. Er sehe in dem Roman »deutliche antisemitische Tendenzen«. WALSER bringe die schlimmsten Klischees des Antisemitismus oft in Nebensätzen unter.

Noch nie zuvor hat ein Schlüsselroman (über den bundesdeutschen Literaturbetrieb) in der Bundesrepublik Deutschland dermaßen viel Wind aufgewirbelt wie der *Tod eines Kritikers*. Die *Frankfurter Allgemeine Zeitung*, REICH-RANICKIS Hausblatt, lehnte den Vorabdruck kategorisch ab. In einem »offenen Brief« an WALSER meinte Herausgeber Frank SCHIRRMACHER, ganz im Interesse REICH-RANICKIS, der Roman sei »ein Dokument des Hasses« und eine »Mordphantasie«, die mit dem »Repertoire antisemitischer Klischees« spiele[177] – eine Ansicht, die nicht von jedem geteilt wurde. Joachim KAISER, Leitender Redakteur der *Süddeutschen Zeitung* und einer der bedeutendsten deutschen Theater-, Literatur- und Musikkritiker, erklärte gegenüber der *Jungen Freiheit*, warum der *Tod eines Kritikers* kein antisemitisches Buch ist:

»Ich gebe zu, das Buch mit einer gewissen Ängstlichkeit gelesen zu haben, denn bekanntlich kann Martin WALSER ziemlich ›loslegen‹. Natürlich ist dieses Buch ein Pamphlet, denn es ist von einem übermütigen Haß gegen einen Kritiker geprägt - nicht aber vom Haß gegen einen Juden. Und der Vorwurf des Antisemitismus ist heutzutage ein unerträglicher Vorwurf, den niemand auf sich sitzen lassen kann. WALSER beschreibt einen Juden - André EHRL-KÖNIG alias Marcel REICH-RANICKI - als kritischen Intellektuellen, Egomanen und Showmenschen. Wenn nun jemand behauptet, das sei antisemitisch, weil typisch jüdisch, dann ist doch derjenige der Antisemit, weil er solche Muster im Kopf hat - nicht Martin WALSER, der behauptet so etwas nämlich nicht. [...] Der Vorwurf des Antisemitismus ist ein ganz gravierender Vorwurf, deshalb darf man ihn nicht nur irgendwie ahnen, sondern der Fall muß eindeutig sein! Antisemitismus stelle eine bösartige, absolute Haltung dar, die man klar benennen kann. Das ist bei Martin WALSER nicht im entferntesten der Fall. Nun heißt es bei den Kritikern WALSERS gern: ›Wenn das nicht antisemitisch ist, was denn dann?‹ Das will ich ihnen sagen! Beispielsweise: *Mein Kampf* von Adolf HITLER. Antisemitismus ist nicht nur eine Nuance. Bedenken Sie doch nur, was WALSER alles schon geschrieben hat: Den großartigen Auschwitz-Aufsatz im *Kursbuch*. Oder *Eiche und Angora*, oder das Stück *Der Schwarze Schwan*, eine Chiffre für ›SS‹. Dort nimmt er klar Stellung gegen die alten SS-Männer, die sich später als harmlose, feine ältere Herren geben. WALSER hat sich also schon ernsthaft und seit Jahrzehnten mit den Themen deutsche Schuld und Antisemitismus beschäftigt, als andere noch kaum daran gedacht haben. Deshalb ist Martin WALSER nun auch zu Recht empört über diese Vorwürfe.«[178]

SCHIRRMACHER hatte natürlich nicht darauf verzichtet, darauf hinzuweisen, daß REICH-RANICKI »die Verfolgung durch den Nationalsozialismus« im Warschauer Ghetto überlebt habe. Eine Behauptung, die den geschichtlichen Tatsachen gelinde gesagt schmeichelt, was im bundesdeutschen Medienbetrieb allerdings nicht ungewöhnlich ist - ein Umstand, der es wert ist, näher untersucht zu werden. Zur Kurzbiographie wurden dem bundesdeutschen Leser bislang beispielsweise in REICH-RANICKIS Buch *Literatur der kleinen Schritte* (Taschenbuchausgabe, Ullstein 1971) folgende Angaben vorgesetzt: »Marcel REICH-RANICKI, geboren am 2. Juni 1920 in Wloclawek an der Weichsel, wuchs in Berlin auf.

1938 wurde er nach Polen deportiert, ab 1940 lebte er im Warschauer Ghetto, aus dem ihm 1943 die Flucht gelang. Nach dem Krieg war er zunächst Verlagslektor und dann freier Schriftsteller in Warschau. 1958 siedelte er in die Bundesrepublik um.« Kein außergewöhnlicher Lebenslauf. Allerdings ist diese Kurzbeschreibung von REICH-RANICKIS Vita ebenso verstümmelt wie vielfach falsch. Die Geburtsangaben stimmen wenigstens. Fast zumindest; denn geboren wurde er unter dem Namen Marceli REICH.

1938 absolviert der junge REICH am Berliner Fichte-Gymnasium das Abitur und reist danach wieder zurück in sein Geburtsland Polen. Mit 19 Jahren flieht er aus dem soeben sowjetisch besetzten östlichen Teil Polens in das nun unter deutscher Besatzung stehende Warschau. Dort wird REICH Dolmetscher im Judenrat. Jahre später, als jüdische Funktionsträger den Aufstand vorbereiten, wird es REICH offensichtlich zu heiß in Warschau. Er verläßt die polnische Hauptstadt zusammen mit seiner Frau Teofila. Hier vom Gelingen einer Flucht zu sprechen, ist schmeichelhaft. REICH findet weiter ostwärts nicht nur Quartier bei einem Buchdrucker, sondern mit veränderter Kriegslage alsbald auch den Weg zur polnischen Kommunistischen Partei. Er wird Leiter der rotpolnischen militärischen Postzensur, wobei von ihm solche Personen denunziert werden, die Verbindungen zur antikommunistischen polnischen Exilregierung in London haben. Im Laufe der Zeit sind dies immerhin 2000 Menschen. Etwas später kommt ›Kapitan‹ (Hauptmann) REICH nach Kattowitz. Als Leiter der Einsatzgruppe ›Operative Abteilung‹ des berüchtigten Amtes für Staatssicherheit in Oberschlesien – aus dem er 1950 als Direktor der Abteilung II Departements IV entlassen werden wird – ist er für die Internierung zurückgebliebener bzw. zurückgehaltener Deutscher mitverantwortlich.[179] Über die Verhältnisse in den Lagern, in denen REICH seinen Tätigkeiten nachging, geben mittlerweile viele Sachbücher zur Vertreibung der Ostdeutschen unzweideutig Auskunft.[180]

In den späten vierziger Jahren ist REICH in London tätig. Den Forschungsergebnissen von Andrzej PACZKOWSKI, dem Leiter der Polnischen Akademie der Wissenschaften, und Tilman JENS ist es zu verdanken, daß heute Klarheit darüber besteht, was REICH tatsächlich nach England zog. Mitte 1994 geschah das Unfaßbare. Das bundesdeutsche Medienkartell war einen Augenblick etwas ratlos, und die ›deutsche Öffentlichkeit‹ hielt einen Augenblick den Atem an. Ein offensichtlich Irrsinniger, Tilman JENS, seines Zeichens Sohn des Rhetorik-Professors Walter JENS, bis dato REICH-RANICKIS Busenfreund, hatte in der Fernsehsendung *Kulturspiegel*

Marceli Ranicki 1949 mit Frau Teofila und Sohn Andrzej in London, wo er ein Jahr zuvor seine Stelle als Chef des Generalkonsulats der Republik Polen angetreten hatte. In seiner im Jahre 2000 erschienenen Autobiographie Mein Leben *ist Reich-Ranickis eigentliche Londoner Tätigkeit vielfach okkultiert worden.*

vom 29. Mai 1994 den Mumm gehabt, zu behaupten, Papas Weggefährte »habe vor einem halben Jahrhundert für den polnischen Geheimdienst gearbeitet und als Leiter des polnischen Generalkonsulats in London politisch abtrünnige Landsleute ans Messer geliefert. Diese Deutschen! Nicht genug, daß sie sich schon wieder anschickten, jüdische Mitbürger zu kujonieren (statt endlich mal ihre eigene Vergangenheit zu bewältigen!), nun erwarteten sie auch noch, daß man sich für einen solchen aus den Fingern gesaugten Blödsinn vor ihnen rechtfertigte. Unglaublich!«[181]

Als 1994 die ersten Nachrichten über Reich-Ranickis Treiben als rotpolnischer Geheimdienstoffizier durchsickerten, entdeckte der ehrenwerte Literaturpapst natürlich eine ›antisemitische Kampagne‹. Diese galt es selbstredend zu bekämpfen. Die ansonsten so hochkritischen und allzeit wachsamen bundesdeutschen Medien griffen die sensationellen Neuigkeit deshalb nicht etwa auf, sondern sprangen Reich-Ranicki hilfreich zu Seite. »Einem Ex-Einbrecher [Tilman Jens]«, schlug der plötzlich spießig argumentierende *Spiegel* mit bewährter Auschwitzkeule zu, habe »der Westdeutsche Rundfunk gestattet, das Ansehen eines Juden zu beschädigen, der in den Konzentrationslagern der Nazis fast seine ganze Familie verlor.« *Die Welt* entdeckte »juvenilen Fürwitz«, die *Frankfurter Rundschau* diagnostizierte bagatellisierend ein »Gerücht« und sah lediglich einen »Verdacht«, während die *Frankfurter Allgemeine Zeitung* – notgedrungen – »skrupellose Methoden« entdeckte.

Kommunistischer Geheimdienst? Bespitzelung von Landsleuten? Alles Lappalien. Der Aufenthalt in England war lediglich »ein bequemer diplomatischer Posten, der mir Reisen nach Italien, in die Schweiz und häufig nach Paris ermöglichte«. Folglich bezeichnete der Unbescholtene in den Printmedien und im Fernsehen die gemeinen Behauptungen als »kompletten Quatsch« – allerdings nur bis zu dem Tag, an dem die Indizien den Beweisen wichen. Tilman JENS konnte Zeugen und ein amtliches Dokument präsentieren, das die »gemeinen Gerüchte« bestätigte: Marceli REICH war in der Tat von 1944 bis 1950 hauptamtlicher Mitarbeiter des polnischen Geheimdienstes gewesen, zuletzt unter dem Decknamen ›Albin‹ im Rang eines dekorierten Hauptmanns am polnischen Generalkonsulat in London. Eine seiner dortigen Aufgaben war das Ausforschen polnischer Emigranten.

Wie REICH-RANICKI dem *Spiegel* gegenüber zugeben mußte: »Jawohl, ich war in den Jahren 1948/1949 Konsul der Republik Polen in London und gleichzeitig ständiger Mitarbeiter des polnischen Geheimdienstes.«[182] Im Juli 1958 kommt Marcel REICH, der sich inzwischen den Namenszusatz RANICKI zugelegt hatte, zu »Studienzwecken« nach Deutschland – in den kapitalistischen Teil, versteht sich. Dort machte er Karriere zunächst bei der *Zeit*, später bei der *Frankfurter Allgemeinen Zeitung*. Man sehe es Herrn SCHIRRMACHER wegen der engen Beziehung zwischen REICH-RANICKI und der ›Zeitung für Deutschland‹, hinter der bekanntlich immer ein kluger Kopf steckt, nach, den Lebensgang des *Pontifex maximus* der bundesdeutschen Literaturszene ein wenig nachgebessert zu haben.

Marcel REICH-RANICKI ist unbestritten der Bundesrepublik Deutschland populärster Literaturkritiker. Kein anderer Großkritiker hat es in der Mediengunst auch nur annähernd so weit gebracht wie er. Seine autobiographischen Aufzeichnungen mit dem einfallsreichen Titel *Mein Leben* waren im Jahre 2000 das meistverkaufte ›Sachbuch‹ – in dem allerdings unangenehme Ereignisse geflissentlich ausgelassen wurden und damit das Lesepublikum über REICH-RANICKIS tatsächliche Vergangenheit im dunkeln gelassen wurde. Der ›Literaturpapst‹ macht es sich sehr einfach, etwaige Kritik von vornherein abzuwürgen: »Bin ich als Jude, der ich 1938 von Deutschen nach Polen deportiert wurde und jahrelang im Warschauer Ghetto und später außerhalb des Ghettos unter deutscher Bestialität gelitten habe, bin ich denn ausgerechnet der deutschen Öffentlichkeit Auskunft und Rechenschaft schuldig darüber, was ich noch während des Krieges und in den ersten Nachkriegsjahren als polnischer Staatsbürger in der polnischen Armee und in polnischen Behörden getan habe?« Diese rhetorische Frage, eine typische Anspielung auf das anerzogene schlechte Gewissen der Bundesdeutschen, ist eine einfache und von Angehörigen des »auserwählten Volkes« gern angewandte Methode, die eigene Vergangenheit zu bewältigen und unangenehme Fragen bereits im Vorfeld abzuwürgen. Wenn er aber der deutschen Öffentlichkeit keine Rechenschaft schuldig ist, warum hat Reich-Ranicki dann aus freien Stücken einen Wälzer von 550 Seiten vorgelegt?

Der Chor der Apologeten war sich jedenfalls einig: Die in der Schweiz erscheinende *Weltwoche* bescheinigte dem Buch Reich-Ranickis begeistert »Kein Wort ist zuviel«, und sprang mit dieser ebenso unzutreffenden wie anbiederischen Beurteilung auf den bundesdeutschen Zug auf. Erwartungsgemäß war die ›deutsche Öffentlichkeit‹, will sagen der bundesdeutsche Medienbetrieb, über *Mein Leben* vor schierer Begeisterung derart aus dem Häuschen, daß das Buch ein ganzes Jahr lang an die Spitze der Bestsellerliste gesetzt wurde. Für den *Tagesspiegel* gehört Reich-Ranickis Autobiographie »zu den großen Geschichtserzählungen unseres Jahrhunderts«. Dem wollte der *Spiegel* nicht nachstehen und bezeichnete Ranickis geschöntes Buch als eine »der ergreifendsten Lebensgeschichten dieses Jahrhunderts«, was die *Frankfurter Allgemeine Zeitung* mit dem euphorischen Urteil »Ein Kapitel Weltgeschichte« noch zu toppen versuchte, während sich die *Welt am Sonntag* (»Eine Jahrhundert-Geschichte«) und *Focus* (»Ein Jahrhundert-Buch«) die superlative Waage hielten. In Polen sah man die Dinge realistischer. Dort verkaufte sich nicht einmal die erste Auflage des Buches.

Der *stern* (Heft 34/99) fragte Reich-Ranicki 1999, warum er seine Geheimdiensttätigkeit bis 1994 stets verschwiegen habe, woraufhin dieser vorgab: »Aus Angst. Mir wurden von polnischen Stellen die schrecklichsten Konsequenzen angedroht, falls ich etwas über diese Zeit erzähle.« Dem *Spiegel* (Heft 25/1994) allerdings hatte er fünf Jahre zuvor auf die Frage, ob er Angst vor eventuellen Sanktionen gehabt habe, noch geantwortet: »Nein, das war nicht das Entscheidende. Was ich über den polnischen Geheimdienst nach meiner Rückkehr nach Deutschland hätte erzählen können, war belanglos.« Was nun? Schreckliche Konsequenzen oder gar keine?

Um die Verwirrung vollständig zu machen, heißt es in Reich-Ranickis ›Jahrhundertbuch‹ auf Seite 332: »Ich hatte eine Erklärung zu unterschreiben, der zufolge ich mich verpflichtete, niemals ein Wort über den polnischen Geheimdienst und über alles, was mit ihm zusammenhing, verlauten zu lassen [...] Obwohl das Wort

›Todesstrafe‹ nicht verwendet wurde, hatte ich keinen Zweifel, worauf meine Gesprächspartner anspielten. Ich habe diese Drohung sehr ernst genommen.«

Aber zwischen Belanglosigkeit und Todesbedrohung ist doch noch ein Unterschied. Widersprüche? Natürlich nicht: »1948/49 (inzwischen nannte er sich ›RANICKI‹) wurde er für zuverlässig und erprobt genug erachtet, daß man ihn als Konsul und Leiter der dortigen Sektion der Auslandsspionage nach London entsandte. Die britische Hauptstadt war das wichtigste Zentrum der polnischen Emigration (rechte Nationalisten, bürgerliche Demokraten, antikommunistische Sozialisten). Diese Kreise wollte das Stalinisten-Regime auskundschaften und infiltrieren. Die kommunistischen Herrscher in Warschau ließen Emigranten unter falschen Versprechungen in die Heimat zurücklocken, wo sie ins Räderwerk der ›Säuberungen‹ gerieten und hingerichtet wurden. [...] 1950 endeten REICH-RANICKIS Umtriebe als Geheimdienstoffizier und kommunistischer Parteigenosse. Weil der Führung seine Rolle im Warschauer Ghetto zur deutschen Besatzerzeit (Mitarbeiter der Ghetto-Verwaltung) durch Nachforschungen suspekt erschienen war und weil er sich für seinen Schwager, der unter ›Trotzkismus‹-Verdacht stand, um ein Visum bemüht hatte. Hartnäckig hat sich ›REICH‹ alias ›RANICKI‹ alias ›REICH-RANICKI‹ um Rückkehr in den Schoß der polnischen Kommunisten bemüht. Gemäß Akte ist er 1957 dann auch wieder Mitglied der Partei geworden. [...] In der Bundesrepublik konnte REICH-RANICKI rasch als Senkrechtstarter in der etablierten Intellektuellen-Szene reüssieren. Und zu einem Hauptmatador der Vergangenheitsbewältigung werden (in bezug auf den Nationalsozialismus, nicht allerdings in eigener stalinistischer Sache). Sowie als Einpeitscher gegen rechts in Erscheinung treten (›Verbot der National-Zeitung!‹). Den polnischen Geheimdienstunterlagen ist zu entnehmen, daß die Akte des REICH-RANICKI noch mehrmals nach seiner Übersiedlung in die Bundesrepublik ›in Gebrauch gewesen‹ sei.«[183]

In der oben bereits angeführten Ausgabe des *Spiegels* vom Jahr 1999 log der ehemalige Geheimdienstagent auf die Frage, ob er nach der Auflösung seines Dienstverhältnisses im Januar 1950 noch irgendwelche Kontakte mit dem Geheimdienst gehabt habe, keck mit: »Nein, niemals.« Und, gleichsam zur Bekräftigung, meinte er am 12. August 2002 auf die Frage der *Welt*, ob es »nach Ihrer 1949 bzw. 1950 erfolgten Entlassung aus dem polnischen Außenministerium und dem Sicherheitsministerium irgendwelche Kontakte mit diesen Ministerien oder irgendwelchen Geheimdiensten in

Polen« gegeben habe: »Niemals, nicht die geringsten. Dieser Abschnitt meines Lebens war damals, also vor bald 53 Jahren, endgültig abgeschlossen.« Dabei hätte die wahrheitsgetreue Antwort auf die Frage nach fortdauernden Geheimdienstkontakten lauten müssen: »Selbstverständlich. Noch Mitte der fünfziger Jahre lieferte ich der polnischen Staatssicherheit Informationen über literarische Kreise der BRD.« Die Beweise hierfür lieferte der polnische Journalist Janusz TYCNER aus Warschauer Archiven. Tatsächlich war REICH-RANICKI nach dem Zweiten Weltkrieg innerhalb des kommunistischen Regimes in Polen eine weit wichtigere Figur als er bis dahin zugegeben hatte. »Das geht aus der Personalakte des Ministeriums für Öffentliche Sicherheit (MBP) hervor, dessen Mitarbeiter REICH-RANICKI Ende 1944 mit 24 Jahren wurde und mit kurzer Unterbrechung bis zum 28. Januar 1950 war. Sie liegt unter der Nummer IPN 0193/896 im polnischen ›Institut des Nationalen Gedenkens (IPN)‹, der polnischen Entsprechung der Gauck-Behörde, in Warschau. In mehreren ›Charakteristika‹ loben verschiedene Vorgesetzte über mehrere Jahre hinweg [seine] Intelligenz und [seinen] Eifer: Er sei ›gut in der operativen Arbeit, vernarrt in den Geheimdienst‹, er ›kennt die Psyche des Agenten‹, auch sei er der Volksrepublik ›ergeben, politisch zuverlässig, bewährt‹. Seine Karriere gebe ›Anlaß zu großen Hoffnungen‹. Bescheinigt werden ihm auch ›große gesellschaftliche Kontakte in Parteikreisen‹. Den gelegentlich fast euphorischen Ton bezeichnen polnische Historiker als ungewöhnlich: Gerade in der Staatssicherheit hätten Vorgesetzte stets äußerst zurückhaltend formuliert, um sich gegen künftige Konkurrenten, aber auch gegen mögliche ›Fehlentwicklungen‹ des Beurteilten abzusichern. Die jetzt freigegebene Akte umfaßt 109 Blatt, zum Teil beidseitig beschrieben, darunter REICH-RANICKIS Aufnahmegesuch vom 25. 10. 1944, Verpflichtungs- und Schweigeerklärungen, handschriftlich verfaßte Lebensläufe, detaillierte Personalfragebögen, Anträge der Vorgesetzten auf Beförderung, drei Fotos und einige private Briefe. Im Dienst des Ministeriums brachte es REICH-RANICKI schnell zum Rang eines Hauptmanns. Er erhielt drei Auszeichnungen, eine davon, das Silberne Verdienstkreuz, mit der summarischen Begründung ›für herausragende Verdienste, Tapferkeit im Kampf mit Diversionsbanden und musterhaften Dienst‹. Ein internes MBP-Personalhandbuch, das nach der Wende in Polen nachgedruckt wurde, nennt ihn unter den wichtigsten 1100 Mitarbeitern.«[184]

London, so der Korrespondent der *Welt* in Polen, Gerhard GNAUCK, »war damals aus Warschauer Sicht der brisanteste diplomatische Posten: Die Emigrantenszene um die nichtkommunistische polnische Exilregierung sollte bespitzelt und infiltriert werden, zugleich sollten möglichst viele Emigranten zur Rückkehr nach Polen bewegt werden.«

Diese brisanten Neuigkeiten versuchte der ansonsten so redselige Literaturpapst mit der üblichen Polemik vom Tisch zu wischen. GNAUCK sei »auf der Suche nach Sensationen«, wiederhole bekannte Geschichten und wisse nicht, worüber er schreibe, erregte sich REICH-RANICKI. Doch nach Ansicht des Warschauer Historikers Wlodzimierz BORODZIEJ machen die Recherchen von GNAUCK deutlich, daß REICH-RANICKI »relativ hoch« in der Hierarchie des Geheimdienstes gestanden habe. Darüber hinaus bekannte auch der Historiker Andrzej PACZKOWSKI, daß er davon überzeugt sei, daß REICH-RANICKI innerhalb des MBP eine wichtige Rolle gespielt habe. Für »interessant« hält er die Frage, ob der Geheimdienst sich die Dienste des Literaturkritikers möglicherweise auch nach dessen Übersiedlung in die Bundesrepublik zunutze gemacht habe. Vier- bis fünfmal sei die Personalakte in den siebziger und achtziger Jahren noch in Gebrauch gewesen: Allerdings sei unklar, ob der MBP seinen einstigen Agenten noch einmal ›verwenden‹ oder ihm schaden wollte.[185]

Auf diese sensationellen Entdeckungen hin befragte *Die Welt* REICH-RANICKI Mitte August 2002. Seine Antworten sind ebenso sensationell:

»*Die Welt*: Herr REICH-RANICKI, in polnischen Archiven sind jetzt Dokumente aufgetaucht, die nahelegen, daß Ihre Rolle in Polen weit wichtiger war, als Sie sie in Ihrer Autobiographie dargestellt haben. Was sagen Sie zu diesen Dokumenten?

Marcel REICH-RANICKI: Ich kenne diese über 100 Seiten umfassende Akte nicht. Ich kann mich aber des Eindrucks nicht erwehren, daß hier jemand eifrig bemüht war, diejenigen Angaben herauszufischen, die vielleicht gegen mich sprechen könnten. Dennoch beweisen die jetzt aufgetauchten und von der *Welt* zitierten Dokumente keineswegs, daß meine Rolle in Polen in der letzten Kriegszeit und gleich danach (also bis 1949) größer war, als ich sie in meinem 1999 erschienenen Buch *Mein Leben* dargestellt habe. Ich habe in meiner Darstellung kein Wort zu korrigieren.

Die Welt: In Ihrer Autobiographie schildern Sie sich als lustlosen Agentenführer. Die jetzt vorliegenden Beurteilungen lassen vermuten, daß Sie hervorragend waren.

REICH-RANICKI: Ein Agent ist - laut Duden-Fremdwörterbuch - ein ›im staatlichen Geheimauftrag tätiger Spion‹. Ich hatte während meiner Tätigkeit in London überhaupt keinen Agenten, konnte also kein Agentenführer sein. Wohl aber haben mich über die polnische politische Emigration zehn bis 15 Mitarbeiter informiert. Meist waren es arbeitslose oder pensionierte polnische Journalisten. Diese Informanten wurden in der Warschauer Zentrale wichtigtuerisch ›Agenten‹ genannt.

Die Welt: In den Akten heißt es, Sie hätten Ihre Arbeit in London ›mit Leidenschaft betrieben‹.

REICH-RANICKI: Das Leben in London war für mich natürlich viel interessanter und auch bequemer als in Warschau. Wenn ich auf diesem Posten bleiben wollte, konnte ich der Warschauer Zentrale doch nicht die Wahrheit sagen, daß ich nämlich meine Arbeit für den Geheimdienst für belanglos und überflüssig halte und daß ich sie daher ungern mache.« [...]

Die Welt: Waren Sie in Kattowitz, um dort das Bezirksamt des MBP aufzubauen?

REICH-RANICKI: Nein, keineswegs. Ich hatte in Kattowitz lediglich die militärische Postzensur zu organisieren, was ich rasch gemacht habe - innerhalb von einigen Tagen, höchstens einer Woche. Die Angabe, ich sei in Kattowitz mehrere Wochen gewesen, ist falsch. Warum? Vielleicht hat sich eine Sekretärin verschrieben.«[186]

Die *Neue Zürcher Zeitung* kommentierte die brisanten Aufdeckungen mit den Worten: »In seiner Autobiographie, aber auch in einem Gespräch zu den jüngsten Enthüllungen tut REICH-RANICKI das Ganze auf der Basis einer erstaunlichen Vergeßlichkeit als lächerliche Episode ab. Bleibt die Frage, warum er sich in den Reihen des Geheimdienstes so wohl fühlte.« Die Zeitung weiter, er würde »in fragwürdiger Weise dazu neigen, seine Rolle zu verharmlosen.«

Hatte REICH-RANICKIS Hinhaltespiel in der Bundesrepublik Deutschland irgendwelche Konsequenzen? Nicht die geringsten. Im bundesdeutschen Absurdistan wird REICH-RANICKI weiterhin mit Ehrungen überhäuft. Auch in sogenannten bürgerlich-konservativen Bundesländern. Im Juli 2002 wurde ihm beispielsweise in München die Ehrendoktorwürde der Ludwig-Maximilians-Universität verliehen. Für seine »besonderen Verdienste« um die deutschsprachige Literatur, wie es hieß - und um noch einen draufzusetzen, um »seinen entscheidenden Beitrag zur Aufarbeitung der deutschen Geschichte« zu würdigen. Schließlich habe der Kritiker mit seiner Autobiographie *Mein Leben* »die Auseinandersetzung mit dem Nationalsozialismus« vertieft. Der Laudator, der Professor für Literatur Wolfgang FRÜHWALD, bezeichnete REICH-RANICKI als »großen Europäer« und lobte dessen »makellose Sprache«. Bescheiden stellte der Geehrte daraufhin fest, daß diese Worte »das Klügste« seien, »was ich jemals über mich gehört habe«. Dann jedoch verstummte das Gesäusel, und der Haß auf die »deutsche Bestialität« trat wieder jäh hervor. REICH-RANICKIS Dankesrede glich einer Tirade: Nach der Veröffentlichung von WALSERS Roman *Tod eines Kritikers*, »ein Buch, das gegen die Juden hetzt«, sei er »erfüllt von Trauer und Angst um dieses Land«. Die »neuen deutschen Mordphantasien« hätten ihn und seine Frau sehr getroffen. Der Suhrkamp-Verlag habe sich mit der Veröffentlichung »für immer besudelt«, und Martin WALSER erwähnte der Ehrendoktor »als Zeichen meiner Verachtung, weil er seinem Haß freien Lauf gelassen hat«, nicht namentlich.[187]

Doch damit der Ehrerweisung nicht genug. Für sein »Lebenswerk« als »profiliertester deutscher Kritiker« erhielt Marcel REICH-RANICKI am 28. August 2002 den Goethe-Preis der Stadt Frankfurt verliehen. Die mit 50 000 Euro dotierte Auszeichnung wird seit 75 Jahren am Geburtstag des Dichters vergeben. Es ist eine der bedeutendsten Auszeichnungen in Deutschland und wurde bislang an Geistesgrößen wie Albert SCHWEITZER, Max PLANCK oder Siegfried LENZ verliehen. Oberbürgermeisterin Petra ROTH (CDU) überreichte REICH-RANICKI die hohe Auszeichnung vor rund 900 geladenen Gästen. Der Schweizer Literaturwissenschaftler Peter VON MATT behauptete in seiner Laudatio, REICH-RANICKIS Einzigartigkeit beruhe darauf, daß »sein Witz, sein scharfes Auge und seine Lust, lauthals zu rühmen und zu tadeln«, einhergingen mit einer »enormen Produktivität in vielen Sparten«. Durch sein jahrzehntelanges Wirken habe REICH-RANICKI es »in einzigartiger Weise« verstanden, Literatur populär zu machen. Sein Werk und seine Präsenz im kulturellen Leben in Deutschland hätten zudem die Literaturentwicklung entscheidend mitgeprägt.[188] Auf die Frage des *stern*, bei welcher Gelegenheit er stolz sei, Deutscher zu sein, antwortete REICH-RANICKI im übrigen: »Die Frage unterstellt, daß ich, erstens, ein Deutscher bin, und, zweitens, deshalb noch Stolz empfinde. Beides trifft nicht zu.«[189] Das zu glauben fällt nicht schwer.

Wozu all diese Beispiele? Um zu belegen, daß die Deutschen es nicht gelernt haben, mit dem Thema Juden und Israel und den

Paul SPIEGEL, BUBIS' *Nachfolger an der Spitze des Zentralrats der Juden in Deutschland.*

damit verbundenen Implikationen natürlich umzugehen. Sehen wir uns diese Abnormalität im Umgang miteinander noch etwas genauer an. Zum jüdischen Neujahrsfest, Rosch Haschana, gratulierten 2002 in der *Jüdischen Allgemeinen* außer den knapp 280 jüdischen Organisationen, Geschäftsleuten und Privatpersonen auch rund 50 bundesdeutsche Repräsentanten:

- Politiker

Für die Bundesregierung Bundeskanzler Gerhard SCHRÖDER – (»Jüdisches Leben und Traditionen wachsen in Deutschland. Dies ist ein Vertrauensbeweis, den wir nicht enttäuschen wollen und dürfen. Im Bewußtsein um die Verantwortung vor unserer Geschichte bleibt es beständige Aufgabe, dafür Sorge zu tragen, daß weder antisemitische noch rechtsextremistische Tendenzen eine Chance haben, sich auszubreiten. Lassen Sie uns gemeinsam für ein weltoffenes und tolerantes Deutschland eintreten. Ungeachtet, welcher Religion wir auch angehören, wir sind alle Bürger eines freiheitlichen und demokratischen Staates«), der Bundesminister für Arbeit und Sozialordnung Walter RIESTER (»Rassismus, Fremdenfeindlichkeit und Intoleranz sind eine ernst zu nehmende Herausforderung für unsere Gesellschaft. Die Bundesregierung hat sich dieser Herausforderung angenommen und tritt intolerantem und diskriminierendem Verhalten mit aller Kraft entgegen.

Mit dem ›Bündnis für Demokratie und Toleranz – gegen Rechtsextremismus und Fremdenfeindlichkeit‹ bündelt die Bundesregierung gesellschaftliche Kräfte und fördert aktiv Zivilcourage«), der Präsident des Deutschen Bundestages Wolfgang THIERSE (»Für unsere gemeinsame Zukunft vertraue ich auch weiterhin auf unsere erfolgreiche Zusammenarbeit für ein friedliches Miteinander«), der Regierende Bürgermeister von Berlin und Präsident des Bundesrates Klaus WOWEREIT (»Meine Grüße sind begleitet von der Hoffnung auf einen dauerhaften Frieden im Nahen Osten und dem Versprechen, daß ich mich mit aller Entschiedenheit gegen Antisemitismus und Fremdenfeindlichkeit einsetzen werde«), der Präsident des Schleswig-Holsteinischen Landtages Heinz-Werner ARENS, die Präsidentin der Hamburger Bürgerschaft Dorothee STAPELFELDT, die Ministerpräsidentin des Landes Schleswig-Holstein Heide SIMONIS (»Mit Freude erleben wir in Schleswig-Holstein das Wachsen der jüdischen Gemeinde. Respekt und Toleranz, Wissen und Verstehen sind unabdingbare Voraussetzungen für ein konstruktives Miteinander«), der damalige niedersächsische Ministerpräsident Sigmar GABRIEL (»LeSchanah towah tikhatew vetechatem lealtar leChajim towim UleSchalom«), der Ministerpräsident Thüringens Bernhard VOGEL (»Viele von Ihnen werden mit Ihren Gedanken bei Verwandten oder Freunden in Israel sein. Uns verbindet die Hoffnung, daß die Menschen dort – trotz aller schrecklichen Rückschläge – bald in Sicherheit und Frieden leben können«), der sächsische Ministerpräsident Georg MILBRADT (»Im abgelaufenen Jahr des jüdischen Kalenders wurde nicht nur der Neubau der Synagoge in Dresden, sondern auch das moderne jüdische Gotteshaus in Chemnitz eingeweiht. Beide sind für mich ein wichtiges Zeichen dafür, daß das Judentum in Sachsen eine gute Gegenwart und Zukunft hat«), der Ministerpräsident des Sächsischen Landtages Erich ILTGEN (»Möge es dem Blatt [*Jüdische Allgemeine*] auch in Zukunft gelingen, durch die Vermittlung von Wissen über die jüdische Religion und Kultur den Leidensweg des jüdischen Volkes, den Alltag der jüdischen Gemeinden in Deutschland und den Staat Israel um Verständnis zu werben und eine offene und vorurteilsfreie Auseinandersetzung mit unserer gemeinsamen Vergangenheit zu befördern«), der Ministerpräsident Sachsen-Anhalts Wolfgang BÖHMER (»Zu den geistigen Wurzeln unserer europäischen Kultur gehört auch das Judentum«), der Präsident des Landtages Rheinland-Pfalz Christoph GRIMM, der Ministerpräsident von Rheinland-Pfalz Kurt BECK, der Ministerpräsident des Landes Brandenburg Matthias PLATZECK (»Gemeinsam mit Ihnen fühlen wir uns dafür verantwortlich, allen Menschen in unserer Gesellschaft die Chancen für ein demokratisches und friedliches Miteinander zu eröffnen«), der Ministerpräsident des Landes Baden-Württemberg Erwin TEUFEL, der Ministerpräsident des Landes Hessen Roland KOCH (»Im neuen Jahr hat die Integration der jüdischen Zuwanderer eine hervorgehobene Bedeutung«), der Präsident des Hessischen Landtages Klaus Peter MÖLLER, der bayerische Ministerpräsident Edmund STOIBER (»Das Bewußtsein der besonderen geschichtlichen Verantwortung Deutschlands für die jüdischen Bürger in unserem Lande und auch für Israel gehört zum Konsens aller demokratischer Parteien«), der Präsident des Landtages Nordrhein-Westfalen Ulrich SCHMIDT (»Durch wachsende geistig-kulturelle Ausstrahlung, die lebendige Verbundenheit mit Israel und den Dialog mit anderen Gruppen und Religionsgemeinschaften leistet die jüdische Gemeinschaft in Deutschland wertvolle Beiträge für ein von Toleranz geprägtes, friedliches und humanes Miteinander in unserer pluralistischen Gesellschaft«), der Oberbürgermeister von Darmstadt Peter BENZ, der Oberbürgermeister von Hannover Herbert SCHMALSTEG, der Oberbürgermeister von Chemnitz Peter SEIFERT, der Oberbürgermeister von Düsseldorf Joachim ERWIN, der Oberbürgermeister von Erlangen Siegfried BALLEIS, der Oberbürgermeister von Konstanz Horst FRANK, der Oberbürgermeister von Hagen Wilfried HORN (»Schalom«), die Oberbürgermeisterin von Halle Ingrid HÄUSSLER, der Oberbürgermeister von Kassel Georg LEWANDOWSKI (»LeSchana Towa tekatewu!«), der Oberbürgermeister von Fürth Thomas JUNG, der Oberbürgermeister von Leipzig Wolfgang TIEFENSEE, der Oberbürgermeister von Braunschweig Gert HOFFMANN, der Oberbürgermeister von Dortmund Gerhard LANGEMEYER, der Oberbürgermeister von Göttingen Jürgen DANIELOWSKI, der Oberbürgermeister von Karlsruhe Heinz FENRICH, der Oberbürgermeister von Osnabrück Hans-Jürgen FIP, der Bürgermeister von Neuss Herbert NAPP, der Bürgermeister von Recklinghausen Wolfgang PANTFÖRDER, der Oberbürgermeister von Stuttgart Wolfgang SCHUSTER, der Oberbürgermeister von Wiesbaden Hildebrand DIEHL und die Oberbürgermeisterin von Würzburg Pia BECKMANN,

- Verbände und Firmen

die Gewerkschaft Erziehung und Wissenschaft (»Schana tova«), der Deutsche Gewerkschaftsbund (»Schalom Chaveer«), die Gewerkschaft Nahrung-Genuß-Gaststätten, der Vorsitzende des Deutschen Bundeswehrverbandes Bernhard GERTZ (»Schana tova«), der Bundesvorsitzende Beamtenbund und Tarifunion Erhard GEYER, ›ver.di‹ sowie der Aufsichtsrat, Vorstand, Gesamtbetriebsrat und die Belegschaft der Volkswagen AG (ganz zu schweigen von ihrer ganzseitigen Werbeanzeige, der auch DaimlerChrysler und die Dresdner Bank nicht nachstanden);

- sowie Parteien

die Grünen (»Zu *Rosch Haschana* wünschen wir Glück, Frieden und ein gutes süßes Jahr«), die PDS und die CDU (»Zum Neujahrsfest *Rosch Haschana* wünschen wir allen jüdischen Mitbürgern in Deutschland und allen Juden auf der ganzen Welt Glück und Frieden. Mit festlichen Grüßen Ihre CDU Deutschlands«).

Welche Minderheit außer der jüdischen wird in der Bundesrepublik Deutschland noch derart liebkost und mit Aufmerksamkeiten überschüttet? Keine. Und das hat seinen Grund: »Wenn man auf der Straße einen Jugendlichen oder einen Erwachsenen fragt, was er mit dem Wort ›Jude‹ verbindet, wird man hören: Holocaust, Reichskristallnacht, Antisemitismus etc., und genau das läßt die Gesellschaft krank aussehen.« Stimmt. Diese wahren Worte stammen nicht von einem ›Rechtspopulisten‹ oder einem sonst politisch Inkorrekten. Diese einfachen und in der Bundesrepublik Deutschland doch so unendlich schwierigen Worte stammen von einem Juden aus Clausthal-Zellerfeld, der in einem Leserbrief an *Die Welt* bekannte, keine Angst vor Antisemitismus zu haben. Schiß haben ganz andere: »Mein Gymnasiallehrer«, so heißt es in dem Brief weiter, »der gleichzeitig der Direktor meines Gymnasiums war, sagte mir leise: Ich habe Angst, das Wort ›Jude‹ in den Mund zu nehmen.«[190] Diese Angst ist allgemein und in Politik, Kultur und Wirtschaft inzwischen fest verankert.

Die inszenierte ›Antisemitismus‹-Hysterie geht auch an der internationalistischen Szene nicht unbemerkt vorüber. In einem Diskussionsforum, ob es für Antifaschisten noch opportun sei, Palästinensertücher zu tragen – was von der Mehrheit der Beiträge übrigens völlig bejaht wurde –, sticht eine Leserzuschrift besonders hervor, die die krankhafte Angst, wegen Kritik an Israel oder an Juden in dieser Republik als ›antisemitisch‹, will sagen judäophob gelten zu können, mittels einiger treffender Gleichungen ironisch zusammenfaßt:

> »Wer nicht koscher ißt, ist gegen Israel.
> Wer nicht bei C & A einkauft, ist gegen Israel.
> Wer Paul SPIEGEL und Michel FRIEDMAN nicht mag, ist ein Antisemit.

Wer Biolek seine Kochbücher nicht auswendig kennt, ist ein Antisemit.
Wer es wagt, Juden zu kritisieren, ist gegen Israel.
Wer nicht gegen die Palästinenser ist, ist ein versteckter Antisemit.
Wer gegen das Schächten von Tieren ist, der hat was gegen Juden und ist Antisemit.
Wer die neue ›Kranzabwurfstelle‹ in Berlin nicht gut findet, ist ein Rassist und versteckter Antisemit mitten aus der Gesellschaft.
Wer die *Bildzeitung* liest und glaubt, was darin steht, der ist ein Heiliger und ein Freund des Staates Israel, ein akzeptiertes, hofiertes Mitglied dieser sauberen, ehrlichen, humanen Gesellschaft.
kotz kotz kotz kotz kotz kotz.«[191]

Der jüdische Schriftsteller und Politologe Rafael Seligmann hat diese weitverbreitete Geisteshaltung innerhalb der bundesdeutschen Gesellschaft treffend wiedergegeben: »Heutzutage kommt keine Talk-Runde ohne Juden aus – einerlei, ob über den vielbeschworenen Zeitgeist, Tierversuche, Atomausstieg, Shareholder value oder die Klimaveränderung gesprochen wird. Es ist lobenswert und politisch korrekt, neben Umweltschützern und Sportlern auch Hebräer zum Plausch zu laden [...] Nur, die Herren Bubis, Friedman, Wolffsohn, Broder und so manch andere, werden meist eben nicht wegen ihrer Klugheit oder ihres guten Aussehens befragt, sondern allein aufgrund einer Tatsache: Sie sind Juden.«[192] Will sagen, nicht Fachkompetenz des Eingeladenen, sondern Anbiederung an den Einladenden gibt den Ausschlag für eine medienwirksame Publicity.

Der Publizist und Abgeordnete im Europaparlament für die Freiheitliche Partei Österreichs (FPÖ) Peter Sichrovsky, selbst Jude, schlägt in die gleiche Kerbe. Er bezeichnet besagte Medienlieblinge als »Berufsjuden«, Menschen, die »sich als Tugendbolde aufspielen. Aufgrund chronisch schlechten Gewissens schenken ihnen viele Nichtjuden Aufmerksamkeit. Michel Friedman etwa mischt sich andauernd in alles ein. Es gibt Vertreter jüdischer Organisationen mit geradezu faschistoiden Vorurteilen. Sie betreiben mit ihren Schlagworten kollektive Volksverdummung und -verhetzung: ›neonazistisch‹, ›faschistisch‹, ›Führerpartei‹. Wer so spricht, hantiert selbst mit faschistoiden Vorurteilen.« Sichrowsky geht sogar so weit, die öffentliche Rolle der Juden in Österreich und der Bundesrepublik Deutschland als ›Wiederjudmachung‹ zu bezeichnen, und schließt damit wieder den Kreis zu SELIGMANN: »Die Vertreter der deutschen und österreichischen Juden üben ihren Einfluß nicht aufgrund der Zahl der Menschen aus, die sie vertreten, sondern allein aufgrund ihrer Alibifunktion als Juden.«[193]

Wenn man Michael WOLFFSOHN, in konservativen Kreisen so manches Mal als »deutsch-jüdischer Patriot« gelobter Professor für Neuere Geschichte an der Universität der Bundeswehr in München, Glauben schenkt, fühlen Juden ihre Interessen nach der Bundestagswahl 2002 von keiner Partei richtig vertreten: »Die Perspektiven sind für uns Juden höchst unerfreulich, denn wir sind in Deutschland einsamer geworden. Keine Partei kann uns Juden gänzlich glücklich stimmen.« Nie zuvor habe es in der Bundesrepublik Deutschland einen Wahlkampf gegeben, »in dem unsere elementaren jüdischen Gefühle und Interessen so demonstrativ und öffentlich mit Füßen getreten wurden wie diesmal; nicht von allen, aber von zu vielen. National und international muß die jüdische Welt Lehren und Konsequenzen ziehen«. Wie die auszusehen haben, umreißt der in Tel-Aviv geborene und aufgewachsene Historiker in seinen fünf »elementaren« deutsch-jüdischen Themenbereichen, »bei denen wir nicht nur Worte, sondern Taten erwarten, ja, verlangen:

1. Toleranz und - mehr noch - Akzeptanz Juden und anderen Minderheiten gegenüber. Antisemitismus und Fremdenfeindlichkeit sind für uns inakzeptabel.

2. Israels Existenzrecht ist für uns moralisch, politisch und militärisch unantastbar - unabhängig von der jeweiligen Regierung und dem Regierungschef des jüdischen Staates.

3. Nahostpolitik, besonders deutsche Nahostpolitik, ist daraus abzuleiten. Jegliche Gefährdung der Existenz Israels muß politisch und notfalls militärisch verhindert werden. Reaktiv und - wenn erforderlich - präventiv. Eine solche deutsche Nahostpolitik schließt durchaus Kritik an Israels jeweiliger Politik ein, nicht aber Kritik an Israels Existenz.

4. Enge, freundschaftliche Beziehungen zu den Vereinigten Staaten von Amerika und ›dem Westen‹ schlechthin. ›Westen‹ dabei im weiteren Sinne verstanden als historisches, politisches und moralisches Erbe, nicht im engen, kaltkriegerischen Zusammenhang als Militärallianz. Den USA sind wir ewig dafür dankbar, daß sie uns und die Welt vom deutschen Massenmörder Adolf HITLER befreiten. Auch die große, heute religiös und kulturell das Judentum prägende jüdische Gemeinschaft Amerikas verbindet uns mit den USA.

5. Was Demokratie in der Politik, ist uns in der Ökonomie die Marktwirtschaft: Garant der Freiheit«.[194]

Diese Standpunkte bzw. Forderungen[195] betrachtet WOLFFSOHN als den »deutsch-jüdischen Minimalkanon«, um sich dann einer Analyse der bundesdeutschen Parteien zu widmen und diese eine nach der anderen zurückweisen zu müssen; die FDP fällt von vornherein weg. Wer bleibt übrig? »Die sich neu gebende und nun alt aussehende PDS scheidet als Partner der jüdischen Welt mehr denn je aus: Ihre Verharmlosung des Irak und die Dämonisierung der USA, ihre Distanz zum Westen und zur Marktwirtschaft disqualifiziert sie. Die Wähler haben den Roten die rote Karte verpaßt. Und die CDU/CSU? Das ›C‹ macht es Juden schwer, sich ihr zu nähern. Doch mit ihrem ›C‹ macht es sich selbst die Union immer leichter. Wenn wir Juden Juden sind und als Juden nicht behelligt, sondern gefördert werden, sollte uns das Christsein von Christen (was sie meistens selbst auf dem Papier kaum noch sind) nicht stören. ›Leitkultur‹ und Zuwanderungspolitik von CDU/CSU erschweren Juden den Weg zur Union zusätzlich.« Es fragt sich, was unterm Strich bleibt? Nichts und niemand? Die Juden von allen und jedem verlassen und auf breiter Front kein Freund, keine Verbündeter in Sicht? Müssen die Juden damit resignieren? Keineswegs. Denn »Deutschlands Juden brauchen fortan jenseits der Parteien einen wichtigen strategischen Partner. Sie fänden ihn in der deutsch-türkischen Gemeinschaft. Wie wir ist sie eine (wenngleich erheblich größere) Minderheit, sie ist pro-westlich, marktwirtschaftlich und lehnt, gerade weil muslimisch, den Islamismus ab. Deutschlands Juden und Türken sollten sehr bald eine Koalition der Minderheiten schmieden«.[196]

Warum haben wir nur das Gefühl, daß mit dieser Prognose das Netz zu Cem ÖZDEMIR und Michel FRIEDMAN geknüpft ist? Auf dem Bundesparteitag der Grünen 2001 rief ÖZDEMIR aus: »Der deutsche Nachwuchs heißt jetzt Mustafa, Giovanni und Ali!« Damit vollzog er den Schulterschluß mit FRIEDMAN, der am 10. August 2000 im *Tagesspiegel* frohlockte, »daß Deutschlands Zukunft nicht davon abhängt, ob deutsche Eltern deutsche Kinder bekommen«. Wir werden auf diese rassistischen Äußerungen im nächsten Kapitel einzugehen haben und dabei jede Menge Tabus brechen.

6.
Die Umvolkung Deutschlands

Angesichts der fragwürdigen Ausländerpolitik in der Bundesrepublik Deutschland und der düsteren demographischen Prognosen liegt die Schlußfolgerung nahe, daß die herrschende politische Klasse beabsichtigt, das deutsche Volk in Deutschland auszutauschen. Tatsächlich sprechen, objektiv gesehen, viele Indizien für die Richtigkeit dieser Annahme, die wir im folgenden näher betrachten wollen.

Was ist ›Rassismus‹ – und was ist er nicht?

Was ist ein ›Rassist‹? In jedem Fall doch wohl ein ›Rechtsextremist‹ – schenkt man dem Verfassungsschutz, vielen etablierten Berufspolitikern und den Medien des *Mainstream* Glauben. Die »rechtsextremistische Gedankenwelt«, so wissen beispielsweise die Verfassungsschützer, sei »von nationalistischen und rassistischen Anschauungen geprägt. Sie wird von der Vorstellung bestimmt, die ethnische Zugehörigkeit zu einer Nation oder Rasse mache den Wert des Menschen aus«[197] – ohne freilich einen Beleg dafür anzuführen, wer eine solche unsinnige Meinung vertritt. Tatsächlich mag es den einen oder anderen Zeitgenossen geben, der die ethnische Zugehörigkeit zu einer Nation oder Rasse wertend beurteilt. Eine solche Wertung wäre in der Tat weder ethisch noch auf sonst eine Weise zu rechtfertigen. Erst recht aber kann eine solche Auffassung, so sie denn vertreten wird, nicht pauschal auf die ›rechtsextremistische Gedankenwelt‹ projiziert werden.

Der Begriff ›Rassist‹ wird in der hierzulande praktizierten geistig-politischen Auseinandersetzung – neben ›Faschist‹ und ›Nazi‹ – von Berufsgutmenschen und anderen politisch korrekten Gleichschrittmarschierern als *das* Totschlagargument schlechthin mißbraucht. Mitnichten kommt er nur gegen Menschen zum Einsatz, die der gängigen Ausländerpolitik kritisch oder ablehnend gegenüberstehen. Diskreditiert und denunziert werden auch solche, die sich mit der Rassenfrage rein sachlich, selbst wissenschaftlich auseinandersetzen. Bereits vor über 30 Jahren stellte die US-amerikanische Fachzeitschrift *American Psychologist* in einem von 50 Wissenschaftlern unterzeichneten Text fest, daß heute »Wissenschaftler mit Unterdrückung, Zwangsmaßnahmen, Strafe und Verfemung rechnen [müssen], wenn sie auf die Bedeutung der Vererbung im Verhalten des Menschen hinweisen. Wissenschaftliche Stellungnahmen werden verfälscht und verzerrt wiedergegeben, emotionales Gerede tritt an die Stelle der wissenschaftlichen Debatte, die Argumentation richtet sich nicht gegen die vorgelegten Beweismittel, sondern dient oftmals nur noch dem Angriff auf die Person (so beispielsweise wenn ein Wissenschaftler als ›Faschist‹ verleumdet wird, während man seine Argumente nicht zur Kenntnis nimmt)«.[198]

Dabei kann das Eingeständnis von der Existenz verschiedener menschlicher Rassen nur schwerlich verwerflich sein. Selbst die Schöpfer des Grundgesetzes haben die Existenz von Menschenrassen nicht geleugnet. Der erste Satz des Artikel 3 Absatz 3 des Grundgesetzes lautet: »Niemand darf wegen seines Geschlechtes, seiner Abstammung, seiner Rasse, seiner Sprache, seiner Heimat und Herkunft, seines Glaubens, seiner religiösen oder politischen Anschauungen benachteiligt oder bevorzugt werden.« Andere Politiker – mitnichten nationalsozialistische und noch nicht einmal deutsche – sehen in der Rassenfrage gar den Schlüssel zur Weltgeschichte.[199] Der jüdischen Schriftstellerin Salcia LANDMANN zufolge gelte diese Aussage für alle Völker, »insbesondere für die Juden«.[200] Für sie stellt das jüdische Volk nicht nur eine Ethnie, sondern gar eine eigenständige Rasse dar.

Rassismus ist als eine ideologisch begründete Theorie zu verstehen, die zur vermeintlichen Rechtfertigung herangezogen wird, Menschenrassen oder auch einzelne Völker zu diskriminieren und zu unterdrücken. Mit ›Rassismus‹ unmittelbar in Verbindung stehen deshalb andere Begriffe wie ›Rassenwahn‹, ›Rassenhetze‹ oder ›Rassenhaß‹. Von Politikern und Journalisten wird der Vorwurf, jemand sei ein Rassist, oftmals nicht als sachliches, sondern als Totschlagargument verwendet, wobei es sich eingebürgert hat, selbst ›Rassenbewußtsein‹ mit ›Rassismus‹ in Verbindung zu bringen oder gar mit ›Rassismus‹ gleichzusetzen, was sachlich gesehen jedoch grundlegend falsch ist. Die Bedeutung von ›Rassebewußtsein‹ wurde und wird von Psychopathen und Dilettanten mißbraucht. Rassebewußtsein impliziert keineswegs Wahn, Hetze oder gar Haß. Ein rassebewußter Mensch ist jemand, der die Vielfalt der Völker anerkennt; jemand, der anerkennt, daß jede Rasse eine Verkörperung des Lebens ist und daß die Würde eines Menschen nicht von dessen Geburtsort oder dessen biologischen Eltern abhängt. Für einen rassebewußten Menschen ist es selbstverständlich, so banal das auch klingen mag, daß niemand berechtigt ist, Menschen aufgrund ihrer spezifischen rassischen Merkmale zu benachteiligen, zu demütigen oder gar zu töten. Rassebewußte Menschen sind eben nicht Rassisten – Menschenverächter und Menschenhasser –, die andere Menschen aufgrund ihrer Rassenzugehörigkeit, ihrer Hautfarbe, ihrer Sprache, ihres Glaubens oder ihrer Herkunft diskriminieren oder mißhandeln.

Es hat in der Geschichte freilich immer wieder Menschen gegeben, die aufgrund rassistischer Wahnvorstellungen sogar so weit gingen, andere Völker ausrotten zu wollen. Beispielsweise haben Louis NIZER, Theodore Nathan KAUFMAN, Earnest A. HOOTON oder Henry MORGENTHAU noch in den vierziger Jahren des zwanzigsten Jahrhunderts die Ausrottung des deutschen Volkes regelrecht propagiert. In Publikationen mit den bereits bezeichnenden Titeln wie *Germany must perish!*, *What to do with Germany?*, *Should we kill the Germans?*, *No Germany, therefore no more German wars* oder *Germany is our problem* wurden Gedanken und Pläne zur Vernichtung des deutschen Volkes mittels Sterilisation, Aushungern, Verschleppung, Exekution oder durch Rassenmischung (!) veröffentlicht und beworben.

Apropos Rassenmischung. Diese Pläne und Vorschläge sind keineswegs als bloße Propaganda während des Krieges zu entschuldigen. Die gleichen rassistischen Gedanken wurden auch in der Bundesrepublik Deutschland – Jahrzehnte nach der Befreiung – propagiert. Die Schuld-und-Sühne-Ikone Margarete MITSCHERLICH beispielsweise meinte am 15. Dezember 1986 im ZDF in der Sendung *5 nach 10*, daß es für sie keinen Grund zur Trauer gebe, wenn die Deutschen aussterben sollten, schließlich hätten sie ja in beiden Weltkriegen unendlich viel Schuld auf sich geladen. Nur eine intensive Vermischung mit den kinderreichen Farbigen der Dritten Welt, so die eingleisige Berufstrauerarbeiterin, könne den verbrecherischen Volkscharakter der Deutschen allmählich verändern. Die Deutschen seien ihrer Meinung nach eine Verbrechernation, die kein Recht auf ein eigenes Volksleben habe.[201]

Es ist interessant, daß diese vermeintlich liberalen und toleranten, menschenfreundlichen und humanen Streiter für eine bessere Zeit hier genau das Hauptelement wiederaufleben lassen, das sie ihren Erzfeinden, den Nationalsozialisten, vorwerfen: die Selektion der Menschen in gute und böse Völker, von denen das allerböseste möglichst vom Erdboden verschwinden sollte. Diese vermeintlichen Menschenliebhaber hassen eine determinierbare Rasse, die weiße nämlich, und insbesondere das deutsche Volk. Entlarvt sie ihr Haß aber damit nicht selbst als Rassisten?

Um nochmals den Unterschied zwischen einem rassistischen und einem rassebewußten Menschen darzulegen: Rassistische Werturteile, mit Rassismus begründete Maßnahmen zur Diskriminierung anderer Menschen oder gar Aufrufe zum Völkermord gehören für den Rassisten zum Weltbild, für den rassebewußten Menschen sind sie untragbar und verachtenswert. Ebenso untragbar sind aber auch die Ansichten sogenannter ›Antirassisten‹, die die rassischen Unterschiede zwischen den Menschen leugnen. Damit kämpfen sie in Wirklichkeit gegen diejenigen, die sie zu verteidigen glauben. Viele vermeintliche Antirassisten entpuppen sich in diesem Kampf als waschechte Rassisten. Andere ›Antirassisten‹ wiederum treten entschieden, bisweilen militant, sogar für die Erhaltung von Rassen ein. Sie engagieren sich freilich seltener für den Schutz europäischer Völker – was nach gängigem Verständnis ja rassistisch wäre! –, sondern für das Lebensrecht zum Beispiel von Tibetern, Buschleuten und Eskimos. Andererseits wird das Eintreten für die Belange beispielsweise für Basken, Iren und Kurden kaum als rassistische Agitation ausgelegt. Aber sobald für das Selbstbestimmungsrecht beispielsweise der Buren in Südafrika Stellung bezogen wird, schwingt der Mief von Rassismus wieder mit. Es ist damit deutlich, daß der Gebrauch der Begriffe ›Rassist‹ oder ›rassistisch‹ willkürlich stattfindet. Der Einsatz für das Existenzrecht weißer Menschen impliziert noch am ehesten einen negativen Effekt.

›Antirassisten‹ behaupten gemeinhin, alle Menschen seien gleich, es gebe unter ihnen keine Unterschiede. Alle Menschen seien Angehörige nur einer Rasse, der Menschenrasse eben. Derartige Behauptungen sind unsinnig und weltfremd. Sie gehen an der Realität vorbei. Schließlich werden selbst ›Antirassisten‹ kaum bestreiten können, um mit Salcia LANDMANN zu sprechen, »daß sie selber auf den ersten Blick einen Friesen oder Ostpreußen von einem Sizilianer unterscheiden können. Und letztlich wissen sie alle auch, daß jedem körperlichen Habitus – und folglich auch jeder Rasse – bestimmte seelische und geistige Züge entsprechen«.[202]

Schon mit dieser Offenkundigkeit wird die liberalistische Mär von der Gleichheit der Menschen widerlegt. Daß man mit einer solchen, im Grunde genommen, selbstverständlichen und offenkundigen Äußerung bei den ›Experten für Anthropologie‹ vom ›Verfassungsschutz‹ schon unangenehm auffällt, zeigt freilich den Grad an, in dem sich besagte Mär in alle gesellschaftlichen, kulturellen und politischen Ebenen längst eingeschlichen und festgesetzt hat.

Wegen der Judenpolitik im Dritten Reich, die an dieser Stelle zu analysieren aus Platzgründen nicht möglich ist, »wagt heute kaum jemand, sich zu Rassenfragen sachlich zu äußern. Am liebsten würde man Rassenunterschiede unter Menschen überhaupt leugnen. Die gar zu auffällige Verschiedenheit der Hautpigmentierung und des morphologischen Aufbaus setzen solchen Bemühungen allerdings bestimmte Grenzen. Aber man konnte immerhin leugnen, daß es außer und neben diesen physischen Differenzen auch geistige und seelische zwischen den einzelnen ethnischen und rassischen Gruppen gebe. Und dies, obwohl jeder, der in einem Lande mit rassisch nicht einheitlicher Bevölkerung lebt, um diese Unterschiede weiß und sie auch in seine Erwartungen und Dispositionen immer mit einrechnet. Leib und Seele sind eine Einheit, das gilt für Individuen so gut wie für ganze ethnische Gemeinschaften«.[203]

Wir wollen hier keine weitere Kultur- und Sittengeschichte der Rassen schreiben. Dazu gibt es viele und auch gute Fachbücher auf dem Markt. Wohl aber wollen wir mit einigen wenigen Beispielen darlegen, inwiefern die in Jahrtausenden gewachsenen Unterschiede der Menschenrassen – nicht bezüglich Größe oder Hautfarbe, sondern bezogen auf Kultur und in der unterschiedlichen Auffassung vom Wert menschlichen Lebens – auch im 21. Jahrhundert unleugbar sind.

Lobola, also die von Männern aufzubringende Bezahlung für ihre Bräute an die künftigen Schwiegerväter, ist in Afrika allgemein Tradition, übrigens auch im ›demokratischen‹ Südafrika, das sich bekanntlich seit knapp 10 Jahren einer schwarzen ›Mehrheitsregierung‹ erfreut. Das gilt auch für viele afrikanische Staaten, in denen die praktizierte weibliche Beschneidung zur Kultur gehört, wohlgemerkt nicht bei Steinzeitkulturen, sondern in Staaten, die vor vielen Dekaden vom ›Joch‹ der weißen Kolonisation befreit worden sind. Nicht unerwähnt bleiben sollte in diesem Zusammenhang das zweifelhafte ›Recht‹ vieler Ehemänner in Bangladesh, ihre Frauen beim vermeintlichen oder tatsächlichen Ehebruch – hierunter fällt bereits ein harmloser Flirt oder ein einfaches Gespräch mit einem anderen Mann – mittels Säureverätzungen im Gesicht zu ›bestrafen‹.

Wie sehr sich unterschiedliche kulturelle Auffassungen auch in der Rechtsprechung des jeweiligen Landes niederschlagen, beweisen viele – für mitteleuropäische Ohren durchaus spektakuläre – Urteile. Im Iran werden Straftäter, die der Sodomie überführt werden, in einen Sack gebunden und von einer Steilküste hinuntergestoßen. Vor allem im Miß-World-Establishment erregte Mitte August 2002 eine Meldung aus Nigeria Aufsehen. Ein Gerichtshof in Nordnigeria verurteilte eine 30jährige Frau zum Tode durch Steinigung, da sie ein außereheliches Kind zur Welt gebracht hatte. Mitte Oktober 2002 rief unter der deutschen Bevölkerung in Bremen der Tod eines kurdischen Liebespaares Bestürzung hervor: Der Vater der Braut hatte sich durch die Verbindung seiner Tochter in seiner Ehre gekränkt gefühlt, worauf er sie und ihren Bräutigam brutal ermorden ließ und auf diese Weise seine Ehre wiederherstellte.[204] Im November 2002 erregte sich ›Amnesty International‹ darüber, daß Seine Majestät King MSWATI III. von Swaziland, der kein Wohlgefallen an einer 18jährigen Jungfer finden konnte, sich der unliebsamen Person auf unkonventionelle Weise entledigte: Er verschenkte sie an seinen 60jährigen Bruder MAJA II.[205] Was wir mit diesen Beispielen sagen wollen, ist nichts anderes, als die selbstverständliche Feststellung hervorzuheben, daß die Völker sowohl kulturell als auch biologisch verschieden sind.

Natürlich sind alle Menschen vor dem Gesetz gleich (bzw. sollten gleich sein). Nichts anderes besagt ja auch gerade der erste Absatz des Art. 3 GG: »Alle Menschen sind vor dem Gesetz gleich.« Daraus schließen zu wollen, daß sie auch biologisch gleich seien, wie dies vermeintliche Antirassisten suggerieren, ist Unsinn. Von Natur aus sind die Menschen ungleich, sowohl im physischen als auch seelischen Sinne. Reduzierte man den Menschen lediglich auf seine körperlichen Merkmale, würde das menschliche Wesen zum *geist*losen und *sinn*losen Körper degradiert werden. Es sind – der menschenverachtenden Gleichmacherei zum Trotz – eben nicht nur Körperbau, Hautfarbe oder die Form des Augenlids, also rein äußerliche oder physische Unterschiede vererbbar, sondern auch die nichtphysischen Merkmale eines Menschen, also Gemüt, Intelligenz, Begabung und Geist.[206] Soll der Mensch als Ganzes erfaßt werden, ist es mangelhaft, nur seine äußerlichen Eigenschaften zu berücksichtigen. Vielmehr muß der Mensch als Einheit, als körperliches, seelisches, geistiges, sittliches *und* soziales Wesen erfaßt werden.

Heute werden vererbungstheoretische Argumentationsweisen in den gängigen Lehrbüchern der Disziplinen wie etwa Soziologie, Sozialpsychologie, Sozialanthropologie, Erziehungspsychologie, Psychometrie und zahlreichen anderen Fachrichtungen unterschlagen. Dabei ist die Rassenfrage von herausragender Bedeutung. Salcia LANDMANN stellt hierzu fest: »Hat man die Rasse oder Rassenkomposition eines Volkes eruiert, dann kann man durchaus die Frage stellen: Welche Bedeutung haben gerade diese rassischen Faktoren für die historische und kulturelle Entwicklung des betreffenden Volkes? [....] Und hat man einmal den festen Zusammenhang zwischen bestimmten Rasse- und Kulturformen festgestellt, so kann man auch umgekehrt aus den Kulturäußerungen auf die rassische Zugehörigkeit ihrer Schöpfer schließen.«[207]

Diese Unterschiede sind anzuerkennen, zumal in der bloßen Anerkennung keine Wertung liegt. Die Anthropologin Ilse SCHWIDETZKY machte darauf aufmerksam, daß sich in den klassischen Einwanderungsländern die Einwanderungsgesetze zumeist nicht darauf beschränken, »die Zahl der Einwandernden zu regulieren, sondern versuchen gleichzeitig, die Qualität des Zustroms zu beeinflussen, unerwünschte Elemente fernzuhalten, erwünschte zu bevorzugen. Die modernen Gesetze dieser Art – und alle Einwanderungsländer bremsen und regulieren heute den Zustrom – unterbinden z. B. die Einwanderung von ansteckend Kranken, Geisteskranken und Asozialen, vielfach auch solche von völlig mittellosen Personen«.

Vielfach wurde auch auf eine »rassische Siebung« geachtet. Diese Einschränkungen geschahen, um »auf positive Weise eine gewisse Einheitlichkeit der Bevölkerung zu bewahren. [...] Alle solche Vorschriften entspringen der Einsicht, daß die Assimilationskraft eines Volkes begrenzt ist [...] Denn jede Gruppe hat ja ihre eigene biologische Struktur und unterscheidet sich darin von anderen. Es ist daher für Entwicklung und Wesen der Völker alles andere als gleichgültig, welche Zuwanderer-Gruppen sie in ihren Heirats- und Fortpflanzungskreis aufzunehmen bereit sind«.[208] Denn von »der Wahl des Geschlechtspartners hängt es ab, wie die Nachkommenschaft erblich beschaffen ist: das ist die entscheidende bevölkerungsbiologische Tatsache«.[209]

Bevor selbsternannte ›tolerante‹ und ›antirassistische‹ Berufsgutmenschen angesichts solcher Worte einen Herzkasper kriegen, legen wir gleich noch einmal nach – schon um dem ebenso unausweichlichen wie dämlichen Vorwurf, ›faschistoide‹ Meinungen zu verbreiten, zu begegnen.

Mehr als fünfzig Jahre vor Frau Professor SCHWIDETZKY hatte kein Geringerer als Theodor HERZL die biologische Bedrohung erkannt, die in der Mischehe für jedes Volk liegt. Er lehnte die Rassenvermischung als drohende Gefahr für »den Untergang der Juden« ab.[210] Folglich, sich rassenpolitisch oder rassebewußt zu äußern, sich öffentlich Gedanken über die »Reinheit des Blutes« zu machen, ist keine ausschließlich auf eine bestimmte Epoche oder

Staatsform beschränkte Praxis. Intellektuelle aller Völker haben sich immer wieder Gedanken über die Konsequenzen der Rassenmischung und über den Fortbestand der eigenen Rasse oder des eigenen Volkes gemacht. Nur in der Bundesrepublik Deutschland werden solche Gedanken inzwischen mit der Rassismuskeule, die ihrerseits rassistisch ist, niedergeknüppelt.

Nun könnte der unbedarfte Zeitgenosse einwerfen - verschiedene bundesdeutsche Politiker haben diese Idee immerhin bereits vertreten -, es sei doch völlig egal, von wem Kinder in Deutschland geboren würden. Deutsche Kinder seien nicht zwingenderweise notwendig für den Erhalt der Wirtschaft, und schließlich lasse sich das Kinderlosen-Defizit durch vermehrte Einwanderung ausgleichen. Abgesehen davon, daß diese verantwortungslose Auffassung, den rein materiellen Gesichtspunkt ›Deutschland als Standort‹ widerspiegelt, wird mit einer solchen Aussage die Auslöschung von in Jahrhunderten und Jahrtausenden gewachsenen Nationen - keineswegs nur der deutschen - propagiert. Blanker Rassismus, versteckt unter dem Mäntelchen des Antirassismus. Vertreter einer solchen unwissenschaftlichen Aussage gehen von der falschen Annahme aus, daß es keine biologische Weitergabe von Informationen gebe und keine Gene, die Intelligenz und Sozialverhalten mit beeinflussen. Eine solch unwissenschaftliche wie dumme Aussage zeugt vor allem von einem, nämlich von der Bestätigung unserer These, daß es bestimmte Kreise gibt, die das deutsche Volk auch biologisch vernichten wollen.

In der biologischen Substanz eines Volkes liegen sein Schicksal und seine Zukunft. Das Biologische bedeutet viel mehr als nur das Physische. Es ist also keineswegs nur auf die Hautfarbe oder die Dicke des Knochenbaus bezogen. Wer so denkt, engt den Begriff des Biologischen auf etwas Ungeistiges ein und erfaßt ihn deshalb nur halbherzig. Die biologische Substanz - das »Blut« - »umfaßt aber immer alles, körperliche Kraft sowohl wie auch Geist, Gemüt, Gefühl und die allgemeinen Fähigkeiten eines Volkes«.[211]

Mit dieser Feststellung, die wir ausdrücklich unterstützen, befinden wir uns - bezeichnenderweise - auf heißestem Terrain: »Innerhalb von 25 Jahren haben es die Ideologen, für die MARX, GRAMSCI und MARCUSE die Handlungsanweisung geschrieben haben, tatsächlich geschafft, die Begriffe in einer Weise zu verändern, daß schon das Denken mit ihnen gefährlich geworden ist. Vererbung von Intelligenz, das sei eine sachlich falsche und bürgerliche, biologistische Auffassung - mit dieser Meinung kann man sich ja noch auseinandersetzen und Gegenargumente vorbringen, aber heute spricht man in diesem Zusammenhang von unsittlich, menschenfeindlich, reaktionär, faschistisch, rassistisch, rechtsextrem und Nazi-Ideologie (ungeachtet dessen, daß HITLER gegen IQ-Tests war, die für ihn ›jüdische Tests‹ waren, weil die Juden dabei so gut abschnitten), wobei dann der Vorwurf der politischen Unkorrektheit noch die höflichste Formulierung ist.«[212]

Volkmar WEISS, Biologe und Genetiker, in der DDR als Wissenschaftler zunächst an der Deutschen Hochschule für Körperkultur in Leipzig, später am Zentralinstitut für Geschichte der Akademie der Wissenschaften in Berlin, wo er sich der Genealogie widmete, macht darauf aufmerksam, daß Fähigkeiten, die nicht angelernt werden, vererbt werden. Hierzu zählt beispielsweise die Fähigkeit, die chemische Substanz Phenylthiocarbamid in wäßriger Lösung zu schmecken. Wesentlich ist aber die Erkenntnis, daß auch Intelligenz weitervererbt wird. Diese Tatsache ist längst in vielen eindrucksvollen und in von Kultureinflüssen weitgehend freien wissenschaftlichen Tests bewiesen worden. Ohne eine moralische Wertung vorzunehmen, belegt WEISS auf empirische Weise, daß die durchschnittliche Intelligenz von Schwarzen niedriger ist als die von Europäern und diese wiederum niedriger ist als die der Chinesen und Japaner. WEISS erklärt jedoch, daß es unsinnig sei, hieraus schließen zu wollen, daß beispielsweise alle Weißen den Schwarzen intellektuell überlegen seien, denn viele Schwarze seien klüger als eine große Anzahl von Weißen. Gefährlich sei aber die durch die Massenmedien verbreitete Meinung, »daß psychische Leistungsunterschiede überhaupt nichts mit Sprache und Rasse zu tun haben oder zu tun haben dürfen. Da die Alltagserfahrung vieler Menschen [beispielsweise in Schulklassen oder Wohngebieten mit einem hohen Ausländeranteil] dieser offiziellen Meinung widerspricht, sie ihre Gedanken und Beobachtungen aber nicht rational äußern und diskutieren dürfen, kann es zu Gewalt und Haß kommen, dem nur durch offene und rationale Diskussion der Boden entzogen werden kann, nicht aber durch Tabuisierung des Themas an sich.«[213]

Statt dessen wird wider besseres Wissen die multikulturelle Gesellschaft propagiert. Ihre Gegner, die zugegebenermaßen oftmals mit falschen Mitteln, aber doch meist aus subjektiv verständlichen Motivationen heraus, gegen die sogenannte multikulturelle Gesellschaft angehen, werden unter den erwartungsfreudigen Blicken der Medien strafverfolgt. Das Schreckgespenst der ›Ausländerfeindlichkeit‹ oder gar des ›Ausländerhasses‹ wird unaufhörlich an die Wand gemalt. Der Liedermacher Frank RENNICKE macht interessanterweise darauf aufmerksam, daß das Wort ›Ausländerhaß‹ überhaupt eine Schöpfung der psychologischen Kriegführung sei, ein Totschlagwort mit betrügerischem Inhalt: »Wir Volkstreuen hassen niemanden. Wir wollen aber keine Masseneinwanderung in unser, durch die Vertreibung schon übervölkertes Land. Wir wollen keine ›Multi-Kulti-Gesellschaft‹. [...] Indem man einer politischen Richtung Haß unterstellt, soll diese als ›böse‹ erscheinen und dadurch verunglimpft werden.«[214] Da es in Wirklichkeit in Deutschland keine weitverbreitete Xenophobie gibt, sind die Mächte, die an einer Ausländerfeindlichkeit interessiert sind, offensichtlich genötigt, die bekannte Mücke zum Elefanten aufzublasen. Denn in Wirklichkeit gehören die Deutschen im Vergleich zu anderen europäischen Nationen zu den eher ausländerfreundlichen Völkern Europas.

Dem ersten *Periodischen Sicherheitsbericht des Bundeskriminalamtes* entnehmen wir diesbezüglich empirisch abgesicherte und bestätigende Angaben: »Betrachtet man die Aussage ›Ethnisch plurale Gesellschaften sind keine gute Sache‹ so wird diese Meinung vor allem in Griechenland (52,7 %), Belgien (38,7 %), Dänemark (37,2 %) und Österreich (35,5 %) gegenüber rund 33 % der deutschen Bevölkerung vertreten. [...] Das zweite Statement, das die Akzeptanz eines Ausländers als Schwiegersohn/-tochter erfaßt, produziert als besonders ›harte‹ Aussage, die den ganz persönlichen, privaten Lebensbereich tangiert, erwartungsgemäß in allen Nationen eine deutliche Zurückhaltung. Auch hier liegen die Werte für West- und Ostdeutschland (58,8 % und 63 %) im durchschnittlichen europäischen Bereich und weisen der deutschen Bevölkerung keine exponierte Stellung zu. Dieses Urteil gilt auch für das dritte Item, das den Ausländern eine höhere Neigung zu Kriminalität unterstellt. In Frankreich (83 %), Belgien (83,3 %) und Griechenland (86,2 %) ist diese Meinung häufiger als in Ostdeutschland (80,8 %) und Westdeutschland (75,3 %) zu finden. Hinsichtlich der Aussage ›zu viele Ausländer in unserem Land‹ liegt Deutschland allerdings im europäischen Vergleich mit an der Spitze. Im Westen sind 51,5 % und im Osten 51,1 % dieser Meinung. [...] Dabei ist aber zu berücksichtigen, daß Deutschland im europäischen Vergleich durchaus eine hohe Ausländerquote hat und die Aussage selbst eher das Problembewußtsein abbildet und selbst keinen direkten ausländerfeindlichen Standpunkt formuliert. Theoretisch könnte diesem Statement auch jemand zustimmen, der ethnischen und kulturellen Minderheiten offen und tolerant gegenüber steht.«[215]

Ausschlußreich ist, inwiefern ›grundsätzlich Gefährdete‹ zu dem Vorwurf, ›die Deutschen‹ seien ausländerfeindlich eingestellt, Stellung nehmen. Der Schlagersänger Roberto BLANCO beispielsweise hat mit den ›ausländerfeindlichen Deutschen‹ im allgemeinen und den ›ausländerhassenden Skinheads‹ im besonderen praktische Erfahrungen gemacht, die den theoretischen Erkenntnissen vieler ungemein gebildeter ›Experten‹, Politiker und Redakteure dramatisch entgegenstehen. Der seit 1956 in Deutschland lebende schwarze Kubaner habe, so erklärt er freimütig, wegen seiner Hautfarbe hierzulande keine Nachteile erfahren. Der sympathische Entertainer hatte überdies den Mut, in der Presse gar ein politisch unkorrektes Bekenntnis abzulegen: »1993 war ich einmal mit Karl DALL bei einer TV-Aufzeichnung in Warnemünde. Wir mußten über einen Platz gehen, auf dem eine Gruppe von Skinheads stand. Karl bekam Angst und sagte: ›Laß uns umdrehen.‹ Als die jungen Leute mich sahen, riefen sie plötzlich: ›Guck mal, der Roberto‹, und ich mußte erst mal zehn Autogramme geben. Karl brauchte danach auf den Schreck einen Schnaps. Wenn die Leute Rassisten wären, wäre ich nicht da, wo ich heute bin.«[216]

Kult der bunten Ethnie

Kritik am von der Obrigkeit verordneten Projekt ›Ausländerintegration‹ und an der hemmungslosen Zuwanderung von erstrangig nichteuropäischen Ausländern wird in der Berliner Republik rasch mit dem Totschlagargument niedergeknüppelt, ein Ausländerfeind, eben ein Rassist zu sein. In blinder Euphorie stürzt sich die Einheitspresse auf Akte der Gewalt gegen Ausländer. Man nehme folgenden Fall: Drei stark angetrunkene Männer im Alter von 18 und 19 Jahren attackieren einen 24jährigen Kameruner am Bahnhof mit einem Messer, reißen ihm die Brille vom Kopf und zertrampeln diese, reißen ihm die Armbanduhr ab und schleudern ihm ein Fahrrad entgegen. Weitere Übergriffe können herbeigerufene Polizeibeamte verhindern. Ein klassischer Fall von feiger, brutaler Ausländerfeindlichkeit? Man kann sich die fett geschlagzeilten Artikel in der Presse und die Besuche bestürzter Politiker beim Opfer gut vorstellen. Gab es aber hier nicht, denn die Angreifer waren afghanische Asylbewerber, und zu hohen Freiheitsstrafen wurden sie auch nicht verdonnert, sondern lediglich in die Ausnüchterungszelle gebracht.[217] Das Establishment hatte an diesem Fall kein Interesse.

Gleichgültig, ob es sich tatsächlich um politisch motivierte Gewaltakte von Inländern gegen Ausländer handelt, was in den wenigsten Fällen so ist, oder um zwecks der Publicity gestellte Fälle, oder um Gewaltakte, die von Ausländern gegen Ausländer begangen werden, das Medienecho ist jedesmal sehr groß. ›Mölln‹, ›Lübeck‹ und ›Düsseldorf‹ stehen als Beispiele derartiger Kampagnen, die immer mit Betroffenheitserklärungen der Berufspolitiker einhergehen. Aufgrund des Anschlages in Düsseldorf 2000 rief der Bundeskanzler bekanntlich gar den »Aufstand der Anständigen« aus.

Zur Beglückung der ›westlichen Wertewelt‹ durch die USA gehört innenpolitisch gesehen zuallererst die gegen den Willen der angestammten Bürger durchzusetzende ›multikulturelle Gesellschaft‹, ein Begriff, den übrigens 1988 der damalige Generalsekretär der CDU, Heiner GEISSLER, ins Leben rief. Opposition gegen die global angelegte Völkervermischung[218] hingegen soll mundtot gemacht werden. Zu diesem Zweck wird massiv Propaganda für das beglückende Projekt und die Stigmatisierung der Gegner dieses Projekts eingesetzt. Vor allem die Werbung im Fernsehen, aber auch Anzeigenkampagnen der Regierung stechen bei der Propagierung der multikulturellen Gesellschaft ins Auge. Ebenso auffällig ist die gleichzeitige Kriminalisierung von Kritikern und Gegnern einer solchen Gesellschaft.

»Eine neue Verbindung«, ein Werbeprospekt der Betriebskrankenkassen von Post und Volkswagen, die fusioniert haben.

Im Winter 2002 feierte das amtliche Nürnberg seinen angeblichen Ruf als ›Stadt der Menschenrechte‹. Doch diese gelten offensichtlich nur für eine bestimmte Gruppe von Menschen. Von den ›Menschenrechten‹ ausgenommen werden immer mehr nationalbewußte und USA-kritische Deutsche, aber auch für Araber und Paschtunen scheinen diese kaum Gültigkeit zu haben. Sie werden in bundesdeutschen Medien pauschal als ›Rechtsextremisten‹, ›Antisemiten‹ und ›islamische Fundamentalisten‹ diffamiert und kriminalisiert. So schrieben die *Nürnberger Nachrichten* in ihrer Ausgabe vom 29./30. September 2001 beispielsweise von einem »pakistanischen Mob«, der gegen die Kriegspolitik der USA im afghanischen Grenzgebiet demonstrierte – womit in Nürnbergs Tageszeitung eigentlich der Vorwurf der Ausländerfeindlichkeit und des Rassismus erhoben werden sollte. Man stelle sich die Aufregung vor, eine Zeitung spreche vom ›jüdischen Mob‹, der in den besetzten palästinensischen Gebieten auf Randale ginge. Was in Afghanistan und den arabischen Staaten die CIA erledigt, verrichten in Nürnberg offensichtlich die Saubermänner der *Nürnberger Nachrichten*: ›politische Hygiene‹. Die gleichen politischen Kräfte, die den unmenschlichen Umgang der Nationalsozialisten mit den Juden beklagen, bedienen sich heute der Ausdrücke aus Medizin und Gartenbau. Als zur Nürnberger Stadtratswahl eine unliebsame ›Bürgerinitiative Ausländerstopp‹ antrat – die die viertstärkste politische Kraft im Parlament werden sollte –, wimmelte es am 12./13. Januar 2002 in den *Nürnberger Nachrichten* von Ausdrücken wie »Infektionsgefahr« und »rechtsextremem Bodensatz«. Da sind wir wieder bei den ›Parasiten‹, die ›unser Unglück‹ sind, und das ausgerechnet in Nürnberg, womit der normale Zeitgenosse wie selbstverständlich die ›Stadt der Menschenrechte‹ assoziiert.

Voraussetzung für die willige Annahme der multikulturellen Gesellschaft war und ist die Gefügigmachung des Volkes. Diese wird durch eine Entnationalisierung auf allen Gebieten des menschlichen Lebens zu erreichen versucht. Dem Wirken der systematischen Vernichtung des Nationalstolzes der Deutschen kommt hier eine ganz besondere Bedeutung zu.

Schauen wir uns dieses Phänomen ganz konkret an: Während des Bundestagswahlkampfes 2002 glänzte Gerhard SCHRÖDER, wir sind im vorigen Kapitel darauf eingegangen, durch vielerlei populistische Parolen und Äußerungen. Eine davon war sein Bekenntnis, er sei stolz, Deutscher zu sein (»Mit Stolz ja sagen zu Deutschland!«). So offenbarte er in einer Diskussion mit Martin WALSER (»Jeder kann, wenn er will, auf die Nation verzichten. Ich kann das nicht.«) zum 8. Mai im Willy-Brandt-Haus: »Wenn die deutsche Nationalelf Fußball spielt, dann drücke ich den Deutschen nicht deshalb die Daumen, weil wir so ein wunderbares Grundgesetz haben.« Nur unverbesserliche Optimisten und naive Nostalgiker interpretierten hier einen Funken zur Volksgesundung. Nationalstolz, will sagen, der kümmerliche Rest, der in Deutschland davon noch übriggeblieben ist, ist so gut wie vollständig auf den Sport beschränkt. Sicher ist dieser Stolz nicht zu unterschätzen. Wenn anläßlich von Fußball-Nationalspielen oder Formel-1-Rennen Hunderttausende Menschen Nationalfahnen schwenken und die Hymne singen, hat dies eine gewaltige Symbolkraft. Nur leider bleibt es hierzulande beim Schwenken und Singen. Diese Art ›Nationalstolz‹ kann nur eine leere Hülse bleiben. Sie hat kaum einen ethischen Wert, da sie sich auf einzelne Sportler oder auf Automarken reduziert. Dieser ›Nationalstolz‹ verfliegt auf die gleiche Art, wie die Wirkung von reichlich genossenem Alkohol sich wieder verdünnisiert. Ein kreatives, wirklich verbindendes und ausgeprägtes Nationalbewußtsein kann auf diese Weise natürlich nicht gebildet werden.

Wie sieht die Realität in den Fußballstadien denn aus? Das Publikum jubelt Spielern zu, die zwar von den Reportern als ›Bayern‹, ›Schwaben‹, ›Franken‹, ›Pfälzer‹, ›Hanseaten‹, ›Sachsen‹ oder ›Hessen‹ bezeichnet werden, tatsächlich aber aus der ganzen Welt zusammengekauft worden und Angehörige aller möglichen Völker sind, nur nicht des deutschen. Das Publikum in den Fußballstadien und am Fernseher »läßt sich täuschen, um unter einer nicht mehr stimmenden Etikettierung doch noch die Identifikationskraft einer großen Gemeinschaft spüren zu können. Die Auswechselbarkeit, die beim Fußball-Lokalpatriotismus funktioniert, scheint auch beim Fußball-Nationalismus machbar«. Was Großbritannien, Frankreich und die Niederlande schon seit geraumer Zeit vorgeführt haben, hat nun auch endlich Einzug auf bundesdeutschen Rasenplätzen gefunden. »Die Nationalfarben werden für multiethnische Mannschaften geschwenkt, die Massen erleben ihr fußballpatriotisches Glück und Leid mit den Spielern weißer, gelber, brauner und schwarzer Hautfarbe. Deren Paß stimmt, das verfassungspatriotische Bekenntnis gilt mit dem Absingen der Nationalhymne in der Regel als abgegolten (wobei es reicht, die Lippen halbwegs synchron zu bewegen). Das Publikum identifiziert sich nicht mehr mit dem Inhalt, sondern mit der Verpackung, dem Trikot. Dies mag Schröder vor Augen gehabt haben, als er seine Version von ›Ich bin stolz, ein Deutscher zu sein‹ vortrug.«[219]

Denn tatsächlich vertritt SCHRÖDER ein Nationenverständnis, dessen Bezugsgröße nicht durch das Territorium und schon gar nicht durch Traditionen oder Leistungen bestimmt ist, sondern durch Wertempfindungen wie Toleranz und Offenheit gekennzeichnet sein soll. Die Nation, »weitgehend losgelöst von Boden, Sprache, Kultur, Abstammung, Geschichte, ein Sammelsurium von Menschen aller Rassen und Hautfarben, geeint durch einen Paß und ein stillschweigend vorausgesetztes Ja zu bestimmten aufklärerischen Werten, die freilich den heterogenen Massen einer Spaßgesellschaft relativ egal sein dürften. Die weitgehende Loslösung von nationaler Geschichte und Identität umfaßt für SCHRÖDER jedoch nicht den Komplex ›Auschwitz‹, hier sollen sich Einheimische und Einwanderer gleichermaßen in der national begründeten Schuld- und Sühnepflicht sehen«.[220] SCHRÖDER brachte mit seiner Äußerung kein Nationenverständnis in dem Sinne zum Ausdruck, daß Nation als Sprach-, Kultur-, Geschichts- und Abstammungsgemeinschaft definiert wird. Ein solches Deutschland, vor allem im metaphysischen Sinne, kann nur das unter dem geistigen und kulturellen Gesichtspunkt zu sehende, gewachsene Deutschland der Deutschen sein, und nicht ein ›Deutschland‹ einer Zu- und Abwanderungsgesellschaft, einer bloßen Summe von Staatsbürgern, die aus den exotischsten Kulturkreisen stammen und die die unterschiedlichsten Volkszugehörigkeiten repräsentieren.

In der Berliner Republik wird Nationalstolz nicht nur auf ein rudimentäres Gefühl in Schach gehalten. Selbst bei nationalstolzen Bekundungen im Ausland fühlen sich die bundesdeutschen Gutmenschen in geradezu arroganter Großmannssucht dazu aufgerufen, hier einzuschreiten. Als im Frühjahr 2002 Jean-Marie LE PEN zu den französischen Präsidentschaftswahlen mit dem Bekenntnis »Frankreich den Franzosen!« antrat, war die Empörung in der Bundesrepublik Deutschland (!) groß. Durch diese eigentlich selbstverständliche, hierzulande aber inkriminierte Äußerung würde die Gefahr eines Europa, das durch ›Fremdenfeindlichkeit und Re-Nationalisierung‹ gekennzeichnet sei, an die Wand gemalt. Eine ›rassistische Entgleisung‹ sei diese Forderung gewesen – ohne daß dadurch allerdings die Frage beantwortet wird, wem denn Frankreich sonst gehöre, wenn nicht den Franzosen. Auf dem Konterfei der auflagenstärksten türkischen Tageszeitung *Hürriyet*, die an jedem größeren Kiosk in Deutschland erhältlich ist, stehen die stolzen Worte »Türkiye Türklerindir«, zu deutsch: »Die Türkei den Türken!« Wieder ist zu fragen: Na klar, wem denn sonst, wenn nicht den Türken?[221]

Konsequenterweise sollte die Aussage, Deutschland gehöre den Deutschen, als selbstverständlich gelten. Tut sie aber nicht. Dieses Bekenntnis wird seit Jahrzehnten als ›rechtsradikal‹ abgewertet und gilt als anrüchig. Nur, wenn Deutschland nicht den Deutschen gehört, wem denn? Daß man sich hierüber überhaupt Gedanken machen muß, belegt einmal mehr, daß in der Berliner Republik die Forderung, die Identität seines eigenen - deutschen - Volkes und dessen in Generationen gewachsener Kultur zu erhalten, bereits ›rassistisch‹ ist.

Wir haben diesem Zwischenkapitel die Überschrift »Die Umvolkung Deutschlands« gegeben. Wir kommen also nicht umhin, uns kritisch mit der demographischen Entwicklung in Deutschland zu befassen. Die maßgeblichen Bevölkerungswissenschaftler hierzulande sind sich darin einig, daß um die Mitte dieses Jahrhunderts in den meisten deutschen Städten ausländische Mehrheiten tonangebend sein werden. Eine aktive, inländerfreundliche, prodeutsche Bevölkerungspolitik wurde jahrzehntelang verschlafen und sabotiert. Schon jetzt scheint das ethnische Minderheitenproblem auf deutschem Boden nur noch territorial zu lösen zu sein; etwa durch Abtretung ethnischer Enklaven wie in Bosnien-Herzegowina oder im Westjordanland. Bereits der Versuch einer konsequenten Ausländerrückführung würde unter den gegebenen Umständen schnurstracks zum Bürgerkrieg führen.[222]

Die Apologeten der multikulturellen Gesellschaft halten dies im günstigsten Fall nur für Mumpitz. Wenn es nach ihnen geht, haben wir im ›fremdenfeindlichen‹ Deutschland noch viel zu wenig Ausländer. Der Germanist Wolfgang FRÜHWALD, Präsident der ›Alexander von Humboldt-Stiftung‹, behauptete in einem Interview Ende 2000: »Der Wettbewerb um die Wissenseliten der Welt nimmt täglich zu. Die USA sind das Land, das die meisten klugen Köpfe anzieht. In bestimmten Gebieten der Natur- und Lebens- und Informationswissenschaften sind dort bereits 65 % aller Doktorandinnen und Doktoranden nicht in den USA geboren. Europa liegt in diesem Wettbewerb weit zurück, bei uns glauben sogar viele Ausländerbehörden noch immer, sie müßten Deutschland gegen eine unwillkommene Einwanderung verteidigen. Die Anstrengungen, ein offenes und für die Wissenseliten erstrebenswertes Land zu werden, sind gegenüber periodischen Ausbrüchen der Fremdenfeindlichkeit zu schwach. Das Bewußtsein, daß es um einen Wettbewerb, um kluge Köpfe geht, ist gleichsam ›unten‹ noch nicht angekommen.«[223]

Diese Auffassung muß man nicht teilen, vor allem nicht, wenn man die eindeutigen Gegenargumente von Wissenschaftlern hört, die über die notwendige Fachkompetenz verfügen. Zum Jahresbeginn 2002 warnte der Bevölkerungswissenschaftler und Präsident der ›Deutschen Gesellschaft für Demographie‹, Herwig BIRG, vor Hoffnungen auf eine Lösung der Wirtschaftsprobleme durch verstärkte Zuwanderung. Die Hoffnungen, verstärkte Einwanderung werde angesichts des Bevölkerungsrückgangs die Wirtschafts- und Arbeitsmarktprobleme lösen, könnten sich als trügerisch erweisen. BIRG, der im Januar 2002 vom Bundestagsinnenausschuß als Sachverständiger zum Zuwanderungsgesetz angehört wurde, antwortete der *Welt* im einzelnen wie folgt:

»*Die Welt*: Die Bevölkerung in Deutschland schrumpft den Prognosen zufolge von derzeit 82 auf 68 Millionen im Jahr 2050. Können Einwanderer die Lücke am Arbeitsmarkt zumindest teilweise schließen?

Herwig BIRG: So einfach wird das nicht funktionieren, denn Einwanderung hat in erster Linie gesellschaftspolitische Wirkungen. Ein Betrieb beispielsweise kann in einer Krise seine wirtschaftlichen Probleme lindern, indem er einen zunächst eingestellten Einwanderer wieder entläßt. Aber für die Gesellschaft beginnen die Probleme dann erst. Am Ende sind alle unzufrieden, die Einheimischen und die Zugewanderten. Seriöse Studien zeigen, daß Zuwanderer den Staat schon jetzt mehr kosten, als sie unseren Sozialsystemen an Einnahmen bringen. Diese selbstverständlichen Überlegungen hatte sogar die Süssmuth-Kommission übergangen.

Die Welt: In den Zuwanderungskonzepten von Regierung und Union ist aber viel von verstärkten Integrations- und Qualifizierungsanstrengungen die Rede. Lassen sich gesellschaftliche Konflikte so früh lösen?

BIRG: Die Botschaft höre ich wohl, allein mir fehlt der Glaube. Wir denken immer, wenn wir von Integration sprechen, an eine ›deutsche‹ Mehrheitsgesellschaft, in die eine Minderheit zu integrieren ist. Es kommt aber genau umgekehrt. In den Großstädten kippt bei den unter Vierzigjährigen schon ab 2010 das Mehrheitsverhältnis Deutscher zu Zugewanderten. Integration bedeutet dann: Wie integriere ich mich als Deutscher in eine neue Mehrheitsgesellschaft aus Zugewanderten? Davon steht kein Wort in den Zuwanderungspapieren. [...]

Die Welt: Warum soll es nicht klappen, Zuwanderer in unser Bildungssystem zu integrieren?

BIRG: Die Voraussetzung für eine erfolgreiche Schulausbildung ist ein entsprechendes Elternhaus. Und das unterscheidet sich bei den meisten Zugewanderten deutlich von dem, was wir gewohnt sind: Bildung ist für Jungen schon wenig und für Mädchen oftmals gar nichts wert. Tugenden wie Leistungsstreben oder die lange verpönte Pflichterfüllung, notwendig zur Aufrechterhaltung eines funktionierenden Gemeinwesens, gelten oft auch nicht viel. Diese kulturellen Unterschiede können wir nicht in wenigen Jahrzehnten durch Politik beseitigen. [...]

Die Welt: Was wäre, wenn vor allem gebildete und hoch motivierte Menschen beispielsweise aus Asien zu uns kämen?

BIRG: Asien hat zwar große Menschenzahlen, aber keineswegs große Zahlen an gut ausgebildeten Fachkräften. Indien verfügt im Vergleich zu Deutschland nicht über mehr Internet-Anschlüsse oder IT-Spezialisten. Das Szenario sieht wahrscheinlich ganz anders aus: Statt großer Einwanderungswellen wird es eher eine ›Festung Europa‹ geben. Der Begriff wird einen positiven Sinn bekommen, weil er denen einen gewissen Wohlstand sichert, die hier leben und die hierherkommen.

Die Welt: Wir schließen also Millionen von Menschen von unserem Wohlstand aus?

BIRG: Es ist gar nicht anders möglich, denn Wohlstand ist nicht beliebig in der Welt aufteilbar. Dann nämlich hätte nicht jeder mehr, sondern niemand mehr etwas, weil die Gewichte zu unterschiedlich sind: Deutschland hat bis 2035 einen Sterbeüberschuß von 16 Millionen Menschen, Indien hat jedes Jahr einen Geburtenüberschuß von ebenfalls 16 Millionen Menschen, Ende des Jahrhunderts wird es 1,8 Milliarden Inder geben. Da gibt es nicht viel zu teilen mit dann noch etwa 50 Millionen Deutschen.«[224] Freilich, auch »im Deutschland des 22. Jahrhunderts wird es von Einwohnern nur so wimmeln. Das Gewimmel wird sich dann vielleicht noch deutsch nennen. Doch es wird mehrheitlich nicht mehr der Vorstellung entsprechen, die wir Deutschen uns gemeinhin von uns selber machen. Nicht die Bürger Deutschlands sterben aus, aber die Deutschen, besser: das Deutsche. Deutschland wird sich nicht entvölkern, sondern entdeutschen.«[225]

Und jeder, der gegen diesen Prozeß der Selbstaufgabe ist, ist ein ›Rechtsradikaler‹? Dem Grundsatzprogramm der CSU vom Januar 1993 beispielsweise ist zu entnehmen, daß sich auch die Christsozialen gegen Einwanderung und multikulturelle Umgestaltung in einen Vielvölkerstaat wenden. Zum damaligen Zeitpunkt lehnte die

CSU jedenfalls formal »die Selbstaufgabe in einer multikulturellen Gesellschaft« und »eine unkontrollierte [!] Zuwanderung« ab. Auch der damalige Bundesinnenminister Manfred KANTHER betonte noch 1995, daß Deutschland kein Einwanderungsland sei.[226] Heute blasen sie alle mehr oder weniger gleich stark ins Megaphon für eine offene Gesellschaft, die selbstredend vor allem für noch mehr Ausländer offen ist. Dabei ist gegen den Aufenthalt von Ausländern oder gar den Zuzug von Ausländern grundsätzlich überhaupt nichts einzuwenden. Nur die Art und Weise, wie dies geschieht, ist entscheidend.

Was unterscheidet die praktizierte Ausländerpolitik der mitteleuropäischen Länder, und allen voran die der Bundesrepublik Deutschland, von den klassischen, von den typischen Einwanderungsländern Kanada, Australien und Neuseeland? Die Frage ist relativ einfach zu beantworten. Letztgenannte lassen nur solche Ausländer bzw. Einwanderer ins Land, die für das Land einen Vorteil bedeuten. Qualifizierte Personen, deren Wissen und Können das Land braucht. Aller anderen - beispielsweise Wirtschaftsflüchtlinge und Sozialschmarotzer - erwehrt man sich, teilweise mit drastischen Mitteln. Ganz anders stellt sich die Situation in den mitteleuropäischen Ländern dar: Hier hat man jahrzehntelang billige Arbeitskräfte gesucht, oft für Arbeiten, für die es in Zeiten der Konjunktur zu wenig Einheimische gab oder zu wenige einheimische Arbeitskräfte, die sie ausführen wollten. Dies hatte eine verheerende demographische und soziale Veränderung zur Folge. Zwischen 1979 und 1999 hat sich die Anzahl der (legalen) Ausländer in der Bundesrepublik Deutschland von offiziell 3,5 auf 7,3 Millionen mehr als verdoppelt. Gleichzeitig aber ist die Zahl der sozialversicherungspflichtig beschäftigten Ausländer nahezu unverändert gleich geblieben und lediglich um 100 000 auf zwei Millionen gestiegen. Daraus ergibt sich, daß mehr als fünf Millionen der hier lebenden Ausländer ihren Lebensunterhalt nicht durch Arbeit bestreiten. Wie viele eingebürgerte Ausländer, also Ausländer mit bundesdeutschem Paß, hier hinzuzuzählen sind, ist nicht bekannt. Bekannt ist allerdings, daß noch mindestens 3,5 Millionen illegale Ausländer addiert werden müssen, die ihren Lebensunterhalt allerdings sehr wohl selbst bestreiten: durch Autodiebstahl, Prostitution, Drogenhandel usw. Prozentual fallen Ausländer durch eine bezeichnend höhere Kriminaltätsrate als Deutsche auf. Diese Tatsache wird durch Erkenntnisse des Bundeskriminalamtes, aber auch durch Angaben seitens der Ämter für Verfassungsschutz jedes Jahr bestätigt.

In dem oben bereits angeführten Interview antwortete Wolfgang FRÜHWALD auf die tendenziös gestellte Frage »Die beschämenden rechtsextremistischen Angriffe auf Ausländer werden im Ausland genau registriert und schaden dem Ansehen Deutschlands. Was kann die *scientific community* [sic!] tun?« mit den Worten: »Die Wissenschaft muß deutlich machen, daß sie Fremdenhaß ohne Wenn und Aber verurteilt, daß Xenophobie und Wissenschaft unvereinbar sind. Dies hat sie in vielen offenen und privaten Briefen, Aufrufen, Zeitungsanzeigen und Verlautbarungen seit dem Aufruf der Wissenschaftsorganisationen gegen den Fremdenhaß von 1992 immer wieder getan. Die Wissenschaftler aber müssen sich insbesondere je einzeln um die ausländischen Doktoranden und Gastwissenschaftler kümmern, müssen ihnen die Gegenden der Städte nennen, in die zu gehen gefährlich ist, müssen mit ihnen zu den Behörden gehen, müssen öffentlich und persönlich Angriffe, Diffamierungen und Mißstände benennen, die Auseinandersetzung mit unwilligen Ausländerbehörden auch öffentlich führen, nicht schweigen, wenn wieder einmal ein Politiker verbal entgleist etc. Der Ausländerhaß, sagt der Bundestagspräsident, komme aus der Mitte der Gesellschaft. Dann muß er auch dort bekämpft werden, mitten im Klima des Ressentiments.«

Diesen Unterstellungen kann die *New York Times* nur beipflichten. Dort war am 10. Jahrestag des volksaufstandähnlichen Protestes in Rostock-Lichtenhagen zu lesen, daß die Deutschen unverändert ausländerfeindlich seien. Nguyen DO THINH, ein Vietnamese, der maßgeblich am Bau eines multikulturellen Zentrums in Rostock beteiligt ist, bescheinigt dem deutschen Volk eine feindliche Einstellung gegenüber Ausländern: Was sich ›seit Rostock‹ geändert habe, sei lediglich »die Sensibilität der Obrigkeit und der Politiker gegenüber Übergriffen der Rechtsradikalen sowie die Integrationsarbeit, die es vor 10 Jahren noch nicht gegeben hat. Was sich aber kaum gebessert hat, ist die Einstellung innerhalb der Bevölkerung. Ausländer werden nur zu einem geringen Teil akzeptiert«. Yves BIZEUL, Politologe an der Universität Rostock, bestätigt diese Einschätzung und fügt hinzu, daß noch eine Menge getan werden müsse, bis die gewöhnlichen Deutschen Ausländer willkommen hießen: »Deutschland hat immer noch ein großes Problem mit der Einwanderung, besonders weil Zusammengehörigkeitsgefühl immer noch aufgrund Kultur und Blutabstammung definiert wird.«

Obgleich im Jahre 2000 in Deutschland ein neues Staatsbürgerschaftsgesetz eingeführt wurde, das in Deutschland geborenen

Ausländern die Erlangung der Staatsbürgerschaft erleichtert, werde die neue Gesetzeslage von vielen Deutschen nicht anerkannt. Sie sei eben nur ein Papier und komme nicht aus dem Herzen.[227] Nicht aus dem Herzen? Der Staat rückte vor drei Jahren von dem traditionellen Abstammungsprinzip ab und führte den Erwerb der Staatsangehörigkeit durch Geburtsrecht ein. Dies führte zu einem subjektiven Rückgang des Ausländeranteils in der Bundesrepublik Deutschland, da hierzulande geborene Kinder von ausländischen Eltern nunmehr berechtigt sind, deutsche Staatsangehörige zu werden.

Obgleich die herrschende politische Klasse sehr wohl weiß, daß sie mit ihrer Ausländerpolitik dem Interesse und dem Wunsch des deutschen Volkes entgegenwirkt – die Vorsitzende der CDU Angela MERKEL wußte beispielsweise in der *Frankfurter Rundschau* vom 21. März 2002 zu bemerken, daß 80 Prozent des deutschen Volkes (MERKEL sprach selbstredend von ›der Bevölkerung‹) ein Gesetz herbeisehnen, »weil sie bessere Integration und weniger Zuwanderer, auf keinen Fall aber mehr wollen« –, sind die Vertreter der Altparteien ganz darin vertieft, ihre multikulturellen Bemühungen verstärkt fortzusetzen.

Viele Parteien umwarben während der Bundestagswahlen 2002 »eingebürgerte Ausländer« (*Der Spiegel*) so aufwendig wie noch nie mit Plakaten, Broschüren und dem Einsatz ausgesuchter Vorzeige-Emigranten – eine Entwicklungsstufe ›multikultureller Bemühungen‹, die noch drei Jahre zuvor nicht erreicht worden war. 1999 waren die Sozialdemokraten beispielsweise noch unschlüssig, ob Wahlplakate in türkischer Sprache der Renner sind. Der SPD-Abgeordnete Hans-Joachim KOHL war skeptisch – natürlich nicht aus grundsätzlichen Gründen, sondern aus Motiven der Abwägung: »Ein Wahlplakat in Türkisch kommt nicht bei allen an. [...] Die Aktion ist vielleicht ein Versuch wert, kann aber auch daneben gehen, wenn die Deutschen in Kreuzberg das nicht gut finden.«[228]

Wenig später gab es derartige, aus Konformismus geborene Angst nicht mehr. So entblödeten sich 2002 alle ›Volksparteien‹ während ihres US-amerikanisierten Wahlkampfes zum 15. Deutschen Bundestag nicht, ihre Wahlempfehlung auch auf Ausländer abzustimmen[229] – allen voran die Sozialdemokraten und die Liberalen, die mit in türkischer Sprache gehaltenen Wahlplakaten warben – während die CDU in ihrem Wahlspot zur Familienpolitik mit einem schwarzen Mädchen aufwartete. Selbstredend machten auch die Grünen Wahlkampf auf türkisch, zumindest in der Hauptstadt. Mittels einer in türkischer Sprache verfaßten Wahlkampfzeitung sollten, so die Landesgeschäftsführerin Kirsten BÖTTNER, die etwa 50 000 »türkischstämmigen Wahlberechtigten« in Berlin »in der Sprache informiert werden, die sie beherrschen«.

Die Altparteien[230] stellten damit einmal mehr unter Beweis, wie sehr sie sich erstens vom eigenen Volk entfernt haben und zweitens in welchem Ausmaß die viel propagierte Integration der Ausländer mißglückt ist oder unmöglich ist. Wie so oft, läßt sich auch hier das Gewissen des Volkes, das sich von dem der Volksvertreter grundsätzlich unterscheidet, anhand verschiedener Leserbriefe verdeutlichen. So lautet beispielsweise eine Zuschrift im *Spiegel*: »Eine Frage: Ist es zu nationalistisch für deutsche Verhältnisse des Jahres 2002, ein Befremden zu empfinden, wenn die Wahlplakate zum Deutschen Bundestag auf Türkisch gehalten sind? Die Sprache des Landes, in dem man das Wahlrecht besitzt, wenigstens so weit zu beherrschen, daß es für das richtige Kreuzchen reicht, ist doch wohl das Mindeste, was erwartet werden darf.«[231]

Zur Integration der Ausländer gehöre, so ein weiterer Leserbrief in derselben Ausgabe des *Spiegel*, zuerst einmal die Fähigkeit, die Sprache des Landes zu beherrschen, in dem die Ausländer leben wollen. Wenn also türkischstämmige Politiker wollten, daß Türken dieses Land mitgestalten, so sollten jene diesen klarmachen, daß sie hierzu erst einmal Deutsch sprechen müssen, es sei denn, es wäre beabsichtigt, Türkisch zur zweiten Amtssprache zu machen.[232]

Selbstredend unterstützten auch viele Medien den von den etablierten Parteien eingeläuteten Wahlkampf um Ausländer. In den vergangenen zwanzig Jahren seien dem Hessischen Rundfunk zufolge über 2,7 Millionen Menschen in Deutschland eingebürgert worden. Das Wahlverhalten »gerade dieser ganz neuen Staatsbürger« gelte jedoch als unbekannte Größe in der ansonsten »gut ausgeleuchteten Wählerschaft«. Aus diesem Grunde sendete der Hessische Rundfunk vom 16. bis zum 20. September 2002 täglich »eine Sonderreihe der hr-Ausländerredaktion zur Bundestagswahl 2002« mit dem Titel »Migranten und Wahlen. Die Demokratie und die Zuwanderer in Deutschland« in spanischer, türkischer, italienischer, griechischer und serbokroatischer Sprache, um diese ›unbekannte Größe‹ ebenfalls auszuleuchten. Die Wahlen kamen – und die Ausländer trugen wesentlich zu ihrem Ausgang bei. »Erstmals in der Geschichte der BRD«, so frohlockte die muslimische Organisation ›Fatih Moschee‹, »waren muslimische Bürger bei einer Bundestagswahl wahlentscheidend. Nach dem vorläufigen amtlichen Ergebnis hat die SPD nur mit knapp 9000 Stimmen

Stadtbild in Berlin-Kreuzberg, keine Ausnahme in Deutschland. »Import-Mütter«, meint der Spiegel, *kommen in Kreuzberg, Hamburg-Wilhelmsburg oder sonstwo auch ohne Deutschkenntnisse bestens zurecht. Unten: ausländische Schulkinder in Berlin. Zahlreiche fangen erst mit der Einschulung, Deutsch zu lernen. Inzwischen stehen über 40 Prozent der türkischen Schulabgänger ohne Ausbildungsplatz da.*

die Wahl für sich entschieden. Den Statistiken zu Folge waren rund 600 000 Muslime wahlberechtigt, davon allein 470 000 türkisch Stämmige (1998 waren es noch 160 000). Zwar gibt es bundesweit keine eindeutige Statistik über das Wahlverhalten der Muslime, da sie nach der Einbürgerung als Deutsche registriert sind. Aber daß die überwältigende Mehrheit von ihnen Rot/Grün gewählt hat, ist längst kein Geheimnis mehr.«[233] Übrigens gibt es Anlaß, sich schon jetzt auf die kommenden Wahlen zu freuen: Die Zahl der wahlberechtigten Muslime, so die Organisation, werde sich 2006 verdoppeln.

Eine sozialstrukturelle Fehlentwicklung mit dramatischen Ausmaßen ist im Gange. In den letzten Jahren ist es bei der Integration der jungen Ausländer zu keinerlei Fortschritten mehr gekommen, vielmehr ist die Entwicklung sogar rückläufig. »Es wird gar nicht mehr lange dauern, dann werden politische Forderungen laut werden, die zuerst Unterricht in der Muttersprache (also in Türkisch) fordern werden, dann Quoten für Ausländer in der Berufsbildung, an Gymnasien und Universitäten und bei der Beschäftigung im Öffentlichen Dienst, um so die vermeintliche Ursache der Benachteiligung zu beseitigen, die ja laut MARX stets in den herrschenden Besitz- und Klassenverhältnissen zu suchen sind.«[234]

Der syrische Professor Bassam TIBI, der in Göttingen Internationale Politik lehrt, warnt vor einer Islamisierung Europas: »Wer sich in der Islam-Diaspora Europas auskennt, weiß, daß nicht nur die Islamisten von einem islamischen, von der Scharia beherrschten Europa träumen; auch orthodoxe Moslems tun dies und rechnen Europa durch demographische Islamisierung durch Migration zum Dar al-Islam/Haus des Islam. Das Ganze beginnt in den bereits vorhandenen Parallelgesellschaften, in denen nicht wenige Moscheevereine sich als Speerspitze der Islamisierung Europas verstehen. [...] Effektiver ist eine Politik der Integration. Leider müssen wir bis auf eine integrierte Minderheit europäisch gebildeter moslemischer Migranten der zweiten Generation – zum Beispiel meine moslemischen Studenten in Göttingen – von einer im allgemeinen gescheiterten Integration in Deutschland sprechen. In den Moscheevereinen lernen die jungen Moslems nicht etwa, wie sie Grundgesetz, Demokratie und ihre Religion in Einklang bringen können. Vielmehr lesen sie als Lernende etwa solche im Eigenverlag erscheinenden deutschen Übersetzungen von Sayyid QUTB – dem Vater des islamischen Fundamentalismus und der Schriften des Hüters seiner Traditionen, Yusuf AL-QARADAWI. Die Islamisierung beginnt mit der faktischen Behinderung der Integration durch die Bildung von abgeschotteten Gemeinschaften. Wer die Augen nicht verschließt und sich nicht der Lüge von der Integration anschließt, erkennt, daß wir in Deutschland – aber auch anderswo in Europa – eine Fülle von Parallelgesellschaften in der europäischen Islam-Diaspora haben. Kurz gesagt: Europäisch ge-

Parallelgesellschaften sind im Entstehen. (Foto Schönhartung/Ostkreuz)

bildete, beruflich erfolgreiche Moslems, die keinen schriftgläubigen oder islamistischen Islam vertreten, sind integriert. Dies gilt aber nicht generell für die Gemeinden der Moscheevereine, die eine andere politische Kultur vertreten. Diese bilden eher Parallelgesellschaften, und das ist das genaue Gegenteil von Integration.«[235]

Vor der Bildung von Parallelgesellschaften, ja vor der ethnischen Umstrukturierung Deutschlands und Europas hat Herwig Birg bereits 1998 gewarnt. Ein öffentlicher Diskurs über die lebensbedrohende Lage der deutschen Nation ist in der Berliner Republik seither freilich nicht geführt worden. Dabei liegen die Fakten klar vor Augen:

»*Die Welt*: Die Zuwanderung von Ausländern beschäftigt die Öffentlichkeit schon seit Jahren. Dabei überwiegen immer mehr jene Stimmen, die einen Einwanderungsstopp fordern. Wie integrationsbereit schätzen Sie die deutsche Bevölkerung ein?

Birg: Ich halte sie für außerordentlich verantwortungsbewußt und sehr erfolgreich, was die Integration betrifft. Sie kann für alle anderen Länder Europas als Vorbild dienen. Schauen Sie nach Frankreich, nach Italien oder nach England: Dort ist die arbeits- und sozialrechtliche Stellung der Ausländer wesentlich ungünstiger. In der deutschen Arbeitswelt sind Ausländer vollkommen integriert. Das Miteinander auf anderen, privaten Gebieten gestaltet sich natürlich weniger harmonisch als unter den Deutschen selbst. Etwas anderes kann wohl auch gar nicht erwartet werden. Aber was erwartet werden kann, hat Deutschland in wirklich bewundernswerter Weise bewerkstelligt.

Die Welt: Stellt eine solche Haltung nicht allen negativen Voraussagen zum Trotz eine gute Basis dar, um das Zuwanderungsproblem auch in der Zukunft zu bewältigen?

BIRG: Durchaus nicht. Die Probleme werden sich verschärfen, je mehr die einheimische Bevölkerung schrumpft. Die Geburtenrate in Deutschland ist im 20. Jahrhundert, mit Ausnahme einer kurzen Unterbrechung infolge der NS-Bevölkerungspolitik und infolge des Nachkriegsbabybooms, ununterbrochen gefallen, und es ist unwahrscheinlich, daß sich dieser Trend umkehrt. Ohne permanente Zuwanderungen aus dem Ausland würde die Bevölkerung in den alten Bundesländern von 1990 bis 2050 von 64 auf 39 Millionen und in den neuen Bundesländern von 16 auf neun Millionen abnehmen. Wer diese Entwicklung nicht hinnehmen will, muß zur Kenntnis nehmen, daß Deutschland nicht nur de facto seit zweieinhalb Jahrzehnten ein Einwanderungsland ist, sondern gar nicht mehr wählen kann, ob es ein Einwanderungsland sein will. Das heißt, man muß für Jahrzehnte mit einem sich immer mehr verschärfenden Problem zu Rande kommen. Wenn nämlich die demographische Basis der aufnehmenden Gesellschaft durch fortgesetzte Schrumpfung einen kritischen Schwellenwert unterschreitet und brüchig wird, schwindet deren Integrationsfähigkeit auch bei optimaler Integrationsbereitschaft.

Die Welt: Wie bewerten Sie eine solche Perspektive für die Entwicklung in den neuen Bundesländern?

BIRG: Zunächst einmal ist das Geburtendefizit hier noch größer als in den alten. Die neuen Länder verzeichneten nach der Wende die niedrigste Geburtenrate Europas: Sie betrug weniger als ein Kind je Frau. Inzwischen ist ein leichter Anstieg auf ein Kind pro Frau feststellbar. Aber gegenüber den 1,3 Kindern pro Frau im Westen macht das einen Unterschied von 30 Prozent aus. Das hat zur Folge, daß die Bevölkerung in den neuen Ländern viel stärker schrumpft als in den alten. Die Alterung ist dort intensiver, der Wegzug von Menschen der neuen Bundesländer in die alten übertrifft den Zuzug von Bewohnern der alten Bundesländer in die neuen Bundesländer, so daß der Wanderungssaldo für die neuen Bundesländer netto negativ ausfällt. Er läßt sich nur durch Zuwanderer aus dem Ausland ausgleichen. Das heißt, diese Zuwanderung müßte, wenn die Bevölkerung dort nicht stärker schrumpfen soll als im Westen, prozentual größer sein als im Westen. Die Bürger im

Osten sind jedoch weit weniger gewohnt und geübt, mit Menschen fremder Kulturen zusammenzuleben als ihre Landsleute im Westen. Nicht deshalb, weil die Leute im Osten ausländerfeindlicher wären, gestalten sich die Integrationsprobleme viel dramatischer, sondern weil sie den Umgang mit den fremden Menschen noch nicht genügend beherrschen. Im übrigen ist es für sie eine gewaltige Integrationsaufgabe, daß sie sich nach dem Zusammenbruch ihres Gesellschaftssystems selbst integrieren. Was man ihnen an Integrationsleistung abverlangt, ist eigentlich unzumutbar.

Die Welt: Würde eine Änderung des Staatsangehörigkeitsrechts die Probleme nicht entschärfen?

BIRG: Natürlich lassen sich Ausländer durch Änderungen des Staatsangehörigkeitsrechts zu Deutschen umdefinieren. Und es ist auch wichtig, die rechtlichen Möglichkeiten zu verbessern. Es wäre aber ein verhängnisvoller Irrtum anzunehmen, damit ließe sich allen Problemen automatisch beikommen. Die Gefahr von Scheinlösungen liegt auf der Hand. Die Realität sind doch nicht die zehn Prozent Intellektuellen an den Universitäten, Hochschulen sowie im Bildungs- und Technikbereich, für die der Umgang mit anderen Kulturen stets eine Bereicherung bedeutet. Die Realität machen jene 90 Prozent der Menschen aus, die den Vorgängen um sie herum ziemlich hilflos gegenüberstehen. Und deshalb sage ich auch mit aller Deutlichkeit: Die Container mit den Asylbewerbern gehören in die Villenvororte, wo die Politiker leben, und nicht auf triste Plätze in den dichtbesiedelten Innenstädten oder an die Ränder weit abliegender Dörfer. [...]

Die Welt: Der frühere SPD-Ministerpräsident von Nordrhein-Westfalen, Heinz KÜHN, warnte schon vor Jahrzehnten, daß bei einem Ausländeranteil von zehn Prozent die Lage kritisch zu werden beginne. Wieviel Ausländeranteil ist denn für die deutsche Gesellschaft verträglich?

BIRG: Verträglich ist immer der Ausländeranteil, der vor Ort, regional und vielleicht auf Stadtquartiersebene als verträglich gilt. Im Landesdurchschnitt mag ein Anteil von zehn oder sogar 20 Prozent verträglich sein, wenn er auch in den großen Städten 20 Prozent nicht überschreitet. Aber genau dies ist nicht der Fall. Wir haben heute im Bundesdurchschnitt zwar einen Ausländeranteil von nicht ganz zehn Prozent, nur ist er in bestimmten Städten dreimal so hoch. Wenn wir also den Bundesdurchschnitt von 20 Prozent nehmen, heißt das, daß er in einigen Städten 60 Prozent beträgt. Das kann man in der Tat als eine hochdramatische Situation ansehen, weil sich nämlich dann das Integrationsproblem in umgekehrter Richtung stellt: Die Deutschen hätten sich in die Mehrheitsbevölkerung zu integrieren, und dies wäre die nichtdeutsche Bevölkerung. Ob die gewaltige, beiderseitige Integrationsaufgabe gelingt, hinge dann nicht in erster Linie von den Deutschen ab, sondern von den Zuwanderern. Aber niemand will sich mit solchen Vorstellungen beschäftigen, weil sie geradezu absurde Konsequenzen hätten. Statt dessen verhält man sich nach dem Motto der drei Affen: nichts hören, nichts sehen, nichts reden. Die berühmte Bringschuld der Wissenschaft gegenüber Politik und Öffentlichkeit ist mehr als hundertfach erbracht worden. Aber es ist nun einmal unmöglich, Menschen gegen ihren Willen aufzuklären. Wenn Aufklärung - in den Worten KANTS - der Ausgang des Menschen aus seiner selbstverschuldeten Unmündigkeit ist, dann hat dieses Land seine Aufklärung und politische Mündigkeit noch vor sich.«[236]

Diese Parallelgesellschaften auf deutschem Boden existieren längst, denn die Realität zeigt, daß je länger Ausländer in Deutschland leben, es den Nachgeborenen um so schwieriger fällt, die deutsche Sprache zu beherrschen. Immer mehr Kinder von Ausländern sprechen immer weniger Deutsch, eine Tatsache, die sich in den Schulklassen natürlich auch auf den Wortschatz der deutschen Kinder niederschlägt.

Der Philologe Peter HEESEN, stellvertretender Vorsitzender des Deutschen Beamtenbundes, bestätigt, daß der Deutschunterricht vernachlässigt werde, was eine Kettenreaktion auslöst: »Symptome dieser Vernachlässigung sind unter anderem die Reduzierung der Grundwortschatzes, die Vernachlässigung des einübenden Lesens, die Vernachlässigung des Auswendiglernens, die Egalisierung von Alltagstexten mit Literatur, die Vernachlässigung literarischer Bildung usw.«[237] Die Beherrschung der Sprache ist jedoch die Schlüsselqualifikation schlechthin - auch zu den Naturwissenschaften und bis hin zur künstlerischen Kreativität.

Die Türkei ist ein Land, dessen Bevölkerung sich äußerst dynamisch in Richtung der 100 Millionen Einwohner entwickelt. Wenn die wirtschaftliche Entwicklung einigermaßen parallel mit der demographischen Entwicklung verläuft, dann steht zu erwarten, daß die Türkei zu einem immer wichtigeren Land innerhalb des vorderasiatischen Kulturkreises wird. Warum sollten dann die in Deutschland lebenden Türken ihre Beziehungen zu diesem Land, ihre Identifikation mit ihm schwächen beziehungsweise aufgeben?

Sie dürften sich im Gegenteil viel stärker als in der Vergangenheit mit ihrem Land verbunden fühlen. Für Deutschland würde dies bedeuten, daß dann ein (türkischer) Staat im (deutschen) Staat existiert und nicht etwa nur eine Parallelgesellschaft, geschweige denn, daß eine erfolgreiche Integration zu verzeichnen wäre. Es wäre ein Staat im Staate entstanden, bei dem sich die Menschen nach verschiedenen Grundorientierungen ausrichten würden.

Wenn schon die Integration von Ausländern nicht klappt, wie schaut es dann mit der ›Einbürgerung‹ von Ausländern aus, also solchen, die sich nach gültiger Gesetzeslage lange genug in der Bundesrepublik Deutschland aufgehalten haben, um die bundesdeutsche Staatsbürgerschaft zu erhalten? Im Jahre 2001 gaben über 40 Prozent der eingebürgerten Ausländer, will sagen Ausländer, die einen bundesdeutschen Paß erhielten, die Staatsangehörigkeit ihres Herkunftslandes nicht ab oder beantragten sie neu. In konkreten Zahlen ausgedrückt bedeutet dies, daß 2001 erstens 178 098 Ausländer per Stempel ›zu Deutschen wurden‹ und zweitens von diesen ›neuen Deutschen‹ 85 995 die Staatsangehörigkeit ihrer Heimat behielten.

Das Paradoxon von Einbürgerung einerseits und doppelter Staatsbürgerschaft andererseits wird besonders am Beispiel der Türken deutlich. »Vor allem bei Bürgern türkischer Abstammung ist ein großer Anstieg der Doppelstaatler zu verzeichnen. 1999 wurden 89 526 Menschen aus der Türkei Deutsche, 4370 von ihnen behielten offiziell den Paß ihres Heimatlandes. 2000 waren es inklusive der auf Antrag eingebürgerten Kinder 82 861, von denen aber 23 921 auch türkische Staatsbürger blieben; 2001 erhielten 76 573 Türken die deutsche Staatsangehörigkeit, 27 273 davon behielten ihren türkischen Paß.«

Noch deutlicher wird das Verhältnis Einbürgerung und Doppelstaatsbürgerschaft bei »lange in Deutschland lebende[n] Asylberechtigte[n], die nicht aus ihrer angestammten Staatsbürgerschaft entlassen werden können«.[238] So wurden 2001 beispielsweise 12 020 Iraner eingebürgert, 11 969 davon unter Hinnahme der Mehrstaatlichkeit.

Was besagt eigentlich die ›Einbürgerung‹ von Ausländern? In jedem Fall erst einmal, daß die bislang als ›Ausländer‹ geltende Person nunmehr Inhaber eines bundesdeutschen Passes ist. Wird man aber dadurch Deutscher? Bejaht man diese Frage, bedeutete dies, daß Staatsangehörigkeit mit Volkszugehörigkeit gleichgesetzt würde. Wem das zu abstrakt ist, möge die im November 2001 gewählte Miss Schleswig-Holstein bewundern, die – frei nach Salcia

LANDMANN – kaum den Vorstellungen einer Hanseatentochter entsprechen dürfte. Dayan TWENEBOAH-KODUA ist vor fast 13 Jahren mit ihren Eltern aus Afrika nach Kiel gezogen. Die aus Ghana stammende 24jährige Schönheitskönigin mit bundesdeutschem Paß gab sich nach ihrer Wahl überrascht: »Ich habe nicht damit gerechnet, weil ich dunkelhäutig bin.« Durch ihren Sieg angespornt, faßte sie sich ein Herz und trat gleich bei der Wahl zur ›Miss Germany 2002‹ an, um als erste Schwarzafrikanerin den Titel der schönsten Frau Deutschlands zu gewinnen: »Ich weiß nicht, ob Deutschland für eine schwarze Miss bereit ist.«[239] Offensichtlich waren die Deutschen – noch – »nicht bereit«, was bei Anhängern der Multikultur freilich zu resignierenden Bemerkungen führte. Die afrikanische Schönheit müsse wohl einsehen, »daß es in Deutschland für Schwarze nicht viel zu holen gibt und sie höchstwahrscheinlich für die Öffentlichkeit nur als Quoten-Negerin herhalten mußte.«[240] Zum Trost gibt es ja noch Czerno JOBATAI, Arabella KIESBAUER, Gerald ASAMOAH und viele andere ›dunkelhäutige Deutsche‹. Irgendwann, wenn die Deutschen dazu ›bereit‹ sind – und daran wird ja fleißig gearbeitet –, wird auch Deutschlands schönste Frau eine dunkelhäutige Augenweide sein.

Anhand dieses vielleicht polemisch anmutenden Beispieles sollte eines klar gemacht werden: Der Mensch kann selbstverständlich seine Staatsbürgerschaft so oft wechseln, wie es ihm beliebt, aber er kann nicht ›aus seiner Haut‹, will sagen, niemals seine Volkszugehörigkeit wechseln. Bernhard BLOCHBERGER, Bezirkshauptmann der Freiheitlichen Partei Österreichs (FPÖ) von Wiener Neustadt, stellte diese im Grunde Allerweltsweisheit gegenüber der *National-Zeitung* klar: »Die Staatsbürgerschaft sagt nichts über die Abstammung eines Menschen und seine Zugehörigkeit zu einem bestimmten Volks- und Kulturkreis aus. Die Staatsbürgerschaft zeugt von der Zugehörigkeit zu einem bestimmten Staat. Man kann sie wechseln, die Volkszugehörigkeit nicht.«[241]

Das ist eine Selbstverständlichkeit, die so offensichtlich ist, daß man hierüber nicht zu sprechen brauchte – in der Bundesrepublik, wo derartige Bemerkungen immer den Beiklang von ›Rassismus‹ haben, aber eben doch. Dabei war der unabdingbare Unterschied zwischen Staatsangehörigkeit und Volkszugehörigkeit noch vor gar nicht so langer Zeit selbst den Damen und Herren im Bundesinnenministerium klar. In der mit Mitteln des Bundesministeriums des Innern geförderten und im Januar 2000 herausgegebenen Informationsschrift für Aussiedler *›Auf in die Zukunft‹ – Was Sie über Deutschland wissen müssen* lesen wir: »Deutsche im Sinne des

Grundgesetzes der Bundesrepublik Deutschland sind auch die deutschen Volkszugehörigen, die in der Bundesrepublik als Spätaussiedler aufgenommen werden, ebenso ihre mitaufgenommenen Ehegatten und ihre Kinder. Durch die Aufnahme werden sie kraft Gesetzes Deutsche ohne deutsche Staatsangehörigkeit – Ehegatten, die nicht selbst deutsche Volkszugehörige sind, allerdings nur, wenn die Ehe zum Zeitpunkt des Verlassens des Aussiedlungsgebietes mindestens drei Jahre ununterbrochen bestanden hat. Rechtlich sind Deutsche ohne deutsche Staatsangehörigkeit den deutschen Staatsangehörigen im wesentlichen gleichgestellt.«[242]

Herwig BIRG beendet seine Warnung mit Worten, die an Deutlichkeit nichts zu wünschen übrig lassen: »Ich neige wirklich nicht zu Panikmache: Aber wir haben zwei furchtbare Weltkriege hinter uns, deren Problematik uns immer noch beschäftigt. Der ungesteuerte Zuwandererstrom nach Deutschland, verbunden mit einem politischen Treibenlassen der demographischen Probleme, gefährdet Deutschland im 21. Jahrhundert auf eine ähnlich existenzbedrohende Weise wie die beiden Weltkriege im 20. Jahrhundert.«[243]

In der Tat droht den Deutschen der biologische Exodus. Der *Jungen Freiheit* gegenüber räumte Brandenburgs Innenminister Jörg SCHÖNBOHM (CDU) bezüglich der demographischen Veränderung und des drohenden »Verschwinden[s] der Deutschen als historische und soziale Kategorie, eben als Volk« ein: »Es ist richtig, daß wir in diesem Land eigentlich ernsthaft die Frage diskutieren müßten, ob wir wirklich das deutsche Volk schrittweise reduzieren wollen. Denn das wird in der Tat am Ende dieses Prozesses stehen. Wir würden sozusagen in den Staub der Geschichte fallen.«[244]

Von dieser drohenden Auslöschung ist zwangsläufig nicht nur Deutschland, sondern ganz Europa betroffen. Herwig BIRG hat bereits 1998 klipp und klar vor der totalen demographischen Umstrukturierung Europas gewarnt. Einerseits nehmen die Bevölkerungszahlen der angestammten Völker Europas ab, gleichzeitig steige aber in den südlichen Anrainerstaaten des Mittelmeeres wie Marokko, Algerien, Tunesien, Libyen, Ägypten, Israel, Syrien und der Türkei die Bevölkerung dramatisch an. Von dort kämen die Flüchtlingsströme, von dort finde eine illegale Zuwanderung statt, die bereits derartige Ausmaße angenommen habe, daß man sie als außer Kontrolle geraten bezeichnen müsse. »Darüber dürfen wir uns keinen Illusionen hingeben: Will Europa auf Dauer ein Zuwanderungskontinent bleiben, wird es längerfristig Europa nicht mehr geben. Die Europäische Union umfaßt mit ihren 370 Millionen Einwohnern gerade ein Drittel der Bevölkerung Chinas. Und Indien wird China schon in zwei bis drei Jahrzehnten überrunden. In Asien werden sechs Milliarden Menschen beheimatet sein, soviel wie heute in der ganzen Welt. Angesichts des Bevölkerungspotentials Asiens, Afrikas und Lateinamerikas im 21. Jahrhundert müßte man bei einer Öffnung der Grenzen davon ausgehen, daß nicht nur Deutschland als Nation verschwindet, sondern ganz Europa als Kulturraum.«[245]

Dieser dramatischen Entwicklung hat sich der französische Publizist Guillaume FAYE, ein Vertreter der antimarxistischen intellektuellen *Nouvelle culture*, angenommen. 2000 legte mit seinem Buch *La Colonisation de l'Europe: Discours vrai sur l'immigration et l'Islam* eine Abhandlung vor, die offenlegt, daß Europa (hier am Beispiel Frankreichs) nicht nur vor dem Problem der Einwanderung, sondern gar unmittelbar vor der Gefahr einer Kolonialisierung durch fremde Menschen steht. FAYE stellt, ähnlich wie BIRG, die Überlebensfrage Europas und belegt

- die demographische und geopolitische Gefahr, die von Nicht-Europa (hier: Nordafrika) ausgeht,
- in welchem Maße die Einwanderung die französischen Schulen zerstört,
- daß eine multiethnische Kultur pure Phantasie ist,
- daß der Islam darauf drängt, Europa zu erobern, wobei der Heilige Krieg als absoluter Imperativ gilt,
- daß die augenblickliche Entwicklung der Jugendkriminalität zu einem auf Rassenkonflikten basierenden Bürgerkrieg führt.

Guillaume FAYE vertritt die Auffassung, daß die Grundlage sämtlicher Kulturen (*civilisations*) anthropologisch und biologisch zu sehen ist. Aus diesem Grunde dürfe, soll Europa überleben, Politik nicht länger an der Realität vorbei betrieben werden.

Diese eindeutigen Prognosen bedeuten indes nicht für jeden Volksvertreter eine Schreckensvision. Michel FRIEDMAN beispielsweise bekannte in einem Gastkommentar in der *Welt* am 29. November 1999, daß er froh sei, »daß das heutige Deutschland viele Millionen ausländische Bürger beheimatet. Sie haben das Land mitaufgebaut, befruchtet und bei uns eine Lebensvielfalt verwirklicht, die ich nicht mehr missen möchte.«

Ganz abgesehen, daß diese Aussage schon als solche Mumpitz ist, da nach dem Zweiten Weltkrieg Deutschland – zumindest die

Guillaume FAYE *gehört zu den führenden Denkern der Neuen Rechten in Frankreich. Er vertritt den Standpunkt, daß der Antirassismus den Rassismus schaffe, und nicht umgekehrt. »Der echte Widerstand gegen den Rassismus bedingt vielmehr, daß die Bekräftigung des ethnischen Bewußtseins und der ethnischen Tatsache von allen Völkern, auch von dem eigenen, als legitim anerkannt wird. Das Recht auf Identität bedeutet für ein Volk auch das Recht auf eine relative ethnische Homogenität und das Recht auf eine Territorialität, das heißt auf eine* Souveränität *über eine politische Einheit. . .; das Recht eines Volkes auf Identität ist nicht gewährleistet, wenn es nicht die Souveränität über ein Gebiet hat, in dem seine Ethnie am meisten vertreten ist.«*

Bundesrepublik Deutschland, die Deutsche Demokratische Republik und Österreich – natürlich durch die Deutschen selbst wieder aufgebaut worden ist, dürfte sich der Multikulti-Apologet mit derart lockeren Sprüchen, hielte er sie in Israel, gewaltig in die Nesseln setzen. Der ehemalige israelische Innenminister Eli JISCHAI stellte laut *Israel-Nachrichten* vom 27. März 1998 jedenfalls klar: »Unser Ziel ist es, die Zahl der Fremdarbeiter bis 2005 um 90 Prozent zu senken, weil die Infiltration mit nichtjüdischen Zuwanderern viele soziale Probleme aufwirft und die Fremdarbeiter eine Zeitbombe darstellen.«[246]

Die von FRIEDMAN und Konsorten für Deutschland propagierte multikulturelle Gesellschaft ist in Israel ein Ding der Unmöglichkeit. Das israelische Kabinett hatte Anfang September 2002 beschlossen, bis zum Jahresende 50 000 Gastarbeiter des Landes zu verweisen. Es handelt sich hierbei vor allem um Osteuropäer, Asiaten und Neger, die in Zeiten der Hochkonjunktur an den strengen Zuwanderungsbestimmungen vorbei hereingelassen und bis dahin geduldet worden waren. Die Ausweisung dieser ›illegalen‹ Ausländer findet breite Unterstützung sowohl im jüdischen Volk als auch bei den Gewerkschaften, die die Strafen für die Beschäftigung illegaler Ausländer obendrein drastisch erhöhen wollen. Würden ähnliche Maßnahmen in der Bundesrepublik Deutschland auch nur im Rahmen einer öffentlichen Diskussion auf die Agenda gesetzt werden, wären die Vertreter der ›moralischen Instanzen‹ umgehend zur Stelle und würden derartige ›rechtsradikale Forderungen‹ schärfstens verurteilen und die Menschenrechte anmahnen. Die *Jüdische Allgemeine*, deren Geschäftsführer gerade der zitierte Multikulti-Propagandist ist, sieht solche Forderungen im Falle Israels freilich differenzierter: »Nach eigener Definition ist Israel kein Einwanderungsland. Jüdische Zuwanderung gilt nicht als Immigration, sondern als Rückkehr in die angestammte Heimat.«[247] Wohl wahr, nur seit wann versteht sich Deutschland nach eigener Definition als Einwanderungsland?

Das hier behandelte komplexe Thema wollen wir mit einem plastischen Beispiel abrunden, das nochmals die geistige Ebene verdeutlichen soll, auf der Repräsentanten dieses Staates auf Vorwürfe von ›Ausländerfeindlichkeit‹ reagieren. Hinter dem Namen ›Weiße Liga‹, so könnte man mit bundesdeutschem Schablonendenken vermuten, dürfte eine ausländerfeindliche Organisation unbelehrbarer Rassisten stehen. ›Unbelehrbar‹ und ›rassistisch‹ ist gar nicht mal so falsch. Die ›Weiße Liga‹ mit Sitz in Marburg versteht sich als »Partei nationaler Minderheiten« und äußert sich vor allem inländerfeindlich. In einem Brief an den Bundespräsidenten forderte der Parteivorsitzende Johann R. WIEGAND am 19. September 2002 die Gleichstellung, ja die Bevorteilung ›nationaler Minderheiten‹ in Deutschland gegenüber dem deutschen Staatsvolk. In seinem Schreiben warf WIEGAND Johannes RAU vor, nicht Bundespräsident aller Menschen in der Bundesrepublik Deutschland zu sein: »Leider kann ich auf Ihrer Internetseite nicht erkennen, dass Sie sprachlich gesehen der Präsident der Deutschen, Dänen, Friesen, Sinti und Roma, Sorben und Wenden sind. Dort gibt es nur Deutsch, Spanisch, Englisch und Französisch, ohne dass Sie der Präsident der Spanier, Franzosen und Engländer wären. Kann ich davon ausgehen, dass Sie uns damit sagen, daß wir als Wenden nicht willkommen in unserem eigenen Land sind?« (Alle Fehler im Original.)

Interessant ist die Antwort aus dem Büro RAUS. Unter dem Geschäftszeichen 11-213 20-51-51/99 antwortete am 14. Oktober 2002 ein Manfred FISCHER im Auftrag seines Dienstherrn: »Sie bemängeln in Ihrem Brief, daß die Internetseite des Bundespräsidenten nur in Deutsch gehalten ist und andere in unserem Land übliche Sprachen nicht angeboten werden. Das ist zwar richtig. Entgegen Ihrer Mutmaßung hat das aber nichts damit zu tun, daß dem Bundespräsidenten bestimmte Volksgruppen nicht willkommen wären. Das Gegenteil ist richtig. Der Bundespräsident hat schon bei seiner Ansprache an die Bundesversammlung nach der Wahl in sein Amt betont, er werde über alle Grenzen und über alle Unterschiede hinweg der Bundespräsident aller Deutschen und Ansprechpartner für alle Menschen sein, die ohne deutschen Paß bei uns leben und arbeiten. Auch jüngst wie z. B. am 30. September 2002 bei der Verleihung des Otto Pankok-Preises der ›Stiftung zugunsten des Romavolks e.V.‹ hat er dies noch einmal hervorgehoben. An dem Bundespräsidenten lag es also nicht, daß in seine Internetseite nicht alle in Deutschland gesprochenen Sprachen eingespeist worden sind, sondern man sich auf Deutsch beschränkt hat – der Sprache, die von den allermeisten hier im Lande Lebenden beherrscht wird.« Wie lange noch, bleibt offen.

7.
Die Republik verblödet

Diese Republik ist in den letzten Jahrzehnten nicht nur rückgratloser, verschuldeter und dekadenter geworden. Auch ihre Gesellschaft - der Begriff ›Volk‹ läge an dieser Stelle ausnahmsweise einmal daneben - ist im Vergleich zum Zeitraum vor ein, zwei Generationen auch leistungsschwächer, anspruchsloser und einfältiger geworden. Nun ist geistiger und kultureller Rückgang aber kein Naturgesetz, will sagen, daß ein Volk - noch dazu eines, dem man nachsagt, eines der Dichter und Denker (gewesen) zu sein - nicht so einfach mir nichts, dir nichts verblödet. Nein, die Verblödung kommt nicht von ungefähr, sondern ist ein nachvollziehbarer Prozeß, der seine Wurzeln vor allem in einem verfehlten Erziehungswesen hat, was keineswegs nur auf die Schule begrenzt zu verstehen ist. Die bundesdeutsche Gesellschaft ist in den vergangenen Jahrzehnten immer flacher, immer hohler, immer seniler geworden.

Kolutus Ingonitus und die Todesstrafe

›Pisa‹, so könnte man guten Glaubens annehmen, sei die Abkürzung für ›Peinliches, indiskutables Schul-Armutszeugnis‹. So falsch liegt man damit gar nicht, auch wenn ›Pisa‹ offiziell ›Program for International Student Assessment‹ bedeutet, also Verfahren zur internationalen Schülerbeurteilung. Diese von der Organisation für wirtschaftliche Zusammenarbeit und Entwicklung (OECD) 2001 für 30 Länder in Auftrag gegebene internationale Vergleichsstudie bescheinigt bundesdeutschen Schülern miserable Leistungen, und zwar quer durch alle Bundesländer, Fächer und Altersklassen. Sowohl die Rechen- als auch die Lesefähigkeiten der Heranwachsenden seien lückenhaft, geradezu alarmierend das Unvermögen der 15jährigen, Lerninhalte pragmatisch in Alltagssituationen umzusetzen.

In konkreten Zahlen dargestellt, drückt sich das erbärmliche Abschneiden des bundesdeutschen Nachwuchses wie folgt aus: Bei der Bewertung der Leseleistung belegen bundesdeutsche Schüler einen mageren 21. Platz (österreichische Schüler immerhin den 10. und Schweizer Schüler noch den 17. Platz). Zur Klarstellung: Die Fähigkeit zu lesen bedeutet viel mehr, als einfach nur Buch-

»Trotz des Einsatzes größter Finanzmittel und vorher nicht gekannter Ausbilderzahlen war das Ergebnis der mit so hohen Erwartungen und soviel Vorschußlorbeer bedachten Bildungsreform der siebziger Jahre katastrophal. Die Schulen wurden verunsichert wie nie zuvor. Über das Niveau der Schulabgänger klagen seitdem Wirtschaft und weiterführende Bildungseinrichtungen. Es gibt ›mehr und mehr deutsche Analphabeten‹. (FAZ 14. 6. 2000) Statt besserer Bildung wächst die ›Infantilisierung‹ der Jugend, ›womit die Weigerung altersmäßig erwachsener Menschen gemeint ist, sich entsprechend zu verhalten‹ (FAZ 14. 6. 2000)« Aus: Rolf Kosiek, Die Frankfurter Schule, *Tübingen ^{4}2003*

staben entziffern oder einen Text mit den Augen erfassen zu können. Unter ›Lesen‹ definiert Pisa die Fähigkeit, geschriebene Texte unterschiedlicher Art in ihren Aussagen, ihren Absichten und ihrer formalen Struktur zu verstehen und in einen größeren Zusammenhang einordnen zu können, sowie in der Lage zu sein, Texte für verschiedene Zwecke sachgerecht zu nutzen. Nach diesem Verständnis ist Lesekompetenz nicht nur ein wichtiges Hilfsmittel für das Erreichen persönlicher Ziele, sondern eine Bedingung für die Weiterentwicklung des eigenen Wissens und der eigenen Fähigkeiten – also jeder Art selbständigen Lernens – und damit eine Voraussetzung für die Teilnahme am gesellschaftlichen Leben. In Sachen mathematische Kompetenz schnitten die bundesdeutschen Schüler übrigens mit einem kaum als ›besser‹ zu bezeichnenden mageren 20. Platz ab. Sie lagen damit noch hinter den Schülern der USA, was viel sagt.

Neu sind die durch ›Pisa‹ an den Tag gebrachten Erkenntnisse freilich nicht.[248] Folglich wird derjenige, der nach den Ursachen fragt, rasch fündig – sofern man sich durch Tabus und Denkvorschriften nicht einengen läßt. Fünfunddreißig Jahre Schulpolitik in der alten Bundesrepublik, die von marxistischen und liberalistischen ›Schulreformen‹ gekennzeichnet ist, haben genügt, das früher weltweit führende und vielerorts als Vorbild geltende deutsche Schulsystem zu zerstören. Zu zerstören durch sogenannten antiautoritären Unterricht, Leistungsfeindschaft, Senkung der Anforderungen und Überlastung der Klassen mit Ausländern. Die Apologeten einer menschenfeindlichen sozialistischen Schulphilosophie à la Max HORKHEIMER, Theodor W. ADORNO und Jürgen HABERMAS haben es geschafft, daß Deutschland, einst Hort des technologischen Fortschritts und ein wissenschaftlicher Vorreiter, mit der Zeit bildungsmäßig zu einem Entwicklungsland degeneriert ist.

Und in der Deutschen Demokratischen Republik? Unterm Strich hat sich das Schulsystem der DDR auf die Entwicklung der Schüler gewiß nicht negativer ausgewirkt als sein westdeutsches Gegenstück. Eher dürfte das Gegenteil zutreffen. Selbstverständlich war die Schulpolitik der DDR ideologisch vom dogmatischen Marxismus-Leninismus geprägt. Den Schülern (und Lehrern) Mitteldeutschlands blieben aber die Geistesergüsse der Propheten der sogenannten ›Frankfurter Schule‹ erspart. Oskar ANWEILER schreibt in seinem 1988 erschienenen Buch *Schulpolitik und Schulsystem in der DDR*, daß es das Ziel des Bildungssystems der DDR war, eine hohe Bildung des gesamten Volkes und die Bildung und Erziehung allseitig und harmonisch entwickelter - zugegebenermaßen sozialistischer - Persönlichkeiten zu erreichen. Es vermittelte den Menschen eine hohe Spezialbildung und bildete in ihnen zugleich Charakterzüge im Sinne der Grundzüge der sozialistischen Moral heraus. Tatsächlich erwarben die Schüler von Anbeginn ihrer Schulkarriere an Kenntnisse und Erkenntnisse über Natur, Arbeit und das - freilich sozialistische - Gemeinschaftsleben. Sie wurden zur Liebe zum - ebenfalls sozialistischen - Vaterland erzogen. Der Unterricht war aber eng mit gesellschaftlich nützlicher Tätigkeit verbunden. Unterrichtsschwerpunkte bildeten die Fächer Deutsch, Mathematik, Werken, Schulgarten, Musik, Kunst und Sport. Die Schüler der Mittelstufe gewannen Einblicke in die Naturwissenschaften, Gesellschaftswissenschaften und Fremdsprachen. Es galt, die Schüler zu befähigen, ihr gesellschaftliches Leben im Klassen- und Schulkollektiv und in den Arbeitsgemeinschaften möglichst selbst zu gestalten. In der Mittelstufe erfolgte eine Berufsaufklärung, wobei die Schüler die wichtigsten Berufe des jeweiligen Territoriums und der Volkswirtschaft kennenlernten. In der Oberstufe wurde die Oberschulbildung mit der 10. Klasse abgeschlossen. Die Schüler erwarben hier eine Grundlage für praktische Tätigkeit und verantwortungsbewußte Berufsentscheidung. Ihre Fähigkeiten galt es so weit auszubilden, daß sie grundlegende Techniken der geistigen Arbeit beherrschten und in der Lage waren, ihr Wissen und Können selbständig zu erweitern und zu festigen. Besonders intelligente Schüler konnten in der Erweiterten Oberschule eine Hochschulreife (Abitur) nach zweijährigem Unterricht erlangen. In dieser Zeit wurden diese Schüler, die eine natürliche Elite bildeten, an das wissenschaftliche Arbeiten und Selbststudium herangeführt und planmäßig auf ein Hochschulstudium vorbereitet,[249] nach dessen erfolgreichem Abschluß sie ihr Können und Wissen in den Dienst des Volkes stellten.

Non scholae, sed vitae discimus – nicht für die Schule, sondern für das Leben lernen wir. Wofür lernen Schüler von heute? Wofür unterrichten Lehrer von heute? Um ihre Schützlinge fit fürs Leben zu machen, ihnen ein Rüstzeug an Fähigkeiten, Kenntnissen, moralischer Orientierung mit auf den Weg zu geben? Voll daneben. Bundesdeutsche Pädagogen verstehen sich bestenfalls als Spaßmoderatoren, denn alles andere wäre inopportun und politisch inkorrekt: Leistung und Disziplin, das Bewußtsein, daß es im Leben nichts umsonst gibt, aber vieles mit Fleiß und Ausdauer erreicht werden kann. Spätestens hier wird der Zusammenhang zwischen Schule und Gesellschaft überdeutlich: Geben im gesellschaftlichen Umfeld Inkompetenz und Idiotie den Ton an, darf man vom Schulsystem keine Wunder erwarten.

Vorbei die Zeit, in denen die Schulabschlußprüfungen, insbesondere das Abitur – in Österreich ›Matura‹ genannt – den jugendlichen Menschen zum ersten Mal in seinem Leben vor eine große geistige Verantwortung, die er von nun an selber zu tragen hat, stellte. »Bis dahin«, so der deutsche Philosoph Erwin Guido KOLBENHEYER in seinem 1930 erschienenen Aufsatz *Matura (Abitur) als Weg zur Selbstzucht*, »haben andere die Verantwortung für ihn getragen oder mitgetragen, die Eltern, die Lehrer. Bei der Reifeprüfung gibt der Abiturient zum ersten Mal in seinem Leben Zeugnis für seine geistige Fassungskraft und den ernsten Willen, einen vielfältigen und schweren Wissensumfang beherrschen zu können. So kann die Matura schon als eine Probe auf das künftige Leben gelten. [...] Darüber hinaus hat die Matura noch einen anderen Sinn. Dem Abiturienten muß klar sein, daß er die keineswegs kleine geistige Leistung nicht deshalb vollbringt, weil er alles, was er gelernt hat, später einmal ausnützend wird gebrauchen können, sondern daß er auch für eine geistige Leistung an sich und für sich, unangesehen ihres unmittelbaren Nutzens, seine Kraft einzusetzen hat. Die Matura beweist, daß ein Mensch Mühe auf sich zu nehmen und Selbstzucht zu üben imstande ist, abgesehen vom Profit. Und wenn ein Mensch sich so erprobt hat, kann man ihm glauben, daß er einer Sache selbstlos um des allgemeinen Menschenlebens willen zu dienen imstande sein wird. Und dann erst ist der geistige Mensch: maturus. Dann erst wird er die Lebensverpflichtung seinem großen und edlen Volke gegenüber erfüllen können«.[250]

In der alten Bundesrepublik galt im Gegensatz zur Schulpolitik in der DDR oder zu anderen früher in Deutschland etablierten Schulsystemen eine Förderung der Eliten als ›faschistisch‹. Die

Im Sammelband Strategien der Verdummung. Infantilisierung in der Fun-Gesellschaft *(Hg. J. Wertheimer), München* [4] *2002, schreibt M. Doehlemann: »Alles, was nach Überlegung und feinerem Esprit riecht, wird als abgehoben und dünkelhaft verdächtigt und verdirbt den Spaß. Zum Nachdenken will eigentlich nur die Werbung anregen: Was brauche ich noch, um fit for fun zu sein?... Dumme Sinnsysteme erleichtern das Leben, ... bieten ausgedehnte Denkferien.«*

Die von RTL-II ausgestrahlte Serie »Big Brother«: Nivellierung auf unterstem Niveau. Soll man sich fragen, welches Welt- und Werte-Bild damit vermittelt wird?

Durchsetzung von Disziplin als angeblicher Verstoß gegen die Menschenwürde wurde verbannt, Hausaufgaben wurden als Überforderung der Kinder vernachlässigt oder gleich ganz abgeschafft, ebenso wie die Benotung von Leistung, die ohnehin als Inbegriff reaktionären Denkens verpönt ist. Die Anforderungen wurden kontinuierlich gesenkt.[251]

So konnte es gar nicht ausbleiben, daß die Werte verfielen, Normen und Standard zurückgingen. Die falschen Propheten predigten übersteigerte ›Selbstverwirklichung‹, den Materialismus, den Hedonismus. Es konnte in diesem Morast gar nicht anders kommen, als daß viele Kinder und Jugendliche immer weniger lesen und dementsprechend weniger wissen. Statt dessen wendeten sie sich in immer stärkerem Ausmaß der im Fernsehen suggerierten ›coolen‹, unbeschwerten, toleranten Welt zu, in der es keine Verantwortung, keine Realität, sondern nur Spaß in allen erdenklichen und unerdenklichen Formen gibt. 2001 sahen die Bundesdeutschen im Osten der Republik durchschnittlich 213 Minuten fern – täglich versteht sich. Ihre Landsleute im Westen guckten mit 186 Minuten nur unwesentlich kürzer in den Propagandaflimmerkasten für ›Volksaufklärung‹. Schade, daß die Deutschen mit ihrer Zeit nichts Geistreicheres anzufangen wissen.

Eine weitere Tatsache ist, daß heute an bundesdeutschen Schulen der Muttersprache als Schulfach zwischen der ersten und zehnten Klasse ganze 16 Prozent der Wochenstunden eingeräumt wird. Im Vergleich dazu: In Polen sind es 22, in Schweden 24, in Frankreich und China jeweils 26. Das hat seinen guten Grund, denn in der Sprache, das heißt im Sprachvermögen, liegt die Denkfähigkeit des Menschen begründet. Oder wie es der Präsident des Deutschen Lehrerverbandes, Josef KRAUS, klar darstellt: »Die deutsche Schule schafft es nicht mehr, den Nachwuchs solide in der Muttersprache zu schulen, geschweige denn für deren Schönheit zu begeistern. Gerade Sprache ist aber die ›via regia‹ zur Kultur. Sprache und Literatur sind Vehikel zur Aneignung von und Teilhabe an Welt und zum Entwickeln persönlicher und kultureller Identität. Sprache ist zudem Vehikel für die Entfaltung der Innerlichkeit des Erlebens, und sie ist das wichtigste Werkzeug des Menschen, um Kultur zu schaffen.«[252]

Anstatt jedoch die größten Anstrengungen zu unternehmen, unseren Kindern eine solide Ausbildung in ihrer Muttersprache zu gewährleisten, treiben gerade tonangebende Köpfe in der Pädagogik und Politik den schülerfeindlichen Irrsinn immer weiter, zum Beispiel die ehemalige Vorsitzende der deutschen Kultusministerkonferenz, die baden-württembergische Kultusministerin Annette SCHAVAN (CDU). Diese liberal-katholische Dame ist eine der heftigsten Befürworterinnen des Englisch-Unterrichts schon ab der ersten Grundschulklasse. Auch ihre bayerische Amtskollegin Monika HOHLMEIER (CSU) scheint der globalen Euphorie erlegen zu sein. Der Tochter von Franz Josef STRAUSS gehen selbst diese Forderungen nicht weit genug - sie will Englisch-›Schnupperstunden‹ bereits im Kindergarten. Und wem es noch nicht aufgefallen sein sollte: Es handelt sich bei diesen Damen um vorgeblich ›konservative‹ Politikerinnen. »Hier, genau hier sitzen die Verursacher des Desasters: amtlich bestallte Nivellierer, Überfremder, Spaß-Pädagogen, Laisser-faire-Minister und andere Knallchargen, denen Deutschlands Zukunft so gleichgültig ist wie das berühmte Reiskorn in China. Die mit immer neuen Bildungsexperimenten Raubbau am Rohstoff Geist betrieben haben und sich jetzt über die Rechnung wundern, die ihnen - und leider der ganzen Gesellschaft - ins Haus flattert«, urteilt der Publizist Karl RICHTER völlig zu Recht.[253]

Noch einmal direkt zurück zur Pisa-Untersuchung, deren Ergebnis empirisch bestätigt, daß das bundesdeutsche Gesellschaftssystem im allgemeinen und sein Bildungssystem im besonderen unsagbar kränkelt. Viel zu lange haben angebliche ›Bildungsexperten‹ die Bedeutung der Sprachbeherrschung als die zentrale Schlüsselqualifikation bei der Aneignung von Wissen und der Förderung von Fähigkeiten verkannt. Sie haben sich statt dessen auf Schaubilder und Projektorfolien beschränkt. In einigen Bundesländern wurde der von Erstkläßlern zu beherrschende Grundwortschatz auf sage und schreibe 700 Wörter reduziert, in die Lesebücher fanden Gebrauchstexte bis hin zu Bedienungsanleitungen Eingang. Und an vielen Schulen ist es längst gang und gäbe, anstatt dickleibiger Romane nur noch kopierte Auszüge zu lesen, weil die Lektüre eines 300seitigen Buches nicht mehr zumutbar ist.

Diese verheerende Situation muß zwangsläufig auf die Universitäten übergreifen. Reinhard MUSSGNUG, Professor in Heidelberg, stellte in der *Frankfurter Allgemeinen Zeitung* vom 11. Dezember 2001 fest, »daß rund ein Viertel der deutschen Studenten selbst die schlichteren Lehrbücher nicht lesen und erfassen, kein korrektes Deutsch schreiben, einfache Gedankengänge nicht nachvollziehen und primitivste Rechenaufgaben nicht bewältigen kann«. Man darf sich auf den Zeitpunkt freuen, wenn diese ›Experten‹ auf ihre Mitmenschen losgelassen werden und mit ihrem Wissen und Können die freie Wirtschaft, Firmen und Unternehmen, Krankenhäuser und Medien, Einrichtungen und Schulen, Behörden und Ämter, Parteien und Interessenvertretungen beglücken. Die schon jetzt absehbaren Folgen sind dramatisch.

Der Bogen läßt sich mühelos weiter spannen: Ohne brauchbare Akademiker kein Wissenschaftsnachwuchs, ohne Wissenschaftler keine Innovation, hieraus folgt schwindende Wettbewerbsfähigkeit, und das Ende vom Lied ist der Notimport ausländischen Kopfkapitals per *Green Card*. Der Bankrott des ›Standorts Deutschland‹ ist zum Gutteil selbstverschuldet.

Damit sind die Folgen der Bildungskatastrophe jedoch keineswegs bereits ausgeschöpft. Warum etwa sollten Ausländer – unter ihnen allein Zigtausende potentieller Kunden und Abnehmer deutscher Waren in den ehemaligen Ostblockländern, wo das Deutsche immer noch einen hohen Stellenwert besitzt, die Mühen des Deutschlernens auf sich nehmen, wenn die Deutschen selbst so wenig von ihrer Sprache überzeugt scheinen? Was soll man von einem Bundeskulturbeauftragten namens Julian NIDA-RÜMELIN halten, der – ausgerechnet im ›Europäischen Jahr der Sprachen‹ – vor Journalisten verkündet, das Deutsche habe als Wissenschaftssprache ausgedient, weshalb es vernünftiger sei, lieber frühzeitig Englisch zu lernen? Und der sich zwangsläufig gegen jeden Gedanken verwahrt, auch hierzulande Regelungen zum Schutz der eigenen Sprache einzuführen, wie sie etwa in Frankreich und seit einigen Jahren auch in Polen und im Baltikum selbstverständlich sind?

Die Folge der bundesdeutschen Bildungskatastrophe sind nicht nur ›kids‹, die keinen Satz mehr fehlerfrei hinbekommen, sondern Mitmenschen, deren Wissens- und Bildungshintergrund scharf gegen Null gehen wird. Solchen Nichtswissern kann man völlig alles weismachen und jede Behauptung als Tatsache unterschieben. Wer sich an einem beliebigen Nachmittag durch die Talkshowkloake der Privatsender zappt, weiß, was gemeint ist. Es ist eben doch ein Unterschied, ob man ein Buch liest, Vokabeln oder mathematische Formeln unter Benutzung der eigenen Gehirnwindungen paukt – oder ob man sich fehlendes Wissen irgendwo ›downloadet‹, um es danach gleich wieder zu vergessen. Oder aber man gibt sein Halbwissen zum Besten, was mittlerweile niemandem mehr peinlich zu sein scheint.

Die folgenden Auszüge[254] aus einem Biologietest zum Thema »Menstruationszyklus und Verhütung« vom 18. März 2002 einer 8. Klasse einer Hauptschule in Nordrhein-Westfalen dürften letzte Zweifel am bereits erreichten Grad der Unbildung ausräumen.

Übrigens dürften besagte Schüler allesamt um die 14 Jahre alt sein und damit bereits das fortpflanzungsfähige Alter erreicht haben:

- Thomas: »Der Eisprung ist zwischen dem 14. und 18. Tag der Periode und man kann dann nicht schwanger werden. Wenn man schon Jahre nicht mehr miteinander geschlafen hat. Dann kann man während des Eisprungs schwanger werden! Genau im Eisprung dann ist die Zeit, in der man mit Sicherheit unfruchtbar ist. Bevor man miteinander schläft muß man die Pille schlucken, so daß der Körper denkt, man ist schon schwanger, dann nimmt der Körper ja auch keine neuen Samen auf.«
- Natalia: »Wenn man jung ist und will sich destillieren lassen und dann später doch noch ein Kind haben will, dann ist es zu spät.«
- Janine: »Der Eisprung ist der erste Tag der Periode. Das Ei wandert von links nach rechts. Das Diaphragma ist nur für den Mann. Kolutus Inspiritus ist auf keinen Fall sicher.«
- Stefan: »Dat Ei wandert da do in a Eileiter an da bleibt dat ach. Und wenn man dat so seht, ist alles so in Periodenzeit. Die Temperaturmethode ist nicht so gut für die Frauen, weil junge Mädchen immer eine unregelmäßige Temperatur haben.«
- Sofia: »Sperma abtötende Cremes und Destinisation sind unsicher und schützen vor gar nichts. Da kriegt man nur Krankheiten von.«
- Nadine: »Die Anti-Baby-Pille wird vor dem Geschlechtsverkehr geschluckt. Man sollte etwas warten - etwa 10 Minuten - bis man Geschlechtsverkehr hat. Eine Sterallisierung ist nicht gut für junge Leute. Kontius Impacktus ist sehr unsicher.«
- Patrick: »Die Pille täuscht eine Schwangerschaft vor und wenn man sie absetzt denkt der Körper oh scheiße ich wurde verarscht. Die vorher rauszieh Methode ist sehr unsicher, weil vorher der Lusttropfen losgeht, und der kann auch schwängern. Was auch nicht gut ist, ist das kastrieren.«

Dieses beeindruckende Wissen bestätigte einer Meldung der dpa vom 25. September 2002 zufolge das Ergebnis einer repräsentativen Umfrage des Münchner Instituts für Jugendforschung. So gaben von den Jugendlichen im Alter von 12 bis 16 Jahren fast 20 Prozent an, ein Tampon könne ein geeignetes Verhütungsmittel sein. Ebenso meinten mehr als die Hälfte, daß man beim Petting nicht schwanger werden könne. Angesichts eines derart beeindruckenden Niveaus bundesdeutscher Pubertierender wundert es kaum, daß immer mehr Minderjährige in der Bundesrepublik Deutschland ungewollt schwanger werden - und sich freilich für eine Abtreibung entscheiden. Dieses umwerfende Wissen der Enkel- und Urenkelnachkriegsgeneration war für den *Spiegel* im September 2002 Grund genug, einen entlarvenden Bericht mit dem zweideutigen Titel »Die unaufgeklärte Nation« zu veröffentlichen, der dem Wissensstand bundesdeutscher Heranwachsender - hier am Beispiel der Schwangerschaftsverhütung - nicht gerade Hochachtung zollte.

Selbstredend grassiert auch außerhalb der Geistesschmieden der Nation inzwischen das blanke Analphabetentum. Deutsch werde den Deutschen zur Fremdsprache, warnte schon im Dezember 2000 Kurt REUMANN in der *Frankfurter Allgemeinen Zeitung*. ›Modern Talking‹ heiße das neudeutsche Bastard-Idiom, das weder auf grammatische Regeln noch auf korrekte Verwendung des Vokabulars Rücksicht nimmt, von der Beachtung orthographischer Regeln oder dem Respekt vor semantischer Kongruenz gar nicht zu reden. Die Verantwortung für diese Entwicklung teilen sich Medien, Werbedesigner und Prominente, die den Massenblödsinn erst salonreif gemacht haben. Werfen wir doch einmal einen Blick auf in den Medien als ›stars‹ suggerierte Prominente und solche, die es gern wären:

Patrice FARAMEH, kurzzeitige Intimpartnerin von Boris BECKER, antwortete nach der Trennung auf die Frage, wie das Leben an der Seite des ehemaligen Berufstennisspielers gewesen sei: »Ich habe mit ihm ein neues Leben kennengelernt. Wir haben interessante Leute getroffen und hatten eine Menge Spaß« - was natürlich das Wichtigste ist. Immerhin sehe das prominente Leben der *High Society* »nach außen immer so leicht und schön aus, aber es ist harte Arbeit. Da ist harter Druck und Seelenstreß. Es ist nicht einfach, prominent zu sein«. Doch die 29jährige Schwerstarbeiterin Patrice ist flexibel: »Oft bin ich nur mit einer Shopping-Tüte gereist, in der ich ein Kleid und ein paar Schuhe hatte. Meine Haare habe ich immer selbst frisiert. Manchmal habe ich in der Hektik sogar meine Schminktasche vergessen, dann mußte ich improvisieren.« Und weiter, über Boris: »[Er] ist ernsthafter, als man glaubt, und wahnsinnig fleißig.« In der Tat: »Er hat auch an Wochenenden gearbeitet, selbst wenn ich extra angereist war, um ihn zu besuchen. Da war nichts mit gemütlich ausschlafen und diese Sachen. Manchmal stand er um acht Uhr früh auf und war bis abends busy.«[255] Die bundesdeutsche Presse gab sich entzückt: »Die US-Perserin Patrice FARAMEH ist ebenso intelligent wie intuitiv. Sie weiß eben, wie Boris sich seine Traumfrau schon immer vorgestellt hat.«[256]

Bei so viel Lob durften auch andere ›Experten‹ nicht abseits stehen. Der als ›Star-Astrologe‹ gehandelte Sterndeuter Winfried NOÉ ›analysierte‹ am 13. März 2002 die Erfolgsaussichten der ›neuen großen Liebe‹ zwischen den beiden und kommt zu dem Schluß, daß es »eine wunderbare Beziehung« werden könne, »wenn beide lernen, was Toleranz bedeutet«. Das Geschwafel dieses Fachmannes für Astrologie ist so herrlich, daß man es ein paar Mal lesen kann: »Aus der Horoskopanalyse von Boris BECKER haben wir bereits erkannt, daß er jetzt eine feste Beziehung auf Dauer will. Saturn steht in seinem 7. Haus. Zugleich bildet aber auch Neptun ein Quadrat zu Merkur, dem Herrscher über das Partnerhaus. Dieser Aspekt macht einen sehr empfänglich für Täuschungen und Schwächung ganz allgemein, weil er die Verstandeskräfte trübt. Patrice FARAMEH ist eine Krebs-Frau mit einem sehr einfühlsamen Fische-Mond. Sie erfühlt die Wirklichkeit, ohne daß es dazu vieler Worte bedarf. Dieser Mond macht sie unglaublich anpassungsfähig und kreativ. Ihre Krebs-Sonne bildet eine Konjunktion zu BECKERS Krebs-Mond. Mit dieser Konstellation kommt es zu einer Verschmelzung des Geistes mit der Seele. Das ist die ideale Aspektverbindung für Freundschaft, Liebe und Ehe.«[257]

Hochintelligent ist zumeist auch die Werbung im Internet, gerade wenn es sich später herausstellen sollte, daß es sich hierbei um Zumüllpost handelt. Eine der unzähligen mehr oder weniger attraktiven Damen im horizontalen Gewerbe ist eine gewisse ›Anja BENDERS‹ (»mit echtem Interesse!!!«). Sie versucht sich selbst mittels eindeutiger Fotos zu bewerben. Dies mag alles noch Geschmackssache sein – aber der zu den Bildern gehörige Text ist wirklich eine Augenweide: »Vor einer Weile habe ich mich von meinem Freund getrennt.. Die FrustPhase habe ich nun hinter mir. . . Daher suche ich den Mann, der das Leben erleben und ausleben mag. Spontan und Abenteuerlustig. . . Hast Du auch Lust auf unverbindliche nette Treffen??? Nette Chats? NettMeeting??? Lust auf reale Sachen??? Melde mich aber bitte nur, wenn Du reales Interesse an mir und einem Kennenlernen hast !!!! Bussi Anja J»[258] Wie melden? Beim Amt für Analphabeten?

Der Analphabetismus hat längst alle gesellschaftlichen und politischen Kreise erreicht. Niemand scheint mehr gegen eine Infizierung immun zu sein, bezeichnenderweise auch nicht die Nationalen. In einer politischen Monatszeitung, die gewiß nicht im Verdacht steht, ein Schwesterblatt der *Bravo* zu sein, und dementsprechend auch über eine andere Leserklientel verfügt, finden wir folgende Kontaktanzeige: »ER, Anfang 30, 189 cm sucht deutsche Kameradin 20–28 J. für private Bindung. Du solltest ledig und ohne Kind sein. Denn ich möchte damit sagen, daß ich mir kein Kukucksei ins Nest legen lassen will, der wie Anton aussieht.«[259]

Wir ersparen es uns, auf die Wortwahl der genannten Jugendzeitschrift *Bravo* näher einzugehen. Aber ganz auf die Lieblinge aus der Musikbranche wollen wir, wegen ihres unbestreitbaren Einflusses auf die nachwachsende Generation, dennoch nicht verzichten. Die lange Zeit als Popjungfer (*I'm not a girl, not yet a woman*) gehandelte und meist nur leicht bekleidete britische Sängerin Britney Spears bekannte vergangenes Jahr gegenüber der französischen *Libération* in entwaffnender Offenheit: »Ich bin für die Todesstrafe. Wer schreckliche Dinge getan hat, muß eine passende Strafe bekommen. So lernt er seine Lektion für das nächste Mal.« Genau.

Apropos singende und swingende Schaumschläger: In einem Leitartikel hat die *Frankfurter Allgemeine Zeitung* eine hervorragende Abrechnung mit dem Grand Prix d'Eurovision 2002 vorgenommen. Weil in diesem lesenswerten Artikel die wesentlichen Grundübel in rhetorisch einwandfreier Form dargestellt werden, ist es angemessen, an dieser Stelle Auszüge wiederzugeben: »Daß es bei der Veranstaltung in Tallinn um Musik ging, wird niemand ernsthaft behaupten wollen, der die Mühe auf sich nahm, an jenem Samstagabend im Mai mehr als drei Stunden lang vor dem Fernseher zu sitzen. [...] Da sitzt also ganz Europa auf seinem bequemen Fernsehsessel und darf einmal im Jahr mittels Telefonanruf darüber abstimmen, wer das netteste Völkchen ist. Und insofern ist es nur konsequent, daß die heuer siegreichen Letten mit einem abgekupferten Latino-Pop-Song das Rennen machten – weil es eben um Musik nicht geht. Erst recht nicht um Musik, die sich womöglich durch Restbestände von Tradition auszeichnet. Folklore! *Horribile dictu!* Das will ja nun, zumindest aus der Perspektive der Produzenten, gar niemand mehr hören. Was wirklich zählt, sind die dreißig Sekunden langen Einspielfilmchen. Die Lieder dazwischen dienen als Kitt, der das ganze zusammenhält, und dementsprechend klebrig klingen sie auch. Alles andere würde stören oder – schlimmer noch – von den Zuschauern als atavistischer Ausdruck nationalen Stolzes interpretiert werden. Selbstbehauptung ist ja schön und gut, aber bitte nicht in Form eines folkloristischen Wermutstropfens im globalisierten Pop Brei. Da schickt man doch lieber, wie Slowenien, drei Transvestiten auf die Bühne, die zwar nicht singen und noch nicht einmal wie Frauen aussehen können, aber dafür einem Millionenpublikum zeigen dürfen, daß auch in ihrem Heimatland die Spaßgesellschaft Einzug gehalten hat. Na Gott sei Dank – dann steht einer Aufnahme in die Europäische Union wirklich nichts mehr im Wege. Und wir? Brachten eine blinde Frau, deren Name – ungefähr wie Mayer ohne er – sich zwar englisch aussprechen läßt und deren Botschaft von wegen ›I can't live without music‹ nach Ansicht ihres Komponisten sogar das Kriterium eines ›größten europäischen Liebe Nenners‹ erfüllt. Aber das war dann wohl des Guten zuviel. Sollen die Deutschen ihre Nachbarn mit ihrem musikalischen Reformstau doch ein bißchen in Frieden lassen. Die Spaßgesellschaft schlägt zurück. Und von einer Behinderungsquote steht auch nichts im Regelwerk des ›Grand Prix‹. [...] Doch wenn die Europäer selbst in einem Wettkampf gegeneinander antreten, bei dem es – mit Verlaub – auch um so etwas wie Kulturgut in seinen unterschiedlichen regionalen Ausprägungsformen gehen könnte, kann die globale Ketchup Flasche gar nicht groß genug sein. Man stelle sich einmal vor, ein amerikanischer Musikproduzent macht auf seiner Dienstreise von Los Angeles nach Hongkong Zwischenstopp in Deutschland und schaltet in seinem Hotelzimmer aus Versehen die Übertragung des ›Grand Prix‹ ein. Wahrscheinlich würde er bei dieser Sendung mit demselben Schaudern hängenbleiben, mit dem Autofahrer ihren Blick nicht von einer überfahrenen Katze auf der Straße nehmen können: alberne griechische Lederfetischisten, seltsame rumänische Opernsänger, montenegrinische Hupfdohlen und der Angriff einer stimmlich nicht ganz so sicheren Mittelgewichtswalküre aus Bremen. Am Schluß werden biedere Moderatoren europäischer Sendeanstalten eingeblendet, die in der Sprache des Austragungslandes radebrechend Glückwünsche wegen guten Gelingens übermitteln und Voten vom Blatt ablesen. Und wenn dabei keine Pannen passieren, gilt das Ganze schon als professionell. [...] Nun gut. Man muß den ›Grand Prix‹ nicht ernst nehmen. Aber wenn Europa seine musikalischen Wurzeln ernster nähme, bestünde durchaus Hoffnung, daß diese Veranstaltung sich von einem Gruselkabinett zu einer interessanten, anspruchsvollen und nicht zuletzt unterhaltsamen Show entwickelte.«[260] Wovon angesichts der alljährlichen Auswahl allerdings nicht ernsthaft auszugehen ist.

Der vom Establishment immer wieder beschworene ›mündige Bürger‹ wird von der Obrigkeit gar nicht gewollt, und dies aus politischem Kalkül: Unmündige Nichtswisser – die gleichwohl wählen dürfen – sind von Werbestrategen ebensowie von Polit-

Hasardeuren ungleich leichter zu lenken. Den Großen Brüdern, deren Zugriff sich in der globalisierten Welt kaum noch jemand entziehen kann, sind kritische, innengesteuerte Bürger ein Greuel, schon aus Absatzgründen. Ein weltweit genormter, in seinen Bedürfnissen standardisierter Konsumentenbrei ist viel bequemer zu handhaben als der natürlich gewachsene Flickenteppich der Völker, Stämme und Regionen.

Nivellierung auf unterstem Niveau, Reduzierung des Menschen auf einen platten Materialismus, Infragestellung jedweder moralischer und transzendenter Kategorien. Welche Konsequenzen werden aus der Pisa-Studie gezogen? Wohl kaum die dringend notwendigen. Die Kultusminister der deutschen Bundesländer mußten jedenfalls nicht lange überlegen, nachdem das schlechte Abschneiden deutscher Schüler veröffentlicht worden war. Allgemeine Reformfreudigkeit machte sich - wieder einmal - breit. So erhofften sich die tonangebenden Berufspädagogen ›Rückenwind für tiefgreifende Reformen‹, und viele Berufspolitiker sekundierten mit der Forderung nach Ganztagsschulen. Zu Recht gab der Präsident des Deutschen Lehrerverbandes, Josef KRAUS, in der *Deutschen Sprachwelt* zu bedenken, ob die Schulpolitik mit hyperaktiver Innovationsrhetorik und fortschreitender Liberalisierung in der Schule nicht den falschen Weg gegangen sei. Sollten Ganztagseinrichtungen Wirklichkeit werden, werden die Folgen noch elementarer sein, warnt der Schriftleiter der *Deutschen Sprachwelt* Thomas PAULWITZ: »Die hauptsächliche Betreuung der Kinder sollen nach diesem Vorbild entweder Unternehmen (Horte) oder der

In sehr vielen ›modernen‹ Familien herrscht größter Erziehungsnotstand: Die Eltern sind in ihrer Erziehungsverantwortung völlig überfordert, während die Kinder zu sehr auf sich allein gestellt sind.

Staat (Ganztagsschulen) übernehmen. Das elterliche Haus sollen Kinder dann nur noch als eine Art Hotel nutzen: Abendessen, Übernachtung, Frühstück. Daß man dann von einem familiären Zusammenleben nicht mehr sprechen kann, liegt auf der Hand. Die Kinder entfremden. Lernbetreuung durch die Eltern entfällt. Sie werden von ihrer Erziehungsverantwortung entbunden.« Sinn hätten Ganztagseinrichtungen nur, wenn man allgemein »von zerstörten, gestörten oder sozial schwachen Familien ausgeht. Man denke also an Alleinerziehende, an Familien, in denen gar kein oder kein richtiges Deutsch gesprochen wird, oder an sehr arme Familien«. Ganztagsschulen erscheinen nur für Kinder aus solchen Familien sinnvoll, die zu Hause nicht die notwendige Erziehungsleistung erbringen können. Andernfalls tragen sie zur weiteren Zerrüttung des volksbiologischen Gefüges, das die Familie als Keimzelle des Volkes weiter geschädigt würde. Deshalb müßten Wege gefunden werden, die »der gesunden Familie wieder den Stellenwert zurückzugeben, den sie haben muß, der ihr einfach zusteht«.[261]

Bundespräsident Johannes RAU warnte Ende Juni 2002 ausgerechnet in der *Bild am Sonntag* davor, »die Studie überzubewerten und jetzt allein aus statistischen Sachverhalten heraus falsche Schlüsse zu ziehen«. Er zog natürlich die richtigen. Ziel der deutschen Bildungspolitik müsse es bleiben, möglichst vielen Schülern ein Abitur zu ermöglichen. Willkommen in der Gleichmachereigesellschaft: Senkt das Niveau und den Standard so tief wie möglich, daß so viele Kandidaten wie möglich bestehen. Das ist die eine Seite. Andererseits schafft jedoch der aufgezwungene Wahn, in dieser Republik nur mit Abitur ein Mensch zu sein, bei Schülern eine enorme Frustration. Junge Menschen, die genuin Haupt- oder Realschüler sind, aber gewissermaßen aus Erfolgsdruck oder aufgrund des gesellschaftlichen Gleichheitswahns auf dem Gymnasium zu sein haben und sich dort trotz Senkung des Standards fürchterlich quälen, fühlen sich deplaziert und überfordert. Wie sollen sie je mit Hoffnung und Zuversicht in die Zukunft blicken? Nicht zuletzt mag diese Praxis – nebst einer fragwürdigen Volljährigkeitsgesetzgebung, der ständigen Suggerierung einer wirklichkeitsfremden Welt im Fernsehen, der Etablierung von Computerspielen als Ersatz für eine sinnvolle Freizeitbeschäftigung und der Vernachlässigung durch die Eltern – ein Grund für die zunehmende Depression in unserem Volk sein. Der Amoklauf in Erfurt 2002, als der Schüler Robert STEINHÄUSER durchdrehte und an seiner Schule 16 Menschen einschließlich sich selbst tötete, ist ein

Beispiel dafür, wie dieser Frust eskalieren und enden kann. Kein Zweifel, STEINHÄUSER war Täter – er war aber auch, wie Johannes P. NEY zu bedenken gibt, »Opfer einer gewissenlosen Staatsführung, die ihn und die ganze deutsche Jugend verraten hat und täglich verrät«.[262]

Kampf dem ›Rechtsextremismus‹

Die radikale Umformung des bewährten deutschen Schulwesens in jenes Chaos, dessen Auswirkungen die Pisa-Studie dokumentiert, ist nur durch ebenso radikale Gegenmaßnahmen rückgängig zu machen. Diese können nur in der völligen Absage an marxistische und liberalistische Beglückungsideologien liegen, Ideologien, die die Auflösung aller Traditionen, die Loslösung von der deutschen Kultur, die Verteufelung der deutschen Geschichte, die Zersetzung der Familie und des gesamten Volkes, die Maximierung materiellen und oberflächlichen Lustgewinns als Lebensziel durchgesetzt haben. Eine totale »geistige Wende ist hier vonnöten, die von einem lebensrichtigen Menschenbild ausgeht, die nicht auf weltfremden marxistischen und liberalistischen Hypothesen aufbaut, sondern die die Ergebnisse der modernen Verhaltensforschung und die Erfahrungen von Generationen von Lehrern berücksichtigt«.[263]

Während Wirtschaft und Universitäten darüber klagen, daß heutige Schulabgänger kaum noch rechnen und schreiben können, sehen bundesdeutsche Berufspolitiker und Betroffenheitspädagogen die eigentlichen Probleme ganz woanders. Für Brandenburgs Bildungsminister Steffen REICHE, der hier stellvertretend für seine Kaste stehen soll, liegen diese nämlich selbstredend nicht bei der unsinnigen Rechtschreibreform oder dem verfehlten Schulsystem, sondern beim ›Rechtsextremismus‹. In einem Rundbrief an alle Lehrer des Landes verfügte der SPD-Politiker, daß »Fremdenfeindlichkeit, Rechtsextremismus und Gewalt künftig Pflichtthema in allen Klassenstufen« sein müsse. Zudem werde die Überwachung der Schüler intensiviert. Gleich zweimal innerhalb eines Schuljahres, im Februar und im Juli, sollen die Lehrer dem Ministerium Berichte abliefern, wie häufig im Klassenzimmer und auf dem Schulhof von den vorgeschriebenen Meinungen, Bekleidungsregeln, Frisurvorschriften und sonstigen politisch korrekten Verhaltensnormen abgewichen wurde. Bereits im Grundschulunterricht soll »Verständnis für die Lebensweise anderer Völker« geweckt werden. In den Fächern ›Politische Bildung‹ und ›Geschichte‹ der neunten und zehnten Klassen sind Holocaust und NS-Herrschaft ab sofort zentrales Unterrichtsthema. Sogar der Sportunterricht wird zum antifaschistischen Seminar umfunktioniert: durch ›kritische‹ Aufarbeitung der Olympischen Spiele von 1936.

Ende 2001 erhielten sämtliche brandenburgischen Schulen Unterrichtsmaterial auf einer CD-ROM, die aus dem Hause des Hollywood-Regisseurs Steven SPIELBERG stammt. Unter dem Motto »Erinnern für Gegenwart und Zukunft« berichten jüdische Zeitzeugen, wie sie den Nationalsozialismus überlebt haben. Eingesetzt hat das Bildungsministerium inzwischen sechs Lehrer, die sich ausschließlich um eine enge Zusammenarbeit der Schulen mit den brandenburgischen Konzentrationslager-Gedenkstätten kümmern und dafür pädagogische Konzepte entwickeln. Mit Berlin hat REICHE vereinbart, daß auch dort ›Gedenkstättenlehrer‹ berufen werden. Ganz nebenbei: Extremismus, geschweige denn ›Linksextremismus‹, ist natürlich kein Pflichtthema an bundesdeutschen Schulen, auch nicht an brandenburgischen Schulen, obwohl das Land bis 1990 unter kommunistischer Herrschaft stand, noch bei den letzten Landtagswahlen immerhin 23,3 Prozent Wähler für die umbenannte SED aufwies und eine ebenso aktive wie kriminelle Antifa beheimatet. Hier sieht der ehemalige Pfarrer REICHE keinen Handlungsbedarf. Im Gegenteil, REICHE gehört zu den Unterzeichnern eines Aufrufes ›linker‹ Sozialdemokraten, die schon im April

Fast sechzig Jahre nach seinem Tod ist HITLER nach wie vor der absolute Bezugspunkt, der den Gedankenpolizisten (ORWELL läßt grüßen!) ermöglicht, ihre Gegner zu disqualifizieren. »Die Gleichung konservativ = rechts, rechts = rechtsradikal, rechtsradikal = faschistisch scheint aufgegangen zu sein. Nur noch linke oder linksliberale Positionen werden als demokratisch legitimiert angesehen.« (Günter ROHRMOSER)

1996 eine Zusammenarbeit mit der umgetauften SED befürworteten.

Laufen die Ausgaben für den ›Rechtsextremismus‹-Unterricht nicht auf eine Veruntreuung staatlicher Gelder hinaus? Immerhin haben Eltern einen Anspruch darauf, daß ihre Kinder an den Schulen nicht politisch indoktriniert, sondern möglichst objektiv und sachlich auf das Berufsleben vorbereitet werden. Dieses Recht ist schließlich gesetzlich festgelegt. Der ideologische Drill von Kindern widerspricht Artikel 6 des Grundgesetzes: »Pflege und Erziehung der Kinder sind das natürliche Recht der Eltern und die zuvörderst ihnen obliegende Pflicht.« Die Schule hat dem elterlichen Erziehungsauftrag zu assistieren und ihn nicht zu hintertreiben. Der neue ›Rechtsextremismus‹-Unterricht richtet sich nicht gegen tatsächliche extremistische Gefahren, sondern gegen politische Regungen, die rot-grüner Weltsicht widersprechen. Wer beispielsweise für eine Begrenzung des Ausländerzuzugs eintritt, gilt automatisch als Fremdenfeind und soll von den Lehrern in der Klasse stigmatisiert werden. Schon eine ›falsche‹ Kleidungsmarke oder zu kurze Haare reichen aus, um sich den Ruf eines ›Neonazis‹ einzuhandeln – mit entsprechendem Widerhall im Zeugnis.

Ein für die Bewältigungsfanatiker überraschendes Problem ist der hohe Anteil ausländischer Kinder in deutschen Schulklassen. Denn vor allem Schüler ausländischer Herkunft sind nicht bereit, sich als Bestandteil der deutschen ›Tätergesellschaft‹ in Kollektivhaftung nehmen zu lassen. Matthias HEYL: »In den Unterrichtsplänen taucht die Frage der Multikulturalität für die Behandlung des Themas Nationalsozialismus kaum auf.« Auch die *taz*-Journalistin Nicole MASCHLER sieht die von der Schulpolitik ignorierten Probleme: »Im Einwanderungsland Deutschland splittet sich das Geschichtsbild ethnisch auf. Doch die Pädagogen reagieren hilflos.« Fast jeder dritte Jugendliche in der Bundesrepublik wachse mittlerweile mit einem nichtdeutschen Hintergrund auf. Freilich wissen weder MASCHLER noch HEYL ein Rezept, wie man einen aus Asien oder Afrika stammenden Schüler dazu bringen kann, sich willig in die deutsche ›Schuldgemeinschaft‹ einzugliedern. Besuche in Konzentrationslager-Gedenkstätten helfen da kaum weiter.

Überhaupt bleibt die nachkriegsdeutsche Vergangenheitsbewältigung den meisten Ausländern ein Buch mit sieben Siegeln. Nur in ganz wenigen Ausnahmefällen kommt man in der Geschichtsbetrachtung anderer Mächte zu einer negativen Selbstbetrachtung. Andere Völker, gesunde Völker sehen keinen Sinn darin, sich selber schwerster Verbrechen zu bezichtigen und diesen ›Täterstatus‹ in die Zukunft fortzuschreiben. Viel eher neigen sie zur historiographischen und kollektiven Selbstverteidigung oder aber ignorieren einfach ihnen nachzuweisende Verbrechen. Das jüdische Volk beispielsweise hat, wie das Alte Testament belegt, »die eindrucksvollsten Zeugnisse seiner völkermörderischen Tradition hinterlassen. Und es empfindet keine Scham.«[264] Auch unter europäischen Völkern verzichtet man in der Regel darauf, das eigene Volk oder die eigene Geschichte an den Pranger zu stellen. Eine nationale Selbsterniedrigung, die auch noch in der Schule gelehrt wird und an die das Volk schier an jeder Straßenecke erinnert wird, ist dort unbekannt.

Das spanische Volk etwa hat keine Probleme mit seinen Conquistadores, die andere Völker gleich *en gros* ausrotteten und uralte Kulturen zerstörten. Im Gegenteil, sie werden als Nationalhelden geehrt, wie Perus Francisco PIZARRO, der Zerstörer und Eroberer des Reiches der Inka, oder Hernán CORTÉZ, der die Azteken unterwarf und ausmerzte. Der während des Anglo-Burenkrieges (1899-1902) von den Engländern begangene Völkermord an den Buren war auch zum hundertjährigen Gedenktag in Britannien kein Thema. Als einzige Reaktion war zu vernehmen, daß die britische Regierung es ablehnte, sich für ihre Verbrechen an den Buren zu entschuldigen - geschweige denn eine Wiedergutmachung zu zahlen. In der Türkei wird gar derjenige bestraft, der den Völkermord an den Armeniern von 1915 *nicht* leugnet. In Deutschland dagegen erzwingt das Strafrecht das Bekenntnis zum Holocaust. Hier werden völlig unterschiedliche Denkweisen im Umgang mit der eigenen Geschichte deutlich. Sie liegen vor allem darin begründet, daß die Bundesrepublik Deutschland auf einem gänzlich anderen Fundament aufgebaut ist als andere Staaten: einem Fundament - wie wir im vierten Kapitel dargelegt haben -, das eine Ideologie der De-Nationalisierung des eigenen Volkes zum Kern hat und deren Kernpunkte Umerziehung, Trauerarbeit und Zeitgeistprostitution heißen. Eine Ideologie der Selbstdiskriminierung und der Selbsterniedrigung, die es bei keinem anderen Volk gibt.

Einige Betroffenheitspädagogen rätseln, ob es möglicherweise ein Ausweg wäre, im Geschichtsunterricht ähnlich wie im Religionsunterricht zu verfahren, also getrennte Gruppen zu bilden: Deutschstämmige Deutsche bekommen den Holocaust vorgesetzt, türkischstämmige Deutsche den Armenier-Holocaust, russischstämmige Deutsche den stalinistischen Holocaust, asiatischstämmige

Deutsche den Kambodscha-Holocaust, afrikanischstämmige Deutsche den Holocaust in Ruanda – und so weiter. Dabei müsse freilich gewährleistet bleiben, daß der Holocaust an den Juden nicht »relativiert« und auch von den nichtdeutschstämmigen Deutschen als einzigartig (»singulär«) anerkannt wird.[265]

Wie sehr die Maßnahmen des praktizierten Bewältigungsunterrichts am Bedürfnis des Volkes vorbeigehen, zeigt die Tatsache, daß die Deutschen in ihrer überwältigenden Mehrheit das gebetsmühlenartige Bewältigungsprogramm ablehnen und statt dessen sich mehr Erziehung zu einem gesunden Nationalbewußtsein wünschen. In einer TED-Umfrage der *Berliner Zeitung* vom 12. September 2001 beispielsweise stimmten von fast 3000 Anrufern 96,7 Prozent für das Auswendiglernen des Deutschlandliedes im Schulunterricht. Ist diese Umfrage repräsentativ, darf aus dem eindrucksvollen Ergebnis die Schlußfolgerung gezogen werden, daß die Deutschen in ihrer Mehrzahl Forderungen nach einem unverkrampften Umgang mit nationalen Symbolen und mit der eigenen Geschichte befürworten. Beides wird ihnen in dieser Republik – auch und gerade mit ängstlichem Blick auf ›das Ausland‹ – verweigert.

8.
Das internationale Ansehen Deutschlands

Nach gängiger Darstellung gutmenschlicher Berufspolitiker und umtriebiger Multikulti-Propheten - die selbstredend das internationale Ansehen der Bundesrepublik Deutschland mehren - schaden die von ihnen für ›böse‹ erklärten Deutschen dem Ansehen Deutschlands im Ausland. Natürlich gibt es Gründe, die in der Tat geeignet sind, den Ruf eines Staates im Ausland zu schädigen. Diese werden in Berlin aber offensichtlich gar nicht gesehen, da man sich dort der Illusion hingibt, einzig und allein die ›Bewältigung‹ der deutschen Geschichte sei das *Non plus ultra* für das Ansehen Deutschlands. Grund genug, sich eingehender mit den angeblichen Rufschädigungen und dem vermeintlich ›häßlichen Deutschen‹ zu befassen.

Wer schadet wem?

Der ›Rechtsextremismus‹ schade dem Standort Deutschland - hierin sind sich die Vertreter der herrschenden politischen Klasse, gleich welcher Couleur, einig. In Eintracht sind sie besorgt um das Ansehen und den Ruf des ›Wirtschaftsstandortes Deutschland‹. Um diese Besorgnis zu unterstreichen, setzt sich das ›anständige Deutschland‹ in Kampagnen wie ›Wochen des ausländischen Mitbürgers‹, ›Tolerantes Brandenburg‹ oder ›Gesicht zeigen‹ in Szene. Für ›Toleranz‹ und gegen ›Fremdenfeindlichkeit‹, so heißt es. Diesem Motto hat sich die Politik unterzuordnen. Und immer wird uns eingetrichtert, wofür das gut sein soll: für den Ruf des ›Wirtschaftsstandortes Deutschland‹. Geht es also in erster Linie um die Sorge für die eigenen Profite? Ein richtungsweisender Beitrag in der Monatszeitschrift der Industrie- und Handelskammern Kiel und Flensburg scheint diese Vermutung zu bestätigen: »Millionen von Menschen aus vielen Ländern tragen mit ihrer Arbeitskraft erheblich zur Wettbewerbsfähigkeit der deutschen Wirtschaft bei. [...] Die positiven Ansätze in der Diskussion um die Einwanderungspolitik haben nur Aussicht auf Erfolg, wenn die Attraktivität Deutschlands als Produktions- und Arbeitsort nicht durch radikale Gewalttäter beschädigt wird.«

Dirk Grünewald, Präsident der Industrie- und Handelskammer, zufolge sind Demonstrationen der NPD schon »auf Grund der außerordentlich starken historischen Vorbelastung« zu verurteilen und möglichst zu verbieten. »Wir müssen und wollen unseren ausländischen Mitbürgern, europäischen Nachbarn und der ganzen Welt zeigen, daß es eine Wiederholung der Geschichte nicht geben darf. Aus Respekt gegenüber unseren ausländischen Mitbürgern dürfen wir eine solche Demonstration einer Partei, die in ihrem politischen Konzept auffallend mit den Zielen der NSDAP übereinstimmt, nicht dulden. Es darf nicht sein, daß eine Minderheit das Ansehen Deutschlands gefährdet. Denn Deutschland ist seit Jahrzehnten ein ausländerfreundliches Land. Millionen von Menschen aus vielen Ländern tragen mit ihrer Arbeitskraft erheblich zur Wettbewerbsfähigkeit der deutschen Wirtschaft bei. Ohne ausländische Arbeitnehmer wäre der Fachkräftemangel in Deutschland noch gravierender.«[266]

Der *Sunday Times* zufolge ist Deutschland »ein orientierungsloser Riese«. Das britische Weltblatt begründet dieses Urteil wie folgt: »Der Niedergang der deutschen Wirtschaft ist noch alarmierender. Vor zehn Jahren machte sich Margaret Thatcher noch Sorgen, daß ein vereinigtes Deutschland eine solche Wirtschaftskraft entfalten könnte, daß es Europa wirtschaftlich und politisch dominieren würde. Es ist ganz anders gekommen. Deutschlands Probleme reichen tief.«[267] Das stimmt.

Sollte diese Lage auch damit zusammenhängen, welche Maßnahmen von offizieller Seite her als positiv erachtet werden, das internationale Ansehen Deutschlands zu fördern? Die offizielle Haltung wird kaum besser dokumentiert als in der Haltung zur Ausländer- und Entschädigungsfrage. In einer Pressemitteilung vom 19. Oktober 2000 erklärte der stellvertretende Vorsitzende der SPD-Bundestagsfraktion Joachim Poss: »Die deutsche Wirtschaft zeigt sich in diesen Tagen zu Recht besorgt um das internationale Ansehen Deutschlands, weil der CDU/CSU-Fraktionsvorsitzende Einwanderungsfragen zum Wahlkampfthema machen will. Man kann aber nicht nur auf andere zeigen, wenn es um das Ansehen Deutschlands in der Welt geht, man muß auch selbst mit gutem Beispiel vorangehen. So heißt es in der Erklärung der Präsidenten von BDA, BDI, DIHT sowie ZDH [Bundesvereinigung der Deutschen Arbeitgeberverbände, Bund Deutscher Ingenieure, Deutscher Industrie- und Handelskammer-Tag sowie Zentralverband des Deutschen Handwerks] vom 17. Juli 2000: ›Wir appellieren nochmals ausdrücklich an die noch abseits stehenden deutschen Unternehmen, sich der Stiftungsinitiative der deutschen Wirtschaft anzuschließen. Diese einzigartige solidarische Aktion trägt zum Erhalt und zur Verbesserung des deutschen Ansehens in der Welt bei.‹ Es ist mehr als überfällig, daß die deutschen Unternehmen endlich ihren fehlenden Anteil von 1,7 Milliarden Mark an den von der Wirtschaft zugesagten fünf Milliarden Mark erbringen. [...] Das dürfte den Unternehmen auch nicht schwerfallen. Zum einen zahlt die Hälfte des Beitrags ohnehin der Steuerzahler, weil die Zahlungen steuerlich abzugsfähig sind, zum anderen werden die Unternehmen in den kommenden Jahren massiv steuerlich entlastet.« Profite, Wiedergutmachungszahlungen, Sühneleistungen. Ist Geld das einzige Kriterium, nach dem das Ansehen Deutschlands im Ausland gemessen wird?

Betrachten wir einige Begebenheiten, die das Ansehen der Deutschen im Ausland tatsächlich beeinträchtigen. Will man behaupten, die Reputation Deutschlands werde aufpoliert, wenn beispielsweise der vormalige Vizepräsident des Bundesnachrichtendienstes (BND), ehemalige Chef des Bundesamtes für Verfassungsschutz und spätere Staatssekretär im Verteidigungsministerium wegen eines kapitalen Wirtschaftsverbrechens vom Bundeskriminalamt per internationalem Steckbrief ausgeschrieben wird? Holger PFAHLS (CSU), ein ehemaliger Vorzeigedemokrat, hat jedenfalls seinen Stammplatz auf der Fahndungsliste der kapitalsten Verbrecher der Bundesrepublik Deutschland. Das Karrierekind der CSU in den achtziger Jahren PFAHLS gehört zu den vom Bundeskriminalamt (BKA) meistgesuchten Personen überhaupt. In dem Fahndungsaufruf des BKA heißt es: »Dr. PFAHLS wird beschuldigt, als beamteter Staatssekretär im Bundesministerium der Verteidigung vom Mitbeschuldigten Karlheinz SCHREIBER 3 800 000,00 DM erhalten zu haben, um die Erfüllung eines Vertrages vom 17. 01. 1991 zwischen der Firma Thyssen AG Henschel und dem Königreich Saudi-Arabien zur Lieferung von 36 Panzern zu ermöglichen. Wegen der von Saudi-Arabien gewünschten kurzen Lieferfristen war eine zeitnahe Produktion der Panzer nicht möglich. Dr. PFAHLS soll deshalb entgegen dem Widerstand des Heeres durchgesetzt haben, daß zur Erfüllung des Vertrages Panzer aus den Beständen der Bundeswehr nach Saudi-Arabien geliefert wurden, obwohl dadurch die Abwehrfähigkeit und die Ausbildungsfähigkeit des Heeres beeinträchtigt war. Den o.g. Millionenbetrag soll Dr. PFAHLS auf ein vom Mitbeschuldigten SCHREIBER treuhänderisch verwaltetes Konto beim Schweizerischen Bankverein in Zürich überwiesen bekommen haben. Dr. PFAHLS soll den erhaltenen Geldbetrag in seiner Einkommenssteuererklärung verschwiegen und dadurch Einkommenssteuer in Höhe von 1 960 378,00 DM hinterzogen haben. Gegen Dr. PFAHLS besteht Haftbefehl des AG Augsburg wegen Verdachts der Bestechlichkeit sowie der Steuerhinterziehung. Nach ihm wird im Auftrag der Staatsanwaltschaft Augsburg weltweit gefahndet. 5000.- DM Belohnung für Hinweise zur Ergreifung des Flüchtigen!«[268] Im Spätsommer 2002 ließ das Augsburger Landgericht die Anklage gegen den untergetauchten ehemals obersten Verfassungsschützer zu. Damit begann die Verjährungsfrist neu. Die Justizbehörden gewinnen somit Zeit, den seit fast vier Jahren flüchtigen Ex-Berufspolitiker doch noch dingfest zu machen.

Auch dürften die seit Jahren anhaltenden Spendenskandale in der Bundesrepublik nur bedingt für den Ausbau des deutschen Ansehens im Ausland förderlich sein. »Das internationale Ansehen Deutschlands hat durch den Parteispendenskandal gelitten«,[269] räumte die *Berliner Morgenpost* im September 2000 ein. Und das ist eher gelinde ausgedrückt. Tatsächlich wird gerade durch die vermehrt aufgedeckten Skandale verschiedener etablierter Politiker, diensteifriger Verfassungsschutzbeamter und deren V-Leute das Ansehen der Bundesrepublik Deutschland international geschädigt und das Vertrauen des Volkes zu Behörden massiv erschüttert.

Der von der CDU vor einigen Jahren in Umlauf gebrachte und mittlerweile in Vergessenheit geratene Slogan »Kinder statt Inder« war zwar nichts anderes als ein billiger Versuch, nationale Parolen zum Stimmenfang einzusetzen, dem Ansehen Deutschlands hat er kaum ernsthaft geschadet - sollte man meinen. Gerhard SCHRÖDER sah dies freilich anders. Er deutete solche Versuche als »besorgniserregende Anzeichen« und mahnte: »Teile der Union haben ganz offenkundig vor, im Gewand eines Skeptizismus gegenüber Europa ein Gedankengut zu transportieren, das Fremdenfeindlichkeit schüren kann.« Wenn das eine große demokratische Partei mache, »dann hat das schwerwiegende Auswirkungen auf das internationale Ansehen Deutschlands und ist hochgradig gefährlich«.[270]

Am 22. Oktober 2001 warnte der Vorsitzende des Bundesverbandes Junger Unternehmer (BJU), Christoph ZSCHOCKE, vor einer Regierungsbeteiligung der PDS in Berlin: »Dies wäre das falsche Signal für Berlin. Dies wäre aber angesichts des Symbolwertes der Hauptstadt auch ein falsches Signal für die Republik – und das internationale Ansehen Deutschlands, gerade in Amerika.«

Nach der Auffassung von Gunnar ULDALL, dem wirtschaftspolitischen Sprecher der CDU/CSU-Bundestagsfraktion, gefährde der Ausstieg aus der Atomkraft das Ansehen Deutschlands »als Wissenschaftsstandort«. Rein materialistische Überlegungen kennzeichnen die weiteren Gründe für ULDALLS Behauptung: »Der Ausstieg aus der Kernenergie verunsichert in- und ausländische Investoren. Die Schaffung neuer Arbeitsplätze wird erschwert, da Investitionen in Deutschland zunehmend ausbleiben werden. Der Ausstieg aus der Spitzentechnologie Kernenergie ist auch ein Zeichen zukunftsverneinender Technikfeindlichkeit. Deutschland hat weltweit und in der EU eine Spitzenstellung auf dem Gebiet der kerntechnischen Forschung und Entwicklung. Ein Ausstieg gefährdet Know-how und Ansehen Deutschlands als Wissenschaftsstandort. Die vom Grundgesetz geschützte Forschungsfreiheit wird massiv beeinträchtigt.«

Dem Grundsatzprogramm der CDU ist zu entnehmen, daß die Christdemokraten der Auffassung sind, »Frauen und Männer in handwerklichen und sozialen Berufen leisten einen unersetzlichen Beitrag für die wirtschaftliche und soziale Leistungskraft sowie für das Ansehen Deutschlands in der Welt« (Punkt 60), womit sie erkannt haben, daß das tatsächliche Ansehen der Deutschen und Deutschlands im Ausland durch Leistung und Qualität gekennzeichnet ist. Doch nur wenige Punkte weiter knicken sie – erwartungsgemäß – ein und relativieren die eben gemachte Aussage auf geradezu radebrechende Weise: »Wir sind dankbar, daß sich nach den nationalsozialistischen Verbrechen wieder jüdische Gemeinden in Deutschland gegründet haben. Juden und Christen sind durch unauflösliche Gemeinsamkeiten an Werten und Traditionen miteinander verbunden. Die jüdischen Gemeinden sind Teil unserer Kultur und ein unverzichtbarer Bestandteil unserer Gesellschaft. Sie tragen mit ihrem gesellschaftlichen Engagement zugleich zum Ansehen Deutschlands in der Welt bei.« (Punkt 63). Damit nicht genug, die CDU setzt noch eins drauf und behauptet dreist: »Mit der auswärtigen Kulturpolitik tragen wir zum Ansehen Deutschlands in der Welt bei.« (Punkt 66). Was zu beweisen wäre.

Ein Zugpferd besagter »auswärtiger Kulturpolitik« ist ohne Frage das Goethe-Institut Inter Nationes. Es bezeichnet sich selbst bescheiden als »das deutsche Kulturinstitut im Ausland« und sieht in der »kulturellen Globalisierung« die »große Chance einer weltweiten Begegnung der vielen unterschiedlichen Kulturen«. Der deutsche Beitrag zur internationalen Kulturpolitik gehe von den

Interessen einer demokratischen Mittelmacht in Europa mit dem weltweiten Aktionsradius einer führenden Handelsnation aus. Er fuße auf einer bedeutenden europäischen Tradition und lebe von der Dynamik einer modernen, ausdifferenzierten Kultur vor dem Hintergrund einer singulären historischen Erfahrung. Den zehn Thesen zur Rolle des Goethe-Instituts Inter Nationes ist zu entnehmen, daß »das vereinigte Deutschland« mehr internationale Beachtung als zuvor finde. Hieraus schlußfolgern die Kulturexperten: »Dies verlangt ein selbstbewußtes und zugleich zurückhaltendes Auftreten. Das Netz der Institute steht als Schaltstelle allen deutschen Akteuren im Ausland offen, auch den Partnern aus der Wirtschaft. Wer im staatlichen oder wirtschaftlichen Interesse auftritt, wird entsprechend interessengeleitete Reaktionen hervorrufen. Das Goethe-Institut Inter Nationes arbeitet zwar im Auftrag der Bundesregierung, ist aber nicht weisungsgebunden. Das Goethe-Institut Inter Nationes kann glaubwürdig agieren und mehrt so das Ansehen Deutschlands.«

Das Goethe-Institut Inter Nationes, so erfährt der erstaunte Leser, begreife »seine Arbeit als Vermittlung der großen humanistischen Tradition Deutschlands, für die Namen wie KANT, BEETHOVEN und natürlich GOETHE stehen. Es tritt ein für die kulturelle Moderne und das ihr innewohnende demokratische und emanzipatorische Potential. Grundlage der Arbeit ist – jenseits von missionarischen Zielsetzungen – ein von den universell geltenden Menschenrechten ausgehendes Menschenbild. Diese Position verbindet sich mit Strömungen in allen Weltkulturen, die ähnlichen Werten verpflichtet sind. Das Goethe-Institut Inter Nationes leistet im interkulturellen Dialog einen wertvollen Beitrag zu Demokratie und Frieden.« Und wie der aussieht, ist ebenfalls klar: »Im zusammenwachsenden Europa wird Kultur zunehmend transnational definiert, wie auch die Öffnung der deutschen Kultur seit der Nachkriegszeit gezeigt hat. Internationaler Kulturaustausch bedeutet zukünftig weniger nationale Repräsentanz als die Vermittlung in sich vielstimmiger, oft multikultureller Szenen. Dabei leisten Kulturinstitute im Ausland auch einen wesentlichen Beitrag zu inneren kulturellen Lernprozessen.« Diese Prozesse dürften ihren praktischen Niederschlag in Form der von Berlin subventionierten ›Begegnungsschulen‹, den deutschen Auslandsschulen, finden. (Auf welche Weise diese dem Ansehen Deutschlands wirklich guttun, wird im nächsten Kapitel zu zeigen sein.)

Das Goethe-Institut ist heute alles andere als eine Einrichtung, die der deutschen Kultur im Ausland dient. Es ist vielmehr eine

Institution, deren Mitarbeiter internationalistisch gesinnt und deren Ambitionen alles andere als prodeutsch anzusehen sind. Der aufschlußreiche Beitrag des amerikanischen ehemaligen Deutschstudenten Mark LILLA in der *Frankfurter Allgemeinen Zeitung* vom 16. Februar 1996 bestätigt diesen Eindruck: »Es ist ein alter Witz unter Studenten, im Goethe-Institut sei die Gefahr gering, daß man GOETHE liest. Aber leider ist dies kein Witz. Aus den vom Institut konzipierten Büchern und aus deren Materialien zu schließen, gibt es unter den Mitarbeitern des Instituts eine starke Allergie gegen alles, was für sie nach der alten Welt der deutschen Bildung riecht. In der Bibliothek finden sich zwar die Klassiker in wunderschönen Ausgaben, im Klassenzimmer hingegen müssen die Studenten ihre Aufmerksamkeit ausschließlich auf die Gegenwart richten und sich für Diskussionen über Umweltkrisen, Baumsterben, Rechtsradikalismus und Militarismus rüsten.«

Ende März 2001 stellte der Bundesfachausschuß Außen- und Sicherheitspolitik der CDU Deutschlands unter der Leitung von Friedbert PFLÜGER fest, daß der Auswärtige Dienst als das zentrale Instrument zur Gestaltung ›unserer‹ Außenpolitik entscheidend Gewicht, Ansehen und Rolle Deutschlands in der internationalen Politik präge. Die »hohen Erwartungen an die deutsche auswärtige Kulturpolitik, die insbesondere in Mittel- und Südosteuropa ausgeprägte Bereitschaft zum Erlernen der deutschen Sprache werden durch Konzeptionslosigkeit und einschneidende Kürzungen unseres Angebots enttäuscht. Die bisherigen Schließungen von 39 Goethe-Instituten und den Programmen bei Inter Nationes fügen unserem Ansehen in der Welt schweren Schaden zu«. Außerdem seien »unzumutbare Zustände an den Schaltern unserer Konsulate zu beobachten«, wodurch »das Ansehen Deutschlands im Ausland beschädigt« werde. Manche Leute haben Probleme. . .

Würde ein Dissident oder Mitglied einer patriotischen Partei das Höchste Haus der Bundesrepublik Deutschland als ›Scheiß-Bundestag‹, als ›Affentheater‹ oder als ›Sauladen‹ bezeichnen, hätte dies neben einer Strafanzeige wegen Verunglimpfung bundesdeutscher Verfassungsorgane und seiner Repräsentanten auch die Aufnahme in den sogenannten Verfassungsschutzbericht zur Folge. In der Tat fielen diese Begriffe – aber nicht aus dem Munde von Nationalisten. Das Copyright für »›Scheiß-Bundestag« darf Gregor GYSI für sich beanspruchen. Vom »Sauladen« sprach seinerzeit PHILIPP JENNINGER. Bundestagspräsidentin Rita SÜSSMUTH hingegen nannte am 26. Oktober 1996 den Bundestag ein »Affentheater«. Für die Damen und Herren dieses Theaters hatte Joschka FISCHER bereits 1983 eine besondere Zuneigung. Für ihn war der Bundestag eine »unglaubliche Alkoholiker-Versammlung, die teilweise ganz ordinär nach Schnaps stinkt«. Nicht zu vergessen Joschkas Ausfall 1984 gegenüber Bundestagsvizepräsident Richard STÜCKLEN, jener wortgewaltige Fehltritt, der damals noch für Furore sorgte, heute freilich längst als witziger Evergreen gehandelt wird: »Mit Verlaub, Herr Präsident, Sie sind ein Arschloch!«

Zu weiteren Begriffen, mit denen die Volksvertreter im Bundestag herumzuwerfen belieben, gehören beispielsweise »Drecksau«, »Fälscher«, »Falschmünzer«, »Galgenkandidat«, »kleiner mieser Gauner«, »Geldraffer«, »feiger Hund«, »Idiot«, »adeliger Klugscheißer«, »Lump«, »Parasit«, »Pöbelkönig«, »Quatschkopf«, »Ratte«, »Schmutzfink«, »Schwein«, »Selbstbefriediger«, »Stinktier«, »Rotzjunge«, »Schwachkopf«, »Volksverhetzer«, »Zuhälter« und natürlich »Mini-Goebbels«, »Nazi-Advokat«, »Nazi-Flegel«, »Nazi-Professor«, »NS-Schulungsredner«, »Reichsfrauenführerin« und »SA-Mann«. Wie gesagt, alle als Schimpfwörter gebraucht, ohne daß dabei jemand auf die Idee käme, von einer Verunglimpfung des Staates und seiner Repräsentanten zu sprechen, geschweige denn von einer Schädigung des internationalen Ansehens Deutschlands. Diese Feststellung ist insofern bemerkenswert, als ›Verfassungsschützer‹ beispielsweise Skinheads vorwerfen, sie verunglimpften die Bundesrepublik Deutschland und die parlamentarische Demokratie gerade durch Verwendung verschiedener Kraftausdrücke. Die Verunglimpfung äußere sich, so beklagen die Geheimdienstler, in einer vom Nationalsozialismus entlehnten Sprache. Für die Untermauerung dieser fragwürdigen Behauptung führen sie Zitate an, die meistens aus Liedern von Skinbands stammen. In einem Lied werde beispielsweise der Deutsche Bundestag als »Schwätzerparlament« tituliert.[271] Wirklich? Wenn der Gebrauch des Wortes ›Schwätzerparlament‹ schon ausreicht, seinen Benutzer in die ›Verfassungsschutzberichte‹ zu bringen, warum dann nicht auch diejenigen, die Ausdrücke wie ›Scheiß-Bundestag‹ oder ›Sauladen‹ gebrauchen, die gewiß um Klassen härter und damit geeigneter sind, die Bundesrepublik Deutschland und die parlamentarische Demokratie zu verunglimpfen?

Besonders herb war übrigens eine skandalöse Äußerung vor 30 Jahren, die auch einen tiefen Blick hinter den Vorhang der Politikmache gewährt: »Von den acht Arschlöchern in Karlsruhe lassen wir uns doch nicht unsere ganze Ostpolitik kaputtmachen.« So soll laut Johann Georg REISSMÜLLER »ein führender Politiker der größeren Bonner Koalitionspartei«[272] – also der SPD – Entscheidungen der Bundesverfassungsrichter bezüglich BRANDTS Verzichtspolitik gegenüber Ostdeutschland kommentiert haben. Obgleich diese Äußerung durchaus dem einschlägig bekannten Herbert WEHNER zuzutrauen gewesen wäre, handelt es sich bei dem betreffenden Volksvertreter aller Wahrscheinlichkeit nach um den damaligen Chef im Kanzleramt Horst EHMKE, der an anderer Stelle bereits durch vulgäres Nasenpopeln aufgefallen war.[273] Ernst BENDA, zum Zeitpunkt der inkriminierten Äußerung Präsident des Bundesverfassungsgerichts, bestätigte 1995 dem *Spiegel* gegenüber die Richtigkeit des angeführten Zitats: »Einem Gespräch mit dem damaligen Bundesjustizminister Gerhard JAHN mußte ich entnehmen, daß der Satz genauso gefallen ist und daß er von einem verantwortlichen Mitglied der Regierung« stammte.

Alles andere als erfreulich für das internationale Ansehen Deutschlands dürfte sich auch das rückgratlose Verhalten bundesdeutscher Repräsentanten bei den EU-Beitrittsverhandlungen auswirken. Günter VERHEUGEN, seines Zeichens ›EU-Erweiterungskommissar‹, bekräftigte erst im Frühjahr 2002 wieder, daß die BENESCH-Dekrete bei den Beitrittsverhandlungen der Tschechischen Republik »auch künftig keine Rolle spielen werden«. Für all diejenigen, denen es im Zuge der bundesdeutschen Berichterstattung entgangen sein sollte: Diese Dekrete – zu deutsch: behördliche, richterliche Verfügungen oder auch offizielle Beschlüsse – waren und sind rassistische Verordnungen, die auf alle Deutschen unabhängig von ihrer politischen oder konfessionellen Ausrichtung abzielten. Sie dienten dem tschechoslowakischen Staat als Rechtfertigung für die Vertreibung von über 3 Millionen deutschen und ungarischen Menschen und für die Ermordung von einer Viertelmillion Sudetendeutscher und dienen heute dem tschechischen Staat als Rechtfertigung, von Wiedergutmachungszahlungen Abstand zu nehmen.

Über deutsche Interessen – in diesem Fall längst überfällige Entschädigungen an vertriebene, entrechtete und als Zwangsarbeiter ausgebeutete Deutsche – darf nicht gesprochen werden, geschweige denn dieses Thema auf die Agenda gesetzt werden. Daß darüber hinaus aber auch noch bundesdeutsche Politiker dumm lächelnd Beleidigungen entgegennehmen, schlägt dem Faß vollends den Boden aus. Der tschechische Ministerpräsident Milos ZEMAN gab zu verstehen, daß die Sudetendeutschen froh sein sollten, daß man sie »nur« vertrieben und nicht wegen »Landesverrats« hingerichtet habe. Wie armselig die Repräsentanten dieser Republik tatsächlich sind, wird denn vor allem durch die Reaktionen der ›deutschen Interessenvertreter‹ hervorgehoben. Weder Edmund STOIBER als ›Schirmherr‹ noch Bernhard POSSELT als Vorsitzender der Sudetendeutschen Landsmannschaft sahen sich aufgerufen, gegen ZEMANS Volksverhetzung vorzugehen.

Wenigstens *Die Welt* entrüstete sich am 23. Februar 2002 zu Recht, daß in der Tschechei die oppositionelle Demokratische Bürgerpartei (ODS) von Parlamentspräsident Václav KLAUS, die das sozialdemokratische Minderheitskabinett ZEMANS toleriert, an die Regierung appellierte, in den tschechischen EU-Beitrittsvertrag eine »exklusive Klausel« zur fortdauernden Rechtsgültigkeit der BENESCH-Dekrete hineinzuverhandeln. *Die Welt* kommentierte das Ausmaß dieser Absicht unter der Schlagzeile »Völkermord an Deutschen soll in EU-Verträgen legalisiert werden« mit den Worten: »Schier ohne Parallele bleibt das Straffreistellungsgesetz vom 8. Mai 1946 über die ›Rechtmäßigkeit von Handlungen, die mit dem Kampf um die Wiedergewinnung der Freiheit der Tschechen und Slowaken zusammenhängen‹. Unter dieser verharmlosenden Bezeichnung wird eine ›gerechte Vergeltung für Taten der Okkupanten oder ihrer Helfershelfer‹ sanktioniert. In diesem Kontext werden selbst Handlungen, die nach den damaligen Vorschriften strafbar gewesen wären, für ›nicht widerrechtlich‹ erklärt. Diese Bestimmungen lieferten das Alibi für Willkür und Brutalität gegen Deutsche. Die Rechtfertigung von Verbrechen gegen Leib und Leben ist auch vom demokratischen Prag nicht aus der Welt geschafft worden.«

Die Bundesregierung kuschte natürlich brav. Selbst als Milos ZEMAN eine überaus makabre ›Empfehlung‹ an Israel gab, rührte sich kein nennenswerter Protest aus Berlin, geschweige denn, daß aus der Verunglimpfung des Tschechen diplomatische Konsequenzen gezogen worden wären: Der Judenstaat solle nach ZEMANS Auffassung mit den Palästinensern auf dieselbe Weise verfahren, wie die Tschechen mit den Deutschen verfuhren. In einem Interview mit der israelischen Zeitung *Ha'aretz* meinte ZEMAN, Israel solle sich die Vertreibung der Deutschen durch die Tschechen zum Vorbild nehmen. Die Sudetendeutschen seien »Landesverräter« und die »fünfte Kolonne HITLERS« gewesen, die mit der Vertreibung noch »milde bestraft wurden«. Der tschechische Premier verglich ARAFAT mit HITLER und empfahl Israel, die Palästinenser nach dem Muster der Sudetendeutschen aus dem Land zu jagen.

Eine wie die von den Verantwortlichen in Berlin eingenommene armselige, charakterlose Haltung fällt im Ausland sehr wohl auf. Sicher, bei einigen ausländischen Politikern mag die devote Hal-

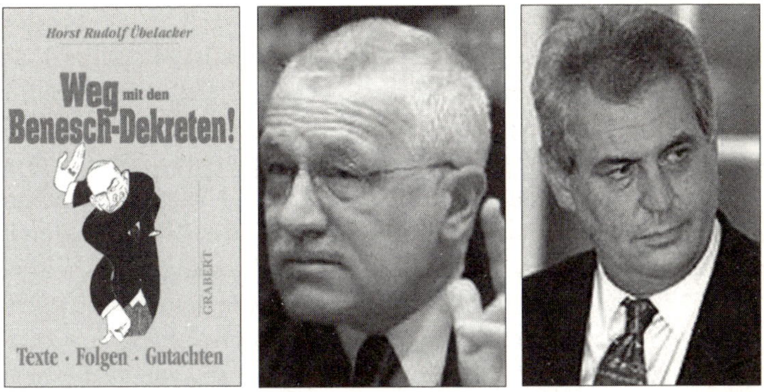

Nach der überwältigenden Zustimmung des tschechischen Volkes zum EU-Beitritt Mitte Juni 2003 sind Bundesregierung und Opposition gefordert, auf die Abschaffung der BENESCH*-Dekrete noch vor dem offiziellen Beitritt 2004 hinzuarbeiten. Die von Horst -Rudolf* ÜBELACKER *herausgegebene Schrift enthält den gesamten Wortlaut der Unrechtsdekrete. Mitte: Václav* KLAUS*, rechts: Milos* ZEMAN.

tung ihrer bundesdeutschen Berufskollegen Wohlgefallen erregen. Ausländische Staatsmänner jedoch erfüllt eine solche Haltung jedoch mit Abscheu. Der estnische Staatspräsident Lennart MERI meinte während seines Festvortrags anläßlich des Jahrestages des Anschlusses der DDR an die Bundesrepublik Deutschland in Berlin: »Deutschland ist eine Art Canossa-Republik geworden, eine Republik der Reue. Aber wenn man die Moral zur Schau trägt, riskiert man, nicht ernst genommen zu werden. Als Nichtdeutscher erlaube ich mir die Bemerkung: Man kann einem Volk nicht trauen, das sich rund um die Uhr in intellektueller Selbstverachtung übt.«[274]

Überhaupt sehen Ausländer eine Gefährdung des Ansehens Deutschlands unter ganz anderen Gesichtspunkten als bundesdeutsche Amtsträger. Mit Blick auf das geplante sogenannte Holocaust-Denkmal in Berlin, welches unweit des Brandenburger Tors im Entstehen begriffen ist, bekannte der jüdische Modefotograph Helmut NEWTON im Magazin der *Süddeutschen Zeitung* (Nr. 42/2002) beispielsweise: »Ich glaube, die Deutschen sind verrückt. Dieses Denkmal lädt doch geradezu dazu ein, es zu schänden. Dort hinzugehen, da draufzupinkeln, Graffiti darauf zu machen. [...] Vielleicht wagt sich keiner, etwas dagegen zu sagen, weil jede Kritik gleich als Antisemitismus gebrandmarkt wird. Aber ich kenne viele Juden, die genauso denken wie ich. Das Denkmal, dieses Ding, es ist ein Verbrechen.«[275]

Der saudische Kronprinz Abdullah Bin Abdel Aziz, seit Mitte der neunziger Jahre im Auftrag seines kränkelnden Bruders König Fahd für alle politischen Bereiche zuständig, hatte im Juni 2001 eine geplante Reise in die USA kurzfristig abgesagt - aus Verärgerung über die seiner Meinung nach zu proisraelische Haltung Washingtons im Nahostkonflikt. Den Besuch nach Deutschland hielt er jedoch aufrecht. »Daß die Reise nach Berlin doch stattfindet«, beweise der *Berliner Morgenpost* zufolge dagegen, »welchen hohen Stellenwert die Europäer und insbesondere die Deutschen zur Zeit bei den Saudis genießen«.[276] Es steht allerdings zu befürchten, daß das hohe Ansehen, das die Deutschen in der arabischen Welt seit über 100 Jahren genießen, Schaden erleidet, falls sie weiterhin durch eine uneigenständige Position gegenüber den Problemen im Nahen Osten glänzen und im Schlepptau der Vereinigten Staaten und Israel hängen.

Der grundlegende Fehler bundesdeutscher Politiker bezüglich ihrer Sorge um das internationale Ansehen Deutschlands ist zu glauben, sich ein solches erkaufen zu können – sei es durch günstigste Kredite, die, nachdem sich die ohnehin absehbare Zahlungsunfähigkeit des Schuldners bestätigt hat, großzügig gestundet werden, oder durch Zugeständnisse und Schenkungen aller Art, oder durch sogenannte ›Wiedergutmachungszahlungen‹. Der Kern dieser Fehleinschätzung wurzelt in einer Zeit, in der die Bundesrepublik Deutschland noch gar nicht bestanden hat. Erich Blumenfeld (CDU) bedauerte in einer Hamburger Bürgerschaftsdebatte vom April 1947, daß die »Widerstandsgruppen des Auslands« wie Helden gefeiert worden seien. Neben der Durchsetzung der Entnazifizierung hänge das Ansehen Deutschlands gerade davon ab, »die Aufmerksamkeit der Weltöffentlichkeit auf unsere Widerstandsbewegung zu lenken«. Eine schnelle Durchführung der Wiedergutmachung zum Zweck des Reputationserwerbs im Ausland sei entscheidend. Wie hoch müßte angesichts der erfolgten Zahlungen und Schenkungen, die seitdem in dreistelliger Milliardenhöhe erfolgten und bis heute erfolgen, das Ansehen der Bundesrepublik Deutschland im Ausland sein? Natürlich vorausgesetzt, man ist der Auffassung, daß sich Freundschaft und Ansehen kaufen lassen.

Anerkennung durch Devotheit?

Bundesdeutsche Politiker und ihre pädagogischen Artgenossen an den Schulen und Universitäten scheinen Selbstgefallen eher daran zu finden, vor ihren ausländischen Kollegen zu buckeln, als daß durch eine selbstbewußte, rückgratstarke Haltung zu glänzen. Diese erbärmliche Einstellung nimmt längst das Ausmaß völliger Aufgabe von Selbstachtung an. Dies konnte man gerade - neben vielen anderen Begebenheiten - deutlich sehen, als vor einigen Jahren der neu entdeckte und von bekannter Lobby medienwirksam aufgebauschte, halbamtliche US-Junghistoriker Daniel Jonah GOLDHAGEN sein Buch *Hitlers willige Vollstrecker* mit einem riesengroßen Werbeaufwand in der Berliner Republik vorlegen durfte. GOLDHAGEN verkündete auf deutschem Boden seine Thesen von der ethnisch bedingten Mordlust der Deutschen - und erhielt keinen offiziellen Widerspruch. Gehorsames Kopfnicken oder aber betretenes Starren auf die Schuhe war die vorhersehbare Reaktion des geschätzten bundesdeutschen Auditoriums, gelegentlich aber auch begeistertes Klatschen. Endlich konnte man mal wieder aus berufenem Munde vernehmen, daß man als Deutscher *dem* mordlüsternen Verbrechervolk schlechthin angehöre. Das Lob der Antideutschen war entsprechend groß. In den *Blättern für deutsche und internationale Politik* jauchzte Andrei S. MARKOVITS, GOLDHAGEN habe »ein brillantes Buch über den heikelsten und bis heute unverständlichsten Teil neuerer deutscher, aber auch europäischer Vergangenheit« geschrieben. Volker ULLRICH, Redakteur der *Zeit*, phantasierte: »Die Radikalität, mit der GOLDHAGEN seine Thesen entfaltet, zwingt uns zum Überdenken bisheriger Sichtweisen [...] GOLDHAGENS Fallstudien über die Täter und ihre Motive sind breiter fundiert und gründlicher reflektiert als alle bisherigen Untersuchungen.« Ebenfalls in der *Zeit* belehrte Ulrich HERBERT: »Über die Motive der direkt an den Mordtaten Beteiligten wissen wir bislang nur wenig; hier liegt ein Schwerpunkt des Untersuchungsansatzes von GOLDHAGEN. Und wenn er darauf verweist, daß die Tötung der Juden nicht gegen den Widerstand der Deutschen durchgesetzt, sondern von denen, die damit in Kontakt kamen, bejaht und gefördert wurde, so muß man ihm gerade im Lichte neuer empirischer Studien zustimmen.«

Allerdings ist das gerade nicht der Fall. *Hitlers willige Vollstrecker* genügt nicht einmal mittelmäßigen Ansprüchen. Das Buch ist »durch und durch mangelhaft, mißlungen und einfach schlecht« (Eberhard JÄCKEL, SPD). GOLDHAGENS Behauptungen sind wissenschaftlich nicht haltbar und vermitteln »der Öffentlichkeit ein falsches Bild vom Holocaust«, attestiert Ruth Bettina BIRN, Chefhistorikerin der Ermittlungsbehörde gegen NS-Verbrecher im kanadischen Justizministerium.

Ungeachtet der wissenschaftlichen Haltlosigkeit seiner Behauptungen wurde GOLDHAGEN unter anderem mit dem »Demokratiepreis 1997« der kommunistisch-beeinflußten *Blätter für deutsche und internationale Politik*[277] ausgezeichnet. Diese Preisverleihung, zu der die einschlägig bekannten Vergangenheitsbewältiger Jürgen HABERMAS und Jan Philipp REEMTSMA als Laudatoren geladen waren, war für *Die Zeit* »ein intellektuelles Ereignis«, gar »ein kleines Gipfeltreffen eigener Art«.[278] In seiner Danksagung, so freute sich *Die Zeit*, ging GOLDHAGEN »über die Laudatoren hinaus und beförderte sich selbst zum Kronzeugen für eine Entwicklung der Bundesrepublik in die richtige Richtung«. Wie diese auszusehen hat, daran ließ Laudator REEMTSMA wiederum keinen Zweifel: »Für KZ-Schlächter wie für Wehrmachtssoldaten gelte gleichermaßen: Der Holocaust hat sich letzten Endes deshalb ereignet, weil ›auf einfachster Ebene gesehen einzelne Menschen über einen längeren Zeitraum hinweg andere Menschen zu Abertausenden umgebracht haben‹.« Diese »kritische Einstellung gegenüber Eigenem«, die GOLDHAGEN gefördert habe, fand auch den Beifall von HABERMAS.[279]

Kaltblütig setzte GOLDHAGEN ein ganzes Volk auf die Anklagebank und sprach es schuldig – dies hatte noch nicht einmal das Nürnberger Tribunal der Sieger fertiggebracht. Horst MAHLER faßte diese dreiste Einmaligkeit nüchtern mit den Worten zusammen: »Anstelle von Mordbefehl, Kadavergehorsam und industriellen Tötungsanlagen wird nun ein halbes Jahrhundert danach ein Volk von willigen Mördern geortet.« Ungestraft durfte GOLDHAGEN die Deutschen als ein Volk mit angeborenem Drang zum Morden brandmarken. Diese ebenso volksverhetzende wie notorisch haßerfüllte Behauptung »widersprach nicht nur allen Zeugenaussagen, Gerichtsprotokollen und Geständnissen, es verstößt diese These auch gegen die Strafgesetze aller in der europäischen Union vereinten Nationen. Denn erstmals seit dem Ende des Zweiten Weltkrieges darf ein Volk unter Hinweis auf ethnische Merkmale als kriminell eingestuft werden. Das ist Aufstachelung zum Rassenhaß. Aber kein Staatsanwalt erstattete Anzeige, als GOLDHAGEN sein Volksverhetzungsverbrechen wider das deutsche Volk vor der europäischen Öffentlichkeit verkündete. Keine Lichterkette entflammte wider den Hetzer. Und die grünen, die roten, die liberalen und christlichen moralischen Eiferer blieben sprachlos«.[280]

Das täglich präsentierte Schuldbekenntnis der Deutschen ist keineswegs nur auf Gutmenschen in Politik und Pädagogik beschränkt. Sogar bei Deutschen, die selbst zu den größten Opfern des Krieges zählen, die am meisten verloren und am meisten zu leiden hatten, ist diese Saat der ewigen Selbstanklage und der Unwürde aufgegangen, und nicht erst seit wenigen Jahren. Noch lange vor der infamen Verzichts- und Verratspolitik zur Zukunft Ostdeutschlands zu Beginn der siebziger Jahre konnten wir bereits gut 20 Jahre zuvor eine geradezu unfaßbare Posse erleben, »eine Narretei typisch deutscher Machart: Die Heimatvertriebenen veröffentlichten eine Charta, mit der sie feierlich für alle Zeiten dem Gedanken an Vergeltung und Gewaltanwendung abschworen. Das waren löbliche Beschlüsse, nur – man hätte sie nicht aussprechen dürfen, sie hätten als Geheimnis gehütet werden müssen! Ein ausdrücklich ausgesprochener ›Gewaltverzicht‹ bedeutete eine einseitige Vorleistung von gar nicht hoch genug einzuschätzender Bedeutung, die von der Gegenseite nun nicht mehr honoriert zu werden brauchte. Das Prinzip des *do ut des* (ich gebe, damit du gibst) war schon unter Primitivvölkern ein selbstverständlicher Grundsatz. Die unpolitischen Deutschen scheinen ihn nicht gekannt oder schon wieder vergessen zu haben. Leistung gegen Gegenleistung! Was sonst?«[281]

Kein Wunder, daß unter solchen Bedingungen die volkspädagogisch verordnete Geschichtsanpassung weiteren Vorschub bekam und die Deutschen in ihrer Gesamtheit mehr und mehr den Osten Deutschlands vergaßen. Der Deutsche Osten war nicht mehr Anliegen aller Deutschen, sondern nur noch das von einer Minderheit, die schon aus biologischen Gründen jedes Jahr schrumpft. Dem Gewaltverzicht folgte der Verzicht auf die Heimat, und heute werden die Deutschen im Osten der Bundesrepublik ›Ostdeutsche‹ genannt.

Es wird in der Berliner Republik mit Soldaten und Intellektuellen ein regelrechter Kult getrieben – freilich nur, solange sie gegen Deutsche gekämpft und gegen Deutschland agiert haben. Selbst Kriegsverbrecher sind vom Umbalzen nicht ausgenommen. Hierbei kommt es oft zu erbärmlichen Handlungen. Vor knapp vier Jahren beispielsweise erfreute man sich in dem Schwarzwaldstädtchen Triberg des Jahrestages eines berühmten Gastes, der 1922 ein paar Tage lang hier logierte: Ernest HEMINGWAY. Für den amerikanischen Prominenten war man sich für nichts zu schade. Der ›Lions-Club‹ enthüllte eine Gedenktafel, Stadt, Volkshochschule, Hoteliers und andere Sponsoren veranstalteten die ›Hemingway Days‹. Dazu Hemingway-Lesungen, Hemingway-Filme, Hemingway-Matinee und ein US-amerikanisches Mitternachtsbüfett mit ›Papadobles‹, dem Lieblingsgetränk des Jubilars. Das feine Park-

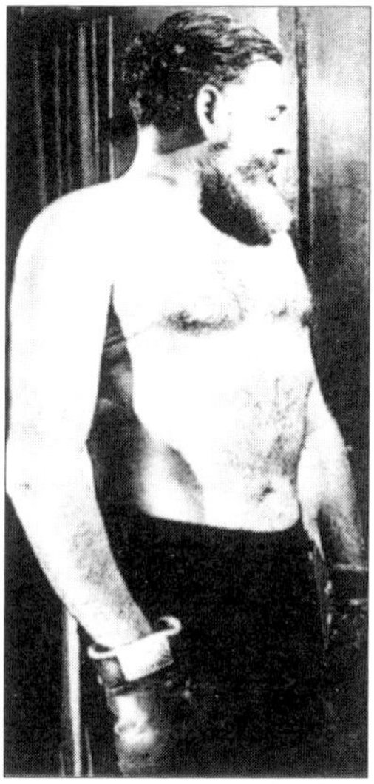

Nobelpreisträgerträger HEMINGWAY *1942 in seinem Buch* Man at war: *»Als jener Krieg [der Erste Weltkrieg] gewonnen wurde, hätte Deutschland tatsächlich so zerstört werden müssen, daß wir es für hundert Jahre nicht mehr zu bekämpfen hätten oder gar für immer, wenn es richtig gemacht worden wäre. Das läßt sich wahrscheinlich nur durch Sterilisation erzielen, ein Eingriff, der kaum schmerzhafter als eine Impfung ist und leicht zur Pflicht gemacht werden kann. Alle Mitglieder der NS-Organisationen müßten diesem Eingriff unterzogen werden, falls wir einen Frieden anstreben, der nicht bloß ein frischer Luftzug zwischen zwei Kriegen ist. Die Art und Weise, wie wir den Krieg gewinnen und den Frieden aufzwingen werden, spielt überhaupt keine Rolle, wenn wir nicht zu dieser Maßnahme greifen. . .«* HEMINGWAY *also ganz in der Tradition von* KAUFMAN, NIZER, MORGENTHAU *und* HOOTON.

hotel Wehrle lockte mit der Verheißung: »Forellen angeln, wohnen und essen wie HEMINGWAY«. Und bei einem Schreibwettbewerb unter dem Motto ›Amerikaner in Deutschland‹ werden Hemingway-Preise verliehen. Ein solcher posthumer Rummel um einen Ausländer, der im Zweiten Weltkrieg als ›Befreier‹ deutschen Boden betreten hatte, ist freilich nichts Verbotenes, höchstens Geschmackssache. Das Aufsehen wäre auch kaum der Rede wert, wenn es da nicht gewisse Zeitungsberichte und HEMINGWAYS Briefe gäbe. Die Redakteure des *Badischen Tagblatts* waren offensichtlich belesener als der Großteil der Hoteliers, Wirte und Dorfpolitiker. Unter der Schlagzeile »Hemingway und die kamelgesichtige Wirtin« erinnert die Zeitung am 22. Juli 1999, daß der Geehrte für die Stadt nur Spott und Hohn übrig hatte. Der trinkfeste Schriftsteller teilte verschiedenen US-amerikanischen und kanadischen Zeitungen über seinen Aufenthalt mit: »Es gab hier eine ordentliche Mahlzeit, vom Wirt selbst aufgetragen, der unerschütterlich wie ein Ochse aussah. Seine Frau hatte ein Kamelgesicht und genau die unverwechselbare Kopfbewegung und den Ausdruck äußerster Stupidität, die man nur bei Trampeltieren und süddeutschen Bauersfrauen beobachten kann.« Nicht gerade sehr schmeichelhaft. Doch könnte man eine derartige Geschmacklosigkeit noch übergehen.

Wenn man als Deutscher aber noch einen Funken Selbstachtung im Leibe hat, hätte das spaßige Jubilieren spätestens sein Ende finden müssen, sobald man sich darüber bewußt wurde, daß HEMINGWAY ein kaltblütiger Mörder war: In seinen *Selected Letters* (Ausgewählte Briefe von 1917 bis 1961) schildert er seinem Freund Charles SCRIBNER, wie er beim Einmarsch in Paris »einen SS-Kraut« gekillt habe. Der bereits entwaffnete Soldat versuchte, dem Tode zu entkommen, indem er HEMINGWAY auf die Genfer Konvention hinwies: »Du irrst Dich Bruder, sagte ich zu ihm, und schoß ihm dreimal schnell in den Bauch, und dann, als er in die Knie ging, schoß ich ihm in den Schädel, so daß ihm das Gehirn aus dem Mund kam, oder aus der Nase, glaube ich.« In einem anderen Brief schildert der notorische Deutschenhasser, wie er einem einzelnen deutschen Soldaten, »ein Junge etwa so alt wie mein Sohn Patrick zu der Zeit«, der auf einem Fahrrad flüchtete, »durch das Rückgrat geschossen habe«.

Es liegt uns selbstverständlich fern, jemandem vorschreiben zu wollen, wen man ehren darf und wen nicht. Jeder muß – wie im Fall HEMINGWAY – für sich selbst entscheiden, ob er geschichtliche Tatsachen einfach leugnet, um sich sein hübsch zurecht gelegtes Weltbild – beispielsweise das vom großen, humanen Dichter und Nobelpreisträger HEMINGWAY – nicht trüben zu lassen. Das ist eine Frage des Charakters, der Ehrlichkeit. Aber wäre HEMINGWAY ein deutscher Dichter gewesen und hätte er alliierte Soldaten ermordet, gäbe es mit Sicherheit keine Wanderausstellungen, Gedenktafeln, Festwochen und Büfetts mit dem Lieblingsschnaps des Idols. Niemand würde so einen Mörder würdigen, und wenn er noch so schöne Poesie schriebe. Die Bundesdeutschen aber sind

Leni RIEFENSTAHL , Arbeitsfoto bei den Dreharbeiten zu »Tiefland« 1940.

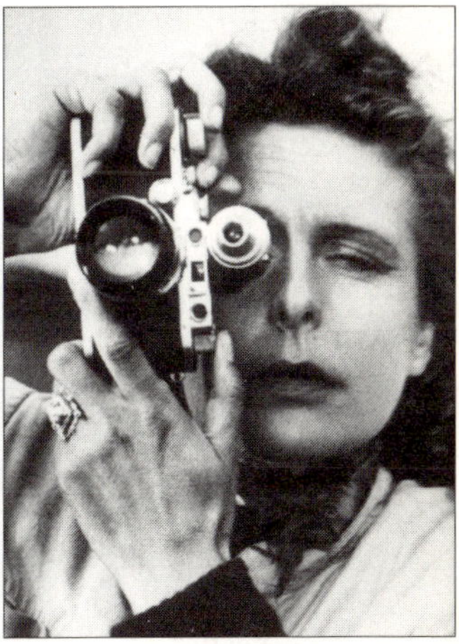

Beide Abbildungen aus: Leni Riefenstahl. Fünf Leben, *Taschen, Köln 2000.*

naiv und würdelos genug, um jene zu ehren, die sie verachten, und sich im vermeintlichen Glanz der Sieger zu sonnen.[282] Und sie merken gar nicht, wie entsetzlich albern sie sich dabei geben.

Staatsanwälte sind hiervon übrigens nicht ausgenommen. Ausgerechnet zum 100. Geburtstag Leni RIEFENSTAHLS, der genialen Filmemacherin, leitete die Frankfurter Staatsanwaltschaft ein Ermittlungsverfahren wegen Verunglimpfung des Ansehens Verstorbener ein. Grundlage sei ein Strafantrag des Kölner Vereins ›Rom‹, so ein Sprecher der Staatsanwaltschaft. RIEFENSTAHL hatte behauptet, sie habe alle Zigeuner, die in dem Film *Tiefland* (1940–44) mitgewirkt haben, nach Kriegsende wiedergesehen. Dies sei eine »infame Lüge«, regte man sich im Verein auf. Vielmehr seien viele der Sinti und Roma im Konzentrationslager ermordet worden. Kommentar überflüssig.

Bleiben wir noch einen Augenblick beim Thema ›falsch verstandene Huldigung und Personenverehrung‹. Während das brave Stimmvieh mit Brot und Spielen ruhig gehalten wird, werden meist mit Steuergeldern ›Denkmäler‹, Ausstellungen und Kampagnen finanziert, die eimerweise Jauche über das eigene Volk gießen und die deutsche Geschichte verunglimpfen. So wurde beispielsweise eine Ausstellung zu Ehren des stalinistischen Propagandisten Ilja EHRENBURG im Deutsch-Russischen Museum Berlin-Karlshorst mit deutschen Steuergeldern finanziert. In einem Staat, wo seit Jahrzehnten bestehende Namen von Straßen, Plätzen und selbst Kasernen durch politisch korrekte ausgetauscht werden, kann dies für einen bolschewistischen Mordhetzer natürlich nicht anerkennend genug sein. So kokettieren Rostock mit einer ›Ilja Ehrenburg-Straße‹ und Berlin mit einem ›Café Ehrenburg‹. Für diejenigen, denen es entfallen sein sollte: EHRENBURG war der maßgebliche – heute würde man sagen – Volksverhetzer im Dienste STALINS, der die Sowjetsoldaten unter anderem mit Tagesparolen wie diesen zum Massenmord an unschuldigen deutschen Kindern und Frauen aufhetzte: »Die Deutschen sind keine Menschen! Zum ersten Mal stehen unserem Volk keine Menschen gegenüber, sondern bösartige, widerwärtige Kreaturen. Wenn Du im Laufe eines Tages nicht wenigstens einen Deutschen getötet hast, ist es für Dich ein verlorener Tag gewesen. ... Für uns gibt es nichts Lustigeres als deutsche Leichen. [...] die Deutschen sind wilde Bestien, Ungeheuer, Ferkel, Schweine, Stinktiere, Giftschlangen, grausame, tiefstehende Kreaturen, Menschenfresser, leichenfressende Dämone, gefährliche Ungeziefer, schreckliche Parasiten, Erreger von Geschlechtskrankheiten, tollwütige Wölfe, pestübertragende Ratten.«[283] Nur weil

EHRENBURG Jude war, muß sich noch kein Deutscher in Demut Straßennamen gefallen lassen, die ihn verhöhnen.

General Charles DE GAULLE, der spätere Staatspräsident Frankreichs, vertrat die Ansicht, daß man den Charakter einer Nation daran erkenne, wie sie nach einem verlorenen Krieg mit ihren Soldaten umgehe. Hier haben sich die Deutschen nach 1945 nicht mit Ruhm bekleckert. Ganz zu schweigen von der Art und Weise, in der sie mit ihren Toten umgehen. Hier kann über die Bundesdeutschen nur ein vernichtendes Urteil ausgesprochen werden – von einigen Gemeinden oder kleineren Orten mit volksnahen Bürgermeistern einmal abgesehen. Kriegsgräber werden geschändet und Denkmäler verfallen (gelassen), bis sie abgerissen werden müssen. Seit der volksverhetzenden Antiwehrmachtausstellung des Multimillionärs Jan Philipp REEMTSMA wagt es eine kleine, aber einflußreiche und lautstarke Minderheit, öffentlich die Geschichte zu entstellen und sich an unseren Toten und an dem Rest einer wehr- und inzwischen auch einflußlosen Erlebnisgeneration zu vergreifen – ein ungeheurer Vorgang, den es in keinem anderen Land der Welt gibt.

In diesem Zusammenhang ist auch ein Beitrag des einschlägig bekannten Journalisten Joachim KÄPPNER erwähnenswert. Für den ehemaligen Studenten an den Universitäten Bonn und Jerusalem »litt« (!) die Bundeswehr jahrzehntelang »unter dem Personal und den Denkweisen der Wehrmacht«. Diese Leidenszeit, so jubelt KÄPPNER, der selbst nie Soldat war, sei aber jetzt vorbei: »Nie zuvor ist eine wehrmachtsfreundliche Traditionspflege innerhalb der Bundeswehr und der Gesellschaft, sind Mythen und Halbwahrheiten, Lebenslügen und Anmaßungen so erfolgreich bekämpft worden wie in den neunziger Jahren – vor allem durch die Debatten um die Wehrmachtsausstellung.«[284]

Das ›mündige‹ Volk nimmt diese und alle anderen Schmähungen und Verunglimpfungen stumpfsinnig hin – sofern es diese Beleidigungen überhaupt noch als solche erkennt, was bezweifelt werden darf. Die Diffamierung und Verhöhnung der deutschen Soldaten beider Weltkriege (ja zwischenzeitlich sogar der Angehörigen der Kaiserlichen Schutztruppe[285]) nicht etwa durch Angehörige der ehemaligen Feindstaaten – die bezeichnenderweise oftmals in Ehrfurcht und mit Bewunderung über die deutschen Soldaten sprechen –, sondern durch Angehörige der eigenen Nation dürfte in der Weltgeschichte das Ausnahmebeispiel für nationale Feigheit und Verkommenheit schlechthin sein. Es wundert freilich kaum, daß dies nur in der Berliner Republik geschehen konnte.

Das krankhafte Verhältnis zur eigenen Geschichte einerseits und anderen Völkern andererseits hat längst alle gesellschaftlichen Kreise und Berufsgruppen erreicht. Es ist gewissermaßen bundesdeutsch, so zu sein. Daß sich die Betroffenen der Armseligkeit und Widersprüchlichkeit ihrer Äußerungen und Handlungen nicht einmal mehr bewußt sind, belegt sehr anschaulich das folgende Beispiel eines bundesdeutschen Rektors an einer von der Berliner Republik bezuschußten Auslandsschule in Südafrika.

Hierzu vorab folgende Information: Heute leben in Südafrika etwa 1,5 Millionen deutschstämmige Südafrikaner, von denen immerhin noch etwa eine Viertelmillion Deutsch als ihre Muttersprache pflegen. Eine weitere halbe Million spricht Deutsch als Fremdsprache. Hinzu kommen einige Zehntausende Zeitarbeitnehmer aus der Bundesrepublik Deutschland, Österreich, der Schweiz, Luxemburg und anderen Ländern, in denen man Deutsch als Muttersprache spricht. Daß es viele Privatschulen gibt, an denen Deutsch unterrichtet wird, ist verständlich. So weit, so gut. Es kommt an diesen Schulen notgedrungen zu vielen Berührungspunkten zwischen der eingesessenen deutschen Bevölkerung und den bundesdeutschen Zugereisten und Zeitarbeitnehmern, die sich oftmals als ›Entwicklungshelfer‹ aufspielen. Gerade die immer nur für wenige Jahre in Südafrika lebenden Bundesdeutschen üben in den Städten großen Einfluß in fast allen Gremien der dortigen deutschen Gemeinschaft aus. Im Vergleich zu ihrer Quantität sitzen sie meist überrepräsentiert in den Vorständen – wo sie selbstredend ihren politisch korrekten Einfluß ausüben, der nicht unbedingt im Einvernehmen mit der einheimischen deutschen Bevölkerung steht.

Konkret zu unserem Beispiel: Dem Jahresbericht 2001 des – bundesdeutschen – Schulleiters Andreas Uhlig ist zu entnehmen, daß »unsere Holocaust-Gedenkfeier mit großer Ausstellung im Foyer« eine »ganz ergreifende Veranstaltung« gewesen sei. Bei dieser Gelegenheit hielt der offizielle Vertreter der jüdischen Gemeinschaft in Südafrika, der Präsident des ›Pretoria Council of the South African Jewish Board of Deputies‹ (zu deutsch etwa: Rat des Südafrikanischen Jüdischen Vorstandes der Abgeordneten in Pretoria) eine Rede. Dagegen ist noch nichts einzuwenden, sofern eine gewisse Ausgewogenheit gewahrt geblieben wäre. Um diese herzustellen, richtete der Autor dieser Zeilen am 20. März 2001 folgenden Brief an Rektor Uhlig:

»[E]s ist begrüßenswert, daß den Schülern an der Deutschen Schule Pretoria deutsche Geschichte näher gebracht wird. Auch außerhalb des regulären Stundenplanes – so zu Beginn des Schulhalbjahres geschehen, beispielsweise mit dem Vortrag eines Repräsentanten des ›SA Jewish Board of Deputies‹ sowie dem Zeigen eines Videos zur Judenverfolgung während des Dritten Reiches.

Ganz abgesehen davon, daß die deutsche Geschichte aus mehr als nur 12 Jahren besteht (nebenbei: Auch die Geschichte des Dritten Reiches beschränkt sich natürlich keineswegs nur auf Rassenpolitik) und nach den Worten von Bundeskanzler a. D. Helmut SCHMIDT kein Verbrecheralbum ist, halte ich es als promovierter Geisteswissenschaftler für eine umfassende Erziehung der Kinder für unumgänglich, möglichst alle Aspekte der jüngsten deutschen Vergangenheit in den Unterricht – auch in den außerstundenplanmäßigen – einzubeziehen. Verweigerte man sich dieser eigentlich selbstverständlichen Voraussetzung zur sachlichen Meinungsbildung, würde das Gegenteil von dem erreicht werden, was eigentlich beabsichtigt war. Martin WALSER beispielsweise hat auf diesen Effekt vielfach hingewiesen. Während seiner Dankesrede anläßlich der Verleihung des Friedenspreises des Deutschen Buchhandels 1998 meinte er u. a.: ›Kein ernst zu nehmender Mensch leugnet Auschwitz, kein noch zurechnungsfähiger Mensch deutelt an der Grauenhaftigkeit von Auschwitz herum; wenn mir aber jeden Tag in den Medien diese Vergangenheit vorgehalten wird, merke ich, daß sich in mir etwas gegen diese Dauerpräsentation unserer Schande wehrt. Anstatt dankbar zu sein für die unaufhörliche Präsentation unserer Schande, fange ich an wegzuschauen.‹ In dieselbe Kerbe schlug jüngst auch die siebzehnjährige Tochter des Herrn Bundespräsidenten. Anna RAU meinte gegenüber der Zeitschrift *Max* (Nr. 4/2001): ›Der Zweite Weltkrieg nervt mich extrem. Immer wieder dasselbe. Man fängt an mit HITLER und dem rosa Kaninchen, dann kommt Anne FRANK und *Die Welle*, dann schaut man *Schindlers Liste* am Wandertag. Im Konfirmanden-Unterricht nimmt man den Holocaust durch und in Geschichte sowieso. Man könnte fast sagen, man spricht in allen Fächern darüber. Da stumpft man irgendwie ab. Es ist einfach zu viel.‹

Um sich nicht dem Verdacht der Einseitigkeit oder gar der Indoktrination auszusetzen, müssen eben auch andere historische Aspekte vorgebracht werden. Es ist deshalb notwendig, die Schüler beispielsweise auch über die Verbrechen der Alliierten und ihrer Verbündeten nach Unterzeichnung der Kapitulation ausführlich aufzuklären. Diesbezüglich sei hier lediglich an den millionenfachen Mord an Flüchtlingen und Heimatvertriebenen oder die unzähligen Verschleppungen zu jahrelanger Zwangsarbeit erinnert.

Da ich freilich um die finanzielle Not der Deutschen Schule Pretoria weiß und in den Rundbriefen immer wieder Aufrufe zur Hilfe und zum persönlichen Engagement lese, erkläre ich mich hiermit bereit, unentgeltlich eine entsprechende Vorlesung vor den Schülern der Klassen 10 bis 13 zu halten und mich – ähnlich wie dies auch der o. g. Interessenvertreter versuchte – den Fragen der Schüler zu stellen.«

Die Antwort des Herrn Uhlig belegte glasklar unsere bisher erarbeiteten Ergebnisse. Auf die vorgebrachten Argumente ging der Berufspädagoge selbstverständlich nicht ein. Statt dessen wischte er das ehrlich gemeinte Angebot mit einem Satz vom Tisch und ergoß sich im Hauptteil seines Antwortbriefes in einer für bundesdeutsche Verhältnisse typischen Geisteshaltung:

»Ihrem Wunsch, in unserer Schule einen Vortrag über die ›Gräueltaten der Alliierten‹ zu halten, können wir leider nicht nachkommen. Gegen einen Vortrag Ihrerseits sprechen mehrere Gründe.

1. Als Leiter der Deutschen Schule Pretoria bin ich verpflichtet, mich ›zur freiheitlichen demokratischen Grundordnung im Sinne des Grundgesetzes für die Bundesrepublik Deutschland‹ (Verpflichtungs und Zuwendungsbescheid) zu bekennen. Diese Verpflichtung halte ich – nicht zuletzt als Beamter des Landes Baden Württemberg – für eine Selbstverständlichkeit. Zudem habe ich mich verpflichtet, das ›Ansehen der Bundesrepublik Deutschland [...] zu wahren‹. Da Sie eben diese Bundesrepublik Deutschland in Ihrem Interview mit dem *Südafrika Deutschen* als ›antifaschistischen Gesinnungsstaat‹ und ›totalitär‹ diffamieren, zudem behaupten, dass die Meinungsfreiheit in der Bundesrepublik nicht mehr existiere, ja dass die Bundesrepublik nicht einmal freiheitlich und pluralistisch sei, halte ich einen Vortrag in der Deutschen Schule Pretoria für keinesfalls vertretbar, da zu befürchten ist, dass dieser den Grundsätzen der verfassungsmäßigen Ordnung der Bundesrepublik nicht entspricht.

2. Dass Sie gerade Rechtskonservative wie Rainer Zitelmann als maßgeblich zitieren, andererseits renommierte deutsche Historiker wie Hans Mommsen als ›linientreu‹ abkanzeln, zudem auf Ihrer Homepage auf den zurecht wegen seiner den Holocaust leugnenden Positionen rechtskräftig verurteilten ›Pseudo Historiker‹ (*Süddeutsche Zeitung*, 18. 10. 2000) David Irving verweisen, den sie noch dazu verharmlosend als ›international renommiert angesehene[n] britischen Historiker‹ bezeichnen, lässt einen Vortrag vor diesem rechten Hintergrund kaum angeraten erscheinen. Auch

der *Spiegel* (7. August 2000) bezeichnet Sie als ›rechtsextremen Publizisten‹ und als ›Vordenker der Szene‹, was Sie scheinbar nicht ohne Zufriedenheit in Ihrer Biographie zitieren.

3. Schließlich ist insbesondere das geplante Thema Ihres Vortrags unangemessen. Wie der für das bedeutende Institut für Zeitgeschichte arbeitende Historiker Hermann WEISS formuliert, geht ›das Vergleichen (und damit das Bagatellisieren) der Judenvernichtung mit Kriegsrechtsverletzungen der Alliierten von ungleichen Voraussetzungen aus‹ (in *Legenden, Lügen, Vorurteile,* hg. von Wolfgang BENZ, S. 16), und damit ist – wie er schon zuvor feststellt – das ›Aufrechnen bei dem Versuch, die Untaten Einzelner, aber auch von Gruppen [...] mit staatlich befohlenen Verbrechen zu vergleichen‹, absolut unzulässig, somit schon allein der Vorschlag einen Vortrag zum oben genannten Thema als Reaktion auf den Vortrag vom Januar zu halten, völlig unangemessen.

4. Auch Ihre kritischen Positionen gegenüber dem Christentum, die sich scheinbar in einem Hang zu ›Atheismus und germanischer Ideologie‹ äußern, können wir als Schule, die sich in ihrer Schulordnung verpflichtet, ›christliche Werte und ethische Normen zu respektieren‹ (S. 2), keinesfalls teilen.

Ich halte es insofern für unangemessen, dass Sie im Rahmen einer pädagogischen Einrichtung wie der Deutschen Schule einen Vortrag zu diesem Thema hielten. Allerdings sehe ich in dieser Ablehnung keinesfalls die Aufhebung der Meinungsfreiheit, sondern im Gegenteil den Schutz der mir anvertrauten Kinder vor unausgewogener Geschichtsdarstellung.«

Gibt es einen schöneren Beleg für die geistige Armseligkeit unserer Zeit? Eine wissenschaftliche Veranstaltung zum Thema Vertreibung und Verschleppung deutscher Menschen lehnt dieser bundesdeutsche Berufspädagoge unter anderem mit der Begründung ab, daß ein solches Thema »unangemessen« sei, da dies einem »Vergleichen (und damit Bagatellisieren) der Judenvernichtung mit Kriegsrechtsverletzungen der Alliierten« gleichkäme.

Bezeichnenderweise stützt sich UHLIG unter anderem auf den linkslastigen Mitarbeiter des einschlägigen Instituts für Zeitgeschichte, Wolfgang BENZ. In dem von UHLIG zitierten Buch dieses ›Faschismusforschers‹ heißt es im bekannten Jargon unter anderem weiter: »Zum Arsenal rechtsradikaler Propaganda gehört die Behauptung, die Alliierten hätten die These von der Kollektivschuld aller Deutschen an den Verbrechen des Hitlerregimes propagiert und darauf gestützt die Bestrafung und Umerziehung der Deutschen [...] betrieben [...] Die Mühe ist auch deshalb vergeblich, weil die These einer Kollektivschuld der Deutschen niemals Bestandteil der alliierten Politik gegenüber Deutschland gewesen ist oder zur Begründung dieser Politik nach 1945 herangezogen wurde.«[286]

Den sich anbietenden Vortragenden ›*outet*‹ UHLIG als politisch nicht Korrekten, ja als ›Rechtsextremisten‹, wobei seine diesbezügliche Erkenntnis auf Mutmaßungen und Falschdarstellungen beruht. Er betrachtet die Verweigerung eines solchen Vortrages ausdrücklich als »Schutz« der ihm »anvertrauten Kinder vor unausgewogener Geschichtsdarstellung« (sic!). UHLIGS Brief, der nur so vor Ungereimtheiten, Unterstellungen und Halbwahrheiten strotzt, konnte logischerweise nicht unbeantwortet bleiben. Am 8. Mai 2001 erhielt der Herr Rektor deshalb folgende Richtigstellung:

»Zu Ihrem Schreiben, in dem Sie sich nicht nur in der Wortwahl vergriffen haben, sondern auch Unwahrheiten als Tatsachen darstellen, möchten Sie zur Kenntnis nehmen, daß ich die BRD nie als ›antifaschistischen Gesinnungsstaat‹ und als ›totalitär‹ ›diffamiert‹ habe.

Ich hätte von Ihnen erwartet, daß Sie doch den Anstand besäßen, korrekt zu zitieren. Dies ist jedoch mitnichten der Fall. Deshalb zu Ihrer freundlichen Kenntnisnahme:

Erstens, ursprünglich hatte Prof. Dr. Klaus HORNUNG die BRD als ›antifaschistischen Gesinnungsstaat‹ bezeichnet und seinen Vorwurf auch nachvollziehbar belegt. Ich hatte mir in besagtem Interview erlaubt, Prof. HORNUNG zu zitieren.

Zweitens haben Sie meinen Totalitarismusvorwurf und dessen Begründung, die Sie selbstredend verschwiegen haben, aus dem Sinnzusammenhang gerissen. Mein Vorwurf bezog sich lediglich und ausschließlich auf die praktizierte Meinungsfreiheit in der BRD. Davon abgesehen, gehe ich mit meiner Aussage konform mit den Ergebnissen u. a. meiner Kollegen Prof. Dr. Erwin SCHEUCH, Prof. Dr. Hans-Helmuth KNÜTTER, Prof. Dr. Hans Herbert VON ARNIM oder auch mit den Enthüllungen des Redakteurs Udo ULFKOTTE.

Ich habe mit größtem Interesse zur Kenntnis genommen, daß Sie keinen Bedarf sehen, die Ihnen ›anvertrauten Kinder‹ über alliierte Verbrechen am deutschen Volk zu informieren – und sich dabei gleichzeitig der Illusion hingeben, einen ausgewogenen Geschichtsunterricht an der Schule zu gewährleisten. Hierbei geht es, und das möchte ich hervorheben, nicht darum, daß Sie *mir* die Möglichkeit verwehren, zu besagtem Thema zu referieren, sondern *überhaupt* ein Referat zu diesem wesentlichen Aspekt der deutschen Geschichte ablehnen.

Sie haben sich mit Ihren Äußerungen und Unterstellungen nicht nur persönlich, sondern – als erstem Repräsentanten der ›Deutschen Schule Pretoria‹ – auch dieser Institution ein Armutszeugnis ausgestellt.«

Soviel zur Auseinandersetzung über ›ausgewogene Geschichtsdarstellung‹ an dieser Schule. Wir haben oben bereits festgestellt, daß das Verhältnis zwischen den einheimischen Deutschen und den zugereisten Bundesdeutschen nicht gerade als harmonisch bezeichnet werden kann. Um die unterschiedliche Sichtweise dieser Gruppen darzustellen, bietet sich erneut besagte Schule bzw. deren Rektor an. Zu heftiger Kritik an Schulleiter UHLIG kam es im März 2002 während der Jahreshauptversammlung des Deutschen Schulvereins, als über Äußerungen diskutiert wurde, die er 2001 zwei Tageszeitungen in Baden-Württemberg gegenüber gemacht hatte. Bereits im Vorfeld der Versammlung sah sich UHLIG gezwungen, in seinem Jahresbericht einzuräumen: »Leider erlitt das Verhältnis zwischen mir und der Schulgemeinde einen großen Dämpfer durch einen Zeitungsartikel in der *Ulmer Presse*. In diesem Artikel werden mir Äußerungen unterstellt, die ich nicht gemacht habe.«

Welche Äußerungen sollten dies gewesen sein? Daß es für ihn eine »faszinierende Aufgabe« sei, eine Schule zu leiten, die von 180 schwarzen Schülern besucht würde? Daß eine integrierte Begegnungsschule »im Geiste ADENAUERS und Charles DE GAULLES« (und Nelson MANDELAS) stehe? Die Erklärung, daß südafrikanische Eltern »zum Teil sehr konservativ« eingestellt seien und man sie »überzeugen« müsse, »daß Zusammenarbeit Vorteile« habe? Diese vom Herrn Rektor gemachten Äußerungen mögen zwar nicht von geistiger Schärfe zeugen, aber einen Affront stellen sie deshalb natürlich noch nicht dar.

Um so fragwürdiger ist aber UHLIGS Versuch, den von ihm verbreiteten Mumpitz auf den Journalisten abzuwälzen: »Die Äußerungen des Reporters beruhen wohl auf seinen eigenen Vorstellungen, die er auf einer Reise durch das südliche Afrika erworben hat. Ich bedaure dies zutiefst, doch das ist nicht der erste Fall, in dem journalistische Freiheiten zu großen Mißstimmungen führten.« Wohl wahr.

Weniger wahr dürften die Gewissensbisse des Herrn UHLIG gewesen sein. Immerhin hatte er einen zweiten, wesentlich widerlicheren Artikel in der *Südwest Presse* (Ulm) unter der bezeichnenden Überschrift »Waffengewalt und Deutschtümelei« veröffentlicht –

und diesen auf der Jahreshauptversammlung geflissentlich verschwiegen. In diesem von einer Magdi ABOUL-KHEIR verfaßten Artikel wird UHLIG unter anderem zitiert, daß die Deutschen (in Südafrika bzw. Pretoria) eine »enorm heterogene Gruppe« seien. »Da wären«, so weiß der Rektor weiter, »zum einen die Familien, die vor mehr als einem Jahrhundert aus Deutschland ausgewandert sind und dem Weltbild jener Zeit anhängen. ›Deutschtümler‹, sagt UHLIG. ›Gestrige‹.« Eine ebenso arrogante wie üble Nachrede, die durch die pauschalisierende Behauptung noch verstärkt wird, die »Deutschtümelnden« würden die schwarzen Schüler ablehnen und sich offen rassistisch äußern. In welcher Welt lebt dieser Pädagoge eigentlich? Auch wenn er sich während der Sitzung von diesen verunglimpfenden Äußerungen formell distanziert haben mag, so besteht doch kein Zweifel daran, wessen Geistes Kind der Herr Schulleiter ist.

Anfang 2003 kehrte UHLIG in seine baden-württembergische Heimat zurück und beglückt dort seither auf einem Gymnasium die Schüler mit seinem beeindruckenden Wissen und seiner Zivilcourage. Zum ›Tag der Deutschen Auslandsschulen‹ gab der Hauptgeschäftsführer des *Deutschen Industrie- und Handelstages* (DIHT) Franz SCHOSER Mitte März 2001 eine Stellungnahme ab, in der er auf die Leistungen dieser Schulen für das Ansehen Deutschlands in der Welt und für die deutsche Wirtschaft aufmerksam zu machen gedachte. Ziel müsse es sein, »die deutschen Schulen auf dem internationalen Bildungsmarkt wettbewerbsfähig zu halten. Sie sind eine kulturelle Verbindung zu Deutschland, sie tragen durch ihre erfolgreiche Arbeit in ihren Ländern zum Ansehen Deutschlands bei und sind auch für die deutsche Wirtschaft eine unentbehrliche Hilfe zum Ausbau ihrer Geschäftsbeziehungen und Standorte weltweit.« Noch Fragen?

Kleiner untermalender Nachtrag: Anläßlich des Besuches von Johannes RAU in Südafrika 2002 wurde der Bundespräsident vom Schriftleiter des in Pretoria erscheinenden Wochenblattes *Der Südafrika-Deutsche* schriftlich wie mündlich gebeten, die herabwürdigende Behandlung von in Südafrika lebenden, einheimischen Deutschen zu verurteilen. Bruder Johannes sah zu diesem Schritt keinen Handlungsbedarf, denn eine Stellungnahme aus dem Bundespräsidialamt blieb trotz mehrfacher Nachfrage aus. Sollte RAUS Ignoranz mit dessen langjähriger Ehrenmitgliedschaft im ANC zu tun haben?

Der häßliche Deutsche

Norwegens Königstochter heiratet einen Deutschenhasser, mußte *Focus Online* am 23. Mai 2002 zugeben, nachdem der Bräutigam dazu aufgerufen hatte: »Laßt uns auf die Deutschen pissen.« Der künftige Göttergatte von Prinzessin MÄRTHA LOUISE habe in der norwegischen Internetzeitung *femme.no* »übelst abgelästert«. Tatsächlich bekannte Ari BEHN, das Herzblatt der jungen norwegischen Monarchin: »Ich scheiße auf alle Deutsche, sie sind schlechte Menschen und zu nichts anderem zu gebrauchen als zum Fußballspielen. Ich weiß auch, daß sie gut sind, Kriege anzufangen.« Nun kann die Stellungnahme des Herrn BEHN gewiß nicht als repräsentative Meinung des norwegischen Volkes gelten, erst recht nicht für die Reputation der Deutschen in der Welt. Immerhin ist die Bundesregierung, gleich, von welcher Partei oder Koalition sie gerade gestellt wird, immer besorgt und bemüht um das Ansehen Deutschlands im Ausland. Immer war die bundesdeutsche politische Klasse darauf bedacht, vom Ruf, den Deutsche seit historischen Zeiten genießen, loszukommen.

Die Strategie der SED war es besonders in den frühen sechziger Jahren, die Bundesrepublik Deutschland als ›Nazistaat‹ zu brandmarken. Um Westdeutschland zu destabilisieren, war der Stasi kein Schmutzkübel zu dreckig, keine Gemeinheit zu schäbig. Ab Ende der fünfziger Jahre unterwanderte sie systematisch ›neonazistische Organisationen‹, um sie zu antisemitischen Aktionen zu ermuntern. So schmierten nicht etwa genuine Judenhasser Ende der fünfziger und Anfang der sechziger Jahre Synagogen und jüdische Friedhöfe mit Hakenkreuzen voll, sondern oftmals Agenten der Stasi, wie Hubertus KNABE in seinem Buch *Die unterwanderte Republik*[287] eindrucksvoll beschreibt. Auch Andreas VON BÜLOW stellt fest, daß bis heute Hakenkreuzschmierereien, zum Beispiel auf jüdischen Friedhöfen, gewissermaßen auf Bestellung zu bekommen seien.[288]

Um das Ansehen Deutschlands in der Welt zu fördern, setzt man in der Berliner Republik vor allem auf zwei Komponenten: auf die Integration von Ausländern in Deutschland und die Unterstützung von unterschiedlichen Projekten im Ausland sowie auf den Kampf gegen den ›Rechtsextremismus‹, der als Quell der politischen Gewalt in diesem Lande gilt – was auf den ersten Blick verwundert, denn die in der Regel friedlichen Demonstrationen der patriotischen Opposition oder des nationalen Widerstandes dürften international weit weniger Aufsehen erregen als die gewalttätigen Ausschreitungen antifaschistischer Chaoten.

So schädigten nach Ansicht von Bundesinnenminister Otto SCHILY (SPD) beispielsweise die Mai-Krawalle in Berlin und Hamburg das Ansehen Deutschlands in der Welt. Mit Hinweis auf die während und nach antifaschistischen Krawallen üblicherweise zu beklagenden verletzten Polizisten sowie die erheblichen Sachbeschädigungen bekannte SCHILY: »Das ist für das Ansehen unseres Landes wahrlich nicht erfreulich.«[289] Nett gesagt. Ganz offensichtlich ist man hierzulande aber der Meinung, daß nationale Demonstranten – auch wenn sie sich bisweilen martialisch kleiden mögen – dem Ansehen des Staates mehr schaden, obwohl es sich mittlerweile herumgesprochen haben sollte, daß Aufmärsche und Kundgebungen von patriotischen oder nationalistischen Organisationen in der Regel friedlich und diszipliniert über die Bühne gehen. Gewalttätige Aktionen gehen mit ebenso festzustellender Regelmäßigkeit von antifaschistischen, antirassistischen, antisexistischen usw. ›Gegendemonstranten‹ aus.

Angesichts dieser Tatsache ist also der Gewaltaspekt wohl kaum wirklich der entscheidende Faktor, von dem es abhängt, ob eine politische Aktion dem Ansehen Deutschlands im Ausland schadet oder nicht. Schenkt man amtlichen Angaben Glauben, so haben sich 2000 »rechtsextremistische, fremdenfeindliche und antisemitische Straftaten« gegenüber 1999 um 60 Prozent gesteigert – auf eine Rekordhöhe von genau 15 951 Straftaten. ›Rechtsextremistische‹ Gewaltdelikte wurden von den Verfassungsschutzbehörden mit 998 angegeben, was einer Steigerung von 34 Prozent entsprach. Von den meisten – ansonsten doch so zweifelnden und überkritischen – Medien wurde darauf verzichtet, die angegebenen Zahlen zu überprüfen und ihr Zustandekommen zu analysieren. Wir wollen versuchen, dieses Versäumnis nachzuholen.

Seit Anfang der neunziger Jahre weist die Kriminalitätsstatistik für die Bundesrepublik Deutschland kontinuierlich rund 180 000 Gewaltverbrechen pro Jahr aus.[290] Etwa 0,5 Prozent dieser Taten werden von sogenannten ›Rechtsextremisten‹ begangen – ein Prozentsatz, der unter kriminologischen Gesichtspunkten wohl kaum die Aufmerksamkeit der Medien rechtfertigt. Parallel hierzu liegt die Beteiligung von Ausländern an der Gewaltkriminalität um ein Vielfaches höher, ohne daß die meinungsmachenden Medien je auf die Idee kämen, diese kriminalistisch bedeutsame Tatsache an die Spitze der Nachrichtenmeldungen zu rücken oder in Begleitkommentaren gar zu dramatisieren. Der Anstieg ›linksextremer‹ Straftaten (3173 Fälle im Jahre 2001) wird überhaupt nicht oder nur noch am Rande erwähnt. Zudem ist es üblich geworden,

Schulhof- und Wirtshausraufereien, wie es sie zu allen Zeiten gegeben hat, aufzubauschen und in der Bewertung zu politisieren. Kloppen sich deutsche mit ausländischen Schülern oder umgekehrt, wird diese Rauferei aller Wahrscheinlichkeit nach als ›ausländerfeindlich‹ interpretiert. Mit an Sicherheit grenzender Wahrscheinlichkeit wird sie aber nicht in die Statistik über die Ausländerkriminalität einfließen, selbst wenn die Schlägerei von den Ausländern ausgegangen sein sollte.

Beim Vergleich von ›linken‹ und ›rechten‹ Straftaten wird ein entscheidender Gesichtspunkt regelmäßig außer acht gelassen: Gegen sogenannte Rechtsextremisten gibt es Sondergesetze, die auf der anderen Seite des politischen Spektrums keine Anwendung finden. Die *Frankfurter Allgemeine Zeitung* hat wenigstens darauf hingewiesen, daß 85 Prozent (!) der ›rechtsextremistischen Straftaten‹ reine Meinungs- und Propagandadelikte sind. In meinem Buch *Sind Gedanken noch frei?* sind Dutzende dieser Fälle dokumentiert, so daß es an dieser Stelle unnötig ist, hierauf weiter einzugehen. Es seien zur Hilfestellung lediglich einige bekannte Namen stichpunktartig ins Gedächtnis gerufen, die gerade unter die Rubrik ›rechtsextremistische Straftaten bzw. Straftäter‹ fallen: Rechtsanwalt Dr. Wilhelm STÄGLICH, der Diplom-Politologe Udo WALENDY, der Leiter des australischen Adelaide Instituts Dr. Friedrich TÖBEN, Dipl.-Chem. Germar RUDOLF, Rechtsanwalt Manfred RÖDER, Oberstudienrat Günther DECKERT, der Verleger Wigbert GRABERT und die bereits geschilderte Verurteilung des Gymnasiallehrers Hans-Jürgen WITZSCH – die allesamt, und es kann nicht oft genug wiederholt werden, nicht wegen genuiner Straftaten wie Gewaltdelikte, sondern wegen Gedankenverbrechen, also Meinungsäußerungen, zu sehr hohen Geld- oder sogar langjährigen Haftstrafen verurteilt wurden.

Solche ›Straftaten‹, die nichts anderes als Verstöße gegen Denkvorgaben und Tabuvorschriften sind, mehren sich hierzulande mit rasanter Geschwindigkeit, weil die hiesige Justiz immer häufiger zur Durchsetzung historischer Deutungsmuster und politischer Meinungen mißbraucht wird. Im Unterschied zu den meisten Staaten, die sich der ›freien‹ Welt zugehörig fühlen, werden in der Bundesrepublik Deutschland Meinungsäußerungen bestraft. Es ist dementsprechend also kein Wunder, daß die Zahl der begangenen ›Straftaten‹ steigt. Die rigorose und einseitige Strafverfolgung gilt auch bezüglich Zeichen und Symbole. Hakenkreuzmaler werden aus politischen Gründen, und nicht etwa wegen Sachbeschädigung oder Umweltverschmutzung bestraft. Wer dagegen beispielsweise Hammer und Sichel auf öffentliche Gebäude schmiert, hat nichts zu befürchten. Oder anders ausgedrückt: »Deutschland erwache!« wird mit Freiheitsentzug bestraft, »Deutschland verrecke!« nicht.

Künstlich hochgetrieben wird die Zahl ›rechtsextremer‹ Straftaten zusätzlich dadurch, daß auch das Zeigen ›NS-ähnlicher‹ Symbole unter Strafe steht. Dieser beliebig dehnbare Gummiparagraph stempelt Bürger, meist junge Menschen, die sich ahnungslos beispielsweise mit Stoffdreiecken oder Runenkettchen schmücken, willkürlich zu Politkriminellen.

Und noch ein weiteres Kriterium darf nicht unbeachtet bleiben: In der Kriminalitätsstatistik werden die Ermittlungsverfahren gezählt, nicht die rechtskräftigen Endurteile der Gerichte. Das mag bei gewöhnlichen Verbrechen gleichwohl aussagekräftig sein. Doch wo politische Bewertungskriterien ins Spiel kommen, wird es schwierig. Hakenkreuze werden gemeinhin als »neonazistisch« eingestuft – doch genausogut können sie gedankenlos von einem Schüler in der Toilette oder von Antifaschisten, die mit jenem Symbol politisch Andersdenkende diffamieren wollen, gekritzelt werden. Wem wird das in der Statistik zugerechnet?[291] Diese Frage dürfte sich zwischenzeitlich wohl selbst beantworten.

Wie selbst vom Verfassungsschutz eingeräumt, seien »rechtsextremistisch motivierte Gewalttaten« meist der gewaltbereiten Skinheadszene zuzurechnen. »Rechtsextremistisch motivierte Gewalttäter sind überwiegend nicht in politischen Gruppen oder Parteien organisiert. Eine überregionale Steuerung durch rechtsextremistische Organisationen konnte in keinem Fall festgestellt werden.«[292] Terroristische Strukturen seien nicht bekannt. »In Deutschland existiert keine rechtsextremistische Terrorgruppe im Sinne einer ›Braunen Armee Fraktion‹. Zum Aufbau einer derartigen klassischen Terrorgruppe im Sinne von §129a StGB verfügt die rechtsextremistische Szene weder über die erforderliche Logistik und die finanziellen Mittel noch über qualifizierte Führungspersonen und eine genügend stark entwickelte Unterstützerszene. Es fehlt an der Entschlossenheit und Bereitschaft einzelner Rechtsextremisten, bewußt, planvoll und zielgerichtet den Schritt in die Illegalität zu wagen und aus dieser heraus regelmäßig schwerste Straftaten, insbesondere gegen Leib und Leben politischer Gegner zu begehen.«[203]

Und warum wird den ›rechten‹ Straftaten dann eine – proportional gesehen – wesentlich höhere Aufmerksamkeit geschenkt als denjenigen Straftaten, die in ihrem Ausmaß und ihren Folgeschäden ungleich gewaltiger sind? Gerade vor diesem Hintergrund, daß die Zahl der ›rechtsextremen‹ Straftaten 2001 im Vergleich zu 2000 um 42% zurückgegangen ist und die in der Presse als von ›Rechtsextremisten‹ begangenen Terroranschläge eben nicht von ›Rechtsextremisten‹, sondern von Arabern durchgeführt wurden, der Handgranatenanschlag in Düsseldorf Ende Juli 2000 nicht aufgeklärt werden konnte und die Polizei eben keinen Anhaltspunkt für ›rechtsextreme‹ Attentäter fand, macht sich Helmut MATTHIAS, Schriftleiter der evangelischen Zeitschrift *ideaSpektrum*, Gedanken darüber, warum »trotz allem mit den ›Kampagnen gegen rechts‹ [als ob »rechts« gleich »rechtsextrem« wäre! C.N.] weiter fortgefahren« wird, »während gleichzeitig Linksextreme [so die Bezeichnung im Verfassungsschutzbericht für die PDS] eine Position nach der anderen erobern?«[294]

Im Jahre 2000 wurden, wie bereits erwähnt, 15 951 »Straftaten mit erwiesenem oder zu vermutendem rechtsextremistischen Hintergrund« erfaßt, wobei sich diese vor allem in 998 Gewalttaten und 13 873 Propagandadelikte (›Volksverhetzung‹, Verbreiten von Propagandamitteln und Verwenden von Kennzeichen verfassungswidriger Organisationen) aufteilen. Bei den übrigen 1080 Straftaten handelt es sich um Sachbeschädigungen, Nötigung und Schändung jüdischer Friedhöfe. Die Gedankenverbrechen einmal abgezogen, ergeben sich faktisch also 2078 Straftaten.[295] Nicht klar ist, wie viele von diesen auf einen tatsächlichen ›rechtsextremistischen‹ Delinquenten zurückzuführen sind. Angesichts der Tatsache, daß jedes auf einen jüdischen Grabstein gesprühte oder jedes in Schultoiletten gekritzelte Hakenkreuz wie selbstverständlich auf das Konto von ›Rechtsextremisten‹ geht, Straftaten wie Körperverletzung (zum Beispiel in Wangen von Mädchen eingeritzte Hakenkreuze) oder gar Mord (zum Beispiel der Ertrinkungstod des kleinen Joseph) aber nicht aus den Statistiken gestrichen werden, wenn es sich herausstellt, daß diese Taten nicht auf ›Rechtsextremisten‹ zurückgeführt werden können, dann wird unsere Vermutung erhärtet, daß die Statistiken über ›rechtextreme Gewalt‹ getürkt sind und die Hysterie über diese vermeintliche Gewalt manipuliert ist.

Dagegen stieg die »Gesamtzahl der Gewalttaten mit erwiesenem oder zu vermutendem linksextremistischen Hintergrund« im Vergleich zum Vorjahr »nicht unerheblich an. Konspirativ vorbereitete und durchgeführte Brandanschläge sowie die erneut hohe Anzahl von Körperverletzungen und Landfriedensbrüchen weisen deutlich auf das unverändert große Gewaltpotential von Linksextremisten hin.«[296] In der Tat. Unter den 3173 erfaßten Straftaten finden sich keine Propagandadelikte – Delikte, die immerhin zwei Drittel der ›rechtsextremen‹ Straftaten ausmachen. Auch die sich für ›Rechtsextremisten‹ gewaltig niederschlagende Strafverfolgung wegen ›Volksverhetzung‹ fehlt bei den ›Linksextremisten‹. Dementsprechend handelt es sich bei den »Gewalttaten mit erwiesenem oder zu vermutendem linksextremistischen Hintergrund« tatsächlich um solche: Neben Landfriedensbruch und Körperverletzungen sind dies versuchte Tötungsdelikte, Brandstiftungen und Sachbeschädigungen (»mit Millionenschäden«), Sprengstoffexplosionen, gefährliche Eingriffe in Bahn-, Luft-, Schiffs- und Straßenverkehr, Widerstandsdelikte, Nötigung und andere Straftaten.[297]

Im Jahre 2000 wurden von ausländischen ›Extremisten‹ 791 Straftaten, davon 114 Gewalttaten erfaßt, was im Vergleich zu 1999 einem Rückgang von 70% entspricht. Daraus jedoch voreilig schlußfolgern zu wollen, daß das Gewaltpotential von Mitgliedern in »extremistischen Ausländerorganisationen« bezeichnend gefallen sei, dürfte angesichts des neu eingeführten Staatsangehörigkeitsgesetzes, dem zufolge eingebürgerte Ausländer als Deutsche gelten, ein Trugschluß sein. Auch bei den von ausländischen ›Extremisten‹ erfaßten Straftaten fallen Propagandadelikte und ›Volksverhetzung‹ nicht ins Gewicht. Folglich ähneln die von ›extremistischen‹ Ausländern begangenen Straftaten sehr denen der ›Linksextremisten‹: Tötungsdelikte, versuchte Tötungsdelikte, Körperverletzungen, Brandstiftungen, Landfriedensbruch, Freiheitsberaubung, Raub/Erpressungen, Sachbeschädigungen, Nötigung und andere Straftaten.[298]

Im Gegensatz zur nationalen Szene, die Gewaltanwendung zur Erreichung politischer Ziele ausdrücklich ablehnt, bedeutet Gewalt für die antifaschistische und internationalistische Szene sehr wohl ein Mittel zur Erreichung politischer Ziele. In der Szenepublikation *Interim* vom 15. November 2001 heißt es in einer Diskussion über linksradikale Politik- und Aktionsformen: »Zu unseren Aktionsformen gehört auch die Anwendung politischer Gewalt«, die sich gegen diejenigen richtet, »die das Herrschaftssystem gewaltsam verteidigen« (Polizisten, Politiker, Soldaten), »die Herrschaftsstrukturen noch verschärfen wollen« (Faschisten, Rassisten, Sexisten) sowie gegen die »oberen Zehntausend«.

Als vor wenigen Jahren eine bekennende antifaschistische Punkband verurteilt wurde, weil sie das Lied *Deutschland muß sterben, damit wir leben können* öffentlich gespielt hatte, hob das Bundesverfassungsgericht das Urteil wieder auf. Antideutsche Vernichtungsparolen fallen nach Karlsruher Auffassung offenbar unter die grundgesetzlich eingeräumte Kunstfreiheit. Dagegen wird unnachsichtig verfolgt und abgeurteilt, wer prodeutsche Lieder[299] spielt, singt oder hört, oder in Diskussionen über die Zeitgeschichte eine von der Lehrmeinung abweichende These vertritt, oder wer in der Einwanderungsfrage oder der Israelkritik die Sprachgebote der ›Political Correctness‹ nicht sorgfältig beachtet. Für Fundamentaloppositionelle ist es hierzulande leicht, mit dem Strafgesetzbuch in Konflikt zu geraten, für Patrioten fast zwangsläufig.

Es ist gewiß nicht zu gewagt zu behaupten, daß viele Medien (und Geheimdienste) sowohl im Inland als auch im Ausland unermüdlich am Bild des ›häßlichen Deutschen‹ arbeiten. Das Ausschlachten ›rechtsradikaler Gewalt‹ bietet sich hierfür bestens an. Gerade die Voreingenommenheit in den Redaktionen der Zeitungen, angeheizt durch die Hysterie der Politiker über Vorfälle wie in Solingen, Düsseldorf oder Sebnitz, belegen ganz deutlich die Machenschaften der ›Zusammenkleisterer‹ des Bildes vom häßlichen Deutschen. Fehlschlüsse und gezielte Falschdarstellungen in den Medien werden entgegen dem journalistischen Ethos nicht berichtigt, so daß das geschaffene Bild in der Öffentlichkeit bestehen bleibt, bestehen bleiben muß. Auf diese Weise des Weglassens einerseits und Aufbauschens andererseits wird eine »Gefahr von rechts« konstruiert. Es wird gleichsam ein Netz gewoben, hinter dem man das für einen Rechtsstaat zumindest fragwürdige Vorgehen gegen unbequeme Kritiker und Dissidenten verschleiert. Letztlich wird eine Maßnahme, die in Wirklichkeit ein selbstherrlicher Akt ist, als für das Allgemeinwohl notwendig hingestellt. Hierzu ist, wie der engagierte Leserbriefschreiber Richard Helm richtig beobachtet hat, ein journalistisches Trommelfeuer notwendig, um die gewünschte Meinung, die gebetsmühlenartig in allen Medien wiederholt wird, zu erreichen: »Das haben wir doch alles schon mindestens einmal erlebt, zum Beispiel damals in Solingen, als auf diese Weise geradezu eine ›Pogromstimmung‹ (Rolf Bossi) erzeugt wurde, um die Bevölkerung einzuschüchtern und ihren berechtigten Widerstand gegen das massive Eindringen nicht-integrierbarer Ausländer zu brechen. Dabei wurden Aktionen durchgeführt, bei denen der Tod möglichst vieler unschuldiger Menschen von Vorteil für diese Aktion wäre; dann nämlich, wenn es gelänge, diese abscheulichen Verbrechen irgendwie mit der ›rechten Szene‹ und damit den Systemkritikern in Beziehung zu bringen.

In Solingen ist so ein Bubenstück gelungen. Vier ›der rechten Szene zuzurechnende‹ Jugendliche wurden zu insgesamt 45 Jah-

Für weitere Beispiele: Verheimlichte Dokumente, *Bd. 2, München 1995.*

Kripobeamte deckten bei Ermittlungen einige erstaunliche Dinge auf

„Hakenkreuzschmierer" ermittelt

Ausländische Schüler sprühten rechtsradikale Parolen an die Wand

Eine überraschende Wendung nahmen die Ermittlungen des Polizeireviers Kornwestheim bei der Suche nach zunächst unbekannten Tätern, die in den vergangenen zwei Wochen mehrfach in die Räumlichkeiten der Uhlandschule eingedrungen waren, verschiedene Diebstähle begangen hatten und vor allem rechtsradikale Farbschmierereien an Türen und Wänden angebracht hatten.

Unter anderem wurden die Parolen „Deutschland den Deutschen", „Ausländer raus" und „Sieg heil" aufgesprüht. Als Täter konnten jetzt acht ausländische Jugendliche, fünf Türken, ein Jugoslawe und zwei Jordanier, ermittelt werden.

Begonnen hatte alles recht banal: Ein 13jähriger jugoslawischer Gymnasiast fand in einer Toilette der Schule einen Schlüsselbund, den offenbar ein Lehrer dort liegen gelassen hatte. Der Finder beriet sich mit einem gleichaltrigen Türken sowie einem jordanischen Jugendlichen, auf deren Anraten man sich entschloß, den Schlüsselbund nicht mehr zurückzugeben.

In den Herbstferien suchten die Jugendlichen dann – so die bisherigen Erkenntnisse der Polizei – das Schulhaus zweimal heim. Aus den Räumen des Ernst-Sigle-Gymnasiums wurden eine Videokamera samt Zubehör, eine Tasche mit mehreren Videokassetten zum Thema Drittes Reich gestohlen und mehrere Schulbücher und anderes Inventar mutwillig beschädigt. Außerdem verursachten sie die genannten Farbschmierereien. Insgesamt hat das Diebesgut einen Wert von etwa 1000 Mark, die Sachschäden betragen etwa 2000 Mark. Zunächst standen die ermittelnden Polizisten vor einem Rätsel, nachdem keinerlei Aufbruchspuren festgestellt werden konnten.

Am Mittwoch wurde dann die Polizei zu einem erneuten Einbruch in die Uhlandschule gerufen. Unbekannte Täter hatten aus einem nicht verschlossenen Schrank einen Fernseher samt Videorecorder, mehrere Mikrofone und etwa 40 Videokassetten gestohlen. Ein Hakenkreuz an der Tafel deutete auf die gleichen Täter hin. Auch in diesem Fall konnten die Polizisten keine Aufbruchspuren feststellen.

Allerdings wurden den Jugendlichen schnell die guten Orts- und Personenkenntnisse des ermittelnden Polizisten zum Verhängnis. Nachdem sich ein zunächst vager Verdacht gegen einen Schüler verdichtete, waren bald alle Verdächtigen ermittelt. Bei den nun folgenden Wohnungsdurchsuchungen bei den Schülern konnte nahezu das gesamte Diebesgut, mit Ausnahme des Fernsehers und 40 Videokassetten, sichergestellt werden. Wie die Ermittlungen ergaben, sind die Kassetten in den Stadtparksee geworfen worden. Das Motiv der Schüler ist noch nicht bekannt.

Kornwestheimer Zeitung vom 7. 11. 1992.

Bildzeitung vom 17. 9. 1994.

Frau brauchte Ausrede für ihren Freund:

Hakenkreuz auf den Bauch geritzt

Von ANNE LOSENSKY

Berlin – **Sie kam zu spät zum Stelldichein. Wollte ihren Geliebten mit einem überzeugenden Alibi besänftigen – Mitleid inklusive. Und machte die Dummheit ihres Lebens: „In der S-Bahn überfielen mich zwei Männer", schauspielerte Monika N. (20) tränenüberströmt. „Sie ritzten mir mit einer Rasierklinge ein Hakenkreuz in den Bauch."**

Monikas Freund glaubte ihr jedes Wort – angesichts der blutigen Wunde. Er tat dann eigentlich auch das Richtige: Er ging mit ihr sofort zur Polizei – Anzeige.

„Ich log verzweifelt weiter", haucht die blonde Monika nun vorm Amtsgericht Tiergarten. Von Weinkrämpfen geschüttelt.

Sie habe sich immer mehr in dem Lügengespinst verstrickt: „Aus Angst, mein Freund würde mich verlassen – ich liebe ihn doch so sehr!"

Auf die falsche Spur gehetzt: zehn Staatsschutz-Beamte. Nur eines machte die Ermittler bald stutzig: Das Nazi-Symbol war seitenverkehrt eingeritzt.

Zu spät gab die junge Frau zu: „Ich habe alles erfunden, weil ich eine Ausrede brauchte." War ihr wirklich nicht bewußt, daß sie mit dem Vortäuschen einer Straftat alles nur noch schlimmer machte?

Der Richter läßt Milde walten: 20 Stunden Freizeitarbeit im Kinderheim – danach wird das Verfahren eingestellt.

Sein Ratschlag: „Wahre Liebe verzeiht eine ganze Menge – und braucht keine Lügengeschichten."

Versuchte Brandstiftung

Tatverdächtige nun ermittelt

Zu der versuchten Brandstiftung vom Sonntag bei der Asylbewerberunterkunft an der Kieselbronner Straße hat die Polizei jetzt zwei Tatverdächtige ermittelt. Es handelt sich dabei um albanische Asylbewerber, die mit indischen Asylbewerbern in Streit geraten waren.

Pforzheimer Zeitung v. 17. 4. 1993.

Westfalen Post v. 24. 7. 1993.

Aus Wut über Vermieter Feuer im Hausflur gelegt

Syrer ein Jahr in Haft / Verdacht auf Neo-Nazis gelenkt

Von Frank Jungbluth

Soest. Nach dem zweiten Verhandlungstag im Prozeß gegen den 30jährigen Syrer Kamal S. wurde gestern das Urteil verkündet: Der Mann muß wegen Sachbeschädigung, Vortäuschen einer Straftat und versuchtem Betrug ein Jahr ins Gefängnis. Kamal S. gab während der Verhandlung zu, am frühen Morgen des 7. Juni 1993 in einem von Ausländern bewohnten Haus am Ulricher-tor in Soest Feuer gelegt zu haben.

„Aus Wut über seinen Vermieter", wie er aussagte, zündete S. zwei im Hausflur abgestellte Kinderwagen an. Anschließend ließ er einen Molotowcocktail explodieren. Kurze Zeit später alarmierte der Syrer seine Mitbewohner. Ein Nachbar rief die Polizei. Zusammen mit Streifenbeamten löschte S. kurze Zeit später die Flammen.

Bei der ersten Vernehmung gab S. an, er habe zwei Männer gesehen, die aus dem Haus gerannt seien. Die Polizei glaubte an einen Brandanschlag von Neo-Nazis. Eine Woche lang ermittelten 15 Beamte einer Dortmunder Sonderkommission und fünf Mann von der Soester Kripo im rechtsradikalen Milieu, bis S. schließlich gestand, das Feuer selbst gelegt zu haben.

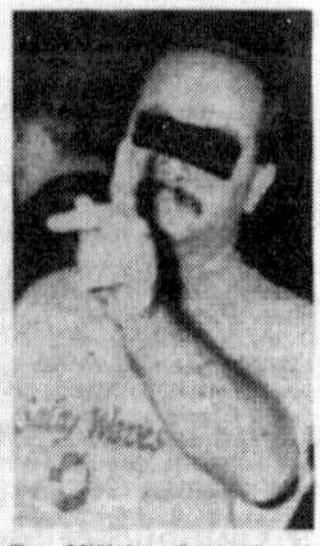

Der 30jährige Syrer Kamal muß ein Jahr ins Gefängnis.

ren Gefängnis verurteilt, obwohl keine Zeugen und keine Beweise vorhanden waren, sondern nur ein erpreßtes ›Geständnis‹. Wie zu DSCHUGASCHWILIS Zeiten! Fünf Menschen hatten sterben müssen, um die Munition ›gegen Ausländerfeindlichkeit‹ zu liefern. Der wirkliche Attentäter war nur denen bekannt, die kein Interesse daran hatten, daß er auch anderen bekannt würde. In Lübeck, wo die gleiche Aktion nach dem gleichen Muster ablaufen sollte, ging der Schuß nach hinten los, denn die als die gesuchten Brandstifter vorgesehenen jungen Deutschen konnten, was der Regie zuwiderlief, für die Tatzeit ein hieb- und stichfestes Alibi nachweisen. Zehn Menschen waren also umsonst verbrannt, das heißt, ohne als Keule gegen die Systemkritiker verwendet werden zu können.

Doch diesmal war der Attentäter bekannt, ein Ausländer. Er wurde freigesprochen, trotz vorhandener Beweise und eines glaubwürdigen Zeugen. Er mußte freigesprochen werden, sonst hätte er geplaudert. ›Das Gericht hat zur Normalität zurückgefunden‹, meinte die *Süddeutsche Zeitung*. Dennoch hatten diese verbrecherischen Aktionen ›Erfolg‹: Kein Deutscher wagt es seitdem mehr, von seinem natürlichen Recht als Ureinwohner dieses Landes Gebrauch zu machen und mitzubestimmen, ob ein Fremder in sein Land eingelassen wird oder ob er, weil nichtintegrierbar, draußen bleiben soll. Nun beginnt eine neue Aktion der geschilderten Art, und die Explosion der Splitterbombe in Düsseldorf läßt befürchten, daß auch diesmal der Tod unschuldiger Menschen billigend in Kauf genommen wird, denn er käme der Propaganda ›gegen rechts‹ sehr zupaß. [...] Das Volk aber wird aufgefordert, ›Zivilcourage‹ zu zeigen und sich an dieser Hatz gegen sich selbst zu beteiligen.«[300]

Sebnitz wurde dank der unausgewogenen, ja hysterischen Berichterstattung zum symbolischen Ort des Bösen in Deutschland überhaupt, frei nach Paul CELANS Vers »Der Tod ist ein Meister in Deutschland«. Am 23. November 2000 titelte die *Bild-Zeitung*: »Neonazis ertränken Kind. Am hellichten Tag im Schwimmbad. Keiner half. Und eine ganze Stadt hat es totgeschwiegen.« Der Hintergrund für diese theatralische Schlagzeile war der Umstand, daß das verstorbene Kind einen irakischen Vater hatte. Als Motiv wurde von der Presse also flugs ›Ausländerfeindlichkeit‹ diagnostiziert. Der Tathergang war *Bild* bekannt: »50 Neonazis überfielen den kleinen Joseph. Schlugen ihn, folterten ihn mit einem Elektroschocker, dann warfen sie ihn ins Schwimmbecken, ertränkten ihn. Fast 500 Besucher waren an jenem Tag im ›Spaßbad‹ [...] Viele hörten seine Hilferufe, keiner half.« Seit dem 24. November heulten alle maßgeblichen Medien im gleichen Tenor wie *Bild*. Die *Süddeutsche Zeitung* titelte am 25. November »Ein Kind, ertränkt wie eine Katze«, die so seriöse *Frankfurter Allgemeine Zeitung* wartete mit der Überschrift auf: »›Na, mach's endlich, schmeiß ihn schon rein‹ – Die ganze Gruppe lachte und guckte zu.« Am selben Tag setzte *Bild* gar noch eins drauf: »Josephs Mutter – Nazis bedrohen sie mit Mord«. Von dieser Bedrohung wußte auch das ehemalige Zentralorgan der SED, *Neues Deutschland*, zu berichten: »Sebnitzer Mörderbande bedroht Mutter des Opfers.«

Der sächsische Ministerpräsident Kurt BIEDENKOPF eilte nach Sebnitz zu einem Trauergottesdienst und zündete mediengerecht die erste Kerze an. Allerdings erfaßte zu diesem Zeitpunkt die Insider-Kreise bereits ein erstes Mißtrauen gegenüber den in der Presse geschilderten Tatumständen. Als BIEDENKOPF es wagte, eine vorsichtige Unschuldsvermutung zu äußern, schlug Heribert PRANTL in der *Süddeutschen Zeitung* vom 27. November inquisitorisch zu: »Wer so verharmlost, macht sich mitschuldig.« Gleichwohl hob an diesem Tage die Staatsanwaltschaft Dresden die Haftbefehle gegen die der Tat verdächtigten Festgenommenen wieder auf. »Es sickerte durch, daß die Zeugen, deren Aussagen im Laufe der Ermittlungen unglaubwürdig wurden, für ihre Aussagen bezahlt worden waren. Das Gutachten, welches sie zunächst bekräftigt hatten, stammte vom Kriminologen PFEIFFER, dem designierten niedersächsischen Justizminister, der vor Jahren unrühmlich bekannt wurde, als er behauptete, die totalitäre Indoktrination in der DDR sei schon durch die Kackordnung in den Kindergärten, Nachttöpfe in einer Reihe, initiiert worden. BIEDENKOPF vermutete, die Skinheads, die vor dem Haus der Mutter Morddrohungen ausgestoßen hätten, seien von einem elektronischen Medium bezahlt worden.«[301] So war es denn auch. Die Eltern des Jungen waren in finanzielle Schwierigkeiten geraten, als sie die Tilgungsraten für das Gründungsdarlehen von DM 400 000 an die Deutsche Apothekerbank nicht abzahlen konnten. Die beiden eingesessenen Ortsapotheken deckten offenbar den Arzneimittelbedarf der kleinen südostsächsischen Stadt. Der Publizist Hans-Dietrich SANDER stellte in diesem Zusammenhang peinliche Fragen: »Hing es damit zusammen, daß Frau KANTELBERG-ABDULLA den Badeunfall umfunktionieren wollte? Hatte sie deswegen die Zeugen bezahlt und ihre Aussagen zur Begutachtung dem niedersächsischen Kriminologen PFEIFFER geschickt?«

Kanzler SCHRÖDER verlegte schleunigst den Empfang der Mutter des ›Opfers‹, einer sozialdemokratischen Abgeordneten im Stadt-

„... ein Kinowunder!“

Neonazis ertränken Kind

Am helllichten Tag im Schwimmbad. Keiner half. Und eine ganze Stadt hat es totgeschwiegen.

DINOSAURIER

Bayern 1:0

HSV

Alle verletzt

Bild

Der Skandal von Sebnitz: eine schlampig geführte Untersuchung, drei zu Unrecht festgenommene junge Leute und eine traumatisierte Stadt.

rat, vom Kanzleramt ins Parteihaus. Es war alles nur noch peinlich. Das von den Medien und der Hysterie der Betroffenheitspolitiker zu verantwortende Horrorthese der ›rechten‹ Gewaltorgie in Sebnitz brach zusammen. Die Beschuldigungen gegen die Tatverdächtigen konnten unmöglich aufrechterhalten werden. Trotzdem blieben die Verdächtigungen gegen ›Neonazis‹ und selbst gegen ›Sebnitz‹ bestehen. Am 29. November stellte Joachim Käppner in der *Süddeutschen Zeitung* von der tatsächlichen Sachlage unbeeindruckt fest: »In den alten Ländern bewegen sich die Neonazis am Rande der Gesellschaft und nicht in deren Mitte, sie bilden eine kriminelle Subkultur, aber keine massenhafte Jugendkultur. Die existiert im Osten, und daran würde es gar nichts ändern, wenn der Tod des kleinen Joseph keinen politischen Hintergrund hätte.«

Am 1. Dezember legte Prantl in der *Süddeutschen Zeitung* noch einmal nach: Wer einen Generalverdacht gegen die Stadt erhebt, »ist in der Tat ein Mißbraucher. Ein Mißbraucher ist aber auch und vor allem, wer jetzt Generalabsolution erteilt [...] Wer jetzt erklärt, der Rechtsextremismus im Osten sei gar nicht so schlimm, wie immer behauptet, weil der Fall Joseph ja wohl auch nicht so schlimm sei, wie ursprünglich behauptet – der lügt«.

Wer hier lügt und hetzt, hatte ›der Fall Sebnitz‹ indes unzweifelhaft gezeigt. Die Hysterie über die angeblich außerordentliche Ausmaße annehmende ›rechte Gewalt‹ ist politisch inszeniert und eiskalt berechnet.

Der häßliche Deutsche wird gebastelt, da er zu politischen Zwekken herhalten muß. In einem Gespräch zwischen dem *Spiegel* und dem Direktor der Psychiatrischen Universitätsklinik Halle, Andreas MARNEROS, kommt der Aufbau dieses notwendigen Scheusals deutlich zum Vorschein. Es ging um jugendliche Totschläger und Gewaltverbrecher, »die von betrunkenen oder gewalttätigen Eltern unvorstellbar mißhandelt worden« seien, und die meisten von ihnen litten an »krankheitswertigen Persönlichkeitsstörungen, dissozialen Störungen, Versagensängsten, Identitätsstörungen«. Willkommen beim vorgefaßten Bild des ›Rechten‹, der blöd, brutal und versoffen zu sein hat. Tatsächlich handelt es sich bei den Gewalttätern, die der ›rechten‹ Szene zugeschrieben werden, oftmals um alkoholkranke Provokateure, die in der Gruppe ihre Opfer überfallen. Sadistische Psychopathen, ausgestattet mit einem niedrigen Intelligenzquotienten, denen man nicht ernsthaft politische Ambitionen geschweige denn eine fundierte Bildung nachsagen kann. Aber, weil sie ›Neonazimusik‹ hören, die Haare geschoren haben und Springerstiefel tragen, werden sie flugs mit dem Etikett ›Rechtsextreme‹ ausgestattet und als solche einer entsetzten Öffentlichkeit vorgesetzt. *Der Spiegel* fragte MARNEROS, freilich ohne vorher geklärt zu haben, inwiefern es legitim ist, diese Art von Asozialen oder gewöhnlichen Verbrechern in eine bestimmte politische Schublade zu stecken, ob »Neonazis ein Sammelbecken für pathologisch Gewaltveranlagte« seien. Der ›Fachmann‹ bestätigte die Intention dieser unsinnigen Frage prompt mit den Worten: »So ist es. Junge Menschen, die solche enormen sozialpsychologischen Defizite haben, sind auf der verzweifelten Suche nach einem persönlichen Image. In der rechten Gewaltszene finden sie eine ideale Plattform. Sie zieht Menschen mit brutalen, sadistischen Persönlichkeitsmustern an.«[302] Kommentar überflüssig.

Es ist wohl unbestritten, daß ein etwaiges Verbot der Nationaldemokratischen Partei Deutschlands (NPD) weder tatsächliche noch vermeintlich ›rechtsradikale‹ Gewalt in Deutschland beseitigen würde.[303] Vermeintlich deshalb, weil aufgrund der vielfältigen Vorkommnisse durch Verfassungsschutzspitzel innerhalb der NPD vielfach noch nicht einmal nachprüfbar ist, ob Gewalttaten im Auftrag der Ämter für Verfassungsschutz, in eigener Regie der Spitzel oder tatsächlich von Mitgliedern der NPD, die nicht im Dienstverhältnis der Verfassungsschutzbehörden stehen, also aus ›weltanschaulichen‹ Erwägungen heraus begangen werden und begangen worden sind – wir werden hierauf im nächsten Kapitel detailliert einzugehen haben.

Die Einordnung solcher Straftaten als spezifisch ›rechtsextrem‹ ist eine seit Jahren gängige Praxis, um nationale politische Positionen zu kriminalisieren und öffentlich zu diskreditieren. Oder will man ernsthaft pauschal einen politischen und möglichst nationalistischen Hintergrund feststellen, wenn beispielsweise Betrunkene einen Obdachlosen zusammenschlagen oder gar töten, ein Kampfhundbesitzer sein Tier auf einen Camper hetzt oder Skinheads sich mit Punks prügeln? Faktisch gesehen lassen solche Taten für sich allein genommen keine Rückschlüsse auf politische Motive zu.

Ohne Frage sind diese Gewalttaten als solche aber offenkundige Anzeichen für die Auswüchse einer zunehmend erkrankenden Gesellschaft. Gewalt ist im bundesdeutschen Gesellschaftsleben allgegenwärtig und keineswegs ein spezifisch parteipolitisches Problem. Den Veröffentlichungen des Bundeskriminalamtes zufolge haben 2000 »weiterhin die erfaßten Fälle von gefährlicher und schwerer Körperverletzung« zugenommen. »Fast zwei Drittel (62,5 %, 1999: 61,4 %) der registrierten Gewaltkriminalität entfiel auf Fälle von gefährlicher und schwerer Körperverletzung. Gewaltdelikte ereignen sich überproportional häufig in Großstädten, besonders ab 500 000 Einwohnern.«[304]

Gewalt ist keineswegs ein unbekanntes gesellschaftspolitisches Problem. Sie ist in der Vergangenheit von Politikern oder auch Intellektuellen, beispielsweise Schriftstellern, immer wieder thematisiert worden. Einer, der sich Zeit seines Lebens mit diesem Aspekt schriftstellerisch auseinandergesetzt hat, ist Heinrich BÖLL. Der vor gut fünfzehn Jahren verstorbene Nobelpreisträger für Literatur hatte erkannt, daß Gewalt in vielfältigen Erscheinungsformen auftritt und keineswegs nur auf Handgreiflichkeiten begrenzt ist. Am 12. Oktober 1972 lieferte BÖLL auf dem Bundesparteitag der SPD eine bis dahin unbekannte Definition des Begriffs ›Gewalt‹ und wies verschiedene Erscheinungsformen von Gewalt nach. BÖLL meinte unter anderem, es sei »in den vergangenen Jahren in diesem Land viel Gewalt sichtbar geworden, viel über Gewalt gesprochen und geschrieben worden. Stillschweigend hat man sich darauf geeinigt, unter Gewalt nur die eine, die sichtbare zu verstehen: Bomben, Pistolen, Knüppel, Steine, Wasserwerfer und Tränengasgranaten. Ich möchte hier von einer anderen Gewalt und anderen Gewalten sprechen [...die...] massive publizistische Gewalt einiger Pressekonzerne, die in erbarmungsloser Stimmungsmache die Arbeit erschwert und Verleumdung nicht gescheut hat [...] Es gibt also nicht nur Gewalt auf den Straßen, Gewalt in Bomben, Pistolen, Knüppeln und Steinen, es gibt auch

Gewalt und Gewalten, die auf der Bank liegen und an den Börsen hoch gehandelt werden«.[305]

Seitdem hat sich nicht viel geändert. Im Gegenteil, viele der hier angesprochenen Aspekte treffen heute mehr denn je zu. Allen voran der hierzulande gängige Sensationsjournalismus, den Oskar LAFONTAINE vor einigen Jahren nicht ohne Grund als »Schweinejournalismus« bezeichnet hat.

Daß die Gewalt auf der Straße in der Regel nicht von der NPD und ihrem Umfeld ausgeht, belegen die Polizeiberichte über die von ihr durchgeführten Demonstrationen. Diesbezüglich sei auf die Dokumentation *Antifa heißt Gewalt*[306] hingewiesen, die eine Vielzahl von Fallbeispielen aufführt. Diese belegen, wie Gewalt als vermeintlich politische Meinungsäußerung in der militanten Linken fest etabliert ist und verbreitet wird. Eine solche Manifestierung läßt sich bei der nationalen Opposition, beispielsweise der NPD und ihrer Jugendorganisation JN, aller Unkenrufe zum Trotz, eben nicht belegen. Diese Erkenntnis ist längst vielfach auch von ›unverdächtiger‹ Quelle bestätigt worden. Das Landesamt für Verfassungsschutz Thüringen stellte beispielsweise über die NPD-Großdemonstration vom 1. März 1997 in München, die unter dem Motto »Unsere Großväter waren keine Verbrecher« stand, fest: »Auf seiten der NPD-Demonstranten hatte es keine Gewaltanwendung gegeben. Interne Auflagen der Organisatoren wie Alkoholverbot, kein Mitführen von Waffen und der Reichskriegsflagge, keine Uniformierung wurden befolgt.«[307] Jan PETER vom Mitteldeutschen Rundfunk räumte im Sommer 2001 ein: »Die NPD versucht in der Tat, die Leute von Gewalttaten abzuhalten.« Die Polizeipräsidentin von Eberswalde, Ute LEICHSENRING, sekundierte und sah »deutlich jetzt die Tendenz«, die sogenannten Freien Kameradschaften »zu vernetzen, mit dem Ziel, sie natürlich in die Organisation hinein zu bekommen und, damit einhergehend, auch von Straftaten im allgemeinen, aber insbesondere auch von Gewalttaten abzuhalten«. Auch in Städten und Dörfern, in denen die NPD mit zum Teil recht hohen Prozentsätzen in den Parlamenten vertreten ist, sind keine ›Hochburgen der Gewalt‹ entstanden. Eberhard NIEBICH, Bürgermeister von Ehringshausen, wo die NPD jahrelang auf ein Wählerpotential von 20% zurückgreifen konnte, erklärt: »Wir sind ein durch und durch demokratisches Dorf. Demokratisch und friedlich – so ist es. […] Ich kann Ihnen auch sagen, daß, laut der Akte des Staatsschutzes, die Gemeinde Ehringshausen auf dem Sektor ›Gewalttaten‹ ein weißes Blatt ist. Es ist eine friedliche Gegend, ja.«[308]

Um die nationale Opposition, vor allem die NPD, als einen Hort der Gewalt darzustellen, ist es also offensichtlich notwendig, mittels Provokateuren und Spitzeln ein entsprechendes Klima der Gewalt zu schaffen. Oder anders ausgedrückt: Oftmals wird die vermeintlich von der nationalen Opposition ausgehende Gewalt erst von den Ämtern für Verfassungsschutz in die Szene hineingetragen.

Führende Funktionäre der NPD, die nach dem jetzigen Kenntnisstand nicht im Dienst des Verfassungsschutzes stehen, haben immer wieder ihr Verhältnis zur Gewalt klar definiert. In einem Schreiben vom 9. August 2000 an alle Mitglieder seiner Partei schreibt der Bundesvorsitzende Udo Voigt: »Die NPD lehnt seit ihrer Gründung 1964 Gewalt zur Durchsetzung ihrer Ziele strikt ab und hat sich immer eindeutig zum Grundgesetz bekannt.« Nach den vorliegenden Unterlagen kann nur ein seriöser Schluß gezogen werden: Ein von den Ämtern für Verfassungsschutz unterstelltes positives Verhältnis zur Gewalt oder eine ausgeprägte Ausländerfeindlichkeit ist der NPD weder in ihren programmatischen Schriften noch in repräsentativen Aussagen ihrer Funktionäre nachzuweisen. Und ›den Deutschen‹ schon gar nicht.

Um es noch einmal ganz deutlich zu sagen: Der häßliche Deutsche existiert in Wirklichkeit nicht, er wird geschaffen. Auf den Zweck angesprochen, warum Geheimdienste ein Interesse beispielsweise an provozierter Ausländerfeindlichkeit haben könnten, antwortet Andreas von Bülow: »Skinheadbrutalitäten, Schändung jüdischer Friedhöfe oder Synagogen, Jagen von Ausländern – das Bild des häßlichen, beschränkten, karikaturhaft dumm daherkommenden, allzeit nazianfälligen Deutschen soll das Deutschlandbild prägen.«[309] Durch dieses gestellte Bild wird Mißtrauen gegenüber Deutschen, gleichzeitig aber auch Erpreßbarkeit der Bundesrepublik Deutschland hervorgerufen. Die Beweggründe sind ebenso politisch wie finanziell. Durch fragwürdige Aktivitäten verschiedener Geheimdienste, eine ebenso fragwürdige Berichterstattung der Presse und die teils bewußte, teils leichtfertige Aufnahme des zugespielten Balls durch Politiker – die wiederum einseitige Empörungsdebatten vom Zaun brechen, einschlägige Gesetzesvorschläge einbringen und durch Repression Öl auf das entfachte Feuer gießen – wird ein *Perpetuum mobile* in Gang gesetzt, das mit demokratischen Gepflogenheiten nichts mehr zu tun hat.

9.

Pogromstimmung gegen Fundamentaloppositionelle

Bereits im Frühjahr 1984 hat der damalige Generalsekretär der CDU, Heiner GEISSLER, im *Spiegel* auf besonders deutliche Weise dargelegt, wie hierzulande mit einer nationalen Opposition umzugehen ist: »Wir haben als CDU immer gegen eine vierte Partei, die sich aus unserem Wählerpotential hätte entwickeln können, gekämpft. Wir haben die NPD Ende der sechziger Jahre bis aufs Messer bekämpft und kaputtgemacht.«[310] Auch ein Edmund STOIBER vertritt den alten STRAUSS-Grundsatz, ›rechts‹ von der CDU/CSU dürfe es keine demokratisch legitimierte Kraft geben. Zu diesem Zweck läuft seit Jahrzehnten eine gerissene Doppelstrategie: patriotische Töne in Bierzelten und auf Vertriebenentreffen, in der praktischen Politik aber der gleiche Ausverkauf deutscher Interessen, wie man ihn von Rot-Grün hinlänglich kennt. Es war übrigens auch STOIBER, der als bayerischer Innenminister Anfang der neunziger Jahre den Verfassungsschutz auf die Republikaner (REP) angesetzt hatte.

Politisch aktive Menschen, die deutschfreundlich gesinnt sind, stehen im Nu auf der Abschußliste des Meinungskartells und werden ganz schnell zu ›Beobachtungsobjekten‹ des sogenannten Verfassungsschutzes. Meinungs- und Versammlungsfreiheit müssen sich ›Rechte‹ oftmals durch Gerichtsbeschlüsse erkämpfen. Verbote, Schikanen und Boykotte stehen auf der Tagesordnung. Gegen nationale Gruppierungen werden Vereinsverbote verhängt, Versammlungen werden verboten, öffentlich-rechtliche Rundfunkanstalten und Printmedien rufen unverhüllt die Banken zur Kündigung von Konten von deutschfreundlichen Aktivisten, Parteien und Medien auf, Gastwirten werden die Schanklizenzen ›wegen persönlicher Unzuverlässigkeit‹ entzogen, wenn sie ihr Lokal für nationale Veranstaltungen zur Verfügung stellen, Lehrer weigern sich, Schüler, die aus ihrer nationalen Überzeugung kein Geheimnis machen, zu Prüfungen zuzulassen.[311]

Die Liste der Repressionen ist unendlich. Nationalgesinnten Intellektuellen geht es nicht besser. In der real existierenden Diktatur der ›Political Correctness‹ können viele Themen und Diskussionen von vornherein nicht oder nur in Form einer Diffamierungskampagne oder eines Schauprozesses stattfinden. Sobald jemand als ›Nazi‹ erfolgreich verunglimpft worden ist, hat er gewissermaßen ›asozialen Auswurf‹. Mit einem solchen Ekelpaket spricht man nicht. Von so einem wendet sich der anständige Mensch ab. So ein Asozialer wird nicht zu Diskussionsrunden eingeladen. ›Anständige‹ Redakteure und Verleger bieten ihm kein Forum, seine Meinung kundzutun, seinen Standpunkt zu erklären, seine Erfahrungen, Wünsche, Sorgen in die öffentliche Diskussion einzubringen. Und falls er doch einmal eine Gelegenheit finden sollte, kann gegen den ›Hund‹ notfalls immer noch die Antifa vorgehen. Wenn selbst die physische Gewalt nicht hilft, ihn zum Schweigen zu bringen, haben wir ja noch den Verfassungsschutz.

Werner Pfeifenberger, Professor für Universitätsgeschichte in Münster, wurde durch Androhung eines weiteren jahrelangen Prozesses in den Tod gehetzt.

Als ›Rechter‹ entlarvt zu sein, impliziert eine gewisse Vogelfreiheit. Folglich kann die größte Gemeinheit nicht widerlich genug sein, um den Vogelfreien weiter zu diskreditieren und zu diffamieren – bis er juristisch verfolgt wird. Und wenn das dann endlich erfolgreich kriminalisierte Ekelpaket selbst nach dem ersten Gerichtsurteil seine grundoppositionelle oder der Lehrmeinung widersprechende, jedenfalls dissidente Klappe immer noch nicht hält, wird daraus leicht ein Spiel ohne Grenzen. Ohne Rücksicht auf Verluste, wie das Schicksal des untadeligen Professors Werner Pfeifenberger belegt, den Medienhetze und Vorverurteilung in den Freitod getrieben haben.

Günter Deckert, der einstige Oberstudienrat wurde aus dem Landesdienst entlassen und zu mehrjähriger Haftstrafe verurteilt.

Wie sehr politisch motivierte Gerichtsurteile gegen deutschfreundliche Dissidenten aus jeglichem Rahmen schlagen, zeigt ein stellvertretendes Beispiel: 1992 stürmten in Berlin etwa ein Dutzend türkischer Antifaschisten in ein Lokal, überfielen sieben Gäste, die dem deutschfreundlichen Lager zugerechnet wurden, und erstachen Gerhard Kaindl. Die Mörder wurden geschnappt und verurteilt – von einer mit ihnen offensichtlich sympathisierenden Richterin: Drei Mitglieder der Todesschwadron kamen mit drei Jahren Gefängnis wegen Körperverletzung mit Todesfolge und Teilnahme an einer Schlägerei davon; zwei weitere erhielten Bewährungsstrafen, der Rest wurde freigesprochen. Das Gegenstück: 1994/1996 wurde der ehemalige Bundesvorsitzende der NPD, Oberstudienrat Günter DECKERT, zu fast fünf Jahren Freiheitsentzug verurteilt. Der Grund für diese hohe Haftstrafe war allerdings alles andere als ein von ihm begangenes Gewaltverbrechen. DECKERT wurde wegen Beleidigung und ›Volksverhetzung‹ ins Gefängnis geschickt: Er hatte Zweifel an der gängigen Darstellung der Geschehnisse in Auschwitz übersetzt.

Der Politikwissenschaftler Hans-Gerd JASCHKE empfindet die politische Justiz gegen ›rechts‹ als »Gesinnungsjustiz, bei der es vor allem um die rechtliche Sanktionierung individueller inkriminierter Meinungen, letztlich aber auch um die staatliche Regulierung gesellschaftlicher Kommunikation geht [...] Politische Justiz gegen rechts [...] richtet sich daher vornehmlich auf die Ebene der öffentlich geäußerten Meinungen und Gesinnungen. Die Schwelle des Strafrechts setzt gegen rechts viel früher ein als gegen links [...] Daß Gesinnungen nicht unter Strafe gestellt werden dürfen, daß auch Meinungen, die der historischen Wahrheit zuwiderlaufen, als individuelle Äußerungen legitim sind, daß die Allgemeinheit des Gesetzes verbietet, bestimmte Meinungen zu kriminalisieren, daß der Staatsanwalt nicht Sanitäter sein kann, um die Gesellschaft vor Ansteckung durch Ideologie zu bewahren, all diese hehren Grundsätze des liberalen Rechtsstaates gelten oft wenig, wenn es gegen rechts geht.«[312]

Der Feind steht ›rechts‹

Der Feind in dieser Republik steht ohne Zweifel ›rechts‹. Und als ›rechts‹ gilt bereits alles, was sich ›rechts‹ von der ›neuen Mitte‹ Gerhard SCHRÖDERS positioniert. Es fragt sich, was eigentlich ›rechts‹ bedeutet. Bedeutet ›rechts‹ zu sein, sich für den Erhalt seines angestammten Lebensraumes und für ein lebenswertes Leben seiner Kinder und Enkel einzusetzen? Sind ›rechts‹ bereits diejenigen, die Wert darauf legen, deutsch zu sprechen und zu schreiben? Offensichtlich ja! Heutzutage muß man in der Bundesrepublik Deutschland schon aufpassen, nicht zu viele Worte in seiner eigenen deutschen Muttersprache zu sagen oder zu schreiben. Wenn man auf den Gebrauch englischer Lehn- bzw. Fremdwörter – und seien sie noch so unsinnig (›Handy‹, ›downloden‹, ›kids‹ usw.) verzichtet, setzt man sich bereits dem Verdacht aus, ein Rechtsradikaler zu sein. Für den ›Neonaziaussteiger‹ Jörg FI-

SCHER – je öfter man ihn hört oder von ihm liest, desto mehr gewinnt man den Eindruck, daß es sich hier lediglich um einen selbstsüchtigen Wichtigtuer handelt, der sich selbst in Szene zu setzen weiß (was freilich kein Kunststück ist, da er nicht gegen den Strom schwimmt) – ist dies jedenfalls so. Der Möchtegerninsider entblödete sich nicht zu behaupten, daß der Gebrauch des deutschen Wortschatzes wie ›T-Hemd‹ statt ›T-Shirt‹, ›Weltnetz‹ statt ›Internet‹, ›Schoßrechner‹ statt ›Laptop‹ deutliche Anzeichen für die autonome Welt der ›Rechtsradikalen‹ seien.[313]

Auch der Verfasser dieser Zeilen erhielt kürzlich elektronische Post mit der bezeichnenden Anfrage eines Fernsehjournalisten, der ein selbstredend ganz sachliches Porträt zu filmen beabsichtigte. »Was zum Teufel ist ›ePost‹ – ich kenne diesen Ausdruck nur aus der rechtsextremen Szene in Deutschland – gehören Sie zu dieser?«[314] Gerade Deutsche, die im Ausland leben, seit vielen Generationen ihre Muttersprache pflegen und durch größtmögliche Reinhaltung derselben diese vor dem Aussterben bewahren, nehmen derartige dämliche Unterstellungen und Bemerkungen sowohl mit einem weinenden als auch mit einem lachenden Auge zur Kenntnis. Das Lachen überwiegt dann allerdings doch, wenn man diese vorbildlichen Gutmenschen und toleranten Vorzeigedemokraten am ›Handy talken‹ und am ›Computer chatten watcht‹.

Selbstredend sorgen Staat und Establishment dafür, daß das Fernsehen und die Zeitungen mit den ›richtigen‹ Bildern der nationalen Opposition beliefert werden – die dann auch bis zum Erbrechen gezeigt werden. Für gewöhnlich lassen Fernsehjournalisten in ihren ›Dokumentationen‹ über die ›rechte Gefahr‹ bezahlte Selbstdarsteller oder Asoziale aufmarschieren, die bei Demonstrationen vor laufenden Kameras Haßfratzen schneiden, für eine Kiste Bier den ›Deutschen Gruß‹ entbieten, nach dem Genuß von ein paar Büchsen Bier ›Sieg Heil!‹ grölen oder auf andere Weise spektakulär den Affen machen. Halt den häßlichen Deutschen raushängen lassen. Nach diesem Prinzip wird die ›Gefährlichkeit der Gesinnung‹ dieser ›Extremisten‹ dokumentiert. Selten werden sachliche, geschweige denn sympathische Bilder gezeigt. Großereignisse werden totgeschwiegen, wenn entsprechende Veranstaltungen ohne Störung durch die nützlichen Idioten der Antifa friedlich verlaufen. Kein Wort fand sich in der überregionalen Presse zum Beispiel über das Pressefest der *Deutschen Stimme* in Königslutter am 3. August 2002, zu dem über 2000 Nationalisten gekommen waren.

Regelrecht in Panik verfällt das Establishment jedoch, sollte ein Fernsehjournalist einmal den Mut und Anstand haben, ›rechtsradikale‹ Politiker oder deutschfreundliche Intellektuelle zu interviewen und das Gesagte unzensiert und unverfälscht wiederzugeben. Eine grauenhafte Vorstellung für unsere Meinungsmacher. Der hinlänglich bekannte Fernsehjournalist Rainer FROMM mahnte dementsprechend: »Sehen die Führer jedoch aus wie du und ich, verstecken ihr Weltbild hinter seriöser Fassade, ist es um so wichtiger, ihnen die Maske herunterzureißen.«[315]

Wieso muß man eigentlich immer ein zweites Gesicht zur Tarnung tragen, wenn man nicht der vorgefaßten Meinung eines Dritten entspricht? Ähnlich agieren auch die Verfassungsschützer. Wenn von ›Rechtsextremisten‹, was in der Regel der Fall ist, bei Demonstrationen keine Gewalt ausgeht, ist dies kein Beweis für deren Friedfertigkeit und Disziplin, sondern lediglich ein Beleg dafür, daß sie sich so gut verstellen. Übertrieben? Originalton Verfassungsschutz: »Für die kommenden Jahre ist mit weiteren zentralen Heß-Märschen in Wunsiedel zu rechnen. Die Rechtsextremisten erwarten keine Verbote, da sie sich aus taktischen Gründen an die Auflagen der Versammlungsbehörde gehalten und keine Strafgesetze verletzt hatten.«[316] Die Kollegen beim Bundesamt für Verfassungsschutz sekundieren dienstfreudig: »Neonazistische Kameradschaften haben bisher nicht versucht, ihre politischen Ziele offen mit Gewalt durchzusetzen. Bei Demonstrationen verzichten sie zumeist auf Gegenwehr bei gewalttätigen Übergriffen von militanten Autonomen. Ursächlich hierfür dürfte die hohe Präsenz der Polizei bei den Demonstrationen und der Wille sein, das Risiko staatlicher Exekutivmaßnahmen zu minimieren. Auch hoffen Neonazis, durch den Verzicht auf Gewalt Sympathien bei der Bevölkerung zu wecken.«[317]

Angesichts einer solchen in der Journaille und beim ›Verfassungsschutz‹ vertretenen hobbypsychologischen Geistesauffassung wundert es freilich kaum, daß auch eine ehrliche Berichterstattung außerhalb der Ämter nicht allzu oft geschehen kann. Es ist fast modern geworden, mit strengem Finger auf Inhalte der sogenannten Verfassungsschutzberichte hinzuweisen.

In Talkshows beispielsweise sitzen meistens nur Leute zusammen, die ohnehin mehr oder weniger alle dieselbe Meinung vertreten und über dritte herfallen, die vorsorglich erst gar nicht eingeladen wurden und sich folglich auch nicht wehren können. Um so größer ist eben die Aufregung im Establishment, wenn mal ein Vertreter der tatsächlichen Opposition die Möglichkeit bekommt, seine Ansichten frei vorzutragen. Aysim ALPMAN, türkische Journalistin des WDR, war regelrecht ›sprachlos‹, als im März 2002 Horst MAHLER und Udo VOIGT auf einem Weiterbildungsseminar von ARD und ZDF zum Thema ›Rechtsextremismus‹ erschienen waren. Sie kamen, um ihren Standpunkt darzustellen, und hatten es doch tatsächlich gewagt, den Journalisten auch noch Fragen zu beantworten. Kein Wunder, daß die Vertreter der etablierten und feigen Medienwelt nervös wurden. Nach der Bestürzung folgte die Phase der Distanzierung und der ›Zivilcourage‹. Moderator Wolfgang KAPUST legte Wert auf die Feststellung, daß weder MAHLER noch VOIGT ein Honorar bekommen hätten. Darüber hinaus habe er, wenn MAHLER »dummes Zeug geredet« habe, dessen Rede mehrfach unterbrochen – ganz offensichtlich ein billiger Versuch, im nachhinein ›Zivilcourage‹ zu zeigen, denn Horst MAHLER wurde nach eigenem Bekunden nicht unterbrochen, was er sich auch verbeten hätte.[318] Von ›solchen Auftritten‹ bis zur *live* ausgestrahlten Talkshow sei es ja nicht mehr weit, und so etwas gelte es, politisch korrekten Journalisten zufolge, unbedingt zu verhindern. Warum? Hierauf weiß Frau ALPMAN die alles bezeichnende Antwort: »Solche Leute dürfen auf keinen Fall an Talkshows teilnehmen. [Denn:] Sie können nicht geknackt werden.«[319] Mit dieser Aussage wird die Angst vieler Redakteure und Moderatoren wiedergegeben, die ›rechtsradikale‹ Politiker nicht zu Sendungen einladen, da sie befürchten, ihnen nicht gewachsen zu sein.[320] Und wir dachten, es sei so wichtig, den ›rechtsradikalen Führern‹ die ›Maske‹ herunterzureißen. . .

Zwei Tage nach dem am 2. Oktober 2000 erfolgten Brandanschlag auf die Synagoge in Düsseldorf-Golzheim rief Bundeskanzler Gerhard SCHRÖDER wie gesagt den »Aufstand der Anständigen« aus – freilich ohne die polizeilichen Ermittlungen abgewartet zu haben, wer hinter dem Anschlag tatsächlich stand – was schon nicht sehr anständig ist. Stellt sich die Frage, wer die ›Anständigen‹ eigentlich sind? Selbstredend diejenigen, die gegen ›rechts‹ sind. Klar, aber wer sind sie genau? Sind diejenigen ›anständig‹, die Selbstjustiz an Andersdenkenden ausüben? Oder diejenigen, die Menschen und Staaten als ›Gute‹ und ›Böse‹ klassifizieren? Und auf Düsseldorf bezogen, diejenigen, die gegen Araber eingestellt sind? Bekanntlich handelte es sich bei diesem Verbrechen eben nicht um eine ›rechtsextremistische Gewalttat‹. Die Täter waren ein in Deutschland lebender Marokkaner und ein Jordanier. Also ein ›Aufstand der anständigen‹ Deutschen gegen unanständige Araber? Natürlich nicht. Der sogenannte ›Aufstand der

Anständigen‹ – ein Synonym für den ›Kampf gegen rechts‹ – sollte sich als nichts anderes entpuppen denn als ein gegen Fundamentaloppositionelle gerichteter inquisitorischer Feldzug selbsternannter Moralprediger, die glauben, im Besitz der letzten Weisheit zu sein. Mit dem Anstand der Aufständischen kann es schon aus diesem Grunde nicht allzu weit her sein.

Der ›Aufstand der Anständigen‹ zieht immer weitere groteske Kreise. Erinnerungen an die Verfolgung Andersdenkender im Mittelalter werden wach. Im Mai 2001 hatte der Stadtrat der Stadt Coburg mit großer Mehrheit beispielsweise einen Beschluß gefaßt, mit dem der seit einem halben Jahrhundert in der Stadt ansässige Nation & Europa Verlag für »unerwünscht« und die beiden für die im Verlag erscheinende Monatszeitschrift *Nation & Europa* verantwortlichen Herausgeber Peter Dehoust und Harald Neubauer wegen ihrer »Rechtslastigkeit« zu »unerwünschten Personen« in Coburg erklärt wurden. Auslöser dieses in der Neuzeit wohl einmaligen Vorganges ist der Umstand, daß der Verlag in verschiedenen Verfassungsschutzberichten, die Hans-Helmuth Knütter mit Recht als volksverhetzend[321] bezeichnet, erscheint. Würde bei anderen Parteien der gleiche Maßstab angelegt, den die Ämter für Verfassungsschutz bei der NPD sowie bei anderen deutschfreundlichen Parteien und Organisationen anlegen, wären die Verfassungsschutzberichte nicht nur sachlicher, sie müßten auch um ein Vielfaches umfangreicher sein. Es wäre dann (beispielsweise mit Hinweis auf den ehemaligen Bundesinnenminister Friedrich Zimmermann, den ehemaligen niedersächsischen Ministerpräsidenten Ernst Albrecht, den ehemaligen bayerischen Innenminister Georg Tandler oder den ehemaligen Bundeskanzler Helmut Kohl) legitim zu behaupten, die Christlich-Demokratische Union (CDU) sei eine Partei der Steuerhinterzieher und meineidigen Politiker.

Ebenso legitim wäre es, die Sozialdemokratische Partei Deutschlands (SPD) (beispielsweise mit Hinweis auf den ehemaligen hessischen Ministerpräsidenten Holger Börner, den ehemaligen schleswig-holsteinischen Ministerpräsidenten und Bundeskanzlerkandidaten der SPD Björn Engholm, den ehemaligen Verteidigungsminister Rudolf Scharping oder Bundeskanzler Gerhard Schröder) als einen ›Hort der Lügner und Kriegstreiber‹ zu bezeichnen. Was natürlich Unsinn ist. Warum? Weil es unter dem Gesichtspunkt der Legitimität überaus fraglich ist, verallgemeinernd von einzelnen auf die Gesamtheit zu schließen. Daraus folgt aber, daß es ethisch (und wohl auch juristisch) unhaltbar ist, beispielsweise aus der NPD-Mitgliedschaft einzelner Tatverdächtiger oder Straftäter *per se* eine Verantwortlichkeit der Partei für diese Handlungen abzuleiten. Da aber genau diese fragwürdige Projizierung und unhaltbare Verallgemeinerung vom ›Verfassungsschutz‹ praktiziert wird, können die von den Ämtern für Verfassungsschutz herausgegebenen sogenannten Berichte und die Nennung in denselben nur als Waffe betrachtet werden, die gegen den tatsächlichen oder vermeintlichen, jedenfalls aber fundamentalkritischen politischen Opponenten oder unliebsame Gruppierung oder unbequeme Kritiker und Dissidenten eingesetzt wird.

Freiheit durch Repression?

Stellvertretend für die vieltausendfach praktizierten Strafverfolgungen aufgrund unliebsamer Meinungsäußerungen wollen wir hier aus gutem Grund den Fall des Liedermachers Frank Rennicke vorlegen. Rennicke, Vater von fünf Kindern, wurde am 22. November 2000 vom Amtsgericht Böblingen wegen ›Volksverhetzung‹ zu einer Freiheitsstrafe von 10 Monaten zur Bewährung auf drei Jahre und seine Frau Ute wegen ›Beihilfe‹ zu einer Geldstrafe von 50 Tagessätzen zu je 20.- DM verurteilt. Zudem wurde ein Festgeld in Höhe von über 70 000 DM, das für die Ausbildung ihrer Kinder bestimmt war, vom Staat beschlagnahmt. Welches Verbrechen haben die Rennickes begangen, das eine derart drastische Bestrafung rechtfertigen könnte?

Vor etwa 16 Jahren hatte Frank Rennicke *Das Lied der Heimatvertriebenen* geschrieben, komponiert, auf Tonträger gebracht und bei verschiedenen Konzerten vorgetragen. In diesem Lied wird erstrangig das Schicksal der Vertriebenen aus dem Sudetenland und aus Ostdeutschland beschrieben. Rennicke schildert die Greuel der Vertreibung, die Besetzung deutschen Landes durch Dritte. Doch die eigentliche Aussage des Liedes ist eine andere als die Aufarbeitung des damals begangenen Genozids: Als politisch engagierter Künstler wagt Rennicke in diesem Lied zwar einen historisch gesehen vielleicht nicht ganz korrekten, aber doch sicher legitimen und aufsehenerregenden Spagat. Er stellt einen Vergleich an und setzt das Ergebnis der damaligen Entvölkerungspolitik, heute würde man sie *›ethnic cleansing‹* nennen, den möglichen Folgen der heutigen Ausländerpolitik in der Bundesrepublik Deutschland gegenüber. Nach Rennickes Meinung wird die Konsequenz der »Überfremdungspolitik der Systemparteien« dieselbe sein wie in den seit 1945/46 unter fremder Verwaltung stehenden Gebieten: der Volkstod. Um diesen abzuwenden, beendete RENNICKE sein Lied mit der Forderung, das Selbstbestimmungsrecht der Deutschen wiederherzustellen. Dies setzt sowohl den Abzug der Besatzungstruppen (wie gesagt, das Lied wurde Mitte der achtziger Jahre geschrieben) als auch die Rückführung der als »Zivilokkupanten mißbrauchten Ausländer« voraus.

Kein Volk sei frei, solange sich gegen seinen Willen fremde Truppen im Vaterland befänden. Ein solches Bekenntnis stößt nun nicht gerade auf die Gegenliebe der herrschenden politischen Klasse. Es wundert also nicht, daß hierin die Staatsgewalt Äußerungen sah, die von strafrechtlicher Relevanz seien. Die hohe Meßlatte, die gewöhnlich bei internationalistischen Künstlern - von marxistischen Liedermachern bis antifaschistischen Punkbands - angelegt wird, um deren künstlerischen Anspruch zu belegen, kam bei Frank RENNICKE nicht zum Tragen. Er, und so sollte es später auch in dem Urteil heißen, könne sich nicht auf die Kunst- und Meinungsfreiheit berufen, da sein Lied zu Gewalttaten gegen Ausländer aufrufe. Die direkte Folge waren Hausdurchsuchungen, Sperrungen von Bankkonten, die Eröffnung eines Ermittlungsverfahrens und schlußendlich besagter Prozeß, der mit der oben genannten Verurteilung einen bis zu diesem Zeitpunkt einmaligen Höhepunkt fand.

Man muß kein studierter Jurist sein, um das von diesem Urteil ausgehende Signal zu erkennen: Existenzvernichtung durch finanziellen Ruin und anschließendes Berufsverbot. Das Amtsgericht Böblingen begnügte sich ja nicht damit, den Sänger zu ›züchtigen‹ oder in seine Schranken zu weisen. Das Urteil weckt vielmehr unweigerlich den Verdacht, daß hier die längst für überwunden gehaltene Sippenhaft wieder aus den Tiefen der Unrechtsstaatlichkeit auftaucht. Ute RENNICKE wurde verurteilt, weil sie sich erdreistet hatte, über den privaten Telefonhausanschluß eine geschäftliche Nachricht entgegenzunehmen und an ihren Ehemann weitergeleitet zu haben. Bei dieser Nachricht handelte es sich um eine Bestellung von CDs, auf denen unter anderem auch *Das Lied der Heimatvertriebenen* enthalten ist.

Frank RENNICKE legte gegen das in der Rechtsgeschichte der Bundesrepublik Deutschland bis dahin wohl einmalige Urteil Revision ein, so auch Staatsanwalt Wolfgang MERTIG, dem das Urteil zu niedrig ausgefallen war und der für Ute RENNICKE 9 Monate auf Bewährung und für Frank RENNICKE eine Haftstrafe von 2 Jahren gefordert hatte. Bis zu dem Revisionsverfahren wurde die Familie RENNICKE mit allerlei Schikanen der ›wehrhaften Demokratie‹

drangsaliert. Als beliebtes Mittel hierzu eignen sich ständige Kündigungen der Geschäftskonten von Frank RENNICKE, aber auch des Privatkontos seiner Frau.

Mitte Oktober 2002 war es dann soweit. Nach acht Verhandlungstagen wurde Frank RENNICKE zu einem Jahr und fünf Monaten Haft zur Bewährung auf drei Jahre, seine Frau Ute zu fünf Monaten Haft zur Bewährung auf drei Jahre verurteilt. Strafverschärfend kommt hinzu, daß sämtliche beschlagnahmten Gegenstände wie Tonträger, Masterbänder, zwei vollständige Rechneranlagen und »als Wertersatz DM 75 450.-« eingezogen wurden.

Der Richter, der dieses Urteil zu verantworten hatte, bezeichnete den Angeklagten als Texter eines »Songs«, der »Anklänge an die Rassenideologie der Nazis« sich zu eigen macht: ». . . wer gegen die multikulturelle Gesellschaft ist, macht sich die Rassenideologie des nationalsozialistischen Regimes zu eigen – dieses führt zu Verbrechen und muß mit der ganzen Schärfe des Gesetzes bekämpft werden. . .!« Der Richter unterstellte RENNICKE, seine Lieder nur deswegen zu singen, um Ausländer verächtlich zu machen und fremdenfeindliche Gewalt zu fördern. Dem Liedermacher wurden Auftritte bei den Republikanern, bei Burschenschaften und Nationaldemokraten vorgeworfen, da er somit ein »bestimmtes gewaltfähiges Klientel« anspreche. Der Verteidigungstext, den Frank RENNICKE auf seiner Internetseite vor gut drei Jahren veröffentlichte, zeige seine Uneinsichtigkeit und sei ein weiterer Verstoß gewesen. Der Besuch von über 9000 erfaßten Internetgästen auf dieser Seite zeige den Einfluß von Frank RENNICKE, ebenso die Anzahl seiner vertriebenen Tonträger. Diesem müsse ein Ende gesetzt werden.

Und dies geschah auf eine Weise, die nur schwerlich als rechtsstaatlich bezeichnet werden kann: Das Gericht hatte *alle* detaillierten Beweisanträge und Hilfsbeweisanträge RENNICKES verworfen und zurückgewiesen. Die Worte der Angeklagten blieben ohne Eindruck auf das Gericht. RENNICKE hätte durch die Ermittlungsverfahren gewarnt sein müssen, sich gewisser Äußerungen zu enthalten, auch gebe es durch seine »rechtslastigen« Anwälte keine »objektiven Rechtsgutachten« – das hätte er wissen müssen. Damit liege für ihn auch keine Unschuldsvermutung vor. Er hätte sich besser um »unabhängige Rechtsauskünfte« bemühen müssen. Sollten andere Zeitgenossen, beispielsweise Alt-Bundeskanzler Helmut SCHMIDT, auch kritische Äußerungen zu Ausländern gemacht haben, so stünden diese »im demokratischen Konsens«. Frank RENNICKE stehe jedoch außerhalb dieser Übereinstimmung und wolle nur als Volksverhetzer tätig sein. Der Erfolg des Lieder-

Werke des ›deutsch denkenden‹ Volkssängers und Liedermachers Frank RENNICKE.

machers, seine Bekanntheit und die Vielzahl seiner Auftritte und Tonträger wurden strafverschärfend gewertet. Die Gesinnung RENNICKES wurde dreimal als strafverschärfend genannt – damit ist es deutlich, daß hier die Gesinnung, und nicht die ›Tat‹ eines Liedermachers und seiner Frau verurteilt wurde. Gern hätte das Gericht höher verurteilt, doch sei durch das lange Verfahren und durch den Umstand, daß beide Angeklagten nicht vorbestraft seien, hier eine Grenze gesetzt. Eine Bewährungsstrafe wurde deshalb ausgesprochen, da Ute und Frank RENNICKE als »intelligente Leute« nun (!) wohl wüßten, wie sie sich künftig zu verhalten hätten – kleinste Verfehlungen würden zur Aufhebung der Bewährung führen. Da Frank RENNICKE in der Vergangenheit immer versucht habe, juristische Spielregeln einzuhalten, werde er gewiß diese Mahnung zu verstehen wissen. RENNICKE gab indes dem Gericht und den Anwesenden deutlich zu verstehen, was er von diesem ›Urteil‹ hielt, und sprach empört vom »Beispiel eines Unrechtsurteils«, einem »Beispiel des modernen Faschismus und der Unterdrückung der Meinung«, von der »Zerstörung einer Familie«, von »Berufsverbot« und »Schande«.

Zu Beginn ihrer Schlußworte vor dem Landgericht Stuttgart las Ute RENNICKE zunächst aus Drohbriefen vor, die die Familie während des Prozesses erhalten hatten: »Guten Tag, Barde, schön, dass wir uns bald in Stuttgart zum Prozess sehen. Bringst du auch deine Fotze von Frau mit – dann ist es ein Aufwasch mit euch. Und eure Bastarde von Nazikindern werden wir dann auch gleich wegschaffen. Wir freuen uns schon darauf. Ihr werdet aussterben – und mit euch die ganze Nazibrut und eure deutschen Volkslieder. Also, macht euch schön fein, damit die Sargkleidung stimmt. Aber vielleicht verbrennen wir euch auch – so wie die Nazis es machten. Auge um Auge, Zahn um Zahn. Millionen Israelis, Sintis, Schwule und Genossen warten auf euren Tod – und man wird an euch Rache nehmen für die Scheiß-Naziverbrechen. Deutschland verrecke! Ob beim Prozess, ob daheim, ob beim Einkauf – wir werden euch kriegen und dann schneiden wir einem Scheiss-Rechtssänger die Eier ab und stecken sie dir ins Maul! Und deinen Schwanz bekommt deine Ute in den Arsch.« (Alle Fehler im Original.)

Nach dieser Einleitung sprach Frau RENNICKE zum Gericht: »So sehr mich diese Briefe […] verängstigen, so groß ist auch mein Zorn über die, die das erst hervorrufen. Ich denke da u. a. an gewisse Staatsanwälte und Journalisten. Wir werden zu Freiwild gemacht. Einer unserer Söhne (11 Jahre alt) wird bereits in Ehningen beschimpft, bedroht und geschlagen, und zwar aufgrund von Zeitungsberichten! Gehört wohl auch zum Aufstand der Anständigen! […] Das alles hier kommt mir vor wie ein böser Traum. Warum sitze ich eigentlich auf der Anklagebank? Weil ich vor 13 Jahren Frank RENNICKE geheiratet habe? Kann das der Grund sein? Was will man damit erreichen? Sollen wir auf diese Art und Weise mürbe gemacht werden? Ich glaube, es gibt nicht viele Frauen, die sich das nur annähernd vorstellen, geschweige denn ertragen könnten, was ich im Laufe der letzten Jahre erlebt habe. Ich hatte vorher eine andere Vorstellung von diesem Staat, aber langsam bin ich aufgewacht. [...] Wegen des Heimatvertriebenenliedes sitzen wir u. a. hier auf der Anklagebank, wo zuvor Kriminelle, Drogenhändler, Mörder und Sexualstraftäter gesessen haben. Ich bin mir beim besten Willen keiner strafbaren Handlung bewußt. Das Lied wurde 14 Jahre lang nicht verfolgt. Ich kann mir aufgrund eines engen Vertrauensverhältnisses zwischen meinem Mann und mir sicher sein, daß er vorsichtig ist, daß er die Familie nicht in etwas hineinziehen möchte, daß er sie schützen will. [...] Und ist es so ungewöhnlich, daß ich als Ehefrau in einer intakten Ehe über Dinge Bescheid weiß, die den Broterwerb meines Mannes betreffen? Ja, wir haben uns noch etwas zu sagen, reden miteinander, sei es über Kinderkrankheiten, Schulprobleme oder über Treffen und Gespräche mit Anwälten, der Bundesprüfstelle oder auch über die Höhe der Versandkosten, die man verlangen kann? Mir nun daraus, aus einer Selbstverständlichkeit, einen Strick drehen zu wollen, wirkt lächerlich. Bösartig dagegen ist die Unterstellung, daß ich mir darüber im klaren gewesen sei, daß durch das Heimatvertriebenenlied alle Nichtdeutschen verächtlich gemacht werden sollen! Heute, da ich die Verantwortung für meine Kinder trage, ist mir die Furcht, die mein Mann in seinem Heimatvertriebenenlied ausspricht, selber bewußt und greifbar geworden. Bei Dunkelheit gehe ich nur ungern und mit einem unheimlichen Gefühl aus dem Haus, traue mich oftmals kaum noch alleine oder mit dem Fahrrad unterwegs zu sein. Meine Kinder müssen begleitet werden, wenn sie abends noch auf die Straße müssen. Nach den erhaltenen Drohbriefen notwendiger denn je. Was ich mir wünsche, ist ein sicheres und erfülltes Leben in unserer Heimat, wenn nicht für meinen Mann und mich, dann doch für unsere Kinder. Und da kann kommen, was mag: Ich bleibe eng an der Seite meines Mannes, weil ich ihm vertrauen kann und weil ich weiß, daß er nichts Unrechtes tat und in Zukunft tun wird.«[322] Hochachtung vor einer Frau mit einer solchen Courage! Einen Handkuß für diese Frau, die fähig ist, so tief und so konsequent zu lieben.

Dem Fall Rennicke kommt eine ganz besondere Bedeutung zu, die sich jeder politisch denkende Mensch, ganz gleich welcher Ausrichtung, vor Augen führen muß: Sollte der Liedermacher seinen Revisionsprozeß verlieren, also seine Verurteilung rechtskräftig werden, würde dies einschneidende Folgen nicht nur für die Familie Rennicke haben, sondern auch in einem übergeordneten Sinn für die Zukunft und für jeden, der sich in der Berliner Republik auf geistig-politischer Ebene engagiert:

- Wenn eine Ehefrau nur deswegen verurteilt werden kann, weil sie einmal eine Bestellung entgegennahm, statt einen Anrufer zu bitten, erneut anzurufen und mit dem Anrufbeantworter zu sprechen, dann sind der Willkür Türen und Tore geöffnet. Packer und Postboten könnten, folgte man der Ansicht des Gerichts, in Zukunft ebenso strafrechtlich belangt werden.

- Wenn bereits ein Lied, das eineinhalb Jahrzehnte unbeanstandet existiert, nachträglich mit über DM 70 000.- in Form einer Beschlagnahme des Familienvermögens bestraft wird, dann wird sich ein karrieresüchtiger und politisch verbohrter Staatsanwalt künftig kaum mit weiteren abstrusen Anklagen zurückhalten, um mißliebige Familien in den Ruin zu treiben.
- Wenn es so leicht ist, mit einem fast 15 Jahre alten Lied einen Vater und eine Mutter zu kriminalisieren und existentiell an die Wand zu drücken, so dürfte es nach weiteren Anklagen und entsprechenden Verurteilungen auch möglich sein, die Kinder eines solchen ›kriminellen‹ Ehepaares zu entziehen.

Der Fall Rennicke ist kein Einzelfall - nur bündeln sich hier die unterschiedlichsten repressiven Maßnahmen gegen nationale Oppositionelle in beispielhafter Weise.

Die Repressionspolitik von Bundesinnenminister Otto Schily, der sich 1974 selbst noch als »liberalen Kommunisten«[323] bezeichnet hatte, wird von ›oppositionellen‹ Unionspolitikern nicht nur kopiert, sondern - so denn möglich - sogar noch übertroffen. Der Bundestagsabgeordnete Erwin Marschewski beispielsweise, Leiter der ›Arbeitsgruppe Inneres der CDU/CSU-Bundestagsfraktion‹, antwortete im Oktober 2001 während einer Bundestagsdebatte auf die von Sozialdemokrat Wiefelspütz vertretenen Meinung, daß die Grundrechte auch für Extremisten gälten: »Meine Damen und Herren, wer sich extremistisch betätigt, verwirkt diese Grundrechte; das ist unsere Position.« Marschewski ist offensichtlich entgangen, daß er mit dieser fragwürdigen Äußerung kundgetan hat, selber extremen Auffassungen nicht abhold zu sein, denn die von ihm vertretene und auf die gesamte Union projizierte ›Position‹ ist nicht ganz unproblematisch. Sie liegt außerhalb des Grundgesetzes und verstößt gegen die Grundsätze der freiheitlich-demokratischen Rechtsordnung. Schließlich ist kein Politiker befugt, einem mißliebigen Mitbürger, den er nach eigenem Gutdünken kurzerhand als ›Extremisten‹ abstempelt und verunglimpft, die Grundrechte abzuerkennen und damit für vogelfrei zu erklären. Nur das Bundesverfassungsgericht kann gemäß Artikel 18 des Grundgesetzes bei Mißbrauch von Grundrechten *einige* der Grundrechte aberkennen - keinesfalls aber alle.

Die Politikwissenschaftler Uwe Backes und Eckhard Jesse stellten bereits 1996 in dem Buch *Streitbare Demokratie in der Krise* fest: »Wird einer politischen Partei, die es an der notwendigen kämpferischen Haltung gegen die freiheitliche demokratische Grundordnung fehlen läßt, staatlicherseits das Etikett ›extremistisch‹ angehängt (z. B. durch eine Erfassung im Verfassungsschutzbericht), färbt dies unweigerlich auf die jeweilige Organisation ab. In ihr möglicherweise wirkende demokratisch gesinnte Kräfte ziehen sich zurück, während andere Strömungen eher Zulauf erhalten dürften.« Die kämpferische Haltung gegen die freiheitliche demokratische Grundordnung, die Voraussetzung eines Parteienverbots ist, wird also durch die Verfassungsschutzbehörden selbst maßgeblich hervorgerufen.[324]

Wir sehen schon anhand dieses Beispiels, wie weit sich die Praxis in der Bundesrepublik Deutschland tatsächlich von den im Grundgesetz garantierten Grundrechten entfernt hat. Auch wenn sich über die Wortwahl streiten läßt, so hat doch ausgerechnet die *tageszeitung* die undemokratischen Mittel zur Ausgrenzung politisch Inopportuner in diesem Land festgestellt: »Sollen Rechtsradikale denn jegliche politische Lebensäußerung einstellen? Wer so denkt, landet wie Kanzler Gerhard SCHRÖDER oder Sachsens ehemaliger Ministerpräsident Kurt BIEDENKOPF schnell bei an NS-Jargon erinnernden Begriffen wie ›politische Hygiene‹ versus ›politische Umweltverschmutzung‹. Die Demokratie muß gegen undemokratische Ideologien verteidigt werden – aber nicht mit ebensolchen Mitteln. Rechte Minderheiten gehören zu einer multikulturellen Gesellschaft dazu. Also muß man auch ertragen, daß sie sich öffentlich artikulieren, daß sie demonstrieren, Zeitungen herausgeben und Flugblätter verteilen.«[325]

Es sind eben keineswegs nur die Betroffenen oder gar Angehörigen der ›rechtsradikalen Szene‹, wie uns die Verfassungsschützer und berufspolitische Apologeten repressiver Maßnahmen einreden wollen, die sich gegen Denkverbote und Einschränkungen der Informationsfreiheit aussprechen. Der überparteiliche Protest gegen die Repression hierzulande nimmt deutlich zu. Und das ist gut so. Zensurmaßnahmen im Internet beispielsweise werden massiv von der Initiative *odem* (www.odem.org) kritisiert und abgelehnt. In einem Gespräch mit dem *Neuen Deutschland* erklärte der Mitbegründer der Initiative Alvar FREUDE: »Wir fordern, daß jegliche Information, die vorhanden ist, auch zugänglich sein muß, was auch durch das Grundgesetz gefordert und vom Bundesverfassungsgericht mehrfach bestätigt wurde. [...] Die Kritik ist, daß das Recht auf Informationsfreiheit eingeschränkt wird. Es ist ein gesellschaftlicher Rückschritt, wenn es eine Art ›Feindsenderverbot‹ gibt. [...] Es sind Methoden, die bei den Nazis oder in der DDR üblich waren.«[326]

Es wäre verwegen oder aber grenzenlos naiv anzunehmen, die CDU/CSU werde ihrer Rolle als ›Opposition‹ wenigstens bezüglich der zunehmenden Einschränkung der Grundrechte und der wachsenden Bedrohung eines perfektionierten Überwachungsstaats gerecht. Das Gegenteil ist der Fall. Die vielfach unternommenen grotesken Anstrengungen vieler Unionspolitiker, die rotgrüne Koalition im Wettrennen um den vermeintlichen Schutz der angeblich so gefährdeten inneren Sicherheit ›links‹ zu überholen, zeigen deutlich, daß von christdemokratischer Seite kein Halt oder gar eine Umkehr der Entwicklung in Richtung eines ›Orwellstaats‹ erwartet werden darf. Der Beschluß der Jungen Union Werder a. d. Havel vom 18. November 2001 beispielsweise spricht diesbezüglich Bände: »Verdeckte Ermittler müssen bei der Begehung von milieubedingten Straftaten straffrei bleiben, sofern der Grundsatz der Verhältnismäßigkeit eingehalten wird.«

Was diese Verhältnismäßigkeit sein soll, wird vorsichtshalber nicht gesagt. Auch die fragwürdige Ankündigung von Andreas Gram, Vorsitzender des Verfassungsausschusses im Berliner Abgeordnetenhaus, daß die Zeit gekommen sei, vom Verfassungsschutz eingesetzte Spitzel Verbrechen begehen zu lassen, geht in diese Richtung. Die entwaffnende Logik des Christdemokraten: »Wenn wir mehr über die Strukturen extremistischer Gruppierungen erfahren wollen, brauchen wir V-Leute aus der Szene. Daß diese sich auch an milieubedingten Straftaten beteiligen müssen, liegt auf der Hand.« Stimmt nicht. Artikel 3 des Grundgesetzes zufolge sind vor dem Gesetz alle Menschen gleich. Folglich, wer Straftaten verübt, ist abzuurteilen, gleichgültig auf welchen Arbeitgeber sich der Straftäter beruft. Inwieweit die Vorstellung, daß Staatsagenten genau jene Verbrechen begehen dürfen, die der Verfassungsschutz danach als ›extremistische Bestrebungen‹ zu bekämpfen vorgibt, mit den Grundsätzen eines freiheitlichen Systems zu vereinbaren ist, bleibt das Geheimnis der Berufspolitiker dieser Republik. Mehr noch: Der christdemokratische Innenminister Brandenburgs Jörg Schönbohm sieht, wie sein Parteifreund und Amtskollege Horst Rasch (Sachsen), durch ein etwaiges Verbot für Spitzel, Straftaten zu begehen, den »Kampf gegen Extremismus, Rassismus und politische Gewalt [...] entscheidend geschwächt«. Der Ansicht ihres inzwischen geschaßten Kollegen Christian Köckert (Thüringen) zufolge würde dadurch sogar eine »effektive Arbeit der Verfassungsschutzbehörden mit den V-Leuten«[327] unmöglich gemacht.

Wobei wir beim staatlich organisierten, instrumentierten Beschaffungsextremismus angelangt wären. Der Bundesvorsitzende der Republikaner (REP) Rolf Schlierer stellte diesbezüglich klar: »Damit kein falscher Eindruck entsteht: Selbstverständlich hat jedes freiheitliche System das Recht, sich gegen einen von außen oder innen geführten Angriff zu verteidigen. Freiheit oder Toleranz bedeuten nicht, daß ein freiheitlicher Verfassungsstaat gegenüber Bewegungen oder Parteien wehrlos bleiben muß, die die Freiheit beseitigen wollen, um an die Macht zu gelangen. Dies bedeutet aber nicht, daß staatliche Stellen in einem freiheitlichen Rechtsstaat dazu berechtigt sind, erst einmal eine angeblich den Umsturz planende Szene aufzubauen, um dann unter Hinweis auf die selbst inszenierten verfassungsfeindlichen Entwicklungen einen repressiven Apparat zum Zweck des eigenen parteipolitischen Machterhaltes aufzubauen. Genau dies geschieht aber schon seit Jahrzehnten in Deutschland mit Hilfe von V-Leuten des sog. ›Verfassungsschutzes‹ oder sog. ›Verdeckter Ermittler rechts‹, die als Provokateure Straftaten begehen oder mit staatlichen Geldern einen Neonazi-Popanz aufbauen und am Leben halten. Der Vorsitzende der CDU/CSU-Bundestagsfraktion Friedrich Merz brachte es in einem am 26. 1. 2002 ausgestrahlten Interview auf den Punkt, als er im Blick auf den V-Leute-Skandal von ›bestelltem Extremismus‹ sprach.«

Unter staatlichem Beschaffungsextremismus ist, so Schlierer weiter, deshalb zu verstehen ein »planvolles und zielgerichtetes Vorgehen von Einzelpersonen oder Organisationen mit der Absicht, durch Aufbau oder Verstärken von Einstellungen oder Neigungen extremistische Verhaltensweisen bei dazu bestimmten Personen, Personengruppen oder Organisationen zu wecken, zu unterstützen oder weiterzuentwickeln und damit einen bisher im politischen Extremismus nicht vorhandenen Brennpunkt zu organisieren oder einen bereits bestehenden Brennpunkt zu verstärken, um staatliche Maßnahmen zur Gefahrenabwehr rechtlich zu legitimieren und/oder anlaßbezogen politisch zu instrumentalisieren«.[328]

Im ›Kampf gegen rechts‹ entzieht der Staat der nationalen Opposition, dem nationalen Widerstand mehr und mehr grundlegende Menschenrechte, allen voran das Recht auf Meinungs- und Versammlungsfreiheit. Dies ist ein Teufelskreis. Der Hamburger Verfassungsschutzpräsident Uhrlau erklärte bereits 1995, daß »das konsequente Vorgehen der staatlichen Behörden gegen die Rechtsextremisten« deren legale Aktionsmöglichkeiten weitgehend lahmgelegt und damit das gesamte rechtsextremistische

Lager in seine schwierigste Situation seit Jahren gebracht habe. Die bislang erfolgten Verbote seien aber auch Anstoß für den Übergang zu konspirativen und illegalen Handlungsformen und für eine zunehmend aggressive Stimmung, die sich gewaltsam entladen könne.[329]

10.
Der ›Verfassungsschutz‹

In den vorigen Kapiteln haben wir dargelegt, daß die sogenannte ›braune Gefahr‹ künstlich gezüchtet wird. Der ›Kampf gegen rechts‹ ist ein willkommener Vorwand, um weitere drakonische Gesetze zum Abbau der bürgerlichen Freiheiten durchzusetzen. Uwe WESEL, Rechtsprofessor an der Freien Universität Berlin, erklärte im Zuge des Skandals um das NPD-Verbotsverfahren, daß es nicht das erste Mal sei, daß der Verfassungsschutz Beweise selbst produziere.[330] Anlaß genug, diesen Geheimdienst genauer unter die Lupe zu nehmen.

Unbestritten ist es die natürlichste Sache eines Staates, sich selbst zu schützen. Die Daseinsberechtigung für eine Institution oder Behörde, die für die innere Sicherheit des Staates und für die Sicherheit seiner Staatsbürger verantwortlich sein muß, ist selbstverständlich. Auftrag und Arbeitsweise der Verfassungsschutzbeamten und ihrer Spitzel lassen jedoch den Schluß zu, daß ihr Einsatz eben nicht dem Schutz von Rechten und Pflichten der Staatsbürger dient, sondern dem Schutz der Interessen des herrschenden Establishments. Diese Erkenntnis hatte *Die Zeit* bereits Mitte der sechziger Jahre gewonnen: »Man wird feststellen müssen, daß sich die Verfassungsschutzämter um den Schutz der wertvollsten und wichtigsten Teile unserer Verfassung in der Regel nicht kümmern. Es ist noch nie bekannt geworden, daß sie wegen der häufigen Störungen elementarer Grundrechte aktiv geworden seien, die Tag für Tag vorkommen.«[331] Die Wochenzeitung zog daraus den Schluß, daß es sich beim sogenannten Verfassungsschutz vielmehr »um einen Geheimdienst mit vorwiegend politischen Aufgaben« handele, der »zum Schutze der politischen Interessen der herrschenden Parteien, ja der herrschenden Politiker selbst mißbraucht« werde.

Diese Einschätzung entspricht der Realität. Wären die Ämter für Verfassungsschutz tatsächlich Vorwarnleuchten für verfassungswidrige Bestrebungen oder gar Aktivitäten, und kein vom Establishment eingesetztes Instrument zur Kriminalisierung politisch Andersdenkender, müßten sie ihr Augenmerk auf tatsächliche Verstöße gegen das Grundgesetz richten. Zum Beispiel müßten die Verfassungsschützer dann auch den in der Bundesrepublik Deutschland spionierenden Geheimdiensten ›befreundeter‹ Staaten[332] und den Finanzabteilungen der etablierten Systemparteien ihre Aufmerksamkeit schenken. Es müßte in den Verfassungsschutzberichten dann dargelegt werden, in welchem Ausmaß Franzosen, Briten, US-Amerikaner und Israelis in der Bundesrepublik Deutschland Wirtschaftsspionage betreiben oder CDU, CSU, Grüne, SPD, PDS und FDP verfassungswidrig Gelder veruntreuen, ihre Macht mißbrauchen und Gesetze brechen.

Ausgangspunkt für die Rechtfertigung des institutionalisierten Verfassungsschutzes ist die Begrifflichkeit der ›streitbaren‹ oder auch ›wehrhaften Demokratie‹ in der Bundesrepublik Deutschland, die sich gegen Verfassungsfeinde zur Wehr setzen müsse. Die Verfassungsschutzbehörden dienen dem Vernehmen staatlicher Äußerungen nach dem Schutz der freiheitlichen demokratischen Grundordnung, des Bestandes und der Sicherheit der Bundesrepublik Deutschland und ihrer Länder. Dieser Ausgangspunkt sollte sich als Ansatz für eine Auseinandersetzung mit der Sinnhaftigkeit von Verfassungsschutzbehörden und ihrem Wirken als ›Vorwarnleuchte‹ eignen. Das Prinzip sicherheitspolitischen Denkens wurde entlang dieser Entwicklung grundlegend gewandelt: ›Prävention‹ heißt das Stichwort. Gemünzt auf die Aufgaben von Polizei und Justiz, bedeutete dies eine rasche Ausweitung polizeilicher und staatsschützerischer Aktivitäten. »So sieht dieses Sicherheitskonzept aus: Nicht erst ein Anfangsverdacht führt zu einer Ermittlung und zu einem Prozeß, an dessen Ende Verurteilung oder Freispruch stehen. ›Vorbeugend‹ sollen Verbrechen ›bekämpft‹ werden. ›Risikopotentiale‹ werden erfaßt, ausgehorcht, in Dateien gespeichert. Es gilt, alles im Griff zu haben. Kontrolle und Überwachung sollen gewährleisten, daß der Sicherheitsapparat jederzeit in der Lage ist, gegen ›aktuelle Bedrohungslagen‹ repressiv einzuschreiten.«[333]

Unter diesem Gesichtspunkt werden alle Bürger zu einem Sicherheitsrisiko. Jeder ist eine potentielle Bedrohung des Rechtsstaates. Je mehr Informationen über die Lebensumstände des Einzelnen in staatlichen Dateien vorhanden sind, desto eher läßt sich das ›Risiko Mensch‹ einschätzen und minimieren. Folglich wurden in jüngster Vergangenheit mehr denn je Telefongespräche abgehört, Telefaxe abgefangen, elektronische Post mitgelesen und so selbst das künstliche bzw. regierungsamtlich bestellte Bild von ›verfassungsfeindlichen Bestrebungen‹ geschaffen. Mittels Observation, mittels Einsatzes von V-Leuten und vor allem *agents provocateurs*, mittels Kontrollen und Razzien wurden in großem Ausmaß Daten gesammelt, auf Vorrat gespeichert und im ›Bedarfsfall‹ abgerufen. Dabei wurden, wie der Berliner PDS-Politiker Klaus Lederer richtig ausführt, ungehemmt Daten zwischen Behörden, sogar zwischen Landesamt und Privatwirtschaft oder mit »befreundeten Diensten« ausgetauscht, ohne daß eine Kontrolle darüber stattfand.[334] Das ›Trennungsgebot‹ wurde damit in der Praxis ausgehöhlt. Erfaßt und verarbeitet werden die gewonnenen Informationen im Datenverbundsystem NADIS, auf das die Verfassungsschutzämter der Länder und des Bundes Zugriff haben. NADIS enthält Namen und Identifizierungsmerkmale von Gruppen und Einzelpersonen, die der Verfassungsschutz willkürlich als »Träger« von »Bestrebungen« gegen die freiheitlich demokratische Grundordnung bezeichnet. Die gespeicherten Daten werden in der Regel für 15 Jahre aufbewahrt. Gespeichert wird, wer Aufrufe zur Ausländerbegrenzung unterschrieben hat oder als Demonstrationsteilnehmer zum Gedenken an Rudolf Hess erkannt wurde, wer sich als Atomkraftgegner, Umweltschützer oder Heimatschützer engagiert, in Parteien wie der NPD, DVU oder den Republikanern politisch tätig ist, als Anwalt ›Rechtsradikale‹ verteidigt, als Journalist hierüber berichtet, oder als Publizist über Tabubruchthemen kontrovers schreibt, oder als Wissenschaftler zu unliebsamen Ergebnissen gekommen ist. Wie wir gesehen haben, landen die Namen dieser Personen oftmals zur weiteren Stigmatisation in den sogenannten Verfassungsschutzberichten.

So geraten Menschen ins Visier der ›Verfassungsschützer‹, die zwar überhaupt nicht unter Androhung von Gewaltanwendung oder kämpferisch-aggressiv auftreten, sondern tatsächlich viel ›gefährlicher‹ sind: Sie denken, oder sie singen, oder sie schreiben. Aus gutem Grund sah sich der Verfasser deshalb im April 2000 veranlaßt, einen offenen Brief an das Bundesamt für Verfassungsschutz in Köln zu richten, in dem es unter anderem heißt:

»[W]ie ich kürzlich erfahren habe, sehen Sie auch dieses Jahr die Notwendigkeit, mich in Ihrem im Juni erscheinenden ›Bericht‹ aufzunehmen und meine Arbeit zu würdigen.

Für diese kostenlose Werbung bedanke ich mich, zumal Sie im Vergleich zu letztem Jahr – als Sie mich wegen meines im renommierten Münchener Universitas-Verlag erschienenen Buches *Sind Gedanken noch frei? Zensur in Deutschland* glaubten, unter einer Rubrik ›extremistischer Bestrebungen‹ aufführen zu müssen – immerhin meinen Namen richtig geschrieben haben.

Dieses Jahr also wollen Sie mir drei Sätze widmen. Im ersten stellen Sie fest – und da haben Sie einmal recht! –, daß ich 1999 ›anläßlich mehrerer Deutschlandaufenthalte bei Vortragsveranstaltungen‹ meine Bücher vorgestellt habe. Nur, was soll diese Aussage? Wollen Sie mit ihr etwa vor ›verfassungsfeindlichen, staatsgefährdenden oder terroristischen Bestrebungen‹ warnen?

Im zweiten Satz mokieren Sie sich darüber, daß ich mich über ›mangelnde Meinungsfreiheit in Deutschland‹ beklagt hätte. Nun, sich zu ›beklagen‹ entspricht zwar nicht gerade meinem Wesen; daß die Meinungsfreiheit in der Bundesrepublik Deutschland aber in der Tat gefährdet bzw. in manchen Aspekten aufgehoben ist, ist längst Bestandteil eines allgemeinen Wissensstandes. Entnehmen Sie hierzu bitte erklärende Einzelheiten meinen Ausführungen, die in meinen diesbezüglichen Sachbüchern für jedermann zugänglich sind, oder besuchen Sie meine Internetseiten. Gern möchten Sie hierzu horizonterweiternd auch die Erkenntnisse – und hier handelt es sich im Gegensatz zu Ihren Halbwahrheiten und Verleumdungen tatsächlich um solche! – meiner Kollegen, beispielsweise Prof. Dr. Erwin SCHEUCH, Prof. Dr. Hans Herbert VON ARNIM, Dr. Arnulf BARING oder Prof. Dr. Hans-Helmuth KNÜTTER, berücksichtigen.

Im zweiten Teil Ihres zweiten Satzes verlieren Sie dann vollends die Übersicht. Sie unterstellen mir, ich stellte ›den demokratischen Rechtsstaat und seine Institutionen mit autoritär-diktatorischen Systemen gleich‹. Dies ist natürlich Mumpitz! Nehmen Sie zur Kenntnis, daß diese unqualifizierte Behauptung weder meiner Meinung entspricht noch ich einen derartigen Schwachsinn je gesagt, geschweige denn geschrieben habe.

Im dritten Satz schließlich meinen Sie, einer meiner diesbezüglichen Vorträge sei ›im Internet über die Homepage der *Politischen Hintergrund Informationen* (PHI) live übertragen‹ worden. Davon abgesehen, daß es sich hierbei nicht um eine Direktübertragung handelte, sondern um eine Aufzeichnung, haben Sie die Sendung offenbar nicht aufmerksam verfolgt, denn sonst wüßten Sie ja, daß ich den oben genannten Blödsinn nie von mir gegeben habe.

Aber wir wissen ja beide, daß es Ihnen weder um Aufklärung noch um den Schutz der Verfassung bzw. des Grundgesetzes geht. Deshalb bin ich über Ihre Auslassungen auch nicht böse. Da ich aber davon ausgehen muß, daß Sie auch das vorliegende Schreiben, so wie meine beiden im Mai bzw. Juli '99 an Sie gerichteten Briefe unbeantwortet lassen werden, betrachten Sie dieses Fax bitte als offenen Brief.«[335]

Eine Antwort auf dieses Schreiben hat es wie erwartet nie gegebenen. Was freilich nicht heißt, daß damit der ›Fall‹ *ad acta* gelegt worden wäre.

Ein internes Schreiben des Bayerischen Staatsministeriums des Innern – unterzeichnet von einem gewissen Hermann REGENSBURGER – an den Präsidenten des Bayerischen Landtages vom 23. Oktober 2001 ist ein herausragendes Dokument staatlicher Anmaßung und amtlicher Verunglimpfung. Hierin heißt es mit Bezug auf das Buch *Der Verfassungsschutz. Organisation – Spitzel – Skandale* unter anderem, daß das Buch im »Hohenrain-Verlag des rechtsextremistischen Verlegers Wigbert GRABERT in Tübingen« erschienen sei. Der Autor »Dr. Carl NORDBRUCH« [sic!] halte in Deutschland Vorträge, und zwar »bei rechtsextremistischen Veranstaltungen, so z. B. bei der Kundgebung der Deutschen Volksunion (DVU) am 29. September 2001 in Passau. Er hat mehrere Bücher veröffentlicht, darunter auch das in der rechtsextremistischen Verlagsgesellschaft Berg erschienene Werk *Volksbetrug am Kap. Richtigstellungen zur jüngsten Geschichte Südafrikas.* Darüber hinaus verfaßt er gelegentlich Beiträge für die rechtsextremistische Zeitschrift *Nation & Europa.*«

Bei so viel Extremismusmanie verwundern die weiteren Ergüsse aus dem Staatsministerium kaum: NORDBRUCH bediene sich in seiner Kritik am Verfassungsschutz »polemisierender Übertreibungen und inhaltlicher Entstellungen, wobei die politisch motivierte Kritik an den Verfassungsschutzbehörden überwiegt. Formal versucht das Buch den Eindruck zu erwecken, es handle sich um ein kritisches Sachbuch mit wissenschaftlichen Ansprüchen. Bei der Kritik von Berichten der Verfassungsschutzbehörden wählt der Autor selektiv Zitate heraus, reißt sie entweder aus dem Zusammenhang oder gibt sie nur indirekt wieder und kommentiert sie dann inhaltlich in entstellender Weise.« Zusammenfassend sei festzustellen – und hier wird das von Hans-Helmuth KNÜTTER und Stefan WINCKLER herausgegebene Werk *Der Verfassungsschutz. Auf der Suche nach dem verlorenen Feind* mit einbezogen, daß beide Bücher das Ziel haben, die Tätigkeit des Verfassungsschutzes, insbesondere bei der Beobachtung des Rechtsextremismus, in Mißkredit zu bringen, und sich dabei vielfach unwissenschaftlicher oder sogar unlauterer Methoden bedienen – ohne daß diese freilich benannt würden.

Gewissermaßen als Kronzeuge zur Verteufelung nationaler Bestrebungen in der Bundesrepublik Deutschland wird von den Medien und dem Establishment allzu gern der ›Verfassungsschutz‹ herangezogen. Dieser bestätigt brav die gewünschten Vorurteile oder Unterstellungen. Was die ›Öffentlichkeit‹ nicht ahnt, ist, daß sich unter der hochtrabenden Bezeichnung ›Verfassungsschutz‹ ein Amt verbirgt, das wie keine andere offizielle Stelle dieser Republik demokratischen Richtlinien zuwiderhandelt und kaum vor einem Mittel, einschließlich Vergehen und Verbrechen, zurückschreckt. Der Berliner Verfassungssrechtler Eggert SCHWAB kam schon 1988 zu dem Schluß: »Die gefährlichste aller verfassungsfeindlichen Aktivitäten, die wir in unserer Zeit in unserer Gesellschaft zu beobachten haben, ist diejenige der Behörde Verfassungsschutz.«[336] Angesichts der Praxis von V-Leuten ist diesem vernichtenden Urteil mehr denn je zuzustimmen.

In einem Interview mit dem *Republikaner* stellte Hans-Helmuth KNÜTTER auf die Frage, wen oder was der ›Verfassungsschutz‹ wirklich schützt, fest: »Der Verfassungsschutz schützt die jeweils regierende parteipolitische Funktionärsschicht des Bundes und der Länder. Das wird am Beispiel der PDS deutlich. In Bayern (CSU-regiert) wird sie mit Spitzeln ausgeforscht, in NRW (SPD/Grüne) wird sie auch beobachtet, aber nur mit sogenanntem offenen Material. In Brandenburg (rot/schwarz) wird sie weder ›beobachtet‹ noch im Verfassungsschutzbericht erwähnt. In Sachsen (CDU) werden Teile wie die kommunistische Plattform beobachtet. In Sachsen-Anhalt (SPD), wo die PDS lieber Kumpan der SPD ist, erfolgt selbstverständlich keine Beobachtung, die PDS hat sogar die Möglichkeit, durch die Kontrolle und Beschneidung des Verfassungsschutzes aktiv auf ihn Einfluß zu nehmen. Und in Mecklenburg-Vorpommern ist die PDS Teil jener Regierung, der der Verfassungsschutz zu dienen hat. Also: Ein und dieselbe verfassungsfeindliche Partei wird je nach parteipolitischer Landeskonstellation mal als Feind, mal als Partner der ›freiheitlich-demokratischen Grundordnung‹ behandelt.

Auch die Darstellung der ausländischen Spionage in den Verfassungsschutzberichten macht einen höchst seltsamen Eindruck: Es gibt nämlich ausschließlich östliche Spionage. Unsere sogenannten westlichen Freunde und Verbündeten scheinen nicht zu spionieren. Hier ist eine politische Abhängigkeit zu vermuten. Wenn der Verfassungsschutz seine westlichen Vormünder behinderte, würden die sich revanchieren. Wer dabei den kürzeren zöge, ist offenkundig.«[337]

Der Geheimdienst als Initiator

Der Kampf gegen den ›Rechtsextremismus‹ bildet die zentrale Grundlage der politischen Polizei, oder korrekter: der Ämter für Verfassungsschutz. Um den ›rechtsextremen‹ Charakter gewisser

Parteien und Organisationen oder ›tatsächliche Anhaltspunkte für rechtsextreme Bestrebungen‹ zu belegen, bedienen sich die Verfassungsschützer einer abenteuerlich anmutenden Argumentation. Diese wollen wir im folgenden näher betrachten.

Die Ämter für Verfassungsschutz unterstellen den von ihnen als ›rechtsextremistisch‹ bezeichneten Parteien und Organisationen, »die Würde des Menschen und die Gleichheit der Individuen«[338] zu mißachten. Jeder Student der Philosophie im ersten Semester kann über eine solche Aussage nur beherzt lachen, denn gerade der Begriff ›Individuum‹ schließt ja eine Gleichheit von verschiedenen Einzelnen aus, da sich jeder individuelle Mensch bekanntlich auf seine Weise selbst entfaltet und verwirklicht. Was die Verfassungsschützer, die sich ja nicht nur als Hobbyphilosophen, sondern ebenso gewagt auch als Soziologen sowie Literatur- und Musikkritiker betätigen, meinen dürften, ist natürlich die Gleichwertigkeit der Individuen. Seitens der Verfassungsschützer wird behauptet, Vertreter und Befürworter einer ›Volksgemeinschaft‹ seien Anhänger des Gesellschaftsaufbaus im nationalsozialistischen Deutschland, in dem das Motto gegolten habe, daß der einzelne Mensch nichts wert sei, das Volk in seiner Gesamtheit aber alles.

Der verfassungsschützerische Vorwurf, die Verwendung des Begriffes ›Volksgemeinschaft‹ sei nationalsozialistisch, ist gelinde gesagt Mumpitz, denn dieser Ausdruck ist alles andere als ein im Dritten Reich geborener. Der Begriff ›Volksgemeinschaft‹ wurde bereits im 19. Jahrhundert und keineswegs nur von Deutschen im selben Sinne gebraucht, wie heutzutage der nichtssagende Ausdruck ›Gesellschaft‹ inflationär verwendet wird. Beispiel gefällig? Theodor Herzl, Begründer des Zionismus, erklärte 1896 in seinem intellektuellen Versuch, die Judenfrage zu lösen – die für ihn im übrigen weder eine soziale noch eine religiöse, sondern eine nationale Frage war –, daß das jüdische Volk »in der uns umgebenden Volksgemeinschaft«[339] nicht untergegangen ist, auch wenn dies versucht worden sei.

Trotz der wertfreien Bedeutung des Begriffes ›Volksgemeinschaft‹ wird ihren Befürwortern von den Anhängern des Individualismus (in diesem Fall von den sogenannten Verfassungsschützern) vorgeworfen, das Wir-Gefühl überzubetonen. Überbetonen die Medien und Politiker in der Bundesrepublik Deutschland nicht eher das Ich-Gefühl? Der hierzulande propagierte Individualismus ist doch nichts anderes als die Ideologie vom Widerstreit zwischen dem Einzelnen und der Gemeinschaft, der zu Gunsten des Individuums entschieden wird. Diese Lehre ist nicht neu, sondern hat durchaus einige prominente philosophische Unterstützer. Für Wilhelm von Humboldt beispielsweise war das »höchste Ideal des Zusammenexistierens menschlicher Wesen« dasjenige, »in dem jeder nur aus sich selbst und um seiner selbst willen sich entwickelte«. Wir halten die Verwirklichung dieses Ideals für nicht erstrebenswert. Unserer Auffassung nach ist der Mensch eben kein Einzelwesen, sondern im Sinne des Aristoteles ein *zoon politikón*, also ein in der Gemeinschaft handelndes, sich entfaltendes Wesen. Ein Leben in der Vereinzelung ist mit Ausnahme des seltenen Eremitendaseins nicht möglich und würde zu einem mechanischen und anonymen Nebeneinander führen. Der Mensch ist damit ein soziales Wesen.

Endet der übertriebene, da gesetzlich sanktionierte Individualismus in der Praxis nicht in seiner extremen Endform, dem Egoismus? Das ich-bezogene Dasein zählt in der Bundesrepublik Deutschland ethisch gesehen längst mehr als das Wir-Gefühl. Eigenwohl geht vor Gemeinwohl. Mit Slogans wie »Ich gönn' mir ja sonst nichts« und »Weil ich mir's wert bin« bis »Mein Bauch gehört mir« wird dieses egozentrische Lebensgefühl systematisch verbreitet. Menschen, die sich gegen diese auf die eigene Person fokussierte Lebensweise aussprechen, werden rasch als ›rechtsextrem‹ bezeichnet. Das von ›Rechtsextremen‹ unter dem Motto »Gemeinnutz geht vor Eigennutz« befürwortete Bild der Volksgemeinschaft steht in der Tat in krassem Gegensatz zum Konglomerat von Individualisten einer anonymen Gesellschaft aus Egomanen.

Der Frage ›Individuum oder Gemeinschaft?‹ kann der Mensch nur mit zwei weltanschaulichen Antworten begegnen: »Entweder wird die Gemeinschaft als höchster Wert diesseitigen Lebens erfaßt oder das Einzelwesen. Im ersteren Falle ist alles menschliche Handeln auf die Wirkung hinsichtlich der Mit- und Nachwelt eingestellt. Es gibt also für diese Anschauung ein höheres Leben, das gewissermaßen vertikal von der Vergangenheit in die Zukunft und horizontal durch die Gemeinschaft geht. Der Überindividualist (der über das Individuum herausragende Werte Anerkennende) fühlt sich zeitlich als Glied einer Kette und räumlich als Teil eines umfassenden Gegenwartslebens. Diese Selbstbeschränkung führt zur Minderbewertung des Einzelnen im Vergleich zur menschlichen Gemeinschaft, aber auch ebenso zwangsläufig zur Vertiefung der Persönlichkeit, die gerade durch ihre Wurzelhaftigkeit um so stärker wirken muß. Dagegen bedeutet der Individualismus Verneinung übergeordneten Lebens und Einstufung des Einzelnen in die höchste Wertgattung. Denn es ist selbstverständlich, daß geistiges Leben, das sich nur begreift, soweit es einmalig und zeitlich begrenzt ins Dasein getreten ist, in diesem gerade sich den höchsten Wert beimißt. Folgerichtig muß es dann seine Unterschätzung höheren Lebens büßen mit einem allmählichen Zurückgleiten unter die vegetative Ebene.«[340]

Der herrschende bindungslose (oben) Liberalismus, verstärkt durch Materialismus und Gleichmacherei sowie Bestrebungen nach einer One World, hat die natürliche Polarität von (Volks-) Gemeinschaft und Individuum zugunsten des uferlosen Egoismus aufgelöst und die Werte und Pflichten einer bewährten Ordnung zerstört. Viele Menschen sind verwirrt und sehnen sich nach Geborgenheit und Ergänzung in der Gemeinschaft. Siehe W. u. U. Haverbeck, Der Weltkampf um die Gemeinschaft, *Tübingen 1996.*

Gemäß unseren Überzeugungen ermöglicht ausschließlich die übersinnliche, die metaphysische Lebenseinstellung es dem Individuum, das eigene Leben nicht nur in das Gemeinschaftswesen einzubringen und einzuordnen, sondern darüber hinaus sich selbst gewissermaßen zu verewigen, denn im Gegensatz zum Leben des Einzelmenschen ist das Leben der kulturellen oder völkischen Gemeinschaft nicht begrenzt, wenn es auch subjektiv gesehen eines Tages untergehen mag. Dem Leben (im Sinne von Wirken und Schaffen) der Gemeinschaft liegt vielmehr ein Ewigkeitsbegriff zugrunde, wie uns sowohl an geistigen als auch an materiellen (z. B. architektonischen) Überlieferungen beispielsweise der antiken Ägypter, Griechen, Römer usw. unschwer bewußt sein sollte. Wobei wir beim Begriff des ›Schöpfenden‹ angelangt wären. Im metaphysischen Sinne gelingt es dem einzelnen Menschen durch einen schöpferischen Akt, den Sinn des Lebens zu erfassen, die Urangst der Vergänglichkeit zu überwinden und über sie hinauszuwachsen. Durch schöpferische Kraft und Handlung vermag es der individuelle Mensch die Stufe der Ewigkeit zu erreichen.

Bezeichnend für die Ausgewogenheit der ›Verfassungsschutzberichte‹ ist neben der stigmatisierenden Wortwahl und der fragwürdigen Auswahl von Zitaten, die jeweils verfassungswidrige Bestrebungen dokumentieren sollen, vor allem der Umfang, mit dem sich die Verfassungsschützer ihren ›Beobachtungsobjekten‹ widmen. Nach den Angaben der Ämter für Verfassungsschutz gab es 2001 in der Bundesrepublik Deutschland fast 60 000 ausländische ›Extremisten‹ (Tendenz steigend), knapp 50 000 deutsche ›Rechtsextremisten‹ (Tendenz fallend), wobei hierin die 33 000 Mitglieder der NPD, DVU und REP berücksichtigt werden, und knapp 33 000 deutsche ›Linksextremisten‹ (Tendenz fallend), wobei hier die etwa 80 000 Mitglieder der PDS nicht berücksichtigt werden. Bezeichnenderweise unterscheiden die Verfassungsschützer bei ausländischen ›Extremisten‹ zwischen Staatsangehörigkeit und Volkszugehörigkeit des jeweiligen Delinquenten. Wie wir oben gesehen haben, sind prozentual gesehen die meisten Gewalttaten dem Ausländerextremismus, gefolgt vom ›Linksextremismus‹ und zuletzt dem ›Rechtsextremismus‹ zuzuordnen.

Man sollte annehmen können, daß sich diese Relation kongruent zum Umfang der ›Verfassungsschutzberichte‹ niederschlägt. Dies ist jedoch keineswegs der Fall. Im *Verfassungsschutzbericht des Bundes 2000* beispielsweise teilt sich der Umfang, den der Geheimdienst seinen Beobachtungsobjekten einräumt, wie folgt auf (Angaben in der Anzahl der Seitenzahlen): Rechtsextremistische Bestrebungen 94, Linksextremistische Bestrebungen 58, Sicherheitsgefährdende und extremistische Bestrebungen von Ausländern 46 sowie Scientology-Kirche 5 Seiten. Der ursprünglichen Aufgabe des Inlandsgeheimdienstes, nämlich Spionage und sonstige nachrichtendienstliche Aktivitäten aufzuspüren, werden ganze 23 Seiten gewidmet. Im *Verfassungsschutzbericht des Bundes 2001* ist das Verhältnis noch einseitiger gelagert: Rechtsextremistische Bestrebungen 111, Linksextremistische Bestrebungen 53, Sicherheitsgefährdende und extremistische Bestrebungen von Ausländern 57,

Scientology-Kirche 6 sowie Spionage und sonstige nachrichtendienstliche Aktivitäten 21 Seiten.

Um die Unverhältnismäßigkeit zwischen der Mitgliederzahl sowie der Anzahl der begangenen Straftaten einerseits, die ja den Grad der Gefährlichkeit belegen soll, und andererseits der Aufmerksamkeit, die den Beobachtungsobjekten tatsächlich geschenkt werden, zu verdeutlichen, wollen wir einen Blick in die ›Verfassungsschutzberichte‹ der Länder wagen:

- *Amt für Verfassungsschutz des Landes Baden-Württemberg 2001:* Rechtsextremismus 66, Linksextremismus 43, Ausländerextremismus 60, Scientology-Organisation 18 sowie Spionageabwehr 20 Seiten.
- *Amt für Verfassungsschutz des Landes Bayern 2001:* Rechtsextremismus 66, Linksextremismus 46, Ausländerextremismus 42, Scientology-Organisation 18 sowie Spionageabwehr ganze 5 Seiten.
- *Amt für Verfassungsschutz des Landes Brandenburg 2001:* Rechtsextremismus 68, Linksextremismus 32, Ausländerextremismus 19, Scientology-Organisation 3 sowie Spionage und sonstige sicherheitsgefährdende Aktivitäten 8 Seiten.
- *Amt für Verfassungsschutz des Landes Hamburg 2001:* Rechtsextremismus 71, Linksextremismus 52, Sicherheitsgefährdende und extremistische Bestrebungen von Ausländern 73, Scientology-Organisation 6 sowie Spionageabwehr und Geheim- und Sabotageschutz 16 Seiten.
- *Amt für Verfassungsschutz des Landes Hessen 2001:* Rechtsextremismus 34, Linksextremismus 25, Sicherheitsgefährdende und extremistische Bestrebungen von Ausländern 28 sowie Spionageabwehr und Wirtschafts- und Geheimschutz 6 Seiten.
- *Amt für Verfassungsschutz des Landes Mecklenburg-Vorpommern 2001:* Rechtsextremismus 12, Linksextremismus 5 und Ausländerextremismus 4 Seiten.
- *Amt für Verfassungsschutz des Landes Niedersachsen 2001:* Rechtsextremismus 57, Linksextremismus 39, Ausländerextremismus 50, Scientology-Organisation 6 sowie Spionageabwehr 10 Seiten.
- *Amt für Verfassungsschutz des Landes Nordrhein-Westfalen 2001:* Rechtsextremismus (mindestens) 108, Linksextremismus (mindestens) 40, Ausländerextremismus (mindestens) 60 sowie Spionage und Wirtschafts- und Geheimschutz 9 Seiten.

- *Amt für Verfassungsschutz des Landes Sachsen 2001:* Rechtsextremismus (mindestens) 54, Linksextremismus (mindestens) 31, Ausländerextremismus (mindestens) 20, Scientology-Organisation 5 sowie Spionageabwehr 6 Seiten.
- *Amt für Verfassungsschutz des Landes Sachsen-Anhalt 2001:* Rechtsextremismus 60, Linksextremismus 26, Sicherheitsgefährdende und extremistische Bestrebungen von Ausländern 8, Scientology-Organisation 1 sowie Spionageabwehr und Geheimschutz 10 Seiten.
- *Amt für Verfassungsschutz des Landes Schleswig-Holstein 2001:* Rechtsextremismus 34, Linksextremismus 24 und Extremistische Bestrebungen von Ausländern 24 Seiten.
- *Amt für Verfassungsschutz des Landes Thüringen 2000:* Rechtsextremismus 64, Linksextremismus 44, Ausländerextremismus 27, Scientology-Organisation 3 sowie Spionageabwehr und Geheimschutz 21 Seiten.

Freilich überrascht dieses eindeutige Ergebnis nicht. Otto SCHILY macht in dem von ihm zu verantwortenden *Verfassungsschutzbericht 2001*, wie auch schon im Jahr zuvor, keinen Hehl aus der Aufgabengewichtung seiner Truppe: »Die Bekämpfung des Rechtsextremismus ist ein Schwerpunkt der Innenpolitik.«[341] Über die anderen ›Schwerpunkte‹ schweigt er sich vorsorglich aus. Der nach dem Motto »Keine Toleranz der Intoleranz!«[342] erklärte Feind steht eindeutig ›rechts‹. Mit keinem Wort erwähnt SCHILY in seinem Vorwort ›linksextremistische‹ staatsgefährdende Bestrebungen oder von Ausländern begangene Gewalttaten. Im Jargon der Antifaschisten beißt er sich fest: »Das Gift rassistischer, fremdenfeindlicher, antisemitischer und antidemokratischer Einstellungen

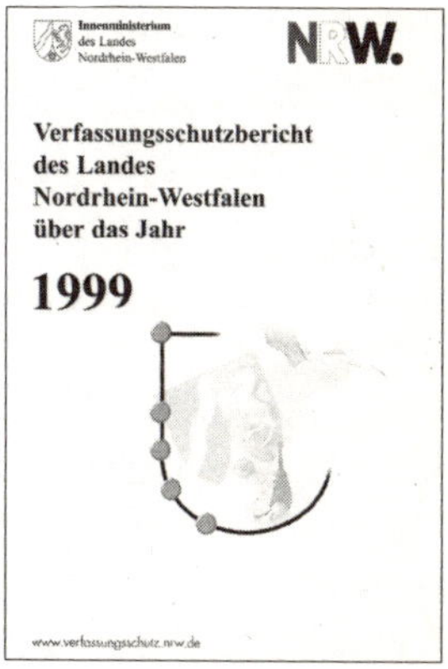

Verfassungsschutzbericht des Inneren 1998, Verfassungsschutzbericht des Landes Nordrhein-Westfalen 1999.

verbindet sich hier auf verhängnisvolle Weise mit dem Einsatz von Gewalt. Besonders ernst zu nehmen ist die wachsende Gewaltbereitschaft jugendlicher Täter. Es ist unsere gemeinsame Verantwortung, Demokratie, Freiheit und den gesellschaftlichen Frieden gegen Rassismus, Fremdenfeindlichkeit, Antisemitismus und jeglichen Extremismus zu verteidigen.«[343]

Zu dem Kreis der ›rechtsextremen‹ Parteien zählt unter anderem auch die Freiheitliche Deutsche Volkspartei (FDVP). Über sie wissen die Verfassungsschützer wahrlich Unerhörtes zu berichten: »Den Schwerpunkt ihrer politischen Ziele sieht die Partei unter anderem im Schutz nationaler Interessen und der Wahrung der deutschen Identität. Das deutsche Gemeinwesen verdiene Vorrang in der deutschen Politik. Es gelte Souveränität und Identität Deutschlands wieder herzustellen.« Und wer hier die ›tatsächlichen Anhaltspunkte für Bestrebungen‹ gegen die freiheitliche demokratische Grundordnung nicht erkennen kann – was allerdings verdächtig wäre! –, dem hilft der Verfassungsschutz auf die Sprünge: »Hinter der auf den ersten Blick populistisch-rechtskonservativ ausgerichteten FDVP-Programmatik verbirgt sich eine erkennbar verfassungsfeindliche Zielsetzung.«[344] Wo denn? Hierzu sagt der Verfassungsschutz auch nichts mehr.

Eine andere politische Organisation, die in den Verfassungsschutzberichten diffamiert wird, ist der ›Bund für Gesamtdeutschland‹. Um die ›tatsächlichen Anhaltspunkte für extremistische Bestrebungen‹ dieser Kleinstpartei zu belegen, fällt den Verfassungsschützern nichts Geistreicheres ein, als deren Forderung nach Entschädigung für die Vertreibung von Deutschen aus ihrer Heimat zu zitieren: »Über 50 Jahre nach Kriegsende ist es höchste Zeit, dieses Kapitel der Geschichte aufzuarbeiten. Wir wurden seit Kriegsende pausenlos aufgefordert, unsere Geschichte zu ›bewältigen‹. Nachdem in der gesamten Nachkriegszeit unvorstellbare Summen vom deutschen Volk gezahlt worden sind und immer wieder neue ›Quellen‹ erschlossen werden, um uns zur Kasse zu bitten, drehen wir den Spieß um und arbeiten die Geschichte aus der Sicht des deutschen Volkes auf!«[345] Wirklich: ein umwerfender Beweis für die extremistischen und sicherheitsgefährdenden Bestrebungen dieser Partei!

Die hauptsächlichen ›Beobachtungsobjekte‹ der Gesinnungswächter sind aber die ›rechtsextremistischen‹ Parteien REP, DVU und NPD, die vom Bayerischen Staatsministerium des Innern im Zuge der hierzulande praktizierten geistig-politischen Auseinandersetzung auch schlicht als »Rattenfänger« diffamiert werden.[346]

Beginnen wir mit der Nationaldemokratischen Partei Deutschlands. Wie sehr Verfassungsschützer in Beweisnot geraten, die den Nationaldemokraten unterstellte Aggressivität auch zu belegen, tritt deutlich zu Tage, wenn sie sich gezwungen sehen, selbige an den Haaren herbeiziehen zu müssen. Die Gesinnungspolizisten glänzen dann mit so bemerkenswerten Aussagen wie diesen: »Ihren aggressivsten Wahlkampf führte die NPD bei der Berliner Abgeordnetenhauswahl. In der Woche vor dem eigentlichen Wahltermin veranstaltete sie täglich bis zu zwei Wahlkampfkundgebungen.«[347]

Der NPD wird seitens der Verfassungsschützer Antiamerikanismus vorgeworfen. Die Nationaldemokraten hätten die Anschläge am 11. September in den USA gutgeheißen. Diese Unterstellung wird zumeist mit einem Zitat von Horst MAHLER begründet, der die Anschläge als »rechtens« bezeichnet hatte. »Die NPD« habe, so Günther BECKSTEIN, »damit neues Beweismaterial für das Verbotsverfahren geliefert«.[348] Abgesehen davon, daß man sich mit der Argumentation MAHLERS nicht geistig-politisch auseinandersetzte und diese überhaupt nicht die Meinung vieler, geschweige denn aller Parteimitglieder der NPD wiedergibt, wurden auch von marxistischer und internationalistischer Seite die Anschläge keineswegs überall verurteilt, manches Mal sogar gerechtfertigt. Dies ist insofern bemerkenswert, als für die Verfassungsschützer MAHLERS Kritik zwar Anlaß für seitenlange Kommentare gibt, aber sehr ähnlich abzielende Kritik von ›links‹ noch nicht einmal kommentiert wird. So hieß es in der Parteizeitung der DKP *Unsere Zeit* beispielsweise: »Die Vereinigten Staaten von Amerika ernten nun, was sie gesät haben. Ausbeutung und Unterdrückung, Mord und Terror. . . schlägt nun ins eigene Gesicht.«[349] Eine Aussage, die mindestens so scharf formuliert ist wie die Äußerungen, die der NPD vorgeworfen werden – freilich, ohne daß die der DKP als Beleg für ›Antiamerikanismus‹ gelten.

Weiterhin halten die Verfassungsschützer es für erwiesen, daß die NPD in »polemischer, diffamierender und verunglimpfender Weise« gegen die »demokratische und rechtsstaatliche Ordnung des Grundgesetzes« agitiere. Dies werde unter anderem »deutlich durch die Behauptung einer vermeintlichen Umerziehung der deutschen Bevölkerung«.[350] Da kann man den mit einem solch fundierten Geschichtswissen ausgestatteten Verfassungsschützern nur gratulieren! ›Vermeintlich‹!

Natürlich wurde das deutsche Volk – nicht die Bevölkerung! – von den Alliierten umerzogen! Ganz bewußt und zielgerichtet!

Die Umerziehung (*re-education*) entspricht den historischen Tatsachen.[351]

Mit den Umerziehung untrennbar verbunden ist die amerikanische »Direktive JCS 1067«. Als die US-Amerikaner im Frühjahr 1945 ihren militärischen Kreuzzug in Europa auf deutschem Boden beendeten, erteilte Washington seiner obersten Militärführung in Europa besondere Anweisungen für den Rahmen ihrer Besatzungspolitik. Diese strengen Richtlinien mit dem Namen »Direktive JCS 1067«, die erst Mitte 1947 gegen die etwas moderatere »Direktive 1779« zurückgezogen werden sollten, gingen direkt auf die im MORGENTHAU-Plan vertretenen Positionen zurück. Hierin verzichteten die Amerikaner zwar auf die vollständige Zerstörung der deutschen Industrie – diese sei auf einem Minimum zu halten, um Seuchen und Aufstände zu vermeiden –, und lehnten auch die Flutung der Minen ab. Sie erklärten aber den industriellen Abbau und die wirtschaftliche wie intellektuelle Ausbeutung sowie die Entmilitarisierung, Entnazifizierung und Dezentralisierung Deutschlands als die wesentlichen Hauptanliegen ihrer künftigen Politik. Die »Direktive JCS 1067« wurde am 26. April 1945 vom US-amerikanischen Kongreß verabschiedet und am 10. Mai von Präsident Harry S. TRUMAN gebilligt. Hinsichtlich der grundlegenden Ziele der Militärregierung in Deutschland heißt es in dieser verbindlichen Vorgabe unter anderem:

Die US-amerikanische Botschaft in der Bundesrepublik Deutschland erklärt über die Umerziehung: »Das Konzept der umfassenden Re-education, der Umerziehung einer vom Nationalsozialismus indoktrinierten Bevölkerung, war ›*integral part of policies intended to help develop a democratic form of government*‹, wie es die Besatzungsdirektive JCS 1779 bestimmte. Lag der Schwerpunkt der *re-education* zuerst auf Politik und Verwaltung, so erkannte man sehr schnell, daß auch und besonders das kulturelle Leben in die Umerziehungs- und Demokratisierungsmaßnahmen einbezogen werden müsse. Aus den sogenannten ›*reference libraries*‹, die ursprünglich einzig für US-Militär und -Personal gedacht waren, entwickelten sich daraufhin binnen kurzer Zeit Information Centers, die zukünftigen Amerika-Häuser, die in den Jahren 1946/47 offiziell Teil des amerikanischen *re-education*-Programms wurden. Anfangs der Psychological Warfare Division unterstellt und unter Aufsicht der Landesmilitärregierung, übernahm Ende der vierziger Jahre die Information Control Division der amerikanischen Militärregierung (OMGUS) die Verantwortung für Einrichtung, Organisation und Erhalt der Amerika-Häuser.«[352]

Oben: Szene aus Staudtes Die Mörder sind unter uns (1946).
Unten: Die angelsächsischen Besatzer sorgten für eine Verbreitung des Englischunterrichts für Deutsche. (Foto: T. Vaccaro)

Auch in der britischen Zone lag der Schwerpunkt der sogenannten Entnazifizierung und Demokratisierung auf der Umerziehung. Presse, Rundfunk, Theater, Kinos und alle anderen Unterhaltungs- und Nachrichtenmedien unterlagen strengster Zensur. Alle Medien wurden zu Propagandazwecken gebraucht. Die Schaffung einer gesunden und unabhängigen Presse wurde nicht in Angriff genommen.[353]

Die Österreichische Historiker-Arbeitsgemeinschaft hat vor etwa zehn Jahren richtig festgestellt, daß die Geschichte des Zweiten Weltkrieges und der Nachkriegszeit »zum überwiegenden Teil von den Siegermächten und den ihnen ergebenen Medien nicht nur in ihren eigenen Ländern, sondern auch – als Folge der massiven Umerziehung – in den besiegten und ›befreiten‹ Ländern geschrieben«[354] wurde.

Die Umerziehung, die von Caspar von Schrenck-Notzing mit gutem Recht als »Charakterwäsche« bezeichnet worden ist, diente vor allem dem Zweck, die militärische Kapitulation den Deutschen gewissermaßen auch geistig ›einzupflanzen‹. Die *re-education* und die mit ihr Hand in Hand gehenden ›Realitäten‹ und ›gesicherten historischen Erkenntnisse‹ beinhalteten eine psychologische Dimension, die meist unterschätzt worden ist. Der international tätige Jurist Friedrich Grimm, der im Ersten Weltkrieg erfolgreich belgische und französische Kriegsgefangene vor deutschen Kriegsgerichten, während des Dritten Reiches »mehr politische Gegner als Nationalsozialisten« und nach dem Zweiten Weltkrieg deutsche Angeklagte in Kriegsverbrecherprozessen verteidigt hatte, beleuchtete diese Strategie der Umerziehung anhand eines Zwiegespräches. Im Mai 1945, wenige Tage nach der Kapitulation, führte Grimm »mit einem bedeutenden Vertreter der Gegenseite«, der sich zunächst »als Universitätsprofessor seines Landes« vorstellte, ein Gespräch auf hohem Niveau »über die historischen Grundlagen des Krieges«. Während der Aussprache entpuppte sich der ›Professor‹ jedoch als hoher Mitarbeiter einer propagandistischen ›Zentralstelle über deutsche Greuel‹. Der entscheidende Teil des Gespräches lautet: »Seit Monaten betreibe ich das, was Sie richtig geschildert haben: Greuelpropaganda – und damit haben wir den totalen Sieg gewonnen.« Woraufhin Grimm einwarf: »Ich weiß, und nun müssen Sie aufhören!« Hierauf entgegnete der Propagandist: »Nein, nun fangen wir erst richtig an! Wir werden diese Greuelpropaganda fortsetzen, wir werden sie steigern, bis niemand mehr ein gutes Wort von den Deutschen annehmen wird, bis alles zerstört sein wird, was Sie in anderen Ländern an Sympathien gehabt haben, und bis die Deutschen selbst so durcheinander geraten sein werden, daß sie nicht mehr wissen, was sie tun!«[355]

Grimm kommentierte diese Aussage in seinem Buch *Politische Justiz*, das 1953 übrigens im Verlag der Bonner Universitäts-Buchdruckerei erschienen ist, mit den Worten, daß das, was dieser Mann den Deutschen angedroht hatte, auch kam: Greuelpropaganda und politische Justiz. Von den US-amerikanischen Befreiern ›*re-education*‹ genannt, war die Umerziehung offizielle Doktrin. Diese amtliche Anweisung der Alliierten, die einen Teilaspekt der ›Befreiung‹

darstellte, wurde selbstverständlich befolgt. Heute ist offensichtlich schon der Hinweis hierauf ein Beleg für ›tatsächliche Anhaltspunkte zu extremistischen Bestrebungen‹.

Seitens der Verfassungsschützer wird der NPD des weiteren Verfassungswidrigkeit vorgeworfen, da sie sich am Reichsbegriff orientiere – was selbstredend eine Anlehnung an den Nationalsozialismus sei. Als Beleg hierfür wird unter anderem ein Zitat von Rechtsanwalt Hans Günter EISENECKER angeführt, der auf Seite 17 in der Stellungnahme der NPD vom 19. Juni 2001 zum Verbotsantrag des Bundesrates feststellte: »Das Fernziel ist die friedliche Wiedererrichtung eines deutschen Reiches als umfassende Einheit in politischer, sozialer, kultureller wie wirtschaftlicher Hinsicht für alle Deutschen. [...] Das Reich ist die auf Erden höchstmögliche Verwirklichung einer gerechten, alle Bereiche des menschlichen Lebens umfassenden, dauerhaften Ordnung.«[356] Inwiefern sollte es illegitim und damit ›verfassungsfeindlich‹ sein, an der friedlichen Veränderung des Systems zu arbeiten?

Diese Veränderung, die als Revolution keineswegs friedlich vonstatten zu gehen braucht, ist in der kommunistischen Ideologie fest verankert. Sie wird auch heute noch in der Bundesrepublik Deutschland von Kommunisten propagiert. Im ehemaligen Zentralorgan der SED *Neues Deutschland* beispielsweise meinte am 28. September 1998 der Vorsitzende der DKP, Heinz STEHR, daß gar ein »knallharter Klassenkampf« nötig sei, um eine »neue Gesellschaftsordnung, für die die DKP nach wie vor eintrete, Sozialismus, ›und in der Perspektive Kommunismus‹ heiße«,[357] zu erreichen. Während in dem oben angeführten EISENECKER-Zitat, das der NPD als negativ ausgelegt wird, ausdrücklich der Aspekt der Friedfertigkeit hervorgehoben wird, finden sich ausdrückliche Bekenntnisse zum Gewaltverzicht bei Kommunisten nicht – obgleich ›Linksextremisten‹ letztlich das Ziel verfolgten, »die bestehende Staats- und Gesellschaftsordnung der Bundesrepublik Deutschland – von ihnen als kapitalistisch, imperialistisch und rassistisch diffamiert – zu beseitigen und an deren Stelle eine totalitäre sozialistisch/kommunistische Gesellschaft oder eine aus ihrer Sicht herrschaftsfreie Gesellschaft – die Anarchie – zu errichten«.[358] Was für die Verfassungsorgane der Bundesrepublik Deutschland freilich keinen Grund darstellt, auch hier einen Grund für ein Verbotsverfahren zu sehen.

Ganz anders die Empfindlichkeit für die Gegenseite. Auch die Tatsache, daß die NPD ein Volk als biologische Einheit – als was denn sonst?[359] – sieht, sehen die Verfassungsschützer als Beweis für ihre Verfassungswidrigkeit. Das muß man sich auf der Zunge zergehen lassen. Bis zur Einführung des neuen Staatsbürgerschaftsgesetzes 2000 gründete sich nämlich der Begriff ›Deutscher‹ im Grundgesetz so wie im deutschen Reichs- und Staatsbürgerschaftsgesetz neben der formellen auch auf eine ›biologische‹ Staatsangehörigkeit im Sinne der Zugehörigkeit zur deutschen Kulturnation. Heutzutage gilt diese Definition nicht mehr. Heute haben wir in der Bundesrepublik Deutschland eine Gesellschaft, die nicht mehr verfassungsrechtlich an die Kulturnation mit ihren Abstammungsmerkmalen gebunden ist. Damit wird früher oder später die Homogenität des Volkes im Sinne nationaler Identität einer multikulturellen Gesellschaft weichen. Es ergibt sich die Frage, ob die Veränderung des Staatsvolkes legitimiert ist. Dies darf bezweifelt werden: »Zweifel an der demokratischen Legitimität stützen sich neben staatsrechtlichen Erwägungen auf den Befund, daß bei der Mehrheit des deutschen Staatsvolkes für eine Zuwanderung in größerem Umfang, jenseits des politischen Asyls, eine Akzeptanz nicht als gegeben vorausgesetzt werden kann, insbesondere bei den Deutschen nicht, die sich dem Staat der Bundesrepublik angeschlossen haben.«[360] Die von der Obrigkeit geförderte Heterogenisierung des Staatsvolkes zerstört sowohl die Identität des Volkes als Träger des Staates als auch den bestehenden Staat selbst[361] – was den Verfassungsschützern im Dienste der Obrigkeit freilich gleichgültig ist. Oder vielmehr erkennen die Gesinnungswächter in der Absage an besagte Heterogenisierung einen Angriff auf die Obrigkeit. Gleichsam um diesen ›tatsächlichen Anhaltspunkt‹ zu unterstreichen, erwähnen sie, daß die NPD der Volksgemeinschaft und dem Staat einen höheren Stellenwert beimesse als der Gesellschaft.[362]

Obgleich die NPD ohne Zweifel diejenige Partei ist, auf die sich die Verfassungsorgane am schärfsten eingeschossen haben, ist sie keineswegs die einzige prodeutsche Partei, die dem Establishment ein Dorn im Auge ist. Ein anderes ›Schmuddelkind‹ ist die Deutsche Volksunion. In ihrem Parteiprogramm, so räumen die Verfassungsschützer ein, »bekennt sich die DVU zur freiheitlichen demokratischen Grundordnung und zum Grundgesetz« – was der Partei allerdings nichts nützt, denn sie wolle, so die erstaunlichen Erkenntnisse der Geheimdienstler, »die Gültigkeit der Grund- und Menschenrechte des Grundgesetzes auf Deutsche begrenzen«.[363] Im »Presseorgan der Partei« stünde die »revisionistische Kritik an einer angeblich extrem einseitig erfolgenden Vergangenheitsbewältigung im Zentrum«. Selbstredend verbreite sie in »ihrer«

National-Zeitung »rechtsextremistisches Gedankengut«.[364] Zwar leugne sie nicht den Holocaust, versuche aber beim Leser den Eindruck zu hinterlassen, »es bestünden Zweifel am Umfang des Genozids«[365] und »Zweifel an der Höhe der Opferzahlen«.[366] Sollte es den Gesinnungswächtern entgangen sein, daß genau diese Zweifel sowohl in der Wissenschaft als auch in der Publizistik bestehen und heftig diskutiert werden? Wie jüngste Forschungsergebnisse, die beispielsweise der Politologe und Redakteur beim *Spiegel* Fritjof MEYER im Mai 2002 vorlegte (siehe oben), belegen, gibt es keine absolute Klarheit über die tatsächliche Zahl der Opfer. In den letzten Jahren mußte sie kontinuierlich heruntergesetzt werden, was die Barbarei, MEYER zufolge, nicht relativiert, sondern verifiziert. Nichts anderes steht diesbezüglich in der *National-Zeitung*: Opfer werden nicht geleugnet, aber die tatsächliche Zahlengröße wird zu präzisieren versucht. Nichtsdestotrotz unterstellt der ›Verfassungsschutz‹ der Zeitung und der ihr nahestehenden Deutschen Volksunion ›Antisemitismus‹, will sagen Judäophobie. Die DVU vermeide, wie die Geheimdienstler attestieren, »offenen Antisemitismus«, doch werde ihre »antisemitische Grundhaltung in ihrem publizistischen Sprachrohr deutlich, dessen Berichterstattung über Israel und die Juden vielfach negativ gefärbt« sei. Nun ist es sicherlich noch nicht so weit, daß im Grundgesetz oder im bundesdeutschen Pressegesetz festgelegt worden wäre, daß Berichterstattung über Israel und Juden – die Arbeitsverträge im Springer-Verlag mögen hier abweichen – positiv gefärbt sein muß. Abgesehen davon spricht schon die Tatsache, daß prominente jüdische Intellektuelle wie der Kollektivschuldguru Daniel Jonah GOLDHAGEN, der Oberrabbiner Wiens Moishe Arye FRIEDMAN, der israelische Schriftsteller Abraham Bar JEHOSCHUA oder der Leitende Direktor der orthodoxen Organisation *Neturei Karta* Rabbiner Hilel DEUTSCH der *National-Zeitung* wie selbstverständlich Interviews geben, in denen bisweilen in der Tat Israel scharf angegriffen wird, gegen die Behauptung, das Blatt sei ›antisemitisch‹ eingestellt. Wäre die *National-Zeitung*, wie vom ›Verfassungsschutz‹ unterstellt, wirklich ein judäophobes Medium, würden sich mit Sicherheit keine Repräsentanten des öffentlichen jüdischen Lebens zu Gesprächen mit Journalisten oder Redakteuren dieser Zeitung bereiterklären.

Diese Selbstverständlichkeit ist den Gesinnungswächtern jedoch fremd. Wie versucht der ›Verfassungsschutz‹ also, die Richtigkeit seiner kriminalisierenden Behauptung zu belegen? Nicht etwa mit einem einschlägigen Auszug aus dem Parteiprogramm oder einer

Rede eines repräsentativen Vertreters des Parteivorstands, sondern mit einem Zitat aus der *National-Zeitung*, das paradoxerweise lediglich die Wiedergabe einer Äußerung des stellvertretenden Präsidenten des Zentralrates der Juden ist: »Mit einem Gehabe, als sei er der Größte, spielt sich Michel FRIEDMAN [...] zum moralischen Richter über die Deutschen auf. [...] ›Versöhnung‹ ist nach seinen Worten ›ein absolut sinnloser Begriff‹, da den Deutschen ›als Erben des judenmordenden Staates‹ gar nichts anderes zukomme, ›als die historische Verantwortung auf sich zu nehmen, generationenlang, für immer‹.«[367]

Wie gesagt, hierbei handelt es sich um die zitierten Worte FRIEDMANS, und nicht um die Haßtirade eines Redakteurs der *National-Zeitung*. Judäophobie anhand von Parteidokumenten nachzuweisen, ist den Gesinnungswächtern nicht möglich. Da aber nicht sein kann, was nicht sein darf, müssen sie sich auf alberne Engstirnigkeiten versteifen und geben sich so der Lächerlichkeit preis.

Im folgenden Zitat erkennen die ›Verfassungsschützer‹ beispielsweise einen Beleg für ›tatsächliche Anhaltspunkte zu extremistischen Bestrebungen‹. Der Bundesparteivorsitzende Gerhard FREY habe auf der Großveranstaltung der DVU am 29. September 2001 in Passau bekannt: »Wir verlangen, daß endlich wahrheitsgemäß unterrichtet wird. Und wir alle haben es satt, ständig kollektiv-verantwortlich gemacht zu werden. Noch unsittlicher und unmoralischer ist es, daß kommende Generationen der Deutschen dafür büßen sollen.«[368] Kommentar überflüssig.

Die dritte deutschfreundliche Partei, die bei den gutmenschlichen Berufsdemokraten in Ungnade fällt, sind die Republikaner (REP). Um die bei den Republikanern »nach wie vor« bestehenden »tatsächlichen Anhaltspunkte für Bestrebungen, die gegen die freiheitliche demokratische Grundordnung gerichtet sind«, zu belegen, führen ausgerechnet die sächsischen Gesinnungswächter den folgenden schlagenden ›Beleg‹ an, wobei wir uns am verheerenden Gebrauch von Syntax und semantischer Kongruenz nicht weiter stören wollen – ›Pisa‹ geht eben auch bei den Mitarbeitern der Ämter für Verfassungsschutz nicht spurlos vorüber. Versuchen wir uns lediglich auf die Aussage des Textes als solches zu konzentieren: »Am 13. Februar 2001 hatten zum wiederholten Male insbesondere Mitglieder- und Sympathisanten von REP, Deutscher Volksunion (DVU), Junger Landsmannschaft Ostpreußen (JLO) und Nationaldemokratischer Partei Deutschlands (NPD) gemeinsam in Dresden demonstriert. An dem Trauermarsch anläßlich des 56. Jahrestages der Zerstörung der Landeshauptstadt durch die Innenstadt von Dresden beteiligten sich etwa 750 Personen. Zur Abschlußkundgebung legten die REP- und DVU-Kreisverbände Dresden am Denkmal der Trümmerfrau Kränze nieder. Im Internet bedankten sich Mitglieder des REP-Kreisverbandes Dresden am 18. März 2001 bei der JLO für die Organisation des Trauermarsches.«[369] Wie gesagt, dieses Zitat wird vom Verfassungsschutz allen Ernstes aufgeführt, um den Republikanern »Bestrebungen, die gegen die freiheitliche demokratische Grundordnung gerichtet sind«, nachzuweisen.

Was haben all diese verfassungsschützerischen ›Erkenntnisse‹ mit dem eigentlichen Aufgabenbereich eines Inlandsgeheimdienstes in einem freiheitlichen und demokratischen Rechtsstaat zu tun? Nichts. Sie sind – ohne Zweifel erfolgreich verlaufende und im Interesse der Etablierten durchgeführte Versuche des Verfassungsschutzes, mißliebige Parteien, Organisationen und Personen zu diskreditieren und zu kriminalisieren. Rechtsanwalt Till Müller-Heidelberg, Bundesvorsitzender der ›Humanistischen Union‹, erklärt, »daß es dem Verfassungsschutz tatsächlich um Gesinnung geht«. Nach seiner Auffassung sind alle Zitate, die in den Verfassungsschutzberichten aufgezählt werden, um die Verfassungswidrigkeit einer Organisation zu belegen, »durch das Grundrecht der Meinungsfreiheit gedeckt. Mein Überblick zeigt für die Verfassungsschutzberichte, wie die Orientierung der Verfassungsschutzbehörden an Verfassung und Gesetz durch eine Praxis der einäugigen Gesinnungsüberprüfung ersetzt worden ist«.[370]

Folglich ist die Behörde, die sich den erhaben klingenden Namen ›Verfassungsschutz‹ gegeben hat, ein vom Staat inszenierter Apparat zur Überprüfung der politischen (und religiösen) Gesinnung. Dieser Apparat tastet massiv das Recht seiner Staatsbürger (und die seiner Gäste) auf Meinungsfreiheit an. Der Politologe und ehemalige Bundesvorsitzende der ›Humanistischen Union‹ Jürgen Seifert erklärt diesbezüglich, daß viele Verfassungsschutzbehörden ihre Arbeit außerhalb ihres gesetzlichen Auftrags hauptsächlich in der »Bekämpfung« derjenigen sähen, die sie selbst als »Verfassungsfeinde« definierten. Weniger die »Sammlung von Unterlagen für Zwecke des Verfassungsschutzes« stehe im Vordergrund als vielmehr die ideologische Bekämpfung und »Zersetzung« des erklärten Feindes. »Dafür steht der Ausspruch eines früheren Leiters der nordrhein-westfälischen Verfassungsschutzbehörde: ›Wir haben doch letztlich die Republikaner zur Strecke gebracht‹.«[371] Wenn man uns jetzt noch mitteilen könnte, inwiefern ein solches Tun mit den Prinzipien eines Rechtsstaats und dem Aufgabenbereich eines Geheimdienstes in einem solchen Rechtsstaat vereinbar ist, wären wir dankbar.

Die Verfassungsschutzbehörden haben sich, um nochmals Jürgen SEIFERT zu zitieren, ohne Rechtsgrundlage als Instanz etabliert, »die sich für berechtigt hält, Gesinnungen zu überprüfen und Verrufserklärungen abzugeben«. Dies ist die Realität, die von vielen Intellektuellen mittlerweile erkannt worden ist. Michael OPPERSKALSKI beispielsweise, Redakteur der Zeitschrift *Geheim*, meinte angesichts der Machenschaften der Ämter, der Verfassungsschutz sei »nicht nur ›ein untaugliches Instrument‹ bei der Bekämpfung des Rechtsextremismus, sondern selbst eine Gefahr für die Demokratie«.[372] Gemeinsam mit dem Vorsitzenden des ›Republikanischen Anwaltvereins‹, Hannes HONECKER, forderte OPPERSKALSKI deshalb die Auflösung des Verfassungsschutzes. Indes kann die Obrigkeit diese Kritik freilich nicht teilen: In seinem Vorwort zum *Verfassungsschutzbericht des Bundes 2000* sprach SCHILY seiner Truppe gar seinen herzlichen Dank aus: »Um unsere Demokratie vor Schaden zu bewahren, ist der Einsatz der Mitarbeiterinnen und Mitarbeiter des Bundesamtes für Verfassungsschutz unverzichtbar. Ihrem Engagement gebührt großer Dank. Ihre Arbeit trägt in hohem Maße zur Bewahrung der Grundwerte unseres Zusammenlebens und damit zur Aufrechterhaltung des inneren Friedens in Deutschland bei.«[373] Auf welche Weise die Gesinnungspolizei ›in hohem Maße‹ zur Bewahrung der Grundwerte beigetragen hat, wollen wir uns im folgenden näher betrachten.

Geheimdienstspitzel

Vorweg angeführt sei ein richtungsweisender richterlicher Beschluß: Ein Arbeitsvertrag, der zwischen einem Verfassungsschutzamt einerseits und einem V-Mann andererseits geschlossen wird, kann – einer Entscheidung des Landesarbeitsgerichts Kiel aus dem Jahre 1956 zufolge – mit den guten Sitten nicht in Einklang stehen. Gegenstand des Vertrages sei »die ausschließliche und planmäßige Täuschung des Vertrauens durch Unwahrheit. Die Verwerflichkeit eines derartigen Verhaltens wird nicht dadurch beseitigt, daß es sich gegen Personen und Personenkreise richtet, deren Verhalten von der Rechtsordnung mißbilligt wird«.[374] V-Mann, so heißt es allgemein, soll angeblich für die Abkürzung ›Vertrauensmann‹ stehen. Der bekannte sozialdemokratische Jurist Adolf ARNDT meinte allerdings schon 1961 in einem Beitrag über Rechtsstaat und Verfassungsschutz in der

Neuen Juristischen Wochenschrift, das ›V‹ stünde besser für ›Verrat‹. Gut vierzig Jahre später muß man feststellen, daß das ›V‹ auch für ›Verbrecher‹ stehen könnte.

Die Unterwanderung des politischen Gegners ist nichts Außergewöhnliches, auch nicht in demokratischen Staaten. Es ist zum Beispiel bekannt, daß US-amerikanische Organisationen wie die NSDAP/AO, die ›White Aryan Resistance‹ oder das ›White Supremacist Movement‹ von der CIA bzw. dem FBI massiv unterwandert oder sogar ins Leben gerufen worden sind. Kenner gehen davon aus, daß regional bis zu 70 Prozent der Mitglieder des Ku-Klux-Klan Informanten der Geheimdienste sind. Das Motiv für eine derart rigorose Unterwanderung versucht Andreas von Bülow, von 1969 bis 1994 für die SPD Mitglied des Deutschen Bundestages, zu geben. Einmal gehe es darum, daß die Geheimdienste wesentlichen Einfluß auf die radikalen Szenen nähmen, um sie gegeneinander auszuspielen. Wesentlich sei jedoch, daß sie ihren *agents provocateurs* in den jeweiligen Gruppen gezielte Aufträge erteilen könnten, um die öffentliche Meinung und darüber die Politik bis hin zu den Präsidentschaftswahlen zu beeinflussen.[375] Diese auf US-amerikanische Verhältnisse bezogene Erklärung trifft auf die Bundesrepublik Deutschland nicht minder zu.

Die Unterwanderten selbst geben sich keinen Illusionen hin. Sie sind sich der sie Unterwandernden durchaus bewußt. In einem Beschluß des NPD-Parteivorstandes vom September 2000 heißt es zum Beispiel: »Zwecks Erlangung einer Ablehnung in der Bevölkerung der NPD und der Störung der inneren Struktur der NPD werden von Regierungen Spitzel gegen die NPD eingesetzt, die als quasi ›regierungsamtliche Auftragstäter‹ unter anderem Straftaten begehen und dazu anstiften, die dann NPD-Mitgliedern oder nahestehenden Nationalisten angelastet werden sollen, um die NPD und nahestehende Nationalisten mit Straftaten in Verbindung zu bringen. Man läßt also gleichsam ›regierungsamtlich‹ durch Spitzel als ›Auftragstäter‹ jene Straftaten begehen, die man dann öffentlich als Straftaten von NPD-Mitgliedern oder NPD-nahen Nationalisten ausgibt.« Damit tut sich freilich ein böser Verdacht auf, nämlich daß der Verfassungsschutz die Verfassungswidrigkeiten selbst mit schafft, die es dann zu bekämpfen gilt. »Damit leistet er der Demokratie einen schlechten, einen unheimlichen Dienst.«[376]

Sich von Verfassungsschutzbeamten anwerben zu lassen und für ein Amt des Verfassungsschutzes tätig zu werden ist ein heikles und vor allem schmutziges Geschäft. Verfassungsschutzspitzel sind in der Regel keine Ehrenmänner oder reuige Sünder, sondern sowohl menschlich als auch politisch gesehen überaus fragwürdige Personen, die sich auf Grund von Geltungsdrang, finanziellen Problemen oder sonstigen niederen Instinkten auf ein gewagtes Doppelspiel einlassen. Nicht selten versuchen sie im Gegenzug für ihre Spitzeldienste Straferleichterungen auszuhandeln. Innenpolitiker und Verfassungsschützer rechtfertigen solche ›Deals‹ damit, daß sie nur auf diese Weise einen Einblick in die Szene erhalten und nur so Straftaten verhindern können. Dieses Argument hat sich jedoch längst als Scheinargument erwiesen. Erst recht nicht handeln V-Leute aus ethischer Weltanschauung heraus. Vielmehr handelt es sich schlichtweg um käufliche Personen, die oftmals über keinen gefestigten politischen Hintergrund verfügen, geschweige denn über einen parteipolitischen. Diese Feststellung scheint sogar bei Funktionären zuzutreffen. Der ›altgediente Nationaldemokrat‹ FRENZ beispielsweise legt in einem persönlichen Schreiben seine Ablehnung gegenüber der Partei und ihrer Repräsentanten dar. Er werde die Geschäftsstelle der NPD in Nordrhein-Westfalen nicht mehr betreten: »Alleine dort so Lichtgestalten wie Henning, Hebbel oder Lutz antreffen zu können, deren Anblick mir Übelkeit bereitet und eine Gelbsucht hervorrufen würde, halten mich schon davon ab.«[377] Inwiefern ist es anhand solcher Äußerungen noch gerechtfertigt, davon zu sprechen, Spitzel wie FRENZ hätten in der NPD als Nationaldemokraten gehandelt?

SCHILY & Co beharren auf der Meinung, daß ihre V-Leute keinen Einfluß auf die NPD gehabt hätten. Das einzige Argument, das sie für diese abstruse Behauptung gebetsmühlenartig vorbringen, ist der Hinweis, daß sie keine Personen des Verfassungsschutzes in die Partei eingeschleust hätten – was noch zu beweisen wäre. Aber angenommen, SCHILY spricht hier die Wahrheit, entpuppt sich der Hinweis, bei den eingesetzten V-Leuten habe es sich um »Fleisch vom Fleische der NPD« (Otto SCHILY) gehandelt, als Scheinargument. Wie SCHILY selbst zugibt, handelt es sich bei den Spitzeln um Informanten, »die uns gegen ein geringes Entgelt etwas verraten«.[378] Mit dieser Aussage spielt SCHILY seinen Kritikern ein elementares Hauptargument in die Arme, denn schon durch die finanziellen Zuwendungen, die jeder V-Mann vom Verfassungsschutz erhält, entsteht eine Art innerparteiliche Wettbewerbsverzerrung in der NPD, also eine Bevorteilung derjenigen, die sich um innerparteilichen Einfluß und um Posten in der Partei bewerben. »Die Leute des Verfassungsschutzes genießen echte Wettbewerbsvorteile, weil sie über mehr Geld als ihre Mitbewerber verfügen. Hinzu kommt die besondere Stellung, die diese V-Leute in der Öffentlichkeit haben. Sie werden auch durch die Verfassungsschutzämter bekannt gemacht. Allein das Hervorheben ihrer Namen in den jährlich erscheinenden Verfassungsschutzberichten ist ein Hinweis für die Presse. Es bedeutet: *Schreibt darüber*!«[379]

Für die antifaschistische Zweimonatszeitschrift *Der rechte Rand* ist es sogar erwiesen, daß der Verfassungsschutz bei der Auswahl seine V-Leute Wert darauf legt, »solche Personen zu finden, die ideologische Elemente des Faschismus wie Antisemitismus und Rassismus in Organisationen tragen und damit Einfluß nehmen können«.[380] Streicht man aus dieser Behauptung die dümmliche Wortwahl und die ideologische Absicht, bleibt ein großes Korn Wahrheit übrig: Natürlich heuern die Verfassungsschützer vor allem solche Personen an, die nicht durch Trägheit, Einflußlosigkeit und Passivität glänzen. Mit Karteileichen ist ihnen nicht gedient. Auch genügt es den Verfassungsschützern nicht, mit Berichten aus dem Fußvolk der bespitzelten Organisation versorgt zu werden. Was sie brauchen, sind Aktivisten, »die auch mal was anleiern«. Der Traum eines jeden Geheimdienstlers ist es selbstverständlich, unerkannt ins Zentrum des auszuspähenden Objekts vorzudringen. Diese einleuchtende Ambition umschreibt der Direktor der Gedenkstätte im ehemaligen Stasi-Gefängnis Berlin-Hohenschönhausen Hubertus Knabe mit den Worten, daß es den Ämtern für Verfassungsschutz gelungen sei, »hochkarätige Informanten in Führungsetagen der NPD zu gewinnen«. Diese waren aus naheliegenden Gründen keine Mitschreiber bei Treffen in irgendwelchen Hinterzimmern. »Der Informant muß dabei einen besonderen Aktionismus entfalten, um bei seinen Mitstreitern nicht aufzufallen. Er muß sich an die Spitze der Bewegung stellen. Der Geheimdienst ›züchtet‹ Staatsfeinde im Dienste des Staates. Der Informant unterliegt dabei einer ständigen Betreuung seiner Auftraggeber. Sein Vorgehen wird genau besprochen. Die Behauptung, daß die V-Leute in der NPD vom Verfassungsschutz keinerlei Instruktionen für ihr politisches Auftreten bekommen haben, ist deshalb mehr als zweifelhaft.«[381]

Der Präsident des baden-württembergischen Landesamtes für Verfassungsschutz Helmut Rannacher bekannte, daß es den Geheimdienstlern vor allen Dingen darauf ankomme, »sogenannte ›Quellen‹ zu gewinnen, die ›nachrichtenfähig‹ sind, wie wir das nennen. Sie müssen in der Lage sein, aus den Hinterzimmern der zu beobachtenden Organisationen zu berichten«. Kommt es bei angeworbenen V-Leuten »zu einer längerfristigen Vereinbarung«, spielt Geld nicht selten eine entscheidende Rolle. »Informationen werden nun einmal verkauft, und wichtige Informationen bringen mehr ein.«[382] Günther BECKSTEIN formulierte die Gründe von V-Leuten für ihre Spionagetätigkeit (innerhalb der NPD) gegenüber der *Nürnberger Zeitung* wie folgt. Es gebe »Mitarbeiter, die ganz persönlich einen starken Staat sehen wollen«. Andere machten es für Geld, »das aber bei weitem nicht die kolportierten Traumhöhen« erreiche. Ein drittes Motiv seien »ausländerrechtliche Erleichterungen, zum Beispiel eine Aufenthaltsgenehmigung für V-Leute«.[383]

Eine kleine, aber delikate Nebenbemerkung sei bei dieser Gelegenheit gestattet: Auch die Honorare von V-Leuten sind steuerpflichtig. Wer den Verfassungsschutz mit Informationen aus einer politischen Szene oder in einigen Bundesländern auch aus dem Bereich der organisierten Kriminalität versorgt, muß den Lohn dafür rein theoretisch versteuern – als Nebeneinkunft zu seinem Hauptberuf, als Nebentätigkeit aus selbständiger Arbeit. Allerdings tauchen diese V-Mann-Honorare in keiner Steuererklärung auf. Finanzbehörden und Innenministerien haben sich, damit alles seine steuerrechtliche Ordnung hat, nach Informationen der *Frankfurter Rundschau* schon seit langem intern auf eine zehnprozentige Pauschalversteuerung für V-Mann-Honorare verständigt.[384]

Ein überzeugter Anhänger einer politischen Idee wird sich kaum zum Verräter an dieser Idee machen. Spitzel sind nichts anderes als fragwürdige Subjekte und alles andere als weltanschaulich motivierte politische Aktivisten. Deshalb ist es seit eh und je geheimdienstliche Übung, Agenten in die Zielgruppen einzuschleusen. Sie haben klare Aufträge, handeln für Geld und täuschen politisches Anliegen nur vor. Es besteht kein Zweifel an der Existenz von Lockspitzeln (*agents provocateurs*), die im Auftrag der Ämter für Verfassungsschutz innerhalb der NPD und anderer patriotischer Organisationen agieren. Die ›Feuerwehr Verfassungsschutz‹ hat alle unliebsamen Parteien und Organisationen mit ihren ›Brandstiftern‹ infiltriert. Diese rufen vielfach erst hervor, was zu bekämpfen die ›Vorwarnleuchten der Demokratie‹ vorgeben.

Am 23. Juni 2000 sprach ein Mitarbeiter des bayerischen Innenministeriums den stellvertretenden Landesvorsitzenden der bayerischen NPD, Axel MICHAELIS, an und versuchte, ihn als V-Mann zu gewinnen. Der NPD-Funktionär und seine Frau schnitten das Gespräch heimlich mit – ein seltenes Dokument, das offenbart, wie der Staat mit ideologischer Kumpanei und politischen Versprechen versucht, führende NPD-Funktionäre als Informanten anzuwerben. In der 82. Sitzung des Bayerischen Landtages bestätigte kein Geringerer als Günther BECKSTEIN selbst, daß die Aufzeichnung des Anwerbegesprächs authentisch ist.[385] *Die Woche* dokumentierte Auszüge aus dem Tonbandprotokoll des gescheiterten Anwerbegesprächs im Februar 2002. (Die Namen wurden zu diesem Zeitpunkt verändert wiedergegeben):

»REICHERT: Was wollen Sie denn?

PETERS: Ich wollte Sie bitten, daß Sie uns den einen oder anderen Fall von Gesinnungswandel. . .

REICHERT: Wieso denn, warum? Sie glauben doch nicht etwa, daß ich für diesen Staat, der meine Heimat Schlesien für einen Appel und ein Ei verkauft hat, für STOIBER und die ganzen Großkopferten, die das Maul aufreißen vor den Vertriebenen und einen auf national machen, für einen Staat, der unsere Währung abschafft, ohne das Volk zu fragen, Sie glauben doch nicht, daß ich einem solchen Staat auch nur einen Funken. . .

PETERS: Haben Sie schon mal reale Politik gemacht? Sind Sie mal vor der Verantwortung gestanden?

REICHERT: Ich bin in der DDR groß geworden. Ich habe diesen Staat, diese Kommunisten verabscheut und gehaßt. Ich habe, wo ich vor 14 Jahren in die Bundesrepublik gekommen bin, mit der CSU sympathisiert. Aber ich habe dann hier erleben müssen, wie unser Volk überfremdet wird und unser kulturelles Erbe verschwindet.

PETERS: Da wollte ich Sie bitten mitzuhelfen, daß es anders wird. Glauben Sie denn, daß Sie da, wo Sie jetzt sind, daß Sie da den richtigen Hebel oder die richtigen Eingriffsmöglichkeiten haben?

REICHERT: Ich will die Menschen sammeln in Deutschland, ob das in der CDU ist. . .

PETERS: Das können Sie, das können Sie ja!

REICHERT: . . . die bereit sind, für Deutschland in dem Sinne etwas zu tun, daß es gelingt, eine politische Wende geistig herbeizuführen. Wie die Partei heißt, ob NPD oder DVU oder Rep, das ist mir völlig egal. . .

PETERS: Ich will Sie davon nicht abbringen. Im Gegenteil, ich wollte Sie nur bitten, daß Sie. . . eh. . . Ich glaube, wenn man Sie ›überzeugen‹ könnte, dann könnten Sie auf diesem Wege mithelfen, eine andere Politik. . .

REICHERT: Nein, das ist Unsinn, was Sie sagen. Dieser Staat hat sich vorgenommen, jegliche nationale Regung im Keime zu ersticken.

Was hier stattfindet, ist ein Vernichtungsfeldzug gegen alles Nationale.

PETERS: Ich bitte Sie, jede Demo oder fast jede Demo, die von der NPD initiiert wird, wird zugelassen. [...] Wenn Sie so vehement dafür eintreten, daß die Situation anders wird, dann biete ich Ihnen eine. . . eh. . . Mitarbeit oder zumindest einen gewissen Einfluß auszuüben.

REICHERT: Ich will überhaupt keinen Einfluß. Ich sehe da überhaupt keinen Sinn darin, mich mit irgendeiner Institution dieses Staates Bayern oder der Bundesrepublik einzulassen. [...]

Frau REICHERT: Ja, was wollen Sie denn überhaupt?

PETERS: Jetzt will ich mal das umgekehrt sagen. Sie glauben doch nicht, daß Sie mit Ihrem besoffenen Gesocks, daß Sie da mehr Einfluß kriegen.

REICHERT: Nein, zweifellos nicht. Aber glauben Sie etwa, daß die 68er-Bewegung, was zugekiffte Leute waren, die sitzen heute an den Schalthebeln.

PETERS: Da gebe ich Ihnen Recht.

REICHERT: Meine Aufgabe sehe ich darin, (junge Menschen, Anm. d. Red.) so erzieherisch zu führen, daß sie eben nicht rauchen, daß sie nicht irgendeinem NS-Nazi-Scheiß anhängen, sondern daß sie eine vernünftige Weltanschauung bekommen und daß sie ihr Volk und die Geschichte richtig bewerten.

PETERS: Richtig, richtig, das ist ehrenwert, was Sie tun, aber diese Position, die Sie innerhalb der Partei einnehmen, da Einwirkungsmöglichkeiten zu finden, daß die Situation hier anders wird, das glaube ich eben nicht. Deswegen denke ich mir, man sollte die Gespräche danach. . .

Frau REICHERT: Ja, sagen Sie doch mal, was wir tun sollen, wofür wir Geld kriegen sollen?

PETERS: Ich biete Ihnen halt insofern Gespräche an, daß Sie Ihren Standpunkt, so wie Sie ihn jetzt dargelegt haben, zumindest. . .

Frau REICHERT: Ja, wem gegenüber?

PETERS: Mir.

REICHERT: Ach, Ihnen. Von welchem Amt sind Sie denn, vom Verfassungsschutz oder vom Innenministerium?

PETERS: Vom Innenministerium. [...]

Frau REICHERT: Er will, daß wir unsere Leute und die Partei bespitzeln, und wir machen so etwas nicht. Aus, fertig!

REICHERT: Ich war Nationalist, mein ganzes Leben lang. [...] Ich würde nicht für ein paar Silberlinge meine Überzeugung oder meine Kameraden verraten.

PETERS: Ich will Sie nicht kaufen, wenn Sie das meinen. Ich will Ihre Einstellung und Ihre politische. . . (Aufnahme bricht ab)«[386]

Der bayerische Innenminister Günther BECKSTEIN (CSU) meinte allen Ernstes auf die Feststellung Wert legen zu müssen, daß MICHAELIS keineswegs in Aussicht gestellt worden sei, »Einfluß in der NPD zu bekommen. Vielmehr wurde ihm angeboten, er könne auf die von ihm für falsch gehaltene Darstellung der NPD in den Verfassungsschutzberichten durch eine entsprechende Berichterstattung erwidern«.[387] Im selben Monat alberte BECKSTEIN auf ähnlichem Niveau, daß es geklärt werden müsse, *ob* Informanten des Verfassungsschutzes überhaupt einen aktiven Einfluß auf die NPD genommen hätten. Sein Berliner Amtskollege, Ehrhart KÖRTING (SPD), nickte brav und erklärte neunmalklug: »V-Leute dürfen keine Steuerungsfunktionen in verfassungsfeindlichen Organisationen haben.«[388] Eine unsinnige Floskel, die von den Präsidenten der Landesämter für Verfassungsschutz in der Vergangenheit immer wieder benutzt wurde, um den angeblich rechtsstaatlichen Einsatz von Verfassungsschutzspitzeln zu unterstreichen und deren fragwürdige Tätigkeiten zu rechtfertigen – was von offizieller Seite natürlich in Abrede gestellt und als Diffamierung hingestellt wird.

Im März 2002 behauptete BECKSTEIN in dem von ihm zu verantwortenden ›Verfassungsschutzbericht‹, daß mit »der Funktion als Informationsquelle« sich die Aufgabe der V-Leute erschöpfe. Eine »Steuerung des Beobachtungsobjekts oder die Schaffung von Beweismaterial für ein Verbotsverfahren (Stichwort *›agent provocateur‹*) gehen damit nicht einher« – meinte der bayerische Innenminister offensichtlich durch die Blume an die Adresse der Verfassungsrichter und unterstrich seine gewagte Aussage noch mit dem umwerfenden Hinweis: »Dies ist durch entsprechende Dienstvorschriften abgesichert.«[389]

Das Volk oder, im bundesdeutschen Jargon, die ›Öffentlichkeit‹ wird mit solchen suggestiven Äußerungen hinters Licht geführt, denn tatsächlich agieren die Spitzel des Verfassungsschutzes bis in die höchsten Positionen der observierten Parteien und Organisationen. Oder wie es das Wiener Nachrichtenmagazin *Format* feststellt: Die »Verfassungsschützer verstießen nicht nur gegen das Prinzip, keine hochrangigen Funktionäre als Vertrauenspersonen zu führen; selbst Gewalttäter durften sich als Informanten ein Zubrot verdienen«.[390] Wie wir im folgenden sehen werden, stellt dieses Prozedere keinen Ausnahmefall dar. Erstellen wir aus diesem Grunde eine Übersicht über aufgeflogene Spitzel des Verfassungsschutzes und deren begangene Provokationen und Straftaten in der sogenannten rechtsradikalen Szene. Jeder mag dann für sich selbst entscheiden, ob und in welchem Maße die Spitzel einen »entscheidenden Einfluß« auf die Szene genommen haben oder nicht.

Das Begehen von Straftaten gehört zur Norm geheimdienstlicher Aktivitäten. Diese Tatsache scheint den Innenpolitikern hierzulande entgangen zu sein. Mitte 1994 meinte der Chef des hessischen LfV Hartmut FERSE gegenüber der *tageszeitung* bezüglich der Tätigkeiten von V-Leuten, daß der von den Medien gern provozierte Eindruck, »daß wir in unserem Auftrag Taten begehen lassen«, völlig falsch sei. Und wenn die V-Leute Straftaten begingen, »werden sie von uns in keiner Weise geschützt«.[391] Diese Aussage ist falsch. Richtig ist, daß der bundesdeutsche Inlandsgeheimdienst seine Spitzel sehr wohl Straftaten begehen läßt und die Straftäter oftmals von den Geheimdiensten geschützt werden. Ende 1990 beispielsweise erklärte der Berliner Innensenator Erich PÄTZOLD, daß zwei Jahre zuvor das Landesamt Berlin im voraus Straftaten eines V-Mannes gebilligt habe.[392]

Auch dem Bevollmächtigten des Deutschen Bundestages Günter FRANKENBERG scheint die geheimdienstliche Realität entgangen zu sein. Im Zuge des Skandals um das NPD-Verbotsverfahren meinte er gegenüber tagesschau.de am 8. Februar 2002 allen Ernstes: »Nach unseren Informationen sind die V-Leute [in der NPD] rechtlich korrekt geführt worden, also keine *agents provocateurs* gewesen.« Dies entspricht, milde ausgedrückt, der Unwahrheit, woraus nur eine Schlußfolgerung zu ziehen ist: Entweder handelt es sich bei den Bekundungen à la BECKSTEIN, FERSE, KÖRTING, FRANKENBERG und Kollegen um dreiste Hinhaltetaktiken, oder die Chefs der jeweiligen Ämter und ihre ministralen Vorgesetzten werden von ihrer ›Truppe‹ nicht oder nur unzureichend darüber aufgeklärt, welchen gravierenden Einfluß Spitzel tatsächlich in den observierten Organisationen haben.

Der ›Verfassungsschutz‹ ermutigt V-Leute in der deutschfreundlichen Szene, beispielsweise in der NPD, zu Straftaten. Der ehemalige Beamte im Staatsschutz Hans-Günther BRASCHE äußerte gegenüber der *Zeit*, die V-Leute seien von ihren Führern »hochgestachelt« worden.[393] Der Sprecher des Verfassungsschutzes in Hannover, Rüdiger HESSE, wies diese Vorwürfe freilich zurück. BRA-

SCHE hatte von 1987 bis 1993 das Fachkommissariat Rechtsextremismus bei der Polizeiinspektion Braunschweig geleitet und enge Kontakte zu der sogenannten Neonazi-Szene aufgebaut. Nach den zitierten Angaben des Polizisten sei einer der Informanten von einem V-Mann-Führer aufgefordert worden, »doch mal etwas gegen die Zentrale Anlaufstelle für Asylbewerber in Braunschweig zu unternehmen«. Die V-Leute hätten nach Forderung ihrer Führer »eine vollkommen neue Ebene der Provokation erzeugen« sollen, sagte BRASCHE der *Zeit*. Ein niedersächsischer V-Mann habe 1993 im bayerischen Füssen eine Wehrsportgruppe gegründet, die Neonazi-Aufkleber verteilt und Schlägereien angezettelt habe. Verfassungsschutzsprecher HESSE sagte dazu: »So etwas kommt gar nicht in Frage. [...] Das hat es nicht gegeben und wird es auch nicht geben, daß wir V-Leute zu schwersten Straftaten hochstacheln. Im übrigen ist das gesetzlich eindeutig untersagt.« Flugs attestierte er BRASCHE »fehlende Glaubwürdigkeit«, die darüber hinaus auch noch seit Jahren »gerichtsbekannt« sei. Wobei wir wieder einmal mehr mit der wehrdemokratischen Praxis geistig-politischer Auseinandersetzung in diesem Lande konfrontiert werden: Jürgen MÖLLEMANN ein Fall für den Psychiater, Hans-Günther BRASCHE ein Fall für den Knast.

Wie die folgenden aufgezählten Musterbeispiele belegen, sind die Spitzel im Regelfall eben nicht ›aus dem Ruder gelaufen‹. Diese Behauptung ist nichts anderes als ein billiger Versuch der Verfassungsschutzbehörden, jegliche Schuld von sich zu weisen. Tatsächlich handelt es sich bei vielen Tätigkeiten der Spitzel oftmals um Aktionen mit strafrechtlicher Relevanz, die nicht nur im Wissen der Verfassungsschützer, sondern sogar in ihrem Auftrag begangen werden. Die Palette der Provokationen ist schier grenzenlos und reicht vom einfachen ›Deutschen Gruß‹ über die Produktion von CDs oder ›Spielen‹ wie *Jude ärgere Dich nicht* bis hin zur Waffenschieberei. Um dem Leser Wiederholungen zu ersparen, wird im folgenden auf die Dokumentation bekannterer Fälle von brisanten Provokationen und schweren Straftaten, die durch Spitzel der Ämter für Verfassungsschutz begangen und solche, die bereits in dem Standardwerk *Der Verfassungsschutz* des Verfassers dokumentiert worden sind, verzichtet. Wir wollen also nicht mehr auf die strafrechtlich relevanten Hintergründe und Umtriebe von Verfassungsschutzspitzeln und -provokateuren wie Hans-Günter FRÖHLICH, Hans-Dieter LEPZIEN, Ulrich SCHMÜCKER, Klaus STEINMETZ, Peter TROEBER, Peter WEINMANN, Werner GOTTWALD und Bernd SCHMITT näher eingehen.[394]

Die Ämter für Verfassungsschutz schrecken, wie wir eindeutig belegen können, nicht einmal davor zurück, selbst Kriminelle oder ehemalige Quellen der Stasi für ihre Spitzeldienste in ihnen mißliebig erscheinenden politischen Organisationen zu gewinnen. Grundsätzlich ist keine Partei oder Organisation gegen den Einsatz von Spitzeln, die einem kriminellen Milieu entstammen, gefeit. Im Sommer 1998 hat *Der Spiegel* über einen bezeichnenden Skandal berichtet, der für die Machenschaften des Verfassungsschutzes das Etikett der Allgemeingültigkeit verdient. Das Landesamt für Verfassungsschutz Berlin, so wurde dank investigativem Journalismus aufgedeckt, verpflichtete Elemente, die bereits für die Staatssicherheit der DDR gespitzelt hatten und selbst von der Stasi als nicht immer zuverlässig, ja sogar als kriminell eingestuft worden waren. Eine solche Nutzung erschien dem damaligen Innensenator Berlins Jörg SCHÖNBOHM »nur auf den ersten Blick unmoralisch oder naiv«, denn die Anwerbung solcher Quellen, so erfährt der erstaunte mündige Bürger, gehöre »zur Geschäftsgrundlage eines erfolgreich tätigen Nachrichtendienstes«.[395]

Wie sah das Ergebnis von SCHÖNBOHMS so erfolgreich tätigem Dienst aus? Im März 1998 trafen im Büro des Berliner Polizeipräsidenten Hagen SABERSCHINSKY vier gleichlautende anonyme Briefe ein, denen zufolge der Berliner Polizeidirektor Otto DREKSLER ein führender Scientologe Berlins sei. Daraufhin schickte Innenstaatssekretär Kuno BÖSE per Kurier ein Schreiben nebst einem Foto DREKSLERS an den Präsidenten des Landesamtes für Verfassungsschutz Berlin Eduard VERMANDER, der nach Absprache mit SCHÖNBOHM seine Truppe in Marsch setzte. Zusätzliche Gelder wurden genehmigt, DREKSLER wurde observiert, ein V-Mann, die ›Quelle Junior‹[396], auf ihn angesetzt. Dieser bestätigte flugs die anonymen Unterstellungen, woraufhin die Berliner Staatsanwaltschaft auf der Grundlage »nachrichtendienstlicher Erkenntnisse« (!) DREKSLERS Wohnung und Büro durchsuchte, seinen Computer und sein Auto filzte. Gefunden wurde nichts. Trotzdem – also lediglich gestützt auf die Angaben des Spitzels – wurde DREKSLER von seinem Posten als Leiter des Lagezentrums suspendiert. Zusätzlich durfte er nicht mehr an der Polizeifachhochschule unterrichten. DREKSLER, selbst Mitglied in der CDU, wandte sich hilfesuchend an seinen Parteifreund Klaus LANDOWSKY, seines Zeichens Fraktionsvorsitzender der CDU in Berlin, sowie an die Berliner CDU-Fraktion. Alle ließen ihn fallen.

Obgleich die Anschuldigungen unhaltbar waren, wurde DREKSLER nicht etwa rehabilitiert. Im Gegenteil, da bekanntlich nicht sein kann, was nicht sein darf, griffen die Berliner Verfassungsschützer noch tiefer in ihre Trickkiste. Sie traten an einen V-Mann innerhalb der Scientology-Kirche heran und boten ihm »5000 DM für den Nachweis, daß Polizist DREKSLER Scientology-Mitglied ist«.[397] Dieser Nachweis konnte freilich nicht erbracht werden. Traten daraufhin BÖSE, VERMANDER und SCHÖNBOHM zurück? Nein. Sie versuchten, ihr eigenes Gesicht und vor allem ihre lukrativen Posten zu wahren. Otto DREKSLER wurde jetzt endlich rehabilitiert und am 26. August 2002 sogar zum Leitenden Polizeidirektor befördert.

Der Skandal um DREKSLER ist kein Einzelfall. Lediglich der Umstand, daß sich das Opfer in einer höheren gesellschaftlichen Position befand, die das Interesse der Medien unvermeidbar machte, ließ den Skandal für die Öffentlichkeit ans Tageslicht kommen. Bei Tausenden anderen unbescholtenen Bürgern, die aufgrund der ›Erkenntnisse‹ der Verfassungsschützer zu Verfassungsfeinden kriminalisiert werden und entsprechenden Sanktionen und Repressalien ausgesetzt sind, bleiben diese Skandale im dunkeln.

Im November 1999 entschied der Bundesgerichtshof, daß V-Leute (der Polizei) keine Straftaten stimulieren dürfen: Wenn Lockspitzel der Polizei unbescholtene Personen, denen ansonsten kein Verdacht anhängt, zu einer Straftat verleiten, dann müßten die Gerichte künftig deutlich geringere Strafen verhängen als bisher üblich.[398] In dem Grundsatzurteil heißt es weiter: Wenn ein V-Mann eine Straftat ohne vorherigen Verdacht provoziere, sei dies ein Verstoß gegen die Menschenrechtskonventionen. Das Fehlverhalten des Lockspitzels, auch wenn er nicht der Polizei angehört, sei dennoch der Polizei und damit dem Staat zuzurechnen, denn die Polizei habe das Recht und die Pflicht, ihren V-Mann zu überwachen. Im konkreten Beispiel bedeutet dies: Die bloße Frage, ob jemand Drogen liefern könne, sei unbedenklich. Dagegen sei es nicht legitim, wenn durch »Weckung der Tatbereitschaft oder Intensivierung der Tatplanung mit einiger Erheblichkeit stimulierend auf den Täter eingewirkt wird.«[399] Es ist höchste Zeit, daß auch der Verfassungsschutz für seine V-Leute die Verantwortung übernimmt.

Wenden wir uns also nun konkret aufgeflogenen Spitzeln zu, die vor allem in der sogenannten rechtsradikalen Szene ihr Unwesen trieben. Eine Vielzahl[400] der Verfassungsschutzspitzel hat sich gerade innerhalb der NPD und in deren Umfeld als Brandstifter und Provokateure hervorgetan. Warum? Um sowohl den Ermittlungsbehörden als auch den Medien immer wieder den Eindruck von ›rechtsextremer Gewalt‹ zu bestätigen, die deutschfreundliche Opposition hierzulande zu diskreditieren und damit entsprechende Repressionen zu rechtfertigen. Zu besagten Auftragstätern bzw. Lockspitzeln zählen unter anderem:

- Ewald Bela ALTHANS

Ewald Bela ALTHANS prahlte während seiner von den Medien spektakulär in Szene gesetzten politischen Blütezeit in aller Öffentlichkeit damit, daß er die deutsche Jugend auf die ideologischen Pfade des Nationalsozialismus zurückführen und dem deutschen Nachwuchs Adolf HITLER als historisches Vorbild vermitteln wolle. Allein diese Äußerung ist so anmaßend wie provokativ, daß allerorts die Alarmglocken hätten klingeln müssen. Taten sie aber (meist) nicht. Tatsächlich wirkten seine ›NS-Schulungen‹ in alle Jugendgruppierungen des nationalen Lagers hinein und brachten große Teile der politisch-aktiven deutschen Jugend im Staatsauftrag auf ›nationalsozialistischen Kurs‹ und vor allem in den Beobachtungsbereich des ›Verfassungsschutzes‹ und der Polizei. Für seine Arbeit wurde er vom dankbaren Staat mit jährlich mehreren hunderttausend Mark fürstlich entlohnt. Sein Beruf als staatlicher Schulungsleiter für ein nationalsozialistisches Weltbild wurde sogar dokumentarisch verfilmt. Der Titel des mit Steuergeldern finanzierten Kinofilms konnte treffender nicht sein: *Beruf: Neonazi.*

Politisch ursprünglich bei der antifaschistischen ›Aktion Sühnezeichen‹ involviert, gründete ALTHANS noch während seiner Schulzeit an einem Gymnasium in Hannover die sogenannte ›Nationale Jugend Deutschlands‹. Der darauffolgenden Entfernung von der Schule folgte der Rauswurf aus dem Elternhaus, woraufhin er sich der ›Deutschen Freiheitsbewegung‹ Otto Ernst REMERS anschloß. 1983 wurde er Mitglied und später Funktionär der ›Aktionsfront Nationaler Sozialisten/Nationale Aktivisten‹ (ANS/NA) um Michael KÜHNEN. Außerdem war er Mitglied der ›Wiking-Jugend‹, der ›Hilfsorganisation für nationale politische Gefangene und deren Angehörige‹ sowie der ›Gesellschaft für freie Publizistik‹, später auch Mitglied und Funktionär der ›Freiheitlichen Deutschen Arbeiterpartei‹ 1985 erhielt der umtriebige Aktivist seine erste Vorstrafe. 1990 organisierte er in München den Revisionisten-Kongreß ›Wahrheit macht frei‹. 1991–1993 war er an der Organisation der jährlichen Rudolf-Heß-Gedenkmärsche beteiligt. 1991 sowie 1995 folgte eine Anklage wegen Fortführung der verbotenen ANS/NA. Nach Ausbruch der Krawalle im August 1992 in Rostock reiste er mit einigen ›seiner Leute‹ (meinte er die vom ›Verfassungsschutz‹?) in die norddeutsche Hansestadt, um dort die »Volksstimmung so richtig anzuheizen«, wie er strahlend bekannte. »Das alles habe ihm ungeheuren Spaß bereitet, die Leute vor Ort wären prima zu manipulieren gewesen. Daß die Krawalle so lange gedauert hätten, sei nicht zuletzt sein ganz persönliches Verdienst, fügte ALTHANS stolz hinzu. Ferner verkündete er, sein sogenanntes Jugendbildungswerk sei als Vorstufe zu einer ›Napola‹ gedacht, so ähnlich wie damals im Dritten Reich. Er, ALTHANS, werde so dafür sorgen, daß bald auch wieder Straßen und Plätze nach Adolf HITLER benannt würden. [...] Im Fernsehen sah man ALTHANS zu dieser Zeit, wie er, gewandet in edlen Designer-Klamotten und mit schicker dunkler Sonnenbrille ausstaffiert, vor dem Eingang des ehemaligen Konzentrationslagers Dachau frech verkündete, hier würden bald wieder die Gegner Deutschlands inhaftiert werden. Jedermann wußte damals, daß der selbstverliebte Schwätzer ALTHANS mit seiner riesengroßen Klappe hauptsächlich bewirkte, daß die ernsthafte nationale Opposition der Lächerlichkeit preisgegeben wurde. Eines seiner Hauptopfer war der politisch unbedarfte exzellente Historiker David IRVING, den ALTHANS auf seinem Münchener Kongreß wiederholt düpierte, zum Beispiel indem er plötzlich den schon sichtlich kranken KÜHNEN als ›Ehrengast‹ begrüßte, der dann auch prompt den ›Kühnen-Gruß‹ entbot. Am Ende des Kongresses ließ ALTHANS gar geplant-spontan zu einem ›Marsch auf die Feldherrnhalle‹ aufrufen, der sich dann auch in Bewegung setzte und später von der Polizei gestoppt wurde.«[401]

1994 kandidierte ALTHANS für die NPD zu den Stadtratswahlen in München. 1995 wurde er zu drei Jahren und sechs Monaten Haft wegen Leugnung des Holocaust, Volksverhetzung und Verunglimpfung der Bundesrepublik verurteilt. Vor Gericht und im *Spiegel* betonte der umtriebige Selbstdarsteller, daß er die sogenannte neonazistische Szene »verarscht« habe. Dem Gericht gestand er, geraume Zeit Mitarbeiter des bayerischen Landesamtes für Verfassungsschutz gewesen zu sein. Dem Verfassungsschutz bot er laut Aussage des damaligen Präsidenten des bayerischen Landesamtes Gerhard FORSTER »umfangreiches Material«, darunter 5000 Adressen, für 360 000 Mark an, was man in München aber abgelehnt habe. Im September 2001 übergab ALTHANS eine umfangreiche Sammlung seiner Dokumente an das in den Niederlanden ansässige linksextremistische ›International Institute of Social History‹.[402] Auf einer antifaschistischen Internetseite ist über den ›Yuppie-Nazi‹ sehr treffend zu lesen: »Wenn ALTHANS zu Recht behauptet, daß er der Nazi-Ideologie schon 1990 abgeschworen hat und der *Spiegel*-Bericht ebenfalls korrekt ist, würde dies bedeuten, daß ALTHANS nicht nur ein Agent in der Nazi-Szene war, sondern ein führender *agent provocateur* im Staatsauftrag. [...] Unter ALTHANS' Führung verzehnfachte sich die deutsche Nazi-Szene. [...] Wenn ALTHANS' Behauptung und der *Spiegel*-Bericht zutreffend sind, könnten all seine organisatorischen Bemühungen zum Aufbau einer Nazi-Szene Werke des deutschen Geheimdienstes sein.«[403]

- Michael WOBBE

Von Anfang 1992 bis Ende 1993 war Michael WOBBE Aktivist in der Nationalistischen Front – und hauptberuflich Spitzel des niedersächsischen Verfassungsschutzes. Angeworben wurde der ehemalige Skinhead, der Ende 1991 im volltrunkenen Zustand in einer Gaststätte eine Herrentoilette demoliert hatte, von seinem späteren V-Mann-Führer Uwe HELMBRECHT. Dieser war, wie sich später herausstellen sollte, dermaßen dilettantisch im Umgang mit seinem Spitzel, daß selbst Außenstehende sehen konnten, daß an seinem Kadett vorn ein Kfz-Kennzeichen aus dem Emsland und hinten eines von Hannover prangte.[404]

In einem Schlüsselinterview, das WOBBE der *tageszeitung* gegeben hatte, werden die Praktiken des Amtes einmal mehr deutlich. Vor allem aber kristallisiert sich heraus, daß ohne Spitzel und Provokateure viele Aktionen in der nationalistischen Szene niemals gelaufen wären und sogar einige Kameradschaften niemals geformt hätten werden können. Zunächst bestand die Aufgabe WOBBES darin, mit dem Verfassungsschutz einige Listen durchzugehen und anzukreuzen, welche Personen ihm bekannt waren. Für diesen erkennungsdienstlichen Gefallen erhielt er zwischen 100 und 500 Mark. Später kam er auf monatlich 700 DM nebst Spesen. Das war für den charakterschwachen Arbeitslosen (»Ich bin käuflich«) ein Vermögen. »Ich konnte davon leben, brauchte mich um keinen anderen Job zu kümmern.«[405]

Wie viele andere Spitzel, erschlich sich WOBBE das Vertrauen von führenden Persönlichkeiten in der Szene. Bei Treffen habe er sich nicht wie die anderen betrunken, sondern den ›Vorzeigenazi‹ gemimt und den Chef der Nationalistischen Front, Meinolf SCHÖNBORN, umschmeichelt. Bereits nach sechs Wochen ›Probezeit‹ wurde der Spion – wie so oft in der Szene schon geschehen – zum ›Sicherheitsbeauftragten‹ ernannt. Damit hatte WOBBE freies Spiel: Um angeblich Spitzel und Provokateure zu entlarven, setzte er es durch, daß von allen Besuchern des Schulungszentrums der Nationalistischen Front in Pivitsheide Ablichtungen der Personalausweise angefertigt wurden – wobei jeweils eine Kopie in einem toten Briefkasten des Verfassungsschutzes verschwand.

WOBBE wurde noch dreister: Auf Anweisung des Verfassungsschutzes schlug er SCHÖNBORN den Einsatz eines Reisekaders vor. SCHÖNBORN war von den Vorschlägen seines fleißigen und aufmerksamen Sicherheitsbeauftragten begeistert, und so konnte WOBBE, wenn auch vielleicht nicht direkt im Auftrag, so aber doch mit Wohlwollen der Verfassungsschützer durch Deutschland reisen und Gelder für die ›deutsche Sache‹ einsammeln. Satte 60 000 Mark brachte WOBBE der ›Bewegung‹ ein. Dieser Einsatz lohnte sich für den Spitzel, jedenfalls was seine Spesenabrechnungen betraf, die er seinem Arbeitgeber einreichte. Bis zu 5000 Mark monatlich berechnete er für Hotel- und Reisekosten, Essen und Trinken. Ohne Quittung, ohne Nachweise versteht sich – und das Amt zahlte, so daß WOBBE nicht ohne Stolz zu berichten wußte: »Ich habe mein komplettes Leben durch Spesen finanziert.«

Wenn es mal zu einer Flaute kam, das heißt keine Aktionen liefen, erhielt WOBBE von seiner Führungsperson Uwe HELMBRECHT den Auftrag, was in Gang zu setzen: »Los, aktivier' die Leute, leier' mal was an!« Und WOBBE machte was los: »Ich hatte ja die Adressen derer, die mal was im Zentrum bestellt hatten. Die habe ich angerufen und gesagt, in drei Wochen komme ich, trommelt mal alle Interessierten zusammen. Dann bin ich zum Beispiel nach Oldenburg gefahren. Habe den Jugendlichen gesagt: Haut mal rein, ich schul' euch auch. Da entstand langsam eine unabhängige Kameradschaft, die sich ohne mich nie gegründet hätte. Heute sitzen die Jungs alle im Knast, die hätten sehr wahrscheinlich nie etwas gemacht ohne mich. Ich habe gegründet, damit das Amt zuschlagen kann.«

Im Herbst 1993 flog der Spitzel endlich, wenn auch versehentlich auf. Während seiner letzten ›Eintreibertour‹ wohnte der Verfassungsschutzspitzel in einem Nobelhotel in Füssen. Die Rechnung überstieg in wenigen Wochen die 9000 Mark-Grenze. Das war selbst den Beamten des Amtes für Verfassungsschutz zuviel. Sie weigerten sich, für die ›Spesen‹ ihres Schützlings länger aufzukommen. WOBBE marschierte wegen Zechprellerei für zwei Monate in Untersuchungshaft. Den ihn verhörenden Polizisten bekannte WOBBE, er sei V-Mann des Verfassungsschutzes. Vorliegenden Informationen zufolge lebt WOBBE heute unter einem Pseudonym in Berlin.

• Thomas Dienel

Der gelernte Koch Thomas Dienel galt Anfang der neunziger Jahre als einer der führenden ›Neonazis‹ in Thüringen. Nach dem Anschluß der DDR an die Bundesrepublik Deutschland gehörte der frühere FDJ-Sekretär aus Weimar zunächst der Deutschen Sexliga an, später der NPD und danach der von ihm gegründeten Deutsch-Nationalen Partei (DNP). Dienel war einschlägig bekannt und mehrfach vorbestraft, unter anderem wegen Volksverhetzung, Störung des öffentlichen Friedens, Verleumdung, wegen eines Überfalls auf ein Asylbewerberheim und wegen der Verwendung von Kennzeichen verfassungswidriger Organisationen. 1992 hatte die Bundesregierung gegen Dienel die Aberkennung der Grundrechte der freien Meinungsäußerung, der Pressefreiheit, der Versammlungsfreiheit und der Vereinigungsfreiheit beantragt. Ein gravierender Vorgang. Ein solcher Antrag ist in der Geschichte der Bundesrepublik Deutschland erst dreimal gestellt worden – was den überaus fragwürdigen Leumund Dienels unterstreicht. Die Bundesregierung hatte eine besondere Gefahr darin gesehen, »daß Dienel durch seine aggressive fremdenfeindliche Agitation in unverantwortlicher Weise die Stimmung aufheize«.[406] Im selben Jahr begann Dienel mit seiner Spitzeltätigkeit für das Landesamt für Verfassungsschutz Thüringen.

Im März 1992 fiel Dienel auf, als er eine dunkelhäutige Frau in Weimar als »Negervieh« und »Stück Scheiße« beschimpfte. Im Juli hatte Dienel sich an einer Aktion in Erfurt beteiligt, bei der zwei Schweinekopfhälften in den Vorgarten der jüdischen Gemeinde geworfen wurden. Anlaß war der Tod des Vorsitzenden des Zentralrats der Juden in Deutschland, Heinz Galinski. Bei der geschmacklosen Aktion wurden Zettel verteilt, auf denen stand: »Dieses Schwein Galinski ist endlich tot. Noch mehr Juden müssen es sein« und »Jedes Schwein muß mal sterben wie Du, Galinski.«[407] Im September 1992 berichtete *Spiegel-TV*, daß Dienel Wehrsportgruppen für den Einsatz gegen Asylantenheime trainiere. Während dieser Filmaufnahmen schrie Dienel: » [...] in Auschwitz wurde niemand umgebracht, und ich sage es klipp und klar: Leider wurde niemand umgebracht. Und wir als junge deutsche Generation werden aber alles dafür tun, daß in Zukunft das deutsche Volk vom Joch des Weltjudentums, von den Weltparasiten, befreit wird!« In einer im selben Jahr ausgestrahlten *Panorama*-Sendung äußerte sich Dienel: »Da gibt es ein schönes Lied, das stammt leider nicht von mir: Auschwitz, Dachau und Buchenwald, da machen wir die Juden aufs neue kalt.«[408]

Alle diese Umstände, die für die Bundesregierung ausschlaggebend waren, den Antrag auf Aberkennung der Grundrechte zu stellen, hielten die Verfassungsschutzbeamten nicht davon ab, DIENEL zu verpflichten. DIENEL habe sich, so Thüringens Innenminister Christian KÖCKERT (CDU) gegenüber der Nachrichtenagentur dpa am 8. Juni 2000, »von sich aus an den Geheimdienst gewandt«. Die Beamten des Amtes für Verfassungsschutz sahen in ihm keine *persona non grata*. Er wurde angeworben und war 1996 und 1997 für den Thüringer Verfassungsschutz tätig. In dieser Zeit ist es rund achtzigmal zu einem Kontakt - sowohl schriftlich als auch fernmündlich - zwischen DIENEL und seinen Führungsbeamten gekommen. Für seine Spitzeldienste hat er vom Amt insgesamt ein Honorar von 25 000 DM erhalten, was KÖCKERT ausdrücklich bestätigte.[409]

Die Spitzeltätigkeit DIENELS sei nach Ansicht des Verfassungsrechtlers Michael BRENNER gesetzlich gedeckt, aber politisch bedenklich gewesen: »Es liegt nahe, daß jemand eingesetzt wird, der sich in der Szene auskennt«, meinte der Professor für öffentliches Recht an der Universität Jena. Wenn aber gegen jemanden schon ein Verfahren wegen Verwirkung der Grundrechte eingeleitet worden ist, sei das ein Warnlicht. Die Kritik an dem Verfassungsschutzchef Helmut ROEWER sei dann gerechtfertigt.[410] ROEWER wurde am 8. Juni vom Dienst suspendiert. Der SPD-Fraktionschef Heiko GENTZEL meinte einer Meldung der dpa vom selben Tag zufolge, daß die Suspendierung berechtigt sei, da der Innenminister von der Anwerbung DIENELS informiert hätte werden müssen. Der damalige Minister Richard DEWES (SPD) habe davon jedoch nichts gewußt. Die Aufregung um den Informanten DIENEL teilte Innenminister KÖCKERT nicht. Die Zusammenarbeit auch mit vorbestraften ›Neonazis‹ sei üblich, um an wichtige Informationen heranzukommen.[411]

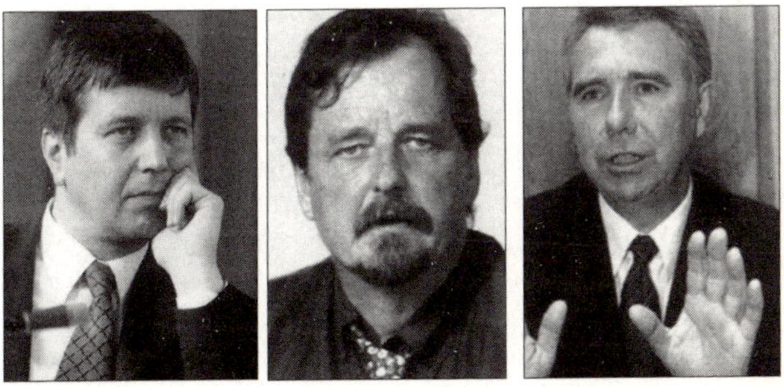

Von links: KÖCKERT, ROEWER und DEWES.

• Carsten Szczepanski

Wie die vorigen Beispiele Wobbe und Dienel deutlich gemacht haben, wissen die Verfassungsschutzbeamten sehr wohl um das Vorleben ihrer Schützlinge. Trotzdem – oder gerade deswegen? – werden diese kriminellen Elemente angeworben. Schließlich geht es darum, »etwas anzuleiern«, um es frei nach Wobbes Worten zu sagen. Daß das Niveau der Verfassungsschutzspitzel nicht tief genug und ihr kriminelles Vorleben nicht abstoßend genug sein kann, belegt der Fall Carsten Szczepanski.

1992 schlugen neun betrunkene junge Männer in einem Tanzlokal im brandenburgischen Wendisch-Rietz einen Asylanten aus Nigeria zusammen, genauer gesagt: halbtot. Während sie auf ihr Opfer einschlugen und eintraten, schrien sie Parolen in englischer Sprache und rissen dabei immer wieder, wie geistreich, den rechten Arm in die Höhe. Die Situation eskalierte, als einer der Betrunkenen meinte, jetzt »den Neger platt machen« zu wollen. Folgendes Zitat über den Tathergang ist dem Urteil des Bundesgerichtshofes vom 31. Oktober 1995 entnommen. Was hier an Feigheit und Grausamkeit geschildert wird, gehört zu den abscheulichsten Taten, zu denen ein Mensch überhaupt fähig ist (für die Namenkürzel wurde ein X gesetzt):

»X zerrte den Geschädigten unter wuchtigen Schlägen in den Vorraum der Diskothek. Die Angeklagten, die erkannten, daß X den Geschädigten töten wollte, entschlossen sich aus Rassenhaß beziehungsweise Ausländerhaß, X nach Kräften zu unterstützen. Einer aus der Gruppe rief wiederholt ›Nigger, Nigger!‹, zahlreiche andere Gruppenmitglieder fielen in diese Rufe ein, die sich schließlich zu einem Stakkato steigerten. X wurde dabei in seinem Tötungswillen bestärkt; er schlug auf den Geschädigten im Rhythmus der Rufe ein. Die Angeklagten feuerten X an, indem sie mehrfach ›Hängt ihn auf, White Power!‹ riefen. Andere wiederum riefen ›Negerschwein! White Power! Ku-Klux-Klan!‹. Die Angeklagten und ihre Mittäter traten darüber hinaus mehrfach gegen den Körper des Geschädigten. [...] Ein Gruppenmitglied sagte zu X: ›Das ist ein Neger, das ist kein Mensch, den machen wir kalt, das ist sowieso kein Mensch.‹ [...] ein anderes Gruppenmitglied schrie: ›Hat denn keiner einen Strick? Aufhängen das Schwein‹ [woraufhin] X erwiderte: ›Ist doch egal, ob wir ihn draußen aufhängen oder ihm hier das Genick brechen.‹ X zerrte den Geschädigten unter weiteren Anfeuerungsrufen [...] vor die Diskothek. Ein Gruppenmitglied sagte: ›Hat denn niemand einen Benzinkanister? Anstecken den Neger!‹ X versuchte daraufhin die Jacke des Geschädigten mit einem Feuerzeug anzuzünden. Als dieses nicht gelang, rief jemand aus der Gruppe: ›Dann ertränken wir das Schwein eben!‹«, woraufhin die Betrunkenen den Asylanten in einen nahegelegenen See schmissen und ihn dort für tot gehalten liegen ließen.

Kein Geringerer als der Verfassungsschutz glaubte, aus diesem erlesenen Kreis einen neuen Spitzel anwerben zu müssen. Sie fanden ihn in der Person des Carsten SZCZEPANSKI. Selbstverständlich war den anwerbenden Verfassungsschutzbeamten bekannt, aus welchem Umfeld ihr Neuzugang stammte und welchen Charakter er hatte: Das Urteil des Bundesgerichtshofes dürfte auch dem bundesdeutschen Inlandsgeheimdienst zugänglich sein.

SZCZEPANSKI wurde für die oben beschriebene Straftat 1995 wegen versuchten Mordes zu acht Jahren Gefängnis verurteilt, die er nicht absitzen mußte. Er wurde vorzeitig wieder entlassen. Wegen guter Führung? Vielleicht. Vielleicht aber auch, weil er bereits in der Untersuchungshaft von Verfassungsschutzbeamten des Landesamtes Brandenburg als Spitzel angeworben und verpflichtet worden war. Der vorbestrafte Gewalttäter sollte Strukturen der NPD bespitzeln. Für seine ›Informantentätigkeit‹ soll er vom Amt für Verfassungsschutz eine ›Aufwandsentschädigung‹ von bis zu tausend Mark monatlich erhalten haben. Der damalige Innenminister Alwin ZIEL (SPD) hatte die Anwerbung genehmigt. Auch dessen Nachfolger Jörg SCHÖNBOHM (CDU), der die Anwerbung von Spitzeln, die ihr Brot bereits bei der Stasi verdient hatten, rechtfertigte, fand die Anwerbung eines gewalttätigen Kriminellen wenig problematisch. Bezeichnenderweise hatte auch der PDS-Landtagsabgeordnete Michael SCHUMANN 1995 der Verpflichtung SZCZEPANSKIS für den Staatsschutz zugestimmt, womit ein weiteres Mitglied der PDS zugab, der Spitzel habe eine »Führungsfunktion beim Aufbau der rechten Szene« in Brandenburg gehabt.[412] Bezeichnenderweise wurde SZCZEPANSKI als V-Mann des ›Verfassungsschutzes‹ nicht aufgrund begangener Straftaten wieder aus dem Verkehr gezogen, sondern erst, nachdem *Der Spiegel* über seine Agitationen berichtet hatte.

SZCZEPANSKIS plötzliche Enttarnung ließ einige unbezahlte Rechnungen von insgesamt mehreren tausend DM bei Verlagen und Vertrieben der Szene offen. Die meisten Geprellten schrieben die ausstehenden Beträge ab. Der Verlag *Deutsche Stimme* fand sich mit den Schulden SZCZEPANSKIS jedoch nicht ab und schrieb Ende 2000 das Ministerium des Inneren des Landes Brandenburg an. In diesem Schreiben forderte der Verlag das Amt auf, die noch offenstehende Rechnung mit der Nummer R031939 »ihres Mitarbeiters Herrn SZCZEPANSKI« unverzüglich zu begleichen, schließlich sei der Verfassungsschutzagent durch das Zeugenschutzprogramm nicht mehr postalisch erreichbar, so daß ihm entsprechende Mahnungen, Vollstreckungen usw. nicht mehr persönlich zugestellt werden könnten. Auf das Schreiben wurde von seiten des Amtes zwar anfänglich nicht reagiert, aber etwa zwei Monate später, nachdem der Verlag den Betrag nochmals angemahnt hatte, wurde die Rechnung über DM 213,40 beglichen. Ein gewisser ›Holger NIEMANN‹ hatte ganz offensichtlich im Auftrag des Innenministeriums den noch ausstehenden Betrag überwiesen. Wie überhaupt das Amt geradezu rührend für die finanziellen Schäden seines Schützlings aufkommt. Dem nigerianischen Opfer zahlte das brandenburgische Innenministerium im Oktober 2000 rund 23 000 Euro Schmerzensgeld.

SZCZEPANSKI befindet sich heute in einem Zeugenschutzprogramm. Als der ehemalige Spitzel im Dezember 2002 vor Gericht erscheinen mußte, war die Obrigkeit darauf bedacht, seine neue Identität zu verbergen. Zum Prozeß gegen einen Musiker der Band ›Proissenheads‹ erschien er bis zur Unkenntlichkeit verkleidet, ausgestattet mit lockiger Langhaarperücke, dunkler Sonnenbrille und einem vermutlich angeklebten Vollbart. Während der Verhandlung wurde zweifelsfrei belegt, daß der Ex-Verfassungsschutzspitzel sogar als Waffenzwischenhändler aufgetreten war.[413] Dies sah das Gericht als erwiesen an und verurteilte SZCZEPANSKI wegen Verstoß gegen das Waffengesetz zu einer Geldstrafe von 1800 Euro. Inwiefern der Verurteilte dieses Geld aus eigener Tasche berappen mußte, entzieht sich unserer Kenntnis.

- Michael GRUBE

Im November 1999 enttarnte sich Michael GRUBE aus Grevesmühlen als V-Mann des Landesamtes für Verfassungsschutz Mecklenburg-Vorpommern. Wie die meisten anderen Spitzel war auch GRUBE vor seiner Anwerbung einschlägig strafrechtlich aufgefallen. 1997 hatten mecklenburgische Verfassungsschützer den Skinhead angeworben, der zu diesem Zeitpunkt bereits Mitglied der NPD gewesen war. Immer wieder hatte er mit Gewaltaktionen auf sich aufmerksam gemacht. Mit einem gescheiterten Überfall auf ein Asylbewerberheim in Schöneberg/Nordwestmecklenburg kamen GRUBE und einige seiner Gesinnungsgenossen 1999 in die Schlagzeilen. Daß der Anschlag scheiterte, war auf den übermäßigen Alkoholgenuß der Gewalttäter zurückzuführen. Die Kriminellen gerieten in Streit, und es entwickelte sich eine Schlägerei. Der Verfassungsschutzspitzel prügelte dabei auf einen wehrlos am Boden liegenden Mann ein und verletzte diesen durch Stiefeltritte an den Kopf lebensgefährlich. Das spätere Strafverfahren wegen schwerer Körperverletzung wurde eingestellt.

Unter dem Decknamen ›Markus‹ hatte sich GRUBE vierzehntäglich mit seinen V-Mann-Führern getroffen und ihnen die gewünschten Informationen mitgeteilt. Für seinen Spitzeldienst habe er vom Landesamt für Verfassungsschutz monatlich zwischen 500 und 700 Mark erhalten. Im Auftrag des LfV hatte er sich zum Kreisvorsitzenden der NPD für Wismar und Nordmecklenburg wählen lassen und trat 1998 zur Landtagswahl auf ihrer Liste an.

Ende 1998 verließ GRUBE die NPD und gründete Anfang 1999 zusammen mit anderen gewalttätigen Aktivisten eine ›Soziale Volkspartei‹ (SVP). Es ist davon auszugehen, daß das Landesamt für Verfassungsschutz von der Gründung der Partei bereits im Vorfeld mindestens Kenntnis hatte, wenn sie nicht sogar in dessen Auftrag gegründet worden war. Mit Mitgliedern dieser Partei verabredete GRUBE im März 1999 einen Brandanschlag auf eine Pizzeria in Grevesmühlen, deren Inhaber ein Nepalese war. Nach eigenen Angaben schlug GRUBE in der Brandnacht selbst die Scheibe des Lokals ein, durch die Komplizen zwei Molotowcocktails warfen. Einige Tage nach dem Anschlag wurde Michael GRUBE verhaftet und im Dezember zu dreieinhalb Jahren Haft verurteilt. Vor Gericht rechtfertigte er sein Verbrechen mit dem Hinweis, er habe im Verdacht gestanden, ein Spitzel zu sein und durch den Brandanschlag diesem Gerücht entgegenwirken wollen. Der Landesvorsitzende der NPD Mecklenburg-Vorpommerns, Rechtsanwalt Hans Günter EISENECKER, bestätigte vor Gericht, daß über GRUBE in der Tat entsprechende Verdächtigungen in Umlauf gewesen seien, allerdings weil dieser unter anderem immer wieder »Schritte unternommen hat, um Leute zu illegalen Taten anzuhalten«.

Um der Vermutung entgegenzutreten, die Verfassungsschutzbeamten hätten GRUBES Straftat billigend in Kauf genommen oder einen gut positionierten Informanten geschützt, lud das Amtsgericht Wismar zwei Mitarbeiter des Verfassungsschutzes als Zeugen, die übereinstimmend erklärten, weder vor noch nach der Tat habe sie ihr V-Mann von seiner Beteiligung an diesem Anschlag unterrichtet. Diese Behauptung erweist sich als zweischneidiges Schwert, da die Präsidenten der Verfassungsschutzämter und die Innenminister unter anderem ständig suggerieren, daß es Aufgabe des Verfassungsschutzes sei, »möglichst frühzeitig Informationen über Ziele und Aktionen politischer Extremisten zu erhalten, um insbesondere Gewaltaktionen mit Hilfe der Polizei verhindern zu können«.[414] Damit ist aber das obligatorisch angeführte Argument, man brauche ›rechtsradikale‹ Spitzel, um frühzeitig über ›rechte Gewalttaten‹ informiert zu sein, *ad absurdum* geführt, weil die Beamten eben zu keinem Zeitpunkt über den Brandanschlag informiert gewesen waren. Oder sie waren doch informiert und haben vor Gericht gelogen, was allerdings implizieren würde, daß eine Straftat mit Wissen des Landesamtes für Verfassungsschutz begangen worden wäre.

- Matthias MEIER

Ein weiterer Spitzel innerhalb der NPD, der für das Landesamt Mecklenburg-Vorpommern tätig war, ist der ehemalige Kreisvorsitzende der NPD in Stralsund und spätere stellvertretende Landesvorsitzende Matthias MEIER.

1997 stellten zwei Beamte, die MEIER in Stralsund auf der Straße angesprochen hatten, sich als Mitarbeiter des Amtes für Verfassungsschutz vor. Sie baten darum, sich unterhalten zu dürfen, und luden den Stralsunder NPD-Funktionär zum Essen ins Hotel am Bahnhof ein. Sie sprachen über Tendenzen in der NPD und über militante Skinheads. Es sei doch ihr gemeinsames Interesse, gewaltbereite Potentiale unter Kontrolle zu halten, erklärten sie.[415] MEIER willigte in weitere Treffen ein und berichtete von da an regelmäßig über die NPD, die DVU und die vorpommersche Skinheadszene.

Im Bundestagswahlkampf 1998 hatte MEIER für Furore gesorgt, als er den parteilosen, aber als Rädelsführer einer terroristischen Vereinigung vorbestraften ehemaligen Rechtsanwalt Manfred ROEDER als Redner nach Stralsund eingeladen hatte. Obgleich der oftmals provokative und strafrechtlich relevante Hintergrund in den Reden ROEDERS den Verfassungsschützern bekannt war, änderte das Landesamt für Verfassungsschutz Mecklenburg-Vorpommern nichts an seinem Verhältnis zu MEIER. Bezeichnenderweise wurde ROEDER 2002 für seine Äußerungen in eben dieser Rede zu einer Haftstrafe verurteilt.

MEIER plante und organisierte sogar paramilitärische Übungen und gründete 1998 den sogenannten ›Kampfbund Nord‹, der zur Vorbereitung auf den Untergrundkampf dienen sollte: So berichtet ein 17jähriger Lehrling, MEIER habe ihn noch im Sommer 1999 überreden wollen, »in einer paramilitärischen Gruppe Wehrsportübungen« durchzuführen. Diese sollten als sogenanntes ›Gotcha-Spiel‹

getarnt werden. »Wir müssen uns bewaffnen«, orakelte Meier und philosophierte weiter, daß man »irgendwann« kämpfen müsse.[416] Trotz dieses subversiven Treibens ihres Spitzels distanzierten sich die Verfassungsschutzbeamten nicht von ihrem Schützling, sondern hielten bis zu dessen Auffliegen im März 2000 an ihm fest.

• Tino Brandt

›Rechtsradikale Spitzenfunktionäre‹ seien nach Angaben des damaligen Innenministers Christian Köckert (CDU) für den Thüringer Verfassungsschutz als Quellen tabu. Dies sei eine Lehre aus dem Fall Dienel. »Seit Dienstantritt des neuen Behördenchefs Thomas Sippel im vergangenen November gilt dieser interne Erlaß.«[417] Tatsächlich? Entweder verstieß das Amt für Verfassungsschutz in Erfurt gegen diesen Beschluß, oder aber Köckert sagte dreist die Unwahrheit, denn im selben Monat wurde der stellvertretende Landesvorsitzende der NPD in Thüringen, Tino Brandt, als Spitzel des Amtes enttarnt. Nach anfänglichen Versuchen der Verschleierung und der Verniedlichung gestand Brandt, seit sechs Jahren für den Verfassungsschutz in Thüringen gearbeitet zu haben. Für seine Spitzeltätigkeit habe er insgesamt etwa 200 000 DM kassiert.

Brandt hat sein politisches Engagement bereits in jungen Jahren begonnen. 1994 leitete er eine sogenannte Anti-Antifa-Kameradschaft, die sich gegen »dem roten Mob« vor allem im Raum Rudolstadt und Saalfeld zur Wehr setzte. Jungaktivist Brandt ließ Massen von Aufklebern herausgeben, unter anderem mit dem Aufdruck »BRD heißt das System, morgen wird es untergehn!« Aus der Anti-Antifa entstand der ›Thüringer Heimatschutz‹, den Verfassungsschutzberichten Thüringens zufolge eine »neonazistische Gruppierung« unter der Führung Brandts. Bereits zu diesem frühen Zeitpunkt war Brandt, damals 19 Jahre jung, von Agenten aus Erfurt erfolgreich angeworben worden und erhielt für seine Bereitwilligkeit, mit dem Amt zu kooperieren, wöchentlich »wenige hundert Mark« zugesteckt, gegen Quittung, die Brandt zunächst noch mit seinem richtigen Namen unterschrieb. Erst später sollte er das ihm zugesteckte Salär mit seinem Decknamen ›Otto‹ abzeichnen.

Unmittelbar nach der Enttarnung des Spitzels sprach der Verfasser mit Brandt, der sich in dem Gespräch selbst als »Überzeugungsspitzel« bezeichnete. Er umriß seinen Aufgabenbereich wie folgt: Die Verfassungsschützer, so Brandt, wollten von ihm vor allem »Stellungnahmen zum Gewaltproblem in der Szene« haben. Er sah hierin nichts Verwerfliches. Erst später sei ihm aufgefallen,

V-Mann Tino Brandt, rechts im Gespräch mit dem Verfasser Claus Nordbruch.

daß es mit diesem psychologischen Trick gelungen war, »mich in dieser Spirale zu fangen«. Also ist er sozusagen ungewollt in etwas hineingeschlittert, aus dem er aus eigener Kraft nicht mehr heraus konnte? Warum, so fragen sich heute nicht nur seine damaligen Förderer, hat er sich nicht anvertraut, und warum hat er die erfolgte Anwerbung sowie seinen Dienst für das Amt nicht gestanden? Damit hätte er sich zumindest dem Vorwurf entzogen, ein ›Kameradenschwein‹ zu sein. Tatsächlich, so gibt Brandt jedenfalls an, habe er sich bereits in diesem frühen Stadium seiner Spitzeltätigkeit jemandem anvertraut: keinem Geringeren als der damals in der Szene anerkannten Führungsperson Kai Dalek aus Franken, der pikanterweise ebenfalls für das Amt arbeitete. »Mit der Zeit stiegen die Erwartungen der Spitzelbehörde an ihre Quelle. Gaben sich die Verfassungsschützer anfänglich noch mit ›*statements*‹ zufrieden, so hatte Brandt alsbald im Vorfeld Demonstrationen und Aufmärsche ›einzuschätzen‹. Mit wie vielen Teilnehmern durfte man rechnen? Woher kamen sie? In welchen Verbindungen waren sie engagiert? Fotos wurden Brandt vorgelegt, auf denen er die Abgelichteten identifizierte und weitere Angaben zu den erkannten Personen machte. Besonders im Vorfeld von Demonstrationen sei das Amt auch an schriftlichen Mitteilungen (Faxe) interessiert gewesen. Bereitwillig erteilte Brandt, als er die Karriereleiter innerhalb der NPD erklommen hatte und zum stellvertretenden Landesvorsitzenden in Thüringen aufgestiegen war, auch Auskünfte über interne Kommentare und Beschlüsse auf Vorstandssitzungen der Nationaldemokraten. Schriftliche Berichte habe er aber ›nur sechs oder sieben‹ angefertigt. Ferner gab BRANDT bereitwillig Auskunft über Fahrten ins Ausland. Über die alljährlichen Reisen nach Paris anläßlich des Festes Bleu-Blanc-Rouge beispielsweise ebenso wie über die Ijzerbedevaart ins flämische Diksmuide – oder über den Besuch einer Reisegruppe nach Südafrika, die sich hauptsächlich aus [*Nation & Europa*]-Lesern und Mitgliedern des ›Hilfskomitees Südliches Afrika‹ zusammensetzte.«[418]

Wie wenige Monate später deutlich werden sollte, fußten die Anträge der drei Antragsteller im NPD-Verbotsverfahren maßgeblich auf den Aussagen und Tätigkeiten von Verfassungsschutzspitzeln. Dem *Spiegel* (Heft 21/2001) war es nicht entgangen, daß in einer 560seitigen Anlage zum Verbotsantrag mit dem Aufdruck *VS – Nur für den Dienstgebrauch* Tino BRANDT als einer derjenigen Aktivisten aufgelistet wird, die die NPD radikalisierten. Der Verfassungsschutzspitzel entpuppte sich also als Brandstifter.

- Stefan Michael BAR

Am 15. Mai 2001 sendete das ZDF-Magazin *Frontal* einen Beitrag über einen der »wichtigsten neonazistischen Aussteiger«, der Menschenjagd und sogar den bewaffneten Bürgerkrieg geplant habe: Stefan Michael BAR. Den selbstbekennenden Aussagen dieses ›Aussteigers‹ zufolge wollte er leiden, doch nicht für Jesus Christus, sondern für den Nationalsozialismus. Sein Gott hieß, so gab er unumwunden zu, Adolf HITLER. Als »tickende Zeitbombe« und als »brandgefährlichen Mensch« bezeichnet der einschlägig bekannte Mannheimer Staatsanwalt Hajo KLEIN den ausgestiegenen Extremisten. BAR gab an, in einem Wald bei Kaiserslautern für den nahen Bürgerkrieg mit scharfen Waffen geübt zu haben. Nicht weniger als 18 Verfahren hat er auf seinem Konto, in denen neben Ermittlungen wegen des Beschusses einer Döner-Imbißbude mit einer Kriegswaffe u. a. auch Schändungen von jüdischen Friedhöfen eine Rolle spielten. BAR hatte immer wieder, so geht er in besagtem Fernsehbeitrag weiter in sich, den bewaffneten Kampf wie seinerzeit die RAF gefordert. Nur eine Revolution, die auf Blut gebaut sei, so philosophierte der Möchtegernrevolutionär, hätte Bestand.

BAR war ein gerngesehener Lieferant und Stichwortgeber für die Ermittlungsbehörden, die Presse und die Mahner der jüdischen Gemeinde in der Bundesrepublik Deutschland. Nach jedem Artikel im *Spiegel*, der ihn schon als kommenden Terroristen feierte, glänzten seine Augen voller Stolz. Nun war er endlich wer, nachdem er jahrelang unzählige junge, gläubige und naive Idealisten kriminalisiert und verheizt hatte. Die Geltungssucht des ›Aussteigers‹ kannte kaum Grenzen. In einem Aktenvermerk der SOKO Busenberg II vom 10. September 1997 wurde schriftlich festgehalten, daß BAR umfangreiche Aussagen gegen Kameraden den ermittelnden Beamten in Aussicht stellte, wenn er von der JVA Adelsheim in die JVA Schifferstadt überführt werden würde. Die gewünschte Verlegung geschah etwa einen Monat später dann auch.[419]

Ob er für ein Amt des Landes- oder Bundesverfassungsschutzes arbeitete, das heißt für seine Dienste bezahlt wurde, ist bisher nicht hundertprozentig erwiesen, jedoch naheliegend. Beim Prozeß Ende 2001 plauderte er jedenfalls aus, zu einem Staatsschutzbeamten des Polizeipräsidiums Westpfalz in Kaiserslautern engen Kontakt unterhalten zu haben. Bewußter Staatsschützer bestätigte als Zeuge vor Gericht diese Kontakte und räumte auch ein, daß BAR die Pamphlete vor Verbreitung vorgelegt habe: »Wir wußten im voraus, daß diese oder jene Schrift auftauchen könnte.«

- Wolfgang FRENZ

Die Zusammenarbeit zwischen FRENZ und dem Landesamt für Verfassungsschutz Nordrhein-Westfalen begann bereits 1959. Bis 1989 seien die Kontakte »relativ intensiv« gewesen, »dann wurde es immer sporadischer, und wir trafen uns etwa alle 14 Tage«, gestand FRENZ stolz dem Fernsehmagazin *Report Mainz*, das am 28. Januar 2002 ausgestrahlt wurde. Außerdem habe es sporadische Kontakte mit dem Bundesamt für Verfassungsschutz gegeben. »Ich hatte als Gründungsmitglied der NPD die intimsten und längsten Kenntnisse. Ich kannte und kenne Gott und die Welt«, prahlte FRENZ. Er habe es durchaus mit seinem Gewissen vereinbaren können, seine Kenntnisse dem Verfassungsschutz mitzuteilen. Es sei kein Geheimnisverrat gewesen, »denn ich habe keine Geheimnisse verraten«. Diese – nach seinen eigenen Worten im Grunde genommen völlig ›wertlosen‹ – Informationen seien monatlich mit 600 bis 800 Mark honoriert worden. Diese Summe habe er versteuert und dann der Parteikasse als Spende zukommen lassen.

Zwei Wochen vor Beginn der mündlichen Verhandlung im NPD-Verbotsverfahren beim Bundesverfassungsgericht in Karlsruhe im Februar 2002 erfuhren die obersten Richter dieser Republik durch Zufall, daß es sich bei einem kapitalen Belastungszeugen der Antragsteller um den ehemaligen stellvertretenden Landesvorsitzenden der nordrhein-westfälischen NPD, Wolfgang

Wolfgang Frenz.

FRENZ, handelte, welcher seit mehr als drei Jahrzehnten als V-Mann des Landesamtes für Verfassungsschutz Nordrhein-Westfalen eingesetzt ist. (Dieser Skandal wird ausführlich im nächsten Kapitel behandelt.)

In seinem Leserbrief in der Frankfurter Allgemeinen Zeitung vom 5. Februar 2002 weist Sebastian GAISER auf einen erstaunlichen Umstand hin, der nicht zuletzt auch den Verfassungsschutzskandal um das NPD-Verbotsverfahren vergrößert: »Nicht nur, daß der nordrhein-westfälische Verfassungsschutz einen Antisemiten auf seiner Gehaltsliste führte, ist ein Skandal. 1960 hatte er sich dem Verfassungsschutz selbst angeboten. Die Frage ist nur, wie konnte man ihn damals unter ›Vertrag‹ nehmen, obwohl das Land Nordrhein-Westfalen bis 1981 nicht über ein entsprechendes Gesetz verfügte. 1981 erschien im Band 114 der ›Göttinger Rechtswissenschaftlichen Studien‹ das Buch *Der Einsatz von ›V-Leuten‹ durch die Ämter für Verfassungsschutz* von Hans-Georg FRIEDRICHS. Unter der Rubrik »Länder ohne eine ausdrückliche Ermächtigungsgrundlage oder ein Landesverfassungsschutzgesetz« heißt es: ›Für den Bereich des Landes Nordrhein-Westfalen fehlt es dagegen nicht nur wie in Hessen an einer ausdrücklichen Regelung des Einsatzes nachrichtendienstlicher Mittel, sondern überhaupt an einem Landesverfassungsschutzgesetz. Gleichwohl wird auch in diesem Bundesland nachrichtendienstlicher Verfassungsschutz betrieben, und zwar durch die Abteilung VII des Landesinnenministeriums, d. h. also durch den Landesinnenminister als Landesverfassungsschutzbehörde. Dem Erfordernis einer gesetzlichen Grundlage für eine derartige Tätigkeit kann in Nordrhein-Westfalen, wenn überhaupt, nur durch einen Rückgriff auf andere Normen Genüge getan werden.‹ Diese Tatsache wirft ein neues Licht auf die Tätigkeit des V-Mannes FRENZ. Wie konnte es möglich sein, daß ein Bundesland ohne eine gesetzliche Grundlage V-Männer beschäftigte? Zur Klärung dieser Frage wäre sicherlich ein parlamentarischer Untersuchungsausschuß in Düsseldorf hilfreich.« Dieser wurde freilich nicht angerufen.

● Udo HOLTMANN

Auch der Verfassungsschutzspitzel Udo HOLTMANN sollte nach Absicht der Antragsteller im NPD-Verbotsverfahren mit seinen politischen Aktivitäten als NPD-Landesvorsitzender von Nordrhein-Westfalen und als Bundesvorstandsmitglied herhalten, die angebliche Verfassungswidrigkeit der Partei zu beweisen. Jahrelang war HOLTMANN »durch besonders aggressive rechtsextremistische Propaganda aus seiner Oberhausener Druckerei«[420] aufgefallen. Bezeichnenderweise glaubten die Antragsteller, die »kämpferisch-aggressive und gegen die freiheitliche Grundordnung gerichtete Haltung der NPD« ausgerechnet mit einem exponierten HOLTMANN-Zitat belegen zu können. Der im Auftrag des Staates agierende HOLTMANN forderte allen Ernstes: »Ausschaltung politisch Andersdenkender.

Die Täter dieses Völkermords [Völkermord durch Multikultur] verdienen die Todesstrafe.«[421] HOLTMANN wurde trotz des strafrechtlich relevanten Charakters dieser und vieler anderer provokativer Aussagen – Klaus BEIER, Bundespressesprecher der NPD, zufolge, war HOLTMANN über Jahre hinweg »für 70 bis 80 Prozent unseres Werbematerials im Sinne des Presserechtes verantwortlich«[422] – nicht ›abgeschaltet‹, was wiederum nahelegt, daß alles, was er sagte und schrieb, im Staatsauftrag geschah und selbstredend ohne strafrechtliche Folgen blieb. Besonders pikant ist in diesem Zusammenhang die Tatsache, daß HOLTMANN im Staatsauftrag straflos »die Todesstrafe« für die Multikulti-Politiker fordern konnte, während beispielsweise der Nichtspitzel MANFRED ROEDER allein für den Hinweis, daß mit der Multikulti-Politik die Volksvertreter Völkermord betrieben, am 30. Januar 2002 vom Landgericht Frankfurt (Main) zu zwei Jahren Haft verurteilt wurde.

Aufsehen bei Freund und Feind erregte 2001 ein Wahlkampfplakat der NPD, das während des Wahlkampfes zum Berliner Abgeordnetenhaus im Oktober mit der fettgedruckten Überschrift *Den Holocaust hat es nie gegeben* die Straßen der Hauptstadt zierte. Dieser auf den ersten Blick strafrechtlich relevante Satz, der aus der umstrittenen Spendenkampagne des Förderkreises zu Errichtung des Holocaust-Mahnmals der Lea ROSH entnommen und als solcher gekennzeichnet worden war, wurde Anlaß für ein Gerichtsverfahren. Tatsächlich hatte die Initiative um Frau ROSH mit dem umstrittenen Slogan um Spenden für das Berliner Holocaust-Mahnmal geworben. Allerdings inklusive des distanzierenden Hinweises: ›Es gibt immer noch viele, die das behaupten. In 20 Jahren könnten es noch mehr sein.‹ Das NPD-Plakat verzichte dagegen auf diese Klarstellung und schiebe nach Ansicht des Gerichtes auf diese Weise ausgerechnet dem Denkmalförderkreis die ›Auschwitz-Lüge‹ unter. Das Landgericht Berlin urteilte am 11. Oktober 2001, daß die sinnentstellende Wiedergabe des Zitates auf dem Plakat der NPD eine schwere Persönlichkeitsrechtsverletzung darstelle, und verbot es daraufhin.

Was dieser Umstand mit dem Verfassungsschutzspitzel HOLTMANN zu tun hat? Udo HOLTMANN, zu diesem Zeitpunkt noch unenttarnter V-Mann, war für das NPD-Plakat verantwortlich. Pikanterweise hatte der Präsident des Verfassungsschutzes Heinz FROMM erst ein knappes Jahr zuvor in einem Zeitungsinterview bekräftigt: »Es bleibt dabei, daß er [ein V-Mann] keine Individualrechtsgüter verletzen darf.« Genau dies hatte HOLTMANN jedoch dem Berliner Gerichtsurteil zufolge mit dem Plakat getan. HOLTMANNS These von der ›Auschwitz-Lüge‹, die das Plakat insinuiere, läßt nach Auffassung der *Zeit* einmal mehr an Otto SCHILYS Zusicherung zweifeln, es sei »unzulässig«, daß ein V-Mann »einen Sachverhalt selber setzt«, der »dann als Begründung für einen Verbotsantrag herangezogen« wird. *Die Zeit* streute Salz in die offene Wunde: »Während sich die Regierung also empörte, alimentierte das Kölner Bundesamt für Verfassungsschutz den Denker, Designer und Drucker der Hetze.«[423] Obgleich das Urteil eindeutig ausgefallen war, hatte die Wahlwerbung mit dem Plakat keine strafrechtlichen Folgen. Hätte sie das auch nicht gehabt, wenn für das Plakat kein Spitzel des Verfassungsschutzes verantwortlich gewesen wäre?

- Bastian TILGER

Im August 2002 flog ein weiterer führender Funktionär der NPD als V-Mann des Verfassungsschutzes auf. Drei Jahre lang hatte

Bastian TILGER, über dessen Vorstrafenregister, das von Körperverletzung bis Volksverhetzung reichte, sich die Geheimdienstagenten bewußt waren, an den schleswig-holsteinischen Verfassungsschutz Informationen aus der NPD geliefert. Seit Februar 2001 war TILGER im Landesvorstand für den Ordnerdienst zuständig und hatte das Amt des stellvertretenden Kreisvorsitzenden von Lübeck inne. TILGER war eine von angeblich rund dreißig ›Quellen‹, die die Verfassungsschützer in den Vorständen der NPD unterhalten. Besonders traurig über die Enttarnung ihres V-Mannes gaben sich die Verfassungsschützer allerdings nicht: Ein Sprecher der Kieler Behörde meinte, TILGER habe »seine Aufgabe erfüllt« und für »das NPD-Verbotsverfahren hat er keine Bedeutung«.[424]

Pikanterweise war es dem ›bedeutungslosen‹ Spitzel bereits gelungen, außer der NPD auch die ›Partei Rechtsstaatliche Offensive‹ (PRO) zu unterwandern. Bereits im April 2002 hatte TILGER einen Mitgliedsantrag gestellt, natürlich ohne seine Funktion in der NPD (oder gar die beim ›Verfassungsschutz‹) zu erwähnen. Selbstredend wurde dem Antrag seitens der verzweifelt um den Aufbau organisatorischer Strukturen bemühten Partei stattgegeben. Auf der Gründungsveranstaltung des Ortsverbandes Lübeck im August wurde TILGER gleich zum Beisitzer in den Vorstand gewählt. Erst danach schaltete der Kieler Verfassungsschutz seinen Spitzel TILGER ab. Der Sprecher des Amtes wiegelte mit den kaum glaubwürdigen Worten ab, daß er »uns erst Anfang August« mitgeteilt habe, »in der Schill-Partei aktiv zu sein«.[425]

In einer Presseerklärung der PRO vom 5. September 2002 echauffierte sich der Bundesvorsitzende der Partei Ronald SCHILL: »Es wäre ein ungeheuerlicher Vorgang, wenn in der Verantwortung einer rot-grünen Landesregierung NPD-Mitglieder in eine demokratische Partei eingeschleust wurden, um diese zu diskreditieren. Die Partei ›Rechtsstaatliche Offensive‹ unterstützt das NPD-Verbotsverfahren mit Nachdruck. Sollte sich der Eindruck bestätigen, daß der Verfassungsschutz in Schleswig-Holstein mit Steuergeldern den Kampf der NPD gegen demokratische Parteien unterstützt hat, wäre dies unerträglich.« Eine recht dumme Bemerkung angesichts der Tatsache, daß die NPD – bundesweit! – nur etwa ein Hundertstel von dem Betrag erhält, den SPD oder die Christliche Union kassieren und dieses Geld für alles andere als für den »Kampf gegen die demokratischen Parteien« ausgegeben wird.[426]

Davon abgesehen, sollte SCHILL als Hamburger Innensenator wohl wissen, zu welchen Taten der von Steuergeldern bezahlte ›Verfassungsschutz‹ fähig ist und wie umfangreich das verfassungsschützerische Repertoire bezüglich der Bekämpfung unliebsamer politischer Opposition ist.

- Mirko Hesse

Die Affäre um die V-Männer in der ›rechten‹ Szene nimmt kein Ende. Im August 2002 war Innenminister Otto Schily herausgefordert zu erklären, warum der Verfassungsschutz einen Spitzel bezahlte, obwohl dieser von polizeilichen Ermittlern wegen Mordaufrufe strafrechtlich verfolgt wurde. Der szenebekannte ›Neonazi‹ Mirko Hesse, der sich gern martialisch vor Keltenkreuzflaggen und mit einer Armbrust bewaffnet fotographieren ließ, wurde jahrelang vom Bundesamt für Verfassungsschutz als V-Mann geführt. Er sollte, so sein Auftrag, die Verfassungsschützer mit Insiderwissen aus der Szene versorgen. Über Jahre hinweg informierte Hesse den Verfassungsschutz und bekam dafür Geld vom Staat. *Focus* berichtete, daß er sogar großzügige staatliche Hilfe beim Aufbau seines CD-Geschäfts erhalten hatte.[427]

Während dieser Zeit als Spitzel bewegte sich Hesse »weit jenseits der V-Mann-Richtlinien und das ganz offensichtlich mit Kenntnis der Behörde. Laut Dienstvorschriften ist es beispielsweise nicht zulässig, daß sich die V-Leute an Straftaten innerhalb der Szene beteiligen. Außerdem dürfen die verdeckten Informanten keinesfalls eine leitende Funktion innerhalb der zu beobachtenden Gruppierung haben, da so die Gefahr entstehen würde, daß der Staat die Gruppen mehr und mehr lenke, statt sie nur zu beobachten«.[428] Hier zeigt sich wieder einmal, daß sich Theorie und Praxis wie Dichtung und Wahrheit verhalten, denn beide Regeln wurden vom Bundesamt auch im Spitzelskandal um Mirko Hesse mehrmals mißachtet.

So gehörte der Mittzwanziger aus Sachsen seit Jahren dem engsten Führungszirkel der Gruppierung ›Hammerskins‹ an, gegen die seit mehreren Monaten in Sachsen ein Ermittlungsverfahren wegen Bildung einer kriminellen Vereinigung lief. »Die Hammerskins gelten laut den Ermittlungen als rassistische und antisemitisch eingestellte internationale Gruppe, die immer wieder auch zu Gewalttaten gegen Andersdenkende aufgerufen hatte. Erst im Juli 2002 hatte die Staatsanwaltschaft Dresden eine große Razzia gegen die rechte Gruppierung durchgeführt, bei der Waffen, CDs und andere Unterlagen beschlagnahmt wurden. Der vom Staat subventionierte V-Mann Mirko H. galt bis zu seiner Inhaftierung im Juli des vergangenen Jahres als Führer des deutschen Ablegers der ›Hammerskins‹. Außerdem vertrieb er über ein eigens gegründetes Platten-Label mehrere rechte CDs in ganz Deutschland.«

Darüber hinaus war Spitzel HESSE laut Gerichtsurteil vom Dezember 2001 maßgeblich an der Herstellung der CD *Ran an den Feind* der antimarxistischen Musikkapelle ›Landser‹ beteiligt. Wegen der »Mithilfe bei der technischen Herstellung« und des Vertriebs der CD, die unter anderem Mordaufrufe gegen linke Journalisten, Politiker und Polizisten enthalte, wurde HESSE zu einer zweijährigen Haftstrafe verurteilt, die er augenblicklich auch noch absitzt. Hans-Christian STRÖBELE kommentierte den eklatanten Verstoß gegen die Regeln der V-Mann-Führung mit den Worten: »Es ist doch absurd, daß ein Rechter einerseits vom obersten deutschen Ankläger schon länger wegen der Verbreitung einer CD mit Mordaufrufen verfolgt wird und gleichzeitig Geld vom Verfassungsschutz für Informationen bekommt.« Absurd? Angesichts der Vielzahl der vom ›Verfassungsschutz‹ bezahlten Spitzel, die als Brandstifter fungieren, eher der Normalfall.

- Toni STADLER

Am 20. Juli 2002 flog während einer Polizeiaktion ein weiterer Spitzel des ›Verfassungsschutzes‹ auf – ungewollt freilich, aber rattenschwanzartig folgenreich, was auf die dilettantische und unprofessionelle Vorgehensweise der Berliner Behörden zurückzuführen ist, als die Polizei die Wohnung eines Verdächtigen, der gleichzeitig Verfassungsschutzspitzel war, stürmte. Der Parlamentarische Geschäftsführer der CDU-Landtagsfraktion Dierk HOMEYER meinte, die Beamten seien »wie die Raubritter ins Berliner Umfeld eingefallen und haben sich mit ihrer Beute dann wieder zurückgezogen«.[429]

Ebenso pikant ist, wie dieser Spitzel einst angeworben worden war: STADLER hatte 1998 wegen Trunkenheit am Steuer seinen Führerschein verloren und war Anfang 2001 von zwei Verfassungsschützern bei einer Fahrt mit seinem Pkw in der Lausitz gestellt worden. Die Beamten hätten STADLER zunächst damit gedroht, wegen der Straftat »Fahren ohne Führerschein« Druck gegen ihn auszuüben zu wollen, boten ihm aber anschließend an, die illegale Fahrt zu vergessen, wenn er für sie in der ›rechten Szene‹ spioniere.[430] Hierzu war der in der nationalen Musikszene aktive ›Neonazi‹ bezeichnenderweise gern bereit, was schon für sich allein genommen für dessen ›gefestigte Weltanschauung‹ spricht.

STADLER hatte sich mit dem Vertrieb von CDs, unter anderem der Musikgruppe ›White Aryan Rebels‹, strafbar gemacht, da in einem ihrer Lieder – *Die Kugel ist für dich* – offen zum Mord an beispielsweise Michel FRIEDMAN, Rita SÜSSMUTH und Alfred BIOLEK aufgerufen wurde. Während seiner Verhöre gestand er, »daß er den Neonazi-Untergrund im Behördenauftrag gezielt mit den ›Noten des Hasses‹ [so der Name der besagten CD, Anm. d. Verf.] versorgt habe, um so Abnehmer und Verteilerkreise auszuspionieren.« Er habe nicht nur mit Wissen der brandenburgischen Verfassungsschützer den CD-Vertrieb organisiert, diese hätten sogar die Herstellung der CDs finanziert.[431] Tatsächlich wird sein V-Mann-Führer, Dirk BARTOK, von der Berliner Staatsanwaltschaft verdächtigt, seinen Spitzel »zu Straftaten wie Volksverhetzung und der Verbreitung verfassungsfeindlicher Symbole angestiftet zu haben. Justizsprecherin Ariane FAUST sagte, daß auch der Verdacht einer Strafvereitelung geprüft werde«.[432]

Für diese Verdachtsmomente spricht einiges. Nach neuestem Kenntnisstand handelte BARTOK mit STADLER einen Deal gemäß dem Motto ›Eine Hand wäscht die andere‹ aus. STADLER gab dem Potsdamer Dienst bereitwillig die gewünschten Auskünfte und wurde im Gegenzug dafür vor anstehenden Hausdurchsuchungen nicht nur gewarnt, sondern darüber hinaus auch mit einem ›sauberen‹ Rechner versorgt. »›Mach' Dir keine Sorgen, wenn irgend etwas passiert, dann kümmern wir uns darum‹, ließ ihn BARTOK wissen, wenn dem Mann mit den roten kurzen Haaren Zweifel kamen. Es bestünden Beziehungen zu Staatsanwaltschaften, ›wo man einiges drehen und machen kann‹.«[433]

Dem Verfassungsschutz war es zu verdanken, daß zumindest in Mitteldeutschland der Vertrieb mit der inkriminierten CD blühte. Darüber hinaus mietete der Spitzel auf Anraten seiner Leitstelle in Cottbus ein geheimes Warenlager an, in dem er verschiedene Utensilien von strafrechtlicher Relevanz hortete. Das Berliner Landgericht sah es im November 2002 als erwiesen an, daß der Spitzel unter den Augen einer staatlichen Behörde Straftaten begangen hat. Hierunter zählen die Verbreitung von Propagandamaterial, das Verwenden von Kennzeichen verfassungswidriger Organisationen sowie Volksverhetzung und Gewaltdarstellung.[434] Mit einer Strafe von zwei Jahren Gefängnis ausgesetzt auf vier Jahre Bewährung kam STADLER glimpflich davon – womit BARTOKS Versprechen, daß seine Schützlinge nie in den Knast müssen, erfüllt wurde.

Bezeichnenderweise war sowohl an der Produktion als auch am Vertrieb der »gefährlichsten Neonazi-CD der vergangenen Jahre« (*Neue Ruhr Zeitung*) auch der bereits oben genannte Verfassungsschutzspitzel Mirko HESSE beteiligt. Zu Recht wirft die

Berliner Polizei dem Brandenburger Amt für Verfassungsschutz genau das vor, was wir anhand der vorliegenden Ergebnisse unserer Recherchen bereits festgestellt haben: »Hätte Brandenburg halb so viele V-Leute, dann gäbe es auch weniger rechtsextreme Straftaten.«[435] Diese verallgemeintaugliche Feststellung gilt freilich für alle Bundesländer.

- Peter VIOLA

1998 haderte der nordrhein-westfälische Funktionär der ›Jungen Nationaldemokraten‹ Peter VIOLA mit seiner Partei, freilich weniger aus dogmatischen, als vielmehr aus persönlichen Gründen. Er wollte, so äußerte er sich später, die Partei verlassen, da seine sexuelle Ausrichtung in der Partei nicht akzeptiert worden sei. Der Homosexuelle gab vor, sich bedroht gefühlt zu haben und Hilfe zu benötigen. Die Adresse, die ihm in seiner Not als prädestiniert erschien, war keine andere als die des Düsseldorfer Landesamtes für Verfassungsschutz. Warum er nicht einfach seinen Mitgliedsausweis zurückgab und aus der Partei austrat, sondern sich stattdessen dem Geheimdienst andiente, erklärt der sich selbst sehr wichtig nehmende ehemalige ›Parteigenosse‹ mit seiner Furcht vor Repressalien. Welche imaginären Vergeltungsmaßnahmen mögen VIOLA wohl schlaflose Nächte verschafft haben? Doch nur solche, die auf Paranoia gegründet sein können, denn die in der Szene als Verräter entlarvten ehemaligen Kameraden frönen in der Regel unbehelligt ihrem Alltagsleben. VIOLA tischte den Geheimdienstlern auf, die Partei sei wie eine Sekte organisiert, die ihre Mitglieder nicht so einfach von dannen ziehen lasse. Er brauche folglich Unterstützung beim Wohnortswechsel und bei der Beschaffung eines neuen Arbeitsplatzes. Der Verfassungsschutz zeigte sich angetan und bot an zu helfen – gegen einen Gefallen natürlich. Das ›Sektenmitglied‹ solle in der Szene weiterhin aktiv bleiben und als ›V-Mann‹ für die Behörde arbeiten, was für ihn viele Vorteile mit sich bringe: Als Spitzel könne er der Partei schaden und zusätzlich noch Geld verdienen. Ein wahrlich verlockendes Angebot, das der ›charakterfeste Aussteiger‹ gern annahm. So lieferte er in den folgenden Jahren dem Geheimdienst Mitgliederlisten und verriet allerlei Interna über die politische Arbeit seiner ehemaligen Kameraden, die er mittlerweile ›Faschos‹ nennt. Der Verfassungsschutz zeigte sich bei so viel Einsatzfreude nicht kleinlich: Mal gab es 500 Mark bar auf die Hand, mal zweieinhalbtausend Mark. VIOLAS Telephon-, Fax- und Reisekosten erstattete der Dienst selbstredend extra. Nach 41 Monaten als Staatsspitzel, in denen er über

40 000 Mark zugesteckt bekommen hatte, stieg VIOLA im April 2002 angeblich freiwillig aus: »Meine Informationen grenzten an Lächerlichkeit.«[436] Was bezweifelt werden darf.

Lächerlich waren allerdings VIOLAS zweigleisige James-Bond-Allüren. Schon zur Zeit seiner Andienung hatte er Kontakt zu dem ›Aussteiger‹ Jörg FISCHER aufgenommen, der praktischerweise VIOLAS sexuelle Ausrichtung schon aus persönlichen Gründen akzeptierte. Mit seinem Freund FISCHER, der sich seit einigen Jahren selbstdarstellerisch in sowohl einschlägig kommunistischen wie etablierten Medien als auch an Schulen (!) als ›Extremismusexperte‹ ausgeben darf und damit viel Geld verdient, hatte VIOLA ungefähr zum Zeitpunkt seiner Kontaktaufnahme mit den Verfassungsschutzbehörden vereinbart, für ein beabsichtigtes Buchprojekt die Szene auszuschnüffeln und die ›Verquickungen des Verfassungsschutzes mit der neonazistischen Szene‹ darzulegen. Dieses Geistesprodukt mit Namen *Kamerad V-Mann – Die braunen Seiten des Verfassungsschutzes* muß 2003 erwartet werden. Bis zur Veröffentlichung dieses Machwerks versucht VIOLA in Offenen Briefen und persönlichen Erklärungen, die auf FISCHERS Internetseite veröffentlicht werden und die vor allem durch grammatikalische, orthographische und stilistische Fehler sowie, inhaltlich gesehen, gravierende Fragwürdigkeiten glänzen, seine Sucht der Selbstdarzustellung zu befriedigen.

Bekanntlich stützen sich die Antragsteller im angestrebten NPD-Verbotsverfahren – selbst noch in den überarbeiteten Verbotsanträgen – auf belastendes ›Beweismaterial‹, das von den vom Verfassungsschutz eingesetzten Spitzeln erst hervorgebracht worden ist – auch von VIOLA, der der presserechtlich Verantwortliche der JN-Zeitung *Der Ruhrstürmer* war. Artikel aus dieser Zeitung, die pikanterweise in der Druckerei des ehemaligen nordrhein-westfälischen NPD-Landesvorsitzenden und hochrangigen Verfassungsschutzspitzels Udo HOLTMANN gedruckt wurde, werden von den Antragstellern dem Bundesverfassungsgericht als ›Beweise‹ für die Verfassungsfeindlichkeit der NPD vorgelegt.[437]

Welche Schlüsse sind aus den oben dokumentierten Skandalen über den Einsatz von Verfassungsschutzspitzeln zu ziehen? Schenkte man den Verfassungschutzbehörden Glauben, wollten rechts- (wie linksgerichtete) ›Extremisten‹ die freiheitlich-demokratische Grundordnung beseitigen und würden daher den demokratischen Rechtsstaat herausfordern. So ist es Jahr für Jahr dem jeweiligen Vorwort zu den verschiedenen ›Verfassungsschutzberichten‹ mehr oder weniger gleichlautend zu entnehmen. Folgt man diesem zugegeben ›nicht sehr originellen Gedanken‹ (Richard CLAUS), so müßte man die Behörde selbst unter Beobachtung stellen, denn was deren Mitarbeiter treiben, ist, wie wir dargelegt haben, oftmals und eindeutig gegen die Grundordnung der Bundesrepublik Deutschland gerichtet.

Hält man sich die massive Unterwanderung gerade der nationalen Szene durch Verfassungsschutzspitzel und das Treiben der Provokateure kritisch vor Augen, liegt die Schlußfolgerung nahe, daß die überwiegende Anzahl - vor allem - ›rechtsextremer‹ Gewalttaten ohne Einwirkung der vom Staat eingesetzten Infiltranten niemals stattgefunden hätten. Es ist eine Farce, wenn Politiker und Chefs der Innenressorts suggieren, man müsse zunächst erst einmal prüfen, ob die eingeschleusten oder angeworbenen Spitzel überhaupt aktiv oder die für den Verfassungsschutz tätigen Spitzel überhaupt straffällig geworden seien. Der Kriminologe und Rechtswissenschaftler Arthur KREUZER (Universität Gießen) warnte schon im Mai 2001, daß das »Lockspitzel-Unwesen« drohe, »zu einem bösartigen Geschwür im Organismus des Rechtsstaates zu werden«. Aus diesem Grund hielt er es für dringend geboten, daß der deutsche Gesetzgeber Hürden gegen dieses Unwesen errichte. Andernfalls sei eine Verurteilung Deutschlands durch den Europäischen Gerichtshof für Menschenrechte zu erwarten, der gerade in dieser Frage strenge Maßstäbe anlege.[438]

Diese Befürchtung ist naheliegend: Wird ein unverdächtiger Normalbürger von einem sogenannten Lockspitzel, also beispielsweise einer Vertrauensperson der Polizei, zu einer Straftat verleitet, so wird dadurch gegen den Grundsatz eines fairen Verfahrens verstoßen (Art. 6 I 1 EMRK). Zwar billigt der Europäische Gerichtshof in Straßburg den Einsatz von Lockspitzeln gegen Verdächtige, gegen die bereits ermittelt wird, nicht jedoch, wenn es erst durch den so genannten *agent provocateur* zur Straftat kommt. Der Bundesgerichtshof hat diese Entscheidung längst berücksichtigt. Mit Urteil vom 18. November 1999 hat der 1. Strafsenat des BGH entschieden, daß die Entscheidung des Europäischen Gerichtshofes auch bei der Auslegung innerstaatlichen Rechts berücksichtigt werden müsse. Der Einsatz von V-Männern gegen zuvor nicht unter Verdacht stehende Personen sei rechtswidrig. (1 StR 221/99). Trotz dieses Grundsatzurteils und ungeachtet der einschlägigen negativen Erfahrungen mit Lockspitzeln hat sich ausgerechnet Bayerns Innenminister Günther BECKSTEIN (CSU) bereits öffentlich dafür ausgesprochen, in Zukunft V-Leuten selbst schwere

Straftaten zu gestatten. Damit erteilt ein führender Repräsentant der Bundesrepublik Deutschland allen in als ›Beobachtungsobjekte‹ diskreditierten Parteien und Organisationen tätigen Spitzeln einen Freibrief. Die Ausstellung eines solchen Persilscheins dürfte kaum mit den hohen Anforderungen in Einklang zu bringen sein, die an einen freiheitlichen Rechtsstaat gestellt werden.

11.
Das NPD-Verbotsverfahren

Nach anfänglichen Wahlerfolgen der NPD in den sechziger Jahren wurden bezeichnenderweise Rufe nach einem Verbot dieser Partei laut. Jedoch habe sich, so die ehemalige Präsidentin des Bundesverfassungsgerichts Jutta LIMBACH, »die Einsicht durchgesetzt, daß eine stabile Demokratie ihre Gegner am wirkungsvollsten auf dem Feld der öffentlichen Diskussion und der Wahlen in ihre Schranken weist«.[439] Davon abgesehen, daß es natürlich überhaupt nicht erwiesen ist, daß die Nationaldemokraten tatsächlich Gegner der Demokratie sind, wäre es dieser ansonsten in jeder Hinsicht unterstützenswerten Auffassung zu wünschen, auch in die Tat umgesetzt zu werden. Die praktizierte geistig-politische Auseinandersetzung hierzulande steht dem jedoch entgegen.

Eine extreme Form der ›wehrhaften Demokratie‹ ist die Möglichkeit, mißliebige Parteien zu verbieten. Nach dem Grundgesetz können Parteien verboten werden, wenn sie darauf abzielen, die freiheitliche demokratische Grundordnung zu beeinträchtigen oder zu beseitigen. Das Verbot einer Partei ist allerdings nicht schon dann gerechtfertigt, wenn diese die verfassungsmäßige Ordnung ablehnt und ihr andere Grundsätze entgegenstellt. Das Bundesverfassungsgericht kann nach Art. 21 Abs. 2 GG ein Parteiverbot aussprechen, wenn die Partei »nach ihren Zielen oder nach dem Verhalten ihrer Mitglieder darauf ausgeh[t], die freiheitliche demokratische Grundordnung zu beeinträchtigen oder zu beseitigen« oder wenn sie - was hier nicht zur Debatte steht - den äußeren Bestand der Bundesrepublik Deutschland gefährdet. Jedenfalls muß sie ihre verfassungswidrigen Ziele aktiv kämpferisch und aggressiv verwirklichen wollen.

Parteien genießen gegenüber sonstigen Organisationen verfassungsrechtlich erhöhten Schutz. Sie können bekanntlich nicht einfach von der Exekutive für verfassungswidrig erklärt und verboten werden, sondern nur vom Bundesverfassungsgericht auf Antrag der Bundesregierung, des Bundestages oder Bundesrates. In der Geschichte der Bundesrepublik Deutschland ist zweimal ein von der Bundesregierung eingeleitetes Parteiverbotsverfahren mit Erfolg durchgeführt worden: Das Bundesverfassungsgericht verbot zum einen 1956 die Kommunistische Partei Deutschlands (KPD), nachdem es bereits 1952 die nationalistische Sozialistische Reichspartei (SRP) verboten hatte, die als Nachfolgepartei der NSDAP eingestuft worden war, aber verhältnismäßig wenig Bedeutung erlangt hatte.[440]

Der Hamburger Professor für Öffentliches Recht Ingo von Münch stellte im Oktober 2001 in der juristischen Fachzeitschrift *Neue Juristische Wochenschrift* fest: »Über die allgemeine Problematik von Parteiverboten in einer freiheitlichen Demokratie und über das Konzept der ›streitbaren‹, ›wehrhaften‹ Demokratie läßt sich trefflich diskutieren. Die Argumente gegen Parteiverbote, zum Beispiel die Möglichkeit des Mißbrauchs durch die Mehrheitsparteien und das Abdrängen der verbotenen Partei in eine Märtyrer-Rolle, liegen auf der Hand. Dennoch ist die vom Grundgesetz eröffnete verfassungsrechtliche Möglichkeit eines Parteiverbots zu begrüßen, denn: Wenn eine Partei tatsächlich darauf ausgeht, das demokratische System abzuschaffen, so wäre es absurd, sie unter Hinweis auf eben diese Demokratie gewähren zu lassen. Wer die Grundrechte beseitigen will, kann sich nicht auf die Grundrechte berufen.«[441] Wohl wahr, aber sollte in einem gefestigten Rechtsstaat über Erfolg und Mißerfolg einer Partei nicht der Wähler entscheiden? Mit welchem demokratischen Recht sollte in einem freiheitlichen Staat an Stelle des Souveräns die Justiz die Entscheidung über Sein oder Nichtsein einer Partei treffen?

Selbstverständlich gibt es in der Bundesrepublik Deutschland eine Reihe politischer Gruppierungen – Organisationen wie Parteien –, die das zur Zeit etablierte demokratische System abzuschaffen beabsichtigen. Bezeichnenderweise sind dies in erster Linie antideutsche bzw. internationalistische Gruppierungen. Es handelt sich hier um im weitesten Sinne kommunistische Parteien, die teilweise sogar unter Anwendung von Gewalt die freiheitlich-demokratische Grundordnung abschaffen wollen und sich zu diesem Ziel auch freiheraus bekennen. Die Marxistisch-Leninistische Partei Deutschlands (MLPD) beispielsweise meint, die »Grundordnung im staatsmonopolistischen Kapitalismus der BRD« sichere »die Herrschaft der Monopole, ihr Privateigentum an den Produktionsmitteln, den Abbau demokratischer Rechte und Freiheiten bis zur offenen Unterdrückung durch die Notstandsgesetze«.[442]

Die MLPD ist nach den ›Erkenntnissen‹ der Verfassungsschutzämter »eine Kaderpartei. Sie bekennt sich zu den Lehren von Marx, Engels, Lenin, Stalin und Mao Tse-tung. Sie wandte sich schon früh gegen den aus ihrer Sicht ›bürokratischen Kapitalismus‹ der Länder des ehemaligen Ostblocks und warb lange vor dessen Zerfall für ›echten Sozialismus‹. Die MLPD sieht es als ihre Aufgabe an, ›die entscheidende Mehrheit der Arbeiterklasse zu gewinnen‹. Ziel der MLPD ist der ›Sturz der Monopolherrschaft‹ und der Aufbau des ›echten Sozialismus‹«.[443]

Ein anderes Beispiel einer revolutionären Partei, die das herrschende System abzuschaffen gedenkt, ist die Spartakist-Arbeiterpartei Deutschlands (SpAD). Die Ziele dieser bolschewistischen Partei lassen sich wie folgt zusammenfassen: »In der Tradition der frühen kommunistischen Bewegung ehren wir Trotzkisten im Januar die ›Drei L‹ des Bolschewismus [LENIN, LIEBKNECHT, LUXEMBURG; Anm. d. Sachverständigen] (...) Wir Spartakisten kämpfen für den Aufbau bolschewistischer Parteien, die neue Oktoberrevolutionen weltweit zum Sieg führen und das irrationale kapitalistische System ein für alle Mal hinwegfegen, um dadurch eine weltweite Planwirtschaft, basierend auf Arbeiterräten, zu errichten.«[444] Die Deutsche Kommunistische Partei (DKP) steht »in der Tradition und Kontinuität der 1956 vom Bundesverfassungsgericht verbotenen Kommunistischen Partei Deutschlands (KPD). Die DKP hält weiterhin an ihren verfassungsfeindlichen Zielen fest. Sie propagiert die Notwendigkeit eines ›revolutionären Bruchs‹ mit der bestehenden Gesellschaftsordnung«.[445]

Um diese von den Kommunisten angestrebte Systemüberwindung zu belegen, führen die Verfassungsschützer ein Zitat aus der *DKP-Information* an: »Das Ziel der DKP ist der Sozialismus als erste Stufe auf dem Weg zur klassenlosen kommunistischen Gesellschaft. Sie strebt den grundlegenden Bruch mit den kapitalistischen Eigentums- und Machtverhältnissen an, orientiert auf die Arbeiterklasse als entscheidende gesellschaftsverändernde Kraft.«[446] Die Deutsche Kommunistische Partei, die sich »nach den schweren Mitgliederverlusten der letzten Jahre nunmehr auf einen ›harten Kern‹ von überzeugten Marxisten reduziert« habe, erstrebe also »letztendlich die revolutionäre Überwindung des bestehenden politischen Systems«.[447] Bleibt endlich noch die in Partei des Demokratischen Sozialismus (PDS) umbenannte Sozialistische Einheitspartei Deutschlands (SED). Ihr bescheinigen die Verfassungsschützer, daß sie im Parteiengefüge der Bundesrepublik Deutschland zwar »vielfach akzeptiert« sei, sie aber »ihr ideologisch/politisches Profil nicht grundsätzlich verändert«[448] habe. So kommen die Verfassungsschützer zu dem Schluß, auch »wenn die Partei sich nach ihrem äußeren Erscheinungsbild nicht als marxistisch-leninistische Partei« darstelle, doch »weiterhin tatsächliche Anhaltspunkte für linksextremistische Bestrebungen im Sinne des Bundesverfassungsschutzgesetzes«[449] bestünden.

Gleich gar keinen Anlaß zur Aufnahme in die ›Berichte‹ sehen die wehrdemokratischen Gesinnungswächter für fast alle kommunistischen, anarchistisch-syndikalistischen und antifaschistischen Verlage - auch wenn sie Bücher veröffentlichen, die vor Rufmord und Propagierung der Gewalt nur so strotzen. Kostprobe gefällig? Die Autoren des Machwerks *10 Jahre Deutsche Einheit: Nazi-Terror von Hoyerswerda bis Düsseldorf* beispielsweise, das im Verlag Olga Benario und Herbert Baum (VKS GmbH in Offenbach) erschienen ist, lasten wider besseres Wissen unter anderem das folgenreiche Handgranatenattentat in Düsseldorf vom Juli 2000 der ›rechten‹ Szene an. Wesentlich ist jedoch, daß sie unzweideutig zu Gewaltaktionen gegen politisch Andersdenkende aufrufen: »Den militanten Kampf gegen die Nazis führen! Angesichts des zunehmenden alltäglichen Nazi-Terrors und des weiteren Anwachsens der Nazi-Bewegung steht die massive Notwehr und der militante Kampf gegen die Nazi-Banden im Vordergrund. Gegenüber Nazis in Aktion gibt es keinen Spielraum für Diskussionen und Überzeugung, da heißt es handeln, mit aller Konsequenz und ohne jedes Mitleid mit diesen Mordbanden.« Das »kapitalistische Gesellschaftssystem« der Bundesrepublik Deutschland »als der hauptsächliche Träger nazifaschistischer Ideologie und offen terroristischer Handlungen« gelte es zu zerstören: »Dieses muß grundlegend, von oben bis unten zerschlagen werden, will man die Nazi-Banden wirklich vernichten und die Gefahr eines erneuten Wechsels der heutigen parlamentarisch verbrämten Diktatur der deutschen Bourgeoisie zu einer offen terroristischen, nazifaschistischen Staatsform wirklich beseitigen.«[450] Eine Verunglimpfung der Bundesrepublik Deutschland sieht der Verfassungsschutz bei diesen Haßtiraden nicht.

Verbot als intellektueller Diskurs?

Die vier oben genannten marxistischen Parteien, mögen sie sich in ihrer Struktur, ihrer Taktik und bezüglich ihrer Wahlerfolge auch voneinander unterscheiden, streben, will man der gängigen Argumentationslogik der Etablierten und der Verfassungsorgane folgen, alle eine Staatsform an, die mit den im Grundgesetz festgehaltenen Grundwerten kaum in Einklang zu bringen sein dürfte. Trotzdem wird von der Obrigkeit ein Verbot dieser Parteien nicht auch nur in Erwägung gezogen. Das ist auch richtig so: Auch wenn der politische Kampf für die Wiedererrichtung eines Systems, das weltweit mehr als 100 Millionen Menschen das Leben gekostet hat, wahrlich nicht unterstützenswert ist, sollte es in einem freien Land doch möglich sein, sich mit den Propheten einer solchen Herrschaft auf geistig-politischer Ebene auseinanderzusetzen. Das Verbot der KPD ist in diesem Zusammenhang übrigens als Fehlgriff zu werten. In einem freien Staat sollten alle Parteien erlaubt sein, die der Anwendung von Gewalt zur Durchsetzung ihrer politischen Ziele entsagen. Über deren Erfolg oder Mißerfolg sollten ausschließlich die Wähler entscheiden.

Angesichts der Tatsache, daß in den vergangenen zwei Jahrzehnten etwa 20 mehr oder weniger nationalistisch ausgerichtete Organisationen verboten wurden und augenblicklich die NPD von einem etwaigen Verbot bedroht ist, dürfte die Behauptung, daß hierzulande bei deutschen ›Rechten‹ repressivere Umgangsformen gewählt werden als bei deutschen ›Linken‹, kaum zu gewagt sein. Es ist nicht einfach, plausibel zu belegen, inwiefern eine Partei, die seit über dreißig Jahren nicht mehr in ein Landesparlament eingezogen ist und seit fast ebenso langer Zeit meist nur auf Wahlergebnisse im Nullkommabereich zurückgreifen kann, die freiheitlich-demokratische Grundordnung gefährden soll – eine Splitterpartei, die bei der Bundestagswahl 1998 ganze 0,3% und 2002 etwas über 0,4% der gültigen Stimmen bekam. Sowohl durch die Wahlergebnisse als auch durch die Aktivitäten der Nationaldemokratischen Partei Deutschlands war die innere Sicherheit der Bundesrepublik Deutschland natürlich zu keinem Zeitpunkt auch nur im geringsten je gefährdet.

Die Volksvertreter der gutmenschlichen Systemparteien – mit Ausnahme der FDP – verlangen heute das Verbot der NPD, weil die Partei ›verfassungswidrig‹ sei. Mit anderen Worten wird unterstellt, die NPD verstoße mit ihrer Politik und ihren Aktionen gegen das Grundgesetz der Bundesrepublik Deutschland. Davon abgesehen, daß für diese gravierende Behauptung bislang noch keine Beweise vorgelegt wurden und das Bundesverfassungsgericht – nicht aber politisch korrekte Berufspolitiker – über den Bestand der Verfassungswidrigkeit zu entscheiden hat, ist die Behauptung überaus fragwürdig: Falls ›verfassungswidrige‹ Politik einen Verbotsgrund darstellen soll, dann müßten auch SPD, FDP, CDU/CSU, Grüne und PDS wegen ihrer in der Vergangenheit vielfach begangenen grundgesetz- und menschenrechtswidrigen Handlungen verboten werden.

In das Geschwätz über die Verfassungswidrigkeit der NPD fallen alle tonangebenden Medien der Meinungsmache fröhlich ein. Beispielsweise behauptet Heribert Prantl in seinem Artikel »Brille, Licht und Grundgesetz« in der *Süddeutschen Zeitung* vorlaut: »Wer eine Partei wie die NPD verbieten will, die den demokratischen Rechtsstaat mit Füßen tritt, der muß dabei die rechtsstaatlichen Prinzipien penibel einhalten.«

Wie kommt der Herr zu der Tatsachenbehauptung, die NPD trete den demokratischen Rechtsstaat mit Füßen? Auf Erkenntnisse über Straftaten der Partei oder ihrer Mitglieder kann er sich jedenfalls nicht stützen, denn ansonsten könnte nach dem Gleichheitsprinzip auch behauptet werden, die im Bundestag vertretenen Parteien würden den Rechtsstaat mit Füßen treten: Ohne Zweifel können in den Altparteien mühelos anteilig mehr und vor allem hochrangigere Straftäter als in der NPD gefunden werden. Sie sind in der Vergangenheit auch bereits gefunden worden. Nur kommt niemand auf die Idee, z. B. die SPD zu bezichtigen, sie trete den demokratischen Rechtsstaat mit Füßen, weil beispielsweise der in ihren Reihen einflußreiche Karl WIENAND, der durch Abgeordnetenbestechung das Ergebnis einer verfassungsrechtlich außerordentlich wichtigen Abstimmung im Deutschen Bundestag verfälschte und zwischenzeitlich auch als Landesverräter und Wirtschaftskrimineller entlarvt worden ist, sein Unwesen fgetrieben hatte.

Oder hat man der SPD je ihren brandenburgischen Bauminister Jochen WOLF vorgehalten, der 2000 seine Frau durch einen Auftragskiller ermorden lassen wollte: Die Ehe mit seiner Frau Ursula sei nur noch eine perfekte Organisationsgemeinschaft gewesen. Als die Ukrainerin »Oksana 1995 in sein Leben trat, habe er dies wie einen Befreiungsschlag empfunden. Er habe die Scheidung gewollt, Ursula habe auf einem Trennungsjahr bestanden, um weiterhin finanzielle Vorteile zu erlangen. Seine Ehefrau sei die Härtere gewesen, er hingegen der Lautere. Ursula habe zu Handgreiflichkeiten geneigt, auch schon mal Geschirr und den Telefonhörer nach ihm geworfen. Aus Angst vor einem ›aggressiven Durchbruch‹ sei er aus dem Haus in Groß Glienicke ausgezogen. In einer kleinen Wohnung habe er es genossen, wenn Oksana bei ihm sein konnte. Es sei eine ›Beziehung auf gleicher Augenhöhe‹ gewesen, so WOLF. In der zweiten Jahreshälfte 1996 sei jedoch seine finanzielle Lage immer verzweifelter geworden. Seine verhaßte Ehefrau habe sämtliche Konten pfänden lassen. Ihm sei klar gewesen: Es kommt der Tag, an dem ich nicht einmal mehr die Miete für die Wohnung bezahlen kann. Diesen Termin habe er sich gesetzt, um freiwillig aus dem Leben zu scheiden. Auch Oksana habe an Selbstmord gedacht. In jener für ihn aussichtslosen Zeit habe er André D. kennengelernt. Der habe sich erboten, einen Killer zu besorgen, um das ›Problem Ursula‹ gegen ein Entgelt von 10 000 Mark aus der Welt zu schaffen«.[451]

Und wer wirft der FDP vor, den demokratischen Rechtsstaat mit Füßen zu treten, weil sie einen rechtskräftig verurteilten Juwelenräuber als Landesvorsitzenden hatte oder weil ihr Ehrenvorsitzender ein ebenfalls rechtskräftig verurteilter Steuerbetrüger ist?[452]

Oder nehmen wir den so tugendhaften Christsozialen Edmund Stoiber. Dieser hat während seiner Amtszeit als bayerischer Staatssekretär (1982 bis 1986), als Minister (1986 bis 1993) und seit 1993 als Ministerpräsident an steuerfreien Pauschalen rund 1,4 Millionen Mark erhalten, was einem zusätzlichen Bruttoeinkommen von etwa 2,8 Millionen Mark entspricht. Diesen Zahlungen stand kein entsprechender amts- oder mandatsbedingter Aufwand gegenüber, da alle Aufwendungen bereits durch Hilfskräfte und Einrichtungen abgedeckt sind, die ihm als Amtsträger ohnehin zur Verfügung standen und stehen. Die Zahlungen laufen somit auf ein steuerfreies Zusatzeinkommen hinaus, was nach der Rechtsprechung des Bundesverfassungsgerichts verfassungswidrig ist.[453]

In einem am 1. August 2002 über das Internet verbreiteten Schreiben an Heribert Prantl machte Per Lennart Aae, ehemaliges Mitglied im Bundesvorstand der NPD, darauf aufmerksam, daß »den Rechtsstaat mit Füßen treten« eigentlich nur der kann, der in irgendeiner Form Macht, vor allem staatliche Macht, ausübt, was man der NPD gewiß nicht ernsthaft unterstellen kann. »Wer den Rechtsstaat mit Füßen tritt, setzt sich über das Recht flagrant hinweg – und muß natürlich dazu auch in der Lage sein –, d. h., er begeht Straftaten, vor allem, wie gesagt, Straftaten im Amt oder zumindest vorsätzlichen Verfassungsbruch im Amt – der ja paradoxerweise *keine* Straftat i. S. d. StGB ist. Abgesehen von der grundsätzlichen Unbegründetheit eines etwaigen Vorwurfes gegen die NPD, den Rechtsstaat beseitigen zu wollen, wäre also schon die Verwendung des Begriffes ›Rechtsstaat mit Füßen treten‹ in diesem Zusammenhang auf jeden Fall ein stilistischer Patzer, der einer Person mit Ihrem Sprachgefühl m.E. nicht unbewußt unterlaufen würde.«

Die ›verfassungstreuen‹ Verfassungsbrecher haben mit ihren Geheimdiensten die NPD unterwandert wie keine andere politische Organisation. Immer wieder versuchten die Dienste, NPD-Mitglieder zu Gewalttaten anzustiften, um der Bevölkerung eine sogenannte ›Nazi-Gefahr‹ vor Augen führen zu können – als Vorwand zur Durchsetzung von immer brutaleren ›Orwell‹-Gesetzen. Da sich NPD-Mitglieder auf solche Anstiftungen offensichtlich kaum eingelassen haben, gingen die im Auftrag des Staates handelnden Spitzel selbst ans Werk. Sie begingen Gewalttaten und verfaßten sogenannte antisemitische Schriften, die als Begründung für den Verbotsantrag angeführt werden. Dies ist alles andere als eine Ausnahme, sondern offenbar die Regel: Nach den Ergebnissen der Recherchen der *Welt*, die am 29. Januar auf der Titelseite veröffentlicht worden sind, beziehen sich die drei Antragsteller im NPD-Verbotsverfahren bis zu 126mal auf Aussagen von V-Männern. Besonders in Passagen der Anträge, in denen angebliche interne Äußerungen von NPD-Funktionären belegt werden sollen.«

Das Verbotsverfahren gegen die NPD und der Antrag, ein solches einzuleiten, waren keineswegs ausgemachte Sache und von vornherein selbstverständlich. Im Gegenteil, viele Politiker, Publizisten und Juristen nahmen (und nehmen) eine ablehnende Haltung gegenüber dieser Form der Restriktion der Meinungsfreiheit ein. Gegen ein NPD-Verbot hatte selbst Otto SCHILY monatelang große Bedenken gehegt, ja er war sogar ein ausgesprochener Gegner eines Verbots. Noch im April 2000 gab es im Bundesinnenministerium keine Überlegungen zum Verbot ›rechtsextremistischer‹ Parteien. Sprecher Rainer LINGENTHAL warnte gar vor »Schnellschüssen und unbedachten Forderungen«. Der aktuelle Verfassungsschutzbericht weise vielmehr eine erhöhte Bedrohungslage außerhalb ›rechtsextremistischer‹ Parteien aus. Darauf müsse auch die Aufmerksamkeit gelenkt werden.

Selbst einige Monate später, im August 2000, lagen nach Ansicht des nordrhein-westfälischen Innenministers Fritz BEHRENS (SPD) keine ausreichenden Gründe vor, die für ein Verbot der NPD sprachen. Die ›Erkenntnisse‹, die dem nordrhein-westfälischen Verfassungsschutz vorlägen, trügen keinen Verbotsantrag. BEHRENS habe auch »eine gewisse Skepsis«, ob die Erkenntnisse in den anderen Ländern ein Verbot der NPD rechtfertigen würden. Selbst wenn genügend Gründe für ein Verbot der NPD vorlägen, »wäre es immer noch eine Frage der politischen Zweckmäßigkeit, einen solchen Antrag auch tatsächlich zu stellen«.

Auch Unions-Fraktionschef Friedrich MERZ betrachtete ein mögliches NPD-Verbot mit Skepsis. Es gebe drei Parteien in Deutschland, »die im rechtsradikalen Spektrum aktiv« seien. Wenn nun eine davon verboten werde, würden die anderen beiden Parteien als »demokratisch besonders legitimiert und respektiert« erscheinen. Außerdem befürchtete MERZ Wanderbewegungen von einer verbotenen Partei zu anderen Parteien im ›rechtsextremen‹ Spektrum. Generell sei er der Auffassung, daß die Gesellschaft politischen Radikalismus »in erster Linie politisch bekämpfen und nicht juristisch« angehen müsse.

Hessens Ministerpräsident Roland KOCH (CDU) hielt die ganze Verbotsdebatte überhaupt für Unsinn. Der Bundesregierung warf er mit Recht vor, den ›Rechtsextremismus‹ zu dramatisieren. Im Ausland entstehe gegenwärtig ein Bild von Deutschland, als stehe das Land vor der »Machtergreifung der Nationalsozialisten«.[454]

Von einem Verbot der NPD hielt auch der Innenminister Thüringens Christian KÖCKERT (CDU) nur wenig. »Man muß befürchten, daß ein Verbot die Bildung neuer Gruppierungen zur Folge hat, die vielleicht noch mehr Zulauf bekommen.« Vielmehr plane er, die extremistische und gewaltbereite Szene systematisch »durch verstärkte Überwachung und Verfolgung« zu verunsichern. »Wir wollen den rechtsradikalen Sumpf allmählich trockenlegen«, kündigte KÖCKERT an. ›Rechte‹ Szenetreffs sollten regelmäßig kontrolliert und Personalien von Anwesenden überprüft werden.

Der Präsident des ›Zentralrats der Juden in Deutschland‹, Paul SPIEGEL, war freilich anderer Meinung. Er forderte ein konsequenteres Durchgreifen gegen ›rechte‹ Straftäter.[455] Dieser Forderung sollte nachgekommen werden. Auslöser hierzu waren die im Sommer 2000 erfolgten Anschläge auf Ausländer und Juden, obgleich diese Nicht-Angehörigen der ›rechtsextremen‹ Szene zugeordnet werden konnten. Nach dem Anschlag auf die Synagoge in Düsseldorf, die Polizei fahndete noch nach den Tätern, zeigten sich Politiker über die Tat betroffen, bestürzt, schockiert. Gerhard SCHRÖDER besuchte umgehend den Tatort und kündigte ein hartes Vorgehen gegen ›Rechtsextreme‹ an, obwohl diese mit dem Anschlag gar nicht in Verbindung gebracht werden konnten und, wie die polizeilichen Ermittlungen ergeben sollten, die Tat noch nicht einmal von Deutschen begangen worden war. SPIEGEL nahm den in vorauseilendem Gehorsam zugespielten Ball gern auf und behauptete im Beisein des Kanzlers über die schrecklichen Folgen der Anschläge: Es gebe »nicht nur Unruhe, sondern Sorge und Angst«, zum Beispiel »im Umfeld von Altenheimen mit Menschen, die den Holocaust überlebt haben und nun wieder weg wollen«.

Der Bundeskanzler verstand die Schelte und versuchte zu beruhigen. Deutschland erfahre eine »ungeheure kulturelle Bereicherung« durch Deutsche und Nichtdeutsche jüdischen Glaubens. Rechtsradikale gehörten isoliert, Schulen müßten die Erziehungskonzepte überprüfen. Mitläufern werde man eine soziale Perspektive bieten. Für den Rest der Rechtsradikalen aber gelte Härte, drohte der Kanzler und kündigte an: »Das ist nicht die Zeit für juristische Bedenken. Wenn es nur die Spur einer Chance gibt«, werde die Bundesregierung ein Verbot der NPD beantragen.[456] Diese Minimalchance schien er wenig später sehr wohl gesehen zu haben. Ende Oktober 2000 sprachen sich die Innenminister von Bund und Ländern – und das mit großer Mehrheit! – dafür aus, vor dem Bundesverfassungsgericht ein Verbot der NPD zu beantragen. Anschließend hatten sich auch die Ministerpräsidenten diese Entscheidung zueigen gemacht. Nach Auffassung der Innenminister gehe aus dem Material der Verfassungsschützer nun eindeutig hervor, daß die NPD eine ›aggressiv-kämpferische Haltung‹ gegenüber der freiheitlichen demokratischen Grundordnung einnehme.

Die Stimmen gegen die Einleitung eines NPD-Verbotsverfahrens waren weit gestreut, unterschiedlich motiviert, in jedem Fall aber nachvollziehbar. Otto SCHILY hätte seine Bedenken beherzigen sollen, »statt sich dem politischen Druck zu beugen und ein rostiges Instrument der ›wehrhaften Demokratie‹ zu wetzen«, kommentiert der antifaschistische Rechtsanwalt Rolf GÖSSNER den eingeschlagenen Weg ins Verbotsverfahren, das er grundsätzlich ablehnt. GÖSSNER prophezeit: »Es könnte nämlich sein, daß der VS mit seinen ›schmutzigen‹ Mitteln der Unterwanderung und Infiltration, der Täuschung und des Verrats mehr an dieser Partei und ihren verbietenswerten Inhalten beteiligt ist, als rechtsstaatsgläubige Menschen sich vorzustellen wagen. [...] Etwa 30 der 200 NPD-Vorstandsmitglieder, so wird mittlerweile offiziell zugestanden, stehen seit Jahren als V-Leute im Sold des Staates – also fast jeder siebte. Ein wahrlich hoher Staatsanteil allein in den Vorständen auf Bundes- und Landesebene – wie viele mögen es dann in der gesamten NPD sein (hinzu kommen noch V-Leute der Polizei)? Damit könnte der VS erheblichen Einfluß auf die Politik der NPD, ihr Programm und ihre Aktionen nehmen – obwohl er als Geheimdienst durch Verfassung und Gesetz ursprünglich auf das Sammeln von Nachrichten beschränkt bleiben sollte. Eine längst vergessene Restriktion.«[457]

Mit dem Hinweis auf bedeutende Juristen lehnt GÖSSNER die Anträge ab: »In der (links-)liberalen juristischen Literatur wird das Parteiverbot, EU-weit ein Unikum, nicht zu Unrecht als ›Fremdkörper‹ im System einer freiheitlichen Demokratie bezeichnet oder gar als ›Konstrukt antiliberalen und antidemokratischen Denkens‹ (Helmut RIDDER). [...] ›Die Beurteilung von Wert oder Unwert politischer Parteien‹, so der liberale Grundgesetz-Kom-

Oben: Karikatur von HATZINGER. *Unten: In der* Süddeutschen Zeitung *erschienene Karikatur.*

mentator Ingo VON MÜNCH, ›sollte der politischen Entscheidung des Wählers überlassen werden, nicht der juristischen Entscheidung eines Gerichts‹.«[458]

Auch nach der Eingabe der Anträge verstummten die kritischen und ablehnenden Äußerungen nicht. Auch FDP-Generalsekretär Guido WESTERWELLE erhob im Zusammenhang mit der Diskussion über ein NPD-Verbot scharfe Vorwürfe gegen Bundesinnenminister Otto SCHILY. Das Material, auf das der Bundesinnenminister seine Entscheidung für einen Verbotsantrag stützt, sei »noch deutlich dünner, als man befürchten mußte«. WESTERWELLE fühle sich nach der Durchsicht der zur Verfügung gestellten Akten in seiner Einschätzung bestätigt, daß die Erkenntnisse über die NPD nicht für ein Verbot der Partei durch das Bundesverfassungsgericht ausreichten. »Ich befürchte, hier werden wir ein Waterloo der Demokraten erleben.«[459] Sollte es wegen der Verfassungsschutzinformanten, die im Verbotsantrag als Quellen benannt werden, möglicherweise nicht zu einem Verbot der NPD kommen, so »wäre dies ein Desaster für die Demokratie«,[460] wobei der nur mäßig erfolgreiche Kanzlerkandidat der FDP hier freilich Demokratie mit Parlamentarismus oder Cliquenwirtschaft verwechselt. Nach der FDP wurden selbst bei den Grünen Zweifel laut, ob das von SCHILY zusammengestellte 500seitige Dossier für ein Verbot der NPD ausreicht. Der Rechtsexperte der Grünen Hans-Christian STRÖBELE sagte im Berliner InfoRadio, das Material bestätige gravierende Tatbestände, die darauf hindeuteten, daß die NPD eine verfassungsfeindliche Partei sei. Das Problem sei nur, ob man diese Hinweise juristisch schlüssig dem NPD-Parteivorstand zurechnen könne.[461]

Der Publizist und Jurist Horst MEIER hielt die Quantität der drei Anträge mit insgesamt 2,3 Kilogramm für zwar auffällig gewichtig, bezweifelte aber die Qualität der mehr als fünfhundert schwergewichtigen Seiten. MEIER konnte sich des Eindrucks nicht erwehren, daß der Grund dieser Papierflut darin liegt, den Mangel an Plausibilität durch Masse auszugleichen. Im Laufe des Lesens erhärte sich dieser Verdacht, da praktisch nichts substantiell Neues über die NPD vorgetragen würde. Außer ellenlangen Zitaten sei kaum etwas zusammengestellt worden. Nur ließe sich die Grundordnung eines Staates nicht mit Verbalradikalismus beeinträchtigen, geschweige denn beseitigen. Auch falle, so MEIER, die NPD weder durch militante Demonstrationen noch durch spekta-

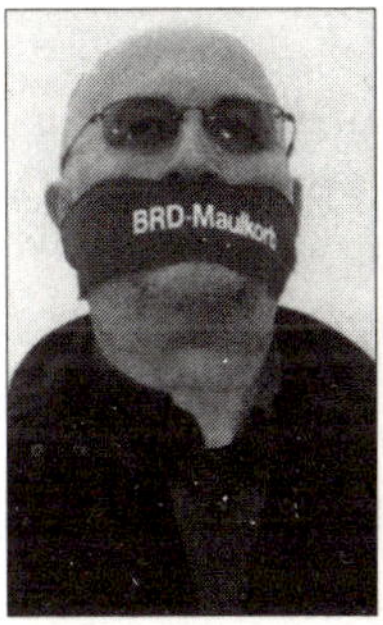

MAHLER (Angeklagter), STRÖBELE und SCHILY 1972. Links: MAHLER im Dienst der NPD.

kuläre Akte des zivilen Ungehorsams oder durch die Unterstützung von Rollkommandos oder Attentätern auf. »Die NPD ist«, so MEIER, »bedeutungslos. Sie ist konstitutionell unfähig, die ›Grundordnung‹ dieses Staates zu erschüttern«.[462] Diese Einflußlosigkeit und Bedeutungslosigkeit bedeute allerdings ein enormes Manko, denn für die Antragsteller gelte es schließlich ja, gerade »in Karlsruhe hieb- und stichfest unter Beweis zu stellen, daß die NPD eine gefährliche Partei ist. So gefährlich, daß die deutsche Demokratie nach 37 Jahren mit ihr nicht mehr koexistieren kann«.[463]

Da von den 585 Seiten auf sage und schreibe 19 Seiten von Gewalttaten der NPD-Anhänger die Rede ist, ist auch das in den Medien suggerierte Bild von der ›primären Gewaltbedrohung‹, kaum als Argument zu gebrauchen, zumal die Träger der NPD in allen programmatischen Schriften eine Anwendung von Gewalt weder propagieren noch auf Parteitagsreden predigen. So legt man denn die nur im Sinne von Kilogramm gewichtigen Anträge zur Seite »und darf sich getrost der Einschätzung anschließen, die Innenminister Otto SCHILY ganz zu Anfang der Verbotsdebatte vertrat: Das vorliegende Material reicht nicht aus«.[464]

Für den Extremismusforscher an der Technischen Universität Chemnitz Eckhard JESSE, für den es erwiesen ist, daß die NPD »rechtsextrem und militant« sei und sie »aggressiv kämpferisch« auftrete, ist es ein Fehler, »daß überhaupt ein Verbotsantrag gegen eine politisch ganz isolierte Partei am äußersten rechten Rand gestellt wurde. Und wenn man schon einen Antrag stellt, dann muß man dafür Sorge tragen, daß nicht Äußerungen von früheren und gegenwärtigen V-Leuten als Beleg für die Verfassungsfeindlichkeit der NPD verwandt werden«.[465]

Sogar der frühere Verfassungsschutzpräsident Eckart WERTHEBACH sprach sich dafür aus, den Verbotsantrag zurückzuziehen – worauf der innenpolitische Sprecher der SPD Dieter WIEFELSPÜTZ grantig meinte, WERTHEBACH verhalte sich »absolut illoyal«, und er ihn bat, künftig quasi die Klappe zu halten und »weiterhin Golf zu spielen«.[466]

›Verfassungswidrigkeit‹

Bundesregierung, Bundestag und Bundesrat haben im Oktober 2001 beantragt, die Nationaldemokratische Partei Deutschlands (NPD) für verfassungswidrig zu erklären, sie aufzulösen und ihr Vermögen zu beschlagnahmen, weil sie die freiheitliche demokratische

Grundordnung auf aggressiv-kämpferische Weise bekämpfe. Die NPD mißachte die Menschenwürde und die Grundrechte. Sie trete ein für eine totalitäre Gesellschaftsordnung und zeige sogar eine Wesensverwandtschaft mit der NSDAP. An der Formulierung der Klageschrift waren die Ämter für Verfassungsschutz maßgeblich beteiligt.

Schon seit Jahren bemühen sich die Beamten des sogenannten Verfassungsschutzes, der NPD Verfassungswidrigkeit nachzuweisen.[467] Als Beleg dafür, daß die NPD Ausländer verunglimpfe, führte beispielsweise das Landesamt für Verfassungsschutz Baden-Württemberg 2000 ein aus dem Kontext herausgerissenes Zitat an, das auf der Internetseite der Jungen Nationaldemokraten (JN) Stuttgart veröffentlicht worden war: »Deutsche Menschen sind schon zur Minderheit in den Schulklassen, im eigenen Land, in der eigenen Stadt geworden. Osteuropäische Schleuserbanden bringen täglich ›Nachschub‹. Sei es in Form von illegalen Ausländern oder Rauschgift, Schlägereien, Drogenhandel, Schutzgelderpressung und Antifa-Terror gehören schon längst nicht nur auf Stuttgarter Schulhöfen zum Alltag.«[468]

Inwiefern es sich hier tatsächlich um Verunglimpfung Dritter handeln soll, bleibt unklar: Der vom Bundeskriminalamt (BKA) herausgegebenen Polizeilichen Kriminalitätsstatistik 2000 zufolge »besaßen 25,8 % (1999: 26,6 %) der von der Polizei ermittelten Tatverdächtigen nicht die deutsche Staatsangehörigkeit«, und das bei einem Bevölkerungsanteil von etwa 10%. »Bei illegalem Handel und Schmuggel und bei illegaler Einfuhr in nicht geringer Menge waren fast ein Drittel der Tatverdächtigen Nichtdeutsche, speziell bei Kokain sogar weit über die Hälfte. Bei illegalem Handel und Schmuggel von Rauschgiften waren zwei von drei nichtdeutschen Tatverdächtigen entweder Asylbewerber oder gehörten zur Sammelgruppe der ›Sonstigen‹ (Erwerbslose, abgelehnte Asylbewerber mit Duldung, Besucher oder Flüchtlinge); noch höher lagen deren Anteile bei Heroin und Kokain. Bei der illegalen Einfuhr von Betäubungsmitteln in nicht geringer Menge dominierten insgesamt noch vor diesen beiden Gruppen Touristen/Durchreisende; bei Heroin waren aber auch hier die ›Sonstigen‹ am stärksten vertreten.«[469] Beim Taschendiebstahl wurden 53,5 % nichtdeutsche Tatverdächtige festgestellt, von denen über ein Viertel Asylbewerber waren (26,9 %, 1999: 28,2 %). Auch bei Btm-Anbau, -herstellung und -handel als Mitglied einer Bande, bei Handel/Schmuggel mit/von Heroin und Kokain, bei (sonstigem) Sozialleistungsbetrug, Urkundenfälschung, Ladendiebstahl und vorsätzlichen Tötungsdelikten weisen Asylbewerber deutlich überdurchschnittliche Anteile auf.[470]

Vom Kriminologischen Forschungsinstitut Niedersachsen wurden 1998 bis 2000 in mehreren Städten repräsentative Schülerbefragungen in der jeweils 9. Klasse aller Schulformen durchgeführt. Das vom BKA veröffentlichte Ergebnis ergab, »daß aus der Türkei stammende Jugendliche bei Gewaltdelikten im Vergleich insbesondere zu den deutschen, aber auch zu Jugendlichen aus anderen europäischen Staaten erheblich überrepräsentiert waren und daß dies nicht nur mit deren sozioökonomischer Benachteiligung und einem geringeren Schulbildungsniveau zusammenhängt, sondern ebenso mit häufig erlebter familiärer Gewalt und mit traditionellen Männlichkeitsvorstellungen«. Auch die bereits im sechsten Kapitel von Herwig Birg, dem Präsidenten der Deutschen Gesellschaft für Demographie, geschilderte demographische Lage entspricht durchaus den von den Jungen Nationaldemokraten gemachten Angaben.[471] Es ist sachlich gesehen also völlig unbegründet, mit dem angeführten JN-Zitat der NPD-Jugendorganisation Fremdenfeindlichkeit vorzuwerfen, da die von ihr gemachten Behauptungen empirisch belegbar und keineswegs ›ausländerfeindlich‹ sind.

Nebenbei sei erwähnt, daß andere Politiker, zum Beispiel Altbundeskanzler Helmut Schmidt, die hierzulande praktizierte Ausländerpolitik und propagierte multikulturelle Utopiewelt viel schärfer kritisiert haben als die Jungen Nationaldemokraten, was den unbedarften Gesinnungswächtern offensichtlich entgangen ist. »Vor allem haben sie nicht begriffen, daß die schrittweise Abschaffung des Verfassungsgebers ›deutsches Volk‹ nichts anderes als einen unblutigen Staatsstreich darstellt und demnach die wirklichen Verfassungsfeinde [...] sie selbst sind.«[472]

Das alles stört ›Verfassungsschützer‹ und politisch korrekte Berufspolitiker freilich nicht. In ihren sogenannten Verfassungsschutzberichten führen sie munter seitenweise fragwürdige Zitate aus nationaldemokratischen Publikationen auf, die Ausländerhaß, Gewaltbereitschaft und andere Delikte dokumentieren sollen. Ebenso zweifelhaft ist der Wert der sogenannten Materialsammlung, die die Bundesregierung, der Bundestag und der Bundesrat als Beweisstücke im NPD-Verbotsverfahren anführen. Inhalt und Aufbau dieser Materialsammlung gleicht in Diktion und Stil sehr den Verfassungsschutzberichten. Zwar werden über viele Seiten hinweg verbale Drohungen von einzelnen Mitgliedern und ehemaligen Mitgliedern der NPD gegen Etablierte zitiert und Handlungen einzelner Mitglieder und ehemaliger Mitglieder wiedergegeben, die die verfassungswidrige Haltung der NPD untermauern sollen, handfeste Beweise zur Überprüfung der These im Sinne der Anklage finden sich jedoch nicht. Faktisch besteht die Materialsammlung weitgehend aus Interpretationen und Unterstellungen. Die Rechtsvertreter der NPD im Verbotsverfahren, Horst MAHLER und Hans Günter EISENECKER, haben als juristische Experten den Widersinn der Anschuldigungen dargelegt und bereits veröffentlicht, so daß hier im einzelnen darauf nicht näher eingegangen werden muß.[473]

Was nicht heißen soll, daß wir uns nicht einige Beispiele des Irrsinns näher ansehen wollen. Beispielsweise wird die Forderung, polizeilichen Vorladungen nicht Folge zu leisten – was ohnehin keine gesetzliche Verpflichtung ist –, als »Mißachtung staatlicher Gewalt« interpretiert. Gerade in Abschnitt 7 der Materialsammlung – »Verhalten der Funktionäre, Mitglieder, Förderer, Mitarbeiter und Sympathisanten« – würde man aber erwarten, daß nicht nur Meinungsäußerungen zitiert oder Ordnungswidrigkeiten aufgelistet würden, sondern die vom Antragsteller bezeichnete Gewalt konkret dargelegt und der Anteil der NPD an ihr nachgewiesen würde. Dies geschieht jedoch überhaupt nicht. Die meisten registrierten Straftaten aus dem Umfeld der NPD sind Propagandadelikte, allen voran Verstöße gegen §86a StGB (›Verwenden von Kennzeichen verfassungswidriger Organisationen‹), die meist im Zusammenhang mit der Anreise, der Abreise oder der Teilnahme an NPD-Demonstrationen festgestellt wurden. Zu welchem Prozentsatz diese Verstöße Mitgliedern der NPD oder der JN zugeordnet werden können, steht nicht fest.

Es ist, wie im Kapitel über die Verfassungsschutzspitzel bereits erarbeitet wurde, grotesk, wenn die Obrigkeit versucht, die Verfassungswidrigkeit einer Partei aufgrund von Zitaten zu belegen, die hauptsächlich von einer einzigen Person stammen. Geradezu kriminell ist dieses Vorgehen jedoch, wenn diese Person auch noch als ein vom Staat bezahlter Spitzel und Provokateur fungierte. Man sollte einen solchen Vorgang in einem freiheitlichen demokratischen Rechtsstaat nicht für möglich halten. Spätestens seit Januar 2002 gehört es jedoch zum Allgemeinwissen, daß gerade diese Vorgehensweise von den Berufspolitikern dieser Republik und ihren Kollegen in den Geheimdiensten praktiziert wird: Am späten Nachmittag des 22. Januar 2002 beherrschte eine Meldung der Deutschen Presseagentur alle Schlagzeilen der bundesdeutschen Presse: Sämtliche fünf Termine für die im Februar 2003 angesetzte mündliche Verhandlung im NPD-Verbotsverfahren beim Bundesverfassungsgericht in Karlsruhe sind abgesagt worden. Begründung: Das Gericht hat nicht gewußt, daß ein langjähriges Bundesvorstandsmitglied der Partei, das als Belastungszeuge vorgesehen war, für den Verfassungsschutz gearbeitet habe. Daß es sich bei diesem Beschluß um eine einstimmig getroffene Senatsentscheidung handelt, unterstreicht die verheerenden Folgen dieses Skandals.[474]

Das Merkwürdige ist, daß die Bundesverfassungsrichter vom unrechtsstaatlichen Handeln der Antragsteller nur zufällig erfuhren: Ministerialdirektor Klaus-Dieter SCHNAPPAUF rief Verfassungsrichter Hans-Joachim JENTSCH an und informierte ihn in einem »privat-dienstlichen« Telefonat wie beiläufig über den Sachverhalt: Eine der zur mündlichen Verhandlung geladenen ›Anhörungspersonen‹, Wolfgang FRENZ, stellvertretender Landesvorsitzender der NPD von Nordrhein-Westfalen, werde eine Aussagegenehmigung eines Landesamtes für Verfassungsschutz vorlegen. Dieser neue, dem Gericht bisher nicht bekannt gewesene Sachverhalt warf prozessuale und materielle Rechtsfragen auf, denn die Verbotsanträge der Antragsteller hatten sich in nicht unmaßgeblicher Weise auf die Äußerungen dieses NPD-Politikers gestützt. Dabei handelte es sich um antisemitische und rassistische Äußerungen, durch die das Profil der NPD nach Ansicht der Antragsteller mitgeprägt worden ist. Die staatlichen Kläger hatten also nichts Geringeres vorgehabt, als dem Bundesverfassungsgericht einen Informanten des Verfassungsschutzes als Zeugen unterzuschieben.

FRENZ, der bis zum Januar 1998 auch Mitglied im Bundesvorstand der NPD war, galt den Antragstellern als ein maßgeblicher Exponent für die – angeblich – ausländerfeindliche, antidemokratische und ›antisemitische‹ Ausrichtung der NPD. Dutzende von Zitaten mußten zur Untermauerung dieser Unterstellung herhalten. Am 2. März 1996 beispielsweise schürte FRENZ, den Angaben des Verfassungsschutzes zufolge, während einer Veranstaltung Fremdenhaß, da er »suggerierte, durch den Zuzug von Ausländern drohe der Untergang Deutschlands«.[475] Im Frühjahr 1998 bezeichnete FRENZ »die Demokratie als eine Staatsform, die der deutschen Mentalität, die eher eine Monarchie oder starke Volksführer fordere, widerspreche. Die parlamentarische Demokratie, so FRENZ weiter, ›war das trojanische Pferd, das uns nach der erzwungenen Abdankung der Hohenzollern-Monarchie ins Land geschleppt wurde und uns sowohl 1920 wie auch 1945 in eine Sinnkrise als Volk stürzte‹.«[476] Adolf HITLER bezeichnete er als »Jahrtausendgestalt der Geschichte« und prophezeite: »Das neue Jahrhundert wird mit einer 50jährigen Zeitverschiebung den Nationalsozialisten recht geben und die jüdische Vorherrschaft in Politik und Geldwirtschaft beenden [...] Wir Deutschen werden die Speerspitze Europas gegen den Machtanspruch der Asiaten und Orientalen sein, die unseren Kontinent bedrohen.«[477]

Im Mitteilungsblatt der NPD des Landesverbandes Nordrhein-Westfalen, *Deutsche Zukunft*, in dem FRENZ als Schriftleiter und Udo HOLTMANN (seines Zeichens Landesvorsitzender der NPD Nordrhein-Westfalen und Spitzel für das Bundesamt für Verfassungsschutz) als politisch verantwortlicher Herausgeber und Drucker fungierte, äußerte FRENZ (oftmals unter verschiedenen Pseudonymen) sich in fragwürdiger Weise über Juden: »Dabei hatten wir nach dem Kriege ein judenfreies Land und mangels Masse an Juden auch kein antisemitisches Problem. Dieses schaffen wir uns ohne Not nun selber, wenn wir den uneingeschränkten Zuzug der Rußlandjuden [...] nach Deutschland gewährleisten, weil die BUBIS, FRIEDMANS und SPIEGELS ihre Gemeinden auffüllen wollen, um sich in der deutschen Politik einen noch aufgeblähteren Resonanzboden zu schaffen, als er bereits schon vorhanden ist.«[478] Auch in von FRENZ selbst verfaßten Publikationen, für die die NPD nicht verantwortlich zeichnet, wie die Broschüre *Selbst Moses, unser Lehrer, hat uns Juden nicht verstanden*, agiert FRENZ »tendenziös und teilweise abwertend über Juden«.[479] Dies ist insofern von großer Bedeutung, als auch in den ›Verfassungsschutzberichten‹ viele Zitate aus dieser Schrift angeführt werden – mit dem heuchlerischen Fingerzeig: »Die rassistische Agitation und die damit verbundene Abwertung von Fremden verletzt die Menschenwürde und verstößt insbesondere gegen den Gleichheitsgrundsatz des Grundgesetzes.«[480]

Sich hierauf stützend, warteten die Verfassungsschützer mit der Suggestion auf, es handle sich bei dieser Hetze um die dogmatischen Ansichten der NPD.[481] Auch die Bundesregierung, der Bundestag und der Bundesrat griffen in ihren Anträgen zum NPD-Verbotsverfahren maßgeblich auf diese und andere Veröffentlichungen des Herrn FRENZ zurück, um die der NPD unterstellte Verfassungswidrigkeit zu belegen. In besagter Broschüre wurden nach vermeintlicher Erkenntnis der Verfassungsschutzbeamten unter Überschriften wie »Jüdischer Zugriff auf Gewerkschaften, Banken und Industrie«, »Jüdischer Einfluß vor und nach dem Ersten Weltkrieg«, »Verstärkte Ablehnungshaltung durch maßlose jüdische Forderungen« und »Juden als Kriegstreiber zum Zweiten

Weltkrieg« antisemitische Vorstellungen – insbesondere das Vorurteil von einer ›jüdischen Herrschaft‹ – wiederbelebt.

Vor allem aber mit dem von ihm verfaßten Buch *Der Verlust der Väterlichkeit oder Das Ende der Juden* fiel FRENZ mit notorischer Xenophobie und offener Judenfeindlichkeit auf. Gerade dieses Buch ist in den Verbotsanträgen der Antragsteller mehrfach als Beweis »für die Fremdenfeindlichkeit der Partei« und des dort vorherrschenden Antisemitismus angeführt. Die Bundesregierung zitierte in ihrem Antrag im Kapitel »Verfassungswidrige Ziele in programmatischen Äußerungen der NPD« unter der Überschrift »Negation der Menschenwürde und Gleichheit der Individuen« mehrfach aus besagter Publikation. Inwiefern es sich hier um eine »programmatische Schrift der NPD« handeln soll, wurde nicht näher belegt.

Auf Seite 81 seiner von der Bundesprüfstelle für jugendgefährdende Schriften 1999 als ›jugendgefährdend‹ eingestuften Schrift schreibt FRENZ: »Der Einzelmensch, der innerhalb seiner Rassengemeinschaft lebt, kann die Spannungen, die der Lebenskampf erzeugt, ertragen. Wird aber sein Lebensraum mit fremdrassigen Menschen durchsetzt, wird er sicher, trotz materieller Überlebensmöglichkeiten, vereinsamen. So ist der Satz ›Alle Menschen sind gleich‹ ein Verbrechen an den Menschen.« Im Antrag findet sich wenige Seiten später ein weiteres Zitat von FRENZ: »Der Antisemitismus der Zwischenkriegszeit entstand, weil bereits in den 20er Jahren unseres Jahrhunderts der jüdische Einfluß in alle Lebensbereiche eindrang und einen Generalangriff auf die deutsche Volksseele vornahm.« Zwei weitere Zitate, die kopfschüttelnd zur Kenntnis zu nehmen sind, lauten:

- »HITLER mit seinem Antisemitismus war genau gesehen ein Glücksfall für die Juden. Aus diesem hitlerischen Antisemitismus entstand die euphorisch stimmende semitische Massenhysterie, die zur Gründung des Staates Israel führte, dessen nationalistischer Größenwahn bisher die Welt in Atem hält. So war nach Verständnis vieler Juden der letzte Weltkrieg ein Religions- und Rassenkrieg. Es ging darum, die arisch-nordische Rasse zu vernichten, die noch über die Kraft verfügte, sich gegen eine Weltherrschaft durch Juden zu wehren. Andere Völker ließ man weiterleben, wenn sie sich der jüdischen Heilswelt beugten.«[482] sowie

- »Auschwitz ist für die Juden der ganzen Welt ein religiöser und politischer Angelpunkt geworden. [...] Wenn es Auschwitz nicht gegeben hätte, müßte es für die Juden von heute erfunden werden. Denn Auschwitz ist die Machtergreifung durch das vernetzte Judentum.«

Die *Frankfurter Allgemeine Zeitung* kommentierte solche Agitation zu Recht mit den Worten: »Aber daß jemand im Auftrag des Staates und zum Schutz seiner Verfassung antisemitische Sprüche klopft – so, wie einst die Stasi Hakenkreuze auf Gräber schmierte –, berührt nicht nur die Geschmacks- und Rechtsfrage, welche unseligen Tarnungsmittel durch den Zweck geheiligt werden.«[483]

Obendrein stellte sich damit auch die Frage, ob es nicht noch weitere Verfassungsschutzspitzel in der Partei gibt, deren Äußerungen und Handlungen von den Antragstellern ebenfalls als ›Beleg‹ für die angebliche Verfassungswidrigkeit der NPD aufgeführt werden. Wie wir heute wissen, ist genau das der Fall (siehe das vorherige Kapitel »Der ›Verfassungsschutz‹«). Wie ist unter solchen Umständen das verbleibende Belastungsmaterial zu werten?

Die *Berliner Zeitung* faßte den Skandal um FRENZ am 23. Januar in wenigen Worten zusammen: »Was ein Mitglied des NPD-Bundesvorstands an verfassungsfeindlichen Sprüchen von sich gab, wurde vom Mitarbeiter eines Landesamtes für Verfassungsschutzes notiert – beide sind allerdings ein und dieselbe Person. Auf das so gleichzeitig geschaffene und gesammelte Material stützen sich die drei Verbotsanträge von Bundesregierung, Bundestag und Bundesrat. Wäre der Verfassungsschützer aufgetreten als *agent provocateur,* dann wäre das in dem Verfahren bereits ein Problem. Doch hat er die Taten, die er registrieren sollte, gleich selbst begangen, und das ist kein Problem, sondern eine formidable Staatsschutzaffäre.« Und ein »Affront gegen das Bundesverfassungsgericht«.[484]

Bundesinnenminister Otto SCHILY versuchte indes, den Skandal zu bagatellisieren. Entsprechend schwach fiel seine Argumentation aus: Er gab an, daß der Kontakt des Verfassungsschutzes zu besagtem NPD-Mitglied vor »vielen Jahren« beendet worden sei. »Alle Äußerungen von ihm, die in den Antragsschriften als Beleg für die Verfassungswidrigkeit der NPD angeführt werden, stammen aus der Zeit lange nach Abbruch dieses Kontaktes.« Dieser Versuch der Rechtfertigung ging am eigentlichen Punkt vorbei: Hans-Peter SCHNEIDER, Verfassungsrechtsexperte an der Universität Hannover, erklärte, einen Informanten des Verfassungsschutzes als Zeugen zu präsentieren, an dessen Glaubwürdigkeit das Gericht Zweifel hat, sei »ein politischer Skandal ersten Ranges«.[485] SCHNEIDER zufolge habe SCHILY Deutschland im Ausland zur »Lachnummer« gemacht – mit anderen Worten das internationale Ansehen Deutschlands beschädigt. Die Bundesregierung habe sich blamiert, weil sie nicht in der Lage gewesen sei, einen wasserdichten Verbotsantrag zu stellen. Es sei »juristisch und moralisch« untragbar, mit dem früheren NPD-Funktionär einen Zeugen anzuführen, um die Verfassungswidrigkeit der Partei zu belegen, der zugleich auf der Gehaltsliste des Verfassungsschutzes gestanden habe. »Dabei ist es unerheblich, ob die Äußerungen des Zeugen aus einer Zeit stammten, als er keinen Kontakt mehr zum Verfassungsschutz hatte.«

Schily ist also zu widersprechen: Auch Informanten, die heute nicht mehr für den Verfassungsschutz tätig sind – aber in hohen Positionen der NPD aktiv waren – können zum Gesamtbild der Partei beitragen, das sich die Richter beim Bundesverfassungsgericht machen müssen.[486] In einer Pressemitteilung legte das Bundesverfassungsgericht die Brisanz der eingetretenen Situation dar: »Für das Parteiverbotsverfahren kann es bedeutsam sein, ob das Gesamtbild der Partei von Umständen geprägt wird, die ihr nicht zugerechnet werden können. Deshalb kann in der Zusammenarbeit einer staatlichen Stelle mit einer Person im Bereich der Partei ein in diesem Verfahren beachtlicher Umstand liegen, wenn die Tätigkeit dieser Person in den Zielen der Partei prägenden Niederschlag gefunden oder das Verhalten ihrer Anhänger maßgeblich beeinflußt hat. Um sich eine gesicherte Tatsachengrundlage zu verschaffen, hält es das Bundesverfassungsgericht deshalb für erforderlich, daß die konkreten Umstände einer Zusammenarbeit staatlicher Stellen (Nachrichtendienste, Verfassungsschutzämter, Dienststellen der Polizei) mit Personen offen gelegt werden, deren Äußerungen oder Verhalten zur Begründung der Verbotsanträge angeführt werden. Dies bezieht sich auch auf solche Personen, die zum Zeitpunkt der jeweiligen Äußerung nicht mehr oder noch nicht für staatliche Stellen tätig gewesen sind.«[487] Es ist deshalb alles andere als irrelevant, ob Aussagen ehemaliger V-Leute nach (angeblicher) Abschaltung in den Verbotsantrag aufgenommen würden oder nicht.

Die parlamentarische Staatssekretärin im Innenministerium Cornelie Sonntag-Wolgast (SPD) mußte sich fragen lassen, ob die Verbotsanträge von Bundesrat, Bundestag und Bundesregierung wirklich so »glänzend vorbereitet«[488] gewesen waren, wie sie vorgab. »Wer das zu verantworten hat, muß seinen Hut nehmen«, forderte der Rechtspolitiker der Grünen Volker Beck. Das sei ein »Skandal«, aus dem Konsequenzen gezogen werden müßten. In einem Interview mit *sueddeutsche.de* am 22. Januar gestand Beck:

»Meine Zweifel an der Qualität der Verfassungsschutz-Erkenntnisse haben sich jetzt nochmal[s] erhärtet. Ich war zum Teil erschüttert über die Qualität.«

Die *Berliner Zeitung* kommentierte die Handlungsweise des Bundesinnenministeriums als »unfaßliche Dummheit und/oder unbegreifliche Inkompetenz und/oder böswilliges Verschweigen« und meinte mit Recht: »Dummheit ist nicht strafbar, Inkompetenz ist nicht strafbar, nicht einmal das Verschweigen prozeßrelevanter Tatsachen ist in jedem Falle strafbar – wäre es anders, müßten jetzt diverse Ministerialbeamte und Verfassungsschützer Anklagen entgegensehen.«[489]

Die *Frankfurter Allgemeine Zeitung* sprach das aus, was jeder kritische politische Beobachter dachte: »Die absurd klingende Geschichte rückt die Antragsteller – drei Verfassungsorgane – hart an den Rand der Lächerlichkeit.«[490] Die Anträge von Bundesregierung, Bundestag und Bundesrat seien Makulatur. Alle drei stützen sich auf Äußerungen des Zeugen Frenz, der Mitbegründer der NPD und 36 Jahre lang bezahlter V-Mann des nordrhein-westfälischen Verfassungsschutzes gewesen ist. Damit sei die Glaubwürdigkeit der Bundesregierung in diesem Verfahren unheilbar erschüttert, weil die Funktion als V-Mann dem Gericht – beabsichtigt oder nicht – verschwiegen wurde und weil das Bundesinnenministerium dem Zweiten Senat auf Nachfrage eine schriftliche Erklärung zum Informanten des Verfassungsschutzes verweigert habe. Gerade ein Parteiverbotsverfahren, das nichts anderes bezwecke als den Schutz der freiheitlichen demokratischen Grundordnung, verlange vom Antragsteller penibelste Rechtstreue, jedenfalls aber die Einhaltung elementarer Verfahrensregeln. Eine Behörde – das Bundesinnenministerium –, die sich dazu selbst gegenüber dem Bundesverfassungsgericht außer Stande sieht, ergebe sich nicht dem Recht, sondern ihrem Verfolgungseifer. Ihn kann auch nicht der Hinweis entkräften, alle in den Anträgen zitierten Äußerungen Wolfgang Frenz' habe der erst nach seiner ›Abschaltung‹ als V-Mann gemacht. »Das mag so sein, doch verdrängt das kaum den bösen Schein, der Verfassungsschutz bediene sich zum Nachweis der Verfassungsfeindlichkeit der NPD bezahlter Spitzel. Mit einer Korrektur der Anträge ist es darum nicht getan. Es genügt nicht, nun die Äußerungen des bekannt gewordenen V-Mannes einfach zu entfernen. Und es hilft auch nicht, jetzt mit der Suche nach möglichen weiteren Äußerungen von NPD-Funktionären zu beginnen, die eventuell im Sold der Verfassungsschutzämter stehen (insgesamt sollen es rund 100 sein). Die Blamage besteht nicht darin, daß ein Fehler gemacht worden ist, sondern darin, daß die Begründung der Anträge damit komplett hinfällig wurde. Dieses Verfahren ist nicht mehr zu retten.«[491]

Otto SCHILY zufolge lagen im Bundesinnenministerium schon im August 2001 Informationen über den V-Mann vor. Der zuständige Abteilungsleiter habe dies nicht weitergeleitet. Die Information sei seinem »Gedächtnis entfallen«.[492] Und dies sei selbstredend entschuldbar. Entsprechend dürftig fiel die vom Bundesinnenminister gezogene Konsequenz aus: SCHILY beließ es bei einer Rüge für die in der Pressekonferenz wie Schulbuben vorgeführten Abteilungsleiter KLAUS-DIETER SCHNAPPAUF, Werner MÜLLER und SCHILYS Staatssekretär Claus Henning SCHAPPER.[493] SCHILY versuchte sich mit der dümmlich-verzweifelten Ausrede reinzuwaschen, er habe von all dem nichts gewußt, denn er sei von seinen Mitarbeitern nicht informiert worden. Eine glatte Lüge, denn »am 11. Oktober 2001 traf sich eine hochkarätige Juristenrunde in SCHILYS Innenministerium. Auch dabei: SCHILYS Abteilungsleiter Werner MÜLLER (Innere Sicherheit) und Klaus-Dieter SCHNAPPAUF (Verfassungsrecht). Resümee: Die Quellen sollten ›insgesamt intern‹ überprüft werden, die Juristen sollten sich zudem schlaue Erklärungen für die Richter einfallen lassen – für den Fall, daß ein V-Mann live vor der Öffentlichkeit hochgehen sollte«.[494]

SCHILY, der seine Mitarbeiter vor laufenden Fernsehkameras zusammenstauchte, ist damit der Lüge überführt. »Der gesamte Innenausschuß«, so die *Frankfurter Allgemeine Zeitung* auf der Titelseite, »sei entsetzt gewesen über die Äußerungen des Bundesinnenministers über seine Mitarbeiter.«[495] In seiner Rede zur Haltung der Bundesregierung zu den Veröffentlichungen des Einsatzes des V-Mannes FRENZ im Vorstand der NPD nahm SCHILY am 25. Januar auch Stellung zu der Kritik, die an ihm und seinem Ministerium geübt wurde. Mit ebenso albernen wie arroganten Worten erklärte er: »Ich habe in den letzten Tagen eine Reihe von Anklagen vernommen, die gegen mein Haus und mich persönlich gerichtet waren. Sie stammen sicherlich ausnahmslos von Personen, die in ihrem Leben noch nie einen Fehler begangen haben oder in deren Verantwortungsbereich noch nie ein Fehler vorgekommen ist.«[496]

Vor diesem gesamten Hintergrund fragt man sich, warum ein erfahrener Strafverteidiger wie Otto SCHILY den Fehler machen konnte, seinen Verbotsantrag auf die Aussagen von Staatsbeauftragten zu stützen? Hinter den Kulissen muß ihm offensichtlich versichert worden sein, die Spitzeltätigkeiten würden vom Bundesverfassungsgericht nicht angesprochen und ein Vorstoß der

NPD in diese Richtung abgewürgt werden. Wer ließ SCHILY ins Messer laufen? Oder war der ›Patzer‹ ohnehin beabsichtigt gewesen? Selbst für diese auf den ersten Blick abstruse These spricht ein gravierender Anhaltspunkt: Wenn die Spitzel wie geplant vor dem Bundesverfassungsgericht ausgesagt hätten, wäre alles noch viel schlimmer gekommen: »SCHILY fuhr fort, in jedem Schaden stecke noch etwas Gutes, und es sei besser, daß der V-Mann-Einsatz jetzt bekannt geworden sei und nicht erst in der mündlichen Verhandlung vor den Karlsruher Richtern.«[497] So gesehen, haben vielleicht sogar SCHILYS Mitarbeiter das Bundesverfassungsgericht in letzter Minute formal über die Agentenzeugen informiert und auf diese Weise gleichsam die Notbremse gezogen, um SCHILY Schlimmeres zu ersparen.

Damit ist der Skandal aber nicht im entferntesten abgeschlossen: Einer Meldung der *Welt* vom 25. Januar 2002 zufolge erklärte SCHILY, er habe bei Nachforschungen in seinem Ministerium die Auskunft erhalten, daß alle Personen, die zur mündlichen Verhandlung vor dem Bundesverfassungsgericht geladen seien, mit Ausnahme des nun bekannten Mannes keine Verbindung zu den Verfassungsschutzämtern gehabt hätten. Seines Wissens seien keine weiteren Zeugen vor Gericht geladen, die für den Verfassungsschutz tätig waren. Bereits am nächsten Tag war SCHILY entweder der Unfähigkeit oder aber der Lüge entlarvt, als bekannt wurde, daß mit dem Landesvorsitzenden der NPD in Nordrhein-Westfalen Udo HOLTMANN[498] ein weiterer Spitzel, der eine hochrangige Funktion in der Partei innehatte, als Belastungszeuge aufgeflogen war. Weiß SCHILY nicht, was in seinem eigenen Haus vor sich geht? Der *Mitteldeutschen Zeitung* gegenüber hatte der Minister vorab erklärt: »Die Verfassungsschutzämter des Bundes und der Länder haben uns bestätigt, daß sich unter den vom Bundesverfassungsgericht geladenen Auskunftspersonen bis auf FRENZ, der früher für den Verfassungsschutz von Nordrhein-Westfalen als Informant tätig war, keine weiteren V-Leute befinden. Ich verlasse mich darauf, daß die Angaben der Verfassungsschutzämter richtig sind.«[499]

Bereits drei Wochen später bekräftigte auch der innenpolitische Sprecher der SPD Dieter WIEFELSPÜTZ, daß außer FRENZ »definitiv keine weiteren V-Leute unter den Zeugen« seien. »Das sagt SCHILY uns, darauf verlassen wir uns.«[500] Wenn die Bundesverfassungsrichter ebenfalls eine solch naive Einstellung hätten, was wäre für eine Rechtsprechung zu erwarten? Wenn jeder seine eigene Verantwortung dadurch negiert, sich auf den anderen verlassen zu haben, trägt niemand mehr Verantwortung. Ein Rechtfertigungsversuch übrigens, den die Siegermächte vor dem Nürnberger Tribunal auch nicht haben gelten lassen.

Nachdem der Skandal nicht mehr aufzuhalten war, erklärte sich die Bundesregierung großzügigerweise bereit, »den Richtern ihr gesamtes Wissen über die V-Leute offen zu legen – aber, bitte schön, nur hinter verschlossenen Türen. Also ohne daß die NPD als sogenannte Prozeßbeteiligte dabeisitzen und zuhören dürfte. Das geht nicht, schreibt der ehemalige Verfassungsrichter Dieter Grimm in der *FAZ*. [...] Und er hat recht: Denn eine solche Geheimverhandlung verstieße gegen alle Regeln rechtsstaatlicher Kunst. Schließlich geht es in Karlsruhe um das Schicksal der NPD; ein Verbot würde ihr Ende bedeuten. Sie muß deshalb volle Klarheit über alles belastende Material erhalten. Warum? Weil sie sich nur so gegen Beschuldigungen wehren, Aussagen in Zweifel ziehen, ihre Sicht der Dinge darlegen und eigene Fragen stellen kann. Die NPD muß wissen, auf welchen Tatsachen der Vorwurf der Verfassungswidrigkeit gründet. Das gilt selbst dann, wenn diese Beweise aus geheimen, besonders schutzbedürftigen Quellen stammen«.[501] Dieter Grimm hat dieses Faktum glasklar herausgearbeitet: In ihrer Verzweiflung boten die Antragsteller dem Bundesverfassungsgericht ein In-camera-Verfahren an, also ein Verfahren, in dem geheimhaltungsbedürftige Informationen, beispielsweise über V-Leute, zwar dem Gericht, nicht aber dem Antragsgegner (NPD) zugänglich gemacht. Den Nationaldemokraten wäre es folglich nicht möglich, zu eventuell prozeßentscheidendem Material Stellung zu beziehen. Grimm macht ohne Wenn und Aber darauf aufmerksam, »daß ein solches Verfahren erhebliche verfassungsrechtliche Bedenken auf sich zieht. Artikel 19 Absatz 4 des Grundgesetzes gewährt jedem Rechtsschutz gegen die öffentliche Gewalt in einem fairen und nachprüfbaren Verfahren. Ein wesentliches Erfordernis bildet in diesem Zusammenhang der ebenfalls im Grundgesetz enthaltene Grundsatz des rechtlichen Gehörs (Artikel 103 Absatz 1). Er erschöpft sich nicht darin, daß der Betroffene Gelegenheit erhält, sich im Prozeß zu äußern, sondern verlangt darüber hinaus, daß einem Urteil nur Tatsachen zugrunde gelegt werden, zu denen der Betroffene Stellung nehmen konnte«.[502]

Ferner legt Paragraph 20 des Bundesverfassungsgerichtsgesetzes ohne Einschränkung fest, daß die Beteiligten im Verfahren das Recht auf Akteneinsicht haben, woraus Grimm schließt: »Fände ein In-camera-Verfahren statt, müßte das Gericht auf das Material in der Auswahl und Beleuchtung vertrauen, wie es von den Antragstellern unterbreitet wurde. Der NPD würde die Gelegenheit fehlen, dazu ihre Sicht darzustellen, die Umstände zu schildern, unter denen die Beobachtungen der V-Leute zustande kamen, die Darstellung zu ergänzen, die Korrektheit der Wahrnehmung durch die V-Leute in Frage zu stellen oder ihre Glaubwürdigkeit zu erschüttern.«

Dieter GRIMM rundet seine Absage an ein In-camera-Verfahren mit den Worten ab: »Unbegrenztes Vertrauen in das vom Staat unterbreitete Material ist nicht angebracht. Gerade weil ein Parteiverbot einen außerordentlich einschneidenden Eingriff in den demokratischen Prozeß darstellt, der sich überhaupt nur im Interesse der Aufrechterhaltung der Demokratie rechtfertigen läßt, hat das Grundgesetz dafür hohe Hürden aufgerichtet. Nicht nur das Bundesverfassungsgericht muß volle Klarheit über die entscheidungserheblichen Tatsachen haben. Auch der Partei, deren Existenz auf dem Spiel steht, gebühren alle rechtsstaatlichen Verteidigungsmittel.«

Diese gesetzlichen wie ethischen Anforderungen waren natürlich auch den juristischen Vertretern der Antragsteller bekannt. Daß sie sich dennoch und dann auch noch nach ihrem mißglückten Versuch, das Bundesverfassungsgericht hinters Licht zu führen, erdreisteten, diesen Schritt einschlagen zu wollen, verdeutlicht unmißverständlich, auf welch dünnem Eis sich ihre Anträge bewegten.

Angesichts der für die Antragsteller verheerenden Situation überraschte es nicht, daß inzwischen selbst die Apologeten eines Parteiverbots zum Rückzug bliesen. *Die Zeit* beispielsweise wünscht sich, daß wenn SCHILY & Co sich »von Anfang an auf öffentlich zugängliches Material gestützt hätten, auf NPD-Pamphlete, Hauspostillen, Transparente – und auf die öffentlichen Ausfälle und Ausführungen des NPD-Anwalts und Rechtsextremisten Horst MAHLER«,[503] dies genügend Beweislast zusammengetragen hätte. Was bezweifelt werden darf. Der Vizepräsident des Landesamtes für Verfassungsschutz Baden-Württemberg Hans-Jürgen DOLL räumte das genaue Gegenteil ein: »Hätte man den NPD-Verbotsantrag nur auf offen verwertbare Fakten wie Publikationen aufgebaut, hätte er doch keine Chance«[504] gehabt.

Dem an der Freien Universität zu Berlin lehrenden Politologen Wolf-Dieter NARR ist grundsätzlich zuzustimmen, wenn er feststellt, daß es falsch sei zu meinen, daß Demokratie dadurch befördert werden könne, »daß sie eingeschränkt, daß sie teilweise außer Kraft gesetzt wird. Wenn Vertreter der ›abwehrbereiten‹ oder ›streitbaren‹ Demokratie darauf zielen, die politischen Freiheiten anderer regierungsamtlich, justiziell, polizeilich, strafverfolgerisch, illiberal zu beschneiden, dann knebeln sie die demokratische Atemluft für sich selbst; dann fördern sie in Bewußtsein und Verhalten der BürgerInnen, in ihren Einrichtungen und in ihnen selbst einen grundrechtlichen Erosionsprozeß. Dieser kann je nach Umständen schwer angehalten werden«.[505] Demokratisches Bewußtsein und demokratisches Verhalten müssen täglich praktisch geübt und gelernt werden. Eben daß mit politisch Andersdenkenden Streitgespräche geführt werden können, man sich geistig-politisch mit anderen Meinungen auseinandersetzen kann, kennzeichnet einen freiheitlichen Staat.

Aber sollten die obersten Richter dieser Republik tatsächlich ein Verbot beschließen, rollt dann die Verbotslawine etwa nach dem Motto »Wenn schon, denn schon« unaufhaltsam weiter? Der damalige Ministerpräsident von Nordrhein-Westfalen und heutige Bundesminister Wolfgang CLEMENT hat bei der Auftaktveranstaltung des ›Bündnis für Toleranz‹ bereits geäußert: »Auch müssen andere Parteien und Organisationen – DVU und Republikaner – verboten werden, wenn ihnen vergleichbare Aktivitäten wie der NPD nachgewiesen werden können«. Welche Aktivitäten? Von den Spitzeln des Verfassungsschutzes erfolgreich unterwandert worden zu sein? CLEMENTS Forderung läßt Grundprinzipien des freiheitlichen Rechtsstaates vermissen. Schon vor dem Hintergrund der Tatsache, daß das Bundesverwaltungsgericht in Karlsruhe am 29. November 2001 entschieden hat, daß die Republikaner keine verfassungsfeindliche Partei darstellen und aus ihrem Parteiprogramm keine verfassungsfeindlichen Ziele abgeleitet werden können, ist CLEMENTS Forderung – gelinde gesagt – eine Unverschämtheit. Vielleicht sind ›die Anständigen‹ erst zufriedengestellt, wenn alle Parteien, die sie nicht mögen oder vor denen sie Angst haben, verboten sind. Anders läßt sich der Fanatismus der Verbotsanhänger kaum begreifen: »Ich werde mich unbeirrt dafür einsetzen, daß das Verfahren zu einem erfolgreichen Abschluß gebracht wird«,[506] kündigte SCHILY im Juli 2002 an. Unbeirrt? Also uneinsichtig, trotz aller Fehler und Unzulänglichkeiten? Unbeirrt? Also verbissen, krampfhaft, verzweifelt an der Strategie festhalten, trotz einer eklatanten Beweisnot, die immerhin dazu führte, daß sich die Verfassungsrichter veranlaßt sahen, aus rechtsstaatlichen Gründen das Verbotsverfahren auszusetzen? Unbeirrt? Das bedeutet in diesem Sinne fanatisch, also auf gut Deutsch verbohrt und in blindem Eifer. Etwas mehr Besonnenheit wäre angebrachter.

Rechtmäßige Rechtsbrecher

Der ehemalige Bundesverfassungsrichter Hans-Hugo KLEIN forderte bereits am 24. Januar 2002 den Rücktritt von Bundesinnenminister Otto SCHILY. Mit der Entscheidung der einstweiligen Verfügung, das Verfahren auszusetzen, »hängt das ganze Verfahren jetzt in der Luft«, sagte der ehemalige Rechtsprofessor der Freien Universität Berlin, Uwe WESEL. »Die Verfassungsrichter stellten damit den Eröffnungsbeschluß und den Verbotsantrag vollständig in Frage.« Entsprechend niedrig sei die Chance für ein erfolgreiches NPD-Verbot. Es ist bemerkenswert, daß WESEL zugab, es sei nicht das erstemal gewesen, daß der Verfassungsschutz Beweise selbst produziere.[507] Diese Praxis ist, wie wir im vorigen Kapitel erarbeitet haben, eher die Regel als eine Ausnahme.

Die NPD wurde durch die massive Unterwanderung mit staatlichen Spitzeln oftmals vom Staat regelrecht gelenkt, keineswegs nur von Agenten des ›Verfassungsschutzes‹ und anderen Geheimdiensten. Im Skandal um das NPD-Verbotsverfahren gerieten zunehmend auch ermittelnde Polizeibeamte ins Zwielicht: Sie sollen Reden führender NPD-Mitglieder verfaßt haben, die pikanterweise in den Verbotsanträgen beanstandet werden. Der baden-württembergische Gewerkschaftsvorsitzende Dieter BERBERICH erklärte, daß es NPD-Kundgebungen gegeben habe, in denen die Hälfte der Teilnehmer aus V-Leuten bestanden habe. »In vielen Bundesländern ist die NPD in den letzten Jahren massiv und gezielt mit jungen Beamten aus der Bereitschaftspolizei unterwandert worden«, sagte BERBERICH gegenüber der *Welt*.[508] Sie hätten auch verfassungsfeindliche Symbole in Umlauf gebracht, um sie anschließend wieder einzusammeln und als Beweise zu verwenden.[509]

In ihren Anträgen stützten sich Bundesregierung, Bundestag und Bundesrat immerhin mindestens einhundertsechsundzwanzigmal auf solche ›Behördenzeugnisse‹. Dies gilt besonders für jene Abschnitte, die das verfassungswidrige Verhalten einzelner Mitglieder und Funktionäre der NPD belegen sollen. Ganz im Stile der im freiheitlichsten Staat, der jemals auf deutschem Boden existiert hat, üblichen Art der geistig-politischen Auseinandersetzung fuhr SPD-Innen›experte‹ Dieter WIEFELSPÜTZ Kriminalhauptkommissar Dieter BERBERICH regelrecht übers Maul. Er nannte ihn in aller Öffentlichkeit einen »Oberwichtigtuer«, denunzierte ihn als »unfähigen Beamten«[510] und schimpfte ihn einen »Schwätzer«.[511] Dabei bedarf es keines weiteren Kommentars, wer hier wirklich die ›Laberbacke‹ ist. BERBERICH hat natürlich recht mit dem Hinweis, daß er keine Namen nennen konnte, um seine Kollegen nicht zu gefährden. Aber daß seine Anschuldigungen stimmen könnten, belegt schon auf eindrucksvolle Weise der bekannte Fall ›Axel REICHERT‹.

Wir erinnern uns: Der Kriminalbeamte unter besagtem Decknamen hatte Mitte der neunziger Jahre eine ›Kameradschaft Karlsruhe‹ so gut wie übernommen und sie zum »Kampf gegen das Weltjudentum« aufgerufen und gegen »den geballten jüdischen und bolschewistischen Abschaum« gewettert. Der Provokateur ist seinerzeit durch einen anderen Polizeibeamten, der gleichzeitig Landtagsabgeordneter der Republikaner war, enttarnt worden.[512] REICHERTS Provokationen ergaben eine illustre Palette von Straftaten: Volksverhetzung, Strafvereitelung im Amt, Verbreitung von Propagandamaterial verfassungswidriger Organisationen, Verunglimpfung des Staates und seiner Symbole, Bildung einer kriminellen Vereinigung sowie Belohnung und Billigung von Straftaten. Gegenüber der Staatsanwaltschaft blieb Spitzel ›REICHERT‹ stumm. Das Landeskriminalamt bestand auf seiner Behauptung, er habe nie gegen ein Gesetz verstoßen. Ende 2000 wurde das Verfahren eingestellt. Der Karlsruher Oberstaatsanwalt Peter ZIMMERMANN mußte resigniert erklären, daß es nach wie vor möglich sei, daß sich REICHERT schuldig gemacht habe, »aber es war nicht nachweisbar«.[513]

Der Direktor des Instituts für Kriminologie an der Universität Gießen, Arthur KREUZER, diagnostiziert einen ›Wildwuchs‹ an Netzwerken von V-Leuten, die unglaubwürdig seien und neue Straftaten inszenierten, ohne strafrechtlich belangt zu werden. KREUZER zufolge sind V-Leute »allenthalben zwielichtige, wenig glaubwürdige Gestalten. Je höher sie in der Kriminalitätsszenerie oder in verfassungsfeindlichen Gruppierungen angesiedelt sind, um so interessanter werden sie für die Auftraggeber. Ihr Wirken ist beeinflußt vom Honorar und dem Bestreben, in eigenen dubiosen Aktivitäten ›abgeschirmt‹ zu sein. ›Vertrauensleute‹ neigen dazu, weniger gravierend Tätige oder gar Unbescholtene zu belasten, ja zu verführen, um ihre eigene Haut zu retten oder die Belohnung zu erhöhen«.[514]

Auf Grund der langjährigen Forschung von Kriminalwissenschaftlern könnten drei offenkundige Lebenslügen festgestellt werden, die die Politiker kennen müßten, indes aber nicht nötige Konsequenzen ziehen: »Erstens ist es die Fehlvorstellung, die in der Strafprozeßordnung einzig geregelten, auf Dauer eingesetzten polizeilichen Verdeckten Ermittler könnten in entsprechende kriminelle Milieus nachhaltig eingeschleust werden, ohne Straftaten zu begehen, die über eine erlaubte bloße ›Legendierung‹ hinausgehen. Will man nicht enttarnt werden, muß man ›Keuschheitsproben‹ bestehen, miterlebte Straftaten ignorieren, oder – zumindest duldend – bei Delikten anderer mitwirken. Ein ehemaliger Spitzenbeamter der Polizei äußerte vertraulich, man müsse, wenn man wirksame verdeckte Ermittlungen wolle, realistisch Beteiligungen an Straftaten letztlich bis zum Mord hinnehmen. Zweitens ist es die Annahme, allein der dauerhaft eingesetzte Verdeckte Ermittler bedürfe rechtlicher Regelung und justizieller Kontrolle. Gerade weil diese Kontrolle von Polizeibehörden manchmal als hinderlich betrachtet wird, arbeitet man mit Ermittlern, die – angeblich – nur gelegentlich eingesetzt werden. V-Leute sind als Ermittlungsgehilfen überhaupt nicht strafprozessual geregelt; es gibt lediglich einige landesrechtliche behördeninterne Berichtspflichten bei dauerhaftem Einsatz. Örtliche Fahndungseinheiten unterlaufen selbst solche Pflichten, indem sie ihre V-Leute ›offiziell‹ nur von Fall zu Fall einsetzen. Das führt nach wie vor zu Wildwuchs. Sogar Schutzpolizisten haben bisweilen ›ihre eigenen V-Leute‹. In den USA konnte Vergleichbares bei teilnehmender Beobachtung in Straßendrogenfahndungseinheiten beobachtet werden; um hohe Fallzahlen am Ende des Haushaltsjahres ›zu schinden‹, wurden über *›undercover agents‹* und *›police informants‹* mit viel Aufwand lächerliche 10-Dollar-Crack-Deals provoziert. Drittens ist es die Vorstellung von strikter Geltung unserer polizeilichen Strafverfolgungspflicht. Sie mag überwiegend bei anzeigegeleiteten polizeilichen Ermittlungen befolgt werden. In schwer zugänglichen Milieus – wie dem Drogenhandel als wichtigstem Bereich – versagt sie jedoch nahezu total. Hier gibt es kaum Anzeigen. Treffend brachte ein Rauschgiftfahnder das faktisch geltende Ermessen so auf den Punkt: ›Was, wie und gegen wen ermittelt wird, entscheiden wir. . .‹ Der V-Mann-Führer kann den Lockspitzel derart instruieren, daß Art und Menge der Droge, Ort, Zeit und Modalitäten der Übergabe vorbestimmt sind; damit können Höhe des Erfolgshonorars, Zuständigkeit des Haftrichters und letztlich die Strafhöhe für den Provozierten weitgehend gesteuert werden.«

Der *Rheinische Merkur* bringt es auf den Punkt, wenn er über das Unwesen der Verfassungsschutzspitzel und die Unverschämtheit der Verbotsantragsteller, Schriften und Reden von Spitzeln für die Begründung der Verfassungswidrigkeit der NPD anzuführen, schreibt: »Der Staat hat damit, wie es einst die Nazis oder später die Kommunisten in der DDR taten und es Praxis aller totalitären Staaten ist, Tatbestände selbst geschaffen, gegen die er anschließend vorgeht. Gerade in dem so sensiblen Bereich eines Parteienverbotes stellt solches Handeln selbst einen Bruch der Verfassung dar.«[515] Es ist aufgrund der vorliegenden Masse von aufgedeckten Spitzelskandalen inzwischen eine offenkundige Tatsache, daß die Antragsteller Sachverhalte als Verbotsgründe geltend machen, die – für das Bundesverfassungsgericht nicht erkennbar – von Mitarbeitern der Geheimdienste erst geschaffen worden sind. Die Antragsteller haben mit der Verheimlichung der sachverhaltsschaffenden Tätigkeit der V-Leute einen nicht zu rechtfertigenden Angriff auf die freie Überzeugungsbildung des Bundesverfassungsgerichts unternommen. Die exekutive Staatsgewalt hat nicht weniger versucht, als die judikative Staatsgewalt in die Irre zu führen. Ein für einen Rechtsstaat geradezu infames Unterfangen.

Die Antragsteller argumentieren, daß sie das Gericht notgedrungen darüber im unklaren lassen mußten, weil sie den Geheimdienst nur durch Verheimlichung seiner Tätigkeit als Geheimdienst erhalten können. Das ist zwar naturgemäß richtig. Ist aber daraus zu folgern, wie Horst Mahler mit Recht fragt, »daß der Rechtsstaat also mit der Möglichkeit leben muß, daß die Grundlagen der freiheitlichen demokratischen Grundordnung, nämlich die Bildung und Ausübung einer parlamentarischen Opposition, zur Disposition der Regierung stehen? Sollen die Parteien, die den Regierungsapparat dirigieren, es in der Hand haben, durch unkontrollierbare Provokationen der Geheimdienste die Opposition aus dem Rennen zu werfen?« Offensichtlich ist genau das der Fall.

Fazit

Um der Öffentlichkeit eine ›braune Gefahr‹ vorzugaukeln und sich gleichzeitig selbst als der edle Ritter, der die bedrohte Demokratie schützt, darzustellen, benötigen Obrigkeit und herrschende politische Klasse offensichtlich um jeden Preis Straftaten aus dem nationalen Lager. In diesem Zusammenhang ist auch der Klärungsbedarf bezüglich länger zurückliegender ›rechtsextremer Terroranschläge‹ wie das Bombenattentat auf dem Oktoberfest in München 1980 oder ›rechtsextreme‹ Ausschreitungen, beispielsweise die Krawalle in Rostock-Lichtenhagen 1992, groß. 1980 wurde besagter Bombenanschlag auffällig schnell einem angeblichen Anhänger der Wehrsportgruppe Hoffmann[516] angelastet. Kurz vor der Bundestagswahl begangen, schädigte dieses Verbrechen den Ruf des CDU/CSU-

Kanzlerkandidaten Franz Josef STRAUSS nachhaltig und half der SPD, von der sich die marode DDR mehr politische und finanzielle Unterstützung als vom ›Antikommunisten‹ STRAUSS versprach. Da 1992 viele politische Aktivisten – vor allem auch militante ›Rechtsextremisten‹ und dementsprechend viele Spitzel des Verfassungsschutzes und anderer Dienststellen nach Rostock reisten, ist es selbstverständlich, daß diese Anreise den Geheimdiensten und der Polizei nicht verborgen bleiben konnte und sie somit von bevorstehenden Aktionen jedweder Art immer informiert gewesen sein mußten.[517]

Den Richtern des 2. Senats ist es nicht entgangen, daß sie von den Antragstellern mittels von V-Mann-Quellen eingeführtem Material hinters Licht geführt werden sollten. Als Auflage hatten die drei Antragsteller eine neue Begründung für ein Verbot der NPD auszuarbeiten. Eine heikle Mission. Galt es doch, die Richter des Bundesverfassungsgerichts zu besänftigen und jenes ›Versäumnis‹ des Bundesinnenministeriums wettzumachen, das Ende Januar 2002 das Bundesverfassungsgericht hatte schäumen lassen und es dazu bewog, die Verhandlung über das NPD-Verbot vorläufig abzusagen.[518] Das Ergebnis war einige Wochen später ein 38seitiges schwaches Schriftstück. In dieser Stellungnahme wurden die Karlsruher Richter nunmehr offiziell davon unterrichtet, worüber seit Wochen öffentlich debattiert worden ist: daß sich in den Verbotsanträgen zahlreiche Äußerungen von V-Leuten finden. Obgleich die Ämter für Verfassungsschutz »aus Sicherheitsgründen« keine neue Namen offenbarten, versicherten die Antragsteller den Verfassungsrichtern, alle V-Leute seien den Vorschriften entsprechend geführt worden, niemand habe »steuernden Einfluß« auf die NPD genommen, die NPD müsse sich deshalb alle angeführten Äußerungen »prinzipiell zurechnen lassen«. Eine magere Auskunft, deren Gehalt, wie oben dargelegt wurde, obendrein nicht der Wahrheit entspricht.

Angesichts der dilettantischen Vorbereitung und fragwürdigen Handlungsweise der drei Antragsteller ist die Reaktion vieler Medien verständlich: »Die Anständigen von Karlsruhe haben das NPD-Verfahren ausgesetzt – und sollten es nicht wieder aufnehmen.«[519] Abgesehen davon, daß eine Nichtwiederaufnahme wohl eine der größten Blamagen für die bundesdeutsche Obrigkeit bedeuten würde, wäre diese nicht im Sinne der Beklagten, denn falls, um mit den Worten Horst MAHLERS zu sprechen, »das Verfahren ganz abgeblasen wird«, könnten die Beklagten nicht »die juristische Auseinandersetzung führen und bestätigt bekommen, daß wir nicht verfassungsfeindlich sind«.[520] Die Wahrscheinlichkeit, diesen Beweis liefern zu können, dürfte recht hoch sein, denn es kann in dem Verfahren, so es aufgenommen werden sollte, nicht darum gehen zu klären, ob und inwiefern Informationen durch Verfassungsschutzspitzel in der Partei ›abgeschöpft‹ wurden oder Mitglieder der NPD, die zugleich als Spitzel für die Ämter für Verfassungsschutz tätig waren, dem Bundesverfassungsgericht als Zeugen benannt wurden. Erstrangig und wesentlich ist, daß von allen drei Antragstellern als vermeintliche Verbotsgründe Sachverhalte vorgetragen worden sind, die von Verfassungsschutzspitzeln selbst inszeniert wurden.

Ob es jedoch überhaupt zum Verfahren kommen wird, ist alles andere als beschlossene Sache. Für den 8. Oktober 2002 hatte das Bundesverfassungsgericht einen Erörterungstermin angesetzt. Es handelte sich hierbei um ein vorgeschaltetes Verfahren ohne Beweisaufnahme und ohne Zeugenvernehmung, bei dem es lediglich darum ging, die Auswirkungen der ›V-Mann-Problematik‹ auf das Verbotsverfahren zu erörtern. Erst danach wollten sich die Verfassungsrichter entscheiden, ob es überhaupt zu einem Verbotsverfahren kommen werde. Diese Entscheidung lag bis zum Januar 2003, dem Zeitpunkt, an dem das Manuskript des vorliegenden Buches fertiggestellt wurde, noch nicht vor. Ein Grund für die lange Verzögerung mag sein, daß die Antragsteller während dieser Erörterung bestätigten, »daß mindestens ein Mitglied des derzeitigen Parteivorstandes V-Mann eines Landesamtes für Verfassungsschutz ist. Von bis zu 4 derartigen Mitarbeitern war die Rede.«[521] Damit ist es aber erwiesen, daß die Antragstellerseite immer noch durch mindestens eine Person die Sitzungen und Beratungen des Parteivorstandes der NPD beobachtet - vielleicht sogar deren Verlauf beeinflußt - und über interne Fragen, Planungen und Möglichkeiten der Prozeßführung genauestens unterrichtet ist. Für die Durchführung eines Verbotsverfahrens unter rechtsstaatlichen Gesichtspunkten ist dies ein unhaltbarer Zustand. »Die Antragsteller haben die Essentialia eines geordneten Gerichtsverfahrens in irreparabler Art und Weise ignoriert«,[522] was die Bundesverfassungsrichter veranlassen könnte, das angestrebte Verbotsverfahren endgültig abzusagen.

Nachtrag:

Das Bundesverfassungsgericht stellte am 18. 3. 2003 das von Bundestag, Bundesrat und Bundesregierung beantragte Verbotsverfahren gegen die NPD ein (Az.: 2BvB 1/01). Drei der sieben Richter des damit befaßten Zweiten Senats sahen in der möglichen Fremdsteuerung der NPD durch zahlreiche vom Verfassungsschutzamt eingeschleuste Spitzel und Agenten ein »nicht behebbares Verfahrenshindernis«. Der Staat habe unzulässig viel Einfluß in der NPD gehabt, die vorgelegten Beweismittel seien undurchsichtig. Diese qualifizierte Minderheit reichte, um den Prozeß platzen zu lassen. Die Antragsteller erklärten, auf ein neues Verbotsverfahren verzichten zu wollen. Allgemein wurde der Ausgang als große Blamage für die Institutionen des Staates und die Berliner Parteien angesehen. (siehe u. a. *FAZ* vom 19. 3. 2003)

12.
Deutschland wird leben!

Seit Jahrzehnten ist die nationale Existenz der Deutschen einem systematisch durchgeführten, gut koordinierten Angriff ausgesetzt – einem Großangriff auf unsere nationale Identität, auf unser biologisches, geistiges und kulturelles Dasein. Wollen wir Deutsche bleiben, als Deutsche überleben und unsere Zukunft selbst gestalten, gilt es, diesem unsagbar gewaltigen Angriff massiv zu begegnen. Es stellt sich die Frage nach dem Wie. Auf keinen Fall durch Anwendung von Gewalt. Abgesehen davon davon, daß derartige Aktionen aus mehreren Gründen keine Chance auf Erfolg hätten, wäre dies auch angesichts vieler aus der Geschichte zu ziehenden Lehren kein gangbarer Weg. Ein System, das auf Gewalt begründet ist, kann nicht von Dauer sein. Es endet in Tyrannei. Dies haben beispielsweise die Ereignisse 1789 in Frankreich oder 1917 in Rußland eindrucksvoll gezeigt. Von dauerhaftem Bestand ist einzig und allein die friedliche Revolution, was die Zeitgeschichte am eindrucksvollsten mit dem Volksaufstand der Deutschen in der Deutschen Demokratischen Republik 1989/1990 bewiesen hat. Ganz ähnlich haben wir Deutschen heute in der Bundesrepublik Deutschland zu handeln. Wir haben eine friedliche Revolution durchzuführen. Die Grundvoraussetzung für das Gelingen unserer Befreiung ist unsere geistige Bereitschaft. Vielleicht ist in diesem Zusammenhang das Bekenntnis von General Carl von Clausewitz (1780–1831) von großer Bedeutung, denn vor der Handlung hat die Erkenntnis zu stehen:

Carl v. Clausewitz (am Tisch sitzend, links) im Jahre 1815. Rechts neben ihm Karl Freiherr vom Stein und August Neidhardt Graf von Gneisenau.

»Ich sage mich los:

- von der leichtsinnigen Hoffnung einer Errettung durch die Hand des Zufalls;
- von der dumpfen Erwartung der Zukunft, die ein stumpfer Sinn nicht erkennen will;
- von der kindischen Hoffnung, den Zorn eines Tyrannen durch freiwillige Entwaffnung zu beschwören, durch niedrige Untertänigkeit und Schmeichelei sein Vertrauen zu gewinnen;
- von der falschen Resignation eines unterdrückten Geistesvermögens;
- von dem unvernünftigen Mißtrauen in die uns von Gott gegebenen Kräfte;
- von der sündhaften Vergessenheit aller Pflichten für das allgemeine Beste;
- von der schamlosen Aufopferung aller Ehre des Staates und Volkes, aller persönlichen und Menschenwürde.«[523]

Der Neuanfang

Kein politisches System in Deutschland war bislang von ›ewigem‹ Bestand - natürlich nicht. Alle Regierungsformen und Systeme hatten ihre Epoche, kamen und vergingen. Manche brachen aufgrund ihres eigenen morschen Gerüstes zusammen, andere wurden von außen her zerstört. Der politische Wunsch, ein System zu ändern, ist legitim. Er hat überhaut nichts mit einer ›extremen‹ Sichtweise zu tun und schon gar nicht mit einer ›rechtsextremen‹. Die ehemalige Jugendorganisation der FDP beispielsweise, die Jungdemokraten, wollen ebenfalls das System überwinden und an dessen Stelle eine ›radikale Demokratie‹ setzen: »JungdemokratInnen/Junge Linke sehen in der Demokratisierung aller gesellschaftlichen Verhältnisse, d. h. in der Überwindung autoritärer und hierarchischer Strukturen, die Voraussetzung für eine selbstbestimmte Gestaltung aller Lebensverhältnisse eines jeden Einzelnen. [...] kritisieren wir den undemokratischen Charakter dieser Gesellschaft und treten für ihre Veränderung ein.«[524]

Es bedarf keiner prophetischen Befähigung festzustellen, daß auch das System der Berliner Republik nicht ewig bestehen wird. Vielmehr deuten unübersehbare Anzeichen längst darauf hin, daß es seinen Zenit bereits überschritten hat. Es ist allerdings falsch, hieraus schließen zu wollen, daß ›alles demnächst‹ und möglichst noch ›von selbst zusammenbricht‹. Eine solch bequeme und im Grunde genommen auch feige Annahme hat vor allem eine Wirkung: eine lähmende. Sie impliziert eine Lethargie, die jeden von einer aktiven politischen Arbeit abhält: gleichsam nach dem Motto, es sei ja schon alles derart kaputt, daß man sich ruhig verhalten, die Hände in den Schoß legen und den Untergang – gleichsam aus der Perspektive eines Fernsehzuschauers – vom sicheren Standort aus beobachten könne. Auf diese Weise wird das augenblickliche System nicht überwunden werden. Und schon gar nicht kann auf diese Weise ein neues, lebenswerteres System geschaffen werden. Denn das muß ja unser Ziel sein: ein Staatswesen für das Volk durch das Volk zu schaffen, das durch Souveränität und Solidarität, durch Ehre und Liebe gekennzeichnet ist.

Wir müssen uns als Deutsche, aber auch als Europäer, unserer brisanten Situation ohne Umschweife bewußt werden: Wir werden sowohl biologisch als auch kulturell, sowohl politisch als auch wirtschaftlich bedroht. Diese Tatsachenbeschreibung hat nichts mit einem destruktiven Pessimismus oder einem profanen Antiamerikanismus zu tun, sondern gründet auf einem ebenso notwendigen wie legitimen Ruf nach Rückbesinnung auf unsere eigene Identität und Kraft. Der US-amerikanische Schauspieler Robert REDFORD gab in einem Gespräch vor über einem Jahr gegenüber einer deutschen Zeitschrift seiner Hoffnung Ausdruck, daß Europa nicht von der Amerikanisierung geschluckt, sondern wieder zu sich finden werde: »Ich habe früher mal in München gelebt, das war wirklich eine tolle Zeit! Aber auch Europa hat sich in den letzten Jahren sehr verändert. Überall sehe ich amerikanische Handelsketten. Es ist nicht gesund, wenn eine Kultur von einer anderen so erdrückt wird. Aber ich habe großes Vertrauen in den alten Kontinent und glaube, daß die Deutschen oder die Franzosen die Aufdringlichkeit der US-Industrie nicht mehr lange gutheißen werden!«[525]

In ihrem »Bekenntnis zum Deutschen Volk«präzisiert die Deutsche Studiengemeinschaft (DSG) unumwunden die Lage unseres Volkes: Das deutsche Volk ist in seinem biologisch-ethnischen Bestand und seiner kulturellen Identität auf das schwerste bedroht. Das Grundgesetz für die Bundesrepublik Deutschland geht von der nicht veränderbaren Festlegung eines deutschen Volkes aus. Dementsprechend stellt das Bundesverfassungsgericht in seiner Entscheidung vom 21. Oktober 1987 bindend fest: »Die Beseitigung des deutschen Volkes als Staatsvolk durch massenhafte Einwanderung und Einbürgerung von nichtdeutschen Ausländern aus aller Welt und durch Freizügigkeit und Niederlassungsfreiheit in der EG ist verfassungswidrig. Das deutsche Staatsvolk ist nach Grundgesetzartikel 79 jeder Disposition entzogen. Das GG schreibt die Wahrungspflicht zur Erhaltung der Identität des deutschen Staatsvolkes vor.«[526]

Das Bekenntnis zur Erhaltung und Identität des deutschen Volkes als ethnische, kulturelle und seelisch-geistige Einheit und Gemeinschaft ist demnach grundgesetzliche Verpflichtung aller Deutschen und insbesondere aller Staatsorgane. Die gefährliche Bedrohung der augenblicklich voranschreitenden Umvolkung und Degenerierung erfordert eine sofortige Wende in der Bevölkerungs- und Gesellschaftspolitik, in der Rechts-, Wirtschafts- und Sozialpolitik und in den geistigen Grundlagen des Bildungssystems. Eine die Substanz erhaltende und die Zukunft des Deutschen Volkes sichernde politische Ordnung muß Vorrang vor allen anderen politischen Zielen erhalten. Nur große Anstrengungen und Opfer der gesamten Nation können die Folgen einer verfehlten Politik der vergangenen Jahrzehnte noch abmildern und den Bestand des deutschen Volkes auch in Zukunft gewährleisten. Die Wiederherstellung gesunder Familienstrukturen ist hierfür eine unabdingbare Voraussetzung.[527]

Wohin die augenblickliche demographische Entwicklung führt, wurde in den vorangegangenen Kapiteln ausführlich dargestellt. Selbst einige wenige Mitglieder der Kartellparteien beginnen zu erkennen, wohin die Reise geht. Peter GAUWEILER (CSU) beispielsweise warnte: »In zehn Jahren wird deutlicher werden, als es heute schon ist, daß die ›Verwestlichung‹ der Welt, wenn sie so weitergeht, zum Untergang des Westens und damit auch zum Untergang des europäischen Deutschlands führen wird. Auch der letzte Modernist und Globalisierer wird irgendwann den Unterschied als Wert begreifen und die Schutzfunktion von Grenzen erkennen.«[528]

Nun aber anzunehmen, eine Veränderung der Ausländerpolitik genüge, um das Schiff wieder auf Kurs bringen, ist eine kurzsichtige und realitätsfremde Auffassung. Nicht die Symptome müssen bekämpft werden, sondern die Ursachen. Wir Deutschen haben uns deshalb primär vom vorherrschenden volkszerstörenden und menschenverachtenden Geist abzuwenden, »für den beispielhaft die berüchtigte Frankfurter Schule der HORKHEIMER, ADORNO und MARCUSE steht mit ihrer verderblichen Ideologie des marxistischen Gleichheitswahns im gesellschaftlichen Bereich, des übersteigerten lebensbedrohenden Individualismus, des primitiven Egoismus und schrankenlosen Liberalismus, des kulturzerstörenden Internationalismus, des alles Geistige tötenden Materialismus mit der Zerstörung bewährter Traditionen. Dieser im Zuge der Umerziehung mit Hilfe der alliierten Sieger nach 1945 in Deutschland vorherrschend gewordene unselige linke Zeitgeist hat unser Land völlig umgekrempelt, hat Schulabbrecher, Terroristen, Anarchisten oder bekennende Kommunisten zu Ministern aufsteigen lassen, von Witzblattfiguren ganz zu schweigen, während Patrioten verfolgt werden«. Dieser lebens- und menschenfeindlichen Ideologie ist ein lebensrichtiges Menschenbild gegenüberzustellen, eine Weltanschauung, »die an der Wirklichkeit des Lebens selbst ausgerichtet ist, die nicht von dogmatischen und lebensfernen Hypothesen, sondern von den Grundbeständen und Grundanforderungen des Menschen und einer elementaren Gemeinschaft ausgeht«.[529]

Die nationale Frage ist mit der sozialen unauflösbar verknüpft und umgekehrt. Ohne nationales Bewußtsein kann es keine soziale Identität geben. »Lebenssinn findet das Individuum nur in der angestammten Gemeinschaft. Das hat die Verhaltensforschung eindrucksvoll nachgewiesen. Es gilt daher, sich gegen die Fremdbestimmung einer verwalteten Welt und gegen das Menschenbild vom Konsumenten in einer Knopfdruckgesellschaft, deren Signale wie in einem kybernetischen Schaltkreis zu befolgen sind, zu wehren. Das erfordert eine eigene, überzeugende Konzeption. Deren Fundamente sind Familie und Freundeskreis, Gemeinde, Heimat und Vaterland sowie Volk und Nation. In ihnen findet der einzelne Identität, Geborgenheit und Lebenssinn, bildet sich die Persönlichkeit aus.«[530] Diese alten und bewährten Kräfte gilt es vor allem in unserer Jugend, in unserem gesamten Volk zu neuem Leben zu erwecken. Das immer wiederkehrende Problem, mit dem wir konfrontiert werden, ist aber auch hier die Frage nach dem Wie.

Besinnen wir uns. Folgen wir unserer inneren Stimme. Gewaltige Anleihen für ein notwendiges und lebensrichtiges Menschenbild können aus unserer so abwechslungsreichen deutschen Geschichte entnommen werden. Warum nicht aus Preußen? Dieses eherne Königreich war – alliierter und damit auch bundesrepublikanischer Geschichtsschreibung zum Trotz – eben nicht Quelle von Militarismus und Reaktion, sondern ein seiner Zeit weit voraus und beneidenswert entwickelter, fortschrittlicher und erfolgreicher Staat. Die beispiellose Erfolgsbilanz des preußischen Staates erstreckte sich von der damals revolutionären Aufhebung der Leibeigenschaft bis zur Abschaffung der Folter und reichte vom Bau der Eisenbahnen bis zum Bildungssystem des 19. Jahrhunderts. Erstmals wurden die Grundvoraussetzungen für einen Staat geschaffen, der dem Geist- und Sozialwesen Mensch Respekt zollte. Die Zensur wurde in großem Maße abgeschafft, ebenso grausame

Arten des Hinrichtens. Die Religionsfreiheit wurde nach dem Motto gewährt, jeder solle nach seiner Façon selig werden. In Preußen ist den Menschen, wie dem Publizisten Karl RICHTER zuzustimmen ist, »etwas geboten worden, wonach sie hierzulande lechzen: Führung, Orientierung, Sinngebung. Das hat damals funktioniert, weil die Träger dieser Staatsidee durch die Bank einer Tradition des Dienens und der Pflicht erzogen worden sind, und nicht in einer der Selbstverwirklichung und der Freizeitgestaltung. An der Berliner Kriegsakademie stand jenes Motto zu lesen, ein zutiefst preußisches Motto, aber eines, das zu allen Zeiten und unter allen Völkern Gültigkeit besitzt: »Mehr sein als scheinen.« Das ist das Anti-Programm schlechthin zu diesem Kult des Nebensächlichen, des Selbstverwirklichten, des Lauten und Lärmenden, der sich heute ›Offene Gesellschaft‹, ›Pluralismus‹, ›westliche Werte‹ nennt.«[531]

Pünktlichkeit, Ehre, Anstand, Ehrfurcht, Aufrichtigkeit, Leistungsbereitschaft, Opferbereitschaft, Volk, Gehorsam, Weltanschauung, Dienen, Stolz, Würde, Dankbarkeit, Elite, Selbstbewußtsein und viele andere Begriffe aus der Ethik sind solche, die in der bundesdeutschen Gesellschaft keine Bedeutung haben. Altmodisch sind sie. Faschistoid gar und schon deshalb aus dem Bewußtsein bundesdeutscher Bürger so gut wie ausgelöscht. Nur sind Fleiß, Disziplin, Ordnungssinn und Gemeinschaftsbewußtsein eben nicht »Sekundärtugenden, mit denen man auch ein Konzentrationslager betreiben« könne (Oskar LAFONTAINE), sondern ebenso wie Menschlichkeit, Hilfsbereitschaft und Sinn für Gerechtigkeit elementare Tugenden, auf denen das neue System aufgebaut zu werden hat.

Gehen wir noch einen Schritt weiter, um den tiefen Sinn dieser Weltanschauung zu beschreiben. Pflicht und Arbeit sind für den Deutschen im metaphysischen Sinn nicht Fluch, sondern Erfüllung. Nicht der Genuß, sondern die erfüllte Pflicht – im Goetheschen Sinne also die Forderung des Tages – steht im Mittelpunkt des deutschen Lebens.[532] Dietrich SCHULER hat diese Ethik erfaßt: »Deutsches Denken aber war stets elitär, nicht egalitär. Für den Deutschen im Sinne der platonischen Idee fließt Glück immer nur aus der Tat, der Leistung. ›Was trachte ich nach meinem Glücke? Ich trachte nach meinem Werke.‹ (NIETZSCHE, *Zarathustra*) ›Im Anfang war die Tat.‹ (*Faust*) Das Werk also macht das Glück aus, nicht das Faulenzen. Solche Haltung ist jedoch kein Plädoyer für die Freudlosigkeit. Freude an der schöpferischen Tat, der vollbrachten Leistung, das fröhliche Gelingen macht wesentlich deutsches Glück aus, dort also, wo noch keine Verfremdung eingetreten ist.«[533]

Diese Tugenden waren bei den Deutschen jahrhundertelang und zumindest bis 1945 eine Selbstverständlichkeit. Sie wurden ihnen vorgelebt. Sie waren Teil der Persönlichkeit des deutschen Menschen und konnten auch nach 1945 zum Großteil nicht abgelegt werden. Diese Feststellung hat nichts mit einem Parteibuch oder einer Konfession zu tun, sondern ist dahingehend zu verstehen, daß die Nachkriegsgenerationen in vielen elementaren Lebensbereichen ihren Vorfahren nicht das Wasser reichen können. Oder will man Gerhard SCHRÖDER ernsthaft mit Kurt SCHUMACHER, Guido WESTERWELLE mit Erich MENDE oder irgendeinen Politiker aus der CDU-Riege bei allem Vorbehalt mit Konrad ADENAUER vergleichen, geschweige denn gleichsetzen? Um es klar auszudrücken: »Wir haben in Deutschland mittlerweile ein erschreckend niedriges Niveau erreicht. Und zwar aufgrund einer ideologisch motivierten Abkehr von Lebensregeln, für die es keinen Ersatz gibt.«[534] Und deshalb gilt es, sich auf jene Weltanschauung zu besinnen, die, nebenbei sei es erwähnt, den Deutschen einst ihren Ruf in der Welt einbrachte und in dessen Sonne sich die Bundesdeutschen noch jahrzehntelang aalen konnten.

Nur mit der Hilfe des Volkes »können die verkrusteten Strukturen einer Republik aufgebrochen werden, die zu Recht als Parteienstaat kritisiert wird. Bewußtseinsänderung und Öffentlichkeitsarbeit sind daher angesagt, um die Massen zu erreichen. Das Volk wartet geradezu auf neue Signale und Führerschaft, denn es hat längst erkannt, daß es von der herrschenden politischen Klasse hinters Licht geführt und mit seinen wirklichen Problemen allein gelassen wird. Die geistige Konzeption der anzustrebenden Wende muß auf den reichen Wurzeln des Volkslebens aufbauen, dessen Kultur weltweit anerkannt ist«.[535] Hierzu zählen beispielsweise unsere Sprache, die Künste und Wissenschaften sowie Tugenden wie Fleiß, Gemeinschafts- und Freiheitssinn.

Das deutsche Volk, wie auch alle anderen durch den anscheinend unaufhaltsamen Siegeszug des *American way of life* kurzsichtig gewordenen Völker Europas, kann nur von innen her gesunden. Eine äußerliche Schönheitsoperation, beispielsweise die Rückgängigmachung einiger Gesetze, würde nur das Erscheinungsbild ändern, also nur oberflächlich funktionieren, und ginge somit an dem großen Auftrag vorbei. Vielmehr ist der zur Zeit gelähmte Geist der Deutschen zu befreien. Diesen Geist wollen wir als Gesinnung verstehen, als Begeisterung für das Edle und Wahrhafte, das in tausend Lebensformen in der Not, in der Liebe, im Tod, im künstlerischen Schaffen Gestalt annimmt – und das eherne Gegenstück zu der Oberflächlichkeit der Genuß- und Konsumgesellschaft ist.

Was gegenwärtig das Abendland für den Untergang reif macht, sind nicht in erster Linie McDonald's, Grand Prix d'Eurovision oder EU-Erweiterung, sondern ist die Tatsache, daß wir uns gegen Schwachsinn und Nötigung nicht wehren. Der Verfall konnte seinen Lauf nehmen, da Europa und allen voran seinem Herzen Deutschland die Ideale genommen wurden. Von daher rührt die geistige Öde, die kulturelle Dekadenz mit ihren Ausschweifungen und Ausartungen, die menschliche Unerfülltheit, die Frustration und Depression, die das Leben fast als Qual erscheinen lassen. In uns, die sich ihrer Herkunft noch bewußt sind, in deren Brust noch ein Herz schlägt, lebt aber die Sehnsucht nach Lebensinhalt und Lebenserfüllung. Unsere Weltanschauung, die nicht dogmatisch verstanden werden darf, ja gar nicht dogmatisch verstanden werden kann, sondern im wahrsten Sinne des Wortes ›natürlich‹ aufzufassen ist, steht der herrschenden Ideologie der Volksverdummung, Volksverführung und letztlich Volksvernichtung unverrückbar gegenüber.

Wir haben zu Beginn dieses Kapitels bereits festgestellt, daß ein Staatsstreich oder eine blutige Revolution als Mittel der Systemüberwindung nicht in Frage kommt. Abgesehen davon: Würde hier das Gegenteil gefordert werden, wäre eine solche Aussage strafrechtlich relevant und würde schon deshalb eher ins Repertoire von *agents provocateurs* des Verfassungsschutzes passen. Die Überwindung des Systems hat sich ausschließlich an den Möglichkeiten zu orientieren, die sich durch eine intensive geistig-politische Auseinandersetzung ergeben. Diesen theoretischen Lösungen haben Taten zu folgen. Welche Möglichkeiten haben wir also konkret, das herrschende System zu überwinden? Paradoxerweise liegt unsere Chance gerade im System begründet. Zur Umsetzung der nötigen Reformen kommen drei Möglichkeiten in Betracht:

- die Nutzung des Artikels 146 Grundgesetz, der eine neue Verfassung verheißt, zum Zwecke der legalen ›Revolution‹, Art. 146 GG lautet: »Dieses Grundgesetz, das nach Vollendung der Einheit und Freiheit Deutschlands für das gesamte deutsche Volk gilt, verliert seine Gültigkeit an dem Tage, an dem eine Verfassung in Kraft tritt, die von dem deutschen Volke in freier Entscheidung beschlossen worden ist.«

- die Schaffung einer Protest- und wirklichen Reformpartei und/ oder
- die Durchsetzung von Strukturreformen mittels Volksbegehren und Volksentscheid, also an den Eigeninteressen der politischen Klasse vorbei.

Am Ende seines Buches *Das System* macht Hans Herbert von Arnim eben diese Reformvorschläge, die allesamt auf eine Stärkung plebiszitärer Elemente hinauslaufen (mehr Mitwirkungsmöglichkeiten der Bürger, Änderung des Wahlrechts und der Parteienfinanzierung, Wiederherstellung der Gewaltenteilung und des freien Mandats, Beendigung der privilegierten Überversorgung von Politikern), aber dennoch kritisch zu betrachten sind.

Vieles spricht für diese Vorschläge. Auf den ersten Blick sogar die Vermutung, eine neue Partei könnte die nötigen institutionellen Reformen zu ihrem Programm machen und damit erfolgreich sein. Gewiß, das Potential an Bürgern, die sich bei den etablierten Parteien nicht mehr wohl fühlen, ist inzwischen sehr groß. Es spricht jedoch einiges gegen die Gründung einer neuen Partei, die letztendlich ohnehin nur unter dem Gesichtspunkt einer etwaigen Regierungsbeteiligung, gewissermaßen als künftiger Koalitionspartner einer Systempartei, ins Leben gerufen würde. Eine solche Symbiose hat nichts mit Systemüberwindung zu tun. Vor allem aber sprechen die herrschenden Verhältnisse selbst gegen eine Parteigründung.

Diesen Umstand hat Rechtsanwalt Klaus Kunze hervorgehoben: »Die praktische Erfahrung in und mit einer mit den Herrschenden konkurrierender neuen Partei fehlt dem Professor von Arnim; vor allem aber die Erfahrung am eigenen Leibe, wie Medien und Establishment mit einer parteipolitischen Konkurrenz umspringen. Dazu müßte er als Theoretiker erst einmal zum Parteiführer und dem Establishment praktisch gefährlich werden. Er müßte eine Reportage von *Monitor*, *Panorama* und Konsorten über ihn sehen, in der ihn seine eigene Mutter nicht wiedererkennen würde; er müßte am nächsten Tag erleben, wie Autonome unter deeskalierend zuschauenden Polizeibeamten seinen Parteitag sprengen, weil sie in *Monitor* gesehen haben, daß er eigentlich ein Nazi sei; er müßte ein Verwaltungsgerichtsverfahren führen, um erst die Stadthalle anmieten zu können, und ein zweites gegen den Staat, der seinen Parteitag wegen befürchteter autonomer Ausschreitungen verbot.«[536]

Nein, das Heil für unser Vaterland und für unsere Nation kann nicht in der Gründung einer neuen Partei liegen, die - selbst wenn sie in die Parlamente gewählt würde - nur zu einem weiteren Rädchen am System selbst würde. Eine Veränderung, geschweige denn die Überwindung des herrschenden Systems - und das ist unser Ziel - kann auf diese Weise niemals erfolgen. Nur das Volk selbst kann noch etwas in diese Richtung bewegen. Nur eine echte Volksbewegung hat Aussicht auf einen dauernden Erfolg.

Das Plebiszit muß folglich unsere Waffe der Systemveränderung sein. Es muß uns gelingen, auf breiter Basis unserem Volk, aber auch unseren maßgeblichen Nachbarn, die revolutionäre Ambitionen in Deutschland zumindest immer mit einem nervösen Auge verfolgen, das herrschende System als im Grunde genommen undemokratisch zu entlarven. Der Parlamentarismus der Berliner Republik ist eben keine Volksherrschaft. »Das Grundübel unserer Demokratie liegt darin, daß sie keine ist. Das Volk, der nominelle Herr und Souverän, hat in Wahrheit nichts zu sagen.«[537] Parlamentarismus ist nicht gleich Demokratie.

Gelingt es uns, diesen Umstand den Menschen bewußt zu machen, wird die Zahl der Verteidiger dieses Systems abnehmen und sein Einfluß schwinden. Gleichzeitig aber wird der Einfluß der Gegner des herrschenden undemokratischen Systems wachsen. Die Zahl der Menschen, die sich um uns scharen, wird bedeutungsvoll zunehmen. Diese anzustrebende Entwicklung wird so lange fortdauern, bis die Herrschenden dem Veränderungsdruck, der vom Volke ausgeht, außer mit rabiater Gewalt nicht mehr länger standhalten können. Um dieses Ziel zu erreichen, muß die Forderung nach Volksabstimmungen an oberster Stelle auf unserer Agenda stehen. Das Volk soll künftig über alle jene Reizthemen abstimmen, die seine Lebensinteressen, seine Lebensqualität betreffen. Dieser Ruf nach Volksentscheiden unseres genervten Volkes wird auf den entschlossenen Widerstand des Parteienestablishments stoßen, das hinter dem Plebiszit - aus gutem Grund! - die ›Gefahr‹ des Systemswechsels am Horizont sieht und daher keinen Volksentscheid auf Bundesebene zulassen will. Damit aber stellt sich das Establishment gegen das Volk, und genau hier müssen wir unseren Hebel ansetzen.

Keine Berührungsängste!

Die Chancen für einen Neuanfang stehen entgegen des ersten Eindruckes so schlecht nun auch nicht: Einer Jugendstudie vom Institut für Erziehungswissenschaften der Universität Tübingen - Auftraggeber war die Industriegewerkschaft Metall – zufolge tendiert die Jugend in Deutschland politisch in wesentlich stärkerem Maß zu einer nationalen Orientierung als zu einer internationalen. Die nationale Orientierung hat bei west- und mitteldeutschen Jugendlichen von 1993 bis 2000 sogar auf bezeichnende Weise zugenommen. Auf die Frage »Wie würdest Du Dich politisch zur Zeit einordnen« gaben 9 % »rechts« und 22% »eher rechts als links« an, also zusammen 31 Prozent. Als »links« stuften sich lediglich 6 %, »eher links als rechts« noch 8% ein. Der Rest war unentschlossen oder positionierte sich in der »Mitte«. Überwiegend Zustimmung gab es für die Aussage, daß jeder etwas von seiner Zeit für das Wohl seines Landes opfern solle. Der Aussage, Ausländer würden Deutschen Arbeitsplätze wegnehmen, stimmten 31 Prozent zu, weitere 17 Prozent neigen in etwa dazu. Insgesamt 53 Prozent der Jugendlichen votierten gegen die Aussage »Die Deutschen haben immer noch eine besondere Verpflichtung gegenüber den Opfern des Nationalsozialismus«.[538] Die Mehrzahl der deutschen Jugendlichen bekennt sich also zur eigenen Nation. Das ist bemerkenswert, denn sie tun dies, obwohl sie von Geburt an der als ›volkspädagogisch wertvoll‹ erachteten Erziehung ausgesetzt sind. Damit ist eine Grundvoraussetzung für die Basis, auf der der neue Staat stehen soll, bereits geschaffen.

Wir wollen aber nicht aufgrund der Ergebnisse einer Meinungsumfrage allzu euphorisch werden und uns nicht den Blick für die Wirklichkeit verbauen. Ein Blick in beispielsweise bundesdeutsche Diskotheken dürfte jedem Optimisten die bereits überschäumende Hoffnung trüben. Es gibt unglaublich viel zu tun – auch und gerade unter denjenigen Jugendlichen, die bereits ein vermeintlich politisches Bewußtsein entwickelt haben. In diesen Zusammenhang paßt gerade ein treffendes Zitat eines Mannes – welches freilich aus der Sicht der damaligen Zeit und im übertragenen Sinne gesehen werden muß –, auf den sich ausgerechnet diejenigen gern beziehen, die von sich behaupten, eine tragbare Alternative zu ihren hipphoppenden oder kiffenden Altersgenossen darzustellen. Gerade den jungen Frauen und Männern, die sich einbilden, mit der Anzahl ihrer durchzechten Nächte einen positiven Beitrag für die Zukunft unseres Volkes geliefert zu haben und/oder glauben, diese gewagte Annahme mit einer Unzahl von mehr oder weniger aussagekräftigen Aufnähern, kernigen Tätowierungen oder gewagten Piercings hervorheben zu können, seien diese Worte ins Gedächtnis gerufen: »Heute, da sehen wir mit Freude nicht mehr den bier- und trinkfesten, sondern den wetterfesten jungen Mann, den harten jungen Mann. Denn nicht nur darauf kommt es an, wieviel Glas Bier er zu trinken vermag, sondern darauf, wieviel Schläge er aushalten, nicht darauf, wie viele Nächte er durchzubummeln vermag, sondern wie viele Kilometer er marschieren kann. Wir sehen heute nicht mehr im damaligen Bierspießer das Ideal des deutschen Volkes, sondern in Männern und Mädchen, die kerngesund sind, die straff sind. Was wir von unserer deutschen Jugend wünschen, ist etwas anderes, als es die Vergangenheit gewünscht hat.«[539]

Der überfällige Umdenkungsprozeß in der politisch aktiven und radikalen Jugend findet endlich statt. Außer durch das disziplinierte Auftreten beispielsweise bei Demonstrationen wird dies immer häufiger durch selbstkritische Beiträge in Szenepublikationen belegt. In einer jüngst erschienenen Ausgabe der professionell aufgemachten Musikzeitschrift für Skinheads *Feuer & Sturm* weist ein Artikel ganz besonders in diese Richtung: »Der Ansatzpunkt für zukünftige nationale, oppositionelle Arbeit muß in der Akzeptanz durch das Volk liegen! Nur hiernach dürfen wir uns richten. Dem Volke aufs Maul schauen, den Bürgern angenehm, vertraut, positiv, sauber und anständig erscheinen, das muß unser Ziel sein.« Dies heiße nichts anderes, als der Massenbeeinflussung des Volkes durch den Staat etwas Positives entgegenzusetzen, was wiederum bedeute, »auf jede Lüge in breiter Front zu antworten, also ständig abzuwehren. Nur dann, wenn ich eine saubere und fähige Abwehr habe, kann ich aus diesem ruhigen Rückraum heraus den politischen Angriff formieren und ihn in Aktion versetzen. [...] Eine saubere und fähige Abwehr heißt nichts anderes, als im Volk, bei den Bürgern, als Mitbürger akzeptiert zu werden. Dies kann ich aber nur dann, wenn ich der ›nette Mann/Frau von nebenan‹ bin, der höfliche Mitarbeiter/in und Kollege/in, der/die so ist wie alle anderen. Eine der Hauptschwierigkeiten liegt in den Äußerlichkeiten vieler Oppositioneller. Sie wollen durch ein aggressives Äußeres Radikalität und Entschlossenheit zeigen und bei anderen Mitstreitern für Anerkennung sorgen. Doch dies ist kontraproduktiv und läuft unserer Absicht, beim Volk einen guten Eindruck zu machen, um Sympathien zu bekommen, entgegen (vergessen wir nicht, es gibt ein vorgegebenes Medienbild, gegen das wir noch nicht ankommen)«.[540] Dieses Zeugnis beeindruckender Selbsterkenntnis stellt keineswegs eine Ausnahme in der Szene dar.

In dem Artikel »Der Ruf nach Freiheit« eines anderen Szenemagazins heißt es in ebenso klarer Einsicht: »Oft hört man Nationalisten behaupten, es stünde ja viel besser um die Bewegung, wenn Presse und Rundfunk objektiv berichten würden. Zum Teil ist dies richtig, denn bei manchen Politmagazinen wie *Kennzeichen D*, nur um eines zu nennen, wird bewußt verzerrend, diffamierend und inländerfeindlich berichtet. Doch das ist nicht die ganze Wahrheit, denn oftmals haben es die Medien gar nicht nötig, subjektiv zu berichten, um den dumpfen, gewalttätigen und ewiggestrigen Rechtsradikalen in die Öffentlichkeit zu tragen. Denn ein nicht geringer Teil in der nationalen Szene entspricht genau diesem Klischee. Sei es der Jugendliche, der nicht begründen kann, warum er national ist und es sowieso nur als Rechtfertigung für Gewalt nutzt, sei es der gesellschaftliche Verlierer, welcher durch pseudonationale Agitation von seiner eigenen Misere ablenkt, oder sei es der NS-Nostalgiker, dem immer noch nicht klar zu sein scheint, daß sein Traum niemals mehr in seiner Ganzheit in Erfüllung gehen kann. All diese arbeiten Presse und Rundfunk in die Hände, und somit natürlich auch dem System. Beim Anblick mancher Gestalten, welche sich auf Demos [usw.] herumtreiben, ist es mehr als verständlich, daß viele ›Normalbürger‹ froh über die relativ geringe Bedeutsamkeit der Nationalisten sind, obwohl sie insgeheim selber nationale Gefühle hegen.«[541] Diese schriftlichen Zeugnisse eines Umdenkungsprozesses deuten darauf hin, daß die deutsche Jugend wieder zu sich selbst finden wird. Die staatlich subventionierte Entnationalisierung unseres Volkes hat in der ›Enkel- und Urenkelgeneration‹ nicht gefruchtet.

Wir haben glaubwürdige Alternativen zu schaffen. Wir haben nach unseren Idealen einer besseren Welt zu leben. Wir haben hierfür geistig wie körperlich hart zu arbeiten. Dies ist überhaupt nicht abstrakt aufzufassen, sondern auch in einem ganz menschlichen Sinn zu verstehen. Wir wollen unsere Freundschaften pflegen und nach einem Ehrenkodex leben, der sich grundlegend vom gängigen hedonistischen und materialistischen Lebensstil der bundesdeutschen Konsumgesellschaft abhebt. Es wäre vermessen, an dieser Stelle einen solchen verbindlichen Kodex aufzustellen. Die Richtlinien einer ›ethischen Gesetzessammlung‹ muß ohnehin jeder selbst in sich tragen. Entscheidend ist aber, daß wir nach diesen ehernen Grundsätzen auch leben.

Zur Verdeutlichung sei an dieser Stelle vielleicht ein einprägsames Beispiel erlaubt: Wenn wir lieben, wollen wir dies aus vollem Herzen tun. Es ist hier natürlich weniger die körperliche als vielmehr die Liebe im höheren Sinne gemeint. Nur der Mensch ist imstande, Liebe zu empfinden. Nur aufgrund menschlicher Liebe war es dem Menschen überhaupt möglich, monogam zu werden – daß sich bei verschiedenen Völkern und Volksstämmen die Monogamie aus Gründen, die hier nicht näher erörtert werden können, nicht durchgesetzt hat, ist für unsere These irrelevant, da wir uns in erster Linie auf den Europäer und insbesonders auf den Deutschen konzentrieren.

Folglich kommt dem Treuebegriff in unserer Vorstellungswelt eine elementare Bedeutung zu, ebenso wie seinem Gegenstück, dem Verrat. Die Liebeswahl des Menschen, die im Idealfall zur Gatten- und Fortpflanzungswahl wird, steht unendlich höher als die primitive oder lustbefriedigende Begattungswahl. Die menschliche Liebe kann dem deutschen Philosophen Erwin Guido KOLBENHEYER zufolge – und wir sind der Meinung, daß hier das Edle und Metaphysische der Liebe auf wunderbare Weise erfaßt worden ist, Anhänger SCHOPENHAUERS oder NIETZSCHES mögen hier anderer Auffassung sein – nur auf ein Wesen fallen, das den vollkommenen Ausdruck der individuellen und überindividuellen Ergänzung des Wählenden zu tragen scheint. Die Liebeswahl ist ein gewichtiger Ausdruck der Persönlichkeit des einzelnen Menschen.[542]

Mit dieser Auffassung untrennbar verbunden ist die Achtung vor der Frau im allgemeinen und vor einer (werdenden) Mutter im ganz besonderen. Eine Frau, die sich entschließt, Kinder zu bekommen, steht geistig ungleich höher als diejenige, die diesen Entschluß nicht aufbringt. Sie ist eine Frau, die den Mut aufbringt, sich um ihrer Kinder willen einzuschränken, zu opfern und vor allem Verantwortung zu übernehmen und damit ›schöpferisch‹ ist. Sicher, auch die kinderlose Karrierefrau mag Verantwortung tragen. Diese Art der Verantwortung ist aber nicht mit der hohen ethischen Verantwortung einer (werdenden) Mutter zu vergleichen. Es ist unsere feste Überzeugung, daß in einem gesunden Staat gerade das Schöpferische ein wesentliches Merkmal glücklicher Menschen ist, die ein sinnerfülltes Leben führen. Das Schöpferische, das uns als zuverlässiger Indikator für den erreichten Grad einer Kultur gilt, entfaltet sich eben nicht nur in Kunst, Technik oder Wissenschaft. Das Schöpferische entfaltet sich auch und gerade in der Ehe, vor allem in einer solchen, die mit Kindern gekrönt ist.

Die Geschichte wird sich, wie schon unzählige Male zuvor, ihre eigene Lösung suchen, die zwar nicht im Sinne des Status quo, dafür unausweichlich ist: entweder in Gestalt der lautlosen Verdrängung der einen durch die anderen oder in Gestalt letzter, entschlossener Minderheiten, die sich der Rettung in zwölfter Stunde verschrieben haben, unbeeindruckt von der Größe der Widerstände und der Zahl der Gegner. Geschichte wurde immer von Minderheiten gemacht – allerdings selten an der Wahlurne. Wenn eine Nation in Begeisterung aufsteht, um für ihre Freiheit und ihre Ehre zu kämpfen, so ist es, um auf Oswald SPENGLER zurückzugreifen, immer eine Minderheit gewesen, die die Volksmasse zuvor im eigentlichen Sinne des Wortes begeistert hat: »Das Volk wacht auf – das ist viel mehr als eine Redensart. Das Wachsein des Ganzen tritt wirklich erst jetzt in Erscheinung. Alle diese einzelnen, die gestern noch mit einem Wirgefühl einhergingen, das sich lediglich auf die Familie, den Beruf, vielleicht den Heimatort erstreckte, sind heute plötzlich vor allem Männer ihres Volkes. Ihr Fühlen und Denken, ihr Ich und damit das ›Es‹ in ihnen hat sich bis in die Tiefe umgewandelt: es ist historisch geworden.« Dann wird auch der Geschichtslose »Glied seiner Nation und es bricht für ihn eine Zeit an, in der er Geschichte erlebt und nicht nur vorüberziehen läßt«.[543]

In der *Frankfurter Allgemeinen Zeitung* forderte der Politologe Arnulf BARING im November 2002 die Deutschen auf, »auf die Barrikaden« zu gehen: »Die Geduld der Deutschen ist, wenn nicht alles täuscht, am Ende. So wie bisher geht es auf keinen Fall weiter. Die Situation ist reif für einen Aufstand gegen das erstarrte Parteiensystem. Ein massenhafter Steuerboykott, passiver und aktiver Widerstand, empörte Revolten liegen in der Luft. Bürger, auf die Barrikaden! Wir dürfen nicht zulassen, daß alles weiter bergab geht, hilflose Politiker das Land verrotten lassen. Alle Deutschen sollten unsere Leipziger Landsleute als Vorbilder entdecken, sich ihre Parole des Herbstes vor dreizehn Jahren zu eigen machen: Wir sind das Volk!«[544] Erfrischend wohltuende Worte! Bei aller Notwendigkeit und Richtigkeit dieses Aufrufes wird er im Volk selbst jedoch nur wenig Widerhall finden. Die Deutschen sind in ihrer überwiegenden Mehrheit weder Rebellen noch Revolutionäre, sondern Bürger. Als solche würden sie nicht ›auf die Barrikaden‹ gehen, selbst wenn sie errichtet würden. Sie würden sich, vielleicht durchaus mit sympathisierender Zustimmung, das Geschehen eher aus sicherer Ferne betrachten. Auf die Barrikaden gehen nur Idealisten, überzeugte Aktivisten. Gerade diese gilt es zu finden und zu mobilisieren Diese sich über die Parteigrenzen hinwegsetzende elitäre Minderheit würde sehr wohl die Kraft aufbringen, das Volk mitzureißen – und wenn es nach vollbrachten Tatsachen nur zu den Wahlurnen wäre.

Wie wir in den vorangegangenen Kapiteln darlegten, unterliegt der politische Prozeß im ›freiesten Staat, der jemals auf deutschem Boden existiert hat‹, ganz bestimmten ›Spielregeln‹, will sagen: Denk- und Sprachverboten, und wer diese nicht einhält, wird fertiggemacht. Zu diesem Zweck stehen wahrlich genügend ›Keulen‹ zur Verfügung. »Nun wären aber das vielleicht gerade die interessanteren Mitspieler, diejenigen, die Alternativen anzubieten hätten, diejenigen, bei denen man Inhalte und Positionen noch auseinanderhalten könnte und plötzlich eine authentische Auswahl hätte. Aber: nicht hierzulande und nicht unter den Vorzeichen einer ›freiheitlich-demokratischen Grundordnung‹, die überhaupt keine ist, sondern [...] eher eine Käseglocke, unter der Sie die verschiedenen Geruchsrichtungen bis zur Beliebigkeit austauschen können.«[545] Tatsächlich finden wir diese ›interessanten Mitspieler‹ in allen Parteien und Organisationen, denen die Zukunft Deutschlands und das Wohl unserer Nation ans Herz gewachsen ist. Diese Kräfte gilt es zu bündeln.

Berührungsängste unter deutschfreundlich eingestellten Aktivisten, gleich welcher Couleur, haben bislang nur zwei Dinge erreicht: Wahlschlappen für die einzelnen Nußschalenkapitäne und Schadenfreude bei den Feinden Deutschlands. Es muß jedem Idealisten und Aktivisten im deutschfreundlichen Spektrum klar werden, daß *jeder*, der Politik für seine Heimat und seine Mitmenschen, der echte Politik für Deutschland und die deutsche Nation gestalten will – ob mit oder ohne ›Abgrenzungsbeschlüsse‹ – im herrschenden System ›rechtsradikalisiert‹ wird. Na und? Nehmen wir uns ein Beispiel an den siebziger Jahren, als viele ›Linksintellektuelle‹ eine fundierte Staats- und Gesellschaftskritik betrieben.[546] Werden wir nicht müde, die Skandale in dieser Republik und die Affären seiner Repräsentanten aufzudecken, anzuprangern und zur Diskussion zu stellen!

Die Gesinnungswächter des ›Verfassungsschutzes‹ palavern in diesem Zusammenhang freilich davon, daß die ›Rechtsradikalen‹ gar nicht kritisierten, sondern etablierte Politiker übermäßig und unflätig beschimpften. ›Polemik‹ oder gar ›Volksverhetzung‹ sind dann verzweifelt gebrauchte Begriffe, die als Totschlagargumente dazu herhalten müssen, um einer Diskussion aus dem Weg zu gehen. Offensichtlich haben Deutschfreundliche mit ihrer fundierten Kritik in ein Wespennest gestochen. Ähnlich wie Vertreter gewisser Zentralräte reagieren Berufspolitiker der Altparteien und Beamte des ›Verfassungsschutzes‹ ziemlich empfindlich auf Kritik – und sei sie noch so berechtigt und fundiert vorgebracht. Überwinden wir die bürgerliche Angst, aufgrund unserer Kritik eventuell unseren Namen in den ›Verfassungsschutzberichten‹ wiederzufinden. Wir wissen doch, von wem es kommt!

Deutsche Patrioten, gleich, ob sie sich nun selbst als nationalfreiheitlich, sozialpatriotisch oder einfach national bezeichnen, und gleichgültig, ob sie sich in Parteien, Wählergemeinschaften, Bürgerinitiativen, Landsmannschaften oder kulturpolitischen Freundeskreisen engagieren oder organisationsungebunden sind, müssen begreifen, daß jede Abgrenzung nur den Feinden Deutschlands hilft. Höchste Priorität muß deshalb sein, daß ›die Deutschen, die es noch sein wollen‹ (Horst MAHLER), unabhängig von ihrer parteipolitischen oder konfessionellen Gebundenheit auf dem kleinsten gemeinsamen Nenner zusammenfinden. Dieser kann gar nichts anderes sein als die Existenzsicherung Deutschlands und die Zukunftssicherung der deutschen Nation.

Udo VOIGT hat bereits 1998 das einzig gültige Prinzip, nach dem jetzt zu verfahren ist, auf den richtigen Nenner gebracht: »Wir fragen nicht, was du gestern getan hast, sondern was du heute für Deutschland bereit bist zu leisten.«

Die Zeit ist überreif, Berührungsängste abzulegen und nach diesem Aphorismus zu handeln, dem vielleicht nur eine, aber sehr wesentliche Bemerkung hinzuzufügen wäre: Dieser Aufruf darf nicht nur auf die ›rechten‹ Kreise bezogen werden, sondern muß weit über den eigenen begrenzten Horizont hinaus verstanden werden. Jeder, der noch Deutscher sein will, gleichgültig, ob und welches Parteibuch er oder sie tragen mag, muß sich angesprochen fühlen. Gleich, ob sie nun aus dem eher ›rechten‹ oder eher ›linken‹ Spektrum des politischen Lebens kommen, dort dem radikalen oder dem gemäßigten Flügel angehören, sich selbst ›liberal‹ oder ›national‹ nennen oder sich mit einer Farbe ›schubladisieren‹, zu bundesrepublikanischen Zeiten als ›verboten‹, ›unbedeutend‹ oder ›etabliert‹ galten, Arbeiter oder Akademiker, arm oder reich sind – aus dieser Substanz werden sich die Besten unseres Volkes um unserer Nation Willen finden und sammeln.

Wer wirft da ein, das klinge utopisch? Ist es nicht. Wir haben diese Art der Gemeinschaft in unserer Geschichte schon oft erlebt. Denken wir an die Freiheitskämpfer unter Andreas HOFER oder dem Schinderhannes. Oder nehmen wir zur Verdeutlichung ein Beispiel aus den frühen zwanziger Jahren des vergangenen Jahrhunderts. Damals wurde das Reich gewiß nicht mehr bedroht als Deutschland heute. In Essen fanden sich damals unter Albert Leo SCHLAGETER einstige Soldaten, Gewerkschafter, Zentrumsangehörige, Kommunisten und Deutschnationale zu einem Freikorps

Im Zeitalter des vorherrschenden Individualismus und Materialismus hat der Spaß-Singel mit Patriotismus, aktivem Widerstand, Volk und Nation wenig am Hut – ganz im Gegensatz zu früheren Zeiten, als es auch um alles ging, hier Albert Leo SCHLAGETER *beim Ruhrkampf 1923.*

zusammen. Sie standen zusammen in einem Geist für ein gemeinsames Ziel: die Freiheit Deutschlands. Diese tatkräftigen Idealisten gehörten zu den Besten unseres Volkes. Einer derart seelenverwandten Elite wird wieder die Aufgabe zufallen, unser Volk zu mobilisieren und zu führen. Es ist menschlich, daß nur wenige den Mut zu Opfer und Verantwortung aufbringen und nur wenige die Kraft haben, diese schwierige Zeit durchzustehen. Aber falls diese elitäre Minderheit die notwendige Ausdauer aufbringt, wird sie auch die Kraft haben, Geschichte zu machen.

Es werden diese Besten unseres Volkes sein, unter deren Führung das Volk sich erheben und das herrschende System überwinden wird. Es werden die Besten unseres Volkes sein, die den neuen Staat für das Volk errichten werden. Die Verwirklichung dieser Vision ist alles andere als utopisch. Botschafter a. D. Horst GROEPPER schrieb 1982, er glaube, »daß das Deutsche Reich, wie der ehemalige Bundesverfassungsrichter Fabian VON SCHLABRENDORFF es einmal ausgedrückt hat, nicht tot ist, sondern nur schläft und daß es an uns ist, das, wofür Generationen unseres Volkes gelitten und gestritten haben, in nicht zu ferner Zukunft geläutert und gestärkt zu neuer Entfaltung zu bringen«.[547] Lassen wir diesen Worten endlich Taten folgen! Machen wir Geschichte!

Quellenverzeichnis

a. Bücher

Afrikanervolkswag (Hg.), *Amerika – vriend of vyand. . .,* Brummeria 1986.

ARNIM, Hans Herbert von, *Vom schönen Schein der Demokratie. Politik ohne Verantwortung am Volk vorbei,* München 2000.

Autorenkollektiv, *10 Jahre ›Deutsche Einheit‹: Der Nazi-Terror von Hoyerswerda bis Düsseldorf,* Offenbach 2000.

Autorenkollektiv gegen Totalitarismus (Hg.), *Antifa heißt Gewalt,* Tübingen 2002.

BASTIAN, Till, *55 Gründe, mit den USA nicht solidarisch zu sein – und schon gar nicht bedingungslos,* Zürich–München 2002.

BEHRENS, Michael, u. Robert VON RIMSCHA, *›Politische Korrektheit‹ in Deutschland. Eine Gefahr für die Demokratie,* Bonn 1995.

BRZEZINSKI, Zbigniew, *Die einzige Weltmacht. Amerikas Strategie der Vorherrschaft,* Weinheim–Berlin 1997.

BRÜCKNER, Peter, DAMM, Diethelm, u. Jürgen SEIFERT, *1984 schon heute oder wer hat Angst vorm Verfassungsschutz?,* Frankfurt/M. 1977.

BÜLOW, Andreas von, *Im Namen des Staates. CIA, BND und die kriminellen Machenschaften der Geheimdienste,* München 2001.

Bundesamt für Verfassungsschutz (Hg.), *Rechtsextremismus in der Bundesrepublik Deutschland,* Köln 1999.

Bundesamt für Verfassungsschutz (Hg.), *Rechtsextremistische Parteien in der Bundesrepublik Deutschland. Agitation, Ziele, Wahlen,* Köln 1999.

DESCHNER, Karlheinz, *Der Moloch. Eine kritische Geschichte der USA,* München 1995.

DONNISON, F. S. V., *Civil Affairs and Military Government North-West Europe 1944–1946,* London 1961.

DREIER, Ralf, *Recht – Moral – Ideologie,* Frankfurt/M. 1981.

FINKELSTEIN, Norman G., *Die Holocaust-Industrie,* München–Zürich [4]2001.

FLACH, Karl-Hermann, »Keine Freiheit ohne Pressefreiheit«, in: HESTERMANN, Ottheinrich (Hg.), *Presse und Pressewesen.* [veränd. u. bibliogr. erg. Ausg.], Stuttgart 1993.

FLINT, John, *Cecil Rhodes,* Boston 1974.

FOTH, Eberhard, »Kann die Anstiftung durch eine V-Person ein Verfahrenshindernis begründen?« in: LÜDERSSEN, Klaus (Hg.), *V-Leute. Die Falle im Rechtsstaat,* Frankfurt/M. 1985.

FRANZ-WILLING, Georg, *Vergangenheitsbewältigung,* Coburg 1992.

FRANZIS, Hermann, *Die Falschspieler. Amerika: die große Zumutung,* Tübingen [2]2003.

GEMBALLA, Gero: *Geheimgefährlich. Verfassungsschutz, BND, MAD, Stasi,* Köln 1990.

Gesellschaft für Freie Publizistik (Hg.), *Wege aus der Krise.* Kongreß-Protokoll 2002.

GRIMM, Friedrich, *Politische Justiz, die Krankheit unserer Zeit,* Bonn 1953.

GROTH, Klaus, *Die Diktatur der Guten. Political Correctness,* München 1996.

GÜDES, Max, »Die Verwirrung unseres Staatsschutzrechtes«, in: GÜDES,

Max (u.a.), *Zur Verfassung unserer Demokratie,* o. O. 1978.

HARTMANN, Gode, »Meinungsfreiheit - ein Grundrecht der Affirmation?« in: PERELS, Joachim (Hg.), *Grundrechte als Fundament der Demokratie,* Frankfurt/M. 1979.

HERZL, Theodor, *Der Judenstaat,* Leipzig–Wien 1896.

HIRSCH, Burkhard, »Terror und Antiterror«, in: Till MÜLLER-HEIDELBERG (u. a.) (Hg.), *Grundrechte-Report 2002,* Hamburg 2002.

HITLER, Adolf, *Die Reden Hitlers am Parteitag der Freiheit 1935,* München 1935.

HOLTMANN, Udo, »Der Ordnungsdienst der NPD«, in: APFEL, Holger (Hg.), *Alles Große steht im Sturm. Tradition und Zukunft einer nationalen Partei,* Stuttgart 1999.

HUBO, Christiane, *Verfassungsschutz des Staates durch geistig-politische Auseinandersetzung. Ein Beitrag zum Handeln des Staates gegen Rechts,* Göttingen 1998.

HUISKEN, Freerk, *Brandstifter als Feuerwehr. Die Rechtsextremismus-Kampagne,* Hamburg 2001.

Human Rights Watch (Hg.), *Human Rights Watch World Report 1995. Events of 1994,* New York 1995.

HUNTINGTON, Samuel P., *Kampf der Kulturen. Die Neugestaltung des Weltpolitik im 21. Jahrhundert,* München–Wien [6]1997.

Innenministerium des Landes Nordrhein-Westfalen (Hg.), *Skinheads und Rechtsextremismus,* Düsseldorf [4]2001.

Jahresbericht des Verfassungsschutzes des Landes Mecklenburg-Vorpommern 1996.

JESSE, Eckhard, »Streitbare Demokratie und ›Vergangenheitsbewältigung‹« in: Bundesamt für Verfassungsschutz (Hg.), *Verfassungsschutz in der Demokratie,* Köln 1990.

JUNG, Edgar J., *Die Herrschaft der Minderwertigen,* Berlin 1930.

JungdemokratInnen/Junge Linke (Hg.), *Freiheit stirbt mit Sicherheit,* Berlin 2001.

Juristische Schriftenreihe zum NPD-Verbotsverfahren vor dem Bundesverfassungsgericht 2BvB 1/01.

KARDEL, Hennecke, u. Anneliese KAPPLER, *Marcel Reich-Ranicki. Eichmann von Kattowitz,* Hamburg 1998.

KNABE, Hubertus, *Die unterwanderte Republik. Stasi im Westen,* München [2]2001.

KOLBENHEYER, Erwin Guido, *Rationalismus und Gemeinschaftsleben,* Heusenstamm 1982.

KOSIEK, Rolf, *Historikerstreit und Geschichtsrevision,* Tübingen 1988.

KUNZE, Klaus, *Der totale Parteienstaat,* Esslingen 1994.

LANDMANN, Salcia, *Die Juden als Rasse,* Frankfurt M.–Berlin 1992.

LE BON, Gustave, *Psychologie der Massen,* Stuttgart [15]1982.

LEGGEWIE, Claus, u. Horst MEIER (Hg.), *Verbot der NPD oder Mit Rechtsradikalen leben?,* Frankfurt/M. 2002.

LÜDERSSEN, Klaus (Hg.), *V-Leute. Die Falle im Rechtsstaat,* Frankfurt/M. 1985.

MADER, Julius, *Nicht länger geheim. Die Geheimdienste der Deutschen Bundesrepublik und ihre subversive Tätigkeit gegen die Deutsche Demokratische Republik,* Berlin 1966.

MAIER-DORN, Emil, *Welttäuschung und Lüge,* Großaitingen 1974.

MAHLER, Horst, *Guten Tag, Herr Friedman,* Malmö [2000].

MEYSSAN, Thierry, *11. September 2001. Der inszenierte Terrorismus,* Kassel 2002; ders., *Das Pentagate,* Kassel 2003.

MITTMANN Beate, u. Peter PRISKIL, *Kriegsverbrechen der Amerikaner und ihrer Vasallen gegen den Irak und 6000 Jahre Menschheitsgeschichte,* Freiburg [3]1999.

MÜLLER-HEIDELBERG, Till, »Der Verfassungsschutzbericht: Ein Instrument zur Bekämpfung mißliebiger Parteien«, in: MÜLLER-HEIDELBERG, Till (u. a.) (Hg.), *Grundrechte-Report 2001,* Hamburg 2001.

MÜLLER-HEIDELBERG, Till (u. a.) (Hg.), *Grundrechte-Report 2001,* Hamburg 2001.

MÜLLER-HEIDELBERG, Till (u. a.) (Hg.), *Grundrechte-Report 2002,* Hamburg 2002.

NEUBAUER, Harald, »Deutsche Politik im Jahr 2002: Von der Ideologie zur Idiotie«, in: Gesellschaft für Freie Publizistik (Hg.), *Wege aus der Krise,* Kongreß-Protokoll 2002.

NEUMANN, Volker, »Feinderklärung gegen rechts?« in: LEGGEWIE, Claus, u. Horst MEIER (Hg.), *Verbot der NPD oder Mit Rechtsradikalen leben?,* Frankfurt/M. 2002.

NAWRATIL, Heinz, *Der Kult mit der Schuld,* München 2002.

NEY, Johannes P., *Reizwort Rasse,* Tübingen 1991.

NORDBRUCH, Claus, *Der deutsche Aderlaß. Wiedergutmachung an Deutschland und Entschädigung für Deutsche,* Tübingen [2]2003.

NORDBRUCH, Claus, *Der Hereroaufstand 1904,* Stegen 2002.

NORDBRUCH, Claus, *Der Verfassungsschutz. Organisation, Spitzel, Skandale,* Tübingen 1999.

NORDBRUCH, Claus, *Heinrich Böll: seine Staats- und Gesellschaftskritik im Prosawerk der sechziger und siebziger Jahre.* – Frankfurt am Main 1994.

NORDBRUCH, Claus, *Sind Gedanken noch frei? Zensur in Deutschland,* München 2001.

NORDBRUCH, Claus, *Über die Pflicht,* Hildesheim 2003.

Österreichische Historiker-Arbeitsgemeinschaft für Kärnten und Steiermark (Hg.), *Völkermord der Tito-Partisanen 1944–1948. Die Vernichtung der altösterreichischen deutschen Volksgruppe in Jugoslawien und die Massaker an Kroaten und Slowenen,* Sersheim 1991.

OTTO, Ulla, *Die literarische Zensur als Problem der Soziologie der Politik,* Stuttgart 1968.

RAHLVES, Rudolf, *Was ist deutsch?,* Tübingen 2000.

RICHTER, Karl, »Volk ohne Führung: oder die Kunst, den Mund zu halten«, in: Gesellschaft für Freie Publizistik (Hg.), *Wege aus der Krise,* Kongreß-Protokoll 2002.

SCHÄFER, Hans, »*Verfassungsschutz im demokratischen Rechtsstaat*«, in: Bundesministerium des Innern (Hg.), *Verfassungsschutz. Beiträge aus Wissenschaft und Praxis,* Köln 1966.

SCHRENCK-NOTZING, Caspar von, *Charakterwäsche. Die Politik der amerikanischen Umerziehung,* München 1981.

SCHRÖDER, Burkhard, *Der V-Mann,* Hamburg 1997.

SCHULER, Dietrich, *Der Aufstand der Verpflanzten,* Tübingen 1988.

SCHULTZE, Thomas, u. Almut GROSS, *Die Autonomen. Ursprünge, Entwicklung und Profil der Autonomen Bewegung,* Hamburg 1997.

SCHWIDETZKY, Ilse, *Grundzüge der Völkerbiologie,* Stuttgart 1950.

Scientology-Kirche (Hg.), *Verfassungsschutz als Rufmordinstrument,* München 1999.

SEIFERT, Jürgen, »Der Verfassungsschutz auf Abwegen«, in: MÜLLER-HEIDELBERG, Till (u. a.) (Hg.), *Grundrechte-Report 2001,* Hamburg 2001.

SPENGLER, Oswald, *Der Untergang des Abendlandes,* Bd. 2, München 1923.

Tätigkeitsbericht des Landes Rheinland-Pfalz 2001.

UHLE-WETTLER, Reinhard, *Die Überwindung der Canossa-Republik,* Tübingen [3]2000.

Verfassungsschutzbericht des Bundes: 1973, 1975, 1996, 1997, 1998, 1999, 2000 u. 2001.

Verfassungsschutzbericht des Freistaates Bayern 2001.

Verfassungsschutzbericht des Freistaates Sachsen 2001.

Verfassungsschutzbericht des Landes Baden-Württemberg: 1994 u. 2000.

Verfassungsschutzbericht des Landes Berlin: 2000 u. 2001.

Verfassungsschutzbericht des Landes Brandenburg 1993.

Verfassungsschutzbericht des Landes Hamburg 2001.

Verfassungsschutzbericht des Landes Hessen 2001.

Verfassungsschutzbericht des Landes Niedersachsen 2001.

Verfassungsschutzbericht des Landes Nordrhein-Westfalen 1995.

Verfassungsschutzbericht des Landes Sachsen-Anhalt: 1996, 2000 u. 2001.

Verfassungsschutzbericht des Landes Thüringen: 1992, 1996 u. 1997.

VIDAL, Gore, *Ewiger Krieg für ewigen Frieden. Wie Amerika den Haß erntet, den es gesät hat,* Hamburg 2002.

VOIGT, Udo, »*Wer schützt die politische Opposition vor dem ›Verfassungsschutz‹?*« in: EIBICHT, Rolf-Josef (Hg.), *Unterdrückung und Verfolgung deutscher Patrioten. Gesinnungsdiktatur in Deutschland?,* Viöl 1997.

WEISS, Volkmar, *Die IQ-Falle,* Graz 2000.

WEISS, Volkmar, »Zur Vererbung der Intelligenz, zu Sozialstruktur und Familienpolitik. Eine Nachbehandlung zum Bericht PISA 2000«, in: Gesellschaft für Freie Publizistik (Hg.), *Wege aus der Krise,* Kongreß-Protokoll 2002.

WINTER, Rolf, *Ami go home. Plädoyer für den Abschied von einem gewalttätigen Land,* Hamburg 1989.

WINTER, Rolf, *Little America. Die Amerikanisierung der Deutschen Republik,* Hamburg 1995.

Winterhilfswerk des Deutschen Volkes (Hg.), *Ewiges Deutschland,* Braunschweig 1941.

b. Zeitungen und Zeitschriften

»Alles übertroffen«, in: *Frankfurter Allgemeine Zeitung* v. 23. 1. 2002.

»Angeklagter Althans war kein V-Mann«, in: *Berliner Zeitung* v. 2. 8. 1995.

ANTONAROS, Evangelos, »Abdullahs Besuch dokumentiert hohes Ansehen Deutschlands bei den Saudis«, in: *Berliner Morgenpost* v. 6. 6. 2001.

»Anweisungen 1945 für die Re-education«, in: *Nation & Europa,* Heft 8/1958.

APFEL, Holger, »Mecklenburgischer VS-Chef gefeuert«, in: *Deutsche Stimme,* Nr. 5/2001.

APPFEL, Holger, »Teuerster Spaziergänger Niedersachsens«, in: *Deutsche Stimme*, Nr. 3/2001.
APPENZELLER, Gerd, »Dreikomponentenkleber«, in: *Der Tagesspiegel* v. 26. 5. 2002.
ARNIM, Hans Herbert von, »Das Parteienkartell lähmt die Republik«, in: *Die Welt* v. 27. 7. 2002.
ARNIM, Hans Herbert von, »Die Entmachtung der Wähler«, in: *Junge Freiheit* v. 13. 9. 2002.
»Aufbau-Hilfe für kriminellen Spitzel«, in: *Focus* v. 26. 8. 2002.
AVERESCH, Siegfrid, »Althans galt als V-Mann des Verfassungsschutzes«, in: *Berliner Zeitung* v. 10. 7. 1995.
BANSE, Dirk, u. Michael BEHRENDT, »Auch in Berlin: V-Mann in der NPD-Führung«, in: *Berliner Morgenpost* v. 6. 2. 2002.
BARING, Arnulf, »Bürger, auf die Barrikaden!« in: *Frankfurter Allgemeine Zeitung* v. 19. 11. 2002.
BAU, Roland, »Gregor Gysi gewinnt Coca-Cola als Kinder-Sponsor«, in: *Deutsche Stimme*, Nr. 7/2002.
BAUSCHKE, Christian, »Moralische Keulen«, in: *Die Welt* v. 2. 5. 2002.
BAYER, Gudrun, »Ex-Lehrer ins Gefängnis«, in: *Nürnberger Nachrichten* v. 20. 8. 2002.
BECKER, Wolfgang, u. Ute SCHEUB, »Deckname ›Reiser‹« in: *Konkret extra*, Heft 9/1983.
»Beinahe-Patt im Deutschen Bundestag«, in: *Neue Zürcher Zeitung* v. 23. 9. 2002.
BENEDICT, Laura, »Wahlverwandtschaften«, in: *Konkret*, Heft 9/2000.
BERG, Stefan, u. Holger STARK, »Regeln für die Grauzone«, in: *Der Spiegel* v. 25. 11. 2002.
»Berliner Kripo observierte V-Mann-Führer«, in: *Berliner Zeitung* v. 2. 8. 2002.
BITTNER, Jochen, »Der Plakatierer vom Dienst«, in: *Die Zeit* v. 7. 3. 2002.
BLANK, Rüdiger, »Woher stammt Marcel Reich-Ranicki«, in: *Nation & Europa*, Heft, 7–8/2002.
»Blinker nach rechts«, in: *Süddeutsche Zeitung* v. 28. 5. 2002.
BÖLL, Heinrich, »Gewalten, die auf der Bank liegen«, in: *Frankfurter Rundschau* v. 13. 10. 1972.
BOMMARIUS, Christian, »Der Beobachter als Täter«, in: *Berliner Zeitung* v. 23. 1. 2002.
BOMMARIUS, Christian, »Scheitern als Chance«, in: *Berliner Zeitung* v. 24. 1. 2002.
BONITZ, Sylvia, »Der Innenminister und seine V-Leute«, in: *Die Welt* v. 19. 2. 2002.
»Braucht Deutschland heute noch Hitler? Zum NPD-Verbotsantrag: Wenn der Staat Rechtsextremes produziert«, in: *ideaSpektrum*, Nr. 8/2002.
BROMME, Rolf, »Parteienzentralismus«, in: *Zeit-Fragen* v. 1. 9. 1999.
BÜCKLER, Hannes, »Bernd Ewald und die schwulen Porno-›Stars«, in: *Deutsche Stimme*, Nr. 3/2002.
BÜCKLER, Hannes, ». . . und der Journalismus rüstet ab«, in: *Deutsche Stimme*, Nr. 7/2001.
BÜCKLER, Hannes, »Verhöhnung des Nationalismus durch ›Yuppie-Nazi‹«, in: *Deutsche Stimme*, Nr. 1/2002.

»Bundesanwalt ermittelt in V-Mann-Affäre«, in: *Berliner Morgenpost* v. 8. 8. 2002.
BUSCH, Heiner, »Wissen unter dem Schlapphut«, in: *Bürgerrechte & Polizei/CILIP*, Heft 1/2001.
»Bush bekräfigt Willen, Saddam Hussein zu stürzen«, in: *Die Welt* v. 10. 7. 2002.
»Bush gedenkt der Kriegstoten«, in: *Die Welt* v. 28. 5. 2002.
CLAUS, Richard, »Der Dienst ist die Panne«, in: *Neues Deutschland* v. 9. 1. 2003.
»Da war nichts mit gemütlich ausschlafen. . .«, in: *Welt am Sonntag* v. 4. 8. 2002.
»Das ist ehrenwert, was Sie tun«, in: *Die Woche* v. 15. 2. 2002.
»Das ist kein Abenteuer«, in: *Mitteldeutsche Zeitung* v. 28. 2. 2002.
»Das Jahr, in dem wir Kontakt aufnehmen«, in: *Antifaschistisches Infoblatt*, Heft 1/2001.
»Das wäre eine Bombe«, in: *Der Spiegel* v. 30. 5. 1994.
DELFS, Arne, »Hochroter Kopf beim Termin mit Sharon«, in: *Die Welt* v. 28. 5. 2002.
DELFS, Arne, »Schily setzt auf Fortführung des NPD-Verbotsverfahrens«, in: *Die Welt* v. 12. 7. 2002.
»Der furchtbare Herr Friedman«, in: *National-Zeitung* v. 20. 12. 2002.
»Deutsche am Ende des Wachstums«, in: *Frankfurter Allgemeine Zeitung* v. 29. 5. 2002.
»Deutschland Schlußlicht im Schulwesen«, in: *Euro-Kurier*, Nr. 6/2001.
DEYSSON, Christian, »Die Deutschen - Ein Nachruf«, in: *WirtschaftsWoche* v. 15. 11. 2002.
»Die Affäre ist nicht beendet« [Gespräch mit Michel FRIEDMAN], in: *Rheinischer Merkur* v. 16. 11. 1985.
»Die BRD ist ein antifaschistischer Gesinnungsstaat« [Interview mit Claus NORDBRUCH], in: *Der Südafrika-Deutsche* v. 27. 1. 2001.
DIEDERICHS, Otto, »Die Männer vom Amt«, in: *Bürgerrechte & Polizei/CILIP*, Heft 2/1987.
»Die Gefahr ist groß, daß Europa als Kulturraum verschwindet«, in: *Die Welt* v. 24. 8. 1998.
»Die Nationale Orientierung hat stark zugenommen«, in: *National-Zeitung* v. 15. 3. 2002.
»Die unheimlichen Dienste des Verfassungsschutzes«, in: *zeitreport*, Nr. 134/2002.
DIETZE, Gottfried, »Ein Schritt zurück in polizeistaatliche Intoleranz«, in: *Vierteljahreshefte für freie Geschichtsforschung*, Heft 3/1998.
»Die V-Leute beschaffen Erkenntnisse aus den Hinterzimmern« [Interview mit Helmut RANNACHER], in: *Staatsanzeiger* v. 25. 3. 2002.
DOERFLER, Kordula, »Hauchdünne Mehrheiten«, in: *Tages-Anzeiger* v. 23. 9. 2002.
»Dreck am Krummstab des Literaturpapstes«, in: *National-Zeitung* v. 23. 8. 2002.
DÜRR, Tobias, »Es gibt das Volk nach wie vor«, in: *Die Welt* v. 20. 9. 2002.
EGGERS, Sven, »Wie Gysi Deutschland verriet«, in: *National-Zeitung* v. 9. 8. 2002.
»Einen Polizisten klatschen«, in: *stern*, Nr. 2/2001.

ELLINGHAUS, Christoph, »Rechte Spitzel des Verfassungsschutzes«, in: *Bürgerrechte & Polizei*/CILIP, Heft 2/2000.
»Es droht ein Bund von Rechtsradikalen und islamischen Extremisten«, in: *Die Welt* v. 8. 11. 2001.
»Es wird immer noch gefoltert«, in: *Das Parlament* v. 28. 7. 2000.
EVANS, Gavin, »Israel is built on force of arms and dispossession«, in: *The Sunday Independent* v. 18. 8. 2002.
»Exekution und Folter«, in: *tageszeitung* v. 8. 4. 2002.
FIETZ, Martina, »Doppelte Staatsangehörigkeit hat drastisch zugenommen«, in: *Welt am Sonntag* v. 4. 8. 2002.
FORACI, Franco, »V-Männer nur mit Täterprofil«, [Interview mit Hartmut FERSE], in: *tageszeitung* v. 4. 7. 1994.
FORUDASTAN, Ferdos, GÜNTHER, Inge, u. Axel VORNBÄUMEN, »Feigheit ist die Tugend der 90er Jahre« [Gespräch mit Hansjörg GEIGER], in: *Frankfurter Rundschau* v. 25. 9. 1995.
FREUDENREICH, Josef-Otto, »Ein Darlehen, das Kredit kostet«, in: *Der Tagesspiegel* v. 26. 7. 2002.
FRICKE, Harald, »Das flexibilisierte Private«, in: *tageszeitung* v. 31. 7. 2002.
GÄRTNER, Peter, »›Olle Bartok‹ und sein V-Mann Toni«, in: *Neue Ruhr Zeitung* v. 6. 11. 2002.
GAUWEILER, Peter, »Wie sieht Deutschland in zehn Jahren aus?« in: *Die Welt* v. 7. 5. 2002.
»Gegen den Stimmenfang der Liberalen im braunen Sumpf«, in *Frankfurter Allgemeine Zeitung* v. 29. 5. 2002.
»German Racism Still Simmers 10 Years After Riots«, in: *New York Times* v. 23. 8. 2002.
»Glückwünsche von Haider«, in: *Die Welt* v. 28. 5. 2002.
GNAUCK, Gerhard, »Kennt die Psyche des Agenten«, in: *Berliner Morgenpost* 12. 8. 2002.
GÖSSNER, Rolf, »Geheimprozeß gegen NPD?« in: *Ossietzky*, Nr. 16/2002.
GÖSSNER, Rolf, »Über die NPD sollten die Wähler, nicht Richter befinden«, in: *Frankfurter Rundschau* v. 8. 10. 2001.
GRABENSTRÖER, Michael, »Staat bezahlt die V-Mann-Steuer«, in: *Frankfurter Rundschau* v. 6. 3. 2002.
GRABLER, Jochen, »Ex-DVU-Abgeordneter war V-Mann«, in: *tageszeitung* v. 26. 1. 1994.
GREWE, Dietmar, »Dienstflüge auf bundesrepublikanischer Art«, in: *Deutsche Stimme*, Nr. 9/2002.
GRIMM, Dieter, »Ex camera«, in: *Frankfurter Allgemeine Zeitung* v. 22. 2. 2002.
GUPTA, Oliver das, »Das Dilemma mit den Rechten«, in: *Süddeutsche Zeitung* v. 11. 3. 2002.
GUPTA, Oliver das, »Wahnsinnig gebildet«, in: *Süddeutsche Zeitung* v. 2. 3. 2002.
»Gysi wirbt in den USA für das FEZ«, in: *tageszeitung* v. 13. 6. 2002.
»Hakenkreuzschmierereien sind quasi auf Bestellung zu haben«, in: *Pommersche Zeitung* v. 16. 2. 2002.
HANNUSCH, Heidrun, »Neurotischer Umgang mit der NS-Geschichte«, in: *Dresdner Neueste Nachrichten* v. 6. 1. 2000.
HANSEN, Klaus, »Der Statistik-Schwindel«, in: *Nation & Europa*, Heft 4/2001.

Hansen, Klaus, »Leben wir in einer Demokratie?« in: *Nation & Europa*, Heft 2/2002.

»Harte Worte gegen Westerwelle in Jerusalem«, in: *Frankfurter Allgemeine Zeitung* v. 28. 5. 2002.

Hauser, Uli, »Kamerad V-Mann«, in: *stern* v. 28. 11. 2002.

Helm, Richard, »Zur Meinungsmache gegen rechts«, in: *Euro-Kurier*, Nr. 6/2000.

Heinen, Guido, »Wuppertaler OB weicht dem Druck der Landespolitik«, in: *Die Welt* v. 12. 7. 2002.

Heinen, Guido, »Wuppertaler Skandal erreicht Bundes-SPD«, in: *Die Welt* v. 10. 7. 2002.

Hennig, Rigolf, »Überfremdung - Die Schicksalsfrage«, in: *Der Preuße*, Nr. 5/2002.

Hesse, Achim, »Kritik muß erlaubt sein!« - in: *Feuer & Sturm*, Nr. 11/2002.

Hethey, Raimund, u. Klaus Harbart, »Ein braunes Band der Sympathie mit System«, in: *Der rechte Rand*, Nr. 75/2002.

Heusser, Simon, »Gerhard Polterer«, in: *Die Weltwoche* v. 5. 9. 2002.

»Hitler-Bush-Vergleich: Justizministerin unter Druck«, in: *Die Welt* v. 20. 9. 2002.

Hoevels, Fritz Erik, »Rezension zu Claus Nordbruch: ›Der Verfassungsschutz‹« in: *Ketzerbriefe*, Heft 92, März 2000.

Hölscher, Astrid, »Unheimliche Dienste«, in: *Frankfurter Rundschau* v. 23. 1. 2002.

Hohenstein, Gabriele, »Gutachter hält Ex-Bauminister Wolf für voll schuldfähig«, in: *Tagesspiegel* v. 13. 2. 2002.

Holzhaider, Hans, »Eine Ehe, die gegen die Ehre verstieß«, in: *Süddeutsche Zeitung* v. 15. 10. 2002.

Hufelschulte, Josef, »War es das?«, in: *Focus* v. 22. 5. 1999.

Hufelschulte, J., u. C. Thalmann, »Abstieg der Anständigen«, in: *Focus*, Nr. 32/2002.

»Ich glaube, daß das Verfahren damit gestorben ist«, in: *Die Welt* v. 12. 7. 2002.

»Ich habe kein Wort zu korrigieren«, in: *Die Welt* v. 12. 8. 2002.

»Ich würde mich auch wehren!« in: *tageszeitung* v. 4. 4. 2002.

Inbari, Pinhas, u. Margarete Botzia, »Lizenz zum Foltern«, in: *Focus*, Nr. 48/1996.

»In den Großstädten werden sich die Deutschen integrieren müssen«, in: *Die Welt* v. 2. 1. 2002.

»Information oder Propaganda?« in: *tageszeitung* v. 26. 2. 2002.

»Internet frei für Nazis?« in: *Neues Deutschland* v. 8. 3. 2002.

Jansen, Frank, »Unverzüglich überprüfen«, in: *Der Tagesspiegel* v. 21. 2. 2002.

Jebens, Albrecht, »Die Bundesrepublik - noch immer nicht souverän«, in: *Deutschland in Geschichte und Gegenwart*, Heft 4/2002.

Jessen, Norbert, »Höchstes israelisches Gericht verbietet die Folter«, in: *Die Welt* v. 7. 9. 1999.

Käppner, Joachim, »Gespenster-Beschwörung«, in: *Süddeutsche Zeitung* v. 14. 3. 2002.

Kaube, Jürgen, »Der Agent, der nicht Donnerstag war: Ein V-Mann fliegt auf«, in: *Frankfurter Allgemeine Zeitung* v. 24. 1. 2002.

KERSCHER, Helmut, »Schily rechtfertigt Einsatz von V-Leuten«, in: *Süddeutsche Zeitung* v. 9. 10. 2002.
KILIAN, Martin, »Jetzt ist alles erlaubt«, in: *Die Weltwoche* v. 5. 9. 2002.
KLEFFNER, Heike, »Gesteuerter Volkszorn«, in: *tageszeitung* v. 26. 2. 2002.
KLESMANN, Martin, »Aber halt' deine Bude sauber«, in: *Berliner Zeitung* v. 6. 11. 2002.
»Klimavergiftung«, in: *Der Republikaner*, Nr. 2/2002.
KLINGST, Martin, »NPD-Verbot: Seufzer gen Berlin«, in: *Die Zeit* v. 7. 3. 2002.
KLINGST, Martin, u. Toralf STAUD, »Der Aufstand der Richter«, in: *Die Zeit* v. 25. 1. 2002.
KNABE, Hubertus, »Auch die Stasi hatte V-Leute bei der NPD«, in: *Die Welt* v. 25. 2. 2002.
KOCH, Peter, u. Reimar OLTMANNS, »Sippenhaft in Israel«, in: *stern*, 24/1977.
KÖGEL, Christiane, »Schild und Schwert der Verfassung«, in: *Süddeutsche Zeitung* v. 28. 3. 2000.
KÖRTING, »PDS ist verfassungstreu«, in: *Berliner Zeitung* v. 22. 2. 2002.
KOPIETZ, Andreas, »V-Mann war für NPD-Werbung verantwortlich«, in: *Berliner Zeitung* v. 7. 3. 2002.
KOTTOWSKI-DÜMENIL, Heinz, »Verbotene Wahrheiten«, in: *Nation & Europa*, Heft 2/2002.
KRAUS, Josef, »Abschied vom Struwwelpeter«, in: *Rheinischer Merkur* v. 4. 1. 2002.
KREKELER, Elmar, »Das Klügste, was ich jemals über mich gehört habe«, in: *Die Welt* v. 12. 7. 2002.
KREMP, Herbert, »Der Reichtum der Politiker«, in: *Die Welt* v. 6. 8. 2002.
KREMP, Herbert, »Rücktritte müssen bedeutungsvoll bleiben«, in: *Welt am Sonntag* v. 4. 8. 2002.
KREUZER, Arthur, »Windiger Umgang mit V-Leuten«, in: *Frankfurter Rundschau* v. 16. 3. 2002.
KRUPA, Matthias, »FDP wirft Innenminister ›Geheimnistuerei‹ vor«, in: *Berliner Zeitung* v. 2. 11. 2000.
KRUPA, Matthias, »Nächste Woche Entscheidung über NPD-Verbotsantrag«, in: *Berliner Zeitung* v. 3. 11. 2000.
KRUPA, Matthias, u. Thomas SEIM, »Nordrhein-Westfalen sieht keine Grundlage für NPD-Verbot«, in: *Berliner Zeitung* v. 24. 8. 2000.
KRUPP, Kerstin, »Schily gegen ein Verbot der NPD«, in: *Berliner Zeitung* v. 26. 4. 2000.
KUMMER, Jochen, »Man spricht *kein* Deutsch«, in: *Die Welt* v. 17. 2. 2002.
»Legitim, von der *Republik der Strolche* zu reden« [Interview mit Claus NORDBRUCH], in: *Deutsche Stimme*, Nr. 11/2001.
»Lehrer leugnet KZ-Opfer – drei Monate Haft«, in: *Fränkischer Tag* v. 20. 8. 2002.
LEYENDECKER, Hans, »Spitzel im Überangebot«, *Süddeutsche Zeitung* v. 28. 1. 2002.
»Logisch nicht zu halten«, in: *Junge Freiheit* v. 5. 7. 2002.
»Lügen und Fragen zum Euro«, in: *Unabhängige Nachrichten*, Nr. 12/2001.
MADE, Jan van der, »Umerziehung der Umerzieher«, in: *Nation & Europa*, Heft 4/1954.
»Man kann die Volkszugehörigkeit nicht wechseln«, in: *National-Zei-*

tung v. 1. 11. 2002.

MARGUIER, Alexander, »Das große gemeinsame Grauen«, in: *Frankfurter Allgemeine Zeitung* v. 28. 5. 2002.

MASCOLO, Georg, »Schilys anonyme Zeugen«, in: *Der Spiegel* v. 6. 11. 2000.

MASCOLO, Georg, u. Holger STARK, »Schmaler Grat«, in: *Der Spiegel,* Nr. 28/2001.

MATTHIES, Helmut, »Braucht Deutschland heute noch Hitler?« in: *ideaSpektrum,* Nr. 8/2002.

»Mehr Nutzen als Schaden«, in: *Antifaschistisches Info Blatt,* Heft 2/2000.

»Mehrheit für Neuwahlen im nächsten Jahr«, in: *Welt am Sonntag* v. 22. 12. 2002.

MEIER, Horst, »Ein Sack voll widerlicher Zitate«, in: *Frankfurter Allgemeine Zeitung* v. 21. 10. 2001.

MEYER, Fritjof, »Die Zahl der Opfer in Auschwitz«, in: *Osteuropa,* Heft 5/2002.

MICKE, Dana, »Richter: ›Verfassungsschutz hätte V-Mann stoppen müssen‹« in: *Märkische Oderzeitung* v. 12. 11. 2002.

MISIK, Robert, »Nazis im Sold des Staates«, in: *Format* v. 4. 2. 2002.

MÖLLEMANN, Jürgen, »In die neue Zeit«, in: *Neues Deutschland* v. 27. 5. 2002.

MÜLLER, Manfred, »Welches Deutschland meint Schröder?« in: *Nation & Europa,* Heft 7–8/2002.

MÜLLER, Reinhard, »Die Karten auf den Tisch«, in: *Frankfurter Allgemeine Zeitung* v. 9. 2. 2002.

MÜLLER-VOGG, Hugo, »Wenn Abgeordnete vom Staat wie Wähler behandelt würden. . .«, in: *Die Welt* v. 28. 7. 2002.

MÜNCH, Ingo von, »Der ›Aufstand der Anständigen‹« in: *Neue Juristische Wochenschrift,* Heft 10/2001.

»Muß man Friedman mögen?« in: *National-Zeitung* v. 8. 11. 2002.

NARR, Wolf-Dieter, »Weshalb ich als radikaler NPD-Gegner fast ebenso radikal gegen ein Verbot derselben votiere«, in: *Bürgerrechte & Polizei*/CILIP, Heft 1/2001.

»Nebenberuf V-Mann«, in: *Der Spiegel* v. 10. 7. 1995.

NEUBAUER, Harald, »Demokratie ohne Volk?« in: *Nation & Europa,* Heft 10/2000.

NEUBAUER, Harald, »Gegen deutsche Interessen«, in: *Nation & Europa,* Heft 1/2002.

NEUBAUER, Harald, »Rettung durch Stoiber?« in: *Nation & Europa,* Heft 2/2002.

»Neuer V-Mann aufgeflogen«, in: *Focus* v. 2. 9. 2002.

NEY, Johannes P., »Erfurt – von nichts kommt nichts«, in: *Deutsche Stimme,* Nr. 7/2002.

NINK, Karin, NOTZ, Anton, u. Matthias RUCH, »V-Mann: Nur ein Bauernopfer«, in: *Financial Times Deutschland* v. 24. 1. 2002.

NORDBRUCH, Claus, »Agenten wehrhafter Demokratie? Über Spitzel und Provokateure des ›Verfassungsschutzes‹« in: *Aula,* Heft 11/2000.

NORDBRUCH, Claus, »Der 11. September 2001 und die veröffentlichte Meinung in der BRD«, in: *Deutschland in Geschichte und Gegenwart,* Heft 4/2001.

NORDBRUCH, Claus, »Der Schmutz durch ›Verfassungsschutz‹« in: *eigen-*

tümlich frei, Heft 7–8/2001.
NORDBRUCH, Claus, »Die selbsternannten Tugendwächter im Visier«, in: *Neue Zürcher Zeitung* v. 12./13. 6. 1999.
NORDBRUCH, Claus, »Offener Brief an den Verfassungsschutz«, in: *Ketzerbriefe*, Heft 6/2000.
NORDBRUCH, Claus, »›Nazi‹ im Staatsdienst«, in: *Aula*, Heft 6/2001.
NORDBRUCH, Claus, »Spiel mit dem Feuer«, in: *Deutsche Stimme*, Nr. 6/ 2001.
»Notfalls auch mit Zwang« [Gespräch mit Gerhard SCHRÖDER], in: *Die Zeit* v. 28. 11. 2002.
»Oberlehrer muß in den Knast«, in: *raumzeit*, Nr. 13/Februar 2002.
»Özdemir spielt in Skandalstück ›Tötet Möllemann!‹ mit«, in: *Die Welt* v. 25. 6. 2002.
»Offenbarungseid einer Behörde«, in: *National-Zeitung* v. 8. 2. 2002.
OTZIPKA, Eugen, »Verkehrte Welt«, in: *Deutschland-Magazin*, Heft 12/2001.
PAULWITZ, Thomas, »Pisa stellt die soziale Frage«, in: *Deutsche Sprachwelt* v. 20. 2. 2002.
»Perverse Liebe zu den Grünen«, in: *Der Spiegel* v. 2. 4. 1984.
POLING, Sabine, »Die Schule als politische Besserungsanstalt«, *Nation & Europa*, Heft 11–12/2001.
QUOIRIN, Marianne, »Polizeibeamter unter Druck«, in: *Kölner Stadt-Anzeiger* v. 21. 2. 2002.
RATH, Christian, »Keine falschen Signale«, in: *tageszeitung* v. 21. 8. 2000.
RAUTER, Herbert, »Triberg feiert Hemingway«, in: *Die Aula*, Heft 7–8/ 2002.
REED, Karl-Heinz, »Die unheimlichen Dienste des Verfassungsschutzes«, in: *zeitreport*, Nr. 134 (März/April 2002).
REEVES, Richard, »Is it time to invade... Germany?« in: *The Gainsville Sun* v. 29. 9. 2002.
»Rehkopfs Reisen«, in: *Der Spiegel* v. 25. 3. 1996.
RENNICKE, Frank, »Kampf den Lügen!« in: *Der Preuße*, Nr. 3/2002.
RENZ, Gabriele, »Brauner Schattenmann verlangte zu viel Geld«, in: *Südkurier* v. 7. 2. 2002.
REUTER, Monika, »Mehr Gräfin als Bundeswehr«, in: *tz münchen* v. 11. 1. 2001.
REX, Wolfgang, »Rechtsextreme verlieren Mitglieder«, in: *Neues Deutschland* v. 16. 5. 2001.
»Rice nennt Beziehung zu Deutschland vergiftet«, in: *Frankfurter Sonntagszeitung* v. 22. 9. 2002.
RICHTER, Christine, »SPD wirft Diepgen Spaltung der Stadt vor«, in: *Berliner Zeitung* v. 27. 8. 1999.
RICHTER, Karl, »Die Un-Wahl«, in: *Nation & Europa*, Heft 3/2002.
RICHTER, Karl, »Volk ohne Bildung«, in: *Nation & Europa*, Heft 2/2002.
ROGALLA, Annette, u. Burkhard SCHRÖDER, »Der Verfassungsschutz hat mich angestachelt« [Interview mit Michael WOBBE], in: *tageszeitung* v. 13. 5. 1996.
ROSER, Thomas, »Unbekannt«, in: *Frankfurter Rundschau* v. 14. 8. 2002.
»Rühmen und Tadeln«, in: *Frankfurter Allgemeine Zeitung* v. 28. 8. 2002.
RUTZ, Michael, »Antrag zurücknehmen«, in: *Rheinischer Merkur* v. 22. 2. 2002.
SALOMON, Thomas, »Verhaltensauffällig«, in: *Deutsche Stimme*, Nr. 10/

2002.
SANDER, Hans-Dietrich, »Seit Sebnitz weiß jedermann, wer in Deutschland zündelt«, in: *Staatsbriefe*, Heft 12/2000.
SCHÄFER, Velten, »Vorsicht war nicht immer Praxis«, in: *Neues Deutschland* v. 27. 4. 2002.
SCHAUKA, Frank, »V-Mann als Waffendealer«, in: *Märkische Allgemeine* v. 10. 12. 2002.
SCHLIERER, Rolf, »Bestellter Extremismus«, in: *Der Republikaner*, Nr. 2/2002.
»Schlußworte Ute Rennickes vor dem LG Stuttgart«, in: *Deutsche Stimme*, Nr. 11/2002.
SCHROEDER, Ronald, »Die Deutschen in der Zwangsjacke«, in: *Nation & Europa*, Heft 2/2002.
SCHÜTZ, Hans Peter, »Die Liberalen und der ›braune Dreck‹« in: *stern* v. 23. 5. 2002.
SEILS, Christoph, »Intrigen, Gerüchte, Verdächtigungen«, in: *Die Woche* v. 15. 2. 2002.
SEILS, Christoph, »Kamerad Spitzel«, in: *Berliner Zeitung* v. 11. 7. 2000.
SEIM, Thomas, »Der Kanzler ruft zum Schutz der Nachbarn auf«, in: *Berliner Zeitung* v. 5. 10. 2000.
SHANKER, Thom, u. Eric SCHMITT, »Pentagon Debates Propaganda Push in Allied Nations«, in: *New York Times* v. 16. 12. 2002.
SPEIT, Andreas, »Noch ein V-Mann enttarnt«, in: *tageszeitung* v. 2. 9. 2002.
»Spendenskandal schädigt Ansehen Deutschlands«, in: *Berliner Morgenpost* v. 14. 9. 2000.
»Spion aus Leidenschaft«, in: *Der Spiegel* v. 14. 2. 1994.
SPOERR, Kathrin, »Ex-Verfassungsrichter sieht Ansehen Karlsruhes ›düpiert‹« in: *Die Welt* v. 24. 1. 2002.
SPOO, Eckart, »V-Leute mischten in der rechtsradikalen Szene kräftig mit«, in: *Frankfurter Rundschau* v. 4. 2. 1988.
SPOO, Eckart, »V-Mann durfte neonazistisches Propagandamaterial einführen«, in: *Frankfurter Rundschau* v. 26. 7. 1984.
»Starker Euro bringt Haushalt in Gefahr«, in: *Die Welt* v. 8. 7. 2002.
STEINBERGER, Wolf, »Wer hat noch Angst vor dem Verfassungsschutz?« in: *Nation & Europa*, Heft 6/2000.
STENZEL, Fritz, »Streit um Hitler-Befehl«, in: *Nation & Europa*, Heft 3/2002.
STILLER, Inge, »US-Machtpolitik im Schatten des 11. September«, in: *Deutschland in Geschichte und Gegenwart*, Heft 4/2002.
STURM, Daniel Friedrich, »Die Parteien verlieren die Jugend«, in: *Die Welt* v. 8. 7. 2002.
STURM, Daniel Friedrich, »Der Verfassungsschutz und die PDS«, in: *Die Welt* v. 6. 11. 1999.
»Süßmuths Strafe gegen DVU aufgehoben«, in: *National-Zeitung* v. 26. 7. 2002.
»Swazi King gives bride to 60-year-old brother«, in: *Pretoria News* v. 5. 11. 2002.
TIBI, Bassam, »Europa droht eine Islamisierung«, in: *Die Welt* v. 28. 5. 2002.
»Triumph im Rudel«, in: *Der Spiegel*, Nr. 10/2002.
»Unzuverlässige, kriminelle Person«, in: *Der Spiegel* v. 14. 9. 1998.

»SA gründen Propaganda-Büro«, in: *Nation & Europa*, Heft 4/2002.
»Verfassungsschutzberichte«, in: *Antifaschistisches Info Blatt*, Heft 2/2000.
»Vierzig Jahre Jugendwahn« [Interview mit Johannes RAU], in: *Die Zeit* v. 12. 12. 2002.
»V-Mann-Affäre: Berberich wird nicht unter Druck gesetzt«, in: *Der Tagesspiegel* v. 23. 2. 2002.
»V-Mann-Affäre weitet sich aus«, in: *Märkische Allgemeine* v. 1. 8. 2002.
»V-Mann für Straftat belohnt«, in: *Frankfurter Rundschau* v. 30. 11. 1990.
VOGEL, Benedikt, »Der geläuterte Neonazi«, in: *Basler Zeitung* v. 28. 2. 2002.
»Was der ›Verfassungsschutz‹ treibt«, in: *National-Zeitung* v. 20. 7. 2001.
»Was dürfen die eigentlich«, in: *Der Spiegel* v. 24. 9. 1984.
WEDEL, Rolf, »Politik ohne Moral«, in: *Nation & Europa*, Heft 9/2002.
WEISS, Yisroel Dovid, »Die Zionisten haben das Herz des Judentums attackiert«, in: *Zeitenschrift*, Heft 36/2002.
»Wenn der Staat Straftaten inszeniert«, in: *Süddeutsche Zeitung* v. 23. 5. 2001.
WERNICKE, Petra, »Zensur und Willkür«, in: *Nation & Europa*, Heft 5/1996.
WERTMÜLLER, Justus, »Spätheimkehrer«, in: *Bahamas*, Heft 33/2000.
WETZEL, Bruno, »Dürfen sich die USA alles erlauben?« in: *National-Zeitung* v. 8. 2. 2002.
WETZEL, Bruno, »Wie die Deutschen ausgepreßt werden«, in: *National-Zeitung* v. 22. 11. 2002.
»Wiederkäuen von Vorurteilen ist unerträglich« [Interview mit Peter SICHROVSKY], in: *Welt am Sonntag* v. 28. 7. 2002.
»Wieviel Holocaust-Zweifel sind erlaubt?« [Interview mit Daniel Jonah GOLDHAGEN], in: *National-Zeitung* v. 25. 10. 2002.
WITTMANN, Dietmar, »Das Kreuz mit den Lobbyisten«, in: *Nürnberger Zeitung* v. 26. 7. 2002.
»Witzsch muß jetzt einsitzen«, in: *Nürnberger Nachrichten* v. 2. 8. 2002.
WITZEL, Holger, »Ich war Quelle 2045«, in: *stern* v. 31. 5. 2001.
WOLFFSOHN, Michael, »Allein auf weiter Flur«, in: *Jüdische Allgemeine* v. 25. 9. 2002.
WOLFFSOHN, Michael, »Alles hat seine Zeit«, in: *Die Welt* v. 26. 2. 1994.
WROCKLAGE, Hartmuth, »Ich entschuldige mich«, in: *Hamburger Abendblatt* v. 16. 9. 1998.
ZIPPERT, Hans, »Rübe runter!« in: *Die Welt* v. 6. 9. 2002.
ZITELMANN, Rainer, »Toleranz und Meinungsfreiheit«, in: *Die Welt* v. 6. 7. 1996.
»Zivilcourage ist alles, was wir brauchen«, in: *Forschung und Lehre*, Heft 11/2000.
»Zynische Mißhandlung« [Gespräch mit Henning SCHERF], in: *Der Spiegel* v. 31. 1. 1994.

Sonstige

Antrag des Bundesrats (Rechtsanwalt Dieter SELLNER) an das Bundesverfassungsgericht, Zeichen SNR/ms/g5377b v. 30. 3. 2002.
Arbeitsgemeinschaft katholischer Flüchtlings- und Aussiedlerhilfe

(KLD) Freiburg (Hg.), *›Auf in die Zukunft‹ – Was Sie über Deutschland wissen müssen.*
Aussagegenehmigung des Innenministeriums Nordrhein-Westfalen für Wolfgang Frenz v. 3. 1. 2002.
Bayerisches Staatsministerium des Innern (Hg.), Faltblatt *Unsere Demokratie schützen, ›Rechtsextreme Parteien‹*, [2]1996.
Brief der KZ-Gedenkstätte Dachau (Barbara Distel), Zeichen: 55/79 di/mg v. 1. 2. 1979.
Brief der Stadt Dachau (Verwaltungsdirektor Rahm), Zeichen: 4.2/Ra/Se v. 28. 1. 1988.
Brief des Bundesrats (Rechtsanwälte Karlheinz Quack und Dieter Sellner), Aktenzeichen 2 BvB 1 – 3/01 an das Bundesverfassungsgericht v. 13. 2. 2002.
Brief von Rechtsanwalt Hans Günter Eisenecker an das Bundesverfassungsgericht v. 17. 10. 2002.
Brief von Rechtsanwalt Horst Mahler an das Bundesverfassungsgericht v. 17. 10. 2002.
Brief von Rechtsanwalt Horst Mahler an die Abgeordneten des Innenausschusses im Deutschen Bundestag v. 29. 1. 2002.
Brief von Wolfgang Frenz an die Bundesgeschäftsstelle der NPD v. 9. 3. 2002.
Brief von Rechtsanwalt Wolfgang Huber an Udo Holtmann v. 16. 3. 1978.
Bundesamt für Verfassungsschutz (Hg.), *Demokratie ist verletzlich. Rechtsextremismus in Deutschland*, Oktober 2001.
Bundesministerium des Innern (Hg.), *Polizeiliche Kriminalstatistik 2000.*
»Das schlechte Bild in der Öffentlichkeit«, in: *Der Ruf nach Freiheit*, Nr. 1[2000] (Demoheft).
Deutsches Rotes Kreuz (Hg.), *Recht gegen Rechts. Was jeder gegen Nazis tun kann*, Dezember 2000.
Erster Periodischer Sicherheitsbericht des Bundeskriminalamtes, 2000.
Gebauer, Matthias, »Krimineller V-Mann bringt Schily in Not«, in: *Spiegel Online* v. 13. 8. 2002.
Jugendinformationszentrum München (Hg.), *Recht gegen Rechts. Was jeder gegen Nazis tun kann*, Juli 2001.
Herzinger, Richard, »Deutsche Holzwege«, in: *zeit.de* v. 18. 7. 2002.
Kallmeyer, Susan, *Das einheitliche Schulsystem der DDR*. Hausarbeit an der Universität Potsdam 2000. Quelle: http://www.hausarbeiten.de/rd/faecher/hausarbeit/pag/6869.html
Kotzbeutel, *Mooment mal!*, Diskussionsbeitrag im Internet v. 13. 11. 2002. – in: http://germany.indymedia.org/2002/11/34145.shtml
Landesamt für Verfassungsschutz Rheinland-Pfalz (Hg.), *Gemeinsam stark gegen Rechtsextremismus*, September 2000.
Lederer, Klaus, »Demokratie durch Verfassungsschutz?« Beitrag in der Broschüre *VS-Vertraulich!*, die 1997 von der PDS-Fraktion im Abgeordnetenhaus von Berlin herausgegeben worden ist.
»NPD-Verbot nicht mehr vor der Wahl erwartet«, in: *faz.net* v. 2. 2. 2002.
Plenarprotokoll 14/82 v. 21. 2. 2002 des Bayerischen Landtags.
Presseerklärung der SPD-Bundestagsfraktion vom 19. 10. 2000 zur Zwangsarbeiter-Entschädigung.
Presseerklärung der Grünen vom 26. 7. 2002 zum Rücktritt Cem Özdemirs.

Pressemitteilung der NPD vom 20. 2. 2002 zum NPD-Verbotsverfahren.
Pressemitteilung der NPD vom 28. 2. 2002 zu Bundestagspräsident Wolfgang THIERSE.
Pressemitteilung des Bundesverfassungsgerichts vom 7. 5. 2002 zum Fortgang des NPD-Verbotsverfahrens.
»Regierung hat Lieferung von ›Patriots‹ an Israel gebilligt«, Reuters-Meldung v. 16. 1. 2003.
Revisionsbegründung des Rechtsanwalts Horst MAHLER, Berlin, vom 13. Januar 2003, in Sachen Frank RENNICKE, Landgericht Stuttgart 38 Ns 6 Js 88181/98.
ROSCH, Haschana. Sonderseiten der *Jüdischen Allgemeinen* v. 29. 8. 2002.
»Westerwelle muß sich in Israel scharfe Kritik anhören«, in: *Financial Times Deutschland* (ftd.de) v. 27. 5. 2002.

Anmerkungen

[1] http://www.lueneburg.net/privatseiten/Eggers_Wolfgang/deutsch/ea_dddv.htm

[2] Der Begriff ›freiheitliche demokratische Grundordnung‹ wird im Grundgesetz nicht definiert. Überhaupt gibt es keine offizielle Definition dieses Begriffes. Allerdings hat das Bundesverfassungsgericht 1952 im Urteil gegen die Sozialistische Reichspartei (SRP) durch eine Aufzählung von Prinzipien erklärt, was unter der freiheitlichen demokratischen Grundordnung zu verstehen sei. Es sind dies:

1. die Achtung vor den im Grundgesetz konkretisierten Menschenrechten, vor allem dem Recht der Persönlichkeit auf Leben und freie Entfaltung
2. die Volkssouveränität
3. die Gewaltenteilung
4. die Verantwortlichkeit der Regierung
5. die Gesetzmäßigkeit der Verwaltung
6. die Unabhängigkeit der Gerichte
7. das Mehrparteienprinzip
8. die Chancengleichheit aller Parteien mit dem Recht auf verfassungsmäßige Bildung und Ausübung einer Opposition.

[3] Vgl. Innenministerium des Landes Nordrhein-Westfalen (Hg.), *Skinheads und Rechtsextremismus*, Düsseldorf [4]2001, S. 5.

[4] *Verfassungsschutzbericht des Landes Niedersachsen 2001*, S. 186.

[5] *Verfassungsschutzbericht des Landes Hamburg 2001*, S. 145.

[6] Siehe den vollständigen Wortlaut unter
http://nordbruch.tripod.com/artikel/aFreiheitspreis.html
und die wesentlichen Teile der Rede auf dem Video *Passau 2001. Wir sind stolz, Deutsche zu sein* (FZ-Verlag 2001).

[7] Diese Erkenntnis hat sich bei objektiven Geschichtsbetrachtern längst durchgesetzt und ist auch Gegnern des Dritten Reiches nicht entgangen. Der langjährige Bundestagspräsident Eugen GERSTENMAIER beispielsweise bekannte am 31. März 1975 in der *Frankfurter Allgemeinen Zeitung*: »Was wir im deutschen Widerstand während des Krieges nicht wirklich begreifen wollten, haben wir nachträglich vollends gelernt: daß dieser Krieg eben nicht nur gegen HITLER, sondern gegen Deutschland geführt wurde.

[8] Reinhard UHLE-WETTLER, *Die Überwindung der Canossa-Republik*, Tübingen [3]2000, S. 11.

[9] Klaus HANSEN, »Leben wir in einer Demokratie?« in: *Nation & Europa*, Heft 2/2002, S. 13.

[10] Harald NEUBAUER, »Rettung durch Stoiber?« in: *Nation & Europa*, Heft 2/2002, S. 4.

[11] Tobias DÜRR, »Es gibt das Volk nach wie vor«, in: *Die Welt* v. 20. 9. 2002.

[12] Hans Herbert von Arnim, »Das Parteienkartell lähmt die Republik«, in: *Die Welt* v. 27. 7. 2002.
[13] *Deutsche Stimme,* Nr. 7/2002.
[14] »Deutsche am Ende des Wachstums«, in: *Frankfurter Allgemeine Zeitung* v. 29. 5. 2002, S. 11.
[15] Christian Deysson, »Die Deutschen – Ein Nachruf«, in: *Wirtschafts-Woche* v. 15. 11. 2002.
[16] Meldung der Associated Press: »Pleitenrekord in Deutschland« v. 13. 3. 2002.
[17] http://www.destatis.de
[18] Körting, »PDS ist verfassungstreu«, in: *Berliner Zeitung* v. 22. 2. 2002.
[19] Wolfgang Rex, »Rechtsextreme verlieren Mitglieder«, in: *Neues Deutschland* v. 16. 5. 2001.
[20] Darüber hinaus wurde in der September-Ausgabe des *fluter* ausführlich über indymedia.de berichtet bzw. selbige beworben, denn das Angebot wurde nahezu ausschließlich im Sinne der indymedia-Selbstdarstellung präsentiert. Die dort massiv betriebene Werbung für gewaltbereite Autonome, antifaschistische Gewalttäter und Organisationen wurde nicht kritisch behandelt. Statt dessen wurde indymedia.de als ein Medium bezeichnet, »in dem Unabhängigkeit von Verlagen oder Sendern tatsächlich möglich ist«.
[21] *Verfassungsschutzbericht des Landes Hessen 2001,* S. 93.
[22] http://www.spiegel.de/spiegel/0,1518,210889,00.html
[23] Thomas Schultze u. Almut Gross, *Die Autonomen. Ursprünge, Entwicklung und Profil der Autonomen Bewegung,* Hamburg 1997, S. 215.
[24] Justus Wertmüller, »Spätheimkehrer«, in: *Bahamas,* Nr. 33/2000, S. 19.
[25] Heinz Kottowski-Dümenil, »Verbotene Wahrheiten«, in: *Nation & Europa,* Heft 2/2002, S. 35.
[26] Vgl. *PC Magazin,* Nr. 8/2002.
[27] Burkhard Hirsch, »Terror und Antiterror«, in: Till Müller-Heidelberg u. a. (Hg.), *Grundrechte-Report 2002,* Hamburg 2002, S. 22.
[28] Christian Deysson, »Die Deutschen – Ein Nachruf«, aaO. (Anm. 15)
[29] Thomas Salomon, »Verhaltensauffällig«, in: *Deutsche Stimme,* Nr. 10/2002, S. 24.
[30] Siehe Fachzeitschrift *Psychologie heute,* Nr. 10/2002, zitiert nach *National-Zeitung* v. 11. 10. 2002, S. 6.
[31] Der deutsche Geschichtsphilosoph Oswald Spengler beschreibt im zweiten Band seines Werkes *Untergang des Abendlandes,* was darunter zu verstehen ist. Der Ausdruck ›Fellachentum‹ beschreibt im übertragenen Sinne das, was die intellektuelle Welt und das Berufspolitikertum der Berliner Republik repräsentiert und verkörpert: primitives Blut, das seiner starken und zukunftsreichen Elemente beraubt ist, kollektiver Hedonismus, irgendwelche Ismen als Ersatz für weltanschauliche Vision.
[32] Leserbrief von Werner Schittig im *Ostpreußenblatt* v. 28. 7. 2001, S. 8.
[33] Klaus Kunze, *Der totale Parteienstaat,* Esslingen 1994, S. 169.

[34] Harald NEUBAUER, »Gegen deutsche Interessen«, in: *Nation & Europa,* Heft 1/2002, S. 4.

[35] »Starker Euro bringt Haushalt in Gefahr«, in: *Die Welt* v. 8. 7. 2002.

[36] »Lügen und Fragen zum Euro«, in: *Unabhängige Nachrichten*, Nr. 12/2001.

[37] Rolf BROMME, »Parteienzentralismus«, in: *Zeit-Fragen* v. 1. 9. 1999, S. 9.

[38] »Mehrheit für Neuwahlen im nächsten Jahr«, in: *Welt am Sonntag* v. 22. 12. 2002.

[39] Zitiert nach Emil MAIER-DORN, *Welttäuschung und Lüge,* Großaitingen 1974, S. 263.

[40] Gustave LE BON, *Psychologie der Massen,* Stuttgart [15]1982, S. 128.

[41] Ebenda, S. 129 f.

[42] Zitiert nach: Facsimileabdruck in der *National-Zeitung* v. 20. 9. 2002, S. 3.

[43] Harald NEUBAUER, »Rettung durch Stoiber?« in: *Nation & Europa*, Heft 2/2002, S. 4.

[44] Hans ZIPPERT, »Rübe runter!« in: *Die Welt* v. 6. 9. 2002, S. 30.

[45] Im Jahre 2000 profitierten die Parteien von der staatlichen Teilfinanzierung nach § 19 IV Parteiengesetz im einzelnen wie folgt: SPD: 93,2 Millionen DM, CDU: 79,3 Millionen DM, CSU: 17,1 Millionen DM, Grüne: 16,1 Millionen DM, FDP: 14,4 Millionen DM und PDS: 13,9 Millionen DM. (Im Vergleich hierzu: die NPD erhielt 0,8 Millionen DM.)

[46] Zitiert nach: Rolf WEDEL, »Politik ohne Moral«, in: *Nation & Europa,* Heft 9/2002, S. 13.

[47] Das Nichtwählerpotential in der gesamten stimmberechtigten Bevölkerung liegt heute durchschnittlich bei mindestens 20–40 %. Bei Bundestagswahlen ist das Potential der Nichtwähler in der Regel niedriger als bei Landtagswahlen. Bei Kommunalwahlen liegt die Nichtwahlbeteiligung inzwischen bei bis zu 60 %.

[48] Harald NEUBAUER, Demokratie ohne Volk?« in: *Nation & Europ*a, Heft 10/2000, S. 3.

[49] Richard HERZINGER, »Deutsche Holzwege«, in: zeit.de v. 18. 7. 2002.

[50] Kordula DOERFLER, »Hauchdünne Mehrheiten«, in: *Tages-Anzeiger* v. 23. 9. 2002, S. 9.

[51] *Die Welt* v. 23. 3. 2001, S. 3.

[52] Daniel Friedrich STURM, »Die Parteien verlieren die Jugend«, in: *Die Welt* v. 8. 7. 2002.

[53] Erich JANOSCHEK im *Focus* v. 9. 9. 2002, S. 81.

[54] Ronald SCHROEDER, »Die Deutschen in der Zwangsjacke«, in: *Nation & Europa,* Heft 2/2002, S. 43.

[55] Rolf WEDEL, »Politik ohne Moral«, aaO.

[56] Hartmuth WROCKLAGE, »Ich entschuldige mich«, in: *Hamburger Abendblatt* v. 16. 9. 1998, S. 1.

[57] http://www.welt.de/daten/2002/08/25/0825de352584.htx

[58] Guido HEINEN, »Wuppertaler Skandal erreicht Bundes-SPD«, in: *Die*

Welt v. 10. 7. 2002.

[59] Guido HEINEN, »Wuppertaler OB weicht dem Druck der Landespolitik«, in: *Die Welt* v. 12. 7. 2002. – Die DVU belegte mit mehreren Ordnern von Nachweisen die im konkreten Fall bestehende Gefährdungslage. Sie trug vor, die Veröffentlichungsvorschrift im Parteiengesetz müsse verfassungskonform und unter Berücksichtigung des Grundrechts auf Leben und körperliche Unversehrheit ausgelegt werden. Geboten sei eine Güter- und Pflichtenabwägung. Der von der Bundestagsverwaltung beauftragte Anwalt, Professor Konrad REDEKER, einer der Herausgeber der *Neuen Juristischen Wochenschrift,* behauptete hingegen, die DVU habe gegen das Parteiengesetz verstoßen. Ihr stünde kein Rechtfertigungsgrund zur Seite.

[60] Vgl. »Süssmuths Strafe gegen DVU aufgehoben«, in: *National-Zeitung* v. 26. 7. 2002. Die DVU belegte mit mehreren Ordnern von Nachweisen die im konkreten Fall bestehende Gefährdungslage. Sie trug vor, die Veröffentlichungsvorschrift im Parteiengesetz müsse verfassungskonform und unter Berücksichtigung des Grundrechts auf Leben und körperliche Unversehrheit ausgelegt werden. Geboten sei eine Güter- und Pflichtenabwägung. Der von der Bundestagsverwaltung beauftragte Anwalt, Professor Konrad Redeker, einer der Herausgeber der *Neuen Juristischen Wochenschrift*, behauptete hingegen, die DVU habe gegen das Parteiengesetz verstoßen. Ihr stünde kein Rechtfertigungsgrund zur Seite.[60] Vgl. »Süssmuths Strafe gegen DVU aufgehoben«, in: *National-Zeitung* v. 26. 7. 2002. Die DVU belegte mit mehreren Ordnern von Nachweisen die im konkreten Fall bestehende Gefährdungslage. Sie trug vor, die Veröffentlichungsvorschrift im Parteiengesetz müsse verfassungskonform und unter Berücksichtigung des Grundrechts auf Leben und körperliche Unversehrheit ausgelegt werden. Geboten sei eine Güter- und Pflichtenabwägung. Der von der Bundestagsverwaltung beauftragte Anwalt, Professor Konrad Redeker, einer der Herausgeber der *Neuen Juristischen Wochenschrift*, behauptete hingegen, die DVU habe gegen das Parteiengesetz verstoßen. Ihr stünde kein Rechtfertigungsgrund zur Seite.

[61] Zitiert nach Pressemitteilung der NPD vom 28. 2. 2002.

[62] THIERSE war die prekäre Finanzlage der Partei aus deren Rechenschaftsberichten, die nach dem Parteiengesetz dem Bundestag vorzulegen sind, bekannt.

[63] http://www.math-inf.uni-greifswald.de/~sf/gg/sprueche/sprueche.html

[64] Dietmar GREWE, »›Dienstflüge‹ auf bundesrepublikanischer Art, in: *Deutsche Stimme*, Nr. 9/2002, S. 5.

[65] http://www.mdr.de/nachrichten/deutschland/214661.html

[66] »Gysi wirbt in den USA für das FEZ«, in: *tageszeitung* v. 13. 6. 2002, S. 22.

[67] GYSI 1989: »Sicher bin ich Kommunist und nach wie vor davon überzeugt, daß der Bau der Mauer damals erforderlich war. Es wird uns

gelingen, die Mehrheit der Bevölkerung zu überzeugen, wie wichtig die Eigenständigkeit der DDR ist.«

[68] Zitiert nach Sven EGGERS, »Wie Gysi Deutschland verriet«, in: *National-Zeitung* v. 9. 8. 2002, S. 3.

[69] *Die Welt* v. 20. 9. 2002, S. 8.

[70] Roland BAU, »Gregor Gysi gewinnt Coca-Cola als Kinder-Sponsor«, in: *Deutsche Stimme*, Nr. 7/2002, S. 5.

[71] KUHNS Erklärung zum Rücktritt ÖZDEMIRS vom 26. 7. 2002.

[72] Harald FRICKE, »Das flexibilisierte Private«, in: *tageszeitung* v. 31. 7. 2002, S. 13.

[73] Josef-Otto FREUDENREICH, »Ein Darlehen, das Kredit kostet«, in: *Der Tagesspiegel* v. 26. 7. 2002, S. 3.

[74] Hugo MÜLLER-VOGG, »Wenn Abgeordnete vom Staat wie Wähler behandelt würden. . .«, in: *Die Welt* v. 28. 7. 2002.

[75] Leserbrief von Helmut KRÜGER in der *Welt.*

[76] ADENAUER am 30. 8. 1954: »Vergessen Sie nicht, daß ich der einzige deutsche Kanzler bin, der die Einheit Europas der Einheit seines eigenen Vaterlandes vorzieht.«

[77] Sylvia BONITZ, »Der Innenminister und seine V-Leute«, in: *Die Welt* v. 19. 2. 2002.

[78] Herbert KREMP, »Rücktritte müssen bedeutungsvoll bleiben«, in: *Welt am Sonntag* v. 4. 8. 2002.

[79] »Hitler-Bush-Vergleich: Justizministerin unter Druck«, in: *Die Welt* v. 20. 9. 2002, S. 2.

[80] »Rice nennt Beziehung zu Deutschland vergiftet«, in: *Frankfurter Sonntagszeitung* v. 22. 9. 2002, S. 2.

[81] Herbert KREMP, »Der Reichtum der Politiker«, in: *Die Welt*, v. 6. 8. 2002.

[82] Die gesprochenen Sätze von Bernhard GERTZ wurden - wo nötig - der Schriftsprache leicht angeglichen.

[83] http://www.rhetorik.ch/Aktuell/Aktuell.html

[84] Monika REUTER, »Mehr Gräfin als Bundeswehr«, in: *tz münchen* v. 11. 1. 2001, S. 13.

[85] Harald NEUBAUER, »Deutsche Politik im Jahr 2002: Von der Ideologie zur Idiotie«, in: Gesellschaft für Freie Publizistik (Hg.), *Wege aus der Krise,* Kongreß-Protokoll 2002, S. 133.

[86] http://www.heute.t-online.de/ZDFde/druckansicht/0,1986,183649,00.html

[87] »Einen Polizisten klatschen«, in: *stern*, Nr. 2/2001, S. 30.

[88] »Beinahe-Patt im Deutschen Bundestag«, in: *Neue Zürcher Zeitung* v. 23. 9. 2002, S. 2.

[89] »Notfalls auch mit Zwang« [Gespräch mit Gerhard SCHRÖDER], in: *Die Zeit* v. 28. 11. 2002.

[90] Vgl. »Regierung hat Lieferung von ›Patriots‹ an Israel gebilligt«, Reuters-Meldung v. 16. 1. 2003, 14 Uhr 30.

[91] Simon HEUSSER, »Gerhard Polterer«, in: *Die Weltwoche* v. 5. 9. 2002, S. 29.

[92] http://www.auswaertiges-amt.de/www/de/infoservice/presse/index_html?bereich_id=17&type_id=5&archiv_id=711&detail=1

[93] »Vierzig Jahre Jugendwahn« [Interview mit Johannes RAU], in: *Die Zeit* v. 12. 12. 2002.

[94] Walter LIPPMANN, zitiert in: *Die Welt* am 20. 11. 1982.

[95] Zitiert nach: »Anweisungen 1945 für die Re-education«, in: *Nation & Europa,* Heft 8/1958, S. 10. Dieser Text wird in der Sekundärliteratur immer wieder angeführt. Ob er wirklich authentisch ist, vermag der Verfasser nicht mit Sicherheit zu sagen. Einige Passagen sind ohne Zweifel dem 1944 erschienenen Buch *What to do with Germany* von Louis NIZER entlehnt. Der Verfasser vermutet, daß die ›Anweisungen‹ identisch sind mit NIZERS Buch, das bekanntlich 1945 von EISENHOWER in einer Auflage von 100 000 in der US-Army verteilt worden ist und worüber die Offiziere Aufsätze zu schreiben hatten. Wenn diese Vermutung stimmt, ist der Text insofern vorsichtig zu genießen, da sich in den deutschen Übersetzungen oftmals Eigeninterpretationen der Übersetzer finden. Vor allem der letzte Absatz des zitierten Textes konnte nicht überprüft werden. Dem Verfasser liegt zwar eine Originalausgabe von NIZERS Buch vor, ein Exemplar der ›Anweisungen‹ aufzutreiben, war indes nicht möglich. Detaillierte Anfragen an Medien, Universitäten und dem Institut für Zeitgeschichte in München sowie der Zeitgeschichtlichen Forschungsstelle in Ingolstadt haben keine oder keine zufriedenstellende Antworten ergeben.

[96] Alle Zitate in: Claus NORDBRUCH, *Sind Gedanken noch frei? Zensur in Deutschland,* München 2001, S. 41 f.

[97] http://www.auswaertiges-amt.de/www/de/infoservice/presse/index_html?bereich_id=5&type_id=5&archiv_id=2906&detail=1

[98] http://www.auswaertiges-amt.de/www/de/infoservice/presse/index_html?bereich_id=5&type_id=5&archiv_id=2906&detail=1

[99] Georg FRANZ-WILLING, *Vergangenheitsbewältigung,* Coburg 1992, S. 60.

[100] Siehe Claus NORDBRUCH, *Sind Gedanken noch frei?*, aaO. (Anm. 96), wo auf diesen Aspekt ausführlich eingegangen wird.

[101] Human Rights Watch (Hg.), *Human Rights Watch World Report 1995. Events of 1994,* New York 1995, S. 209.

[102] Zitiert nach: *Junge Freiheit* vom 16. 12. 1994.

[103] Vgl. Max GÜDES, »Die Verwirrung unseres Staatsschutzrechtes«, in: Max GÜDES (u. a.), *Zur Verfassung unserer Demokratie*, aaO., S. 28.

[104] Gottfried DIETZE, »Ein Schritt zurück in polizeistaatliche Intoleranz«, in: *Vierteljahreshefte für freie Geschichtsforschung,* Heft 3/1998, S. 221.

[105] Dieser Komplex ist vom Verfasser bereits früher ausführlich behandelt worden. Siehe Claus NORDBRUCH, *Der deutsche Aderlaß,* aaO., S. 419 ff.

[106] Vgl. Nachwort von Herbert SPEIDEL in: Heinz NAWRATIL, *Der Kult mit der Schuld,* München 2002, S. 239.

[107] Ebenda, S. 256.

[108] »Oberlehrer muß in den Knast«, in: *raumzeit,* Nr. 13/Februar 2002.

[109] Gudrun Bayer, »Ex-Lehrer ins Gefängnis«, in: *Nürnberger Nachrichten* v. 20. 8. 2002.

[110] »Witzsch muß jetzt einsitzen«, in: *Nürnberger Nachrichten* v. 2. 8. 2002.

[111] Revisionsbegründung des Rechtsanwalts Horst Mahler, Berlin, vom 13. Januar 2003, in Sachen Frank Rennicke, Landgericht Stuttgart 38 Ns 6 Js 88181/98, S. 197.

[112] »Lehrer leugnet KZ-Opfer - drei Monate Haft«, in: *Fränkischer Tag* v. 20. August 2002.

[113] Fritz Stenzel, » Streit um Hitler-Befehl«, in: *Nation & Europa*, Heft 3/2002, S. 59.

[114] Stadt Dachau, Zeichen: 4.2/Ra/Se vom 28. 1. 1988.

[115] KZ-Gedenkstätte Dachau, Zeichen: 55/79 di/mg vom 1. 2. 1979. Der englische Originaltext lautet: »In the crematorium of the Dachau camp a gas chamber was installed which was never used. Besides there were in the crematorium several small rooms which were used to disinfect clothes.«

[116] Michael Wolffsohn, »Alles hat seine Zeit«, in: *Die Welt* v. 26. 2. 1994.

[117] Fritjof Meyer, »Die Zahl der Opfer von Auschwitz«, in: *Osteuropa*, Heft 5/2002, S. 631.

[118] Vgl. *Cannstatter Zeitung* v. 12. 5. 1956.

[119] Norman G. Finkelstein, *Die Holocaust-Industrie*, München–Zürich [4]2001, S. 133. (»to take place, would aid and abet the forces of terrorism, racism and antisemitism.«)

[120] Ganz anders freilich reagieren Organisationen, die offensichtlich ein gestörtes Verhältnis zur Meinungs-, Informations-, Forschungs- und Versammlungsfreiheit haben. Als beispielsweise für Mitte Dezember in Triest ein revisionistischer Kongreß angekündigt wurde, drängte das in New York ansässige Simon-Wiesenthal-Center, welches die Tagung vorweg als »internationales Neonazi-Haßfest« diffamierte, die italienischen Behörden »gegen solche verdächtige Personen vorzugehen, die in das Land einreisen und Gesetzesflüchtige sind. Sie sollten umgehend in die demokratischen Staaten deportiert werden, in denen sie wegen Strafverfahren gesucht werden«. Ferner seien »alle notwendigen Maßnahmen zu ergreifen, um die Veranstaltung zu verbieten, da sie, falls sie stattfände, die Kräfte des Terrorismus, Rassismus und Antisemitismus fördern und begünstigen werde«. (*»to move against any such suspects who enter the country and are fugitives from the law. They should be promptly deported to the democracies where they are sought for trial,« as also »to take all necessary measures to ban this gathering that, if allowed to take place, would aid and abet the forces of terrorism, racism and antisemitism«.*)

[121] *Die Welt* v. 17. 8. 1999, S. 3.

[122] Zbigniew Brzezinski, *Die einzige Weltmacht. Amerikas Strategie der Vorherrschaft,* Weinheim–Berlin 1997, S. 41 f.

[123] Problematisch wird freilich die Beantwortung der Frage, wer völkerrechtlich befugt ist, den überfälligen Friedensvertrag für die deutsche Seite zu unterschreiben. Diesbezüglich haben sich in jüngster

Zeit verschiedene Interessengruppen mehr oder weniger anspruchsvolle Gedanken gemacht. Siehe hierzu beispielsweise www.deutsches-kolleg.de, www.kommissarische-reichsregierung, www.deutsches-reich.de.

[124] Brief des Auswärtigen Amtes (gez. TIETZ) vom 20. 2. 2002 an Axel MICHAELIS.

[125] http://www.aufdemstundenplan.de/ausgaben/top/32.htm

[126] Richard REEVES, »Is it time to invade... Germany?«, in: *The Gainsville Sun* v. 29. 9. 2002. Übersetzung vom Verfasser; der Originaltext lautet: »In Germany, we may have to get rid of tens of millions of voters who defied our warnings and re-elected Chancellor Gerhard Schroeder and his Social Democrats. SCHROEDER and his ilk were returned to power in Berlin after (perhaps because) he said the United States must be nuts to want to invade Iraq - and good Germans should have nothing to with that.«

[127] Michel FRIEDMAN in einem Gespräch mit Rudolf KRÄMER-BADONI im *Rheinischen Merkur* v. 16. 11. 1985.

[128] Zitiert nach Heinz NAWRATIL, *Der Kult mit der Schuld*, aaO. (Anm. 106), S. 113. In dem Nachschlagewerk *Wer ist wer im Judentum* (München 1996) wird WIESEL wie folgt zitiert: »Jeder Jude hat irgendwann in seinem Leben einen kräftigen Haß gegen das festzulegen, was der Deutsche verkörpert und gegen das, was im Deutschen fortbesteht.«

[129] Vgl. Claus NORDBRUCH, »Der 11. September 2001 und die veröffentlichte Meinung in der BRD«, in: *Deutschland in Geschichte und Gegenwart*, Heft 4/2001, S. 1–5.

[130] Siehe FRIEDMANS Gespräch »Es droht ein Bund von Rechtsradikalen und islamischen Extremisten« mit der *Welt* am 8. 11. 2001.

[131] Für kompakte Hintergrundinformation wird ausdrücklich auf Inge STILLERS hervorragenden Artikel »US-Machtpolitik im Schatten des 11. September« verwiesen, der in Heft 4/2002 der ebenso großartigen Vierteljahreszeitschrift *Deutschland in Geschichte und Gegenwart* erschienen ist.

[132] Vgl. Thierry MEYSSAN, *11. September 2001. Der inszenierte Terrorismus*, Kassel [2]2003. Siehe auch, ders., *Pentagate*, Kassel 2003.

[133] »Bush gedenkt der Kriegstoten«, in: *Die Welt* v. 28. 5. 2002, S. 4.

[134] *Hören und Sehen* v. 6. 10. 2001, S. 8.

[135] Martin KILIAN, »Jetzt ist alles erlaubt«, in: *Die Weltwoche* v. 5. 9. 2002, S. 38.

[136] Bruno WETZEL, »Dürfen sich die USA alles erlauben?« in: *National-Zeitung* v. 8. 2. 2002.

[137] Zitiert nach: »Bush bekräfigt Willen, Saddam Hussein zu stürzen«, in: *Die Welt* v. 10. 7. 2002.

[138] »The Defense Department is considering issuing a secret directive to the American military to conduct covert operations aimed at influencing public opinion and policy makers in friendly and neutral countries, senior Pentagon and administration officials say. [...] As a mili-

tary officer put it: ›We have the assets and the capabilities and the training to go into friendly and neutral nations to influence public opinion. We could do it and get away with it.‹«

[139] »Such a program, for example, could include efforts to discredit and undermine the influence of mosques and religious schools that have become breeding grounds for Islamic militancy and anti-Americanism across the Middle East, Asia and Europe. It might even include setting up schools with secret American financing to teach a moderate Islamic position laced with sympathetic depictions of how the religion is practiced in America, officials said.«

[140] Vgl. Thom SHANKER u. Eric SCHMITT, »Pentagon Debates Propaganda Push in Allied Nations«, in: *New York Times* v. 16. 12. 2002.

[141] Vgl. »USA gründen Propaganda-Büro«, in: *Nation & Europa,* Heft 4/2002, S. 33.

[142] AFP v. 25. 11. 2002.

[143] Martin KILIAN, »Jetzt ist alles erlaubt«, aaO.

[144] Leserbrief in der *Frankfurter Allgemeinen Zeitung* v. 28. 5. 2002, S. 11.

[145] *Welt am Sonntag* v. 14. 4. 2002.

[146] Zitiert in *Zeitenschrift*, Heft 36/2002, S. 36 f.

[147] Peter KOCH u. Reimar OLTMANNS, »Sippenhaft in Israel«, in: *stern*, Nr. 24/1977, S. 114.

[148] Pinhas INBARI u. Margarethe BOTZIA, »Lizenz zum Foltern«, in: *Focus*, Nr. 48/1996.

[149] Norbert JESSEN, »Höchstes israelisches Gericht verbietet die Folter«, in: *Die Welt* v. 7. 9. 1999.

[150] »Es wird immer noch gefoltert«, in: *Das Parlament* v. 28. 7. 2000.

[151] »Exekution und Folter«, in: *tageszeitung* v. 8. 4. 2002, S. 3.

[152] Vgl. *tageszeitung* v. 5. 11. 2002, S. 10.

[153] »Ich würde mich auch wehren!« in: *tageszeitung* v. 4. 4. 2002, S. 4.

[154] Zitiert nach: *The Journal of Historical Review,* Heft 2/2002, S. 34. Auf deutsch: »Israel mag das Recht haben, andere vor Gericht zu bringen, aber ganz gewiß hat niemand das Recht, Juden und den Staat Israel vor Gericht zu bringen.«

[155] Siehe FRIEDMANS Äußerungen in der Sendung »Talk am Turm« Anfang Mai 2002.

[156] Jürgen MÖLLEMANN, »In die neue Zeit«, in: *Neues Deutschland* v. 27. 5. 2002

[157] »Blinker nach rechts«, in: *Süddeutsche Zeitung* v. 28. 5. 2002, S. 10.

[158] *stern* v. 23. 5. 2002.

[159] *Handelsblatt* v. 23. 5. 2002.

[160] Hans Peter SCHÜTZ, »Die Liberalen und der ›braune Dreck‹« in: *stern* v. 23. 5. 2002, S. 44.

[161] KNOBLOCH in einem Gespräch im *n-tv* am 23. 5. 2002.

[162] Anzeige »Gegen den Stimmenfang der Liberalen im braunen Sumpf«, in der *Frankfurter Allgemeinen Zeitung* vom 29. 5. 2002, S. 9.

[163] Vgl. Gavin EVANS, »Israel is built on force of arms and dispossession«, in: *The Sunday Independent* v. 18. 8. 2002, S. 9.

164 Darunter die Couch Potatoes Fernsehproduktionsgesellschaft, die Deutsch-Israelische Gesellschaft, die Gesellschaft für Christlich-Jüdische Zusammenarbeit, die Zionistische Vereinigung, der Verein Freundschaft mit Israel e.V. und der Jüdische Studentenverband.

165 Zitiert nach: »Muß man Friedman mögen?« in: *National-Zeitung* v. 8. 11. 2002, S. 3.

166 *National-Zeitung* v. 12. 7. 2002, S. 4.

157 *Der Spiegel* v. 6. 5. 2002, zitiert nach: *National-Zeitung* v. 8. 11. 2002, S. 3.

158 »Westerwelle muß sich in Israel scharfe Kritik anhören«, in: *Financial Times Deutschland* (ftd.de) v. 27. 5. 2002.

169 Arne DELFS, »Hochroter Kopf beim Termin mit Scharon«, in: *Die Welt* v. 28. 5. 2002, S. 3.

170 »Israel unleashes its death squads«, in: *The Sunday Times* v. 19. 1. 2003.

171 »Harte Worte gegen Westerwelle in Jerusalem«, in: *Frankfurter Allgemeine Zeitung* v. 28. 5. 2002, S. 1.

172 »Glückwünsche von Haider«, in: *Die Welt* v. 28. 5. 2002, S. 3.

173 Christian BAUSCHKE, »Moralische Keulen«, in: *Die Welt* v. 2. 5. 2002, S. 28.

174 »Özdemir spielt in Skandalstück ›Tötet Möllemann!‹ mit«, in: *Die Welt* v. 25. 6. 2002. Darüber hinaus ist es überaus bemerkenswert, daß in dieser Aufführung mit Namen *Aktion 18* auch der damalige innenpolitische Sprecher der Grünen-Fraktion, Cem ÖZDEMIR, mitwirkte.

175 »Wieviel Holocaust-Zweifel sind erlaubt?« [Interview mit Daniel Jonah GOLDHAGEN], in: *National-Zeitung* v. 25. 10. 2002, S. 7.

176 Zitiert nach: »Der furchtbare Herr Friedman«, in: *National-Zeitung* v. 20. 12. 2002, S. 10.

177 http://kultur.orf.at/orfon/kultur/020529-8404/8406txt_story.html

178 »Logisch nicht zu halten«, in: *Junge Freiheit* v. 5. 7. 2002.

179 Vgl. Hennecke KARDEL u. Anneliese KAPPLER, *Marcel Reich-Ranicki. Eichmann von Kattowitz*, Hamburg 1998.

180 Siehe hierzu beispielsweise Claus NORDBRUCH, *Der deutsche Aderlaß*, aaO.

181 http://www.gutegeschichten.de/mrr.htm

182 Zitiert nach Rüdiger BLANK, »Woher stammt Marcel Reich-Ranicki?« in: *Nation & Europa*, Heft, 7–8/2002, S. 16.

183 »Dreck am Krummstab des Literaturpapstes«, in: *National-Zeitung* v. 23. 8. 2002.

184 Gerhard GNAUCK, »Kennt die Psyche des Agenten«, in: *Berliner Morgenpost* v. 12. 8. 2002.

185 Vgl. Thomas Roser, »Unbekannt«, in: *Frankfurter Rundschau* v. 14. 8. 2002.

186 »Ich habe kein Wort zu korrigieren«, in: *Die Welt* v. 12. 8. 2002.

187 Vgl. Elmar KREKELER, »Das Klügste, was ich jemals über mich gehört habe«, in: *Die Welt* v. 12. 7. 2002.

[188] »Rühmen und Tadeln«, in: *Frankfurter Allgemeine Zeitung* v. 28. 8. 2002.

[189] *stern* v. 17. 9. 1998, S. 268.

[190] Leserbrief in der *Welt* v. 28. 5. 2002, S. 7.

[191] KOTZBEUTEL, »Mooment mal!« (v. 13. 11. 2002), in: http://germany.indymedia.org/2002/11/34145.shtml (Alle Fehler im Original.)

[192] *Die Welt* v. 27. 8. 1999.

[193] »Wiederkäuen von Vorurteilen ist unerträglich« [Interview mit Peter SICHROVSKY], in: *Welt am Sonntag* v. 28. 7. 2002.

[194] Michael WOLFFSOHN, »Allein auf weiter Flur«, in: *Jüdische Allgemeine* v. 25. 9. 2002.

[195] WOLFFSOHNS Wortwahl gleicht diesbezüglich den Bekenntnissen bundesdeutscher Volksvertreter. Joschka FISCHER beispielsweise betonte in seiner Rede in Durban im September 2001, daß das Existenzrecht Israels »für uns unantastbar« sei. Dennoch kann WOLFFSOHN keinesfalls für sich beanspruchen, für alle Juden oder ›das Judentum‹ zu sprechen. Wohl dürften seine Forderungen den Interessen der Zionisten entsprechen, nicht aber dem Interesse der orthodoxen Juden, die den »zionistischen Staat Israel« nicht anerkennen. Sie zahlen deshalb keine Steuern, ihre Kinder besuchen keine öffentlichen Schulen, sie leisten keinen Wehrdienst und unterstellen sich nicht einmal der staatlichen Gerichtsbarkeit. Die Organisation dieser thoratreuen Juden heißt ›Neturei Karta‹. Ein hoher Vertreter von ›Neturei Karta‹, Rabbi Yisroel Dovid WEISS aus New York, erklärte auf der Internationalen Konferenz über authentische Geschichtsforschung und freie Meinungsäußerung Mitte Juni 2002 in Washington, daß der zionistische Staat angeblich gegründet worden sei, »um die Juden vor Antisemitismus zu schützen. Und doch ist gerade er die Hauptursache für den weltweiten Antisemitismus.« (Yisroel Dovid WEISS, »Die Zionisten haben das Herz des Judentums attackiert«, in: *Zeitenschrift*, Heft 36/2002, S. 40.)

[196] Michael WOLFFSOHN, »Allein auf weiter Flur«, aaO. (Anm. 194). Als Muslime (Moslems, Mohammedaner) versteht man gemäß *Duden* die Anhänger des Islam (Lehre Mohammeds). Unter ›Islamismus‹ wird die dem islamischen (mohammedanischen) Fundamentalismus zugrunde liegende Ideologie verstanden. Als ›Islamist‹ wird außer dem Anhänger des Islamismus allerdings auch derjenige bezeichnet, der den Islam wissenschaftlich erforscht.

[197] *Verfassungsschutzbericht des Bundes 2000*, S. 24.

[198] Zitiert nach: Johannes P. NEY, *Reizwort Rasse*, Tübingen 1991, S. 152 f.

[199] Diese Auffassung jedenfalls vertrat der britische Premierminister und bekennende Jude Benjamin DISRAELI in seinem Buch *Coningsby*. Eine keineswegs außergewöhnliche Einstellung. Etwa zum gleichen Zeitpunkt stellte der britische Imperialist Cecil RHODES in seinem Glaubensbekenntnis (*Confession of Faith*) von 1877 fest: »Ich behaupte, daß wir die großartigste Rasse auf der Welt sind und daß je mehr wir

von der Welt bevölkern, desto besser dies für die menschliche Rasse ist.« (John FLINT, *Cecil Rhodes,* Boston 1974, S. 248.)

[200] Salcia LANDMANN, *Die Juden als Rasse,* Frankfurt–Berlin 1992, S. 17 u. 32 ff.

[201] Auch der Fernsehredakteur Peter HUEMER propagiert unverblümt die Rassenvermischung. Am 24. April 1991 meinte er in der Sendung »Veranda«: »Wir werden [mit Ausländern] teilen müssen unser Geld, wir werden teilen müssen unsere Jobs, unseren Wohnraum, unsere Geschlechtspartner.« HUEMERS Frau dürfte sich bedanken.

[202] Salcia LANDMANN, *Die Juden als Rasse,* aaO. (Anm. 200), S. 14.

[203] Ebenda, S. 33.

[204] Vgl. Hans HOLZHAIDER,»Eine Ehe, die gegen die Ehre verstieß«, in: *Süddeutsche Zeitung* v. 15. 10. 2002, S. 12.

[205] »Swazi King gives bride to 60-year-old brother«, in: *Pretoria News* v. 5. 11. 2002, S. 1.

[206] Johannes P. NEY, *Reizwort Rasse,* aaO. (Anm. 198), 10 f.

[207] Salcia LANDMANN, *Die Juden als Rasse,* aaO. (Anm. 200), S. 16 f.

[208] Ilse SCHWIDETZKY, *Grundzüge der Völkerbiologie,* Stuttgart 1950, S. 66 f.

[209] Ebenda, S. 184.

[210] Theodor HERZL, aaO., S. 12.

[211] Dietrich SCHULER, *Der Aufstand der Verpflanzten,* Tübingen 1988, S. 338.

[212] Volkmar WEISS, »Zur Vererbung der Intelligenz, zu Sozialstruktur und Familienpolitik«, aaO., S. 53. WEISS zufolge liegt der mittlere Intelligenzquotient bei Juden mit 115 im Vergleich zu anderen Völkern überdurchschnittlich hoch. (Vgl. Volkmar WEISS, *Die IQ-Falle,* Graz 2000, S. 26 f.)

[213] Volkmar WEISS, *Die IQ-Falle,* ebenda, S. 173.

[214] Frank RENNICKE, »Kampf den Lügen!« in: *Der Preuße,* Nr. 3/2002, S. 12.

[215] *Erster Periodischer Sicherheitsbericht,* S. 278 f.

[216] Zitiert nach: *Nation & Europa,* Heft 5/2000, S. 36.

[217] *Tages-Anzeiger* v. 9. 9. 2002, S. 17. Daß es sich bei diesem Hergang um ein plastisches Beispiel aus dem schweizerischen Dietikon handelt, tut der Grundsätzlichkeit solcher Fälle keinen Abbruch, da Medien und Justiz in der Bundesrepublik sehr ähnlich handeln.

[218] An dieser Stelle ein Wort den hysterischen Antifaschisten und übereifrigen ›Verfassungsschützern‹, die spätestens an dieser Stelle glauben, »tatsächliche Anhaltspunkte für Bestrebungen« zum Rassenhaß, zumindest aber den Beweis der Volksverhetzung gefunden zu haben. Ganz offensichtlich ist Völkervermischung das Ideal einer globalisierten Einheitswelt, zumindest hat dies der ehemalige Reichsaußenminister (1922) Walter RATHENAU vermutet, dem man nicht ernsthaft eine nationalsozialistische Weltanschauung nachsagen wird. RATHENAU meinte, daß es beabsichtigt sei, aus der in zehntausend Jahren entwickelten »Farbigkeit und Eigenart menschlicher Stämme eine marastische Mischung [verfallende, an körperlichen

und geistigen Kräften schwächelnde Mischung, Anm. d. Verf.] zu brauen.« (Walter RATHENAU, zitiert nach: *Unabhängige Nachrichten*, Nr. 5/2002, S. 4.) Die Werbekampagne der sozialdemokratisch-grünen Bundesregierung, wie die nach ihren Vorstellungen neue Familie in Deutschland auszusehen hat, räumt diese Vermutung nicht gerade aus dem Weg.

[219] Manfred MÜLLER, »Welches Deutschland meint Schröder?« in: *Nation & Europa,* Heft 7-8/2002, S. 26.

[220] Ebenda.

[221] Den Deutschen sprechen Vertreter der türkischen Gemeinschaft in Deutschland dieses natürliche Recht jedoch ab. Cigdem AKKAYA, stellvertretende Direktorin des mit deutschen Steuergeldern geförderten Essener Zentrum für Türkeistudien, kommentierte das neue Zuwanderungserweiterungsgesetz am 26. 3. 2002 in der *Westdeutschen Allgemeinen Zeitung* triumphierend mit den Worten: »Wir begrüßen dieses Gesetz. Es wird zu essentiellen Veränderungen in der Gesellschaft führen. Es stellt ja zum ersten Mal in der deutschen Geschichte klar: Dieses Land ist ein Einwanderungsland. [...] Die Leute werden endlich Abschied nehmen von der Illusion, Deutschland gehöre den Deutschen.«

[222] Karl RICHTER, »Die Un-Wahl«, in: *Nation & Europa*, Heft 3/2002, S. 9.

[223] »Zivilcourage ist alles, was wir brauchen«, in: *Forschung und Lehre*, Heft 11/2000.

[224] »In den Großstädten werden sich die Deutschen integrieren müssen«, in: *Die Welt* v. 2. 1. 2002.

[225] Christian DEYSSON, »Die Deutschen - Ein Nachruf«, aaO. (Anm. 15).

[226] Vgl. *Die Welt* v. 28. 4. 1995.

[227] »German Racism Still Simmers 10 Years After Riots«, in: *New York Times* v. 23. 8. 2002. Der hier frei übersetzte Teil des Artikels lautet im Original: »What has changed has been the sensitivity of the authorities and politicians toward right-wing attacks and the integration work that didn't exist 10 years ago‹, do Thinh, ›What has hardly improved at all is the atmosphere in the population. The acceptance of foreigners is still low‹, he said. Yves BIZEUL, Rostock University politics professor, said a lot still needing doing before ordinary Germans welcomed foreigners. ›Germany still has a great problem with immigration particularly because collective identity is still defined by culture and blood‹, he said. He said even though Germany introduced legislation in 2000 to make it easier for foreigners born in the country to become citizens, the principle had not yet been accepted by many. ›It is only on paper, not in hearts.‹«

[228] Christine RICHTER, »SPD wirft Diepgen Spaltung der Stadt vor«, in: *Berlin*er Zeitung v. 27. 8. 1999.

[229] Da fällt das Selbstlob des Goethe Instituts Inter Nationes auf, das meint, sich bei der Vermittlung und Stärkung der deutschen Sprache in der Welt höchstes Ansehen erworben zu haben. »Sprache ist immer auch ein Tor zur gesamten Kultur, insofern fördert die Sprach-

arbeit des Goethe-Instituts Inter Nationes die Geltung des Kulturstandorts Deutschland. Sprachkenntnisse sind eine Schlüsselqualifikation der kommenden Generationen. Die bedeutende Stellung der deutschen Sprache in der Welt verlangt eine intelligente deutsche Sprachpolitik.«

[230] Auch kleinere Parteien wollten nicht hinten anstehen. Die ›Bürgerrechtsbewegung Solidarität‹ (BüSo) beispielsweise wartete mit einem »Wahlaufruf für türkische Mitbürger« auf.

[231] Christian VILLAR, in: *Der Spiegel* v. 12. 8. 2002, S. 12.

[232] Vgl. Leserbrief von Jochen KRAMB, in: *Der Spiegel* v. 12. 8. 2002, S. 12.

[233] http://www.fatih-moschee.de/Fatih_Moschee/Wahlen_2002/wahlen_2002.html (Alle Fehler im Original.)

[234] Volkmar WEISS, »Zur Vererbung der Intelligenz, zu Sozialstruktur und Familienpolitik. Eine Nachbehandlung zum Bericht PISA 2000«, in: Gesellschaft für Freie Publizistik (Hg.), *Wege aus der Krise*. Kongreß-Protokoll 2002, S. 47.

[235] Bassam TIBI, »Europa droht eine Islamisierung«, in: *Die Welt* v. 28. 5. 2002, S. 6.

[236] »Die Gefahr ist groß, daß Europa als Kulturraum verschwindet«, in: *Die Welt* v. 24. 8. 1998.

[237] Jochen KUMMER, »Man spricht kein Deutsch«, in: *Die Welt* v. 17. 2. 2002.

[238] Martina FIETZ, »Doppelte Staatsangehörigkeit hat drastisch zugenommen«, in: *Welt am Sonntag* v. 4. 8. 2002, S. 2.

[239] http://www.stern.de/lifestyle/leute/society/artikel/?id=228850

[240] http://www.evil-empire.de/Feuilleton/misswahlen.htm

[241] »Man kann die Volkszugehörigkeit nicht wechseln«, in: *National-Zeitung* v. 1. 11. 2002, S. 7.

[242] Arbeitsgemeinschaft katholischer Flüchtlings- und Aussiedlerhilfe (KLD) Freiburg (Hg.), *Auf in die Zukunft. Was Sie über Deutschland wissen müssen*, S. 26.

[243] »Die Gefahr ist groß, daß Europa als Kulturraum verschwindet«, aaO.

[244] *Junge Freiheit* v. 15. 11. 2002, S. 3.

[245] *Die Welt* v. 24. 8. 1998.

[246] Zitiert nach: *Unabhängige Nachrichten*, Nr. 9/2002, S. 5.

[247] Zitiert nach: *National-Zeitung* v. 11. 10. 2002, S. 13.

[248] In der Vergangenheit sind wegweisende Bücher erschienen, die sich mit dem geistigen Verfall in Deutschlands Schulen und im Gesellschaftsleben befaßt haben, als da beispielsweise wären: *Deutschland verblödet* von Gustav SICHELSCHMIDT; *Strategien der Verdummung* von Jürgen WERTHEIMER; *Die Erziehungskatastrophe* von Susanne GASCHKE; *Die Frankfurter Schule* von Rolf KOSIEK.

[249] Vgl. Susan KALLMEYER, *Das einheitliche Schulsystem der DDR*. Hausarbeit an der Universität Potsdam 2000. Quelle: http://www.hausarbeiten.de/rd/faecher/hausarbeit/pag/6869.html

[250] Erwin Guido KOLBENHEYER, *Rationalismus und Gemeinschaftsleben*, Heusenstamm 1982, S. 28.

[251] Vgl. »Deutschland Schlußlicht im Schulwesen«, in: *Euro-Kurier*, Nr. 6/2001.

[252] Josef Kraus, »Abschied vom Struwwelpeter«, in: *Rheinischer Merkur* v. 4. 1. 2002.

[253] Karl Richter, »Volk ohne Bildung«, in: *Nation & Europa,* Heft 2/2002, S. 23.

[254] http://www.newforce.de/thwboard/showtopic.php3?threadid=88

[255] »Da war nichts mit gemütlich ausschlafen. . .«, in: *Welt am Sonntag* v. 4. 8. 2002, S. 15.

[256] gala.de v. 12. 8. 2002. Übrigens lautet die Eigenwerbung der Zeitschrift *Gala*: »Unser Label steht für hohe Standards und exklusive Qualität.«

[257] http://www.noeastro.de/Astrologie/Wellness_Lifestyle/Prominentenhoroskop/promis020313.html

[258] ???

[259] Im Anzeigenteil der *Deutschen Stimme* vom Juni 2002, S. 22.

[260] Alexander Marguier, »Das große gemeinsame Grauen«, in: *Frankfurter Allgemeine Zeitung* v. 28. 5. 2002, S. 1.

[261] Thomas Paulwitz, »Pisa stellt die soziale Frage«, in: *Deutsche Sprachwelt* v. 20. 2. 2002, S. 3.

[262] Johannes P. Ney, »Erfurt – von nichts kommt nichts«, in: *Deutsche Stimme,* Nr. 7/2002, S. 9.

[263] Vgl. »Deutschland Schlußlicht im Schulwesen«, aaO. (Anm. 251).

[264] Horst Mahler im Vorspann seines Buches *Guten Tag, Herr Friedman.*

[265] Vgl. Sabine Poling, »Die Schule als politische Besserungsanstalt«, in: *Nation & Europa,* Heft 11/12-2001.

[266] *Westdeutsche Allgemeine Zeitung* v. 25. 4. 2001.

[267] Zitiert nach: *Süddeutsche Zeitung* v. 23. 9. 2002.

[268] www.bka.de

[269] »Spendenskandal schädigt Ansehen Deutschlands«, in: *Berliner Morgenpost* v. 14. 9. 2000.

[270] »Kinder statt Inder – Union hat alte Nazi-Parolen ausgegraben: Schröder warnt die Union vor Rechtspopulismus«, in: *haGalil onLine* 19. 3. 2000.

[271] Vgl. *Verfassungsschutzbericht des Bundes 2000,* S. 42.

[272] Siehe *Frankfurter Allgemeine Zeitung* v. 27. 6. 1973.

[273] Siehe Claus Nordbruch, *Der Verfassungsschutz,* aaO., S. 252 f. oder Hans Josef Horchem, *Auch Spione werden pensioniert,* Herford 1993, S. 103.

[274] Zitiert nach: *Kommentare zum Zeitgeschehen,* Nr. 4/2002.

[275] Zitiert nach: ebenda.

[276] Evangelos Antonaros, »Abdullahs Besuch dokumentiert hohes Ansehen Deutschlands bei den Saudis«, in: *Berliner Morgenpost* v. 6. 6. 2001.

[277] Diese bis zu dessen Pleite 1989 im von der Deutschen Kommunistischen Partei (DKP) gesteuerten Pahl-Rugenstein Verlag herausgegebene Zeitschrift erfreute sich bis vor einigen Jahren der Aufmerk-

samkeit des ›Verfassungsschutzes‹. In den Kapiteln »Neue Linke« bzw. »Orthodoxe Kommunisten« hatten die Blätter unter der Rubrik ›DKP‹ jahrelang ihren Stammplatz. Im *Verfassungschutzbericht des Bundes 1988* beispielsweise lesen wir, daß kommunistische Funktionäre bezüglich dieser Medien von nahestehenden bzw. eigenen Verlagen sprachen; hierunter gehörte auch der Pahl-Rugenstein-Verlag (Köln) mit Literatur zur Förderung der Bündnispolitik, darunter die *Blätter für deutsche und internationale Politik*; zu seinen Autoren zählten zahlreiche Kommunisten und Funktionäre DKP-beeinflußter Organisationen«. *Der Zeit* zufolge bürgten die Herausgeber der Blätter »für eine große Bandbreite zeitgenössischen Denkens«.

[278] *Die Zeit* v. 14. 3. 1997.

[279] Vgl. *Badische Zeitung* v. 12. 3. 1997.

[280] Horst MAHLER, *Guten Tag, Herr Friedman*, Malmö ²2000, S. 7.

[281] Rudolf RAHLVES, *Was ist deutsch?*, Tübingen 2000, S. 191.

[282] Herbert RAUTER, »Triberg feiert Hemingway«, in: *Die Aula*, Heft 7–8/2002.

[283] Zitiert nach: *National-Zeitung* v. 11. 1. 2002, S. 3.

[284] Joachim KÄPPNER, »Gespenster-Beschwörung«, in: *Süddeutsche Zeitung* v. 14. 3. 2002, S. 12.

[285] Siehe Claus NORDBRUCH, *Der Hereroaufstand 1904*, Stegen 2002.

[286] Zitiert nach: Heinz NAWRATIL, *Der Kult mit der Schuld*, aaO. (Anm. 106), S. 15.

[287] Vgl. Hubertus KNABE, *Die unterwanderte Republik. Stasi im Westen*, München ²2002, S. 126 ff.

[288] Vgl. »Hakenkreuzschmierereien sind quasi auf Bestellung zu haben«, in: *Pommersche Zeitung* v. 16. 2. 2002.

[289] BerlinOnline v. 2. 5. 2002.

[290] Dem *Ersten Periodischen Sicherheitsbericht des Bundeskriminalamtes* zufolge wurden 1999 etwa 6,5 Millionen Straftaten polizeilich registriert, von denen 3 % in die Rubrik Gewaltkriminalität (ohne einfache Körperverletzung) fallen.

[291] Klaus HANSEN, »Der Statistik-Schwindel«, in: *Nation & Europa*, Heft 4/2001.

[292] *Verfassungsschutzbericht des Freistaates Bayern 2001*, S. 82.

[293] *Verfassungsschutzbericht des Landes Berlin 2000*, S. 30.

[294] »Braucht Deutschland heute noch Hitler? Zum NPD-Verbotsantrag: Wenn der Staat Rechtsextremes produziert«, in: *ideaSpektrum*, Nr. 8/2002, S. 3.

[295] 2001 ist die Zahl »rechtsextremistischer« Straftaten weiter »deutlich zurückgegangen«. Von insgesamt 10 054 registrierten Straftaten zählten noch 709 zu Gewaltaten (626 davon Körperverletzungen). Damit machten statistisch gesehen Gewalttaten etwa 7 % der ›politisch motivierten Kriminalität – rechts‹ aus.

[296] *Verfassungsschutzbericht des Bundes 2000*, S. 120.

[297] Ähnlich verhält sich die Statistik über Straftaten im darauffolgenden Jahr. 2001 machten Gewalttaten, Sachbeschädigungen und Nö-

tigung/Bedrohung knapp 80 % der ›politisch motivierten Kriminalität - links‹ aus.

[298] 2001 stellten Gewalttaten, Sachbeschädigungen und Nötigung/Bedrohung in der Statistik ›politisch motivierte Ausländerkriminalität‹ etwa ein Drittel aller Straftaten dar, die übrigen zwei Drittel waren meist Verstöße gegen das Versammlungsgesetz.

[299] Lieder, die beispielsweise zu Gewalt oder zum Rassenhaß aufrufen, können im hier verstandenen Sinne nicht als ›prodeutsch‹ bezeichnet werden.

[300] Richard HELM, »Zur Meinungsmache gegen rechts«, in: *Euro-Kurier,* Nr. 6/2000.

[301] Hans-Dietrich SANDER, »Seit Sebnitz weiß jedermann, wer in Deutschland zündelt«, in: *Staatsbriefe*, Heft 12/2000.

[302] »Triumph im Rudel«, in: *Der Spiegel,* Nr. 10/2002, S. 222.

[303] Dies ist selbst von Berufspolitikern festgestellt worden. Der nordrhein-westfälische Kollege Innenminister Fritz BEHRENS (SPD) beispielsweise verwarf Ende 2001 ein etwaiges Verbot der NPD mit der Feststellung: »Das hilft nicht, das schadet eher.« Auch die Vorsitzende des Innenausschusses des Bundestages, Ute VOGT (SPD), vertrat die Auffassung, durch ein Verbot der NPD lasse sich der ›Rechtsextremismus‹ nicht eindämmen: »Gesinnungen kann man nicht verbieten.« Selbst Bundesinnenminister Otto SCHILY (SPD) gab - freilich vor seinem Treffen mit Paul SPIEGEL und Michel FRIEDMAN von Zentralrat der Juden - zu bedenken, daß ein NPD-Verbot die Gefahr berge, daß sich in der Folge »die rechtsradikale Militanz« weiter erhöhe.

[304] http://www.bka.de/pks/pks2000/index2.html

[305] Heinrich BÖLL, »Gewalten, die auf der Bank liegen«, in: *Frankfurter Rundschau* v. 13. 9. 1972.

[306] Autorenkollektiv gegen Totalitarismus (Hg.), *Antifa heißt Gewalt,* Tübingen 2002.

[307] *Verfassungsschutzbericht des Landes Thüringen 1997*, S. 32.

[308] Zitiert nach: Hannes BÜCKLER, ». . . und der Journalismus rüstet ab«, in: *Deutsche Stimme,* Nr. 7/2001, S. 12.

[309] »Hakenkreuzschmierereien sind quasi auf Bestellung zu haben«, aaO.

[310] »Perverse Liebe zu den Grünen«, in: *Der Spiegel* v. 2. 4. 1984, S. 34.

[311] Vgl. Volker NEUMANN, »Feinderklärung gegen rechts?« in: Claus LEGGEWIE u. Horst MEIER (Hg.), *Verbot der NPD oder Mit Rechtsradikalen leben?*, Frankfurt/M. 2002, S. 158 f.

[312] Zitiert nach: Klaus GROTH, *Die Diktatur der Guten. Political Correctness,* München 1996, S. 53.

[313] Benedikt VOGEL, »Der geläuterte Neonazi«, in: *Basler Zeitung* v. 28. 2. 2002.

[314] Victor GRANDITS von der Mephisto Film- und Fernsehproduktion in Wien in einer ePost vom 17. 10. 2002 an den Verfasser.

[315] »Information oder Propaganda?« in: *tageszeitung* v. 26. 2. 2002, S. 18.

[316] *Verfassungsschutzbericht des Landes Hessen 2001*, S. 74.

317 *Verfassungsschutzbericht des Bundes 2001*, S. 59.
318 Vgl. Oliver DAS GUPTA, »Wahnsinnig gebildet«, in: *Süddeutsche Zeitung* v. 2. 3. 2002.
319 Oliver DAS GUPTA, »Das Dilemma mit den Rechten«, in: *Süddeutsche Zeitung* v. 11. 3. 2002.
320 Vgl. Sabine JUNGK, *Zwischen Skandal und Routine* (Marburg 1996), hier nachzulesen in: *National-Zeitung* v. 10. 1. 2003, S. 9.
321 Vgl. »Klimavergiftung«, in: *Der Republikaner*, Nr. 2/2002, S. 3.
322 Schlußworte Ute RENNICKES vor dem LG Stuttgart, in: *Deutsche Stimme*, Nr. 11/2002, S. 6.
323 http://www.n-tv.de/3051737.html
324 »Offenbarungseid einer Behörde«, in: *National-Zeitung* v. 8. 2. 2002.
325 Christian RATH, »Keine falschen Signale«, in: *tageszeitung* v. 21. 8. 2000, S. 11.
326 »Internet frei für Nazis?« in: *Neues Deutschland* v. 8. 3. 2002.
327 Stefan BERG u. Holger STARK, »Regeln für die Grauzone«, in: *Der Spiegel* v. 25. 11. 2002.
328 Rolf SCHLIERER, »Bestellter Extremismus«, in: *Der Republikaner*, Nr. 2/2002, S. 1.
329 Vgl. *Frankfurter Allgemeine Zeitung* v. 15. 9. 1995, S. 1.
330 Vgl. *Die Welt* v. 24. 1. 2002, S. 2.
331 *Die Zeit* v. 5. 11. 1965, zitiert nach: Julius MADER, *Nicht länger geheim. Die Geheimdienste der Deutschen Bundesrepublik und ihre subversive Tätigkeit gegen die Deutsche Demokratische Republik*, Berlin 1966, S. 178.
332 Die Spionagetätigkeit westlicher Geheimdienste in der Bundesrepublik Deutschland ist den Behörden des Verfassungschutzes keineswegs verborgen geblieben. Im *Verfassungsschutzbericht des Landes Niedersachsen 2001* ist eine Graphik des Landesamtes für Verfassungsschutz Baden-Württemberg abgedruckt, die ausdrücklich die Tätigkeit westlicher Nachrichtendienste im »Operationsgebiet Deutschland« einräumt (S. 167). Allerdings werden diese Geheimdienste im Gegensatz zu den russischen, iranischen, syrischen, irakischen, libyschen, türkischen, chinesischen und nordkoreanischen Nachrichtendiensten nicht behandelt.
333 Klaus LEDERER, »Demokratie durch Verfassungsschutz?« Beitrag in der Broschüre *VS-Vertraulich!*, die 1997 von der PDS-Fraktion im Abgeordnetenhaus von Berlin herausgegeben worden ist.
334 Vgl. ebenda.
335 Dieses Schreiben des Verfassers vom 27. 4. 2000 wurde vollständig abgedruckt in den *Ketzerbriefen*, Heft 93 (Juni 2000), S. 48 f.
336 Zitiert nach: »Was der ›Verfassungsschutz‹ treibt«, in: *National-Zeitung* v. 20. 7. 2001, S. 12.
337 »Klimavergiftung«, aaO.
338 *Tätigkeitsbericht des Landes Rheinland-Pfalz 2001*, S. 21.
339 Theodor HERZL, *Der Judenstaat*, Leipzig–Wien 1896, S. 11.
340 Edgar J. JUNG, *Die Herrschaft der Minderwertigen*, Berlin ³1930, S. 39.
341 *Verfassungsschutzbericht des Bundes 2001*, S. 21.

[342] Diese im Vorwort des *Verfassungsschutzberichtes des Bundes 2000* wiedergegebene Losung gleicht in ihrer ideologischen Ausrichtung auffällig den Parolen der Antifa wie: »Faschismus ist keine Meinung, sondern ein Verbrechen!« Aber inwieweit sind staatliche Eingriffe in den politischen Meinungsbildungsprozeß und den öffentlichen Meinungskampf mit den elementaren Merkmalen eines Rechtsstaats zu vereinbaren? (Siehe hierzu Ralf DREIER, *Recht – Moral – Ideologie,* Frankfurt/M. 1981, S. 154 ff.)

[343] *Verfassungsschutzbericht des Bundes 2000,* S. 3.

[344] *Zitiert nach Verfassungsschutzbericht des Landes Sachsen-Anhalt 2000,* S. 66.

[345] *Verfassungsschutzbericht des Bundes 2000,* S. 97.

[346] Vgl. Faltblatt *Unsere Demokratie schützen,* 2 ›Rechtsextreme Parteien‹, [2]1996, herausgegeben vom Bayerischen Staatsministerium des Innern.

[347] *Tätigkeitsbericht des Landes Rheinland-Pfalz 2001,* S. 24.

[348] Günther BECKSTEIN in seinem Vorwort zum *Verfassungsschutzbericht des Freistaates Bayern 2001,* S. 3.

[349] Zitiert nach *Verfassungsschutzbericht des Landes Sachsen-Anhalt 2001,* S. 42.

[350] *Verfassungsschutzbericht des Bundes 2001,* S. 79 f.

a) Es muß den Deutschen klargemacht werden, daß Deutschlands rücksichtslose Kriegführung und der fanatische Widerstand der Nazis die deutsche Wirtschaft zerstört und Chaos und Leiden unvermeidlich gemacht haben und daß sie nicht der Verantwortung für das entgehen können, was sie selbst auf sich geladen haben.

b) Deutschland wird nicht besetzt zum Zwecke seiner Befreiung, sondern als ein besiegter Feindstaat. Ihr Ziel ist es nicht die Unterdrückung, sondern die Besetzung Deutschlands, um gewisse wichtige alliierte Absichten zu verwirklichen. Bei der Durchführung der Besetzung und Verwaltung müssen Sie gerecht, aber fest und unnahbar sein. Die Verbrüderung mit deutschen Beamten und der Bevölkerung werden Sie streng unterbinden.

c) Das Hauptziel der Alliierten ist es, Deutschland daran zu hindern, je wieder eine Bedrohung des Weltfriedens zu werden. Wichtige Schritte zur Erreichung dieses Zieles sind die Ausschaltung des Nazismus und des Militarismus in jeder Form, die sofortige Verhaftung der Kriegsverbrecher zum Zwecke der Bestrafung, die industrielle Abrüstung und Entmilitarisierung Deutschlands mit langfristiger Kontrolle des deutschen Kriegspotentials und die Vorbereitungen zu einem späteren Wiederaufbau des deutschen politischen Lebens auf demokratischer Grundlage.

d) Andere alliierte Ziele sind die Durchführung des Reparations- und Rückerstattungsprogramms, Nothilfe für die durch den Naziangriff verwüsteten Länder und die Betreuung und Rückführung der Kriegsgefangenen und Verschleppten der Mitgliedstaaten der Vereinten Nationen.

In seinem Buch, das den bezeichnenden Titel *Crusade in Europe* (Kreuzzug in Europa) trägt, meinte der spätere Präsident Dwight D. EISENHOWER nicht ohne Stolz, daß die Offiziere der US-amerikanischen Militärregierung bei der Durchführung der in der »Direktive JCS 1067« beschriebenen Maßnahmen bezüglich ihrer Aufrichtigkeit, schnellen Auffassungsgabe und Solidarität ihrer Spezialausbildung eine bemerkenswerte Arbeit geleistet hätten. (Für weitere detaillierte Ausführungen siehe: Claus NORDBRUCH, *Der deutsche Aderlaß,* Tübingen ^{2}2003.)

351 Mit den Umerziehung untrennbar verbunden ist die amerikanische Direktive JCS 1067. Als die US-Amerikaner im Frühjahr 1945 ihren *militärischen* Kreuzzug in Europa auf deutschem Boden beendeten, erteilte Washington seiner obersten Militärführung in Europa spezielle Anweisungen für den Rahmen ihrer Besatzungspolitik. Diese strengen Richtlinien mit dem Namen Direktive JCS 1067, die erst Mitte 1947 gegen die etwas moderatere Direktive 1779 zurückgezogen werden sollten, gingen direkt auf die im Morgenthau-Plan vertretenen Positionen zurück. Hierin verzichteten die Amerikaner zwar auf die vollständige Zerstörung der deutschen Industrie - diese sei auf einem Minimum zu halten, um Seuchen und Aufstände zu vermeiden -, und lehnten auch die Flutung der Minen ab; sie erklärten aber den industriellen Abbau und die wirtschaftliche wie intellektuelle Ausbeutung sowie die Entmilitarisierung, Entnazifizierung und Dezentralisierung Deutschlands als die wesentlichen Hauptliegen ihrer künftigen Politik. Die Direktive JCS 1067 wurde am 26. April 1945 vom US-amerikanischen Kongreß verabschiedet und am 10. Mai von Präsident HARRY S. TRUMAN gebilligt. Hinsichtlich der grundlegenden Ziele der Militärregierung in Deutschland heißt es in dieser verbindlichen Vorgabe u.a.:

a) Es muß den Deutschen klargemacht werden, daß Deutschlands rücksichtslose Kriegführung und der fanatische Widerstand der Nazis die deutsche Wirtschaft zerstört und Chaos und Leiden unvermeidlich gemacht haben, und daß sie nicht der Verantwortung für das entgehen können, was sie selbst auf sich geladen haben.

b) Deutschland wird nicht besetzt zum Zwecke seiner Befreiung, sondern als ein besiegter Feindstaat. Ihr Ziel ist es nicht die Unterdrückung, sondern die Besetzung Deutschlands, um gewisse wichtige alliierte Absichten zu verwirklichen. Bei der Durchführung der Besetzung und Verwaltung müssen Sie gerecht, aber fest und unnahbar sein. Die Verbrüderung mit deutschen Beamten und der Bevölkerung werden Sie streng unterbinden.

c) Das Hauptziel der Alliierten ist es, Deutschland daran zu hindern, je wieder eine Bedrohung des Weltfriedens zu werden. Wichtige Schritte zur Erreichung dieses Zieles sind die Ausschaltung des Nazismus und des Militarismus in jeder Form, die sofortige Verhaftung der Kriegsverbrecher zum Zwecke der Bestrafung, die industrielle Abrüstung und Entmilitarisierung Deutschlands mit langfristiger Kontrolle des deutschen Kriegspotentials und die

Vorbereitungen zu einem späteren Wiederaufbau des deutschen politischen Lebens auf demokratischer Grundlage.
d) Andere alliierte Ziele sind die Durchführung des Reparations- und Rückerstattungsprogramms, Nothilfe für die durch den Naziangriff verwüsteten Länder und die Betreuung und Rückführung der Kriegsgefangenen und Verschleppten der Mitgliedstaaten der Vereinten Nationen.
In seinem Buch, das den bezeichnenden Titel *Crusade in Europe* (Kreuzzug in Europa) trägt, meinte der spätere Präsident DWIGHT D. EISENHOWER nicht ohne Stolz, daß die Offiziere der US-amerikanischen Militärregierung bei der Durchführung der in der Direktive JCS 1067 beschriebenen Maßnahmen bezüglich ihrer Aufrichtigkeit, schnellen Auffassungsgabe und Solidarität ihrer Spezialausbildung eine bemerkenswerte Arbeit geleistet hätten. (Für weitere detaillierte Ausführungen siehe: Claus Nordbruch: *Der deutsche Aderlaß*. – Tübingen ²2003).

352 http://www.usembassy.de/frankfurt/amerikahaus/history/zeit.htm

353 Vgl. F. S. V. DONNISON, *Civil Affairs and Military Government North-West Europe 1944–1946*, London 1961, S. 372.

354 Österreichische Historiker-Arbeitsgemeinschaft für Kärnten und Steiermark (Hg.), *Völkermord der Tito-Partisanen 1944-1948. Die Vernichtung der altösterreichischen deutschen Volksgruppe in Jugoslawien und die Massaker an Kroaten und Slowenen*, Sersheim 1991, S. 5.

355 Friedrich GRIMM, *Politische Justiz – die Krankheit unserer Zeit*, Bonn 1953, S. 148.

356 Zitiert nach: *Verfassungsschutzbericht des Freistaates Sachsen 2001*, S. 34.

357 Zitiert nach: *Verfassungsschutzbericht des Freistaates Bayern 2001*, S. 110.

358 *Verfassungsschutzbericht des Bundes 2000*, S. 120.

359 Den Republikanern (REP) werfen die Verfassungsschützer vor, das deutsche Staatsvolk als »rassenorientiert«, und nicht als »politisch begründet« zu definieren. (Vgl. *Verfassungsschutzbericht des Bundes 2000*, S. 88.)

360 Christiane HUBO, *Verfassungsschutz des Staates durch geistig-politische Auseinandersetzung*, Göttingen 1998, S. 196.

361 Vgl. ebenda, S. 257.

362 Vgl. *Verfassungsschutzbericht des Freistaates Bayern 2001*, S. 31.

363 *Verfassungsschutzbericht des Landes Berlin 2001*, S. 149.

364 *Verfassungsschutzbericht des Freistaates Sachsen 2001*, S. 42.

365 Zitiert nach: *Verfassungsschutzbericht des Landes Sachsen-Anhalt 2000*, S. 63.

366 *Verfassungsschutzbericht des Bundes 2001*, S. 96.

367 *Verfassungsschutzbericht des Freistaates Bayern 2001*, S. 52.

368 Ebenda, S. 51.

369 *Verfassungsschutzbericht des Freistaates Sachsen 2001*, S. 47.

370 Till MÜLLER-HEIDELBERG, »Der Verfassungsschutzbericht: Ein Instru-

ment zur Bekämpfung mißliebiger Parteien«, in: Till Müller-Heidelberg (u. a.) (Hg.), *Grundrechte-Report 2001*, Hamburg 2001, S. 237.

371 Jürgen Seifert, »Der Verfassungsschutz auf Abwegen«, in: Till Müller-Heidelberg (u. a.) (Hg.), ebenda, S. 222.

372 Velten Schäfer, »Vorsicht war nicht immer Praxis«, in: *Neues Deutschland* v. 27. 4. 2002, S. 5.

373 *Verfassungsschutzbericht des Bundes 2000*, S. 4.

374 Zitiert nach: Peter Brückner, Diethelm Damm u. Jürgen Seifert, *1984 schon heute oder wer hat Angst vorm Verfassungsschutz?*, Frankfurt/M. ²1977, S. 45 f.

375 Andreas von Bülow, *Im Namen des Staates. CIA, BND und die kriminellen Machenschaften der Geheimdienste*, München ²2001, S. 470.

376 Astrid Hölscher, »Unheimliche Dienste«, in: *Frankfurter Rundschau* v. 23. 1. 2002.

377 Schreiben von Frenz an die Bundesgeschäftsstelle der NPD v. 9. 3. 2002.

378 Helmut Kerscher, »Schily rechtfertigt Einsatz von V-Leuten«, in: *Süddeutsche Zeitung* v. 9. 10. 2002, S. 1.

379 »Die unheimlichen Dienste des Verfassungsschutzes«, in: *zeitreport*, Nr. 134/2002, S. 11.

380 Raimund Hethey u. Klaus Harbart, »Ein braunes Band der Sympathie mit System«, in: *Der rechte Rand*, Nr. 75/2002, S. 5.

381 Hubertus Knabe, »Auch die Stasi hatte V-Leute bei der NPD«, in: *Die Welt* v. 25. 2. 2002.

382 »Die V-Leute beschaffen Erkenntnisse aus den Hinterzimmern« [Interview mit Helmut Rannacher], in: *Staatsanzeiger* v. 25. 3. 2002, S. 3.

383 Vgl. Dietmar Wittmann, »Das Kreuz mit den Lobbyisten«, in: *Nürnberger Zeitung* v. 26. 7. 2002.

384 Michael Grabenströer, »Staat bezahlt die V-Mann-Steuer«, in: *Frankfurter Rundschau* v. 6. 3. 2002.

385 Siehe Plenarprotokoll 14/82 v. 21. 2. 2002, S. 5859.

386 »Das ist ehrenwert, was Sie tun«, in: *Die Woche* v. 15. 2. 2002.

387 Plenarprotokoll 14/82 v. 21. 2. 2002, S. 5859.

388 Dirk Banse u. Michael Behrendt, »Auch in Berlin: V-Mann in der NPD-Führung«, in: *Berliner Morgenpost* v. 6. 2. 2002.

389 Günther Beckstein in seinem Vorwort zum *Verfassungsschutzbericht des Freistaates Bayern 2001*, S. 3.

390 Robert Misik, »Nazis im Sold des Staates«, in: *Format* v. 4. 2. 2002, S. 53.

391 Franco Foraci, »V-Männer nur mit Täterprofil« [Interview mit Hartmut Ferse], in: *tageszeitung* v. 4. 7. 1994.

392 Vgl. »V-Mann für Straftat belohnt«, in: *Frankfurter Rundschau* v. 30. 11. 1990.

393 Meldung der dpa v. 17. 7. 2002.

394 Außerdem wird das Anwerben von Schwerkriminellen und deren provokative bzw. strafrechtlich relevante Tätigkeit innerhalb der NPD dokumentiert in der bislang noch unveröffentlichten Sachver-

ständigenaussage zur praktizierten Meinungsäußerungsfreiheit in der Bundesrepublik Deutschland und zur Unterwanderung der Nationaldemokratischen Partei Deutschlands (NPD) durch Mitarbeiter der Ämter für Verfassungsschutz anläßlich des NPD-Verbotsverfahrens beim Bundesverfassungsgericht in Karlsruhe im Februar 2002 von Claus NORDBRUCH.

395 »Unzuverlässige, kriminelle Person«, in: *Der Spiegel* v. 14. 9. 1998, S. 104.

396 Bezeichnenderweise spähte der unter anderem wegen Betrugs, Diebstahls und Urkundenfälschung vorbestrafte Spitzel, der mit bürgerlichem Namen Adolf P. heißt, noch zu Stasi-Zeiten als IM ›Paul Hermes‹ nationalistische Gruppen und Organisationen in Westdeutschland aus.

397 Scientology-Kirche (Hsg.), *Verfassungsschutz als Rufmordinstrument,* München 1999, S. 38.

398 Der BGH hob das Urteil gegen einen bis dahin unauffälligen Versicherungsmakler auf, der sich im Juli 1997 darauf eingelassen hatte, sich wegen der Beschaffung von einem Kilogramm Kokain umzuhören - aber erst nachdem ihn ein Lockvogel der Polizei viermal darum gebeten und ihm eine hohe Provision in Aussicht gestellt hatte. Über Mittelsmänner stellte der Makler schließlich einen Kontakt mit einem Lieferanten her.

399 Vgl. *Spiegel Online* v. 18. 11. 1999.

400 *Der Spiegel* berichtete kurz nach der Enttarnung des Verfassungsschutzspitzels Tino BRANDT, daß »bis zu 100 NPD-Funktionäre« dem Verfassungsschutz dienten: von der untersten Ebene bis zum Bundesvorstand. Diese Zahl wird in der Presse immer wieder angegeben, so beispielsweise in der *Süddeutschen Zeitung* vom 23. 1. 2002 unmittelbar nach der Enttarnung des Verfassungsschutzspitzels Wolfgang FRENZ. Einhundert spitzelnde Funktionäre in einer relativ mitgliedschwachen Partei wie der NPD würde aber bedeuten, daß diese Partei einer weitgehenden Kontrolle des Verfassungsschutzes unterläge, wenn nicht sogar von ihm gesteuert würde.

401 Hannes BÜCKLER, »Verhöhnung des Nationalismus durch ›Yuppie-Nazi‹« in: *Deutsche Stimme,* Nr. 1/2002.

402 Siehe auch http://www.iisg.nl/collections/althans.html

403 Zitiert nach Hannes BÜCKLER, »Bernd Ewald und die schwulen Porno-›Stars‹« in: *Deutsche Stimme,* Nr. 3/2002.
Männer-Marketing war für ALTHANS offenbar immer ein Traumjob. Auch heute noch. Seine Klientel hat sich allerdings geändert. Für eine Promotionagentur in Belgien betreibt der ›geläuterte Neonazi‹ nun sogenanntes Gay-Marketing im großen Stil: Er promotet weltweit große Schwulenpartys. Ob in Montreal, Paris, Köln oder Berlin, bei den jährlichen Ledertreffen der Tunten organisiert ALTHANS für seine Firma Ausstellungen von schwulen Künstlern sowie Shows von internationalen Pornostars in Szeneläden.

404 Vgl. »Rehkopfs Reisen«, in: *Der Spiegel* v. 25. 3. 1996, S. 56.

[405] Annette ROGALLA u. Burkhard SCHRÖDER, »Der Verfassungsschutz hat mich angestachelt« [Interview mit Michael WOBBE], in: *tageszeitung* v. 13 .5. 1996.

[406] *Verfassungsschutzbericht des Landes Thüringen 1996*, S. 40.

[407] Zitiert nach: *Verfassungsschutzbericht des Landes Thüringen 1992*, S. 35.

[408] Zitiert nach: Laura BENEDICT, »Wahlverwandtschaften«, in: *Konkret*, Heft 9/2000, S. 24.

[409] Vgl. Meldung der dpa v. 8. 6. 2000.

[410] Vgl. Meldung der dpa v. 7. 6. 2000.

[411] Vgl. Meldung der dpa v. 8. 6. 2000.

[412] Vgl. *Junge Welt* v. 20. 7. 2000.

[413] Vgl. Frank SCHAUKA, »V-Mann als Waffendealer«, in: *Märkische Allgemeine* v. 10. 12. 2002.

[414] Innenminister des Landes Mecklenburg-Vorpommern Rudi GEIL im *Jahresbericht des Verfassungsschutzes 1996*, S. 2.

[415] Vgl. Christoph SEILS, »Kamerad Spitzel«, in: *Berliner Zeitung* v. 11. 7. 2000.

[416] Ebenda.

[417] Vgl. Meldung der dpa v. 25. 5. 2001.

[418] Claus NORDBRUCH, »Spiel mit dem Feuer«, in: *Deutsche Stimme*, Nr. 6/2001, S. 3.

[419] Vgl. http://www.die-kommenden.net/dk/antifa/artikel/bar.htm

[420] Jochen BITTNER, »Der Plakatierer vom Dienst«, in: *Die Zeit* v. 7. 3. 2002.

[421] *Der Spiegel*, Nr. 5/2002, S. 25.

[422] Andreas KOPIETZ, »V-Mann war für NPD-Werbung verantwortlich«, in: *Berliner Zeitung* v. 7. 3. 2002.

[423] Jochen BITTNER, »Der Plakatierer vom Dienst«, aaO. (Anm. 420).

[424] Vgl. Andreas SPEIT, »Noch ein V-Mann enttarnt«, in: *tageszeitung* v. 2. 9. 2002.

[425] »Neuer V-Mann aufgeflogen«, in: *Focus* v. 2. 9. 2002, S. 13.

[426] Siehe auch Anmerkung 43.

[427] »Aufbau-Hilfe für kriminellen Spitzel«, in: *Focus* v. 26. 8. 2002, S. 13.

[428] Matthias GEBAUER, »Krimineller V-Mann bringt Schily in Not«, in: *Spiegel Online* v. 13. 8. 2002.

[429] »V-Mann-Affäre weitet sich aus«, in: *Märkische Allgemeine* v. 1. 8. 2002, S. 1.

[430] Vgl. Martin KLESMANN, »Aber halt' deine Bude sauber«, in: *Berliner Zeitung* v. 6. 11. 2002.

[431] Vgl. »Bundesanwalt ermittelt in V-Mann-Affäre«, in: *Berliner Morgenpost* v. 8. 8. 2002, S. 19.

[432] J. HUFELSCHULTE u. C. THALMANN, »Abstieg der Anständigen«, in: *Focus*, Nr. 32/2002, S. 48 f.

[433] Peter GÄRTNER, »›Olle Bartok‹ und sein V-Mann Toni«, in: *Neue Ruhr Zeitung* v. 6. 11. 2002.

[434] Vgl. Dana MICKE, »Richter: ›Verfassungsschutz hätte V-Mann stoppen müssen‹« in: *Märkische Oderzeitung* v. 12. 11. 2002.

[435] »Berliner Kripo observierte V-Mann-Führer«, in: *Berliner Zeitung* v. 2. 8. 2002.

[436] »Uli Hauser: Kamerad V-Mann«, in: *stern* v. 28. 11. 2002.

[437] Siehe: Antrag des Bundesrats (Rechtsanwalt Dieter SELLNER) an das Bundesverfassungsgericht, Zeichen SNR/ms/g5377b v. 30. 3. 2002.

[438] »Wenn der Staat Straftaten inszeniert«, in: *Süddeutsche Zeitung* v. 23. 5. 2001.

[439] LIMBACH, Jutta (Hg.), *Das Bundesverfassungsgericht. Geschichte – Aufgabe – Rechtsprechung,* Heidelberg 2000, S. 51 f., zitiert nach: Claus LEGGEWIE u. Horst MEIER, »Das NPD-Verbot in der Diskussion«, in: LEGGEWIE u. MEIER (Hg.), *Verbot der NPD oder Mit Rechtsradikalen leben?,* Frankfurt/M. 2002, S. 9.

[440] Im Fall der Freiheitlichen Arbeiterpartei (FAP) und der Nationalen Liste, die jeweils nur wenige hundert Mitglieder zählten, hatten Bundesregierung und Bundesrat 1993 zwar Parteiverbotsanträge beim Bundesverfassungsgericht gestellt, aber beide wurden mangels ernsthafter Wahlbeteiligung nicht als Parteien qualifiziert, so daß sie als bloße Organisationen von der Exekutive nach Art. 9 II GG, §§ 3 ff. Vereinsgesetz unter vereinfachten Bedingungen verboten werden konnten.

[441] Ingo VON MÜNCH, »Der ›Aufstand der Anständigen‹«, – in: *Neue Juristische Wochenschrift,* Heft 10/2001, S. 729.

[442] www.mlpd.de/verbot.htm

[443] *Verfassungsschutzbericht des Landes Nordrhein-Westfalen 1995*, S. 186.

[444] *Verfassungsschutzbericht des Landes Sachsen-Anhalt 1996*, S. 67.

[445] *Verfassungsschutzbericht des Landes Hessen 2001*, S. 88.

[446] *Verfassungsschutzbericht des Bundes 2000*, S. 140.

[447] *Verfassungsschutzbericht des Landes Baden-Württemberg 1994*, S. 93.

[448] *Verfassungsschutzbericht des Bundes 2000*, S. 121.

[449] Ebenda, S. 147.

[450] Autorenkollektiv, *10 Jahre ›Deutsche Einheit‹: Der Nazi-Terror von Hoyerswerda bis Düsseldorf,* Offenbach 2000, S. 9 f.

[451] Gabriele HOHENSTEIN, »Gutachter hält Ex-Bauminister Wolf für voll schuldfähig«, in: *Tagesspiegel* v. 13. 2. 2002.

[452] Per Lennart AAE, ehemaliges Mitglied im Bundesvorstand der NPD, in einem Schreiben an Heribert PRANTL vom 1. 8. 2002.

[453] Hans Herbert VON ARNIM, »Die Entmachtung der Wähler«, in: *Junge Freiheit* v. 13. 9. 2002.

[454] Matthias KRUPA u. Thomas SEIM, »Nordrhein-Westfalen sieht keine Grundlage für NPD-Verbot«, in: *Berliner Zeitung* v. 24. 8. 2000.

[455] Kerstin KRUPP, »Schily gegen ein Verbot der NPD«, in: *Berliner Zeitung* v. 26. 4. 2000.

[456] Thomas SEIM, »Der Kanzler ruft zum Schutz der Nachbarn auf«, in: *Berliner Zeitung* v. 5. 10. 2000.

[457] Rolf GÖSSNER, »Geheimprozeß gegen NPD?«, in: *Ossietzky*, Nr. 16/2002.

[458] Rolf GÖSSNER, »Über die NPD sollten die Wähler, nicht Richter befinden«, in: *Frankfurter Rundschau* v. 8. 10. 2001.

[459] Matthias KRUPA, »FDP wirft Innenminister ›Geheimnistuerei‹ vor«, in: *Berliner Zeitung* v. 2. 11. 2000.

[460] »Bericht über fünften V-Mann in Verbotsanträgen«, in: www.rp-online.de/news/politik/2002-0205/npd-verbot.html

[461] Matthias KRUPA, »Nächste Woche Entscheidung über NPD-Verbotsantrag«, in: *Berliner Zeitung* v. 3. 11. 2000.

[462] Horst MEIER, »Ein Sack voll widerlicher Zitate«, in: *Frankfurter Allgemeine Sonntagszeitung* v. 21. 10. 2001.

[463] Horst MEIER, »Ob eine konkrete Gefahr besteht, ist belanglos«, in: Claus LEGGEWIE u. Horst MEIER (Hg.), *Verbot der NPD oder Mit Rechtsradikalen leben?*, aaO., S. 14.

[464] Horst MEIER, »Ein Sack voll widerlicher Zitate«, aaO. (Anm. 462).

[465] »Ich glaube, daß das Verfahren damit gestorben ist«, in: *Die Welt* v. 12. 7. 2002.

[466] Arne DELFS, »Schily setzt auf Fortführung des NPD-Verbotsverfahrens«, in: *Die Welt* v. 12. 7. 2002.

[467] Siehe hierzu Claus NORDBRUCH, *Der Verfassungsschutz*, aaO., S. 168–175.

[468] *Verfassungsschutzbericht des Landes Baden-Württemberg 2000*, S. 72.

[469] http://www.bka.de/pks/pks1999/p_3_17-3_17.html

[470] *Polizeiliche Kriminalstatistik 2000*, S. 120.

[471] Vgl. »In den Großstädten werden sich die Deutschen integrieren müssen«, aaO., sowie S. 155 ff.

[472] Heinz NAWRATIL, *Der Kult mit der Schuld*, aaO. (Anm. 106), S. 193.

[473] Siehe hierzu die Juristische Schriftenreihe zum NPD-Vebotsverfahren vor dem Bundesverfassungsgericht 2BvB 1/01. Weitere und immer aktualisierte Informationen auch unter www.npdverbotsprozess.de

[474] Der Skandal hatte im übrigen schon ein bezeichnendes Omen durch eine vorangegangene Durchsuchung und rechtswidrige Beschlagnahme: Im Frühsommer 2001 wurde bei einer Hausdurchsuchung durch die Staatsanwaltschaft Berlin beim NPD-Prozeßbevollmächtigten Rechtsanwalt Horst MAHLER die Unterlagen zur Verhandlungsführung beschlagnahmt. Der Zweite Senat erklärte diese Durchsuchungs- und Beschlagnahmeaktion für nichtig und ordnete die Versiegelung und Rückgabe des beschlagnahmten Materials an. Es ist dringend davon auszugehen, daß die Verfassungsschutzbeamten genügend Zeit hatten, Kopien der relevanten Dokumente anzufertigen.

[475] *Verfassungsschutzbericht des Bundes 1996*, S. 131.

[476] Bundesamt für Verfassungsschutz (Hg.), *Rechtsextremistische Parteien in der Bundesrepublik Deutschland. Agitation, Ziele, Wahlen*, Köln 1999, S. 37.

[477] Zitiert nach: *Verfassungsschutzbericht des Bundes 1998*, S. 57.

[478] Zitiert nach: *Verfassungsschutzbericht des Bundes 1997*, S. 109.

[479] *Verfassungsschutzbericht des Bundes 1996*, S. 132.

[480] *Verfassungsschutzbericht des Bundes 1998*, S. 56.

[481] Diese unzulässige Verallgemeinerung tritt in den Verfassungsschutzberichten immer wieder zutage, beispielsweise: »Daß die Zielsetzung der Partei dem Menschenbild des Grundgesetzes diametral entgegensteht, wird deutlich, wenn der damalige stellvertretende NPD-Landesvorsitzende in Nordrhein-Westfalen, Wolfgang FRENZ, gegen die Menschenrechte agitiert.« (*Verfassungsschutzbericht des Bundes 1999*, S. 59) »Die seit 1964 tätige ›Nationaldemokratische Partei Deutschlands‹ (NPD) gibt ihre verfassungsfeindliche Zielsetzung u.a. dadurch zu erkennen, daß sie mit rassistischen Parolen gegen Ausländer hetzt.« (*Verfassungsschutzbericht des Landes Brandenburg 1993*, S. 46)

[482] Veränderter Wortlaut auch in: *Verfassungsschutzbericht des Bundes 1998*, S. 56.

[483] Jürgen KAUBE, »Der Agent, der nicht Donnerstag war: Ein V-Mann fliegt auf«, in: *Frankfurter Allgemeine Zeitung* v. 24. 1. 2002, S. 41.

[484] Astrid HÖLSCHER, *Unheimliche Dienste*, aaO. (Anm. 376).

[485] Alle Zitate SCHNEIDERS nach: Handelsblatt.com v. 23. 1. 2002, 14:21 Uhr.

[486] Vgl. Reinhard MÜLLER, »Die Karten auf den Tisch«, in: *Frankfurter Allgemeine Zeitung* v. 9. 2. 2002, S. 4.

[487] Pressemitteilung Nr. 51/2002 vom 7. 5. 2002.

[488] Vgl. *Frankfurter Allgemeine Zeitung* v. 23. 1. 2002.

[489] Christian BOMMARIUS, »Der Beobachter als Täter«, in: *Berliner Zeitung* v. 23. 1. 2002.

[490] »Alles übertroffen«, in: *Frankfurter Allgemeine Zeitung* v. 23. 1. 2002.

[491] Christian BOMMARIUS, »Scheitern als Chance«, in: *Berliner Zeitung* v. 24. 1. 2002.

[492] Vgl. Handelsblatt.com v. 23. 1. 2002, 17:49 Uhr.

[493] Vgl. *Berliner Zeitung* v. 24. 1. 2002.

[494] *Der Spiegel*, Nr. 5/2002, S. 27.

[495] *Frankfurter Allgemeine Zeitung* v. 2. 2. 2002, S. 1.

[496] http://ottoschily.com/reden/reden_ab.html

[497] *Spiegel online* am 24. 1. 2002.

[498] Offensichtlich sind es gerade die vom Verfassungsschutz eingeschleusten oder angeworbenen Spitzel, die sich innerhalb der NPD am martialischsten und pathetischsten gebärden. Über den ehemaligen parteiinternen Ordnungsdienst (OD) schreibt Spitzel HOLTMANN: »Der Kampf um das Reich und die deutsche Lebensfreiheit geht weiter, der Geist des OD ist auch der Geist der jungen Kämpferinnen und Kämpfer von heute. Meine alten OD-Kameraden erkenne ich immer wieder in den Gesichtern der jungen Frauen und Männer, die heute für den nationalen Widerstand, für die NPD und für unser heiliges Deutschland demonstrieren und kämpfen.« (Udo HOLTMANN, »Der Ordnungsdienst der NPD«, in: Holger APFEL (Hg.), *Alles Große steht im Sturm. Tradition und Zukunft einer nationalen Partei*, Stuttgart 1999, S. 315.)

[499] »Das ist kein Abenteuer«, in: *Mitteldeutsche Zeitung* v. 28. 2. 2002.

[500] »NPD-Verbot nicht mehr vor der Wahl erwartet«, in: faz.net v. 2. 2. 2002.

[501] Martin KLINGST, »NPD-Verbot: Seufzer gen Berlin«, in: *Die Zeit* v. 7. 3. 2002.

[502] Dieter GRIMM, »Ex camera«, in: *Frankfurter Allgemeine Zeitung* v. 22. 2. 2002, S. 8.

[503] Martin KLINGST, »NPD-Verbot: Seufzer gen Berlin«, aaO. (Anm. 501).

[504] Gabriele RENZ, »Brauner Schattenmann verlangte zu viel Geld«, in: *Südkurier* v. 7. 2. 2002, S. 3.

[505] Wolf-Dieter NARR, »Weshalb ich als radikaler NPD-Gegner fast ebenso radikal gegen ein Verbot derselben votiere«, in: *Bürgerrechte & Polizei/CILIP,* Heft 1/2001.

[506] Arne DELFS, »Schily setzt auf Fortführung des NPD-Verbotsverfahrens«, aaO. (Anm. 466).

[507] Kathrin SPOERR, »Ex-Verfassungsrichter sieht Ansehen Karlsruhes ›düpiert‹«, in: *Die Welt* v. 24. 1. 2002. Zur Selbstproduktion von Beweisen siehe auch Claus NORDBRUCH, *Der Verfassungsschutz,* aaO.

[508] *Die Welt* v. 16. 2. 2002, S. 1 f.

[509] *Heilbronner Stimme* v. 15. 2. 2002.

[510] Marianne QUOIRIN, »Polizeibeamter unter Druck«, in: *Kölner Stadt-Anzeiger* v. 21. 2. 2002, S. 5.

[511] »V-Mann-Affäre: Berberich wird nicht unter Druck gesetzt«, in: *Der Tagesspiegel* v. 23. 2. 2002.

[512] Siehe Claus NORDBRUCH, *Der Verfassungsschutz,* aaO., S. 108 f.

[513] Frank JANSEN, »Unverzüglich überprüfen«, in: *Der Tagesspiegel* v. 21. 2. 2002.

[514] Arthur KREUZER, »Windiger Umgang mit V-Leuten«, in: *Frankfurter Rundschau* v. 16. 3. 2002, S. 7.

[515] Michael RUTZ, »Antrag zurücknehmen«, in: *Rheinischer Merkur* v. 22. 2. 2002.

[516] Ralf Georg REUTH bestätigte am 13. 8. 2000 in der *Welt am Sonntag,* daß der SED-Staat die Wehrsportgruppe HOFFMANN gesteuert habe. Organisator der Umtriebe »war Stasi-Chef MIELKE«. Die »antifaschistische DDR« gewährte nicht nur ehemaligen Terroristen der Rote Armee Fraktion Unterschlupf, sondern auch »rechtsradikalen Gewalttätern«, wie etwa die von Sicherheitsfachleuten als »besonders gefährlich« eingestuften Extremisten Odfried HEPP und Udo ALBRECHT. Der Stasi war es zu Zeiten des Bundesvorsitzenden der Nationaldemokratischen Partei Deutschlands Martin MUSSGNUG gelungen, mit dem ›Journalisten‹ Lutz KUCHE einen Spitzenagenten im Parteivorstand der NPD zu installieren.

[517] Vgl. Heike KLEFFNER, »Gesteuerter Volkszorn«, in: *tageszeitung* v. 26. 2. 2002.

[518] Christoph SEILS, »Intrigen, Gerüchte, Verdächtigungen«, in: *Die Woche* v. 15. 2. 2002.

[519] Martin KLINGST u. Toralf STAUD, »Der Aufstand der Richter«, in: *Die Zeit* v. 25. 1. 2002.

[520] Karin NINK, Anton NOTZ u. Matthias RUCH, »V-Mann: Nur ein Bauernopfer«, in: *Financial Times Deutschland* v. 24. 1. 2002.
[521] Brief von Rechtsanwalt Hans Günter EISENECKER an das Bundesverfassungsgericht v. 17. 10. 2002.
[522] Brief von Rechtsanwalt Horst MAHLER an das Bundesverfassungsgericht v. 17. 10. 2002.
[523] Zitiert nach Winterhilfswerk des Deutschen Volkes (Hg.), *Ewiges Deutschland,* Braunschweig 1941, S. 6.
[524] JungdemokratInnen/Junge Linke (Hg.), *Freiheit stirbt mit Sicherheit,* Berlin 2001, S. 106. Für ihre Einstellung waren die Jungdemokraten übrigens noch bis vor kurzem in verschiedenen ›Verfassungschutzberichten‹ erwähnt worden.
[525] *Hörzu,* Nr. 51/2001.
[526] Zitiert nach: Rigolf HENNIG, »Überfremdung – Die Schicksalsfrage«, in: *Der Preuße,* Nr. 5/2002, S. 2.
[527] Vgl. *Unabhängige Nachrichten,* Nr. 7/2002, S. 10.
[528] Peter GAUWEILER, »Wie sieht Deutschland in zehn Jahren aus?« in: *Die Welt* v. 7. 5. 2002, S. 27.
[529] Rolf KOSIEK in seiner Einleitung zum Jahreskongreß der Gesellschaft für Freie Publizistik im April 2002.
[530] Reinhard UHLE-WETTLER, aaO., S. 206.
[531] Karl RICHTER, »Volk ohne Führung«, aaO., S. 26.
[532] Siehe hierzu die Doktorarbeit des Verfassers: Claus NORDBRUCH, *Über die Pflicht,* Hildesheim [2]2003.
[533] Dietrich SCHULER, *Der Aufstand der Verpflanzten,* aaO. (Anm. 211), S. 323.
[534] Harald NEUBAUER, »Deutsche Politik im Jahr 2002«, aaO., S. 135.
[535] Reinhard UHLE-WETTLER, aaO. (Anm. 9), S. 184.
[536] Klaus KUNZE, *Der totale Parteienstaat,* aaO., S. 167.
[537] Hans Herbert VON ARNIM, *Staat ohne Diener,* München 1993, S. 357.
[538] Vgl. »Die Nationale Orientierung hat stark zugenommen«, in: *National-Zeitung* v. 15. 3. 2002.
[539] Adolf HITLER auf dem Reichsparteitag der Freiheit 1935 in Nürnberg. Es ist nach gängiger Lehrmeinung schon zwingend, daß mit der bloßen, das heißt unkommentierten, Wiedergabe dieses Zitates selbstredend die Befürwortung der Militarisierung der Jugend für einen beabsichtigten Angriffskrieg unterstellt wird. In bösen Menschen leben böse Absichten.
[540] Achim HESSE, »Kritik muß erlaubt sein!« in: *Feuer & Sturm,* Nr. 11/2002, S. 4.
[541] »Das schlechte Bild in der Öffentlichkeit«, in: *Der Ruf nach Freiheit,* Nr. 1[2000] (Demoheft), S. 3.
[542] Erwin Guido KOLBENHEYER, aaO., S. 49 ff.
[543] Oswald SPENGLER, *Der Untergang des Abendlandes,* Bd. 2, München 1923, S. 222.
[544] Arnulf BARING: ›Bürger, auf die Barrikaden!« in: *Frankfurter Allgemeine Zeitung* v. 19. 11. 2002, S. 33.

[545] Karl RICHTER, »Volk ohne Führung: oder die Kunst, den Mund zu halten«, aaO., S. 22.

[546] An dieser Stelle sei beispielsweise an folgende Bücher erinnert: Peter BRÜCKNER, Diethelm DAMM u. Jürgen SEIFERT, *Wer hat Angst vorm Verfassungschutz?* (1977); Andreas DRESS, *Wir Verfassungsfeinde* (1979); Joachim PERELS, *Grundrechte als Fundament der Demokratie* (1979), Ingeborg DREWITZ u. Wolfhart EILERS, *Mut zur Meinung* (1980) sowie an viele Publikationen von Eckart SPOO, Gode HARTMANN, Jürgen VOGES, Hans-Christian STRÖBELE, Klaus WAGENBACH und Jürgen SEIFERT.

[547] Reinhard UHLE-WETTLER, aaO., S. 77.

Personenverzeichnis

DR. CLAUS NORDBRUCH

Jahrgang 1961, ehem. Leutnant der Panzergrenadiere und Universitätsdozent, 1987–1991 Studium der Germanistik, Geschichte, Kriminologie und Biologie in Pretoria; 1995 Promovierung zum Dr. phil. et litt. in Pretoria; Buchautor, freischaffender Journalist und Vortragsreisender.

1998 wurde Claus Nordbruch aufgrund seiner Studie *Über die Pflicht* an der Universität Bonn von der ›Stiftung Ostdeutscher Kulturrat‹ ein Wissenschaftspreis verliehen.

Wichtigste Publikationen: *Über die Pflicht* (Hildesheim 1996, ²2003), *Volksbetrug am Kap* (Berg 1998), *Kreuzschmerzen. Standpunkte und Bekenntnisse von Heiden und Ketzern* [Herausgeber. Mit einem Nachwort von Prof. Dr. Horst Herrmann] (Pretoria 1999), *Der Verfassungsschutz. Organisation, Spitzel, Skandale* (Tübingen 1999), *Die Europäischen Freiwilligen im Burenkrieg 1899-1902* (Pretoria 1999), *Sind Gedanken noch frei? Zensur in Deutschland* [Mit einem Nachwort von Prof. Dr. Klaus Hornung] (München ²2001), *Der deutsche Aderlaß* (Tübingen 2001, ²2003).

Zahlreiche Artikel und Aufsätze in weltanschaulich unterschiedlichen Medien.

Dr. Claus Nordbruch ist im Netz erreichbar unter:
www.nordbruch.de.vu